U0359687

节能与新能源汽车技术路线图2.0

中国汽车工程学会◎著

TECHNOLOGY ROADMAP

FOR ENERGY SAVING AND
NEW ENERGY VEHICLES 2.0

2015 年，受国家制造强国建设战略咨询委员会、工业和信息化部委托，中国汽车工程学会组织行业力量开展了《节能与新能源汽车技术路线图》的编制工作，并于2016 年正式发布。

《节能与新能源汽车技术路线图 2.0》在《节能与新能源汽车技术路线图》的基础上由“1 +7”拓展为“1 +9”，即包括 1 个总体技术路线图，以及节能汽车、纯电动和插电式混合动力汽车、氢燃料电池汽车、智能网联汽车、汽车动力蓄电池、新能源汽车电驱动总成系统、充电基础设施、汽车轻量化、汽车智能制造与关键装备 9 个细分领域技术路线图。

《节能与新能源汽车技术路线图 2.0》是中国汽车产业集聚全体智慧编制完成的一部巨著，对行业技术创新具有重要引领作用，适合汽车行业与相关行业从事技术研发、企业战略研究的人员，以及负责制定和实施与汽车产业相关政策的各级政府人员阅读，也适合作为对汽车产业发展感兴趣的人员了解汽车技术发展方向的专业读物。

图书在版编目（CIP）数据

节能与新能源汽车技术路线图 2.0 / 中国汽车工程学会著. —2 版. —北京：机械工业出版社，2020. 12（2021. 1 重印）
ISBN 978 -7 -111 -67009 -4

Ⅰ. ①节…　Ⅱ. ①中…　Ⅲ. ①节能-新能源-汽车工业-工业发展-中国　Ⅳ. ①F426. 471

中国版本图书馆 CIP 数据核字（2020）第 238046 号

机械工业出版社（北京市百万庄大街 22 号　邮政编码 100037）
策划编辑：赵海青　母云红　　责任编辑：赵海青　母云红
责任校对：刘雅娜　　责任印制：张　博
北京宝隆世纪印刷有限公司印刷

2021 年 1 [illegible]第 2 版第 2 次印刷
18[illegible]·33. 75 印张 · 2 插页 · 747 千字
[illegible]号：ISBN 978 -7 -111 -67009 -4
定价：299. 00 元

电话服务　　网络服务
客服电话：010 -88361066　　机　工　官　网：www. cmpbook. com
010 -88379833　　机　工　官　博：weibo. com/cmp1952
010 -68326294　　金　书　网：www. golden-book. com
封底无防伪标均为盗版　　机工教育服务网：www. cmpedu. com

《节能与新能源汽车技术路线图2.0》专家咨询委员会

名誉主任 付于武 中国汽车工程学会

主　　任 李　骏 中国工程院院士、中国汽车工程学会

副 主 任 欧阳明高 中国科学院院士、清华大学汽车安全与节能国家重点实验室

孙逢春 中国工程院院士、北京理工大学

吴　锋 中国工程院院士、北京理工大学

张进华 中国汽车工程学会

赵福全 清华大学汽车产业与技术战略研究院

委　　员 (按姓氏笔画排序)

王秉刚 电动汽车产业技术创新战略联盟

王登峰 吉林大学汽车工程学院

王德平 一汽集团新能源汽车开发院

公维洁 中国汽车工程学会

衣宝廉 中国工程院院士、中国科学院大连化学物理研究所

许艳华 中国汽车工业协会

贡　俊 上海电驱动股份有限公司

李开国 中国汽车工程研究院股份有限公司

李克强 清华大学汽车工程系

肖成伟 中国电子科技集团第十八研究所

吴　坚 广州汽车集团汽车工程研究院

吴志新 中国汽车技术研究中心有限公司

余卓平 同济大学

邵浙海 普天新能源有限责任公司

张　宁 中国汽车工程学会

武锡斌 北汽福田汽车股份有限公司

侯福深 中国汽车工程学会

高振海 吉林大学汽车工程学院

谈民强 东风公司

黄学杰 中国科学院物理研究所

龚慧明 能源基金会

董　扬 中国电动汽车充电基础设施促进联盟

詹樟松 长安汽车研究总院

廉玉波 比亚迪汽车工业有限公司

蔡　蔚 哈尔滨理工大学

修订工作支持单位

能源基金会

丰田汽车公司

大众汽车（中国）投资有限公司

戴姆勒大中华区投资有限公司

宁德时代新能源科技股份有限公司

LG 化学

华为技术有限公司

宝马中国汽车（贸易）有限公司

日产（中国）投资有限公司

比亚迪汽车工业有限公司

长安福特汽车有限公司

本田技研工业（中国）投资有限公司

PREFACE 前言

受国家制造强国建设战略咨询委员会、工业和信息化部的委托，中国汽车工程学会于2016年发布了《节能与新能源汽车技术路线图》（以下简称技术路线图1.0）。技术路线图1.0及其系列年度评估报告的发布，在支撑政府行业管理、引领产业技术创新，以及引导社会各类资源集聚方面发挥了非常重要的作用。近年来，新一轮科技革命风起云涌，汽车产业技术进步日新月异，汽车产业内外部环境不断变化，为保障技术路线图的科学性、时效性和引领性，在工业和信息化部的指导下，中国汽车工程学会于2019年5月启动了技术路线图1.0的修订编制工作。历时一年半，组织千余名行业专家，召开了近100场专家研讨会、头脑风暴会、专家评审会，通过充分研究论证达成了广泛的行业共识，最终形成了《节能与新能源汽车技术路线图2.0》（以下简称技术路线图2.0）。

技术路线图2.0进一步研究确认了全球汽车技术“低碳化、信息化、智能化”发展方向，客观评估了技术路线图1.0发布以来的技术进展和短板弱项，深入分析了新时代赋予汽车产业的新使命、新需求，进一步深化描绘了汽车产品品质不断提高、核心环节安全可控、汽车产业可持续发展、新型产业生态构建完成、汽车强国战略目标全面实现的产业发展愿景，提出了面向2035年我国汽车产业发展的六大目标：我国汽车产业碳排放将于2028年左右先于国家碳达峰承诺提前达峰，至2035年，碳排放总量较峰值下降20%以上；新能源汽车将逐渐成为主流产品，汽车产业基本实现电动化转型；中国方案智能网联汽车核心技术国际领先，产品大规模应用；关键核心技术自主化水平显著提升，形成协同高效、安全可控的产业链；建立汽车智慧出行体系，形成汽车、交通、能源、城市深度融合生态；技术创新体系基本成熟，具备引领全球的原始创新能力。

技术路线图2.0进一步强调了纯电驱动发展战略，提出至2035年，新能源汽车市场占比超过50%，燃料电池汽车保有量达到100万辆左右，节能汽车实现混合动力化，汽车产业全面实现电动化转型；进一步明确了构建中国方案智能网联汽车技术体系和新型产业生态，提出至2035年，各类网联式自动驾驶车辆广泛运行于中国广大地区，中国方案智能网联汽车与智慧能源、智能交通、智慧城市深度融合。

技术路线图 2.0 在研究框架上延续了“总体技术路线图 + 重点领域技术路线图”的研究框架，并将“1 +7”的研究布局深化拓展至“1 +9”，形成了“总体技术路线图 + 节能汽车、纯电动和插电式混合动力汽车、氢燃料电池汽车、智能网联汽车、汽车动力蓄电池、新能源汽车电驱动总成系统、充电基础设施、汽车轻量化、汽车智能制造与关键装备”的“1 +9”研究布局。

在技术路线图 2.0 的修订过程中，始终遵循前瞻性、系统性、科学性、继承性、开放性和公益性六大修订原则。在组织架构上，中国汽车工程学会负责总体组织和协调工作，并分别组建了 1 个总报告组及 9 个专题工作组，同时，为集聚全球智慧，还专门增设了由跨国公司、国际组织和机构组成的海外工作组，各工作组的牵头单位如下：

总体技术路线图由中国汽车工程学会、清华大学、北京理工大学共同研究完成；节能汽车技术路线图由中国汽车工程研究院股份有限公司牵头，纯电动和插电式混合动力汽车技术路线图由中国汽车技术研究中心有限公司牵头，氢燃料电池汽车技术路线图由清华大学牵头，智能网联汽车技术路线图由中国智能网联汽车产业创新联盟牵头，汽车动力蓄电池技术路线图由中国电子科技集团公司第十八研究所和中国科学院物理研究所共同牵头，新能源汽车电驱动总成系统技术路线图由哈尔滨理工大学和上海电驱动股份有限公司共同牵头，充电基础设施技术路线图由普天新能源有限责任公司牵头，汽车轻量化技术路线图由汽车轻量化技术创新战略联盟牵头，汽车智能制造与关键装备技术路线图由中国第一汽车集团有限公司牵头，海外工作组由欧洲汽车工业协会牵头。

最后，感谢参与技术路线图 2.0 编写工作的全体专家的努力和贡献。感谢汽车产业界、科技界、学术界，以及能源、交通、材料、信息等相关产业同仁们的大力支持。感谢机械工业出版社为本书出版所做的大量工作。希望这份凝聚了全行业专家学者心血和智慧的路线图，能够持续为推动我国汽车领域技术创新、产业转型升级和高质量发展，以及汽车强国建设，发挥积极的引领作用！

CONTENTS 目录

第二章 节能汽车技术路线图

第四章 氢燃料电池汽车技术路线图

第六章　汽车动力蓄电池技术路线图

第七章 新能源汽车电驱动总成系统技术路线图

第八章 充电基础设施技术路线图

第九章 汽车轻量化技术路线图

第十章 汽车智能制造与关键装备技术路线图

第一章 节能与新能源汽车总体技术路线图

1 导　言

受国家制造强国建设战略咨询委员会、工业和信息化部委托，中国汽车工程学会组织了来自汽车、能源、材料、信息通信等领域的500余位专家，于2015—2016年历时一年共同编制完成了《节能与新能源汽车技术路线图》（以下简称技术路线图1.0）。技术路线图1.0的编制和发布，受到了国内外产业界的高度关注，在支撑政府科技和产业相关规划、引领行业技术创新、引导社会各类资源集聚等方面发挥了重要作用。技术路线图1.0发布以来，汽车产业内外部环境不断发生变化，汽车产业技术进步日新月异，为了保障技术路线图的科学性、时效性和引领性，同时为支撑我国面向2035年新能源汽车规划研究及汽车相关的“十四五”科技规划研究工作，中国汽车工程学会于2019年5月启动了技术路线图1.0的修订工作，希望立足于新一轮科技革命背景下我国汽车产业发展，识别汽车产业技术发展方向和趋势，提出面向2035年汽车产业发展愿景，制订具有科学性、前瞻性、引领性的技术发展路线，凝练近中期关键核心技术研发需求，确定近期优先行动项，为我国汽车产业的持续、快速、健康发展提供技术指引。

《节能与新能源汽车技术路线图2.0》（以下简称技术路线图2.0）首先对技术路线图1.0发布以来我国汽车产业技术发展情况及2020年目标实现情况进行了评估分析。经过评估发现，技术路线图1.0确立的汽车产业技术“低碳化、信息化、智能化”发展趋势进一步强化，通过实践，其内涵和外延更加丰富。在此方向指引下，我国汽车节能技术持续提升，乘用车新车燃料消耗量接近2020年目标（5L/100km），但在产品结构、混合动力汽车发展水平、汽车轻量化等方面距离2020年目标还有较大距离；新能源汽车技术保持国际领先，市场份额、整车产品关键性能指标处于世界领先水平，关键零部件具备核心技术优势，截至2020年7月，累计推广新能源汽车超450万辆，基本达到2020年目标，但在动力蓄电池能量密度、循环寿命等方面离实现2020年目标仍存在不小距离；智能网联汽车整车智能化、网联化水平不断提升，传感器、计算平台、智能座舱等关键部件快速迭代，高精度地图与定位等基础支撑技术实现了自主突破，但在核心传感器芯片、计算芯片方面仍面临一定的挑战；从产业创新发展的支撑来看，近年来，我国汽车产业研发投入、科技人才、专利等技术创新核心要素持续增量提质，加速驱动创新能力迈上新台阶，而相关基础薄弱环节则突破缓慢。

鉴于“低碳化、信息化、智能化”叠期交互、相互赋能和趋势强化，中国汽车工程学会坚持“前瞻性、系统性、科学性、继承性、开放性、公益性”的原则，组织对技术路线图1.0进行了全面修订。主要思路和变化体现在如下几个方面。

1）考虑当前产业安全、高质量发展以及与能源等相关领域融合发展的需求，对研究方向进行了横向扩展和纵向延伸，基于原有纯电动和插电式混合动力汽车的研究基础，新增了充电基础设施和电驱动总成系统两个重点领域，技术路线图2.0在框架结构上从原来的“1+7”演变成了“1+9”。

2）在发展愿景与目标部分，突出强调了以人工智能（AI）、云计算为代表的新技术和以数字经济、智能经济为代表的新业态推动汽车产业全面变革，同时考虑到当前出现的逆全球化倾向对全球产业布局、我国产业安全带来的深刻影响，“汽车+”深度融合发展、构建新型产业生态、保障产业安全和可持续竞争力将成为未来10~15年产业发展的新趋势、新要求，提出了产业生态构建、产业自主安全可控的发展愿景和目标。

3）在产业总体路线图部分，考虑到汽车与能源、交通、信息通信等多领域相互赋能、协同发展已成为产业发展的内在需求，为指导跨产业协同衔接，提出了汽车与能源、交通、信息通信深度融合、统筹推进的产业融合技术路线图；更新了市场需求预测以及新技术与新产品的应用目标。

4）在低碳化发展方面，节能汽车领域进一步突出了商用车节能和混合动力技术，考虑了测试工况的切换情况；纯电动和插电式混合动力汽车领域，重新评估了未来插电式混合动力汽车的发展潜力，强调了整车安全和质量在路线图中的重要性；氢燃料电池汽车领域则综合考虑了整车性能指标和产业化推广目标；动力蓄电池领域增加了未来前沿技术并对可能的颠覆性技术进行预判；汽车轻量化领域，从关注车辆整备质量的降低转向了关注整车轻量化系数的降低。

5）在信息化和智能化方面，在智能网联汽车领域，兼顾了乘用车、货运车辆、客运车辆的智能网联技术产业化落地和发展趋势，增加了对主要城市、城郊、高速公路和限定场景四种类型运行范围内的智能网联汽车技术产业化、市场化、商业化时间进度的分析，重新梳理了技术架构体系；在制造领域，为强化汽车制造智能化、数字化的发展需求，将制造技术聚焦到智能制造和关键装备，在对整车及动力总成制造的工艺设计、生产及生产物流环节重点分析的同时，兼顾了与前端的产品设计以及后端的销售等环节在技术及管理方面的互联互通。

基于技术路线图2.0整体修订工作形成的节能与新能源汽车总体技术路线图，在编制过程中，得到了相关政府领导和行业专家的指导，得到了中国汽车工程研究院有限公司、中国汽车技术研究中心有限公司、清华大学、中国智能网联汽车产业创新联盟、中国一汽集团、中国电子科技集团第十八研究所、中国科学院物理研究所、汽车轻量化技术创新战略联盟、普天新能源有限责任公司、精进电动科技股份有限公司、上海电驱动股份有限公司等分领域技术路线图依托单位的大力支持，得到了来自汽车、能源、交通、信息通信等领域专家的积极参与，得到了由欧洲汽车工业协会牵头、主要跨国汽车和零部件企业参与的海外工作组的宝贵支持，在此一并致谢！

2 全球汽车产业变革与技术发展趋势

2016年出版的技术路线图1.0经过深入研判，提出了汽车产业技术“低碳化、信息化、智能化”的发展趋势。随着近几年来以互联网、大数据、云计算、人工智能、新能源、新材料等技术为代表的新一轮科技革命和产业变革的影响不断加深，“低碳化、信息化、智能化”也呈现出不断强化、融合叠期、相互赋能的新特征，其外延进一步拓展，内涵则更加丰富，不断向纵深发展。

2.1 新一轮科技革命驱动汽车产业加速变革

2.1.1 能源、互联、智能革命为汽车产业创新发展注入强劲新动能

新一轮汽车产业变革的驱动力主要来自能源、互联和智能三大革命。

1）能源革命是指传统动力汽车向新能源汽车的转变。受此影响，“三电”（电池、电机和电控系统）技术成为新的汽车核心技术，围绕“三电”将出现并行于传统动力系统产业链的全新产业链，以及与新能源汽车匹配的充换电站、加氢站等基础设施和运营服务体系。

2）互联革命和智能革命相辅相成，互为支撑，密不可分。互联化和智能化技术也将成为新的汽车核心技术，并推动汽车产业迎来新开发模式、新制造模式、新使用模式、新维护模式、新基础设施、新出行生态圈，进而催生出全新的产业生态系统。在此背景下，汽车产品也将发生六大突破性变化：一是由信息孤岛向智能终端转变；二是由人驾驶车向车自动驾驶转变；三是由耗能机械向可移动的储能供能单元转变；四是由拥有使用向共享使用转变；五是由制造向智造（智能制造）转变；六是由移动工具向出行服务转变，具体如图1－2－1所示。

3）能源、互联、智能革命带来重大战略发展机遇。一是节能环保压力带来产业技术低碳化发展机遇，以纯电驱动为主线的低碳化发展，可以使各种技术路径在不同的适宜场景下发挥各自的作用，为全球汽车企业实施动力技术攻关提供了广阔空间。二是汽车智能网联化催生产业互联发展新机遇，将不断推动汽车研发、制造、服务一体化和基于数据驱动的服务。未来汽车产业将以出行、互联、共享、服务等全新特征，催生出产品、技术、用户体验、商业模式和应用场景等新机遇。三是跨界融合创新带来生态重构新机遇，以“SCSTSV”（SC是指智慧城市，ST是指智能交通，SV是指智能汽车）为核心的汽车产业跨界融合创新将带来生态重构的主要载体。围绕“SCSTSV”融合发展，将为智能汽车、智能交通、智慧城市、智慧能源、信息产业、通信产业、物联网等相关产业带来生态重构的机遇。

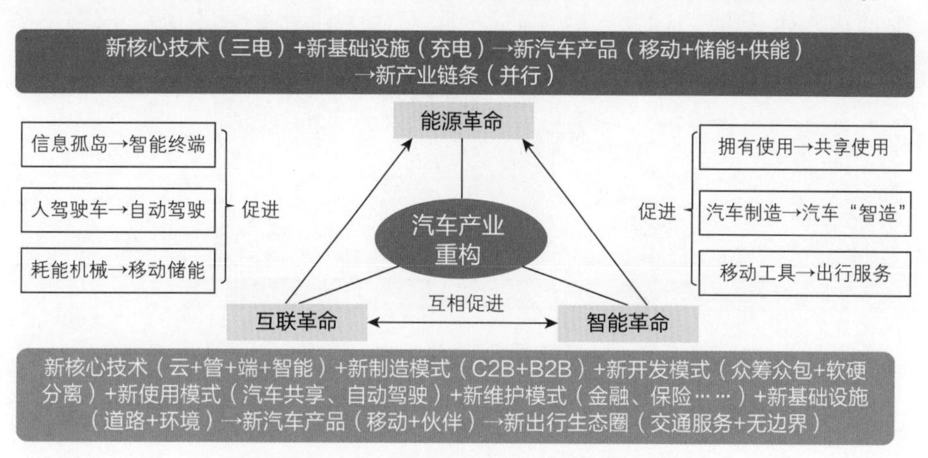

图1-2-1　三大革命驱动汽车产业深刻变革

注：C2B是Custmer to Business的简称，即客户对企业；B2B是Business to Business的简称，即企业对企业。

2.1.2　汽车产业迎来更加全面深刻的百年巨变

1）汽车产品结构向“绿色低碳、智能网联”转型。一方面，在不断加严的汽车燃料消耗、污染物排放以及碳排放控制法规的背景下，汽车产品结构正由传统内燃机占绝对主导的格局，进入诸多技术并存的动力多元化时代，节能汽车技术与新能源汽车技术共同进步、有效组合，未来将逐步成为汽车市场主流产品。另一方面，汽车智能网联化技术发展迅速，相关整车企业在其量产车型上已经装配驾驶辅助（DA）、部分自动驾驶（PA）级辅助驾驶系统产品，同时纷纷发布具备有条件自动驾驶（CA）与高度自动驾驶（HA）级自动驾驶功能及基于蜂窝通信的V2X[1]（C-V2X）功能汽车的量产计划。智能网联汽车与新能源汽车将叠加交汇，并实现大规模协同发展。

2）汽车产业价值链“总量上升、重心后移”。从产业价值链维度看，传统汽车产业价值链聚焦“制造”，而未来汽车产业价值链，受益于新科技革命带来的价值增值，将是“新制造+新服务”的集成。其中，“新制造”将包含低碳化、智能化、信息化相关新技术和智能制造；“新服务”则不仅体现在价值曲线的后端，而且将贯穿于设计研发、采购物流、生产制造、销售及售后服务的各个环节。汽车产业价值链将呈现“总量上升、重心后移”的基本特征和发展趋势。总量上升意味着汽车产业价值体量将整体上扬，比以往创

[1] V2X是Vehicle to Everything的简称，即车对外界的信息交换。

造更大的价值和商机；重心后移则是指汽车产业价值内涵向服务端（尤其是出行领域）深度扩展，产生巨大的发展空间。

新科技革命带来的汽车产业价值增值如图 1－1－2 所示。

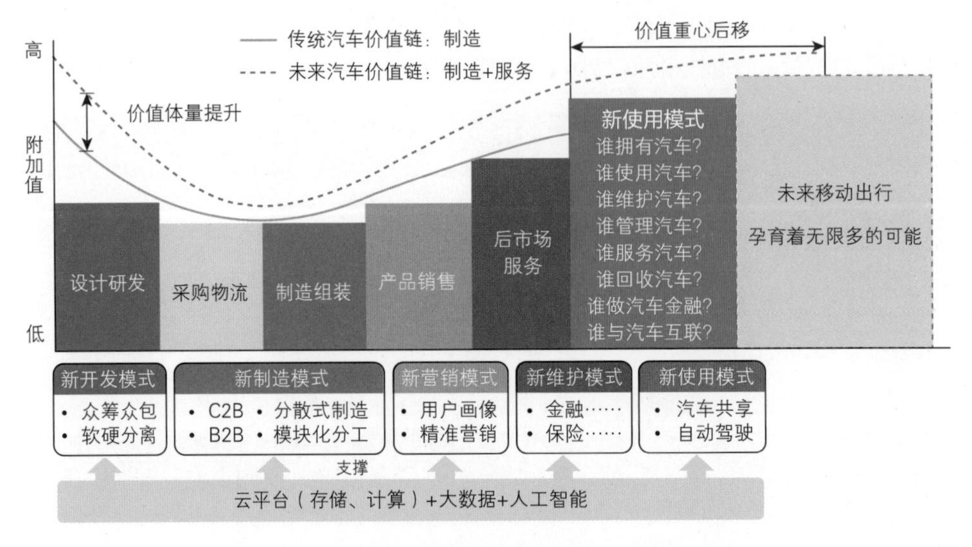

图 1－2－2　新科技革命带来的汽车产业价值增值

3）汽车产业生态系统“开源创新、开放融合”。从产业格局维度看，产业边界不断扩展且渐趋模糊，汽车领域的竞争格局正在发生重大改变，呈现“多方参与、竞争合作”的复杂态势。除了传统整车企业、供应商和经销商以外，“三电”企业，信息通信技术企业，全新软硬件科技公司，新的运营商、服务商、内容商，以及新基础设施公司等正在快速融入汽车产业，如图 1－2－3 所示。

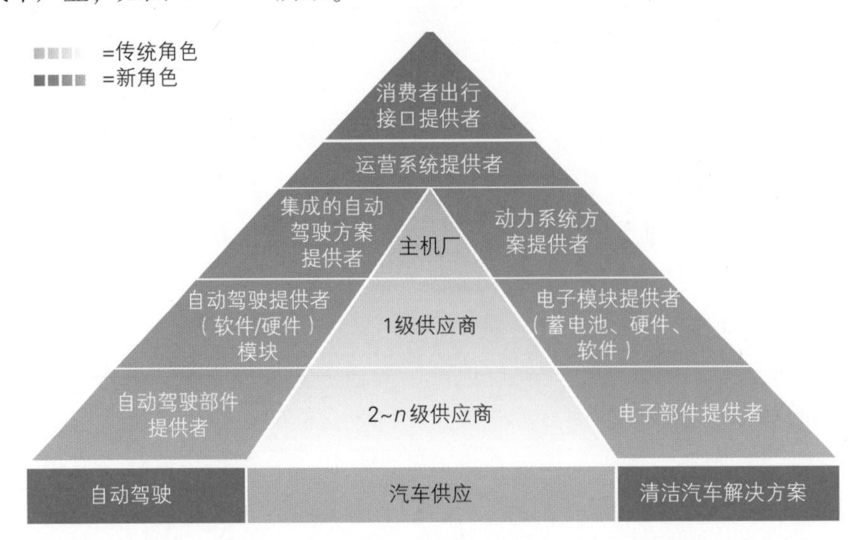

图 1－2－3　汽车产业生态系统“开源创新、开放融合”

注：资料来源于中国汽车工程学会《中国汽车产业发展报告 2019》。

2.2　全球汽车技术“低碳化、信息化、智能化”深入融合发展

技术路线图1.0发布以来，汽车“低碳化、信息化、智能化”相互支撑、彼此赋能，正在引领全球汽车技术创新发展，也孕育了新的内涵和外延，其中融合发展成为主旋律，主要体现在新技术与新技术、新技术与新模式、新技术与新生态之间的融合发展。例如，智能新能源汽车的兴起反映了汽车电动化技术和智能化技术的融合发展；而汽车电动化、智能化技术与共享出行新模式的融合发展，则将带来汽车产品结构、产业形态的变化；新一代移动通信、大数据、云计算技术则催生了智能汽车、智能交通、智慧城市的协同发展。

“低碳化、信息化、智能化”的发展方向备受各国政府、产业界和科技界的高度关注。**1）从国家战略来看**，各个国家和地区都把节能汽车、新能源汽车、智能网联汽车放到核心战略发展地位，制定一系列的战略规划以及法律法规支持产业发展；**2）从市场前景来看**，节能汽车在相当长一段时间仍是市场主体，到2035年，新能源汽车将成为市场主流产品，各类智能网联汽车将获得广泛应用；**3）从技术趋势来看**，节能与新能源汽车将成为新一轮科技革命和产业变革的标志性、引领性产品，是新一代信息技术、高端装备制造、新材料、新能源等战略性新兴产业的创新集成载体。

2.2.1　汽车低碳化多技术路线并行发展

低碳化是全球汽车产业长期关注的关键技术方向之一。目前，各国整车企业正多管齐下，加紧推进不同技术路线的发展进步。

1）节能汽车在一定时期内仍是市场主力，具有较大的节能减排潜力。当前，主要发达国家对传统燃油汽车平均燃料消耗量及排放量提出了严格的要求，并呈不断加严的趋势，推动着整车企业加快进行传统动力系统的优化升级，基于自身积累发展相应的混合动力技术，采用先进变速器、轻量化技术等技术路径实现节能减排。在技术发展趋势上，节能技术呈现出发动机高效化、机电耦合低碳化、变速器多档化及轻量化等趋势。

2）电动化战略转型加速，市场和技术层面迎来激烈竞争。中国、欧洲、美国、日本等汽车产业领先国家和地区及主要整车企业围绕未来汽车电动化发展达成高度共识，纷纷发布电动化战略目标，加快汽车电动化转型。其中，包括德国在内的欧洲在汽车电动化转型方面明显加速，2020年6月，欧洲电动汽车销量创纪录，达到9.3万辆，同比增长95%。从企业层面来看，几乎所有国际重点整车企业均发布了新的电动化目标和产品规划。在技术发展趋势上，汽车电动化技术整体呈现出平台化、一体化、轻量化、高压化发展趋势。此外，动力蓄电池系统追求寿命、成本、能量密度、功率、充电倍率等性能的大幅提升，固态蓄电池研发力度加大；电驱动系统追求小型化、轻量化、集成化，机电耦合

系统不断优化；电动汽车安全以及充电等相关技术等也成为研发的重点领域。

3）氢燃料电池汽车产业化预期提前，新一轮示范应用酝酿开启。作为能源技术革命的重要方向和未来能源战略的重要组成部分，氢燃料电池汽车得到了日本、欧洲、美国等国家和地区的高度重视。随着一些典型车型的推出和关键技术的突破，氢燃料电池汽车产业化预期有所提前。截至2019年底，全球范围内氢燃料电池汽车累计销量超过2.4万辆，加氢站数量超过450座，但进一步的商业化仍面临成本、氢能供给等方面的挑战，新一轮商业化示范运行正在酝酿启动。在技术发展趋势上，基于新材料体系的电池堆技术、更高压力的气态氢气运输储存技术、成本降低与产品量产技术能力等成为近期该领域的主要技术攻关方向。

2.2.2 汽车信息化与智能化技术融合创新

信息化与智能化指向未来汽车对“安全、舒适、高效”的更高追求，目前，这两个技术领域的发展趋势主要体现在智能网联汽车和智能制造等方面。

1）智能网联汽车产业技术加速发展，技术跨界融合成为创新发展的主基调。美国、欧洲、日本等汽车产业领先国家和地区已基本形成国家战略引导、跨部门协同合作的机制，创造了有利于智能网联汽车市场和技术发展的政策法规环境。主要汽车企业也纷纷加快布局智能网联汽车产品，具备部分自动驾驶、有条件自动驾驶级自动驾驶能力的智能网联汽车正陆续投放市场，示范应用方兴未艾，技术架构及路线逐步清晰。在技术发展趋势方面，智能网联汽车技术呈现出如下发展趋势：从单车智能化逐步向智能化与网联化相融合的路径发展；自动驾驶推进汽车软件化进程，新型电子电气（EE）架构将成为未来发展趋势；新技术在特定场景优先得到实践应用，随着技术的不断验证与成熟，逐步向城市及郊区道路、高速公路等场景拓展；智能网联汽车推动汽车产业生态重构；智能网联汽车与智慧城市、智能交通实现融合成为主要发展趋势。

2）数字化技术助力，汽车从制造迈向智造。智能制造技术主要可以分为三个层面：一是数字化集成，实现实体工厂的数字化以及与虚拟工厂的数字化集成；二是信息物理集成，实现企业内部信息系统以及信息系统与物理系统的集成；三是工业大数据集成，以工业互联网为支撑，在更高维度上实现不同企业之间的数据流通与业务集成。在数字化集成方面，未来技术发展趋势是进一步提高工厂数据采集的深度与广度，发展虚拟工厂、数字孪生等技术。在信息物理集成方面，当前的攻关重点是提升企业的信息利用率和流通便捷性，优化流程与业务，如物理资产的建模和数字化，信息物理系统的构建以及相关支撑软硬件工具和方法。在工业大数据集成方面，未来方向是逐步发展构建工业互联网平台，利用其连通、计算能力、存储优势，实现各种离散工业资源的有效集成与优化应用，进而真正实现大规模定制化生产的智能制造。

3 我国汽车产业技术发展现状与进展评估

自技术路线图1.0发布以来，我国汽车产业经历了由高速增长到增速放缓、行业转型调整的转变，叠加新型冠状病毒肺炎疫情（以下简称新冠疫情）影响，甚至出现了明显的负增长，但凭借稳定增长的消费需求和完善的工业体系，我国汽车产业发展韧性依然强劲。与此同时，低碳化、智能化、信息化等新趋势也将推动产生新需求、新技术、新模式，加速汽车产业转型升级。

我国节能与新能源汽车技术进步明显。汽车节能技术加快跟进发展，乘用车新车燃料消耗量接近2020年目标（5L/100km），但在产品结构、混合动力发展水平、汽车轻量化等方面距离2020年目标还有较大距离；新能源汽车技术达到国际先进水平，市场份额、整车产品关键性能指标处于世界先进水平，部分关键零部件已掌握核心技术；截至2020年7月，累计推广新能源汽车超450万辆，基本达到2020年目标，但在动力蓄电池能量密度、循环寿命等方面离2020年目标还存在不少距离；智能网联汽车整车智能化、网联化水平不断提升，传感器、计算平台、智能座舱等关键软硬件快速迭代，高精度地图与定位等基础支撑技术实现了自主突破，但在核心传感器芯片、计算芯片方面仍面临一定的挑战；从产业创新发展的支撑来看，近年来，我国汽车产业研发投入、科技人才、专利等技术创新核心要素持续增量提质，加速驱动创新能力迈上新台阶，但相关基础薄弱环节则突破缓慢。

3.1 汽车节能技术持续提升

近年来，我国节能汽车技术持续提升，整车燃料消耗量得到稳步降低，自主先进发动机热效率加快追赶国际领先水平，高效多档变速器实现了核心技术的重点突破，动力总成电气化与混合动力技术取得一定进展，各项节能技术合力并进，有效带动了整车燃料消耗量稳步降低，进一步趋近2020年燃料消耗量目标。但是，在产品结构节能方面，混合动力车型占乘用车销量8%、车辆小型化等2020年目标未能实现，产品结构节能这一路径仍具有较大潜力。

3.1.1 乘用车技术节能总体取得进步

1. 乘用车新车平均燃料消耗量不断下降

随着我国排放法规的不断加严，节能汽车发展较快，乘用车新车平均燃料消耗量逐年下降，不断向目标值靠近。根据工业和信息化部发布的2019年乘用车企业平均燃料消耗量与新能源汽车积分执行情况年度报告，国内乘用车平均燃料消耗量由 2016 年的 6.5L/100km（含新能源汽车）下降至 5.56L/100km（含新能源汽车），进一步趋近 2020 年乘用车平均燃料消耗量 5L/100km 的目标。

同时，未来乘用车节能与燃料消耗量控制依然面临严峻压力。首先，受新能源汽车核算优惠影响，2015 年之后我国乘用车平均燃料消耗量未能反映传统能源乘用车燃料消耗量的实际降幅，依据工业和信息化部发布的 2016—2019 年度“中国乘用车企业平均燃料消耗量与新能源汽车积分核算情况表”，将新能源汽车燃料消耗量按 0 计，参考新能源汽车核算系数，可计算得到 2016—2019 年传统能源乘用车新车平均燃料消耗量分别为 6.88L/100km、6.77L/100km、6.62L/100km 及 6.46L/100km，与乘用车（含新能源汽车）平均燃料消耗量的对比如图 1-3-1 所示。其次，由于消费升级及国内消费者对运动型多用途汽车（SUV）等中大型乘用车的偏好，乘用车整备质量不降反增，车辆小型化推行效果欠佳，原目标“紧凑型及以下车型销量占比超过 55%”未能达成。

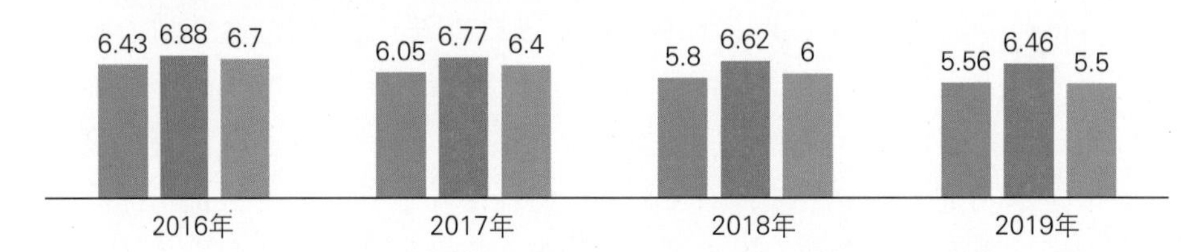

图 1-3-1　2016—2019 年国内乘用车燃料消耗量变化情况

注： 数据来源于根据相应年份工业和信息化部发布的“中国乘用车企业平均燃料消耗量与新能源汽车积分核算情况表”核算结果。

2. 关键技术取得重点突破

（1）发动机

在发动机方面，国内骨干整车企业在增压直喷新机型研究上，已大量应用高压缩比（12~13）+米勒循环+变排量附件+低摩擦技术等先进节能技术，重点整车企业通过节能技术组合，热效率接近 39%，乃至靠近 40%，2020 年目标基本可以达成，初步实现了对国际领先水平的追赶。

（2）变速器

在变速器方面，我国自动变速器呈爆发式增长，乘用车多档化发展迅速。自主品牌整车企业以双离合变速器（DCT）为主，多个整车企业先后实现 7 速双离合变速器（7DCT）量产。一级供应商主要布局自动变速器（AT）、无级变速器（CVT），6 档自动变速器等已经实现规模化量产，8 档自动变速器已推出系列化产品。与国外领先水平相比，我国自主变速器依然面临着提升效率与可靠性等多方面挑战。

(3) 混合动力技术

在混合动力技术方面，我国自主开发出相关车型，但节油效果不够理想，燃料消耗量与2020年混合动力乘用车4L/100km的目标仍有不小差距。相比而言，国外企业对于混合动力车型是从整车+发动机+机电耦合装置+电机+动力蓄电池+多能源管理方面进行系统优化和升级，以实现整体燃料消耗量的改善，部分合资混合动力车型燃料消耗量接近4L/100km。此外，数据显示，2018年，国内混合动力乘用车销量为19.1万辆，占乘用车总销量的0.8%，距离“2020年占乘用车销量8%”的目标差距巨大。

(4) 低阻力技术

在低阻力技术方面，国内轮胎企业的设计、工艺及生产技术仍处于跟随阶段，以生产为主，自主研发能力薄弱。在车身设计方面，国内乘用车风阻系数仍处于平均0.37~0.38的较低水平。

(5) 轻量化

在轻量化方面，公告车型数据显示，受到我国产品结构中SUV等车型占比大幅提高和整车配置增加等因素的影响，乘用车平均整备质量降幅未达到技术路线图1.0提出的2020年乘用车整备质量减小10%的目标。

(6) 替代燃料

在替代燃料技术方面，我国天然气乘用车销量59万辆，在乘用车销量中的占比为2.5%，相关整车企业推出了天然气专用发动机，采用单一电子节气门控制（ECT），排放达到国六标准，热效率进一步提升。

3.1.2 商用车动力总成有待加速发展

近年来，我国商用车通过重点突破动力总成升级优化，提升了整车节油水平，但与乘用车相比，商用车节能汽车发展相对缓慢，在先进柴油机、变速器、电子电器、整车动力学等方面与国外相比仍有不小差距。

(1) 先进动力柴油机

在先进动力柴油机方面，2019年市场主流重型柴油机有效热效率在46%左右，与2020年热效率50%的目标仍有一定差距，与德国、美国等新型柴油机55%的热效率相比，需要系统性挖掘节能潜力。

(2) 变速器

在变速器方面，国内手动变速器的研发逐步成熟，主要变速器企业具备自主研发能力，产品覆盖5~16档产品；自动变速器的研发也相继取得成功，但在总成电子控制、关键零部件可靠性等方面与国际先进水平存在差距。

(3) 整车动力学

在整车动力学方面，国内商用车轮胎的滚阻系数与国际先进水平相比略有差距，低滚阻轮胎在国内应用率较低；对客车流线型设计开展了一定的研究，相比国外专用于降低风阻的导流装置等设计应用较少；载货汽车驾驶室多采用平头，风阻系数稍高。

（4）混合动力

在混合动力技术方面，国内载货混合动力汽车产品开发和推广应用程度不如国外，但呈现出加快发展的趋势。在客车方面，由于混合动力客车不属于新能源汽车，自身的技术经济性未能完全适应市场化的竞争，因此未能获得大规模推广。

（5）轻量化

在轻量化方面，2015—2019 年，国内重型货车每年减重 1% ~ 1.5%；受排放升级等政策的影响，中型货车、厢式车（VAN）类车型整备质量保持了基本稳定。

（6）替代燃料

在替代燃料方面，天然气商用车已经得到规模化应用，但由于发动机研究起步较晚，天然气发动机技术相对落后，天然气发动机热效率不足 38%（不及欧洲 40% 的天然气发动机热效率）。在政策的支持下，甲醇汽车在特定地区得到了一定程度的应用。

3.2 新能源汽车整体技术达到国际先进水平

技术路线图 1.0 发布以来，我国新能源汽车在车辆平台化和模块化设计、整车批量化生产工艺、质量及成本控制、轻量化新材料应用等方面与国际领先水平差距逐渐缩小，在续驶里程、动力性、能耗等方面已处于世界领先水平。相比 2016 年新能源汽车销量 50.7 万辆，2018 年以来，我国新能源汽车已迈入百万辆市场时代。截至 2020 年 7 月，累计推广新能源汽车超 450 万辆，占全球市场的 50% 以上。累计建设各类充电桩 130 万个，已建和在建加氢站超过 100 座，成为全球新能源汽车最大的市场。

3.2.1 纯电动汽车技术水平和产品竞争力全面提升

当前，纯电动汽车（EV）进入到全新平台开发新阶段，逐步实现部件协同化、整车轻量化、整车架构高效化。通过代际升级，整车能耗、续驶里程、智能化应用等综合性能实现全面进步，产品竞争力显著提高。从具体性能指标来看，2019 年，国产纯电动轿车平均续驶里程已从 2016 年的 190km 提升至 360km，典型 A 级纯电动乘用车工况百公里能耗降至 11 ~ 13kW · h（法规工况），典型高性能 B 级纯电动汽车百公里电耗达到 16 ~ 17kW · h（法规工况），已达到国际领先水平。典型纯电动客车电耗为 3.0 ~ 3.45kW · h/100km · t（法规工况），提前实现 2020 年法规工况整车电耗小于 3.5kW · h /100km · t 的目标。

动力蓄电池技术水平和产业规模进入世界前列，竞争优势逐渐显现。2019 年，量产三元材料单体蓄电池能量密度达到 275W · h/kg，系统能量密度达到 170W · h/kg 以上，系统成本下降到 1 元/W · h 左右，与 2016 年水平相比，单体蓄电池能量密度提升 35% 以上，系统成本下降60%以上。目前，国产动力蓄电池与日韩等国相比，在能量密度、循环寿命等方面，技术水平基本持平，产品经济性具有竞争力，但在先进高端材料开发和应用、高端制造装备、质量控制水平及能力等方面，与国外动力蓄电池先进企业相比仍存在一定差距。

驱动电机在功率密度、系统集成度、电机最高效率和转速、绕组制造工艺、冷却散热技术等方面持续进步，与国外先进水平同步发展。2019年，我国量产驱动电机质量功率密度已达到4.0kW/kg以上，相比2016年提升30%以上。多个企业已推出自主开发出的车用沟槽栅场中止IGBT㊀芯片、双面冷却IGBT模块和高功率密度电机控制器，体积功率密度达到16~20kW/L，相比2016年实现了功率密度倍增，总体技术水平迅速追赶国际先进水平。我国企业还推出了碳化硅（SiC）元器件和基于碳化硅元器件的高功率密度电机控制器，并出口欧洲主机厂。同时，我国开发并量产了多款三合一纯电驱动总成和插电式机电耦合总成产品，技术水平与国际同类产品相当。但我国在车用驱动电机及其控制系统智能化、与机电耦合的深度集成、高速变速器等关键零部件设计与制造等方面仍有一定差距。

充电网络初步满足新能源汽车发展需要。截至2019年12月，全国公共充电设施已覆盖404个城市，建成了“十纵十横”高速公路快充网络，充电设施规模达122万座，充电站规模达3.5万座，换电站超过300座，均位居全球第一。公共领域充电设施车桩互操作性测评的充电一次成功率优于98%，用户充电体验明显改善。其中，超过3.5万座充换电站的建成规模，大幅领先于2020年1.2万座的目标。在充电技术进展方面，智能有序充电、大功率充电、换电技术得到不同程度的应用，无线充电技术、车网互动（V2G）等前瞻充电技术进入示范测试阶段。

3.2.2　插电式混合动力汽车相关技术性能提前实现目标

插电式混合动力汽车（PHEV）能耗水平提前达标。2019年，插电式混合动力乘用车B状态燃料消耗量（不含电能转化的燃料消耗量）达到4.3L/100km（NEDC工况），相比整体燃料消耗量水平下降25.9%，提前实现2020年技术路线图1.0版提出的混合动力模式燃料消耗量相比传统车型节能25%的目标。插电式混合动力乘用车在紧凑型及以上私人乘用车领域已批量应用，私人用车与公务用车比达到4:1。

自主研发出不同的机电耦合构型。自主品牌整车企业根据各自的技术积累和优势，推出了不同类型的新型机电耦合装置。上汽集团采用了以EDU电驱动变速器为核心，同轴布置双电机、双离合器的机电耦合构型。广汽集团采用了G-MC+阿特金森发动机的构型，吉利集团采用的是行星齿轮结构的混合动力耦合装置。

插电式混合动力汽车关键技术取得突破。目前多采用分体/简单集成，持续质量功率

㊀ IGBT是Insulated Gate Bipolar Transistor的缩写，即绝缘栅双极型晶体管。

密度为0.8～1kW/kg，系统最高效率达到92%，已实现以矢量控制转矩为核心的整车控制技术突破。通过对单体蓄电池、模组、动力蓄电池管理系统、整车等各层级进行优化设计，整车安全性得到明显提升，NVH㊀性能也得到较好的改善。

3.2.3 氢燃料电池汽车加快进入示范导入期

自技术路线图1.0发布以来，燃料电池客车技术进步显著，氢消耗量从8.5 kg/100km降低至7.0kg/100km，达到了技术路线图1.0提出的2020年7.0kg/100km的目标，在续驶里程、0—50km/h加速时间、最高车速、冷启动温度等方面，均实现或者超额完成了2020年的目标，而在寿命和整车成本方面，与2020年目标仍有一定差距。与国外相比，我国商用车采用电-电混合技术路线，在续驶里程及整车成本方面有明显优势，但耐久性等性能指标与国外差距较大。相对于商用车，我国燃料电池乘用车技术研发和产业化进展缓慢。

车用燃料电池系统的功率密度、最高效率等多项技术指标与国际先进技术水平同步。燃料电池系统的电池堆、压缩机、DC/DC变换器、氢气循环装置、控制系统和传感器等关键零部件均已实现了国产化。特别是国产化电池堆，技术水平已有大幅度提升，正逐渐接近国际先进水平，商用车用电池堆功率从原来的30～50kW提高到80kW以上，超过技术路线图1.0提出的2020年70kW的目标，电池堆体积功率密度也超过了2020年2.0 kW/L的目标。但是，我国燃料电池系统寿命、可靠性、低温适应性等与国外先进水平差距仍然存在，催化剂、炭纸、质子交换膜等燃料电池关键材料和部件基础较为薄弱。

3.3 智能网联汽车技术水平显著提升

从产业发展看，智能网联汽车技术与信息与通信技术（ICT）不断深度融合，将为汽车产业创新提供积极助力，在技术发展与产业探索实践的综合推动下，我国智能网联汽车已经从概念原理、技术原型阶段逐步迈入产业化创新应用新阶段，国内主要汽车企业已经开始在量产车型上装配驾驶辅助级到部分自动驾驶（DA-PA）级系统产品，同时发布具备有条件自动驾驶级（CA）与高度自动驾驶（HA）级及C-V2X功能汽车的量产计划。计算平台、激光雷达、毫米波雷达等核心零部件纷纷取得国产化突破，但在核心传感器芯片、计算芯片方面仍与国外顶尖企业具有一定差距。在网联化方面，C-V2X产业生态体系基本形成，产业化速度加快。基础设施建设、高精度地图和高精度定位等也取得阶段性进展，支持高等级智能网联汽车规模应用能力得到了提升。

3.3.1 智能网联汽车关键技术取得突破

自技术路线图1.0发布以来，我国智能网联车用传感器核心芯片技术从无到有，实现

㊀ NVH是Noise、Vibration、Harshness的缩写，即噪声、振动与声振粗糙度。

技术突破，并实现量产，但与国际相比，国内相关产品刚进入前装市场，量产经验不足，关键指标与国际领先企业有一定差距，且市场占有率较低。

（1）整车产品技术

在智能网联汽车整车产品技术方面，车辆智能化水平进一步提升。国内众多整车企业纷纷发布了智能网联汽车发展计划，2018 年自主品牌部分自动驾驶（PA）级汽车开始陆续量产，目前已经得到大量应用。高级别自动驾驶车辆在园区、机场、矿山、码头、停车场等封闭、半封闭场景已经开始得到示范应用。在网联化方面，我国 C-V2X 快速发展，产业生态体系健全。2019 年，上汽、一汽、东风、长安、北汽等 13 家整车企业共同发布 C-V2X 商用路标，计划于 2020—2021 年量产搭载 C-V2X 终端的汽车。总体而言，整车技术进展与技术路线图 1.0 提出的里程碑目标保持一致。

（2）环境感知技术

在环境感知技术方面，车用激光雷达、视觉传感器以及毫米波雷达等传感器以及基于传感器的感知技术水平取得突破。车载多线束激光雷达、应用于智能驾驶功能的车载视觉芯片已实现量产，车载 24GHz 和 77GHz 毫米波雷达核心的射频收发芯片和雷达波形控制芯片已实现自主研制，车载多传感器融合环境感知算法感知的精度和可靠性有一定提升。

（3）智能决策技术

在智能决策技术方面，我国在智能决策策略与模型的开发及测试仿真平台和计算平台构建等方面取得突破。我国已构建了面向可控场景的智能决策模型，具备比较典型的基于规则模型和人工智能（AI）算法的智能决策技术能力，并完成了相关测试仿真平台构建。同时，我国已经推出多款自主研发的自动驾驶计算平台，代表性产品有华为的 MDC（Mobile Data Center）和地平线的 Matrix 平台等。与技术路线图 1.0 发布时相比，我国自动驾驶计算平台从无到有，实现了技术突破，与国际相比，我国在测试与验证方面缺乏有效的大规模测试验证方法，在一定程度上阻碍了决策技术的进步。

（4）控制执行技术

在控制执行技术方面，车辆动力学控制策略、关键执行机构开发等方面取得突破。自动紧急制动（AEB）、自适应巡航（ACC）、车道保持辅助（LKA）等纵横向驾驶辅助控制算法已完成软件开发、实车测试验证，并已实现量产应用，同时，面向停车场、封闭场景的车辆集成控制算法的软件开发与实车测试等关键环节取得一定突破。此外，满足智能驾驶辅助功能需求的关键执行机构、转向、制动等已完成开发、测试验证，并已实现量产应用。总的来讲，我国在控制执行技术量产化方面已取得突破，但与国际相比，我国相关汽车在车辆智能化系统集成与应用方面仍然存在不足，一些自主整车企业需要在国外领先零部件供应商协助下实现系统的集成应用。

3.3.2　信息交互技术与国际领先水平保持同步

智能网联汽车信息交互技术主要包括 V2X 通信技术、云平台与大数据技术、信息安全技术。

（1）V2X 通信技术

在 V2X 通信技术方面，技术标准、V2X 底层通信模块、测试示范等与国际领先水平保持一致。我国已完成 LTE-V2X 相关技术标准的制定和实施；我国自主通信芯片、模组等底层通信模块已经实现小批量供货，实现了城市级车联网示范应用，同时实现了跨通信模组、跨终端、跨整车的互联互通，验证了我国 V2X 标准协议栈的有效性。我国在 LTE-V2X 相关技术标准完善性、V2X 底层通信模块量产化以及测试示范能力与规模等方面都实现了提升，与国际相比，我国实现了 V2X 通信标准的国际引领，同时，以华为、大唐为代表的通信企业在 V2X 底层通信模块技术方面达到国际领先水平。

（2）云平台与大数据技术

在云平台与大数据技术方面，架构及标准化、平台关键技术取得积极进展。我国已经初步建立三层分级平台架构，形成信息交互标准，各方角色分工基本明确，并开展具有实时信息融合与共享、计算、应用编排、数据分析和信息安全等基础服务机制，为智能网联汽车及其用户、监管部门等提供车辆运行、道路基础设施、交通环境、交通管理等实时动态数据，并开展了大规模网联应用实时协同计算环境的大数据云控基础平台关键技术研究。我国在大数据云控基础平台关键技术研究方面取得积极进展，与国际相比，我国提出的大数据云控基础平台架构具有先进性。

（3）信息安全

在信息安全方面，各标准组织在汽车信息安全领域发力和布局，共同促进我国智能网联汽车信息安全标准体系的建设。与国际相比，我国在信息安全防护体系建立方面还需要进一步加强。欧洲借助在功能安全体系方面的前瞻布局，主机厂和收购安全公司的核心零部件企业联合研发汽车信息安全技术架构和防护体系，并逐渐形成国际标准 ISO 21434 等。我国在该领域一直处于跟随状态，并逐渐缩小差距；在安全漏洞检测与漏洞库检测方面，信息安全公司与行业机构通力合作，针对主流车辆进行了深入且长期的安全检测，并建立了行业漏洞库，处于国际先进水平。

3.3.3 基础支撑技术加快落地

基础支撑技术主要包括高精度地图与定位技术、标准法规、测试评价技术及示范推广。

（1）高精度地图

在高精度地图方面，先进驾驶辅助系统地图（ADAS Map）、高精地图（HAD Map）采集范围与地图制作与国际先进水平保持一致。我国主要地图商高德和四维图新已基本完成全国高速公路的高精度地图采集和搭建，并实现高精度地图的商业化落地。但与国际相比，我国在经济型量产车高精度地图的动态更新技术方面尚与国际公司 Mobileye、博世等存在一定差距。

（2）高精度定位

在高精度定位方面，基于北斗卫星通信的实时动态（RTK）差分定位技术与国际先进水平保持一致。我国在中国北斗卫星导航系统（GNSS）协同定位方面取得积极进展，具体体现在高精度定位服务可实现在开阔道路上的亚米级定位，在 GNSS + 惯性导航融合技术的基础之上，增加视觉定位以及地图数据的融合，实现多维数据多场景判断，可以达到亚米级定位标准，满足低级别的自动驾驶需求。我国在高精度定位精度、高精度定位的自动驾驶应用方面实现了提升，与国际相比，基于视觉等经济型传感器实现高精度定位技术的研究还有差距，相关技术处于实验室研发阶段，与国外有明显差距。

（3）法规标准

在法规标准方面，国家标准和团体标准取得突破，具体体现在完成了国家标准和团体标准两个层面标准体系构建。在先进驾驶辅助系统（ADAS）、自动驾驶（AD）、汽车信息安全（CS）及网联功能与应用（CFA）等细分专业领域，已经启动了 38 项国家标准的制定工作，基本形成以驾驶辅助级、部分自动驾驶级智能化水平和网联化等级中的辅助信息网联为重点的技术及应用系列标准，基本实现技术路线图 1.0 提出的目标，与国际标准化进程基本同步。

（4）测试评价技术

在测试评价方面，低等级和高等级智能网联汽车整车与系统测试技术实现突破。具体体现在，我国在部分自动驾驶级及以下智能网联汽车整车与系统测试方面已基本形成完善的测试方法，在有条件自动驾驶级及以上智能网联汽车虚拟仿真、场地测试等测试技术方面取得一定进展，并积极推进中国典型驾驶场景数据库建设。

（5）示范推广

在示范推广方面，正在组织开展从封闭测试到开放道路的测试示范。2018 年 4 月，工业和信息化部、公安部、交通运输部已联合发布《智能网联汽车道路测试管理规范（试行）》，同年 8 月，智能网联汽车产业创新联盟、全国汽车标准化技术委员会智能网联汽车分技术委员会联合发布《智能网联汽车自动驾驶功能测试规程（试行）》，指导智能网联汽车道路测试的开展。截至 2020 年 6 月，已建成 16 个国家级测试示范区，20 多个城市已允许企业开展道路测试，开放道路里程超过 2600km，70 余家企业获得超过 400 余张道路测试牌照，部分城市已开展载人载物测试。

3.4　技术创新支撑能力显著提升，但仍存在关键短板

3.4.1　技术创新核心要素持续提质增效

从技术路线图 1.0 发布至今，在持续的研发投入推动下，我国汽车产业科技人才质量

与数量得到双提升，年度发明专利公开量大幅增长，产业自主创新与技术研发能力迈上新台阶。

1. 研发投入持续大幅增长

研发投入是提升技术创新能力的最基本保障。一方面，近年来我国相关汽车企业的年度研发投入大幅增长，研发投入占营收比例达到 3.5% 左右，其中，上海汽车的研发投入从 2015 年的 9.196 亿欧元增长至 20.291 亿欧元，吉利汽车从 2015 年的 0.885 亿欧元增长至 2019 年的 7.111 亿欧元，持续增长的研发投入为自主品牌技术创新能力提升提供了重要保障，见表 1-3-1。另一方面，我国汽车企业研发投入总量、研发投入占营收比例同世界主要汽车企业相比，仍存在较大差距。作为资金密集型产业，持续提升我国汽车产业技术创新能力，需要不断加大研发投入作为基础保障。

表 1-3-1　2018—2019 财年与 2015 财年国内外部分汽车集团研发投入情况对比

序号	公司名称	研发投入世界排名	2018—2019 财年研发投入/百万欧元	研发投入占营收的比例（%）	2015 财年研发投入总量/百万欧元
1	大众	1	13640.0	5.8	13120.3
2	戴姆勒	2	9041.0	5.4	5650.0
3	丰田汽车	3	8264.7	3.5	6858.4
4	福特汽车	4	7161.6	5.1	5683.2
5	宝马	5	6890.0	7.1	4566.0
6	通用汽车	6	6812.2	5.3	6095.0
7	上海汽车	17	2029.1	1.9	919.6
8	吉利汽车	32	711.1	5.2	88.5
9	东风汽车	37	605.9	4.5	—
10	长城汽车	39	504.0	4.2	346.2

注：东风汽车指 DONGFENG MOTOR，不含 DONGFENG AUTO MOBILE。数据来源于欧盟委员会联合研究中心《2019 年欧盟工业研发投资排名》。

2. 科技人才数量与质量双提升

2016 年以来，国内外源源不断的汽车人才培养与输入，促进了我国汽车科技人才数量和质量的大幅提升，我国汽车人才团队中汽车工程技术人员数量、研发人员数量及其占从业人员的比例等重要指标不断提升（表 1-3-2），为我国汽车产业技术发展提供了智力支撑，这与我国汽车产业尤其是自主品牌企业的技术创新能力快速发展互为因果、互相带动。

表 1-3-2　我国汽车行业工程技术与研发人员数量情况

年份	汽车工业年末从业人员数/万人	工程技术人员数/万人	研发人员数/万人
2007 年	204.1	24.5	10.9
2008 年	209.4	25.4	12.4
2009 年	216.5	26.7	16.3
2010 年	220.3	31.1	16.9
2011 年	241.7	35.5	18.7
2012 年	250.8	37.3	20.2
2013 年	339.9	42.4	26.2
2014 年	350.5	47.6	26.6
2015 年	360.0	49.3	33.8
2016 年	615.1	—	44.6
2017 年	630	95.7	—
2018 年	551	—	45.3

注：数据来源于相应年份的《中国汽车工业年鉴》。

但同时也应看到，由于工程技术与研发人才培养周期长，相比我国汽车产销量、营收、总体规模等的快速发展，自主研发尤其是乘用车自主研发大规模启动的时间相对滞后，在传统领域，汽车制造方面的人才基本满足产业的发展需求，但资深的产业科研人员和工程师数量仍然短缺；同时，当下处于汽车产业转型升级发展的关键时期，电动化、智能化、共享化融合发展，在此背景下，行业又产生了大量的新兴领域跨学科汽车科技人才需求。预计未来较长一段时间，二者叠加交汇，将加剧我国汽车产业人才的结构性问题。

3. 发明专利年度公开量五年翻番

专利尤其是发明专利是企业技术创新能力的关键成果之一。2019 年，我国汽车产业发明专利年度公开量达到 13.4 万件，相比 2015 年的 7.5 万件，实现了接近翻番的增长，相比 2010 年 3 万件，实现了翻两番的增长，见表 1-3-3。发明专利的快速增长，是我国汽车企业深化技术创新能力、加快实现赶超发展的重要标志，同时也为我国汽车产业持续创新能力建设提供了重要的智力资源。

表 1-3-3　2010—2019 年我国汽车产业发明专利年度公开量

年份	发明专利年度公开量/万件
2019 年	13.4
2018 年	12.1
2017 年	10.1

（续）

年份	发明专利年度公开量/万件
2016 年	9.4
2015 年	7.5
2014 年	7.2
2013 年	6.2
2012 年	5.6
2011 年	3.7
2010 年	3

注：数据来源于中国汽车技术研究中心有限公司汽车技术情报研究所。

从创新主体来看，2015 年以来，我国自主汽车企业的专利数量和质量不断提升。以 2019 年专利公开量为例（表 1－3－4），比亚迪、江淮、蔚来、玉柴四家企业进入我国汽车专利公开量排名前 10 的申请人中，比亚迪从 2018 年的第五名上升到 2019 年的第二名，玉柴从 2018 年的第 18 名上升到 2019 年的第 10 名，实现了专利公开量的大幅增长，同时发明专利占比也较大。但与国外企业相比，仍然存在较大差距。上述四家国内申请人公开专利数占排名前 10 申请人公开专利数的 35%，而发明专利数占比仅为 24.7%，远低于国外申请人公开专利中的发明专利占比水平。

表 1－3－4　2019 年中国汽车专利公开量主申请人排名前 10 的企业

排名	申请人	公开量	同比增长（%）	发明占比（%）
1	丰田自动车株式会社	2661	60.0	95.5
2	比亚迪股份有限公司	2463	36.6	67.0
3	福特全（环）球技术公司	2330	－10.5	79.0
4	罗伯特·博世有限公司	1864	11.1	92.4
5	本田技研工业株式会社	1803	71.9	89.1
6	通用汽车环球科技运作有限责任公司	1288	6.1	96.4
7	安徽江淮汽车集团股份有限公司	1274	－49.3	53.1
8	（上海）蔚来汽车有限公司	1166	86.6	40.1
9	现代自动车株式会社	1160	－20.3	76.3
10	广西玉柴机器股份有限公司	1151	22.5	40.0

注：数据来源于“全球汽车专利数据库服务平台”，由中国汽车技术研究中心有限公司情报所和中国汽车工程学会知识产权分会联合发布。

3.4.2　技术创新体系不断优化完善

在政产学研各方力量的联合推动下，多部门协调联动、覆盖关联产业的汽车产业协同创新机制得到不断健全，尤其是在“十三五”期间，以企业为主体、市场为导向、产学研用相结合的技术创新体系实现了进一步完善，充分发挥重大项目的引领作用，建立了矩阵式的研发能力布局和跨产业协同平台，形成了体系化的技术创新能力。同时，当前创新体系方面仍然面临如下问题：一是基础研究重视程度和投入不够，原创性成果偏少；二是连接基础研究和产业化应用技术的新型研发机构虽已建立，但还处于能力建设初期，尚需一定时间的积累，为行业发挥更大的支撑作用；三是产业融合创新涉及不同行业、不同学科、不同专业，尚需要进一步打通。

1. 前瞻布局引领产学研大规模协同攻关

长期以来，科技部、工业和信息化部、国家发展和改革委员会等多个部委，从前瞻规划、创新研发、产业化发展等方面进行了系统的布局，以推动我国汽车产业转型升级。尤其在“十三五”时期，相关部委部署实施了“十三五”新能源汽车重点研发专项、工业强基工程、智能制造试点示范项目、加强制造业核心竞争力三年行动计划等专项项目，有效集聚了全产业创新力量，带动了汽车产学研大规模协同攻关，有效推动我国新能源汽车关键技术研发取得重大进展，并涌现出一批标志性成果。

2. 组建新型研发机构推动技术贯通

以深化产学研合作为导向，在相关部委的指导支持下，汽车行业先后建立了国家动力电池创新中心、国家智能网联汽车创新中心、国家新能源汽车技术创新中心等新型研发机构，推动了基础研究、应用技术、产业化技术之间的有效供给与贯通。国家动力电池创新中心在动力蓄电池协同攻关平台方面，组织实施了锂离子蓄电池升级工程，自主研发了260W·h/kg、280W·h/kg单体蓄电池和155W·h/kg动力蓄电池系统，目前正在开展350W·h/kg单体蓄电池的研发。国家智能网联汽车创新中心布局“行驶环境融合感知、智能网联决策控制、复杂系统重构设计、智能网联安全和多模式测试评价”四大共性关键技术，正在形成研发与测试能力。国家新能源汽车技术创新中心聚焦燃料电池、电子电控、车规芯片、智能网联、开源平台五大领域，积极开展技术攻关。

3. 产业创新联盟推动共建共享

在相关部门的指导和行业组织的积极推动下，汽车行业围绕汽车技术链，构建创新链，配置资源链，先后组建了“汽车轻量化技术创新战略联盟”“电动汽车产业技术创新战略联盟”“智能网联汽车产业创新联盟”“汽车动力电池产业创新联盟”等一批协同创新平台，以“市场需求导向、共同投入、成果共享”的新机制为特色，开展了一大批行业关键共性技术协同攻关，并取得了一系列成果。在企业层面，面向未来前瞻技术创新、产业生态构建、投资布局等战略领域，同业联合已成为趋势，一汽、东风、长安已结成联盟并组建中汽创智公司，上汽、广汽也启动了相关领域的战略合作。

3.4.3 基础薄弱环节突破缓慢

1. 基础软件、元器件等短板威胁产业安全

当前，我国基础软件、元器件和高端试验仪器、装备等共性技术积累不够，对产业支撑严重不足。汽车研发用 CAD、CAE、CAM 等软件，车规级计算芯片（CPU、GPU、DSP）、车规级功率半导体碳化硅和氮化镓（GaN）元器件、IGBT 芯片、高精度传感器等基础元器件严重依赖国外。

2. 部分关键基础材料尚待突破

当前，我国在汽车相关领域的关键基础材料方面存在短板，部分关键基础材料仍在探索研究中，产业化进程需要进一步加快。例如，动力蓄电池关键材料技术总体上仍落后于国外先进水平，部分高端材料还依赖进口。驱动电机用低重稀土或无稀土永磁体的开发、高品质电工钢、非晶合金铁心、新型电超导与热超导材料、耐高温耐电晕绝缘材料、车规级大电流密度功率半导体材料等与国外差距明显。

3. 部分基础工艺存在明显瓶颈

当前，我国汽车行业相关领域面临基础工艺瓶颈，正制约着汽车关键技术的工程化和产业化。例如，在驱动电机领域，我国在大电流密度 IGBT 芯片设计与工艺技术、高可靠封装工艺与封装材料技术方面仍与国外存在差距。在轻量化领域，受到成形工艺与装备的影响，我国汽车用冷成形高强度（如 1200MPa、1500MPa）钢、薄壁化铸造铝合金、大尺寸挤压铝合金型材、先进热塑性碳纤维复合材料等在车身、底盘上难以大批量应用。

4. 关键零部件严重依赖国外

当前，在关键核心零部件领域，自主品牌有了很大发展，但总体处于价值链低端的状况仍然没有发生根本性改变，中高端市场多由外资企业占据，自主核心技术与品牌竞争力较国外存在明显差距，具体表现在自主品牌传统汽车发动机电子控制单元（ECU）市场份额不足 5%，高效变速器低于 25%，高压共轨系统仅占 2.8%；新能源汽车动力蓄电池用高性能高镍三元材料、碳硅材料等高度依赖进口；面向未来智能化竞争的车控操作系统、车规级芯片等外资依赖度超过 90%。

4 新时代赋予我国汽车产业技术发展的新需求和新使命

根据党中央、国务院关于未来我国经济社会发展的总体部署，到2020年，我国全面建成小康社会，在此基础上再奋斗15年，到2035年基本实现社会主义现代化。届时，我国经济实力、科技实力将大幅跃升，跻身创新型国家前列；人民生活更为富裕，中等收入群体比例明显提高，全体人民共同富裕迈出坚实步伐；现代社会治理格局基本形成，社会充满活力又和谐有序；生态环境根本好转，美丽中国目标基本实现。

2035年，我国“基本实现社会主义现代化”的战略目标从经济社会、能源环境、美好生活和科学技术等多个维度对我国汽车产业技术的加速创新发展提出了战略需求。当前，我国汽车产业总体上处于产业周期性回落和技术变革的叠加交汇期，尽管增速下滑，在新冠疫情影响下甚至出现明显的负增长，但我国汽车产业发展韧性十足，潜力巨大，前景广阔。我国汽车产业应紧抓发展机遇，拥抱科技变革，面向国家需求，肩负起2035年经济社会可持续发展赋予的新使命。

4.1 国民经济发展要求提升汽车产业核心地位

1. 汽车产业是我国国民经济的重要支柱产业

汽车产业是推动新一轮科技革命和产业变革的重要力量，是建设制造强国的重要支撑，是国民经济的重要支柱。我国汽车产销规模在过去近20年间飞速增长，已连续12年稳居全球第一。汽车产业的产值和增加值连年攀升，并带动上下游诸多关联产业的快速发展，在国家经济增长中发挥了重要作用。同时，汽车产业也为国家提供了大量的优质就业岗位。汽车产业作为我国经济发展的龙头支柱产业，具有产业链长、辐射面宽、带动性强的特点。根据国家统计局数据，2019年我国汽车制造业整体营收8.08万亿元，按照对上下游1:5的带动倍数计，将间接带动约40万亿产值规模的庞大上下游产业。

2. 经济高质量发展要求汽车产业加快培育新动能

当前，我国经济正处在转变发展方式、优化经济结构、转换增长动力的攻关期，社会主要矛盾也已转化为人民日益增长的美好生活需要和不平衡不充分的发展之间的矛盾。全面推动汽车产业转型升级，形成全新的、对经济社会产生深远影响的汽车产业新型生态，将为我国在新一轮科技革命和产业变革形势下抢占竞争制高点、增强发展动力、拓展发展空间提供重要支撑，并将创建经济新增长极。

3. 经济新常态背景下要求汽车产业发挥更大的牵引作用

预计未来一段时间，我国经济增长将处于“调结构、稳增长”的新常态趋势下运行：增速从原来的高速增长，降为中高速增长；增长动力将经历新老动能的转换，高效率、低成本、可持续成为经济增长新动能的必然要求；产业结构和需求结构也将发生显著变化，制造业的数字化和服务化转型成为产业升级的重要方向。根据有关机构预测，到 2035 年，我国国内生产总值（GDP）将在 2020 年的基础上翻一番，达到人均 GDP 超过 2 万美元，这对于进入新常态发展阶段的经济增长来说，在坚持不将房地产作为短期刺激经济手段的背景下，要求汽车产业对未来的经济发展发挥更大甚至核心支柱产业的作用。

4.2 生态文明建设迫切要求汽车产业技术向清洁低碳化根本性转变

随着内燃机汽车大规模普及，石油依赖凸显、大气污染严峻、温室气体剧增、城市交通拥堵形成了对汽车产业发展的巨大压力。我国提出的 2035 年“生态环境根本好转，美丽中国目标基本实现”的战略目标要求我国汽车产业技术加速向清洁低碳化转型升级。

1. 石油对外依存度远超安全线，能源安全要求持续提高能效

《2019 年国内外油气行业发展报告》显示，2019 年，我国石油和原油对外依存度双双超过 70%，不仅远超 50% 的安全线，还仍然呈现出增长态势，如图 1－4－1 所示。这其

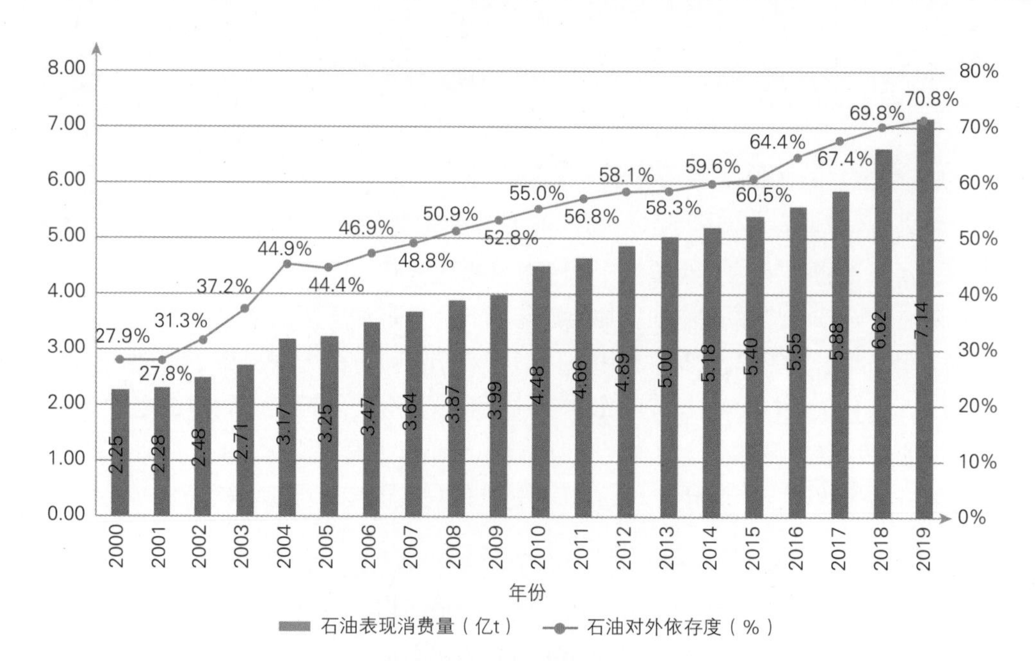

图 1－4－1　中国历年石油对外依存度（2000—2019 年）

注：2000—2017 年数据来自中石油经济技术研究院《2017 年国内外油气行业发展报告》；2018 年、2019 年数据来自相应年份的《国内外油气行业发展报告》。

中，随着汽车保有量的持续增加，包括汽车在内的交通运输部门石油消耗占比超过50%。可见，减少汽车产业和产品能耗，不仅是能源效率问题，更是能源安全问题。

2. 环保问题不断凸显，蓝天保卫战要求低排放发展

汽车尾气排放已成为多种污染物的重要来源之一。《第二次全国污染源普查公报》显示，机动车排放的氮氧化物占全国排放总量的33.3%；全国主要城市的大气细颗粒物（PM2.5）的源解析结果显示，北京、上海、杭州等城市的移动源排放占比均达到了45.0%、29.2%、28.0%（图1-4-2），已成为PM2.5的首要来源。“十三五”期间，国务院印发了《打赢蓝天保卫战三年行动计划》，生态环境部等11部门出台《柴油货车污染治理攻坚战行动计划》，初步形成了多部门分工配合、“油、路、车”协同的机动车污染治理格局。

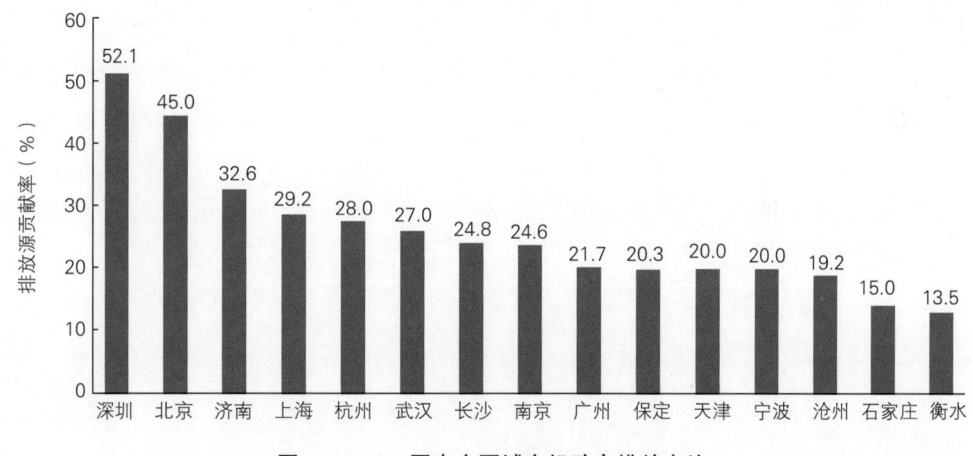

图1-4-2　国内主要城市机动车排放占比

注：数据来源于生态环境部《2018年中国机动车环境管理年报》。

3. 气候变化问题日益突出，低碳绿色发展要求汽车产业低碳化转型

气候变化问题正日益受到全球重视，目前，已有77个国家、10个地区以及100多个城市承诺在2050年前实现“碳中和”，即达成二氧化碳净零排放。在新冠疫情背景下，欧盟更是提出将《欧洲绿色协议》投资计划作为疫后经济复苏、支撑产业低碳绿色转型、提高产业竞争力的重要举措。当前，道路交通排放已经占到全球碳排放总量的18%[㊀]，是温室气体排放的重要组成部分。加快推广节能与新能源汽车应用，将有效推进实现汽车领域低碳化和绿色发展，为扭转温室气体排放快速增长的局面、实现中国2030年左右碳排放达峰并争取尽早达峰的目标做出积极贡献。

㊀ 数据来自国际能源署（IEA）*Tracking Transport* 2020。

4.3 消费需求升级与科技变革驱动“汽车 + 跨界”融合发展

1. 满足消费需求升级要求，汽车产品技术发生重大变革

在能源革命和新材料、新一代信息技术不断突破的背景下，安全、高效、便捷、经济型、绿色出行成为人们消费需求升级的主要方向。新一代信息技术、大数据、人工智能、云计算、物联网等先进技术加速在出行领域的应用，在满足出行需求的同时，也将引发汽车产品技术、功能、形态等多方面的变化，汽车产品正从交通工具转变为大型移动智能终端、储能单元和数字空间，乘员、车辆、货物、运营平台与基础设施等实现智能互联和数据共享。

2. “汽车 + 跨界”融合发展成为必然

在以新一轮科技革命和产业变革的背景下，学科交叉创新、系统集成创新、跨界融合创新成为产业常态，跨界融合成为必选项。推动“汽车 + 跨界”融合，一是要推动汽车与能源的融合发展，加强汽车与电网的双向能量互动，促进新能源汽车与可再生能源融合发展；二是要推动汽车与交通的融合发展，促进一体化智慧出行服务发展，构建智能绿色物流运输体系；三是要推动汽车与信息通信技术融合发展，加强互联互通和信息交互，推进以数据为纽带的人 - 车 - 路 - 云高效协同，打造信息安全保障体系。通过推动“汽车 + 跨界”融合发展，逐步构建出有中国特色的智能汽车、智能交通、智慧城市深度融合发展新型产业体系和产业生态系统。

4.4 现代化强国建设要求汽车产业掌握核心技术自立自强

1. 现代化强国战略要求汽车产业由大到强

习近平总书记于 2020 年 7 月调研中国一汽时强调，我们要成为制造业强国，就要做到汽车强国。制造业是立国之本、兴国之器、强国之基，而汽车产业则是制造业的标杆性引领产业。规模庞大的汽车产业涉及面广，集成度高，资金、技术、人才高度密集，是未来工业化和信息化融合、实体经济和数字经济融合、新一轮高科技跨界融合的最佳载体和最大平台，也是我国巩固和强化未来经济竞争优势的龙头和抓手。

2. 全球对未来科技制高点的竞争日趋激烈，要求抢抓机遇

新能源汽车、智能网联汽车等战略新兴领域，正成为各国汽车产业竞争的焦点。我国在新能源汽车方面总体保持领先地位，但近两年来，各国政府和重点汽车企业纷纷加大在电动化方面的布局和投入，这种领先优势并不牢固，面临减弱的风险。从国内市场看，随着外资和合资新能源汽车产品投入市场，自主品牌的新能源汽车市场份额已呈现下滑趋势，特别是插电式混合动力汽车，其下滑趋势更为明显；从全球市场看，2020 年以来，受

到新冠疫情影响，虽然我国汽车市场有所恢复，但新能源汽车下滑幅度仍然很大，欧洲新能源汽车市场逆势增长，甚至可能反超我国；**从市场排名看**，全球新能源汽车销量排名前20中自主品牌从占据半壁江山降至2020年上半年的仅余五席，排名前10车型中，仅剩比亚迪·秦位居第五；**在关键零部件方面**，动力蓄电池、驱动电机等核心零部件也面临激烈竞争，韩国LG化学、三星SDI和日本松下等企业增长势头强劲，2020年上半年LG化学的市场份额已从2019年的10.8%飙升至24.2%，取代宁德时代成为全球市场占有率第一的动力蓄电池厂商。**智能网联汽车已成为国际智能汽车和交通科技前沿和颠覆性技术创新的制高点**，美国更是在2020年发布了确保其自动驾驶汽车技术全球领导力的自动驾驶汽车4.0战略，提出支持先进制造技术、人工智能、5G网联技术、量子信息科技等领域科技创新和产业链布局，全方位支持基于网联技术的自动驾驶汽车，实现交通全面智能化，确保美国再次引领全球未来交通新变革。

3. 补短板、破瓶颈、谋长远，掌握核心技术自立自强

在当前逆全球化回潮和国际科技竞争兴起的背景下，汽车产业的竞争将更多体现在整个产业体系，特别是核心技术的竞争。当前，我国在节能汽车、新能源汽车、智能网联汽车核心零部件方面均不同程度存在技术短板，尤其是在车载芯片、操作系统、汽车材料等方面存在“卡脖子”技术，对我国重点支柱产业的汽车行业来说，存在产业安全，乃至经济安全方面的风险。总体而言，围绕核心技术和关键瓶颈技术加强攻关，加大基础研究和产业应用技术供给，培育和巩固产业竞争力，掌握核心技术自立自强势在必行。

5 我国汽车技术发展愿景与总体目标

5.1 发展愿景

5.1.1 社会愿景

1. 能源环境友好共生

汽车低碳化技术水平持续提升，汽车产业的发展能够与我国的能源、环境战略目标相适应，为建设绿色、低碳、能源与环境和谐共生社会做出应有的贡献。

2. 安全高效智慧出行

以汽车为核心枢纽，实现汽车产业与绿色能源、智能交通、智慧城市深度融合的智能共享出行，大幅度减少交通事故，提升出行效率，同时降低出行能耗和排放。

3. 数字经济融合发展

汽车产业与大数据、物联网、云计算等新技术深度融合，驱动汽车研发、生产、销售、服务等关键环节变革，数字经济引领汽车产业转型升级新机遇，打造汽车产业高质量发展新引擎。

4. 和谐健康汽车社会

汽车所带来的能耗、资源、环境、交通拥堵和安全问题得到解决，汽车与人、其他交通工具、道路及城市协调发展，构建零事故、零环境负荷、高出行效率、高出行自由度的和谐健康汽车社会。

5.1.2 产业愿景

1）汽车产品品质不断提高：持续提升汽车产品的安全性、经济性、动力性、舒适性、可靠性、耐久性，使我国汽车产品质量控制能力和智能化水平逐步达到世界先进水平，全面提高消费者对于汽车产品的综合感受和满意程度。

2）核心环节安全可控：突破基础软件、基础元器件以及高端制造和检测装备等基础共性瓶颈技术，攻关车控操作系统、车规级芯片等产业关键环节，布局汽车前瞻领域，实现产业链关键环节的自主可控。

3）汽车产业可持续发展：推动汽车制造、使用直至报废全生命周期的低碳化，同时通过更高效、节约的汽车使用模式，提高车辆利用率，确保产业能够在能源、环境承载范围内实现绿色发展。

4）新型产业生态构建完成：汽车成为跨界融合、协同创新的关键载体，与相关产业深度融合。汽车产业从以车辆为核心的链式结构，转变为以消费者为中心的协同创新、跨界合作、开放包容的新型网状汽车产业生态。

5）汽车强国战略目标全面实现：实现汽车电动化、智能化、共享化技术的全球引领，形成一批具有较强国际竞争力的跨国公司和产业集群，把我国成功建设成为汽车强国。

汽车技术的发展愿景和社会发展愿景如图 1－5－1 所示。

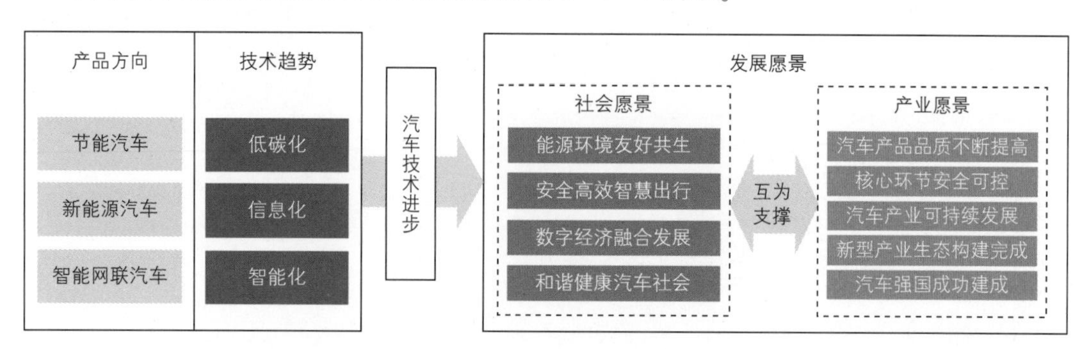

图 1－5－1　汽车技术的发展愿景和社会发展愿景

上述社会愿景与产业愿景并非是孤立的，而是相互促进、互为支撑的。能源与环境友好发展，是汽车产业可持续发展的基本前提；而产业能够可持续发展，有赖于低碳化技术的充分应用，这本身又是实现能源环境友好发展的动力和保障；安全高效智慧出行、数字经济融合发展，催生汽车产品转型再定义，促进形成新型产业生态，而重新定义的汽车产品与新型产业生态也将有力保障安全高效智慧出行以及数字经济融合发展。与此同时，汽车强国建设将支撑实现和谐健康汽车社会，而和谐健康社会也是汽车强国建设的基本要求。

5.2 总体目标

面向未来 10～15 年，我国汽车产业发展的总体目标是碳排放总量先于国家碳减排承诺于 2028 年左右提前达到峰值，到 2035 年，排放总量较峰值下降 20% 以上；新能源汽车将逐渐成为主流产品，汽车产业基本实现电动化转型；中国方案智能网联汽车技术体系基本成熟，产品大规模应用；关键核心技术自主化水平显著提升，形成协同高效、安全可控的产业链；建立汽车智慧出行体系，形成汽车、交通、能源、城市深度融合生态；技术创新体系优化完善，原始创新水平具备全球引领能力。

我国汽车技术总体发展目标如图 1－5－2 所示。

基于节能和新能源汽车技术的持续进步，乘用车、商用车燃料消耗量不断降低。到 2025 年，乘用车新车燃料消耗量达到 4.6L/100km，货车燃料消耗量较 2019 年降低 8% 以上，客车燃料消耗量降低 10% 以上；到 2030 年，乘用车新车燃料消耗量达到 3.2L/100km，货车燃料消耗量较 2019 年降低 10% 以上，客车燃料消耗量降低 15% 以上；到 2035 年，乘用车新车燃料消耗量达到 2.0L/100km，货车燃料消耗量较 2019 年降低 15% 以上，客车燃料消耗量降低 20% 以上。

1. 节能汽车技术

推动汽车低碳化方向发展进程，掌握包括先进动力系统、高效传动系统、多种混合动力以及轻量化、低阻等共性技术在内的节能汽车关键技术，新车燃料消耗量达到国际领先水平。到 2025 年，传统能源乘用车新车平均燃料消耗量达到 5.6L/100km，混合动力乘用车新车平均燃料消耗量达到 5.2L/100km，混合动力乘用车新车占传统能源乘用车新车销量的 50% 以上；到 2030 年，乘用车新车平均燃料消耗量达到 4.8L/100km，混合动力乘用车新车平均燃料消耗量达到 4.5L/100km，混合动力乘用车新车占传统能源乘用车新车销量的 75% 以上；到 2035 年，传统能源乘用车新车均为混合动力车型，平均燃料消耗量达到 4L/100km。

2. 新能源汽车技术

在稳步提升的新能源汽车技术支撑下，新能源汽车逐渐成为市场上的主流产品，汽车产业基本实现电动化转型。全面掌握高比能、高安全动力蓄电池及高效电驱动系统、先进电控系统、全新整车平台、高性能长寿命燃料电池等新能源汽车关键技术，并达到国际先

<table>
<tr><th></th><th></th><th>2025年</th><th>2030年</th><th>2035年</th></tr>
<tr><td rowspan="6">总体发展目标</td><td colspan="4">汽车产业碳排放总量先于国家碳减排承诺于2028年左右提前达到峰值，到2035年排放总量较峰值下降20%以上</td></tr>
<tr><td colspan="4">新能源汽车逐渐成为主流产品，汽车产业实现电动化转型</td></tr>
<tr><td colspan="4">中国方案体系基本成熟，产品大规模应用</td></tr>
<tr><td colspan="4">关键核心技术自主化水平显著提升，形成协同高效、安全可控的产业链</td></tr>
<tr><td colspan="4">建立汽车智慧出行体系，形成汽车、交通、能源、城市深度融合生态</td></tr>
<tr><td colspan="4">技术创新体系优化完善，原始创新水平具备全球引领能力</td></tr>
<tr><td rowspan="8">主要里程碑</td><td>乘用车</td><td>乘用车（含新能源）新车燃料消耗量达到4.6L/100km（WLTC）</td><td>乘用车（含新能源）新车燃料消耗量达到 3.2L/100km（WLTC）</td><td>乘用车（含新能源）新车燃料消耗量达到 2.0L/100km（WLTC）</td></tr>
<tr><td>商用车</td><td>货车燃料消耗量较2019年降低8%以上
客车燃料消耗量较2019年降低10%以上</td><td>货车燃料消耗量较2019年降低10%以上
客车燃料消耗量较2019年降低15%以上</td><td>货车燃料消耗量较2019年降低15%以上
客车燃料消耗量较2019年降低20%以上</td></tr>
<tr><td rowspan="2">节能汽车</td><td>传统能源乘用车新车平均燃料消耗量 5.6L/100km （WLTC）</td><td>传统能源乘用车新车平均燃料消耗量4.8L/100km（WLTC）</td><td>传统能源乘用车新车平均燃料消耗量 4L/100km（WLTC）</td></tr>
<tr><td>混动新车占传统能源乘用新车销量的50%以上</td><td>混动新车占传统能源乘用新车销量的75%以上</td><td>混动新车占传统能源乘用新车销量的100%</td></tr>
<tr><td rowspan="2">新能源汽车</td><td>新能源汽车占总销量的20%左右</td><td>新能源汽车占总销量的40%左右</td><td>新能源汽车成为主流（占总销量50%以上）</td></tr>
<tr><td>氢燃料电池汽车保有量达到10万辆左右</td><td colspan="2">氢燃料电池汽车保有量达到100万辆左右</td></tr>
<tr><td>智能网联汽车</td><td>PA/CA级智能网联汽车占汽车年销量的50%以上，HA级汽车开始进入市场，C−V2X终端新车装备率达50%</td><td>PA/CA级智能网联汽车占汽车年销量的70%，HA级超过20%，C−V2X终端装配基本普及</td><td>各类网联式高度自动驾驶车辆广泛运行于中国广大地区，中国方案智能网联汽车与智慧能源、智能交通、智慧城市深度融合</td></tr>
</table>

图 1－5－2　我国汽车技术总体发展目标

进水平。以技术突破为支撑，推动新能源汽车销量不断提升，助力我国新能源汽车产业低碳化进程。到 2025 年，新能源汽车销量占总销量的 20% 左右；到 2030 年，新能源汽车销量占总销量的 40% 左右；到 2035 年，新能源汽车成为主流，占总销量 50% 以上，氢燃料电池汽车到 2025 年保有量达到 10 万辆左右，在 2030—2035 年保有量达到 100 万辆左右。

3. 智能网联汽车技术

智能网联汽车技术不断发展，产生一系列原创性科技成果，并有效普及应用，使我国在该领域能够逐渐引领全球趋势。逐步掌握车辆自动驾驶技术、信息交互技术以及基础支撑技术，构建中国方案智能网联汽车技术体系和新型产业生态，加速推动汽车信息化、智能化发展。到 2025 年，部分自动驾驶、有条件自动驾驶级占比达到 50% 以上，高度自动驾驶（HA）车辆开始进入市场，C-V2X终端新车装配率达50%；到2030年，部分自动驾驶、有条件自动驾驶级占比70%，高度自动驾驶级占比超过20%，C-V2X终端新车装配基本普及，具备车路云一体化协同决策与控制功能的车辆进入市场；到2035年，各类网联式自动驾驶车辆广泛运行于中国广大地区，中国方案智能网联汽车与智慧能源、智能交通、智慧城市深度融合。

4. 产业链核心环节

攻克产业技术瓶颈难题，补齐产业链短板，实现关键核心技术自主化水平显著提升，形成协同高效、安全可控的节能与新能源汽车产业链。专项攻关车控操作系统、车规级芯片、动力总成电控系统硬件、电喷系统、混合动力机电耦合系统等产业关键环节；突破基础软件、基础元器件以及高端制造和检测装备等基础共性瓶颈技术，巩固产业发展基础；布局全固态动力蓄电池、下一代高速或高功率密度电驱动系统等新能源汽车前瞻领域，巩固电动化核心优势；培育新能源汽车与5G通信技术、高精度定位、人机交互融合发展的中国智能网联汽车自主领先能力。

5. 技术创新体系

培育并完善汽车技术创新链，使技术创新体系基本成熟、原始创新水平具备全球引领能力。完善基础、应用和产业化的双向贯通机制，打通从科学到技术再到产品的成果转化机制，建立以企业为主体、市场为导向的技术创新体系，形成定位清晰、高效协同的产学研创新体系，使我国汽车产业具备自主科技创新和持续创新能力。

6. 新型产业生态

以节能与新能源汽车为主要载体，围绕未来汽车产业的研发、制造和服务等全价值链环节，以产业链核心企业为龙头，以关键系统创新应用为牵引，优化发展环境，创新发展模式，推动形成互融共生、分工合作、利益共享的新型产业生态，引领全球汽车智慧出行变革，支撑汽车与智慧能源、智能交通、智慧城市深度融合发展。

5.3　重点领域

当前，节能汽车、新能源汽车以及智能网联汽车已被确定为我国汽车产业的发展重点。新能源汽车包括纯电动、插电式混合动力及氢燃料电池汽车。考虑当前产业安全、高质量发展以及与能源等相关领域融合发展的需求，技术路线图2.0对研究方向进行了横向扩展和纵向延伸，基于原有纯电动和插电式混合动力汽车的研究基础，新增了充电基础设施和电驱动总成系统；同时，为强化汽车制造智能化、数字化的发展需求，将技术路线图1.0中的“制造技术”聚焦到智能制造和关键装备。由此，确定了九个汽车技术重点发展方向，即节能汽车、纯电动和插电式混合动力汽车、燃料电池汽车、智能网联汽车、动力蓄电池、电驱动总成系统、智能制造与关键装备、汽车轻量化技术及充电基础设施。

以上九个重点技术领域共同体现了汽车技术低碳化、信息化、智能化的发展方向，同时彼此之间又紧密关联、相互影响。

其中，节能汽车、新能源汽车和智能网联汽车是汽车技术发展与应用的体现形式和最终载体。三者之间不是割裂的，节能与新能源汽车共同面对节能、环保等严峻挑战，而智能网联汽车不仅直接关系到交通拥堵、行车安全等问题的最终解决，也与节能汽车、新能源汽车彼此作用、相互促进。

整车性能的提升离不开核心零部件及相关基础设施技术的进步。动力蓄电池、电驱动系统作为核心关键零部件，其技术水平掣肘新能源汽车的发展。同时，整车性能的需求也带动核心零部件的技术进步，从而实现新能源汽车整车与零部件相辅相成的技术创新。

此外，汽车轻量化是节能汽车、新能源汽车与智能网联汽车的共性基础技术，智能制造与关键装备技术是汽车产品生产质量的保障。

根据汽车各项技术的内涵、特点及相互关联，明确图 1－5－3 所示的我国汽车技术重点发展方向。

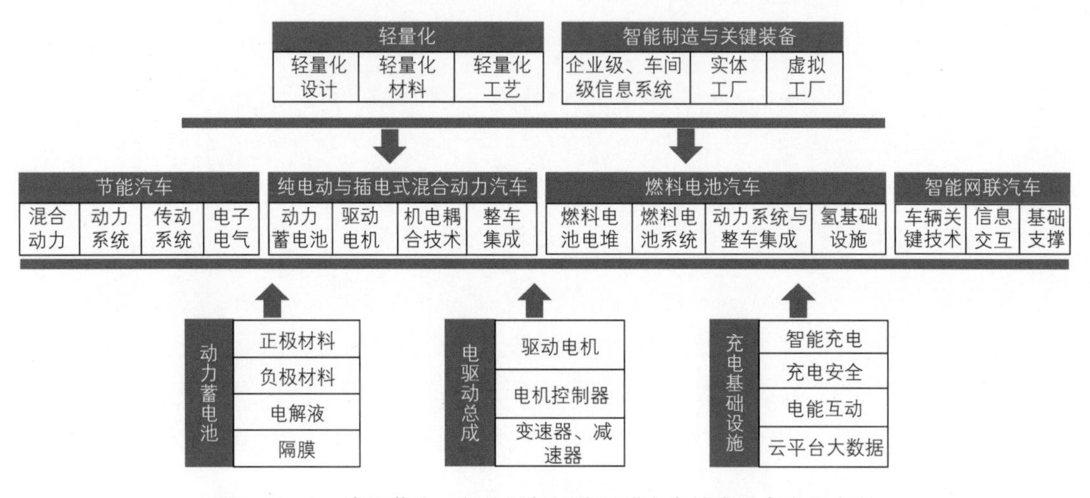

图 1－5－3　我国节能、新能源与智能网联汽车技术重点发展方向

5.3.1　节能汽车

未来 5～10 年，传统内燃机汽车仍将占据汽车产品的重要份额，因此，提高节能汽车在传统动力汽车中所占的比例，推广混合动力与先进节能技术在节能汽车的应用，是我国汽车产业降低能源消耗、减轻环境污染、实现能源安全的重要保障。

5.3.2　纯电动和插电式混合动力汽车

新能源汽车是全球汽车产业转型升级的发展方向。当前，纯电动和插电式混合动力汽车是已产业化推广的两类重要产品，也是未来 10～15 年内新能源汽车逐渐成为汽车产品主流的关键所在。

5.3.3 燃料电池汽车

燃料电池汽车具有零排放、续驶里程长、燃料加注快的特点，是全球汽车动力系统转型升级的重要方向之一，也是我国新能源汽车战略的重要组成部分。

5.3.4 智能网联汽车

智能网联汽车是在新一轮技术变革和产业重构背景下，打造全新汽车产业生态体系的核心，也是实现汽车产业与技术转型升级的重要载体，大力发展智能网联汽车对于培育新的经济增长极、推动社会智能化转型、提高国家综合竞争力具有重要意义。

5.3.5 动力蓄电池

动力蓄电池是支撑纯电动汽车和插电式混合动力汽车的核心，其技术进步和性能水平直接决定新能源汽车的续驶里程、使用寿命、成本等关键指标。

5.3.6 电驱动总成系统

电驱动总成系统是为新能源汽车提供主要的能量转换与动力传递的系统，是实现机械能与电能转换、保证整车动力性、经济性与可靠性等性能的关键。

5.3.7 充电基础设施

充电基础设施是新型基础设施建设的重要组成部分，是新能源汽车大规模推广的基础保障，也是实现智慧城市多能源融合系统的核心媒介之一，是构建清洁低碳、安全高效的现代能源体系的重要支撑。

5.3.8 汽车轻量化技术

汽车轻量化在满足汽车使用要求、安全性和成本控制的条件下，将结构轻量化设计技术与多种轻量化材料、轻量化制造技术集成应用，实现产品减重。作为节能汽车、新能源汽车和智能网联汽车的共性基础技术之一，轻量化是有效实现汽车节能减排的重要途径之一，是提升车辆加速性、制动性、操纵稳定性等诸多车辆性能的重要保障，与此同时，轻量化技术的应用将带动冶金、材料、装备等上下游产业转型升级。

5.3.9 汽车智能制造与关键装备技术

作为节能与新能源汽车的共性基础，汽车制造技术是有效打造未来汽车产品的前提。在新一轮科技革命的推动下，制造技术逐步向智能化制造模式转变，智能制造与关键装备技术已成为汽车制造产业发展的战略方向，是实现产业升级的重要保障。智能制造的核心和基础是智能工厂和关键制造环节，相关技术与装备是支撑智能制造的关键。

6 技术路线图

技术路线图 2.0 在技术路线图 1.0 的基础上，综合考虑全球汽车产业变革与技术发展趋势以及我国汽车产业发展新变化、新需求和新使命，围绕九大领域的专题研究成果，立足当前，着眼长远，统筹整体推进与重点突破，坚持以创新、协调、绿色、开放、共享为指导原则，制订了我国汽车产业的总体路线图以及重点领域路线图。

6.1 产业技术总体路线图

继续坚持《中国制造 2025》提出的创新驱动、质量为先、绿色发展、结构优化、人才为本的五大方针，指导节能与新能源汽车产业技术总体路线图的修订（图 1－6－1）。

	2025年	2030年	2035年
市场需求	汽车产业碳排放总量先于国家碳减排承诺达到峰值		汽车碳排放总量下降20%以上
市场需求	汽车年产销规模达3200万辆	汽车年产销规模达3800万辆	汽车年产销规模达到4000万辆
市场需求	乘用车（含新能源）新车平均燃料消耗量降至4.6L/100km	乘用车（含新能源）新车平均燃料消耗量降至3.2L/100km	乘用车（含新能源）新车平均燃料消耗量降至2.0L/100km
市场需求	乘用车达到国六排放标准	下一阶段排放标准、大气污染物与温室气体协同管控	
市场需求	货车燃料消耗量较2019年降低8%以上 客车燃料消耗量较2019年降低10%以上	货车燃料消耗量较2019年降低10%以上 客车燃料消耗量较2019年降低15%以上	货车燃料消耗量较2019年降低15%以上 客车燃料消耗量较2019年降低20%以上
市场需求	安全、高效、便捷、经济、绿色成为人们出行消费需求升级的主要方向		
产品应用	混合动力乘用车占传统汽车销量的50%以上	混合动力乘用车占传统汽车销量的75%以上	混合动力乘用车占传统汽车总量的100%以上
产品应用	新能源汽车销量占总销量的20%左右	新能源汽车销量占总销量的40%左右	新能源汽车成为主流（占总销量的50%以上）
产品应用	PA、CA级智能网联汽车销量占当年汽车市场销量的50%以上，HA级智能网联汽车开始进入市场	PA、CA级智能网联汽车销量占当年汽车市场销量的70%，HA级占比超过20%	各类网联式高度自动驾驶车辆广泛运行于中国广大地区
产品应用	C-V2X终端新车装配率达50%	C-V2X终端新车装配基本普及	高速快速公路、城市道路的基础设施智能化水平满足HA级智能网联汽车运行要求

图 1－6－1　我国汽车产业发展总体路线图

<table>
<tr><th></th><th>2025年</th><th>2030年</th><th>2035年</th></tr>
<tr><td rowspan="14">产业融合</td><td colspan="3">推动汽车与能源融合发展</td></tr>
<tr><td>具备V2G功能的电动汽车和充电基础设施占新增比例的15%以上以机关单位停车场、综合性商业园区、企业园区等停车场的公务用车、私人车辆、通勤车辆优先实现V2G应用，实现充电场站、充电微网的车网互动</td><td>具备V2G功能的电动汽车和充电基础设施占新增比例的50%以上在园区、办公区、住宅小区的家庭乘用车、公务车、短途商用车及农村居舍微电网上实现V2G规模化应用，车网互动范围扩展至城市配电网及区域综合能源系统</td><td>新增电动汽车和充电基础设施均具备V2G功能，实现全类型电动汽车与智慧能源互联网范围内车–桩–网–云的广域互动，达到多层次互动形式与效益并存</td></tr>
<tr><td colspan="2">实现电动汽车充电与新能源发电协同调度，年用电量中可再生能源电量达百亿kW·h</td><td>电动汽车年用电量中可再生能源电量达千亿kW·h</td></tr>
<tr><td>推进可再生能源制氢
氢气需求量达到20万~40万t/年</td><td colspan="2">实现大规模可再生能源制氢
氢气需求量达到200万~400万t/年</td></tr>
<tr><td colspan="3">推动汽车与交通融合发展</td></tr>
<tr><td>实现城市共享出行汽车在专用车道和限定区域的CA级智能化</td><td>构建精准匹配个体出行需求的“出行即服务”出行模式</td><td rowspan="2">在全路况条件下实现低成本且高可靠、可规模化快速部署的商用无人驾驶功能</td></tr>
<tr><td>高速公路队列行驶等货运场景实现自动驾驶</td><td>全国主要城市的城市道路货运实现高度自动驾驶</td></tr>
<tr><td colspan="3">推动汽车与信息通信融合发展</td></tr>
<tr><td>完成NR–V2X频谱、LTE–V2X与NR–V2X设备共存等技术研究</td><td>NR–V2X 6GHz以上毫米波技术成熟</td><td>V2X技术支持HA级别以上自动驾驶的商业化应用</td></tr>
<tr><td>高精度地图数据精度达到广域亚米级、局域分米级，实现结构化道路及停车场等特定场景的高精度地图应用</td><td>高精度地图数据精度达到广域分米级、局域厘米级，覆盖全国城市次干道及以上等级道路和一线城市热点区域等</td><td>高精度地图数据精度接近厘米级，数据覆盖全国路网，时空大数据各维度（如精度、内容、延迟性等）满足FA级自动驾驶需求</td></tr>
<tr><td>建成北斗与多源辅助定位传感器组合应用下的车载高精度定位定姿系统，定位精度达厘米级</td><td>实现基于视觉、毫米波雷达等的地图特征定位技术</td><td>实现北斗与多源辅助定位及其他新型定位定姿技术深度融合</td></tr>
<tr><td rowspan="5">产业基础</td><td colspan="2">在核心基础零部件（元器件）、先进基础工艺、关键基础材料和产业技术基础方面补齐短板，重点领域取得关键性突破；初步实现产业链安全可控</td><td>在工业基础能力方面形成长板，重点领域取得竞争优势；实现产业链的完全自主可控</td></tr>
<tr><td>初步实现“新一代信息技术+先进制造技术”的数字化转型；具有自感知、自学习、自决策、自执行、自适应等功能的新型汽车生产方式开始推广应用</td><td colspan="2">具有自感知、自学习、自决策、自执行、自适应等功能的汽车生产方式得到大规模推广，技术和应用水平进入世界前列；产业完成智能化转型</td></tr>
<tr><td>形成上下游联动、产业间协调的汽车产业自主创新体系</td><td colspan="2">产业技术创新体系完整，创新能力大幅增强</td></tr>
<tr><td colspan="2">完善节能与新能源汽车支持政策与管理体系，构建智能网联汽车协同推进机制</td><td>形成有利于低碳化、信息化、智能化融合发展的政策体系</td></tr>
<tr><td colspan="3">立足于国家发展战略，聚焦节能、新能源、智能网联等领军人才、研发骨干和工匠人才为主体的综合性、立体化人才体系</td></tr>
</table>

图1–6–1　我国汽车产业发展总体路线图（续）

6.2 重点领域技术路线图

6.2.1 节能汽车

节能汽车路线图涵盖了乘用车和商用车两大部分，细化了发动机技术、混合动力技术、整车动力学技术、传动系统技术、先进电子电器技术、热管理技术等重点技术方向。

技术路线图 2.0 在技术路线图 1.0 的基础上，综合考虑节能技术进步、新能源汽车发展和测试工况切换的影响，对燃料消耗量目标做出修订，提出了传统能源乘用车燃料消耗量 2025 年达到 5.6L/100km，2030 年达到 4.8L/100km，2035 年达到 4L/100km 的发展目标；在技术路线方面，将技术路线图 1.0 中包含在电子电气中的 48V 技术调整到混合动力技术，并强化了其对商用车节能技术的支撑。

节能汽车发展以结构节能与技术节能并重、乘用车与商用车节能兼顾为总体思路。以混合动力技术为重点，以动力总成优化升级、降摩擦和先进电子电气技术等共性技术为支撑，全面提升传统能源汽车节能技术和燃油经济性水平；因地制宜适度发展替代燃料汽车，推动我国汽车燃料的低碳化、多元化，降低对石油的依赖。

节能汽车总体技术路线图如图 1-6-2 所示。

6.2.2 纯电动和插电式混合动力汽车

纯电动和插电式混合动力汽车路线图涵盖了乘用车和商用车的纯电动和插电式混合动力技术，包含电池技术、电机技术、电控技术、充换电技术、智能化技术、专用发动机技术以及整车集成与控制等其他共性技术。

与技术路线图 1.0 相比，此次修订中，鉴于新能源汽车发展中出现的安全和可靠性问题，着重强调了整车安全和产品质量在路线图中的重要性，提出了以完善热源管理和热管理技术为支撑的安全目标以及以提升整车集成化技术为重点的车辆可靠性目标。此外，明确了未来工况调整条件下的能耗目标。

纯电动和插电式混合动力汽车以中型及以下车型规模化发展纯电动乘用车为主，实现纯电动技术在家庭用车、租赁服务、公务用车以及中短途商用车等领域的推广应用；以紧凑型及以上车型规模化发展插电式混合动力乘用车为主，实现插电式混合动力技术在私人用车、公务用车以及其他日均行驶里程较短的领域推广应用。

纯电动和插电式混合动力汽车总体技术路线图如图 1-6-3 所示。

6.2.3 燃料电池汽车

燃料电池汽车路线图涵盖了氢燃料电池汽车的氢能供应链和汽车关键系统技术链，包括燃料电池电池堆及关键材料、车用燃料电池系统、整车集成，以及氢气生产运输储存和加注基础设施等技术方向。

领域	分类	子类	2025年	2030年	2035年
总体目标			传统能源乘用车燃料消耗量达到5.6L/100km（WLTC）	传统能源乘用车燃料消耗量达到4.8L/100km（WLTC）	传统能源乘用车燃料消耗量达到 4L/100km（WLTC）
总体目标			货车燃料消耗量较2019年降低8%~10%	货车燃料消耗量较2019年降低10%~15%	货车燃料消耗量较2019年降低15%~20%
总体目标			客车燃料消耗量较2019年降低10%~15%	客车燃料消耗量较2019年降低15%~20%	客车燃料消耗量较2019年降低20%~25%
乘用车领域	混合动力		混合动力乘用车燃料消耗量达到5.2L/100km（WLTC）	混合动力乘用车燃料消耗量达到4.5L/100km（WLTC）	混合动力乘用车燃料消耗量达到4L/100km（WLTC）
乘用车领域	混合动力		混合动力新车占传统能源乘用车的50%~60%	混合动力新车占传统能源乘用车的75%~85%	混合动力新车占传统能源乘用车的100%
乘用车领域	非混合动力	非混合动力系统	非混合动力乘用车燃料消耗量达到6.2L/100km（WLTC）	非混合动力乘用车燃料消耗量达到5.7L/100km（WLTC）	
乘用车领域	非混合动力	替代燃料	替代燃料新车占传统乘用车的5%	替代燃料新车占传统乘用车的8%	替代燃料新车占传统乘用车的10%
乘用车领域	非混合动力	动力系统	成熟应用米勒循环或阿特金森循环、冷却废气再循环（EGR）技术	掌握并应用稀薄燃烧、快速燃烧技术	
乘用车领域	非混合动力	传动系统	掌握8AT，CVT承载能力达350N·m	研发9档以上AT及承载能力达400N·m的CVT	掌握9档以上AT，CVT速比宽度达7.5
乘用车领域	非混合动力	电子电器	掌握关键电子电器产品研制能力及系统集成能力，持续提升整车电动化水平，控制整车能量分布，持续降低车载设备用电消耗		
商用车领域	整车动力学		重型牵引半挂车风阻较2019年降低10%	重型牵引半挂车风阻较2019年降低15%	重型牵引半挂车风阻较2019年降低20%
商用车领域	整车动力学		客车整车风阻较2019年降低8%~10%	客车整车风阻较2019年降低10%~15%	客车整车风阻较2019年降低15%~20%
商用车领域	动力系统		轻型柴油机热效率达44%	轻型柴油机热效率达46%	轻型柴油机热效率达48%
商用车领域	动力系统		重型柴油机热效率达48%	重型柴油机热效率达50%	重型柴油机热效率达54%
商用车领域	混合动力系统		搭载48V轻混系统的轻型商用车节油率达到8%并开始推广应用	重度混合动力轻型商用车逐步推广	48V轻混系统广泛应用于轻型商用车
商用车领域	混合动力系统		推进中重型商用车混合动力化，实现15%的节油率	串联式混合动力技术在重型商用车特定工况推广	并联及混联式混合动力技术广泛应用于中重型商用车
商用车领域	传动系统		变速器综合传动效率较2019年提升0.5%	变速器综合传动效率较2019年提升1%	变速器综合传动效率较2019年提升2%
商用车领域	传动系统		总成转矩重量比较2019年提升3%	总成转矩重量比较2019年提升4%	总成转矩重量比较2019年提升5%
商用车领域	电子电器		车联网、高精度地图技术的开发及普及		重型货车列队行驶
商用车领域	热管理		逐步研发朗肯循环、动力涡轮、热电转换等余热回收技术；加大电控附件应用比例，持续研发车身保温技术		

图1－6－2　节能汽车总体技术路线图

类别	项目		2025年	2030年	2035年
总体目标	产业链		形成自主、可控、完整的新能源汽车产业链	进一步完善新能源汽车自主产业链	成熟、健康、绿色的新能源汽车自主产业链
	销量		EV和PHEV年销量占汽车总销量的15%~25%	EV和PHEV年销量占汽车总销量的30%~40%	EV和PHEV年销量占汽车总销量的50%~60%
			EV占新能源汽车销量的90%以上	EV占新能源汽车销量的93%以上	EV占新能源汽车销量的95%以上
	安全		新能源汽车的起火事故率小于0.5次/万辆	新能源汽车的起火事故率小于0.1次/万辆	新能源汽车的起火事故率小于0.01次/万辆
	质量		新能源新车购买一年内行业百车故障率平均值降至小于140个	新能源新车购买一年内行业百车故障率平均值降至小于120个	新能源新车购买一年内行业百车故障率平均值降至小于100个
纯电动汽车	应用领域		在B级及以下乘用车的城市家庭用车、租赁服务、公务车实现大批量应用	在乘用车和短途商用车上实现大批量应用	在新增乘用车和中短途商用车上实现大范围应用，覆盖绝大多数公交、物流、市内短途等场景
	关键指标	乘用车	技术领先的典型A级EV综合工况电耗小于11kW·h/100km（CLTC）	技术领先的典型A级EV综合工况电耗小于10.5kW·h/100km（CLTC）	技术领先的典型A级EV综合工况电耗小于10kW·h/100km（CLTC）
		公交客车	技术领先的典型EV客车（车长12m）综合工况电耗小于65kW·h/100km（CHTC）	技术领先的典型EV客车（车长12m）综合工况电耗小于60kW·h/100km（CHTC）	技术领先的典型EV客车（车长12m）综合工况电耗小于55kW·h/100km（CHTC）
插电式混合动力汽车	应用领域		在A级私人乘用车、公务用车以及其他日均行程较短的细分市场实现批量应用	在A级以上私人乘用车、公务用车以及其他日均行程适中的领域实现批量应用	在A级以上私人乘用车、公务用车以及其他日均行程适中的领域实现大量应用
	关键指标		技术领先的典型A级PHEV车型在电量维持模式条件下燃料消耗量不超过4.3L/100km，建议纯电续驶里程不超过80km	技术领先的典型A级PHEV车型在电量维持模式条件下燃料消耗量不超过4L/100km，建议纯电续驶里程不超过80km	技术领先的典型A级PHEV车型在电量维持模式条件下燃料消耗量不超过3.8L/100km，建议纯电续驶里程不超过80km
零部件技术			电池、电机等关键零部件达到国际领先水平，批量出口，安全达到ASIL-D水平		电池、电机等关键零部件引领国际前沿，占据主导地位，保持ASIL-D安全水平

图 1-6-3　纯电动和插电式混合动力汽车总体技术路线图

与技术路线图 1.0 相比，此次修订进一步明确了燃料电池汽车的推广应用路径，细化提出了续驶里程、经济性等车辆性能指标要求；根据车型推广应用规模和技术指标，量化了车用氢能需求，2025 年加氢站的建设目标提高至 1000 座，2030—2035 年目标为 5000 座。

燃料电池汽车以客车和城市物流车为切入领域，重点在可再生能源制氢和工业副产氢丰富的区域推广中大型客车、物流车，逐步推广至载重量大、长距离的中重型货车、牵引车、港口拖车及乘用车等，实现氢燃料电池汽车更大范围的应用，总体达到100万辆左右的规模。在此过程中，进一步提高燃料电池汽车低温启动、可靠耐久、使用寿命等性能并降低整车成本，逐步扩大燃料电池系统产能，完善氢气供应、运输及加注基础设施建设，支撑燃料电池汽车的产业化发展。

氢燃料电池汽车总体技术路线图如图1-6-4所示。

6.2.4 智能网联汽车

智能网联汽车路线图搭建了“三横两纵”的技术架构，涵盖车辆关键技术、信息交互关键技术和基础支撑关键技术（“三横”），以及支撑智能网联汽车发展的车载平台和基础设施（“两纵”）等重点方向。

与技术路线图1.0相比，此次修订考虑到智能网联汽车相关领域前沿技术的不断变革和更替，对智能网联汽车的技术架构和体系进行了全面梳理和修订，总体上，以车辆关键技术、信息交互关键技术和基础支撑关键技术为关键技术骨架开展研究，兼顾了乘用车、货运车辆和客运车辆的智能网联技术产业化落地和发展路径，分析城市道路、城郊道路、高速公路和限定场景四种类型运行范围内的智能网联汽车技术产业化、市场化、商业化时间进度。

技术路线图2.0提出，到2025年，高度自动驾驶级自动驾驶技术开始进入市场；到2030年，实现高度自动驾驶级智能网联汽车在高速公路广泛应用，在部分城市道路规模化应用；2035年，高度自动驾驶、完全自动驾驶级智能网联车辆具备与其他交通参与者间的网联协同决策与控制能力，各类高度自动驾驶车辆广泛运行于中国广大地区。

智能网联汽车总体技术路线图如图1-6-5所示。

6.2.5 动力蓄电池

动力蓄电池技术路线图涵盖了能量型、能量功率兼顾型和功率型三大类别动力蓄电池，同时包含了动力蓄电池、系统集成、材料体系、制造装备、测试评价、梯次利用和回收以及新体系蓄电池等重点技术。

与技术路线图1.0相比，技术路线图2.0对动力蓄电池的技术方向和产品应用领域进行了拓展，动力蓄电池系统集成的内容也移到蓄电池路线图部分，产品涵盖乘用车和商用车两大应用领域，实现了动力蓄电池的技术方向、产品应用和全产业链内容的全覆盖。

动力蓄电池技术路线图以能量型动力蓄电池、能量功率兼顾型动力蓄电池和功率型动力蓄电池等重点产品的能量密度（比能量）、功率密度、成本、安全性能等得到全面提升

		2025年	2030年 — 2035年
总体目标		基于现有储运加注技术，各城市因地制宜，经济辐射半径150km左右；运行车辆10万辆左右	突破新一代储运技术，突破加氢站数量瓶颈，城市间联网跨域运行，保有量100万辆左右
总体目标		燃料电池系统产能＞1万套/企业	燃料电池系统产能＞10万套/企业
氢能燃料电池汽车	功能要求	冷启动温度达到-40℃，提高燃料电池功率整车成本达到混合动力的水平	冷启动温度达到-40℃，燃料电池商用车动力性、经济性及成本须达到燃油汽车水平
氢能燃料电池汽车	商用车	续驶里程≥500km 客车经济性≤5.5kg/100km 寿命≥40万km，成本≤100万元	续驶里程≥800km 重型货车经济性≤10kg/100km 寿命≥100万km，成本≤50万元
氢能燃料电池汽车	乘用车	续驶里程≥650km 经济性≤1.0kg/100km 寿命≥25万km，成本≤30万元	续驶里程≥800km 经济性≤0.8kg/100km 寿命≥30万km，成本≤20万元
关键技术	燃料电池电堆技术	冷启动温度＜-40℃	
关键技术	燃料电池电堆技术	商用车用电堆体积功率密度>2.5kW/L 寿命>16500h，成本<1200元/kW	商用车用电堆体积功率密度>3kW/L 寿命>30000h，成本<400元/kW
关键技术	燃料电池电堆技术	乘用车用电堆体积功率密度>4kW/L 寿命>5500h，成本<1800元/kW	乘用车用电堆体积功率密度>6kW/L 寿命>8000h，成本<500元/kW
关键技术	基础材料技术	批量化催化剂、质子交换膜、膜电极组件、双极板生产技术及装备	高温质子交换膜及电堆技术应用，非铂（Pt）催化剂及电堆技术应用，碱性阴离子交换膜及非贵金属催化剂电堆技术
关键技术	控制技术	阴极中高压流量压力解耦控制技术、能量综合利用技术、面向寿命优化的动态运行控制技术	无增湿长寿命技术、宽压力流量范围自适应控制技术、阳极引射泵循环泵回流控制技术
关键技术	储氢技术	供给系统关键部件高可靠性技术、储氢系统高可靠性技术	供给系统关键部件低成本技术、储氢系统低成本技术
关键零部件技术		高速无油空压机与高集成空气系统、氢循环泵引射泵与氢循环系统、含交流阻抗功能的专用DC/DC变换器、70MPa储氢瓶、液氢储氢瓶等关键系统附件性能满足车用指标要求	
氢能基础设施	氢气供应	鼓励可再生能源分布式制氢， 氢气需求量达到20万~40万t/年	可再生能源制氢为主， 氢气需求量达到200万~400万t/年
氢能基础设施	氢气储输	高压气态氢、液氢、管道运氢	多种形式并存
氢能基础设施	加氢站	加氢站＞1000座 加注压力为35MPa或70MPa 氢燃料成本≤40元/kg	加氢站＞5000座 加注压力为35MPa或70MPa 氢燃料成本≤25元/kg

图1-6-4　氢燃料电池汽车总体技术路线图

类别	领域	2025年	2030年	2035年
总体目标		确立中国方案智能网联汽车发展战略	中国方案智能网联汽车成为国际汽车发展体系重要的组成部分	中国方案智能网联汽车产业体系更加完善，与智能交通、智慧城市产业生态深度融合，打造共享和谐、绿色环保、互联高效、智能安全的智能社会，支撑我国实现汽车强国、步入汽车社会，各类网联式高度自动驾驶车辆广泛运行于中国广大地区
		PA、CA级智能网联汽车占汽车年销量的50%以上，HA级智能网联汽车开始进入市场，C-V2X终端新车装配率达50%	PA、CA级智能网联汽车占当年汽车市场销量的70%，HA级占比超过20%，C-V2X终端新车装配基本普及	
		网联协同感知在高速公路、城市道路节点和封闭园区成熟应用。在限定场景和封闭区域实现HA级智能网联汽车的商业化应用	具备车路云一体化协同决策与控制功能的车辆进入市场。HA级智能网联汽车在高速公路广泛应用，在部分城市道路规模化应用	
车辆关键技术	感知	突破多源协同感知技术，全面满足CA级要求、部分场景实现HA级应用	突破多源协同决策与控制技术全面满足HA级要求	满足FA级自动驾驶系统需求
		障碍物检测能力>200m	障碍物检测能力>500m	障碍物检测能力>1000m
	决策	覆盖全国80%道路的CA、HA级智能决策	覆盖全国90%道路的HA级决策	适用于FA级智能决策技术
	执行	实现协同控制及底层执行器控制算法开发；提升产品可靠性；建立标准法规	完善集成化机械结构设计，实现算法优化与集成；提升功能安全；实现线控系统集成化控制	实现线控系统的集成化和模块化设计，形成以底盘域控制器为核心的线控系统
	系统设计技术	建立基于域控制器的电子电气架构平台，实现智能网联汽车各项功能安全、可靠运行	建立以计算平台为核心的电子电气架构平台，车内控制器数量大幅降低	搭建基于车路云一体化的车辆平台架构，实现整车云端协同控制
		眼球追踪等新技术开始应用，分区音场在高端车型普及；构建人机交互数据库和评价体系	眼球追踪等新技术进入前装量产，分区音场等得到规模化普及；实现高可靠性智能学习	眼球追踪等新技术得到规模化普及，实现自动驾驶和人工接管无缝衔接及耦合型人机共驾技术
		计算平台支持CA级自动驾驶和协同感知	计算平台支持HA级自动驾驶和协同决策与控制	计算平台具备和车路云全方位无缝协同的能力
信息交互关键技术	专用通信网络	完成NR-V2X频谱、LTE-V2X与NR-V2X设备共存、NR Uu控制LTE直通链路以及单播组播等技术研究	NR-V2X 6GHz以上毫米波技术成熟，建立全球领先的测评体系	V2X技术支持HA级以上自动驾驶的商业化应用
	云控基础平台	建成区域级智能网联汽车大数据云控基础平台	建成国家级智能网联汽车大数据云控基础平台	云控基础平台覆盖一、二线主要城市全区域和高速公路全路段
	车路协同	基于车路数字化信息共享的驾驶辅助技术成熟应用、车路融合环境感知技术实现应用、车路融合的辅助定位技术成熟	基于车路云协同决策的自动驾驶技术逐步成熟，在重要交通节点、路段和封闭园区实现应用	形成全国车路云一体化自动驾驶技术应用
	智能道路	高速公路实现基于交通基础设施的HA级自动驾驶、城市快速路实现基于交通基础设施的CA级自动驾驶 城市主干道最优服务车辆自动驾驶等级覆盖DA级和PA级自动驾驶		高速公路实现HA级、城市快速路实现CA级；城市主干道、次干道覆盖DA和PA级自动驾驶

图1-6-5　智能网联汽车总体技术路线图

		2025年	2030年	2035年
基础支撑关键技术	人工智能	完善人工智能环境感知算法，提升无人驾驶深度学习、端到端智能控制等领域的理论研究	突破多传感器环境感知算法深度融合技术	全面实现高级别无人驾驶汽车的人工智能控制
	信息安全	构建智能网联汽车信息安全基础防护体系，在CA、HA级落地实施	实现HA级以上信息安全防护体系落地实施	信息安全防护体系的全面实施
	功能安全和预期功能安全	完善智能网联汽车整车、系统和芯片层面的功能安全设计流程；建立预期功能安全设计分析流程	实现功能安全与预期功能安全标准在自动驾驶系统上的示范应用	全面实现功能安全标准和预期功能安全标准在FA级别智能网联整车、系统和部件的应用
	高精度地图和定位	地图数据精度达到广域亚米级、局域分米级，支持HA级自动驾驶；定位精度达到厘米级	地图数据精度达到广域分米级、局域厘米级，高精度定位动态下精度稳定在厘米级	地图数据精度接近厘米级，稳定的全域室内厘米级高精度定位，满足FA级自动驾驶需求
	测试评价	具备支撑CA级的验证能力，形成全面的CA级测试评价体系	具备支撑HA级的验证能力，形成全面的HA级测试评价体系	具备支撑FA级的验证能力，形成FA级测试评价体系
	标准法规	形成全球领先的中国标准体系。制定100余项国标，开展团标前瞻技术研究和补充	评估更新标准体系内容，相关标准项目适用于HA级车辆量产	全面建成技术先进、结构合理、内容完善的中国标准体系

图1-6-5　智能网联汽车总体技术路线图（续）

为核心目标，提出发展高比能量和热稳定性好的正负极材料、耐高温隔膜材料、耐高压阻燃电解液等关键材料技术，以及系统集成技术、智能制造技术及装备、测试评价技术、梯次利用与回收技术，并布局全固态锂离子和锂硫蓄电池等新体系蓄电池的研发。

动力蓄电池总体技术路线图如图1-6-6所示。

6.2.6　电驱动总成系统

电驱动总成系统技术路线图的研究范围除了涵盖新能源汽车驱动电机及电机控制器本体外，在驱动电机系统的关键材料及核心零部件及元器件领域、机电耦合电驱动总成两个领域进行了拓展，同时增加了自主主控芯片（MCU）和软件架构等短板技术。

本次修订中，将电驱动总成系统提升为重点领域，作为独立章节加以研究。电驱动总成领域以纯电驱动总成、插电式机电耦合总成、商用车动力总成、轮毂及轮边电机总成为重点，以基础核心零部件及元器件国产化为支撑，提升我国电驱动总成集成度与性能水平。驱动电机及其控制系统领域以提升驱动电机功率密度与效率、提高电机控制器集成度为重点，以核心元器件和关键材料国产化为支撑，全面提升驱动电机及其控制系统技术水平，提升产品性价比。

电驱动总成系统总体技术路线图如图1-6-7所示。

			2025年	2030年	2035年
总体目标	能量型蓄电池	普及型	比能量>200W·h/kg 寿命>3000次/12年 成本<0.35元/W·h	比能量>250W·h/kg 寿命>3000次/12年 成本<0.32元/W·h	比能量>300W·h/kg 寿命>3000次/12年 成本<0.30元/W·h
		商用型	比能量>200W·h/kg 寿命>6000次/8年 成本<0.45元/W·h	比能量>225W·h/kg 寿命>6000次/8年 成本<0.40元/W·h	比能量>250W·h/kg 寿命>6000次/8年 成本<0.35元/W·h
		高端型	比能量>350W·h/kg 寿命>1500次/12年 成本<0.50元/W·h	比能量>400W·h/kg 寿命>1500次/12年 成本<0.45元/W·h	比能量>500W·h/kg 寿命>1500次/12年 成本<0.40元/W·h
	能量功率兼顾型蓄电池	兼顾型	比能量>250W·h/kg 寿命>5000次/12年 成本<0.60元/W·h	比能量>300W·h/kg 寿命>5000次/12年 成本<0.55元/W·h	比能量>325W·h/kg 寿命>5000次/12年 成本<0.50元/W·h
		快充型	比能量>225W·h/kg 寿命>3000次/10年 成本<0.70元/W·h 充电时间<15min	比能量>250W·h/kg 寿命>3000次/10年 成本<0.65元/W·h 充电时间<12min	比能量>275W·h/kg 寿命>3000次/10年 成本<0.60元/W·h 充电时间<10min
	功率型蓄电池	功率型	比能量>80W·h/kg 寿命>30万次/12年 成本<1.20元/W·h	比能量>100W·h/kg 寿命>30万次/12年 成本<1.00元/W·h	比能量>120W·h/kg 寿命>30万次/12年 成本<0.80元/W·h
系统集成			成组效率>70% 热扩散时间>90min 标准化比例>30%	成组效率>73% 不发生热扩散 标准化比例>60%	成组效率>75% 不发生热扩散 标准化比例>90%
材料体系	正极		橄榄石结构磷酸盐类材料、层状结构高镍多元氧化物材料、富锂锰基材料、尖晶石结构氧化物材料和其他新型高电压、高容量正极材料		
	负极		石墨类材料、软硬碳材料、硅等合金化负极材料、铌酸钛等高电位负极材料		
	电解液		LiPF$_6$、LiFSI、LiTFSI等电解质盐，酯类、醚类及氟代酯类、醚类溶剂，新型电解质盐、溶剂及功能添加剂，固体电解质等		
	隔膜		PE、PP及其复合膜、表面改性膜剂及新型耐高温隔膜等		
智能制造及关键装备			智能化、无人化、洁净化，过程能力（C_{pk}）>2.0，材料利用率>98%，动力蓄电池新型工艺技术（如干电极、复合固体电解质电极等），蓄电池、模组及蓄电池系统实现规格化、标准化等		
测试评价			新型分析和测试评价技术，尤其是全生命周期的安全性、可靠性和耐久性测试技术，关键材料和电池的失效模式分析与验证技术等，实现测试评价技术的标准化、高效化、准确化和定量化		
梯次利用和资源回收	梯次利用		动力蓄电池剩余价值评价技术及方法，动力蓄电池剩余价值评估模型及残余价值评估体系，动力蓄电池高效无损分选和自动分类与归集，实现经济性的应用场景和商业模式		
	回收利用		构建退役动力蓄电池精细化、智能化、高值化清洁循环利用技术体系，实现经济性的绿色回收利用		
新体系蓄电池	固态蓄电池 锂硫蓄电池 其他新体系蓄电池		材料体系的构效关系与材料设计、电极和电解质固固两相界面调控与反应机制研究、固态体系中锂离子嵌脱过程引起的材料应力分布变化和对蓄电池性能的影响及调控；新型固态蓄电池结构设计和制造；硫正极稳定性提升和锂负极循环性能提升等		

图1-6-6　动力蓄电池总体技术路线图

领域	类别	技术	2025年	2030年	2035年
总体目标			电驱动总成系统关键性能达到国际先进，实现可高压高速化与先进制造工艺，核心关键材料与关键制造装备实现国产化	电驱动总成系统关键性能达到国际领先，实现可高压高速化与先进制造工艺，核心关键材料与关键制造装备实现国产化	电驱动总成系统关键性能整体达到国际领先，核心关键材料、关键制造与测试装备与设计开发工具实现国产化
驱动电机系统领域	重点技术	提升电机功率密度与效率	乘用车电机质量功率密度达到5.0kW/kg，电机系统超过80%的高效率区达到90%	乘用车电机质量功率密度达到6.0kW/kg，电机系统超过80%的高效率区达到93%	乘用车电机质量功率密度达到7.0kW/kg，电机系统超过80%的高效率区达到95%
驱动电机系统领域	重点技术	提升控制器集成度	乘用车电机控制器体积功率密度达到40kW/L	乘用车电机控制器体积功率密度达到50kW/L	乘用车电机控制器体积功率密度达到70kW/L
驱动电机系统领域	重点技术	提高电驱动总成性价比	面向普及型应用，电机成本达到28元/kW，控制器成本达到30元/kW	面向普及型应用，电机成本达到25元/kW，控制器成本达到25元/kW	面向普及型应用，电机成本达到20元/kW，控制器成本达到20元/kW
驱动电机系统领域	支撑技术	关键材料与零部件突破	低损耗硅钢、低或无重稀土磁钢、高速轴承、高线速度密封件、耐高频高压绝缘材料、低黏度润滑油等核心零部件技术		新材料与新工艺的核心零部件技术及其应用
驱动电机系统领域	支撑技术	功率元器件与无源元器件国产化	功率部件高度集成、高效散热	新型功率半导体元器件、新型无源元器件（高温陶瓷材料）应用技术	
驱动电机系统领域	支撑技术	软件架构与故障诊断应用	自主软件架构、基于智能云的状态检测、多核异构计算平台与智能控制、故障诊断与容错、寿命预测		
电驱动总成领域	重点技术	提升纯电驱动总成技术	纯电驱动系统质量功率密度达到2.0kW/kg，综合使用效率达到87.0%（CLTC）	纯电驱动系统质量功率密度达到2.4kW/kg，综合使用效率达到88.5%（CLTC）	纯电驱动系统质量功率密度达到2.8kW/kg，综合使用效率达到90%（CLTC）
电驱动总成领域	重点技术	提升机电耦合集成度	机电耦合总成重量相对2020年降低12%，综合效率达到83%（WLTC）	机电耦合总成重量相对2020年降低20%，综合效率达到84.5%（WLTC）	机电耦合总成重量相对2020年降低30%，综合效率达到86%（WLTC）
电驱动总成领域	重点技术	提升商用车总成技术水平	商用车电机转矩密度达到20N·m/kg，控制器体积功率密度达到30kW/L	商用车电机转矩密度达到24N·m/kg，控制器体积功率密度达到40kW/L	商用车电机转矩密度达到30N·m/kg，控制器体积功率密度达到60kW/L
电驱动总成领域	重点技术	轮毂和轮边电机总成国产化	轮毂电机峰值转矩密度达到20N·m/kg或质量功率密度达到5kW/kg	轮毂电机峰值转矩密度达到24N·m/kg或质量功率密度达到6kW/kg	轮毂电机峰值转矩密度达到30N·m/kg或质量功率密度达到7kW/kg
电驱动总成领域	支撑技术	核心零部件国产化	核心零部件国产化（专用润滑油，高精度齿轮工艺，断开装置，平行轴，高转速、低摩擦、长寿命轴承和油封，强制润滑，两档变速器）		新材料、新工艺、轻量化材料与核心零部件

图 1－6－7　电驱动总成系统总体技术路线图

6.2.7 充电基础设施

充电基础设施技术路线图的研究范围包括充电设施布局技术、智能充电技术、充电安全技术、电能互动技术、云平台大数据技术五大重点技术方向。

本次修订将纯电动和插电式混合动力汽车技术路线图1.0中的充电基础设施部分提升为重点领域，作为独立章节加以研究。以技术路线图1.0为基础，综合考虑充电技术与设施发展以及充电设施在电动汽车与智能交通、智慧能源跨界融合中的重要枢纽作用，在原有充电设备、充电站、无线充电系统、充电基础设施服务系统的基础上，新增并整合形成五个方向，即充电设施布局技术、智能充电技术、充电安全技术、电能互动技术和云平台大数据技术。

以构建慢充普遍覆盖、快充网络化部署来满足不同充电需求的立体充电体系为目标，全面掌握实现充电设施布局技术、智能充电技术、能源互动技术、充电安全技术、云平台大数据技术等核心技术，大力促进可再生能源高效利用，实现充电设施网络与新能源汽车产业的协调发展，建立布局合理、集约高效、绿色安全和性能优异的充电基础设施网络，实现多网融合、信息互联互通及资源分享，提供多种灵活适用的充电方式，实现便捷高效的充电服务体验。领域科技创新能力、设施规模和产品技术达到国际领先水平。

充电基础设施总体技术路线图如图1-6-8所示。

6.2.8 汽车轻量化技术

汽车轻量化技术路线图的研究范围涵盖了轻量化设计和评价技术、轻量化材料及成形工艺技术、连接技术、共性基础平台建设和乘用车、载货汽车、客车的轻量化实现路径等内容。

与技术路线图1.0相比，本次修订将研究工作的重心由降低整车整备质量转向了降低整车轻量化系数，关注重点从单项技术发展和各类材料应用占比转向了多材料混合应用背景下我国自主轻量化技术开发和应用体系的构建，提出了以强化支撑我国汽车轻量化发展的技术开发和应用体系建设为主线、以推动多目标设计+多材料混合应用为核心的发展思路。

围绕未来节能汽车、新能源汽车和智能网联汽车的发展需求，结合自主品牌发展环境，汽车轻量化技术路线图2.0提出近期以完善高强度钢应用体系为重点，中期以形成轻质合金应用体系为方向，远期形成多材料混合应用体系为目标，并明确了各阶段在产品结构优化设计、高强度材料和轻质材料应用、相关成形技术和连接技术需要重点突破的关键核心技术、共性基础平台建设方面需要开展的工作。

汽车轻量化总体技术路线图如图1-6-9所示。

		2025年	2030年	2035年
总体目标		居住区、单位、社会停车场推广目的地停车慢充应用覆盖，慢充电能输出占比达70%以上，公共快充以750V输出为应用主体，实现接口标准前后向兼容，都市核心区推广智能立体停车充电集约化场站	慢充桩电能输出占比达80%以上，居住区及停车场慢充设施实现V2G电能互动市场化应用，“智能泊车+无线自动充电+机械臂辅助自动充电”及大功率充电占比逐步提高；公共领域运营车辆共享换电较大规模应用	车桩协同智能泊车自主充电应用普及，居民区等停车设施V2G电能互动和园区光储充应用基本普及，本地光伏电能消纳率达80%，车储+储充站对促进全社会可再生能源消纳贡献率达30%以上
		在私人领域推广直流慢充集群技术，实现停车位慢充智能接线终端基本覆盖，释放配电和充电位潜力；乡村居舍以自有小功率慢充终端充电为主；公共领域提高充电设施快充网点分布密度	形成居住小区市场化服务生态，全面推广毗邻车位充电负荷共享模式，实现分时共享充电智能引导、电能聚合快速充电能量共济、边缘计算安全增强、自动充电技术与消防预警联动等社区充电智能化技术应用普及，充电设施与智慧城市多网融合互联互通，实现充电设施与交通、能源等设施支付及安全保障数据融通共享；专用车领域充电配置高效化；充换电设施安全性能、服务能力及方便体验性，均位居国际先进行列	
应用领域		重点促进私人领域配建慢充设施，基本覆盖城市住宅区及周边停车区域，以及公共区域社会停车场及县级以上城乡核心区域及高速公路服务区	充电设施覆盖住宅小区及周边区域，以及单位车位、社会停车场和县级以上城市主要区域、乡镇重点区域、城际连线、高速公路服务区	全面覆盖住宅、商业、办公区域车位，市郊及省、市、乡、镇路网，高速公路沿线等，实现充电设施合理分布及多种充电方式的便捷应用
产业规模		慢充设施充电端口达1300万端以上，公共快充端口约80万端；保障年充电量接近1000亿kW·h供电需求，支撑2000万辆以上车辆充电运行	慢充设施端口达7000万端以上，公共快充端口达128万端；保障年充电量3000亿kW·h供电需求，支撑8000万辆以上车辆充电运行	慢充设施端口达1.5亿端以上，公共快充端口达146万端；保障年充电量5000亿kW·h供电需求，支撑1.5亿辆以上车辆充电运行
关键指标	智能充电技术	新建小区1∶1配建慢充，老旧小区60%以上实现有序充电负荷能力扩展；传导及无线充电实现双向电能交换试点应用；研发制定共享换电站及电池箱结构与接口标准	新建小区1∶1配建智能慢充，老旧小区80%以上实现充电负荷扩展；公共领域大功率充电部分城市实现网点化分布，无线充电设施功率配置达10kW；自动充电占比达10%，30%以上城市实现出租车等共享换电设施网络化规模应用	车桩比达到1∶1；公共领域无线自动充电功率提升至20kW，大功率充电支持5min补电形式300km以上；自动充电占比达30%，共享换电技术在主要城市出租及短途货运行业实现大规模应用
	充电安全技术	建立主动安全防护体系及数据交互标准；研制安全芯片及软件，充电预警诊断准确率达95%	充电安全在线诊断技术全面应用，充电安全预警准确率达98%；网络安全检测准确率达95%	充电安全事故风险率≤5×10^{-9}，预警准确率达99%；网络安全检测准确率达99.5%
	云平台大数据	基本实现车–桩–云蓄电池数据互联互通，新增充电漫游桩接入率达50%，具备即时充电安全认证	实现车–桩–云蓄电池数据互联互通运行，新增充电漫游桩接入率达70%，实现双电与交通ETC及电能交换区块链网即时支付和自动结算应用规模覆盖	充电漫游桩接入率达90%，实现车–桩–云–网、能源、交通、气象信息融合应用，业务信息可信交互与自动充电技术普及应用
	电能互动技术	部分新增车辆具备电能互动能力；初步建立车桩网融合体系标准，实现电能聚合业务试点	车桩网互动覆盖率达20%；电能聚合实现60kW以上即时快充能力；光储充微网广泛应用，实现区域分布式电能协调互动	车桩网互动应用覆盖率达35%以上，电能聚合实现90kW以上即时快充能力；区域与广域互动并存，年促进新能源消纳达千亿千瓦以上
	标准测试评价	建立运营服务能力评价体系，运营商具备无线充电、自动充电、安全平台保障能力	标准体系健全，建立产品及系统测试及评价体系，引导并促进充电设施行业实现高质量发展转变，保障排放达峰所需充（换）电设施高效运行，支撑充电设施产业链创新业态的发展和可持续运行	

图 1-6-8　充电基础设施总体技术路线图

			2025年	2030年	2035年
总体目标	燃油乘用车		整车轻量化系数降低10%	整车轻量化系数降低18%	整车轻量化系数降低25%
	纯电动乘用车		整车轻量化系数降低15%	整车轻量化系数降低25%	整车轻量化系数降低35%
	载货车		载质量利用系数提高5%	载质量利用系数提高10%	载质量利用系数提高15%
	牵引车		挂牵比平均值提高5%	挂牵比平均值提高10%	挂牵比平均值提高15%
	客车		整车轻量化系数降低5%	整车轻量化系数降低10%	整车轻量化系数降低15%
汽车轻量化多材料综合应用体系	高强度钢应用技术体系	典型目标	1.2GPa冷成形钢批量应用 1.8GPa热成形钢批量应用 近终形高强度钢部分替代冷轧钢	1.7GPa冷成形（辊压）钢批量应用 2.0GPa热成形钢批量应用 近终形高强度钢全面替代传统800MPa以下冷轧产品	
			车身结构件、安全件：A柱加强板、B柱加强板、门槛梁、门内防撞梁等		
		关键技术	1.2GPa冷成形钢回弹、延迟断裂、氢脆等控制技术	1.7GPa冷成形钢回弹控制、辊压成形模具等	
			1.8GPa热成形钢关键零部件的连接可靠性、断裂韧性等	2GPa热成形钢关键零部件的连接可靠性、断裂韧性等	
		基础支撑	超高强度汽车钢微观组织与材料力学性能、疲劳、延迟开裂的关系		
			超高强度钢回弹控制理论、成形仿真参数、碰撞失效模型、评价标准体系、基础数据等		
	铝、镁合金应用技术体系	典型目标	不断提升高性能铸、挤、锻、钣铝合金的性能，相应零部件批量应用，成本降低		
			铝合金高真空压铸减振器支架、挤压前纵梁、冲压发动机舱盖、锻造控制臂等		
			提高铸造和变形镁合金性能，实现前端框架、座椅骨架、四门两盖等产业化应用		
		关键技术	高性能铸造、锻造铝合金；低成本、高性能耐腐蚀镁合金	大型挤压铝合金尺寸稳定性技术、大型薄壁压铸铝合金件设计与成形技术及铝板温、热成形技术；镁合金轮毂低压铸造技术	高强韧铸锻铝合金材料及其成形技术；高强度镁板开发、高强度镁合金安全件开发
		基础支撑	轻合金成形调控技术研究		
			轻合金零部件设计、连接模型、应用指南、评价技术标准体系、基础数据等		
	塑料及复合材料应用技术体系	典型目标	不断提高薄壁化工程塑料性能，实现保险杠等零件厚度由2.3mm减至1.6mm，减重10%~14%		
			预浸料模压：成型节拍≤8min，综合成本（相对钢）不超过10倍；HP-RTM：成型节拍≤4min，综合成本（相对钢）不超过10倍；实现碳纤维复合材料在覆盖件的产业化应用	预浸料模压：成型节拍≤4min，综合成本（相对钢）不超过4倍；HP-RTM：成型节拍≤2min，综合成本（相对钢）不超过4倍；实现碳纤维复合材料在车身结构件的产业化应用	大型复杂件成型节拍≤3min，实现碳纤维复合材料在底盘零部件的应用，零件综合成本增加不超过3倍
		关键技术	工程塑料流动特性与模具结构、工艺设计技术；复合材料设计技术、连接技术、维修技术、回收技术；低成本、高性能、高效率树指体系；低成本纤维材料；碳纤维复合材料一致性控制技术；金属、复材共线的焊接、涂装、总装的生产线技术、智能化或功能性集成设计技术		
		基础支撑	塑料及复合材料零部件设计、连接模型、应用指南、评价技术标准体系、基础数据等		

图1-6-9　汽车轻量化总体技术路线图

6.2.9 汽车智能制造与关键装备技术

汽车智能制造与关键装备技术路线图将整车及动力总成制造的工艺设计、生产及生产物流环节作为研究方向。考虑到智能生产是智能制造的主线，智能工厂是智能生产的主要载体，技术路线图2.0重点涵盖了智能制造技术装备在企业级、车间级信息系统，实体工厂、车间，虚拟工厂、车间三大生产场景的应用。

本次修订将“智能化”与技术路线图1.0中的汽车制造技术路线图深度融合，研究重心由降低不良品率、能耗及提高生产率转向提升智能化水平和设备综合效率。此次修订打破了技术路线图1.0的思路和框架，重点研究智能制造应用场景与装备，绘制智能制造与关键装备技术路线图。

技术路线图2.0以汽车制造“通用化、自适应化、透明化、智能化”为目标，逐步实现生产工艺装备、生产物流等集成类技术应用；推广用户需求端到产品生产端的集成类应用；达成生产过程人、机、料、法、环、测多源异构大数据的联通和融合技术应用；在生产设备、工艺控制系统、生产工艺单元和生产管理各层级普及人工智能技术；不断完善工艺数据库及知识库、汽车智能工厂标准库、场景解决方案库等知识图谱的建设，最终实现知识图谱应用自动化。

汽车智能制造与关键装备总体技术路线图如图1-6-10所示。

6.3 技术路线图实施效果预估

我国政府已承诺，在2030年碳排放总量达到峰值，因此对于还处于发展中的国家而言，必须由高碳经济向低碳经济转型。随着汽车保有水平的快速增长，汽车产业已成为国家节能减排的重点领域。

为预测未来中国汽车产业碳排放量，从未来经济社会发展愿景对汽车产业发展的需求出发，结合资源、能源、环境容量约束等，建立人口密度、人均国内生产总值、汽车千人保有量三维融合的汽车产业发展模型，对未来我国汽车产业发展产销量和保有量进行了预测。根据测算，2025年、2030年和2035年的汽车销量分别为3200万辆、3800万辆和4000万辆，保有量分别为4亿辆、4.5亿辆和4.8亿辆。在车型结构方面，根据总体销量与保有量预测结果，采用节能汽车、新能源汽车、燃料电池汽车等各类车型的销量占比形式呈现。

从碳排放的核算结果看，我国汽车产业规模整体依旧保持增长态势。只考虑车辆运行阶段时，汽油、柴油和电力等能源消费总量将于2030年前达到峰值，与此同时，二氧化碳排放量也将同时达到峰值，并自此开始下降；考虑车辆“油井到车轮”的燃料周期，二氧化碳的排放趋势和达峰时间与仅考虑运行阶段的结果一致（图1-6-11、图1-6-12）。因此，汽车产业将提前实现我国2030年碳排放达峰的目标，并为我国碳排放达峰做出亿吨级贡献。

	2025年	2030年	2035年
总体目标	实现在同一工厂内不需要对生产工艺装备进行任何技术改造和生产准备，可以按用户订单需求组织生产，不同产品可以共线生产的通用化		
	实现生产物流、生产工艺、生产设备和生产线的自动化控制，按顺序化（JIS）生产模式自适应匹配和零风险生产的自适应化		
	实现对产品、工艺、质量和设备运行状况的实时动态监控、分析和交互决策与控制的透明化		
	实现生产设备、工艺控制、产品质量的预测性分析和自适应控制，并实现智能化生产管理决策、分析和知识积累，实现生产效率、成本、质量优化的智能化		
	到2035年，关键工序智能化率达90%以上；设备综合效率（OEE）比2020年提高10%以上；劳动生产率比2020年提高50%以上		
总体与共性基础	生产工艺装备、生产物流、工装分离和“即插即用”集成类技术应用		
	用户需求端到工厂产品生产端的集成类技术应用		
	生产过程人、机、料、法、环、测多元异构工业大数据的联通和融合类技术应用		
	AI技术在生产设备、工艺控制系统、生产工艺单元和生产管理各层级的应用		
	完善工艺数据库及知识库、汽车智能工厂标准库、场景解决方案库的建设，清晰人、设备、物料及工艺流程各环节的关联性，为各种人工智能应用数据做准备	工艺数据库及知识库、汽车智能工厂标准库、场景解决方案库等知识图谱应用自动化，结合人工智能技术实现数字化向智能化迈进	
企业级及车间级信息系统	传统的ERP等信息系统加快向云化迁徙，围绕多场景的云应用需求开发App	工业技术、知识、经验等不断沉淀，实现知识重用，提高生产效率，工业大数据管理平台，AI+可视化技术实现智能化发展	开放的App应用，与工业客户间形成相互促进、双向迭代的生态体系。预测性生产运营维护、生产过程及质量管理实现透明化
实体工厂及车间	实现单机或单元装备智能化 避免可见问题 关键工序智能化率达40%以上 设备OEE提高5%以上 劳动生产率提高20%以上	实现单元、生产线智能化 隐性问题预测分析 关键工序智能化率达70%以上 设备OEE提高7%以上 劳动生产率提高30%以上	工厂全面智能化 从工艺制造端避免问题 关键工序智能化率达90%以上 设备OEE提高10%以上 劳动生产率提高50%以上
虚拟工厂及车间	实现单机设备、单项环节、单一场景的虚拟化应用带来的局部优化	实现数字孪生，在虚拟环境下建立起与实体工厂制造全流程对应的生产体系，实现虚实互联，实现对实体工厂的持续优化	人、机、料、法、环等要素在虚实空间进一步实现完整、实时的动态映射，优化后的决策实时反馈到实体工厂，成为互动的统一体

图1－6－10　汽车智能制造与关键装备总体技术路线图

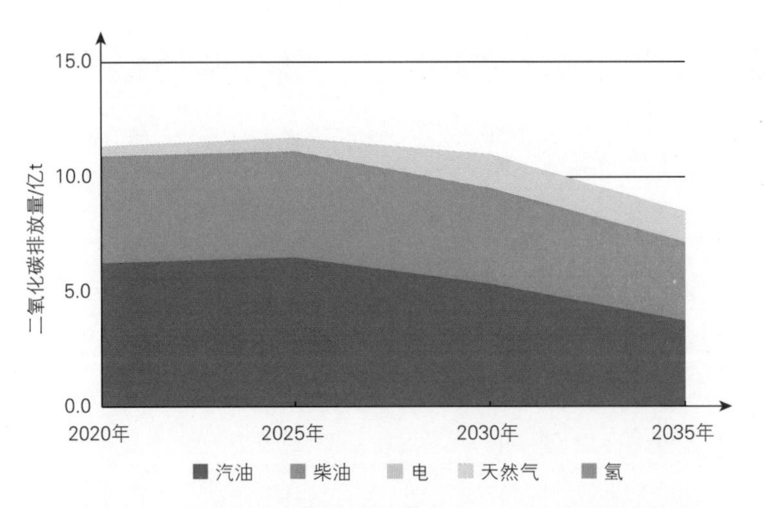

图 1-6-11　技术路线图实施效果预估——运行阶段碳排放量

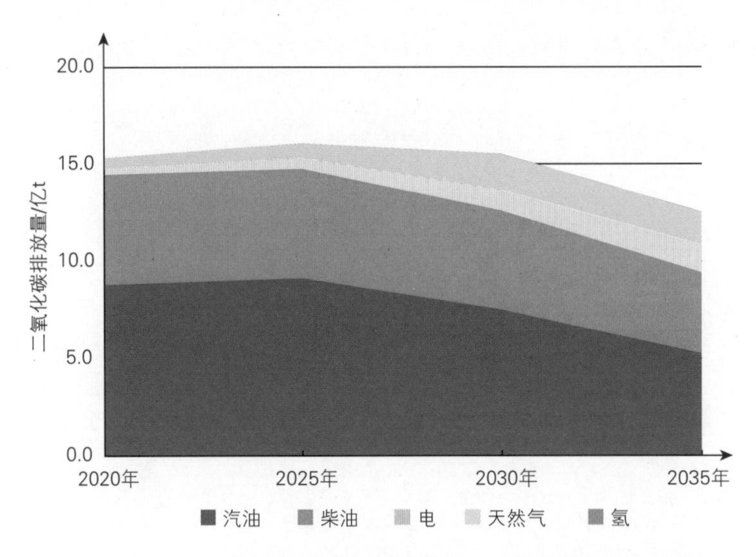

图 1-6-12　技术路线图实施效果预估——燃料周期碳排放量

7 战略支撑与保障措施建议

7.1　加强政府协同推进力度

1. 充分发挥节能与新能源汽车产业发展部际联席会议的作用

加强部门间协同和上下联动，特别是加强节能与新能源汽车与能源、交通、信息通信等行业的协同融合与新型产业生态构建所涉及的战略、政策、标准法规等的统筹衔接与评估落实。

2. 更好地发挥行业研究机构的作用

重点支持行业研究机构集中各方资源，加强未来汽车行业发展战略与规划、技术创新战略、政策影响评估等重大问题的研究，强化对未来汽车核心技术的前瞻预见，明晰重点攻关方向，引领和推动产业发展，为政府提供决策依据与智力支撑。

7.2　进一步完善创新体系建设

1. 完善新型研发机构的建设

进一步加大对国家智能网联汽车创新中心、国家动力电池创新中心、国家新能源汽车技术创新中心为代表的新型研发机构的支持力度，面向智能网联汽车前瞻领域，强化战略储备与前瞻布局，大力布局前沿技术研发，着力打造领先优势；面向新能源汽车产业发展需求，着力突破共性技术供给瓶颈难题，带动产业转型升级。

2. 加强科创服务平台建设

支持行业机构发挥跨行业、跨领域、跨部门的资源协同优势，集聚政府部门、行业企业、高校、科研院所、金融机构等各类创新要素，开展创新资源共享、创新成果孵化转化、融资对接、知识产权运营、政策咨询等各类科技创新服务工作，搭建产学研紧密合作的桥梁和纽带，激发创新活力、加快科技成果转化。

7.3　逐步建立安全可控的自主零部件体系

综合考虑汽车产业转型升级方向、培育未来产业竞争优势，根据不同领域关键核心零部件的发展阶段、市场成熟度，以“开放、创新、自主”为主线，采取差异化的措施，实现传统领域开放协作、新型领域创新引领、基础领域自主化突破，逐步建立安全可控的自主零部件体系。

1. 政企协同攻关节能汽车关键零部件

以发动机电控单元、高效变速器为代表的节能汽车关键零部件领域，采取国家引导、整车企业联合扶持的开放协同机制，建立由科技部、工业和信息化部、国家发展和改革委员会、财政部、国资委等政府部门和行业排名前十骨干整车企业组成的协同推进机制，支持整车企业与骨干零部件企业建立战略联盟，鼓励以资本为纽带，形成协同支持零部件发展的模式。

2. 揭榜挂帅巩固新能源汽车发展优势

以动力蓄电池、驱动电机为代表的新能源汽车关键零部件领域，主要采取国家支持、骨干零部件企业“揭榜挂帅”的措施，集中国家和骨干企业资源，在巩固现有技术优势的基础上，重点布局下一代产品技术，持续保持国际领先水平，实现产业链安全可控。

3. 协同联合打造智能网联汽车先导地位

以车载计算平台、车载操作系统为代表的智能网联汽车关键零部件领域，统筹开展跨部门、跨行业的大联合、大协同，以重大突破工程、科技专项和创新生态建设为抓手，重点支持车规级芯片、环境感知、智能决策、协同控制等核心技术突破。

4. 合力攻关补齐产业基础短板

以车规级芯片、仿真软件、高精度传感器为代表的产业基础短板领域，要充分发挥新型举国体制优势，提升产业自主能力，以重大突破工程、工业强基工程为抓手，加大定点、定向支持力度，政产学研相结合，集中攻关，合力突破，鼓励骨干企业先行先试，以点带面，推进创新成果产业化。

7.4 持续扩大新能源汽车推广应用范围

1. 精准施策，平稳过渡新能源汽车扶持政策

建议加强针对公交、出租、环卫、物流、网约和分时租赁等公共服务领域新能源汽车推广应用的引导和配套政策；建议明确 2025 年前继续执行新能源汽车免购置税政策，鼓励地方政府出台新能源汽车便利使用等支持政策；建议借鉴汽车下乡经验，对农村地区新能源汽车推广应用给予专项补贴，形成拉动汽车产业新一轮发展的新的增长极，助力美丽乡村建设和乡村振兴战略。

2. 稳步实施燃料电池汽车试点示范工程

在清洁氢能资源丰富、经济基础好、具备氢能和燃料电池汽车产业基础、环保压力大的地区选择试点城市，聚焦重点领域推进燃料电池汽车试点示范，重点解决氢能基础设施规模化建设及运营问题和现有整车及关键零部件技术的产业化落地，建立有利于燃料电池汽车推广应用的使用环境，降低燃料电池汽车生命周期总成本，促进未来燃料电池汽车的商业化推广应用。

3. 持续推动和完善基础设施建设工作

依托互联网 + 智慧能源，提升智能化水平，积极推广智能有序慢充为主、应急快充为辅的居民区充电服务模式。研究第三方进小区建桩鼓励政策，开展电价、增值税退税、建设补贴等政策可行性研究。鼓励开展换电模式应用。组织开展加氢基础设施立项、审批、建设、验收、投入运营等环节的管理规范研究工作。

7.5　加快智能网联汽车的示范应用与产业化步伐

1. 完善顶层设计，加强跨产业之间协同创新

发挥制造强国领导小组车联网专委会的统筹协调作用，进一步加强跨部门、跨行业协同与融合。全面梳理相关法律法规、部门规章和标准，针对存在的管理空白或可能对智能网联汽车产生的制约和限制问题，尽快形成解决方案。建立多层级、不同适用范围的标准体系，实现国家标准、行业标准和团体标准的良好配合与衔接。重点针对智能网联汽车测试、准入和运行环节，有序推进相关立法、修法和释法工作。探索建立适应无人驾驶汽车发展的新型保险机制，明确对智能网联汽车的法律规定。

2. 加强行业监管，保障智能网联车辆信息安全

加快制定汽车信息安全相关标准和规范，推动我国汽车信息安全保障体系的构建，加强对端 – 管 – 云各环节的信息安全监管，建设国家智能网联汽车运行的基础大数据运行维护及监管中心，优先解决智能网联汽车运行安全、用户数据安全、跨境数据安全以及车联网应用数据安全等问题。

3. 完善基础设施，提升基础设施通信环境条件

协同推动智能化基础设施建设，结合“新基建”国家战略，加快布局 C-V2X 通信设施建设，形成分区域、分阶段推进的建设规划。实现车、路、人、云平台之间的互联互通，以大规模和城市级测试示范为依托，推动高速公路、城市主干道、城市道路和停车场等相关区域加快 C-V2X 网络部署，进而推动实现全国主要干道的 C-V2X 网络广泛覆盖，加快车路协同基础设施数字化建设。

4. 由点及面突破，统筹示范应用和产业化推广

加快建立智能网联汽车测试评价体系，依托国内现有的测试及应用资源，加强测试验证和示范应用对技术攻关和产业实践的作用。结合 2022 年北京冬奥会、雄安新区等重大项目建设机遇，推进智能网联汽车技术、智能交通系统和智慧城市规划建设的示范应用。形成涵盖封闭测试场、开放道路和先导区的三级测试示范，推动从技术研发、测试验证到示范应用的三级产业链条，实现城市级社会开放道路的规模化、产业化应用。

5. 发挥市场主体作用，打造成熟的新型产业生态

以生态主导型企业为龙头建设首次商业化平台，加快产业化发展和价值链培育，打造各类市场主体互融共生、分工合作、利益共享的新型产业生态体系，加快国家智能网联汽车创新中心建设，搭建跨行业跨领域的技术协同创新平台。加强车载计算平台、动态地图平台关键零部件的技术研发和价值链培育，共同推进智能网联汽车核心关键技术的自主化开发和产业应用，构建跨产业协同的智能网联汽车生态体系。

7.6 持续推进品牌质量提升工作

1. 完善质量法制体系，加强汽车生产准入监管

简化事前准入管理，加强事后监管，贯彻落实“放管服”改革精神，建立汽车监管部际协调机制，以法制化、高效、有序为目标推进车辆生产企业及产品准入管理改革。建立政府监督检查、信用管理、消费者投诉等一体的产品监管机制。

2. 强化汽车召回、“三包”等强制质量保证机制

进一步健全质量违法行为记录及公布制度，加大行政处罚等政府信息公开力度。加大缺陷产品召回力度，健全缺陷产品召回行政监管和技术支撑体系，建立缺陷产品召回管理信息共享和部门协作机制。探索跨部委的产品伤害监测体系，提高产品安全、环保、可靠性等要求和标准。启动实施服务质量监测基础建设工程，严格落实汽车“三包”责任规定，探索建立第三方质量担保争议处理机制。

3. 建设汽车产品质量全面评价体系机制

完善汽车质量品牌标准体系，开展新能源汽车的可靠性质量评价体系，优化完善节能汽车可靠性研究与评价体系，开展专项评价活动；积极推进智能汽车的质量评价体系，推动车辆智能化系统（分总成）的法规标准、检测、准入的管理体系建设。

4. 开展中国汽车品牌宣传工程，培育优秀质量品牌文化

推动汽车行业机构联合汽车企业开展中国特色汽车质量品牌文化建设，营造行业严于律己、文明竞争、共同发展的良好氛围和健康生态。依托汽车行业机构制订实施汽车质量品牌宣传的专项行动计划，组织权威媒体开展中国品牌宣传活动，树立中国汽车质量品牌良好形象。

7.7 强化人才队伍建设

立足于国家发展战略，聚焦智能网联、新能源、节能等领域，构建以领军人才、研发骨干人才和工匠人才为主体的综合性、立体化人才体系。

1. 大力培育和引进行业领军人才

依托国家重大科研、工程、产业攻关、国际科技合作等项目，加强人才与项目的结合，在实践中培养领军人才。深入实施重大人才工程，加大海外高层次人才引进力度，引进一批能够突破关键技术、发展智能网联和新能源等核心领域的战略科学家和创新创业领军人才。

2. 加快培养行业研发骨干，特别是复合型技术研发骨干

在高校加快建设符合智能化、电动化、轻量化、低碳化技术需求的人才培养体系，服

务于汽车产业转型升级。创新人才培养模式，推进产学研协同的人才培养模式。完善以能力和贡献为导向的人才评价制度，释放人才创新内生动力，提升科技人才的国际竞争力。

3. 弘扬工匠精神，培育汽车工匠人才

培育“坚韧、执着、专注、极致”的汽车工匠文化，完善技师培训、培训基地建设和技能大师工作室、劳模工作室建设，开展技能人才评奖，发挥高技能人才引领作用。

4. 坚持汽车人才国际化发展战略

建立国际互认的职业资格制度，促进汽车人才合理理性流动。举荐行业领军人才到国际组织任职，在国际舞台上争取更大的话语权。结合教育改革试点，率先推进汽车人才教育培训的国际化。

7.8 加快推进汽车产业数字化转型升级

1. 加快推进汽车智能制造，实现汽车制造业与信息产业的深度融合

推进数字工厂、智能工厂、智慧工厂建设，引导企业在研发设计、生产制造、物流配送、市场营销、售后服务以及企业管理等环节推广应用数字化、智能化系统。构建可大规模推广应用的设计、制造、服务一体化示范平台，推动建立贯穿产品全生命周期的协同管理系统，实现企业提质增效。

2. 加快推进出行及服务网联化、智能化，建设互联高效的新型汽车产业生态

引导汽车企业积极协同信息、通信、电子和互联网行业企业，充分利用云计算、大数据等先进技术，挖掘用户工作、生活和娱乐等多元化需求，创新出行和服务模式，促进产业链向后端、价值链向高端延伸，拓展包含交通物流、共享出行、用户交互、信息利用等要素的新型生态圈。

第二章 节能汽车技术路线图

CHAPTER 02

1 导 言

1.1 战略意义

1.1.1 发展节能汽车是保障国家能源安全的重要措施

根据《2019 年国内外油气行业发展报告》，2019 年中国原油净进口量首次突破 5 亿 t，原油和石油对外依存度双双突破 70%。

车辆的巨额燃油消耗（交通用油占中国石油消费比重超过 50%）已成为我国石油对外依存度攀升的主力推手。未来 10 年，我国汽车产品结构仍将以燃油汽车为主。因此，推动传统能源汽车节能化发展刻不容缓，是保障国家能源战略安全的重要措施。

1.1.2 发展节能汽车是减轻国家环境保护压力的重要手段

近年来，大气污染日趋严重，环境保护问题引发全球关注。

中国是二氧化碳（CO_2）排放大国，虽然我国已通过技术改良成功降低了一些城市的工业排放，但经济的快速增长意味着碳排放总量很难大幅减少。碳排放量若无有效缓解，我国在巴黎气候大会上的郑重承诺（二氧化碳排放 2030 年前后达到峰值并争取尽早达峰；2030 年单位国内生产总值二氧化碳排放相比 2005 年下降 60% ~65%）将难以实现。

汽车污染物排放问题日益显著。根据《中国移动源环境管理年报》，2018 年汽油车排放碳氢化合物（HC）254 万 t，占社会排放总量的 12%；柴油车排放氮氧化物（NO_X）371 万 t，占社会排放总量的 20%。

传统能源汽车在我国汽车保有量中占比高且减排空间巨大，应是支撑我国减轻大气污染的“排头兵”。

1.1.3 发展节能汽车是实现《中国制造 2025》和汽车强国的重要途径

工业和信息化部发布的《〈中国制造 2025〉规划系列解读之推动节能与新能源汽车发

展》提到，从制造强国看，汽车产业以其在国民经济中的重要地位和对经济增长的重要贡献被列为国家的战略性竞争产业。

节能与新能源汽车是《中国制造2025》重点发展的十大领域之一，是汽车制造强国的必由之路。我国必须通过加强技术创新、跨产业协同融合等措施，加快推动实现汽车产业在新一代信息技术、清洁能源技术发展大背景下的转型和变革，这样才符合汽车强国的发展要求。因此，必须大力推进传统能源汽车节能化发展，谋求核心技术重点突破，加快基础理论、产品技术、装备制造等各个环节的提升，促进自主创新能力比肩国际先进水平。推动节能与新能源汽车协调发展，助力传统能源汽车实现新旧动能转化，从而鼎力支撑《中国制造2025》强国战略的顺利执行。

1.1.4 发展节能汽车是汽车产业整体转型升级的基础

传统能源汽车在当下和未来一段时期内仍将是汽车产业的重要组成部分，发展节能汽车是汽车产业整体转型升级的重点之一。

同时，汽车节能是一项系统性工程，通过动力系统优化升级、提升传动效率、加强整车热管理、整车电器集成、轻量化、低摩擦等技术的研究开发和应用，提升车辆每一部分的效率，实现整体能耗经济性提升。因此，汽车节能应是整个汽车产业的重要课题，无论未来汽车产业如何发展与变革，都应该持续发展节能汽车技术。在当前的汽车产业发展环境下，节能汽车技术升级也应作为新能源汽车、智能网联汽车发展的基础而得到行业重视。

1.1.5 发展节能汽车是我国汽车“走出去”的重要支撑

随着我国汽车市场增速的持续放缓，“走出去”成为国内整车企业寻求生存及发展的重要路径。我国的“一带一路”倡议为节能汽车发展带来巨大的市场机遇。

“一带一路”沿线大多为新兴经济体和发展中国家，处于经济发展的上升期，可释放巨大的汽车市场空间（包括基建投资类对商用车的大量需求）。面对如此良好的契机，唯有持续推动节能汽车技术发展，掌握并突破关键核心技术，不断提升我国汽车的国际竞争力，才能将“走出去”进行到底。

1.2 研究范围及修订说明

1.2.1 研究范围及目标

本技术路线图（以下简称节能汽车技术路线图2.0）基于2016年发布的技术路线图1.0中的“节能汽车技术路线图”（以下简称节能汽车技术路线图1.0）进行修订，梳理了节能汽车技术发展的现状与趋势，分析了国内外节能汽车发展的差异，在此基础上修订了我国节能汽车技术发展的总体目标与发展路径，提出了创新发展需求，以期为我国节能汽车加速转型升级指明发展方向，提供决策参考。

1.2.2 修订总体思路

1. 突出重点

综合考虑汽车产业节能减排要求及商用车节能空间，对节能汽车技术路线图架构进行重新梳理，突出商用车节能的重要地位，并指出混合动力技术发展对汽车节能的重要意义。

2. 针对传统能源汽车设定指标

受新能源汽车核算优惠影响，2015 年后我国乘用车平均油耗存在一定程度上的失真，传统能源乘用车油耗的实际降幅有限。节能汽车技术路线图 2.0 针对传统能源汽车设定油耗指标，以期真实反映和评估传统能源汽车的油耗水平。

受政策驱动，新能源汽车市场快速发展，汽车市场能源结构急剧变化。节能汽车技术路线图 2.0 基于传统能源汽车市场设定技术应用占比，以真实直观地反映节能技术在传统能源汽车上的应用。

3. 综合考虑“节能”和“减排”的关系

国六排放标准是目前世界上最严的排放标准之一，短期内不宜再做加严，故本章不单独对其做重点研究。

节能与减排高度关联，一方面，节能的结果之一就是减排，研究节能即研究减排；另一方面，排放升级（尤其是后处理系统的增加）伴随着油耗的损失。因此，本章在设定节能技术发展目标时将排放升级对油耗降低的挑战列入考虑。

4. 反映行业真实情况

根据产业现状、技术实际发展情况及发展趋势，对节能汽车技术路线图 1.0 进行修订，对核心关键技术进行删减和新增，对相关指标进行审视和设定。

5. 代表技术发展趋势与行业先进水平

节能汽车技术路线图 2.0 设定的技术指标代表行业先进水平。即在目标时间内，针对该技术，国内至少有一家主流企业能满足对应的指标要求且具备产品批量投放市场的条件。

1.2.3 主要修订内容

1. 技术架构调整

节能汽车技术路线图 1.0 采用“乘用车节能技术 + 商用车节能技术 + 车用燃油技术”的研究架构。由于国内车用燃油主要技术指标已经处于国际先进水平，节能汽车技术路线图 2.0 总体上采用“乘用车节能技术 + 商用车节能技术”的研究架构，并对乘用车及商用车节能技术进行重新梳理，强化了对商用车节能技术及混合动力技术的研究。

2. 结合工况切换情况，基于传统能源汽车设定油耗指标

节能汽车技术路线图 1.0 乘用车油耗目标基于欧洲行驶循环（NEDC）。由于不同测试工况的测试方法不同、考察的重点不同，测算得出的油耗往往具有较大差异。考虑到汽车测试工况的切换情况，“节能汽车技术路线图 2.0”提出基于全球统一轻型车测试循环（WLTC）及中国汽车行驶工况（CLTC）的乘用车油耗目标，提升了技术路线图指标的可参考性。

节能汽车技术路线图 1.0 以“国内乘用车新车平均油耗”作为乘用车节能技术发展阶段性目标，无法真实反映传统能源乘用车节能技术发展情况。节能汽车技术路线图 2.0 以“传统能源乘用车新车平均油耗”作为乘用车节能技术发展指标项。

3. 明确混合动力汽车研究范围，对混合动力汽车进行细分并提出细化指标

当前，国内尚未出台针对混合动力汽车（HEV）的行业标准，混合动力汽车界定及分类存在争议。节能汽车技术路线图 2.0 明确混合动力汽车研究范围，并将混合动力汽车按混合程度分类，提出强混、中混及轻混发展目标及技术路线。

节能汽车技术路线图 1.0 将 48V 系统归纳在“电子电器”技术领域，节能汽车技术路线图 2.0 将 48V 系统调整到“混合动力”技术领域进行研究。

1.3　技术架构及关键技术梳理

为了方便理解，对本章涉及的汽车类型解释如图 2－1－1 所示。

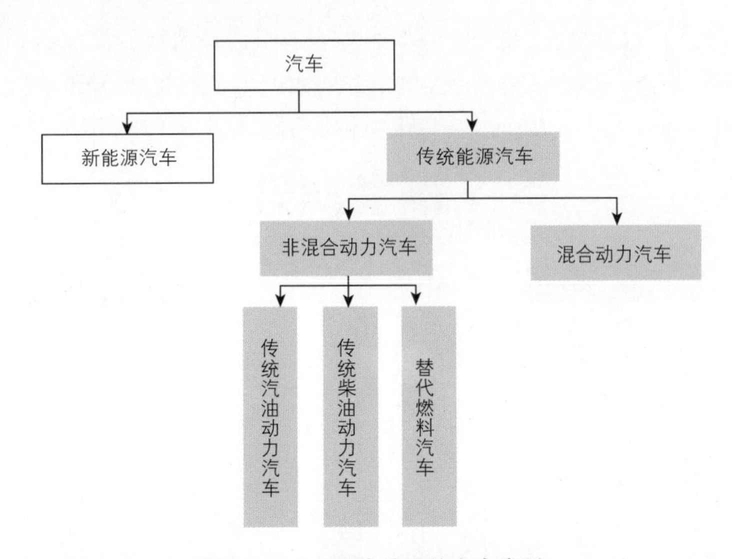

图 2－1－1　本章涉及的汽车类型

如图 2－1－1 所示，本章研究主要针对传统能源汽车（本章所称传统能源汽车是指除新能源汽车以外的，能够燃用汽油、柴油、气体燃料或醇醚燃料等的汽车）。根据动力类型，将传统能源汽车划分为混合动力汽车及非混合动力汽车。由于我国在鼓励政策上将插电式混

合动力汽车（PHEV）纳入“新能源汽车”范围，所以本章涉及的混合动力汽车不包含PHEV。但是，从技术角度看，混合动力电动汽车（HEV）与PHEV的混合动力系统技术大体相同，节能与新能源汽车技术路线图2.0将“混合动力系统技术”重点放在本章叙述。非混合动力汽车包括所有混合动力汽车以外的传统能源汽车，根据燃料类型划分为传统汽油动力汽车、传统柴油动力汽车和替代燃料汽车。

本章研究的混合动力汽车涵盖轻混、中混及强混三类车型，相关定义及具体描述见表2-1-1。

表2-1-1 混合动力汽车按混合程度分类

定义	描述	典型技术
轻度混合动力（轻混）	以发动机为主要动力源，电机作为辅助动力，具备智能启停、电动助力、制动能量回收等功能	BSG
中度混合动力（中混）	以发动机为主要动力源，电机作为辅助动力，具备智能启停、电动助力、滑行、制动能量回收等功能。在车辆加速和爬坡时，电机可向车辆行驶系统提供辅助驱动转矩	ISG
重度混合动力（强混）	以发动机和电机作为动力源，且电机可以独立驱动车辆正常行驶	—

注：BSG是Belt-Driven Starter Generator的缩写，即利用带传动兼顾起动和发电功能的电机。ISG是Integrated Starter Generator的缩写，即集成起动/发电一体式电机。

节能汽车是指以内燃机为主要动力系统，综合工况燃料消耗量提前达到和优于下一阶段目标值的汽车。根据GB/T 3730.1—2001《汽车和挂车类型的术语和定义》将节能汽车主要划分为乘用车和商用车。节能汽车技术架构如图2-1-2所示。

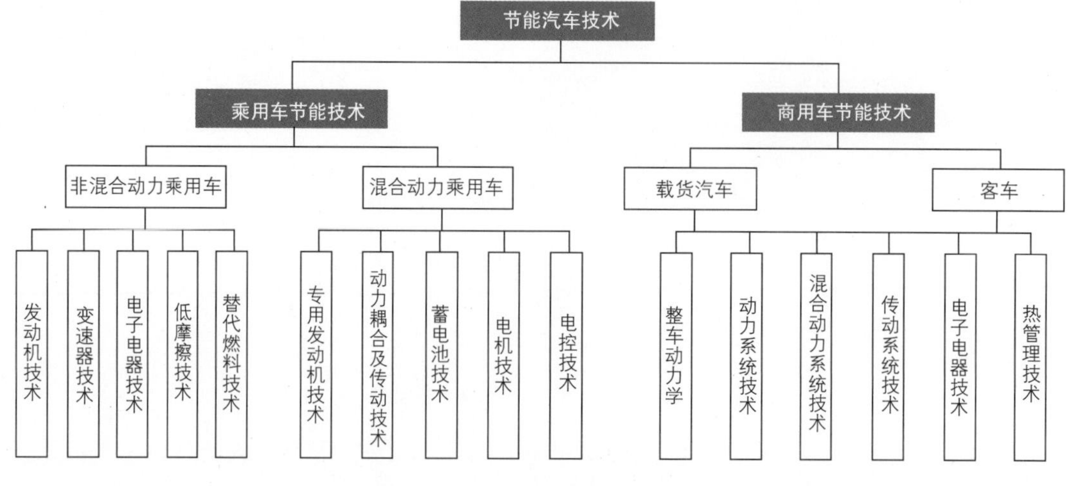

图2-1-2 节能汽车技术架构

注：轻量化另有章节论述，在本章不做深入研究。

2 技术现状及发展趋势

2.1 国内外技术现状及对比

2.1.1 节能指标对比

为进一步降低油耗、减少温室气体排放量，根据日本轻型汽车燃料经济性标准，2020年乘用车新车平均燃料消耗量需达到20.3km/L；根据日本经济产业省和国土交通省最新公布的标准，2030年乘用车新车平均燃料经济性需达到25.4km/L。

2012年，美国联邦政府公布了2017—2025年的企业燃油经济标准（Corporate Average Fuel Economy，CAFE）。2018年8月，美国国家环境保护局（EPA）正式公布冻结前政府的燃料经济性标准提议。当前，美国汽车节能战略的发展走向具有较强的不确定性。

欧洲议会新排放标准法案要求2021年开始新车平均二氧化碳排放不得高于95g/km（折合成国标油耗为3.8L/100km），否则车企将面临巨额处罚；到2025年，新车平均二氧化碳排放量较2021年减少15%，即达到81g/km（折合成国标油耗为3.2L/100km）；到2030年，新车平均二氧化碳排放量较2021年减少37.5%，即达到59.4g/km（折合成国标油耗为2.4L/100km）。

2012年发布的《节能与新能源汽车产业发展规划（2012—2020年）》提出，国内乘用车2015年及2020年燃料消耗量目标分别为6.9L/100km和5L/100km；2019年，工业和信息化部提出2025年燃料消耗量目标为4L/100km（NEDC工况，对应WLTC工况燃料消耗量4.6L/100km）。

各国及组织燃料消耗量和碳排放标准规划对比见表2-2-1。

表2-2-1　各国及组织燃料消耗量和碳排放标准规划对比

年份	标准	欧盟	美国	日本	中国
2015年	原始标准	130g/km（CO_2）	36.2mpg	16.8km/L	6.9L/100km
	对应国标（L/100km）	5.2	6.5	6	6.9
	测试标准	NEDC	FTP75+SFTP+HWFET	JC08（WLTP）	NEDC
2020年	原始标准	95g/km（CO_2）	43.7mpg	20.3km/L	5L/100km
	对应国标（L/100km）	3.8	5.4	4.9	5

（续）

年份	标准	欧盟	美国	日本	中国
2020 年	测试标准	WLTP + RDE	FTP75 + SFTP + HWFET	JC08（WLTP）	NEDC
2025 年	原始标准	80. 8g/km（CO_2）	—	—	4. 6L/100km
	对应国标（L/100km）	3. 2	—	—	4. 6
	测试标准	WLTP + RDE	—	—	WLTC
2030 年	原始标准	59. 4g/km（CO_2）	—	25. 4km/L	—
	对应国标（L/100km）	2. 4	—	3. 9	—
	测试标准	WLTP + RDE	—	WLTP	—

注：1. 日本暂未制定 2025 年油耗标准；美国在特朗普任总统后放宽了油耗限值，已冻结 2020 年后联邦燃油标准。
2. 欧盟标准中，1g/km 二氧化碳约等于 0. 0431L/100km；在美国标准中，1mpg（mile per gallon）约等于 235. 215L/100km。

总体而言，欧洲碳排放标准全球最严；而美国由于特朗普总统任职期间的一系列放宽轻型车燃料经济性和碳排放标准的行为，美国对轻型汽车燃料消耗管控的严格程度大幅度降低。对比各国对燃料消耗量/碳排放的规划可以看出，欧、美、日燃油消耗量/碳排放年降幅主要设定在 2. 3% ~5. 6%（由于存在测试工况变更，对欧盟 2015—2020 年碳排放降幅不做考虑）。

2. 1. 2　乘用车节能技术现状及对比

在乘用车节能方面，本路线图主要对标了日本、美国及欧洲。其中，日本在混合动力汽车市场的地位世界领先，欧洲制定了全球最严格的节能减排目标。

1. 混合动力乘用车节能技术

日益严格的法规标准促使日本整车企业及零部件供应商进一步加大对以混合动力为代表的汽车节能技术的研发力度。日本混合动力技术水平世界领先，混合动力类型多样（表 2 -2 -2）。MarkLines[⊖]数据显示，2019 年全年日本乘用车销售 430. 1 万辆，其中，混合动力汽车（HEV）销量为 108. 3 万辆。综观 2017—2019 年三年的数据，在日本乘用车中，纯电动汽车（EV）、氢燃料电池汽车（FCV）及插电式混合动力汽车（PHEV）销量极少，混合动力汽车在日本乘用车销量中占比较为稳定，维持在 25% 左右。日本乘用车销量情况如图 2 -2 -1 所示。

⊖ MarkLines 是一家全球汽车信息平台。

表 2-2-2　日本混合动力类型及特点

类型	串联式	并联式	混联式	
			混联式（功率分流）	串并联切换式
结构图	蓄电池、电机、发电机、发动机	蓄电池、变速器、电机、离合器、发动机	蓄电池、电机、发电机、行星轮、发动机	蓄电池、电机、发电机、离合器、发动机
特点	发动机动力全部转换成电能驱动；需要大型的电机和发电机	发动机动力通过变速器驱动；电机用于能量回收和辅助驱动；需要变速器	发动机动力分别传递为机械能和电能（通过行星轮分配）；电机和发电机比串联式要小	发动机动力低速时转换成电能（串联式），高速时传递机械能（并联式）；与串联式一样，需要大型的电机和发电机
代表车型	日产 NOTE e-POWER	本田 FIT（i-DCD）	丰田普锐斯 THS	本田雅阁（i-MMD）

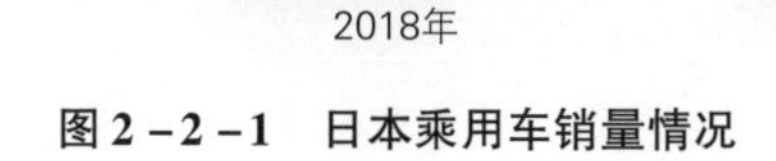

图 2-2-1　日本乘用车销量情况

MarkLines 数据显示，2019 年美国乘用车共计销售 1344.1 万辆，其中，混合动力汽车销量为 40.2 万辆，同比增长 19.8%，在乘用车中的销量占比较 2018 年增加 0.6 个百分点。美国乘用车销量情况如图 2-2-2 所示。在混合动力技术方面，通用汽车公司和福特汽车公司开发了各自的混合动力系统，如通用汽车公司的 eAssist Gen3 混合动力系统和福特汽车公司的 eCVT 混合动力系统，在原有缸内直喷发动机的基础上，增加驱动电机、智能电驱单元、大容量三元锂蓄电池等组成混合动力系统；以驱动电机低速大转矩的特点弥补燃油发动机低速转矩差的缺点，系统通过锂蓄电池高压供电，可在启停阶段实现纯电驱动，在加速阶段电机与发动机同时工作，平顺转矩和提升加速，更能在平稳驾驶的同时实现制动能量回收，使得整车燃料经济性和动力性均得以改善。

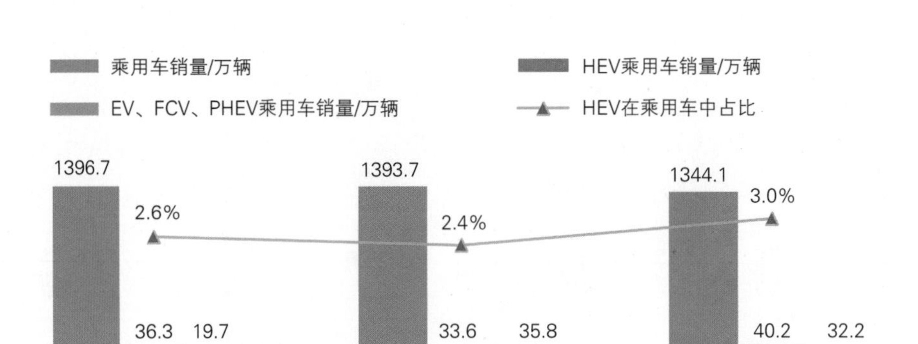

图 2-2-2　美国乘用车销量情况

注：本章所称美国乘用车包括 Car、SUV 及 MPV。

严苛的排放法规推动了欧洲汽车节能技术加速发展。2018 年，欧洲混合动力车型和新能源车型几乎全部提前达到 95g/km 的二氧化碳排放目标。目前，在欧洲车企中主要应用的混合动力技术属于轻混的“48V 混合动力系统”。它是由奥迪、宝马、戴姆勒、保时捷和大众等欧洲主机厂联合提出，在欧洲发展态势强劲。48V 混合动力系统是在 12V 电气系统的基础上增加一套 48V 的混合动力系统，车辆无须进行大的设计变动，以较低的成本增量实现了明显的节油效果，其单位节油率成本低于强混合动力汽车、纯电动等车型，但考虑节能性能，48V 混合动力系统的长远竞争力不足。

国内方面，MarkLines 数据显示，我国 2019 年混合动力汽车销量为 19.7 万辆，在乘用车销量中的占比达到 0.92%，较 2018 年增长 0.11 个百分点（图 2-2-3）。中国混合动力汽车销量分布情况如图 2-2-4 所示，国内混合动力汽车市场长期被进口/合资品牌占据，销量主要集中在丰田，本田及日产的混合动力技术逐渐受到国内关注。需要重点指出的是，目前，我国尚无明确的混合动力汽车划分标准及分类的政策法规/行业标准，国内混合动力汽车分类较为混乱。MarkLines 统计的数据中，国内混合动力汽车销量统计未覆盖吉利、长安等品牌旗下的混合动力汽车车型，但此类搭载 48V 混合动力系统的车型理论上属于混合动力汽车范畴。

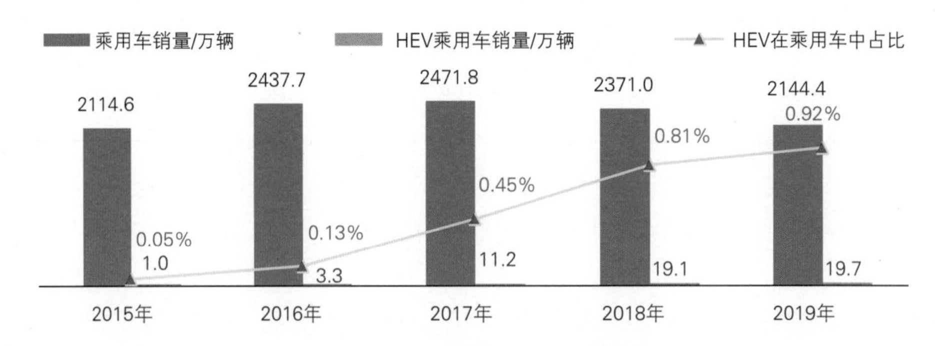

图 2-2-3　中国乘用车销量情况

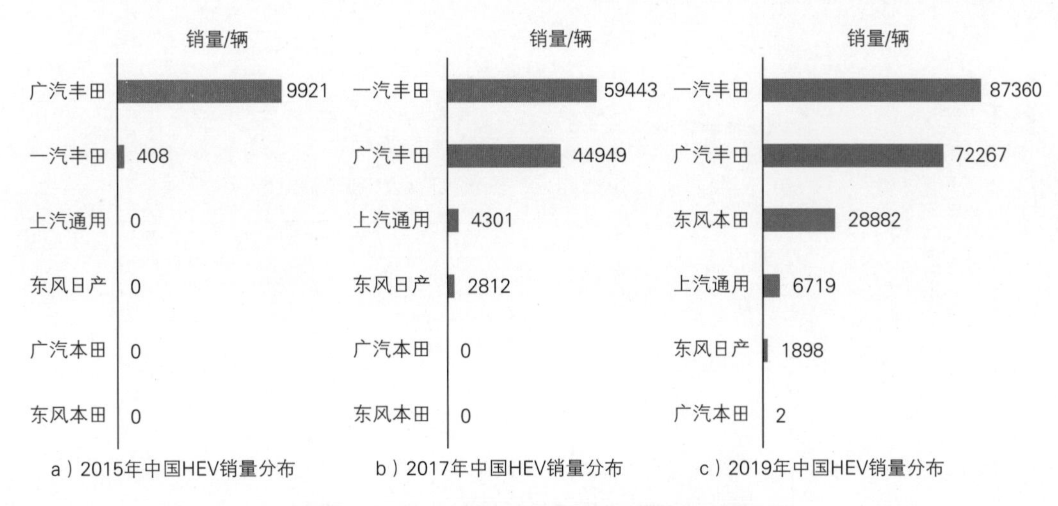

图 2-2-4　中国混合动力汽车销量分布情况

虽然当前国内乘用车中混合动力汽车占比较小，但国内大部分整车企业已有混合动力汽车技术储备。此外，近年来各大整车企业都公布了燃油汽车停售时间表（表 2-2-3），如长安汽车和北汽集团规划时间是在 2025 年，大众汽车计划在 2030 年停止销售传统燃油汽车。这里整车企业提出的停止销售/生产的传统燃油汽车并不是指新能源汽车以外的车型，而是多指"仅依靠内燃机驱动，不配备电机的车型"。因此，从某种意义上来说，汽车企业停售/停产传统燃油汽车，就是企业所有车型实现向新能源汽车和混合动力汽车的转变。

随着我国油耗排放法规的加严、双积分修订政策等鼓励低油耗汽车政策的执行，以及整车企业的大力推进，我国传统能源汽车混动化进程必将加速。

表 2-2-3　各品牌/整车企业传统燃油汽车停售/停产计划

品牌/整车企业	传统燃油汽车停售时间	传统燃油汽车停售/停产计划
长安	2025 年	2025 年，将全面停售传统意义的燃油汽车
北汽	2025 年	2025 年，全面停止销售燃油汽车（军民融合和专用车除外）
菲亚特·克莱斯勒集团（玛莎拉蒂）	2019 年	2019 年起，玛莎拉蒂只生产电动和混合动力车型
捷豹路虎	2020 年	2020 年，所有捷豹路虎汽车均将是电动或混合动力版本
戴姆勒	2022 年	2022 年，停产停售旗下全部传统燃油汽车
福特（林肯）	2022 年	2022 年，林肯全面停售停产燃油汽车

（续）

品牌/整车企业	传统燃油汽车停售时间	传统燃油汽车停售/停产计划
丰田	2025年	2025年前，停止生产传统纯燃油汽车
大众	2030年	2030年前，大众将实现所有车型电动化，传统燃油汽车停止销售

2. 非混合动力乘用车节能技术

（1）日本

日本发动机整体上仍以自然吸气为主，已实现40%热效率机型的量产，成为节能目标达成不可忽视的力量。近年来，丰田、本田、日产等车企相继推出增压汽油机产品，逐步推进涡轮增压和自然吸气共同发展的节能技术路线；变速器的发展主要以无级变速（CVT）和自动变速（AT）为主，并在摩擦损耗、液压损耗及轻量化上继续优化，提高变速器传动效率，自动变速器朝着多档化发展，无级变速器则不断更新技术以提升效率；电子电器主要围绕车身电子稳定系统展开系统集成，包括传感器、执行器、电子控制单元，通过总线进行网络通信，通过传感器和系统之间的信息共享，控制器对各子系统进行协调和优化，使车辆的整体系统性能水平达到最佳，提高燃料经济性。

（2）美国

涡轮增压、发动机小型化、可变气门技术辅以热管理、低摩擦技术成了美国发动机节油的主流技术路线；美国三大汽车公司始终坚持对自动变速器的研究，6档自动变速器已成为标配，8档自动变速器慢慢普及及无级变速器的开发与应用，支撑美国乘用车燃料经济性提升。

（3）欧洲

欧洲围绕低摩擦、低能耗充分挖掘潜力，提升动力总成效率：一方面继续升级传统增压直喷发动机技术，大众、宝马、奔驰相继推出多款新型增压直喷发动机，应用大量新技术（表2-2-4），助力整车油耗的降低，同时舍弗勒、里卡多等公司也在积极研究传统发动机的核心技术，例如，里卡多通过发动机增压小型化、低摩擦、热管理、启停、附件电子化等技术实现5L/100km的油耗目标；另一方面，未来5～10年手动变速器在欧洲仍然占据绝对优势，但为应对越来越严苛的排放法规强制要求，大众、奔驰、菲亚特、格特拉克及宝马等已开发出多款双离合变速器（DCT）并规模化投入使用，欧洲双离合变速器市场份额呈现出快速增长的态势。

（4）中国

我国非混合动力乘用车领域以动力总成优化升级为重点，以电子电器、低摩擦、替代燃料为支撑，具体进展如下。

表 2-2-4 大众、宝马、奔驰新一代机型的技术应用情况

发动机	气缸数	缸径×行程/(mm×mm)	最大功率/kW	最大转矩/N·m	核心技术	节能效果
大众 1.5TSI evo	4	74.5×85.9	96/110	200/250	米勒循环/等离子喷涂缸套涂覆；压缩比12.5/压缩比10.5；可变截面涡轮增压（VTG）/涡轮增压；主动停缸（ACT）；350bar[①]缸内直喷（GDI）；低摩擦技术；低黏度机油；热管理模块	相较1.4TSI，新机型二氧化碳排放减少10%以上
大众 2.0TGDI	4	82.5×92.8	140	320	改进的米勒循环；压缩比11.7；进气侧可变气门升程；双喷射250bar GDI+歧管喷射（PFI）；电控旁通涡轮增压；智能热管理；集成排气歧管（IEM）	相较于第三代2.0TSI，新机型的二氧化碳排放降低6~8g/km，燃料消耗率最低为220g/kW·h
宝马New 1.5TG三缸 2.0TG四缸	3 4	82×94.6	1.5TG： 55~105 2.0TG： 140~145	1.5TG： 150~240 2.0TG： 280~320	米勒循环+压缩比11；350bar GDI；可变气门升程；单链条驱动轮系；缸体、缸盖分开冷却；缸体水套优化；热管理模块；集成排气歧管；电控旁通增压器；轻量化设计	相较上一代机型，新机型燃料经济性改善5%
奔驰1.3TG	4	72.2×81.3	120	250	压缩比10.6；250bar GDI；停缸技术；热管理模块；电控旁通增压；轻量化设计；缸盖；低摩擦技术	燃料消耗率大部分低于250g/kW·h，最低燃料消耗率为229g/kW·h

① $1bar = 10^5 Pa$。

1）发动机领域。见表 2-2-5，我国各整车企业在增压直喷新机型研究上，已大量应用高压缩比（12~13）。+米勒循环+变排量附件+低摩擦技术等先进节能技术，汽油机的热效率正逐步接近 40%（国际先进水平）。如一汽的 CA4GC20TD-2.0T 机型，通过增压米勒循环技术组合实现了 39% 的热效率；广汽的增压米勒循环三缸机型 1.5TM 达到了 38.9% 的热效率，其同平台产品 2.0TM 可达到 39.4% 的热效率；长安的 1.5TGDI 机型，通过深度米勒循环和高压缩比的技术组合已实现了 40% 的热效率。

2）变速器领域。近几年，我国自动变速器呈爆发式增长，市场占比由 2012 年的 30% 左右上升至 2018 年的 70% 左右。自主品牌整车企业以双离合变速器为主，长城、长安、吉利、上汽、广汽等车企先后实现 7 档双离合器变速器量产。一级供应商主要布局自动变速器、无级变速器，其中哈尔滨东安汽车发动机制造有限公司（东安三菱）、浙江轩孚自动变速器有限公司（轩孚）实现 6 档自动变速器量产，盛瑞传动股份有限公司（盛瑞传动）推出第三代 8 档自动变速器产品。上海汽车变速器有限公司开发并量产 CVT180，上汽通用五菱推出 CVT250。我国自主品牌企业自动变速器实现了技术及产业化突破。

3）电子电器领域。美国、欧洲、日本是全球传统的汽车市场及汽车技术与汽车电子产业的发源地，掌握着国际汽车电子行业的核心技术与市场发展优势。目前，全球汽车电子电器主要产品技术供给和市场需求仍集中于欧洲、北美、日本等地区或国家，但是随着我国汽车制造产业的壮大以及信息与通信技术（ICT）跨界发展带来网联化应用的快速普及，我国正在成为先进汽车电子最大的先导市场和应用技术策划与发源地之一。

4）低摩擦领域。世界先进的低摩擦核心技术大多数掌握在跨国汽车集团、专业零部件和系统供应商手里，我国技术水平相对落后。汽车低摩擦技术主要涵盖低内阻、低滚阻及低风阻三个方面。我国已开展类金刚石薄膜（DLC）涂层和基于纳米技术的涂层的应用研究，活塞销和气门挺柱采用类金刚石薄膜涂层后，摩擦损失降低十分明显；我国轮胎企业的设计技术、工艺技术及生产技术大多是对国外技术进行消化吸收和利用，自主研发设计能力薄弱；而在汽车设计领域，通过借鉴加自主设计，使风阻系数逐步接近国际水平。

5）替代燃料领域。天然气作为车用燃料在全世界 87 个国家和地区进行推广使用，是目前应用最广泛的车用替代燃料。2018 年，中国压缩天然气（CNG）乘用车销量为 59 万辆，在乘用车销量中占比为 2.5%。长安铃木两用燃料乘用车整车油耗达到 5.1L/100km（燃气折算）；上淮动力开发了天然气单燃料专用发动机，燃烧效率进一步提升。在甲醇汽车方面，吉利已成功向市场推广了近万辆 M100 甲醇出租车，部分解决了甲醇发动机的腐蚀、低温冷启动等技术难题。

表 2-2-5　国内各整车企业新机型节能技术应用及热效率现状

厂商	发动机	热效率(%)	涡轮增压	喷射形式	DVVT①	米勒循环	压缩比	IEM②	能量管理	EGR③	高能点火/mJ	48V BSG 电机	CVVL④
吉利	1.5T HEV	38	√	PFI	√-锁止	√		√					
	1.5T REEV	39.1	√	中置 GDI	√-锁止	√	13	√					
比亚迪	1.5TG	≥38	变截面	GDI	√	√	12.5	√	电子节温器				
	2.0TG	≥38.8	双涡管	GDI	√	√	12	√	√				
长城	1.5T EB	≥38	√	350bar 中置 GDI	√	√	11	√	√				√
	2.0T EN	≥38	双涡管	350bar 中置 GDI	√	√	12	√	电子节温器				
广汽	1.5TM	38.9	√	350barGDI	√	√	11.2	√	双节温器	HP-EGR			
	2.0TM	39.4	双涡管	350barGDI	√	√	12	√	双节温器	LP-EGR			
一汽	2.0T	39	√	350barGDI	√	√			√			√	
长安	1.5TGDI	40	变截面	350barGDI	√	√	13	√	√	LP-EGR	100		

注： 表中√表示有此技术，空格表示无此技术。

① DVVT 是 Dual Variable Valve Timing 的缩写，即进排气气门可变正时。

② IEM 是 Integrated Exhaust Manifold 的缩写，即集成排气歧管。

③ EGR 是 Exhaust Gas Re-circulation 的缩写，即废气再循环。

④ CVVL 是 Continuous Variable Valve Lift 的缩写，即连续可变气门升程。

2.1.3 商用车节能技术现状及对比

在商用车节能技术方面，主要对标美国及欧洲。其中，美国借助其能源部组织的“超级卡车”项目，在商用车整车空气动力学优化、传动系统匹配优化、智能化和自动化技术、轻量化和低滚阻等方面取得重大突破；欧洲是世界客车工业的发源地，代表了全球客车产业的最高水平，欧洲客车节能技术也处于国际领先水平。

1. 整车动力学

美国商用车主要应用“超级卡车”的研究成果。在降风阻方面，载货汽车采用长头车、侧裙板等流线型造型，使整车风阻系数保持在 0.4～0.5 之间；客车则只在局部进行造型优化。在降滚阻方面，载货汽车普遍采用 C 级轮胎，滚阻系数为 5～6，部分产品选用 B 级轮胎，滚阻系数为 4～5；客车采用与载货汽车相同的先进低滚阻轮胎，未来可能采用超级单胎。

欧洲载货汽车采用侧裙板等流线型造型，整车风阻系数保持在 0.45～0.5。其主流产品普遍采用 C 级轮胎，滚阻系数为 5～6；部分产品选用 B 级轮胎，滚阻系数为 4～5。欧洲客车在整车动力学方面处于国际领先地位，车身和局部附件低风阻造型设计得到了广泛应用。欧洲客车与载货汽车均主要采用 C 级轮胎。欧洲商用车非承载部件大量采用轻量化结构与轻质材料，轻量化设计水平高。

我国商用车轮胎滚阻与国际先进水平相比存在一定差距，受成本及耐磨里程等限制，低滚阻轮胎在国内商品化应用率不高。我国法规对载货汽车有长度限制，为提高货运效率，我国载货汽车多采用比长头驾驶室风阻稍高的平头驾驶室；我国客车行业对整车流线型设计有一定研究，但专用于降低风阻的导流装置等仍较为少见。

2. 动力系统技术

美国在重型柴油机废气能量回收、降低泵气损失、燃烧技术改善方面做了大量的尝试和应用。2016 年 3 月，美国能源部启动了第二期“超级卡车”项目，总体目标是发动机有效热效率达到 55%（带余热回收），整车货运效率较 2009 年提升 100%。

欧洲柴油机技术不断取得突破，戴姆勒公司通过对 13L 机型降低发动机转速及增加 48V 混合动力系统，整车货运效率可提升 4%。欧洲替代燃料发动机（包括生物柴油、生物乙醇和天然气）的研究和应用都处于国际前列，天然气发动机较早开展高压缸内直喷（HPDI）研究并采用当量燃烧技术，目前热效率达到 40%。

2019 年，我国在商用车柴油机油耗率方面较 2017 年主流机型有约 5g/kW·h 的小幅下降，重型柴油机有效热效率约 46%；国内替代燃料发动机起步较晚，商用车天然气发动机在国六阶段才采用当量燃烧技术，热效率低于 38%。

3. 混合动力技术

在政府的鼓励和资助推动下，欧洲、美国商用车混合动力化取得一定进展，如美国联邦快递（FedEx）、UPS 等车队已有数千辆混合动力汽车在运营。主要的混合动力系统包括用于物流输送的中重型货车并联混合动力系统，用于矿用车和一些非道路车辆的串联混合动力及用于商用车的 48V 混合动力系统。

我国商用车混合动力技术正逐步得到应用，轻型载货汽车及部分特殊应用场景下的专用车混合动力化进展较快，应用场景工况不同，混合动力构型不同。2018 年上市的吉利混合动力轻型货车，通过采用“大增程器 + 小电量”构型，减小动力蓄电池电量并降低购置成本，动力蓄电池实现浅充浅放以延长整车寿命，解决用户的“里程焦虑”问题；2019 年工业和信息化部第 318 批汽车产品公告推出的青岛解放悍 V 混合动力牵引车，主要应用于运煤场景工况，目前处于前期示范阶段；2019 年第 324 批汽车产品公告推出的东风天龙混合动力牵引车，主要针对山区丘陵工况，目前处于示范阶段。对于载货汽车 48V 混合动力系统技术，国内企业正在进行相关轻型车研发工作。

在客车方面，受政策和性价比影响，目前，48V 混合动力系统技术并未在市场上应用，我国混合动力客车均为插电式混合动力。我国企业已掌握插电式混合动力系统多能源动力系统整车控制、高功率电机系统、混合动力自动变速器、增程式辅助发电单元等关键技术，P2 并联、双电机同轴混联、双电机 + 机械式自动变速器混联、行星排功率分流式混联等技术已批量投入市场应用，标准工况节油率为 30% ~60%，与国际先进水平基本相当。

4. 传动系统技术

目前，机械式自动变速器已成为欧洲商用车标配，档位覆盖 4 ~16 档。欧洲多档机械式自动变速器配小速比后桥应用较为普遍，奔驰 Setra 系列载货汽车采用 12 档机械式自动变速器，客车多采用 8 档机械式自动变速器；沃尔沃混合动力客车采用 12 档机械式自动变速器。奔驰载货汽车使用的驱动桥，凭借其技术及结构的先进性，传动效率较我国同类产品高出 1% ~2%。

美国机械式自动变速器应用量日渐扩大，功能不断优化提升。通过动态换档功能、加速自管理功能等技术，机械式自动变速器产品可将车队平均油耗降低 3% ~5%。

目前，我国的载货汽车和公路客车仍以手动变速器（MT）为主，但机械式自动变速器已在加速推广。我国手动变速器技术成熟，产品覆盖 5 ~16 档。一汽、东风、法士特（陕西法士特汽车传动集团有限责任公司）、万里扬（浙江万里扬股份有限公司）等相继成功开发出机械式自动变速器产品，但产品在性能、软件控制、可靠性、关键零部件、总成电子控制等方面与国际先进水平仍存在差距。驱动桥小速比开发方面，我国重型载货汽车已开始开发出 2. 389 速比双联桥及 2. 2 速比单后桥。

5. 电子电器技术

“I-See” 自动巡航系统在美国已完成与发动机、变速器的联调测试，通过 Demon 平台仿真分析，燃料消耗量可降低 5%。美国威伯科、康明斯等公司都拥有整车载重分析技术，道路实际测重精度达 ±12%。

欧洲多家企业正在开展以预见性驾驶为主的智能化技术研究，如基于三维高精地图的整车智能化控制系统，实现预见性巡航及档位控制，达到节能4% ~6%的目标。在列队行驶功能方面，奔驰、沃尔沃、曼（MAN）等载货汽车企业正在与采埃孚等零部件供应商联合进行验证，列队行驶速度普遍较高。

我国道路预见节油技术、列队行驶技术尚在研发阶段。北汽福田、东风商用车、中国重汽等多家企业正在选择园区—港口的封闭场景或固定高速路线验证列队行驶技术。2019年5月，福田重型货车列队在中国汽车技术研究中心组织的列队跟随公开试验中表现优异，列队行驶实现70km/h车速下，车辆间距10m，头车进行加减速、变道行驶时，后车能够及时跟随前车完成相应操作，横向偏差距离小于0.3m的成绩（图2-2-4）。

图2-2-4　福田重型货车列队行驶

6. 热管理技术

国外对热管理技术的研究起步较早，发动机热管理技术被列入美国21世纪商用车计划的关键技术之一。

我国商用车热管理技术主要有风速调节风扇（PWM风扇）、高效空调、主动进气格栅、余热回收等，目前，商用车仍以电磁离合器风扇为主；余热回收利用技术目前仅将发动机余热用于采暖，将余热用于发电的技术还未进行原理样机研制。皮卡热管理技术倾向于乘用车热管理，考虑舒适性、可靠性。

2.1.4　国内外节能汽车发展对比

1. 我国整体节能水平不断提高，核心技术不断突破

随着排放油耗法规的快速迭代、法规指标逐级加严以及市场竞争的加剧，我国节能汽车整体发展较快。在乘用车方面，得益于高压缩比、变排量附件、低摩擦等先进节能技术的应用，汽油机热效率不断提升；自主企业实现自动变速器技术突破，我国自动变速器市

场占比呈现出爆发式增长；大部分整车企业已有混合动力技术储备，48V 混合动力车型将陆续推出。在商用车方面，商用车手动变速器已覆盖 5～16 档，多家企业相继成功开发出自动机械式变速器（AMT）并加速推广；混合动力技术逐步应用，轻型载货汽车及专用车混动化发展较快。

2. 我国先进节能技术研发主动性不足，推广应用缓慢

近年来，在国家政策引导下，我国新能源汽车产业飞速发展。相比新能源汽车，传统能源汽车节能技术研究成本较高，对企业平均油耗贡献较小，导致国内机构及企业对传统能源汽车节能技术的研发主动性不足，技术研发及推广应用缓慢。

此外，部分智能化节能技术（如以道路预见为主的智能辅助驾驶系统）在实际使用工况中有节能效果，但在标准的循环工况中节能效果不明显，标准与法规也未对其进行正向引导，推广应用缓慢。

3. 我国混合动力汽车系统性开发能力不足，节油效果不理想

国外成功的混合动力汽车无不是从“整车＋发动机＋机电耦合装置＋电机＋动力蓄电池＋多能源管理”进行系统优化和升级，提升每一部分的效率，实现整体油耗的改善。由于长期缺乏重视，我国整车企业暂时没有能力和基础进行混合动力汽车的系统性开发，导致车辆实际运行油耗与工况油耗偏差较大。

4. 工艺水平制约新技术应用效果，影响产品质量及可靠性

同样的技术，国外可利用其实现较高的节油效果，而我国的加工工艺水平往往会制约该技术的应用效果。为防止一致性偏差、油品差异大等问题，我国在标定中多采用较大余量的标定措施，难以达到预期节油效果；零件的一致性偏差往往会导致偶发性质量故障，可靠性也难以保证。

5. 部分核心技术开发过度依赖国外供应商，制约新技术发展

以发动机技术为例，许多发动机核心技术仍掌握在国外供应商手中，国产化程度不高，如汽油机的高压缸内直喷（GDI）、先进涡轮增压器、可变气门升程、废气再循环（EGR）、稀薄燃烧、可变压缩比、电控技术、排放后处理等技术，致使开展发动机新技术研究将承受巨额的开发费用和较长的开发周期。

2.2　发展趋势

2.2.1　乘用车节能技术发展趋势

在乘用车领域，日本、美国和欧洲的节能技术路径各有侧重，但混合动力技术发展应用、动力总成升级优化、先进电子电器技术应用是节能技术发展的共性。

1. 混合动力汽车技术发展趋势

日本采用多种混合动力技术共同发展的策略，主要通过改善发动机热效率、提高电机及控制系统的效率、减小各部件质量和体积、优化智能化控制策略、提高系统集成度、进行整车优化等手段进一步提高系统效率。

在美国方面，通用和福特汽车公司的混合动力系统都属于典型的 PS 型功率分流技术架构。与福特采用丰田授权的混合动力技术结构并使用阿特金森发动机不同，通用主要采用 SIDI 缸内直喷发动机，发动机及其相关技术仍有待提高，但其采用冷却废气再循环系统（Cooled EGR）、电控节温器、分体积紧凑耦合催化器（SVCC），以及 SVCC 对应的废气回收系统提升发动机效率。

欧洲重点推广和应用 48V 轻混系统和 P2 构型的中度混合动力系统，从第一代的 P0 并联构型过渡到第二代的高压混动并联构型（P2/P3/P4），将电机的功率从 15kW 以内提升至 25kW 以上，能够实质性地提供内燃机额外辅助动力，并将自动变速器和无级变速器的混合动力化作为研究重点。

2. 非混合动力汽车技术发展趋势

日本持续挖掘发动机潜力，持续提高热效率，重点研究稀薄燃烧、减少冷却损失和可变压缩比等技术；通过低摩擦、低液压损耗及轻量化技术的继续优化，提高变速器传动效率，自动变速器向多档化和混合动力化发展，无级变速器不断更新技术提升效率。

美国主推发动机增压小型化技术路线，重点研究减摩技术、喷油技术、增压技术、稀薄燃烧技术、配气技术和附件传动技术六大领域中的节能技术，并已开展汽油压燃等新技术的研究；继续以自动变速器为发展主线，并逐渐向多档化发展，双离合变速器和无级变速器作为补充。

欧洲进一步研究稀薄燃烧、阿特金森/米勒循环、可变气门、停缸、冷却废气再循环、变截面、电子增压等技术，力图实现“从燃烧系统到发动机本体”的全方位节能。同时，欧洲推动汽油机和柴油机将共享部分技术协同发展，以应对 WLTC 测试循环结合 RDE 取代 NEDC 测试循环带来的影响。

2.2.2 商用车节能技术发展趋势

油耗是国外商用车节能技术关注的重点，动力总成升级优化、空气动力学性能优化、推动轻量化及智能化节能技术等先进技术发展，是国外商用车的主要节能路径。

1. 载货汽车节能技术发展趋势

日本载货汽车重点通过增压中冷、高压共轨等技术提升节能效果，同时逐步发展混合动力。

美国载货汽车未来将继续借助“超级卡车”二期项目，聚焦于先进高效发动机及传动系统匹配优化、整车空气动力学优化、轻量化、低滚阻轮胎、智能化等技术降低整车油耗，提高运输效率。

欧洲载货汽车技术路线主要分两类，一是追求自动化和智能性，二是整车空气动力学优化，以达到降低整车油耗、提高运输效率的目的。为了提高欧洲平头载货汽车的碰撞安全性和降低风阻，欧洲目前正在立法，讨论将平头载货汽车的前部加长 0.5m，但这 0.5m 不计入车辆总长度，以鼓励半长头载货汽车的发展，预测半长头将成为未来几年欧洲载货汽车的发展方向。

2. 客车节能技术发展趋势

日本客车将以混合动力、轻量化为主发展节能技术，降低整车油耗。

美国客车未来在排放法规的要求下，将向低排放、高经济性方向发展，主要采用替代燃料、混合动力、高效先进的发动机技术、低风阻、低滚阻等技术降低整车油耗，提高运输效率。

欧洲客车节能技术的发展趋势受排放法规的影响很大，部分城市市区范围内未来要求零排放，导致燃油车辆不能在此类区域运行。公交产品目前大量采用天然气动力、混合动力等技术，未来由于城市零排放区域的法规要求，逐步向纯电动车型过渡，最终实现城市范围内零排放；公路客车方面，目前主要发展清洁柴油及天然气车型，未来部分会通过发展混合动力及先进发动机技术实现节能减排。

3 专题领域技术路线图 1.0 评估

3.1 技术路线图 1.0 目标完成情况

乘用车节能主要指标及实现情况见表 2－3－1。

表 2－3－1　乘用车节能主要指标及实现情况

关键指标	2020 年目标	进展及实现情况
油耗	乘用车油耗 5L/100km	2018 年乘用车新车平均油耗 5.8L/100km（NEDC 工况）；2018 年传统能源乘用车新车平均油耗 6.62L/100km（NEDC 工况）
混合动力	混合动力汽车占乘用车销量的 8%，油耗 4L/100km	2018 年国内 HEV 乘用车销量为 19.7 万辆[①]；自主研发的吉利帝豪 HEV 油耗达到 4.9L/100km，部分日系合资 HEV 车型油耗接近 4L

（续）

关键指标	2020年目标	进展及实现情况
动力总成	乘用车汽油机热效率达40%、6档以上AT/DCT	国内各整车企业新汽油机型的热效率正逐步靠近40%；在变速器方面，国内整车企业以DCT为主，长城、长安、吉利、上汽、广汽等先后实现7档DCT量产
电子电器	重点发展48V系统并提升效率	长安、吉利、上汽通用五菱、江淮等已上市搭载48V混合动力系统的车型，更多的整车企业正在开发和应用48V混合动力系统
低摩擦	重点降低滚动阻力	国内轮胎在高端领域基本被外资控制；国内轮胎自主研发设计能力薄弱 在低风阻方面取得一定进展，荣威i6风阻系数仅为0.25
替代燃料	替代燃料汽车销量占乘用车销量的3%，油耗5.1L/100km	2018年CNG汽车销量占乘用车销量的2.5%，平均燃料消耗量达到5.75L/100km（已按碳平衡法折算为汽油燃料消耗量）
轻量化	单车高强度钢50%以上、单车铝合金190kg及结构优化	截至2019年8月，国内主流乘用车钢质车身的高强度钢板应用比例均达到50%，部分车型甚至超过60%；铝合金单车平均用量约为120kg，镁合金单车用量不超过5kg
车辆小型化	紧凑型及以下车型销量占比超过55%	车辆小型化推行效果不佳。根据国家部委发布的信息，2016—2018年国内乘用车平均整车整备质量分别为1410kg、1438kg和1456kg

① 数据来源：MarkLines。

商用车节能主要指标及实现情况见表2-3-2。

表2-3-2 商用车节能主要指标及实现情况

关键指标	2020年目标	进展及实现情况
动力总成	柴油机热效率达50%	2019年重型柴油机有效热效率约为46%
	逐步增加变速器档位，逐步提高自动变速器应用比例	手动变速器覆盖5~16档，主要变速器厂家具备研发能力；AMT在重型载货汽车市场逐步推广，2018年占比达到0.5%，较2017年提高0.4个百分点
	长途商用车发展小速比后桥	主流商用车企业长途商用车均有小速比后桥匹配，福田汽车超级动力链采用的后桥最小速比可达2.412

（续）

关键指标	2020 年目标	进展及实现情况
混合动力	（到 2030 年）逐步扩大混合动力应用比例，提升整车节油水平	由于普通混合动力汽车在国内不属于新能源产品，没有政策补贴，所以混合动力汽车产品开发、推广力度较弱；但最近有发展加速趋势
运行效率	（到 2025 年）跟踪智能调度、道路预见性系统、驾驶人改善助手等智能网联技术，公交客车率先应用	一汽、北汽福田已经完成道路预见行驶的技术开发并且满足量产状况，但未最终落地运营；我国在车辆动力特性分析、驾驶人驾驶行为采集、大数据分析方面起步较晚、研究的样品量和深度尚有不足
整车动力学性能	发展低滚阻轮胎	国际低滚阻轮胎在国内应用率不高；我国当前轮胎滚阻系数为 5 ~7
轻量化	（到 2030 年）改善产业生态环境，在结构优化的基础上，逐步提高轻质材料的应用比例，降低整车重量	2015—2019 年，重型货车每年减重 1% ~1.5%；由于排放升级等政策的影响，中型货车、VAN 类车型（厢式车型）整备质量基本稳定
替代燃料	（到 2030 年）适度发展天然气、生物燃油、甲醇/柴油、二甲醚等替代燃料车型，并持续降低能耗，减少成品油消耗量	目前，我国天然气发动机在商用车领域应用较多，但与国外相比，我国天然气发动机技术较落后；2019 年 4 月，吉利推出全球首款甲醇重型货车牵引车

3.2　技术路线图 1.0 目标达成情况分析

1. 乘用车技术路线图目标达成情况分析

从表 2 -3 -1 可见，“节能汽车技术路线图 1.0”中提出的 2020 年乘用车总体油耗、动力总成、电子电器、轻量化目标已达成或预计将在 2020 年前顺利达成。

1）乘用车油耗方面。根据《中华人民共和国工业和信息化部商务部海关总署市场监管总局公告 2019 年第 24 号》，2018 年中国乘用车企业平均燃料消耗量为 5. 8L/100km（含新能源汽车），进一步趋近 2020 年乘用车平均燃料消耗量 5L/100km 的目标。然而需要重点指出的是，受新能源汽车核算优惠影响，2015 年后我国乘用车平均燃料消耗量存在一定失真，传统能源乘用车燃料消耗量的实际降幅有限。

国内乘用车燃料消耗量变化情况如图 2 -3 -1 所示。其中，乘用车（含新能源汽车）新车平均燃料消耗量来源于国家部委发布的数据；传统能源乘用车新车平均燃料消耗量依据国家部委发布的 2016—2018 年度《中国乘用车企业平均燃料消耗量与新能源汽车积分核算情况表》，将新能源汽车燃料消耗量按 0 计，参考新能源汽车核算系数计算得出。2016—2018 年，国内传统能源乘用车平均燃料消耗量分别为 6.88L/100km、6.77L/100km 及 6.62L/100km，燃料消耗量降幅有限。“乘用车平均燃料消耗量”指标受新能源汽车销量影响较大，无法真实反映传统能源乘用车燃料消耗量实际变化情况。

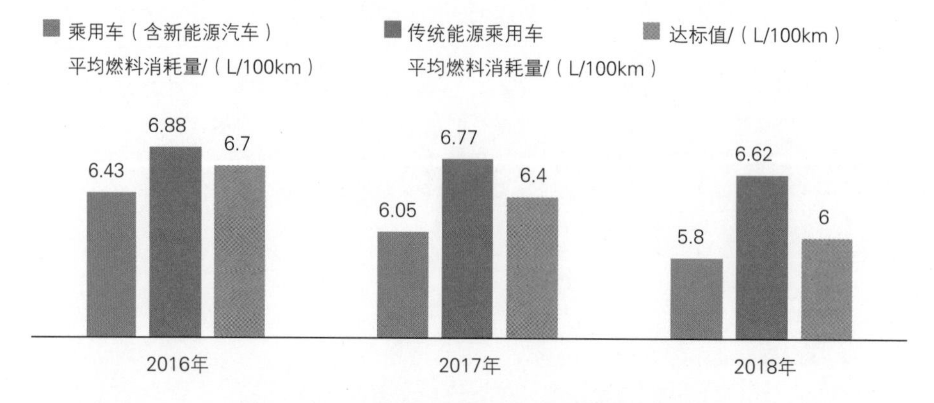

图 2-3-1　国内乘用车燃料消耗量变化情况

2）动力总成方面。我国汽油机热效率指标预计到 2020 年将基本达成，变速器档位目标已提前达到。

3）在电子电器方面。目前，我国正按照重点发展 48V 混合动力系统并提升效率的既定方向推进搭载应用，长安、吉利等车企已上市搭载 48V 混合动力系统的车型，更多的整车企业正在推进开发和应用。

4）轻量化方面。截至 2019 年 8 月，我国主流乘用车钢质车身的高强度钢板应用比例均达到 50%，部分车型甚至超过 60%；铝合金单车平均用量约为 120kg，镁合金单车用量不超过 5kg，预计 2020 年指标将顺利达成。

2020 年，乘用车混合动力、低摩擦、车辆小型化目标难以实现。

1）混合动力方面。2018 年混合动力汽车销量为 19.7 万辆，离“2020 年占乘用车销量 8%”的目标差距较大。国内整车企业在混合动力系统及专用发动机方面投入较少，相关技术发展缓慢；同时，国内混合动力汽车系统性开发能力不足，导致国内混合动力车型油耗水平与目标存在差距。由于 48V 混合动力系统价格低且能带来一定节油效果，各整车企业纷纷开始 48V 混合动力系统的搭载应用。未来伴随油耗法规加严、新能源补贴退坡、双积分政策修订等多重政策的叠加，预计混合动力乘用车会加速发展。

2）低摩擦方面。目前，我国轮胎品牌集中在中低端，高端品牌主要为外资品牌（一线轿车品牌配套轮胎几乎全部为外资品牌）。我国轮胎企业的设计、工艺及生产技术主要基于对外资企业先进技术进行消化吸收和利用，自主研发设计能力有待提升。

3）车辆小型化方面。车辆小型化推行效果不佳，乘用车整备质量不降反增。一方面，消费升级及国内消费者对 SUV 等中大型乘用车的偏好，影响了车辆小型化推行效果；另一方面，部分整车企业舍弃车辆小微型化的发展策略，增加车辆尺寸空间，以使车辆在市场上有更好的竞争力及议价能力。在这一背景下，通过合理引导车辆生产、消费及轻量化技术应用，将车辆整备质量控制在合理水平比追求“紧凑型及以下车型销量占比”更有意义。

2. 商用车技术路线图目标达成情况分析

从表2-3-2可见，“节能汽车技术路线图1.0”中提出的2020年商用车柴油机热效率较难实现；“发展低滚阻轮胎”的目标推进情况不太理想。

1）柴油机热效率方面。相比2017年国内市场上主流国五排放的商用车柴油机，2019年，我国市场上的商用车柴油机油耗率有约5g/kW·h的小幅下降，重型柴油机有效热效率约为46%。2020年柴油机热效率50%的目标较难实现的原因主要有以下两点。一是柴油机节能技术的应用缺乏高端柴油机的支撑。高爆发压力、高轨压、高压缩比是未来柴油机节能技术的显著特征，也是实现高效燃烧和做功的基础条件。目前，我国市场上主流重型商用车柴油机爆发压力为160~180bar，距离实现50%有效热效率所需的大于250bar的爆发压力存在较大差距，各大主机厂需要投入大量时间和资源进行高端柴油机的研发。二是柴油机节能技术缺乏高性能核心零部件的支持。以燃油系统和增压器为例，目前，我国商用车柴油机最高燃油喷射压力为1600~1800bar，增压器总效率低于50%，而达到50%有效热效率目标需要2500bar燃油系统和大于55%的增压器总效率，我国缺少可实现此类高水平发动机零部件产品化的供应商。

2）低滚阻轮胎方面。国内轮胎的滚阻系数较国际先进水平略有差距，国际低滚阻轮胎在国内有商品化应用，但由于成本、耐磨里程及全生命周期（TCO）使用成本等原因，应用率不高，主要是根据客户需求进行订单式生产。但总体而言，商用车低滚阻轮胎技术会持续稳步提升，这主要是由于两方面原因：一是滚阻对商用车油耗影响较大，随着国家燃油限值法规的加严，整车企业必然会对轮胎滚阻系数提出更高的要求；二是轮胎供应商之间竞争激烈，谁能开发出性价比高的轮胎，谁就能在激烈的竞争中取胜，这也促使轮胎供应商投入资源提升技术。

我国商用车正按照“节能汽车技术路线图1.0”中提出的“逐步扩大混合动力应用比例”“商用车智能化节能技术应用”“整车轻量化”“发展替代燃料车型”等既定方向推进，但进展相对缓慢，这是以下多种因素综合作用的结果。

1）政策法规的复杂影响：排放法规升级加严，提升了整车油耗控制难度；商用车部分法规如对载货汽车车长、客车行李舱容积等要求，限制了整车低风阻设计；普通混合动力汽车系统成本较高且不能享受政策补贴，难以形成规模应用等。

2）部分技术力量薄弱，难以支撑关键技术指标的达成，进而影响了节能目标的实现：我国一汽、东风、法士特、万里扬等相继研发了机械式自动变速器产品，但在产品性能、软件功能、系统可靠性等方面存在差距，目前仍然没有得到广泛的应用；道路预见系统、列队行驶技术取得了一些进展，但道路预见系统因目前国内地图“两号”未获得国家批复，并未实现批量生产；列队行驶技术由于单车造价昂贵及核心技术缺失等原因仍处于样车验证阶段；我国以天然气为主要替代燃料的客车有一定的规模应用，但与国外相比，我国天然气发动机技术较落后，国内市场上天然气发动机热效率低于 38%，而欧洲天然气发动机热效率已达到 40%。

3）市场终端价格因素影响：节能技术导致成本增加明显，随着节能效果的增加，成本大幅提升，市场终端接受度受到影响，这也导致了商用车厂家进一步研究和应用节能技术的驱动力不足。

4 面向 2035 年发展愿景、目标及里程碑

4.1 发展愿景

未来 15 年，传统能源汽车产销量仍将占汽车总产销量相当大的比例，降低能耗及排放水平，提升产品自主化研发生产能力及国际竞争力是未来节能汽车发展的主要方向。

1）与新能源汽车共同发展。重点关注节能技术在中型及以上载货汽车和紧凑型及以上乘用车上的应用。

2）推动节能汽车向智能化、电气化方向转型。逐步实现国内传统能源乘用车全面混合动力化。

3）助力保障能源安全及达成排放目标。大幅降低传统能源汽车能耗及排放水平，保障国家能源安全，助力汽车工业提前达成二氧化碳峰值目标。

4）让我国节能汽车“走出去”。实现关键核心节能技术掌握及突破，提升我国节能汽车的国际竞争力，借助“一带一路”等，扩大我国节能汽车出口规模。

5）支撑我国汽车工业从大到强的转变。到 2035 年，乘用车节能技术比肩国际先进水平，商用车节能技术同步国际领先。

4.2 目标

通过技术升级、产品结构调整和重点产品推广，推动传统能源汽车低碳化方向发展进程，实现传统能源与新能源汽车协同发展。到 2035 年，国内传统能源乘用车实现全面混合动力化，平均油耗降至 4L/100km（WLTC 工况）；载货汽车油耗较 2019 年降低 15% ~20%；客车油耗较 2019 年降低 20% ~25%。我国节能汽车智能化、网联化水平迈入国际先进行列；节能汽车自主技术、零部件及整车均具备较强的国际竞争力。

4.3　里程碑

4.3.1　近期目标及重点任务（2020—2025年）

到2025年，掌握汽车低碳化、智能化、电气化核心技术。2025年生产的传统能源乘用车平均油耗降至5.6L/100km（WLTC工况。其中，非混合动力乘用车平均油耗降至6.2L/100km；混合动力乘用车占传统能源乘用车总量的50%～60%，平均油耗降至5.2L/100km）；载货汽车油耗较2019年降低8%～10%；客车油耗较2019年降低10%～15%。鼓励小微型车辆生产及消费，结合轻量化技术应用，切实降低乘用车整备质量。提升关键节能技术工程化和产业化能力，形成从关键零部件到整车的完整工业体系和创新体系。

在乘用车方面，重点掌握冷却EGR、能量管理、可变气门升程（VVL）、先进增压等先进技术，并同步开展可变压缩比、稀薄燃烧、余热回收、高压喷射等技术研究；在商用车方面，重点提升动力总成节油水平，提升天然气等替代燃料发动机的热效率，推动混合动力及智能化节能技术初步发展，推动低摩擦、轻量化等节能技术应用。

4.3.2　中期目标及重点任务（2026—2030年）

到2030年，持续进行前瞻性节能技术的跟进与研发，为满足下一阶段油耗及排放标准进行技术储备。2030年生产的传统能源乘用车平均油耗降至4.8L/100km（WLTC工况，其中，非混合动力乘用车平均燃料消耗量降至5.7L/100km；混合动力乘用车销量占传统能源乘用车总销量的75%～85%，平均油耗降至4.5L/100km）；载货汽车油耗较2019年降低10%～15%，客车油耗较2019年降低15%～20%。在扩大混合动力及替代燃料应用规模的基础上实现有利于节能的汽车产品结构调整，产业化应用前瞻性技术。

在乘用车方面，重点开展新型燃烧技术、先进排放技术、先进热力循环技术、智能驾驶辅助技术等前沿性节能技术的研发和逐步应用；在商用车方面，重点提升混合动力、替代燃料、空气动力学性能、轻量化等节能技术，推动48V混合动力系统在轻型商用车上的进一步应用，进一步优化智能化节能技术发展环境，推动列队行驶进入市场应用，道路预见成为中重型载货汽车的主流配置。

4.3.3　远期目标及重点任务（2031—2035年）

到2035年，掌握前沿性节能技术。混合动力乘用车产销量占传统能源乘用车产销量的100%，平均油耗降至4L/100km（WLTC工况）；载货汽车油耗较2019年降低15%～20%；客车油耗较2019年降低20%～25%。节能汽车自主技术、零部件及整车均具备较强的国际竞争力。

在乘用车方面，深入挖掘其节能潜力，系统匹配开发混合动力汽车，掌握并应用天然气专用底盘设计技术，持续加强稀薄燃烧、高压喷射、高能点火和余热回收等技术的应用并持续开展优化；在商用车方面，重点发展道路预见技术和列队行驶等基于智能网联的新型节能技术，提高整车运行效率，推动行业能耗水平显著下降。上述乘用车油耗均为WLTC工况下油耗。CLTC工况下乘用车油耗目标见表2-4-1。

表2-4-1　CLTC工况下乘用车油耗目标

车型	2025年	2030年	2035年
传统能源乘用车/（L/100km）	6.0	5.6	4.7
混合动力乘用车/（L/100km）	5.7	4.9	4.3
非混合动力乘用车/（L/100km）	6.8	6.2	—

5 技术路线图

5.1 总体技术路线图

节能汽车技术路线图编制总体思路：同步执行技术节能与结构节能的发展路径，以动力总成优化升级、提升混合动力系统应用占比为重点，以降摩擦、替代燃料、电子电器、热管理等为支撑，全面降低传统能源汽车能耗。

在乘用车方面，重点考虑了国内乘用车当前油耗情况、国内乘用车节能技术与国际先进水平之间的差距、传统能源乘用车节能潜力、主流整车企业发展目标及其他国家的乘用车节能规划，提出如下目标：到2035年，乘用车节能技术比肩国际先进水平；2019—2035年，通过乘用车节能技术优化升级及传统能源乘用车混合动力化发展，传统能源乘用车油耗按每年3.0%～4.6%的幅度下降。

在商用车方面，考虑到商用车的生产资料属性，主要考虑了国际先进整车油耗改善法规趋势、油耗与排放的关系、油耗改善的技术代价等，提出如下目标：到2035年，商用车节能技术同步国际领先；2035年载货汽车油耗较2019年降低15%～20%，客车油耗较2019年降低20%～25%。

节能汽车总体技术路线图如图2-5-1所示。

类别	领域	2025年	2030年	2035年
总体目标		传统能源乘用车油耗5.6L/100km（WLTC工况） 载货汽车油耗较2019年降低8%~10% 客车油耗较2019年降低10%~15%	传统能源乘用车油耗4.8L/100km（WLTC工况） 载货汽车油耗较2019年降低10%~15% 客车油耗较2019年降低15%~20%	传统能源乘用车油耗4L/100km（WLTC工况） 载货汽车油耗较2019年降低15%~20% 客车油耗较2019年降低20%~25%
乘用车	混合动力	混合动力乘用车油耗5.2L/100km（WLTC工况）	混合动力乘用车油耗4.5L/100km（WLTC工况）	混合动力乘用车油耗4L/100km（WLTC工况）
		混合动力新车销量占传统能源乘用车销量的50%~60%	混合动力新车销量占传统能源乘用车销量的75%~85%	混合动力新车销量占传统能源乘用车销量的100%
	非混合动力	非混合动力乘用车油耗6.2L/100km（WLTC工况）	非混合动力乘用车油耗5.7L/100km（WLTC工况）	
		替代燃料新车占传统能源乘用车的5%	替代燃料新车占传统能源乘用车的8%	替代燃料新车占传统能源乘用车的10%
		成熟应用米勒循环/阿特金森循环、冷却EGR技术	掌握并应用稀薄燃烧、快速燃烧技术	
		掌握8AT，CVT承载能力达350N·m	研发9档及以上AT及承载能力达400N·m的CVT	掌握9档及以上AT，CVT速比宽度达7.5
		掌握关键电子电器产品研制能力及系统集成能力，持续提升整车电动化水平，控制整车能量分布，持续降低车载设备用电消耗		
商用车	整车动力学	重型牵引半挂车风阻较2019年降低10% 客车整车风阻较2019年降低8%~10%	重型牵引半挂车风阻较2019年降低15% 客车整车风阻较2019年降低10%~15%	重型牵引半挂车风阻较2019年降低20% 客车整车风阻较2019年降低15%~20%
	动力系统	轻型柴油机热效率达44%，重型柴油机达48%	轻型柴油机热效率达46%，重型柴油机达50%	轻型柴油机热效率达48%，重型柴油机达54%
	混动系统	搭载48V轻混系统的轻型商用车节油率达到8%并开始推广应用	重度混合动力轻型商用车逐步推广	48V轻混系统广泛应用于轻型商用车
		推进中重型商用车混合动力化，实现15%的节油率	串联式混合动力技术在重型商用车特定工况推广	并联及混联式混合动力技术广泛应用于中重型商用车
	传动系统	变速器综合传动效率较2019年提升0.5% 总成转矩重量比较2019年提升3%	变速器综合传动效率较2019年提升1% 总成转矩重量比较2019年提升4%	变速器综合传动效率较2019年提升2% 总成转矩重量比较2019年提升5%
	电子电器	车联网、高精度地图技术的开发及普及		重型货车列队行驶
	热管理	逐步研发朗肯循环、动力涡轮、热电转换等余热回收技术，加大电控附件应用比例，持续研发车身保温技术		

图2-5-1 节能汽车总体技术路线图

5.2 乘用车节能技术路线图

5.2.1 乘用车总体技术路线图

乘用车领域同步执行结构节能与技术节能的发展路径，提升混合动力车型占比并利用天然气等燃料分担成品油消耗量，同时通过动力总成优化升级、低摩擦、先进电子电器等技术应用全面降低乘用车能耗水平。

乘用车总体技术路线图如图 2－5－2 所示。

	2025年	2030年	2035年
目标	混合动力新车占传统能源乘用车的50%～60%，平均油耗5.2L/100km（WLTC工况）非混合动力新车平均油耗6.2L/100km	混合动力新车占传统能源乘用车的75%～85%，平均油耗4.5L/100km（WLTC工况）非混合动力新车平均油耗5.7L/100km	混合动力新车占传统能源乘用车的100%，平均油耗4L/100km（WLTC工况）
混合动力乘用车	在混合动力整车集成方面，重视混合动力整车的系统性开发，进行系统性优化和升级，提升每一部分的效率，实现整体油耗的改善		
	重度混合动力新车销量占传统能源乘用车总销量量的5%～10%，平均油耗降至4.1L/100km	重度混合动力新车销量占传统能源乘用车总销量量的20%～25%，平均油耗降至3.6L/100km	重度混合动力新车销量占传统能源乘用车总销量量的40%～45%，平均油耗降至3.3L/100km
	轻度及中度混合动力乘用车新车平均油耗降至5.4L/100km	轻度及中度混合动力乘用车新车平均油耗降至4.9L/100km	轻度及中度混合动力乘用车新车平均油耗降至4.5L/100km
	发动机热效率达42%～44%	发动机热效率达46%～48%	发动机热效率达49%～50%
	机电耦合装置的传动效率达到95%	机电耦合装置的传动效率达到95.5%	机电耦合装置的传动效率达到96%
	48V电机及总成功率密度达到1.5kW/kg	48V电机及总成功率密度达到2kW/kg	48V电机及总成功率密度达到2.5kW/kg
	驱动电机功率密度达到5kW/kg 电动控制器功率密度达到40kW/L	驱动电机功率密度达到6kW/kg 电动控制器功率密度达到50kW/L	驱动电机功率密度达到7kW/kg 电动控制器功率密度达到70kW/L
	蓄电池比功率达到5kW/kg	蓄电池比功率达到6kW/kg	蓄电池比功率达到7kW/kg
	实现电控系统的自主化		
非混合动力乘用车	成熟应用米勒循环/阿特金森循环、冷却EGR技术	掌握并应用稀薄燃烧、快速燃烧技术	
	掌握电动可变气门正时（VVT）技术	成熟应用电动VVT技术	电动气门或全可变气门技术
	掌握8AT研发及制造	研发9档及以上AT	
	突破CVT钢带技术，承载能力达350N·m	CVT承载能力达400N·m，速比宽度达7.5	
	持续推进发动机附件电动化		
		实现发动机附件负载的精确控制	
	陆续掌握换档提示、油耗改进助手等技术并实现批量化应用，持续降低车载娱乐系统等电器的消耗		
	开发GF-6黏度级别的油品	开发5W/0W-20低黏度GF-6机油	开发xW-8低黏度GF-7机油
	替代燃料新车销量占传统能源乘用车销量的5%	替代燃料新车销量占传统能源乘用车销量的8%	替代燃料新车销量占传统能源乘用车销量的10%
	发展高性能替代燃料专用发动机	压缩天然气（CNG）乘用车专用底盘	

图 2－5－2　乘用车总体技术路线图

5.2.2　混合动力乘用车技术路线图

总体目标为不断突破核心技术以降低整车油耗，同时通过提升重度混合动力车型占比实现混合动力乘用车平均油耗降低。重点掌握混合动力整车集成、专用发动机、专用动力耦合机构、高性能电机、高水平功率型蓄电池、电控系统开发优化六项技术。

1）在混合动力整车集成方面。重视混合动力整车的系统性开发，针对混合动力系统的特点，加强整车热管理、低压能量管理、动力匹配、整车电器集成、制动能量回收、轻量化、低摩擦、整车 NVH、整车电磁兼容等技术的研究开发和应用，进行系统优化和升级，提升每一部分的效率，实现整体油耗的改善；到 2025 年，重度混合动力 A 级整车油耗降至 4.1L/100km（WLTC 工况）；到 2030 年，重度混合动力 A 级整车油耗降至 3.6L/100km（WLTC）；到 2035 年，重度混合动力 A 级整车油耗降至 3.3L/100km（WLTC）。

2）在专用发动机方面。开发阿特金森循环发动机，推动高压喷射、缸内直喷 + 歧管喷射、大比例中冷废气再循环、电动气门、高能点火、高滚流比气道、低黏度 0W-20 机油、电子水泵、全可变机油泵、压燃稀薄燃烧技术，不断提高发动机压缩比；到 2025 年，实现发动机热效率达到 42% ~44%；到 2030 年，实现发动机热效率达到 46% ~48%；到 2035 年，实现发动机热效率达到 49% ~50%。

3）在专用动力耦合机构方面。进行构型优化和研究，重点在系统集成度、可靠性、耐久性、高效性、性价比等方面开展相关研究，主要包括提升机电一体集成度和系统的输出能力，优化系统传动效率，提高系统 NVH 性能，优化系统冷却性能，改善系统电磁兼容（EMC）品质，在技术、质量、成本、工艺等方面逐步提升，开发出具备世界先进水平的动力耦合机构；到 2025 年，专用动力耦合机构效率达到 95%；到 2030 年，专用动力耦合机构效率达到 95.5%；到 2035 年，专用动力耦合机构效率达到 96%。

4）在高性能电机方面。到 2025 年，驱动电机功率密度达到 5kW/kg，电机控制器功率密度达到 40kW/L；到 2030 年，驱动电机功率密度达到 6 kW/kg，电机控制器功率密度达到 50kW/L；到 2035 年，驱动电机功率密度达到 7kW/kg，电机控制器功率密度达到 70kW/L。

5）在高水平功率型蓄电池方面。到 2025 年，动力蓄电池比能量达到 80W · h/kg，能量密度达到 160W · h/L，比功率达到 5kW/kg；到 2030 年，动力蓄电池比能量达到 100W · h/kg，能量密度达到 200W · h/L，比功率达到 6kW/kg；到 2035 年，动力蓄电池比能量达到120W · h/kg，能量密度达到 240W · h/L，比功率达到 7kW/kg。

6）在电控系统开发优化方面。进行自主车规级芯片、自主车规级操作系统、自主核心传感器、执行器的研究与开发，使用量产化自主车规级芯片，自主车规级操作系统开发出符合功能安全标准要求的控制器、基于大数据平台的智能化/网联化的多能源管理策略和云端刷写技术（FOTA），到 2025 年之前完全独立、成熟地掌握电控系统的开发能力，形成大批量配套的量产化产品。到 2025 年，应用怠速停机等策略实现整车节能减排；到

2030 年，利用导航定位功能并接入智能交通网络系统，优化对发动机和电机能量管理策略，开发具备驾驶习惯预测及辅助的整车控制自学习智能系统，结合车联网技术进一步提升整车燃料经济性；到 2035 年，通过高性能摄像技术、遥感技术以及与智能网络的交互，研发人工智能算法，突破无人驾驶技术，进一步优化整车燃料经济性，提升整车网络信息安全、功能安全技术等。

混合动力乘用车技术路线图如图 2-5-3 所示。

	2025年	2030年	2035年
目标	混合动力新车占传统能源乘用车总量的50%～60%，平均油耗降至5.2L/100km	混合动力新车占传统能源乘用车总量的75%～85%，平均油耗降至4.5L/100km	混合动力新车占传统能源乘用车总量的100%，平均油耗降至4L/100km
	重度混合动力新车占传统能源乘用车总量的5%～10%，平均油耗降至4.1L/100km	重度混合动力新车占传统能源乘用车总量的20%～25%，平均油耗至3.6L/100km	重度混合动力新车占传统能源乘用车总量的40%～45%，平均油耗降至3.3L/100km
	轻度及中度混合动力新车平均油耗降至5.4L/100km	轻度及中度混合动力新车平均油耗降至4.9L/100km	轻度及中度混合动力新车平均油耗降至4.5L/100km
重度混合动力	发动机热效率达到42%～44%	发动机热效率达到46%～48%	发动机热效率达到49%～50%
	制动能量回收利用率14%	制动能量回收利用率15%	
	机电耦合装置的传动效率达到95%	机电耦合装置的传动效率达到95.5%	机电耦合装置的传动效率达到96%
	整车风阻系数达到0.26	整车风阻系数达到0.25	整车风阻系数达到0.24
	重量、滚阻达到合资水平	重量、滚阻达到国际水平	重量、滚阻达到国际领先水平
轻度及中度混合动力	怠速停机5%~8%		怠速停机7%~9%
	制动回收5%~7%	制动回收6%~8%	制动回收7%~9%
	电动助力4%～6%	电动助力5%～7%	电动助力6%～8%
	动力蓄电池单体功率密度达到8.0kW/kg	动力蓄电池单体功率密度达到10.0kW/kg	动力蓄电池单体功率密度达到12.0kW/kg
专用发动机	专用发动机热效率达到42%～44%	专用发动机热效率达到46%～48%	专用发动机热效率达到49%～50%
	实现压缩比13以上	突破可变压缩比技术，实现压缩比16~17	突破可变压缩比技术，实现压缩比17~18
	电动气门，附件基本电子化		电动气门，附件电子化
	轨压达到200~250bar	轨压达到250~300bar	轨压达到300~350bar
	探索稀薄燃烧新型燃烧方式	实现稀薄燃烧	
	突破稀薄燃烧排放后处理，如GPF、NO等		

图 2-5-3　混合动力乘用车技术路线图

	2025年	2030年	2035年
机电耦合装置	机电耦合装置的传动效率达到95%	机电耦合装置的传动效率达到95.5%	机电耦合装置的传动效率达到96%
	机电耦合系统NVH主观评价达到7分	机电耦合系统NVH主观评价达到7.5分	机电耦合系统NVH主观评价达到8分
驱动电机	电机比功率达到5kW/kg	电机比功率达到6kW/kg	电机比功率达到7kW/kg
	电机控制器功率密度达到40kW/L	电机控制器功率密度达到50kW/L	电机控制器功率密度达到70kW/L
	电机峰值效率97%，超过85%的系统效率高效率区不低于90%	电机峰值效率97.5%，超过85%的系统效率高效率区不低于92%	电机峰值效率98%，超过85%的系统效率高效率区不低于94%
	电机控制器峰值效率98.7%，超过90%的系统效率高效率区不低于90%	电机控制器峰值效率99%，超过90%的系统效率高效率区不低于92%	电机控制器峰值效率99.2%，超过90%的系统效率高效率区不低于94%
动力蓄电池	蓄电池比能量达到80W・h/kg	蓄电池比能量达到100W・h/kg	蓄电池比能量达到120W・h/kg
	蓄电池能量密度达到160W・h/L	蓄电池能量密度达到200W・h/L	蓄电池能量密度达到240W・h/L
	蓄电池比功率达到5kW/kg	蓄电池比功率达到6kW/kg	蓄电池比功率达到7kW/kg
电控	实现电控系统的自主化		
	通过怠速停机等策略实现整车节能减排	优化整车能量管理策略、开发具备驾驶习惯预测及辅助的整车控制自学习智能系统	通过对高性能摄像技术、激光测距等技术的研究及人工智能算法的突破，实现无人驾驶
		提升整车网络信息安全、功能安全技术等	

图2－5－3　混合动力乘用车技术路线图（续）

5.2.3　非混合动力乘用车技术路线图

总体目标为持续降低整车油耗。到2035年，平均油耗达到5.3L/100km（WLTC工况），不断突破核心技术并最终达到国际先进水平。重点进行动力总成优化升级并提升电子电器节油效果，同步降低摩擦损失并适度发展替代燃料。

1）在发动机方面。主要从先进燃烧、可变技术、排放后处理、增压直喷等方面进行相关研究。包括掌握增压直喷技术；成熟掌握并应用米勒循环/阿特金森循环、可变压比、稀薄燃烧、快速燃烧、冷却EGR等技术，不断提高发动机压缩比；成熟应用电动可变气门正时（VVT）技术、电动连续气门升程调节（CVVL）/连续可变气门持续期（CVVD）技术；重点研究低成本催化剂、催化器和GPF集成设计、二次空气、GPF再生、稀燃氮氧化物捕集（LNT）、主被动式催化还原（SCR）等技术。

2）在变速器方面。主要从自动液力变速器、机械无级变速器、双离合变速器、机械式变速器和电控开发及应用等方面进行相关研究。包括持续进行效率及轻量化方面的提升研究，力争传动效率提升1%～1.5%；近期成熟掌握8档自动变速器研发及量产制造能力，中期开发出9档及以上自动变速器；近期开发出8档以上双离合变速器，中期突破双离合器、电磁阀等核心零部件自主开发、制造能力；近期突破钢带或链条制造技术，开发出承载能力达到350N·m的机械无级变速器，中后期研发承载能力400N·m、速比宽度达7.5的机械无级变速器；近期实现控制软件应用层白盒化，实现控制软件自主开发和产业化应用，中后期实现控制器及底层软件自主开发。

3）在电子电器方面。主要从发动机附件、热泵空调、智能格栅等方面展开研究。包括持续推进发动机附件电动化，实现发动机附件负载的精确控制；近期成熟掌握热泵空调核心部件研发、系统匹配及标定能力，同时有效利用电机等余热，优化控制策略，空调系统能耗降低25%，中期成熟掌握搭载补气增焓（VPI）压缩机的热泵空调研发及制造能力，空调系统能耗降低35%，后期实现二氧化碳制冷剂热泵空调系统开发及应用能力；近期实现智能格栅硬件及控制电机的自主设计，中期实现控制软件的自主设计。

4）在低摩擦方面。主要从低黏度机油、低滚阻轮胎、空气动力学等方面展开研究。包括近期重点研发开发GF-6机油，中期实现规模化应用5W/0W-20低黏度GF-6机油，后期开发xW-8低黏度GF-7机油；近期重点研发低滚动阻力轮胎，中期重点掌握低滚动阻力轮胎胎面结构尺寸的优化设计能力，后期自主研发高性能的轮胎橡胶材料；逐步掌握整车低风阻外形设计及优化能力，持续降低车辆风阻系数，到2035年实现同等车型整车风阻系数平均降低10%以上。

5）在替代燃料方面。主要从专用发动机、专用底盘、压力升级等方面展开研究。包括近期持续开发和扩大替代燃料专用发动机，建立完善的替代燃料热力学开发体系，形成成熟的燃烧分析等仿真技术、热力学试验能力，中后期与增压直喷、米勒循环等先进发动机技术结合，提高发动机压缩比和热效率，开发乘用车和商用车专用底盘；近期重点完成压缩天然气（CNG）系统压力升级，开发轻型高压储气瓶，中后期开发天然气缸内直喷系统，进一步提升天然气发动机热效率。

非混合动力乘用车技术路线图如图2－5－4所示。

5.3 商用车节能技术路线图

5.3.1 商用车总体技术路线图

在商用车领域，应以先进的整车动力学、动力系统、混合动力、传动系统、电子电器、热管理为研究重点，实现商用车核心节能技术的快速突破，不断缩小并最终消除与国际先进水平之间的差距。

商用车总体技术路线图如图2－5－5所示。

	2025年	2030年	2035年
目标	WLTC工况下，新车平均油耗为6.2L/100km	WLTC工况下，新车平均油耗为5.7L/100km	WLTC工况下，新车平均油耗为5.3L/100km
发动机	掌握并应用35MPa直喷系统	应用50MPa直喷系统	
	压缩比实现12~13	压缩比实现14~16	压缩比实现17~18
	成熟应用米勒循环/阿特金森循环、冷却EGR技术	掌握并应用稀薄燃烧、快速燃烧技术	
		配合不同EGR率、稀薄燃烧等技术，开发并应用新型点火技术	
	掌握电动VVT技术	成熟应用电动VVT技术	电动气门或全可变气门技术
	掌握电动CVVL/CVVD技术	成熟应用电动CVVL/CVVD技术	
	低成本催化剂、催化器和GPF集成设计、二次空气、GPF再生、LNT、主被动式SCR等技术		
	运用现有一维、三维仿真手段，持续优化发动机各系统的设计开发		
变速器	掌握8AT研发及制造	研发9档及以上AT	
	掌握8档及以上DCT研发及制造	掌握离合器、电磁阀等核心零部件自主开发、制造能力	
	突破CVT钢带技术，承载能力达350N·m	CVT承载能力达400N·m，速比宽度达7.5	
	控制软件应用层白盒化	控制器及底层软件自主开发	
	突破变速器瞬态动力学仿真	轴承3D技术仿真、液压系统计算流体力学（CFD）仿真	
	机车器联合标定达到国际领先水平	独立自主开发先进的核心控制算法及标定技术	
	持续进行MT传动效率及轻量化研究，传动效率提升1%~1.5%		
电子电器	持续推进发动机附件电动化		
		实现发动机附件负载的精确控制	
	通过软件系统提升和采用现有传感器数据实现滑行启停		
	实现热泵空调+余热回收，空调系统能耗降低25%	实现热泵空调+VPI压缩机，空调系统能耗降低35%	CO_2热泵空调
	实现智能格栅硬件及控制电机自主设计	实现智能格栅控制软件自主设计	
	陆续掌握换档提示、油耗改进助手等技术并实现批量化应用，持续降低车载娱乐系统等电器的消耗		
低摩擦	持续开展曲柄连杆机构的优化设计，同步实现轻量化，降低摩擦损失		
	开发GF-6黏度级别的油品	开发5W/0W-20低黏度GF-6机油	开发xW-8低黏度GF-7机油
	研发低滚阻轮胎	持续研发轮毂结构尺寸	更新橡胶配方
	掌握低风阻正向设计和优化能力		
	同等车型整车风阻系数普遍降低10%以上		
	合作研发DLC技术		
替代燃料	发展高性能替代燃料专用发动机	CNG乘用车专用底盘	
	建立整套热力学开发体系，掌握成熟的仿真技术、热力学试验能力		
		与增压直喷、米勒循环等结合，实现高压缩比	
	CNG压力升级		
	开发轻质、高压储气瓶		
		开发天然气缸内直喷系统	

图2-5-4　非混合动力乘用车技术路线图

	2025年	2030年	2035年
总体目标	载货汽车油耗较2019年降低8%～10% 客车油耗较2019年降低10%～15%	载货汽车油耗较2019年降低10%～15% 客车油耗较2019年降低15%～20%	载货汽车油耗较2019年降低15%～20% 客车油耗较2019年降低20%～25%
整车动力学	重型牵引半挂车风阻较2019年降低10% 客车整车风阻较2019年降低8%～10%	重型牵引半挂车风阻较2019年降低15% 客车整车风阻较2019年降低10%～15%	重型牵引半挂车风阻较2019年降低20% 客车整车风阻较2019年降低15%～20%
	轮胎滚阻系数低于5	轮胎滚阻系数低于4.5	轮胎滚阻系数低于4
	基于敏感度分析的局部造型风阻优化技术	基于全局寻优技术的整车造型风阻优化技术	
	货车导流罩、封闭式轮罩、封闭式裙板、大圆弧保险杠和前面罩、驾驶室流场平顺化	半长头驾驶室、弹出式车门开关、主动进气格栅、鞍座主动可调	长头驾驶室、无车窗设计等
	客车低风阻流水槽、空调导流槽、悬架导流板、底盘封板、气坝等	隐藏式流水结构、低风阻轮辋结构、涡流发生器、电子后视镜等	
	智能驾驶、列队行驶		
动力系统	轻型柴油机热效率达44% 重型柴油机热效率达48%	轻型柴油机热效率达46% 重型柴油机热效率达50%	轻型柴油机热效率达48% 重型柴油机热效率达54%
	逐步掌握发动机高效燃烧机理及基础控制理论，持续优化发动机结构		
	重点突破发动机电控技术瓶颈，实现电控系统自设计、标定及优化		
混合动力	搭载48V轻混系统的轻型商用车节油率达到8%并开始推广应用	重度混合动力轻型商用车逐步推广	48V轻混系统广泛应用于轻型商用车
	推进中重型载货汽车混合动力化，实现15%的节油率	串联式混合动力技术在重型商用车特定工况推广	并联及混联式混动技术广泛应用于中重型商用车
传动系统	变速器综合传动效率较2019年提升0.5% 总成转矩重量比较2019年提升3%	变速器综合传动效率较2019年提升1% 总成转矩重量比较2019年提升4%	变速器综合传动效率较2019年提升2% 总成转矩重量比较2019年提升5%
	驱动桥传动效率较2019年提升0.5%～1%	驱动桥传动效率较2019年提升1%～1.5%	驱动桥传动效率较2019年提升1.5%～2%
	驱动桥较2019年降重1%	驱动桥较2019年降重1%～2%	驱动桥较2019年降重2%～3%
	掌握混合动力传动系统设计开发能力	成熟掌握混合动力传动系统匹配集成能力	
电子电器	开发单机版的可视化节油驾驶辅助系统	开发基于车联网、中控大屏的节油驾驶辅助系统	
	掌握LIN智能发电机控制技术	掌握智能蓄电源管理系统设计及匹配	
	实现配合主流发动机、变速器的道路预见性巡航控制系统，应用道路预见及智能滑行等智能控制功能		
热管理	低转速/低能耗和高效的冷却液泵、油冷器技术	基于冷却液温度智能控制的电控硅油离合器风扇	余热回收、低传热缸盖、电气化等
	高性能、超扁平发动机散热器	发动机舱流场优化提高热效率、驾驶室微环境温度自动控制	
	电子空调压缩机（电动涡旋式压缩机）	空调系统优化节能+消耗蒸发器旁通+三段式过冷冷凝器+储能式蒸发器+通常的综合驾驶循环	
	逐步研发朗肯循环、动力涡轮、热电转换等余热回收技术、加大电控附件应用比例，持续研发车身保温技术		

图 2-5-5　商用车总体技术路线图

5.3.2　商用车整车动力学技术路线图

总体目标为掌握先进的低摩擦技术开发能力，持续降低整车摩擦能量损失。通过整车造型优化、低风阻组件、列队行驶等技术，不断优化商用车风阻系数；不断降低车辆行驶过程中的滚动阻力，提升低滚阻轮胎的耐磨性。

1）在载货汽车空气动力学领域。近期进行导流罩、封闭式轮罩、封闭式裙板、大圆弧保险杠和前面罩、驾驶室流场平顺化的研究；中远期开展半长头驾驶室、长头驾驶室、弹出式车门开关、主动进气格栅等组件的空气动力学研究及应用，并普及智能驾驶、列队行驶等智能化技术，进一步降低整车风阻。

2）在客车空气动力学领域。近期开展低风阻流水槽、空调导流槽、悬架导流板、底盘封板、气坝等组件的空气动力学研究，掌握基于敏感度分析的局部造型风阻优化技术；中远期进行隐藏式流水结构、低风阻轮辋结构、涡流发生器、电子后视镜等方面的研究，进一步降低客车整车风阻。

3）在低滚动阻力领域。通过原、辅材料的使用，结构设计，更改花纹形式和花纹深度等方式降低滚动阻力系数的同时，又保证轮胎耐磨性能。

商用车整车动力学技术路线图如图 2－5－6 所示。

<table>
<tr><th></th><th>2025年</th><th>2030年</th><th>2035年</th></tr>
<tr><td rowspan="3">目标</td><td>重型牵引半挂车风阻较2019年降低10%</td><td>重型牵引半挂车风阻较2019年降低15%</td><td>重型牵引半挂车风阻较2019年降低20%</td></tr>
<tr><td>客车整车风阻较2019年降低8%～10%</td><td>客车整车风阻较2019年降低10%～15%</td><td>客车整车风阻较2019年降低15%～20%</td></tr>
<tr><td>轮胎滚阻系数低于5</td><td>轮胎滚阻系数低于4.5</td><td>轮胎滚阻系数低于4</td></tr>
<tr><td rowspan="4">货车空气动力学</td><td>导流罩、封闭式轮罩、封闭式裙板、大圆弧保险杠和前面罩、驾驶室流场平顺化</td><td>半长头驾驶室、弹出式车门开关、主动进气格栅、鞍座主动可调</td><td>长头驾驶室、无车窗设计等</td></tr>
<tr><td></td><td colspan="2">收缩式货箱、全封闭侧裙板、电子后视镜、挂车扰流板+尾椎等</td></tr>
<tr><td colspan="3">关于整车长度、电子后视镜、货箱增加尾翼的法规支持</td></tr>
<tr><td colspan="3">智能驾驶、列队行驶</td></tr>
<tr><td rowspan="3">客车空气动力学</td><td>基于敏感度分析的局部造型风阻优化技术</td><td colspan="2">基于全局寻优技术的整车造型风阻优化技术</td></tr>
<tr><td>低风阻流水槽、空调导流槽、悬架导流板、底盘封板、气坝等</td><td colspan="2">隐藏式流水结构、低风阻轮辋结构、涡流发生器、电子后视镜等</td></tr>
<tr><td colspan="2">主动进气栅格、主动式气坝等</td><td>主动射流减阻技术、车身主动变形技术</td></tr>
<tr><td rowspan="3">低滚动阻力</td><td colspan="3">通过原、辅材料的使用，降低滚动阻力系数的同时，又保证轮胎耐磨性能</td></tr>
<tr><td colspan="2">通过结构设计，改变应力模式，降低滚动阻力</td><td></td></tr>
<tr><td colspan="3">更改花纹形式和花纹深度，降低滚动阻力系数的同时，又保证轮胎防滑/牵引性能和制动性能</td></tr>
</table>

图 2－5－6　商用车整车动力学技术路线图

5.3.3 商用车动力系统技术路线图

总体目标是以柴油机为核心，持续提高发动机热效率，同步推动替代燃料发动机技术发展。

1）柴油机领域。在基础燃烧理论方面，逐步开展并掌握发动机高效燃烧的机理，并在此基础上优化发动机结构；在发动机电控方面，重点掌握发动机及后处理电控逻辑开发能力，实现自主设计、自主标定，从而提高发动机热效率；在进排气及废气再循环系统方面，优化发动机进排气系统，减少泵气损失，提高涡轮增压器效率，开发集成 VTG、两级增压等技术，探索电子增压器，逐步提升发动机热效率；在低摩擦方面，在优化发动机结构的基础上，通过低摩擦活塞环、活塞冷却喷嘴（PCN）、绝热涂层、集成可变速油泵和水泵等技术，降低发动机摩擦损失。在后处理方面，开发高效后处理系统，满足各阶段的排放法规要求。

2）替代燃料发动机领域。推动替代燃料发动机与电动技术相结合，逐步掌握先进的替代燃料发动机电控技术；持续进行柴油喷射系统及替代燃料供给系统优化；研发适用于替代燃料发动机的高效后处理系统。

商用车动力系统技术路线图如图 2－5－7 所示。

	2025年	2030年	2035年
目标	重型柴油发动机热效率达到48%	重型柴油发动机热效率达到50%	重型柴油发动机热效率达到54%
	轻型柴油发动机热效率达到44%	轻型柴油发动机热效率达到46%	轻型柴油发动机热效率达到48%
	替代燃料发动机平均油耗较2019年降低5%～10%	替代燃料发动机平均油耗较2019年降低10%～15%	替代燃料发动机平均油耗较2019年降低15%～20%
商用车柴油发动机	逐步掌握发动机高效燃烧机理及基础控制理论，持续优化发动机结构		
	重点突破发动机电控技术瓶颈，实现电控系统自设计、标定及优化		
	进排气气道优化	VTG、两级增压等高效增压技术	电子增压器
	低黏度机油	绝热涂层	低热回收
	喷油器优化（孔数、角度等）		低热传缸盖
	提升喷射压力	可变速油泵	VVT及电动气门
	智能热管理	可变速冷却液泵	停缸
	低摩擦活塞环		
	开发高效后处理系统		
商用车替代燃料发动机	高效EGR系统	先进的替代燃料发动机电控技术研发	
	柴油喷射系统、替代燃料供给系统优化		
	适用于替代燃料发动机的后处理系统		

图 2－5－7 商用车动力系统技术路线图

5.3.4　商用车混合动力技术路线图

总体目标为持续推进混合动力技术在商用车领域的应用，同时通过不断提升核心技术降低整车油耗。

1）在混合动力客车领域。持续提升关键零部件性能、集成度及效率；提升整车控制技术，由以能量管理为核心逐步发展为与智能化、信息化融合的整车智能控制技术；推进整车轻量化研究并持续进行底盘集成优化。

2）在混合动力载货汽车领域。重点突破混合动力能量控制策略，实现电控系统自主设计、标定及优化；重点研究48V混合动力系统更高电机转矩及功率，最大限度提高在此电压平台下的电机利用效率，以及一体化集成技术；强化机械式自动变速器电控模块自主开发、测试及标定能力，提升机械式自动变速器控制技术的稳定性及可靠性；研究高功率蓄电池，通过策略优化、完善的热管理以及精准的匹配，实现动力蓄电池与整车同寿命；掌握增程器的紧凑型高功率密度发电机的集成设计，并进一步建立发动机飞轮集成式电机设计及批量生产能力，提升增程器系统集成能力。

商用车混合动力技术路线图如图2－5－8所示。

	2025年	2030年	2035年
目标	搭载48V轻混系统的轻型商用车节油率达到8%并开始推广应用	重度混合动力轻型商用车逐步推广	48V轻混系统广泛应用于轻型商用车
	推进中重型商用车混合动力化，实现15%的节油率	串联式混合动力技术在重型商用车特定工况推广	并联及混联式混动技术广泛应用于中重型商用车
混合动力客车	动力总成关键零部件性能提升，动力总成装置集成度和效率提升	关键零部件全工况使用、高集成度、高平台通用性，性能达到国际先进水平，集成度和效率国际领先	
	以能量管理为核心的整车控制技术	与智能化、信息化融合的整车智能控制技术	
	持续推进整车轻量化研究		
	提升整车匹配、总布置优化等底盘集成优化技术		
混合动力载货汽车	重点突破混合动力能量控制策略，实现电控系统自主设计、标定及优化		
	48V轻混系统更高电机转矩及功率	自适应（坡度、载重量）高效换档策略	
	并联式混合动力高效节油控制策略	串联及混联式混合动力策略技术	自适应高效节能控制策略（工况记忆、自调整）
	更高寿命和可靠性的AMT控制技术（换档执行机构、自动离合器）		
	高效、紧凑、宽效区增程器用发动机		
	高效率、与整车同寿命蓄电池技术		
	集成空调系统、混合动力蓄电池系统及电驱动系统的综合热管理技术		智能热管理技术

图2－5－8　商用车混合动力技术路线图

5.3.5　商用车传动系统技术路线图

总体目标为持续优化手动变速器及机械式自动变速器（AMT）传动效率，提升 AMT 变速器电子控制、关键零部件制造能力并逐步实现大批量应用，逐步提升自动变速器开发能力。不断提升驱动桥传动效率水平，重点在提高传动效率、降低内部阻力、整体轻量化三大领域开展技术攻关。

1）变速器领域。在 AMT 方面，近期逐步提升 AMT 开发及标定能力，中期成熟掌握 AMT 软件逻辑开发及标定技术，后期具备 AMT 与动力一体化匹配能力；在自动变速器方面，逐步提升自动变速器开发能力，实现技术储备；在手动变速器方面，提升高效率变速器总成研发能力，包括高精度齿轮技术、低摩擦轴承、低摩擦油封及低黏度润滑油的应用。同时不断提升变速器轻量化技术，包括总成结构、齿轮参数优化设计、齿轮高性能材料、表面强化技术及轻质高强度壳体材料的应用等。

2）驱动桥领域。在高传动效率方面，逐步开展并掌握高功率密度主被动齿轮、小偏置结构主被动齿轮、小速比技术；在降低内部阻力方面，重点掌握低摩擦轴承、可变液面液位、低黏度润滑油；在整体轻量化方面，同步开展小壁厚桥壳、整体结构减壳/差壳、轴承轮毂单元、轻量化制动鼓/制动器/制动气室的轻量化研究。

商用车传动系统技术路线图如图 2－5－9 所示。

	2025年	2030年	2035年
目标	总成转矩重量比相较2019年提升3%	总成转矩重量比相较2019年提升4%	总成转矩重量比相较2019年提升5%
	驱动桥传动效率较2019年提升0.5%~1%	驱动桥传动效率较2019年提升1%~1.5%	驱动桥传动效率较2019年提升1.5%~2%
	驱动桥轻量化，较2019年降重1%	驱动桥轻量化，较2019年降重1%~2%	驱动桥轻量化，较2019年降重2%~3%
变速器	具备AMT研发能力	成熟掌握AMT软件逻辑开发及标定技术	成熟掌握AMT与动力源一体化匹配技术
		提升AT开发能力	
	高效率MT研发能力	高精度齿轮加工技术、低摩擦轴承、低摩擦油封	低黏度润滑油技术
	变速器总成齿轮参数优化技术	档位、速比范围、速比级差及NVH	成熟掌握与发动机优化匹配能力
	变速器总成轻量化技术	总成结构设计、高强度材料、齿轮表面强化技术	轻质高强度壳体材料、非金属材料
	混合动力传动系统设计开发能力	成熟掌握混合动力传动系统匹配集成能力	
驱动桥	齿轮齿形参数持续优化		
	整体式从动锥齿轮、主动齿轮采用大椎角轴承、高性能铸件材料应用等	高性能/高精度齿轮技术 低黏度润滑油应用	小偏置结构主被动齿轮 低摩擦油封材料、低摩擦轴承
	小壁厚桥壳 轴承轮毂单元	整体结构减壳/差壳 可变液面液位	轻量化制动鼓/制动器/制动气室等

图 2－5－9　商用车传动系统技术路线图

5.3.6　商用车电子电器技术路线图

总体目标是结合智能化、网联化技术发展，完善电子电器节能技术的开发及应用，重点从能量回收、可视化节油驾驶辅助、智能电源管理、道路预见性巡航、列队行驶等方向开展关键技术研究，支撑商用车油耗降低目标。

1）在制动能量回收方面，研发并掌握适合高速及城郊工况的混合动力系统构型及控制策略。

2）在可视化节油驾驶辅助方面，按照单机版及基于中控大屏、车联网、仪表的多终端集成显示的技术路线进行研发与应用。

3）在发电机方面，遵循附件“按需工作”的原则，掌握局域互联网络（LIN）智能发电机及智能电源管理的控制策略设计。

4）在巡航控制方面，实现道路预见性巡航、智能滑行等智能控制功能。

5）在列队行驶方面，逐渐形成完善的产品自主研发和配套体系，实现重型货车多场景、低成本、多车型的列队行驶应用。

6）在零部件电动化方面，研究客车电动增压器、带传动一体化起动/发电机（BSG）、DC/DC 等 48V 系统核心部件，扩展发动机及整车附件电动化。

商用车电子电器技术路线图如图 2－5－10 所示。

	2025年	2030年	2035年
目标	商用车平均油耗较2019年降低2%～3%	商用车平均油耗较2019年降低4%～5%	商用车平均油耗较2019年降低8%～10%
零部件智能化	研发适合高速及城郊工况的混合动力系统控制策略	完全掌握适合高速及城郊工况的混合动力技术	
	开发单机版的可视化节油驾驶辅助系统	开发基于车联网、中控大屏的节油驾驶辅助系统	
	掌握LIN智能发电机控制技术	掌握智能电源管理系统设计及匹配	
	实现配合主流发动机、变速器的道路预见性巡航控制系统，应用道路预见及智能滑行等智能控制功能		
	车联网、高精度地图技术的开发及普及		重型货车列队行驶
	智能发电机的开发与研究		
零部件电动化	研究客车电动增压器、BSG、DC/DC等48V系统核心部件，扩展发动机及整车附件电动化		
	整车附件（如冷却风扇、空调），发动机附件的转向油泵、冷却液泵、机油泵、增压器等的电动化		

图 2－5－10　商用车电子电器技术路线图

注：目标项提出的商用车平均油耗降低值表示电子电器技术对油耗降低的贡献。

5.3.7 商用车热管理技术路线图

总体目标是提升商用车热管理的精准度，降低整车的热损失，改善整车热管理的效率。通过核心零部件的优化和新型材料工艺提升和应用，进一步降低商用车整车油耗。

1）在发动机冷却方面，掌握发动机精准冷却技术、发动机分体式冷却技术，干湿式结合缸套、匹配低转速/低能耗水泵设计，电子冷却液泵、电子节温器、加速暖机、各水道间采用温度调节阀控制流量比率等热管理关键零部件设计。实现发动机冷却系统智能化，降低能耗，提高效率。

2）在余热回收方面，逐步研发朗肯循环、动力涡轮、热电转换等余热回收技术、加大电控附件应用比例，持续研发车身保温技术。

3）在排气后处理控制方面，逐步掌握排气隔热涂层、后处理温度包裹技术、燃烧/尾管后喷、旁通式废气再循环冷却器、排气余热发电系统等技术。

4）在机外冷却系统附件优化方面，逐步掌握电子驱动及冷却液温度智能控制的冷却液泵、电子风扇、电控硅油离合器风扇、风扇叶型优化、主动进气格栅优化、冷却水管优化等技术。

5）在材料工艺方面，重点突破材料热力性能、余热梯级利用、冷却液道低阻设计、车身保温材料、排气隔热保温等技术。研究冷却液箱、受热部件等新材料、新工艺，持续提高轻量化水平。

商用车热管理技术路线图如图 2－5－11 所示。

	2025年	2030年	2035年
目标	载货汽车平均油耗较2019年降低2%～4%	载货汽车平均油耗较2019年降低3%～7.5%	载货汽车平均油耗较2019年降低6%～10%
	客车平均油耗较2019年降低3%～6%	客车平均油耗较2019年降低6%～8%	客车平均油耗较2019年降低8%～12%
核心零部件	低转速/低能耗和高效的冷却液泵、油冷器技术	基于冷却液温度智能控制的电控硅油离合器风扇	余热回收，进一步降低摩擦，低传热缸盖、电气化等
	逐步研发朗肯循环、动力涡轮、热电转换等余热回收技术，加大电控附件应用比例，持续研发车身保温技术		
	高效EGR、旁通式EGR冷却器，VTG/VNT，复合或双增压等高效增压器、高油温、低摩擦活塞环、可变速油泵、可变速冷却液泵、PCN、提高压缩比、可变压缩比等		

图 2－5－11　商用车热管理技术路线图

	2025年	2030年	2035年
核心零部件	电子冷却液泵、电子节温器、电控硅油离合器风扇	加速暖机，减少热应力技术	各冷却液道间采用温度调节阀控制流量比率
	导流罩、封闭式轮罩、封闭式裙板、大圆弧保险杠和前面罩等	带48V无刷风扇的发动机冷却模块	
	护风圈优化、风扇叶型优化、主动进气栅格	中冷/冷却液箱/EGR一体化电控温度闭环冷却系统管理	
	发动机分体式冷却、精准冷却技术	Low-E镀膜热反射风窗玻璃	制动热回收管理制冷压缩机作为附加制动能量回收
	高性能、超扁平发动机散热器	发动机舱流场优化提高热效率、驾驶室微环境温度自动控制	
	变速器、液力缓速器机油散热热管理	空气流量模块（混动）、WCAC空气进气模块	
	空气储能式蒸发器	48V蓄电池冷却器	
	轻量化、扁平、双层多区、变排量压缩机空调，高效换热器		
	供热通风和空调（HVAC）无刷电机	48V系统的空气、冷却液PTC（加热器）	
	电子空调压缩机（电动涡旋式压缩机）	空调系统优化节省40%+消耗蒸发器旁通+三段式过冷冷凝器+储能式蒸发器+通常的综合驾驶循环（CADC）	
	PM2.5过滤器+传感器	怠速启停怠速滑行启停储冷式蒸发器	
	R-744CO_2自然冷媒技术（HVAC）	热泵空调系统［空空、空液（电动）］	
材料工艺优化	受热材料及材料热力性能技术、余热梯级利用技术、冷却液道低阻设计技术		
	车身保温材料、车身保温技术、排气隔热保温和涂层技术		
	液冷蓄电池热管理技术，相变材料（PCM）		
	冷却液箱及受热材料新材料、新工艺和结构的高效优化和轻量化		
	发动机冷却系统流量、压力、表面积、流向设计优化		

图 2-5-11 商用车热管理技术路线图（续）

注：目标项提出的载货汽车及客车平均油耗降低值表示热管理技术对油耗降低的贡献。

CADC 是在欧洲运输排放模型和库存系统的评估和可靠性项目（Artemis）中开发的底盘测功机程序，基于对欧洲真实世界驾驶模式的大型数据库的统计分析。这一循环包括三个行驶计划：城市、农村道路和高速公路。高速公路自行车有两种类型，最大速度为 130km/h 和 150km/h。

6 创新发展需求

说明：实施方式中A为国家主导，B为行业联合，C为企业领跑。

6.1 基础前瞻

项目名称	必要性	实施目标	主要研究内容	预期成果	组织模式
发动机燃烧开发及基础理论研究	当前，我国对燃烧基础理论研究不足，制约了发动机节能水平的进一步提升。面临发动机热效率朝着更高方向发展、混合动力专用发动机特定区域的燃烧优化及应用替代燃料和高辛烷值汽油等相关需求，应围绕不同发动机燃烧特点开展相应的进气、喷油和燃烧方式等基础理论研究，加强共性技术研究，助推我国发动机节能水平快速追赶上世界先进水平	2020年，通过突破米勒循环、冷却EGR等共性技术，实现发动机的热效率突破40%；到2025年，通过应用高压喷射系统、可变气门等技术，实现发动机的热效率达到44%；到2030年，通过突破停缸、先进增压等技术，实现发动机热效率达到48%；到2035年，通过突破先进燃烧、全可变气门、可变压缩比和超高压直喷等技术，实现发动机热效率突破50%	针对采用E10、甲醇等替代燃料和高燃油品质的发动机燃烧优化开发和商业化开发方案研究 混合动力专用发动机燃烧优化设计和商业化方案研究 冷却EGR、先进增压、先进燃烧、超高增压、可变气门等技术的研究	通过针对特定燃料、高效机型和专用机型等燃烧基础开发的共性技术进行研究，加速燃烧共性技术的突破，助力达成我国各阶段发动机热效率目标，实现整体节能目标	A、B

项目名称	必要性	实施目标	主要研究内容	预期成果	组织模式
高效动力总成技术创新工程	在电动化背景下，动力总成由原本以发动机和变速器为主的结构扩大为发动机、变速器、电机、蓄电池和电控并重的结构，且电动化部件在动力总成中的重要性越发重要。应用需求的逐渐增加，给我国动力总成发展提出了更高的产业要求，但面临由于发动机、变速器本身核心技术积累不足，核心零部件受制于人的产业现状，电动化部件的加入进一步暴露了我国动力总成产业的差距，严重制约我国高效动力总成的技术提升和品质提升	2020年实现动力总成零部件国产化利用率较2018年提升3%；到2025年，实现动力总成零部件国产化利用率较2020年提升10%；到2030年，实现动力总成零部件国产化利用率较2025年提升10%；到2035年，实现动力总成零部件国产化利用率较2030年提升10%	发动机、变速器高效化和专用化技术路线研究及核心零部件的自主化开发 电机高功率密度技术方案及其核心零部件的自主化开发 电控系统软硬件的自主化开发 混合动力总成系统低成本方案研究	通过加快发动机、变速器、电机、蓄电池、电控等系统的核心零部件由“黑转灰”“灰转白”的过程，逐步提高核心零部件的自主开发能力，消除技术上的瓶颈，同时进一步提高各系统的性能，大幅提高我国动力总成的产业水平，掌握市场话语权	A、C
先进电子电器技术创新工程	汽车电子电器节能效果明显，已成为全球发展趋势，但是我国对汽车电子电器的研究相对较少，缺乏先进的产品，更缺乏前瞻性技术的预研，同时，关键技术的研发投入资金需求也较大，导致企业难以独立开发	2020年掌握整车电能管理技术，并建立测试评价体系；到2025年，研发出道路预见系统、降低空置等新型商用车节能技术所需的关键电子电器设备	整车电能管理系统 智能化、电子化、低能耗附件系统 提升商用车运行效率的关键电子电器设备	攻克先进汽车电子电器技术研发难题，实现技术突破、转化与产品应用，支撑整车显著提升节油效果	A、B

项目名称	必要性	实施目标	主要研究内容	预期成果	组织模式
AMT 电控系统开发及 AMT 推广	AMT 在欧美重型货车的应用中，已经占了相当高的比例，而我国当前比例不足 2%。从统计数据看，AMT 能降低油耗 3%～5%。另外，我国 AMT 电控系统开发能力薄弱，技术为外资品牌控制，受制约现象突出	到 2022 年，实现部分电控模块的自主开发及标定；到 2025 年，基本具备自主 AMT 电控模块开发能力，实现自主化智能标定。在特定运用中推广 AMT	电控模块开发，测试及标定；AMT 推广及应用	建立一整套科学的开发流程及体系，具备完全独立的电控开发能力。国家与企业合作推广 AMT，提高市场认知与接受度，达到显著的节油效果	B、C
高效混合动力总成技术	我国已开发出具有较高节能水平的混合动力总成等关键部件，但受成本等因素影响无法得到规模化推广，节能技术效果不明显，不利于培育和引导企业发展节能技术的积极性，进而影响技术水平持续提升。需要市场考核和国家政策的支持，利用产业化推广与示范，提升混合动力汽车的市场认知度与接受度，从而培育和引导混合动力汽车持续、健康、稳步发展	到 2025 年，形成自主、可控、完整的混合动力汽车产业链；到 2030 年，在扩大混合动力应用规模的基础上实现有利于节能的汽车产品结构调整，产业化应用前瞻性技术；到 2035 年，系统匹配开发混合动力汽车，进一步降低整车油耗	混合动力整车的系统性开发相关因素数据提炼和分析 在机电耦合装置、电机、蓄电池、电控可靠性、耐久性、质量、一致性等方面开展相关大数据研究 大批量推广混合动力系统的多因素分析（数量、用户、市场、工况）	提升高效混合动力总成技术水平和应用规模 提升混合动力汽车的市场认知度与接受度 形成完整的混合动力高性价比的产业链 形成混合动力系统全生命周期的相关评价标准和评估方法	A、B

项目名称	必要性	实施目标	主要研究内容	预期成果	组织模式
电控系统开发与测试技术平台	混合动力系统智能化、电气化使得控制系统复杂程度呈几何倍数上升，且电控开发及标定直接影响各类新技术实际应用效果，但目前我国电控开发能力极为薄弱，技术长期为外资品牌掌控，受制约现象极为突出。应建立行业电控系统开发共性技术平台，共同解决我国电控系统软硬件开发并实现精细化标定，最终实现电控系统的自主开发	2020 年前，实现部分电控模块的自主开发，电控开发实施率达到 20%；到 2025 年，基本具备自主电控开发能力，形成自主化智能标定；到 2030 年，形成完全独立、成熟的自主电控开发能力	电控开发、测试、标定等基础平台（含测试评价数据平台）建设 基于乘用车/商用车传统动力平台、混合动力平台的控制策略软件开发/模型开发/硬件在环测试/精细化、智能标定	建立一整套科学的电控开发流程及体系，具备完全独立的电控开发能力，支撑企业研发出具备完全自主知识产权的整车/系统/总成产品	B

第三章 纯电动和插电式混合动力汽车技术路线图

1 导　言

全球经济的快速发展所带来的环境与能源问题日益凸显，二氧化碳和有害污染物排放持续引起各国的关注，降低车用化石燃料消耗是全世界解决环境和能源资源问题的重要举措之一。近十年来，新能源汽车产业迅速发展，引起全球对汽车产业变革、新一轮全球竞争的高度关注。在国家层面，以美、日、欧为代表的汽车发达国家和地区都以不同方式发布各自新能源汽车发展规划和技术路线图，如日本发布了《纯电动和插电式混合动力汽车指导方针》，提出到2050年，日本汽车厂商在全球销售的乘用车将全部实现电动化；美国政府发布《电动汽车普及大挑战蓝图》，2019年美国宾州、加州等地区发布电动汽车技术路线图；德国政府发布《国家电动汽车发展计划》；挪威发布《国家交通2018—2029计划》；欧盟发布交通领域的路线图。这些规划和路线图为各国的新能源汽车发展指明了技术发展方向和产业发展目标。在企业层面，欧洲、美国、日本、韩国以及中国的多家整车企业已公布新能源汽车产品规划，部分企业已开始在全球开展产业布局。

新能源汽车是我国战略性新兴产业之一，是我国缓解能源安全压力，降低二氧化碳和各种有害污染物排放，解决日益突出的环境污染问题的重要手段，是实现我国汽车产业结构调整和转型升级的重要举措。我国政府高度重视发展新能源汽车技术和产业发展，习近平总书记指出："发展新能源汽车是我国从汽车大国迈向汽车强国的必由之路"。在2019年召开的世界新能源汽车大会上，国家主席习近平在贺信中指出，当前随着新一轮科技革命和产业变革孕育兴起，新能源汽车产业正进入加速发展的新阶段，不仅为各国经济增长注入强劲新动能，也有助于减少温室气体排放，应对气候变化挑战，改善全球生态环境。工业和信息化部继《节能与新能源汽车发展规划（2012—2020年）》之后，2019年启动了《新能源汽车产业发展规划（2021—2035年）》，为我国新能源汽车产业长远发展明确方向。

2009年以"十城千辆"新能源汽车推广应用示范工程为起点，我国新能源汽车产业经过十余年的发展，取得了举世瞩目的成就，尤其是纯电动汽车和插电式混合动力汽车技术和产业规模取得了重大进步。2018年我国新能源汽车销量首次突破百万辆，截至2019

年底，我国市场新能源汽车保有量接近400万辆，占全球市场份额超过50%，连续四年成为世界新能源汽车产销第一大国。在国内应用领域方面，新能源汽车应用场景趋于多元化，涵盖私人用车、公务用车、出租租赁和共享汽车等。新能源汽车主消费区域呈现出由限购的一线、新一线城市向二线、三线城市扩展的趋势。在出口方面，新能源汽车出口数量提升，新能源汽车优势企业陆续走出国门在海外设厂。在产业转型方面，传统整车企业开始建设全新的纯电动平台，并相继有新产品投入市场；造车新势力企业实现整车量产，在一定程度上推动了汽车行业在生产方式、销售和服务模式等方面的创新和多样化发展。

在我国新能源汽车发展取得突飞猛进的同时，仍面临诸多挑战，产业大而不强的局面仍然存在，也面临日益严峻的国际竞争压力。近年来，电动汽车安全事故时有发生，影响消费者购买信心。车型开发周期短、试验验证不足、充电操作不规范、用车习惯不健康等问题多次引发电动汽车安全事故。此外，充电基础设施由于布局、分配、标准体系、配套服务等环节仍存在有待完善的地方，一定程度上影响新能源汽车的快速普及。随着补贴逐步退出，技术和产品力落后的企业将加速淘汰。与此同时，传统中高端汽车售价逐年下探，新能源汽车面临降低成本压力。此外，随着国家逐渐对外开放汽车产业，国际高端品牌产品迅速布局抢占国内新能源汽车市场，自主品牌企业面临技术创新和打造民族高端品牌的双重挑战。

因此，在新能源汽车产业蓬勃发展，核心技术、产业生态及全球格局发生百年未遇大变革的关键时期，以汽车强国为目标，结合我国国情和全球竞争态势，面向2035，制订适用于我国的纯电动和插电式混合动力汽车发展技术路线图，聚焦关键核心技术，形成核心竞争力，引领产业发展，显得极其重要且迫切。

1.1 战略意义

自2009年超越美国成为全球最大的汽车市场以来，我国汽车产销量已连续十余年居世界第一，现已成为世界最大的汽车生产国和新车消费国，汽车产业也已成为国民经济的重要支柱产业。然而，汽车产业的健康可持续发展必须解决化石能源紧缺、环境污染和温室气体排放问题。作为我国新能源汽车的主体，纯电动和插电式混合动力汽车近十年实现大规模生产，并成为未来逐步替代传统燃油汽车的主要选择。此外，纯电动和插电式混合动力汽车与智能网联汽车、智能电网、人工智能及可再生能源的紧密结合，对改善我国居民出行、促进电力产业绿色转型及构建智慧城市等都具有重要意义。具体表现为以下五方面。

第一，新能源汽车产业是我国战略性新兴产业之一，是实现汽车强国梦的必由之路。我国新能源汽车产业正处于由大到强的高速发展时期，通过完善顶层设计和监管体系规范新能源产业链，利用技术创新全面提升我国电动汽车技术的成熟度和产品的竞争力，增强消费者对中国品牌的自信心，是新形势下我国新能源汽车产业由政策驱动向政策创新双驱动过渡的关键。在《中国制造2025》的指引下，研究修订技术路线图，完成科学的顶层设计和全面布局，凝聚全行业力量，突破核心关键技术，抢占汽车技术国际制高点，推动新形势下新能源汽车健康、有序、快速发展，具有重要的现实意义和长远的战略意义。

第二，发展新能源汽车产业是国家绿色发展理念的重要实践。近年来空气污染已成为影响我国经济发展的重要因素。众多城市空气污染严重，部分地区的污染物排放量超过环境容量。部分一、二线城市已经启动限购、限行等政策，制约了我国汽车产业的发展。纯电动汽车在使用环节具有零排放的特点，插电式混合动力汽车具有日常出行零排放和长距离出行低排放的环境友好特性。因此，发展纯电动和插电式混合动力汽车符合绿色发展理念，是国际公认的汽车产业发展的战略选择。

第三，发展新能源汽车产业是降低二氧化碳排放的有效途径。碳排放问题一直是国际社会舆论关注的焦点。我国是《巴黎协定》缔约国之一，承诺到 2030 年中国的二氧化碳排放达到峰值。我国“十三五”规划纲要确定未来五年二氧化碳排放量下降 18%。汽车作为交通领域中碳排放的主体，一直是节能减排的重点，而纯电动汽车具有零排放、卓越的环境友好特性，对改善大中城市空气环境具有非常重要的作用，是国际公认的汽车产业发展战略方向。近几年，随着电力结构的优化、热电联产的稳步推进以及新能源汽车能效等技术水平的提升，新能源汽车相较于传统能源汽车生命周期碳排放水平优势越来越明显。因此，发展绿色低碳、高效节能的新能源汽车对减少温室气体排放、应对全球气候变化具有长远意义。

第四，发展新能源汽车产业是国家能源安全保障的重要举措。能源安全是我国经济发展所面临的无法回避的问题。近年来，我国石油对外依存度已达 70%，我国车用燃油消耗占总燃油消耗量的比例超过 60%。随着汽车保有量的逐年攀升，我国石油资源的安全保障面临更加严峻的挑战。发展纯电动和插电式混合动力汽车对推进我国道路交通能源多样化，保障国家能源安全，具有非常重要的战略意义。

第五，发展新能源汽车产业是实现全社会能源科学调配的重要支撑。纯电动汽车和插电式混合动力汽车既是交通工具，又可作为分布式电能存储装置。与智能电网相融合的纯电动和插电式混合动力汽车具有实现削峰填谷、平衡电网负荷的重要作用，有利于提高发电设备的利用效率，若遇重大灾害还可作为电力供给的重要补充。另外，纯电动和插电式混合动力汽车的发展可推动可再生能源的高效利用，有助于优化我国电力能源结构，推动电力来源的清洁化。

纯电动和插电式混合动力汽车技术路线图旨在指明产业发展方向和技术可行性路径，明晰阶段性目标和长远战略目标，凝练关键核心技术，聚焦技术短板，汇聚相关行业发展动能，实现跨行业协同发展，为我国新能源汽车相关政策、标准法规、国家规划、科技创新计划等制订，以及国家和民间的资本投入提供重要参考。

1.2 研究范围及修订说明

1. 研究范围

纯电动和插电式混合动力汽车技术路线图的研究范围包括纯电动汽车和插电式混合动力汽车的整车和关键系统及零部件，见表 3-1-1 和表 3-1-2。

表 3-1-1 纯电动和插电式混合动力汽车整车

乘用车		商用车	
纯电动	插电式混合动力	纯电动	插电式混合动力
A00、A0、A、B、C 各级别乘用车		市内公交、专用场地和公务通勤客车 市内物流、环卫作业和工程特种货车	

表 3-1-2 纯电动和插电式混合动力汽车关键系统及零部件

系统与总成类别	系统分解	
电驱动系统	驱动电机、电机控制系统、传动系统	
动力蓄电池系统	蓄电池模组、蓄电池管理系统、高压电气系统、热管理系统以及动力蓄电池系统集成	
混合动力系统	专用发动机、电机与机电耦合装置、多能源动力控制系统	
功率变换装置	单向 DC/DC	双向大功率 DC/DC
车载充电机	单双向车载充电机	基于电机控制器的大功率充电机
制动能量回收系统	制动能量回收系统	
电动冷暖空调	电动冷暖空调	
整车电控系统	整车控制系统	

2. 修订说明

(1) 修订思路

本次修订重新审视了新能源汽车在新形势下的战略意义，根据过去几年我国新能源汽车产业化发展中的重大变革、市场结构的变化、积累的示范经验，总结了现阶段新能源汽车发展遇到的问题，并综合专家意见重新梳理了路线图的技术架构。本次修订增加了对技术路线图 1.0 的整体评估板块，根据实际情况重新设定了未来各场景下乘用车和商用车的技术指标，对未来技术进步的方向进行了预判。

基于此思路，修订工作组通过大数据统计分析、多轮问卷调研、各整车企业专家研讨和整车企业实地调研等多种方式，完成现状梳理、技术路线图 1.0 评估以及面向未来的技术目标设定，最终完成路线图 2.0 的修订。

(2) 主要修订内容

本次修订的纯电动和插电式混合动力汽车技术路线图 2.0 版，主要开展了以下工作：一是在研究范围上细致地分析纯电动汽车和插电式混合动力汽车未来发展愿景、应用场景及需求；二是从整车层面对动力蓄电池、电驱动等领域提出技术需求；三是根据市场真实反馈，重新评估了未来插电式混合动力汽车在乘用车和商用车领域发展潜力、应用场景和纯电续驶里程需求；四是着重强调了整车安全和质量在路线图中的重要性；五是从成本和碳排放角度审视未来纯电动汽车和传统燃油汽车的发展趋势；六是增加了对路线图1.0的实施情况进行评估；七是梳理了2017年以来的国内外技术创新发展成果，剖析近三年来我国新能源汽车发展中暴露的技术短板；八是研判纯电动和插电式混合动力汽车未来技术发展趋势。

本次修订工作的目标是，通过对近期国内外技术现状的梳理对比，研判全球新能源汽车技术发展趋势，根据行业发展近况，重新设定面向2035年的中长期发展目标和里程碑；根据评估报告优化总体技术路线图和关键分领域技术路线图，衔接路线图中动力蓄电池系统、电驱动系统、充电基础设施等专题内容；通过对技术和产业发展短板的辨识，提出未来重点突破难题与攻关方向，推动纯电动和插电式混合动力汽车产业的健康发展，加速我国汽车产业转型升级。

（3）相关定义

1）纯电动汽车。纯电动汽车是指车辆的驱动力全部由电机供给，电机的驱动电能来源于车载可充电蓄电池或其他电能储存装置的汽车。其动力系统的基本结构形式如图3-1-1所示。

图3-1-1　纯电动汽车动力系统的基本结构形式

2）插电式（含增程式）混合动力汽车。插电式（含增程式）混合动力汽车是指车辆的驱动力由驱动电机及发动机同时或单独供给，并且可由外部提供电能进行充电，纯电动模式下续驶里程符合我国相关标准规定的汽车。其动力系统的基本结构形式如图3-1-2、图3-1-3所示。

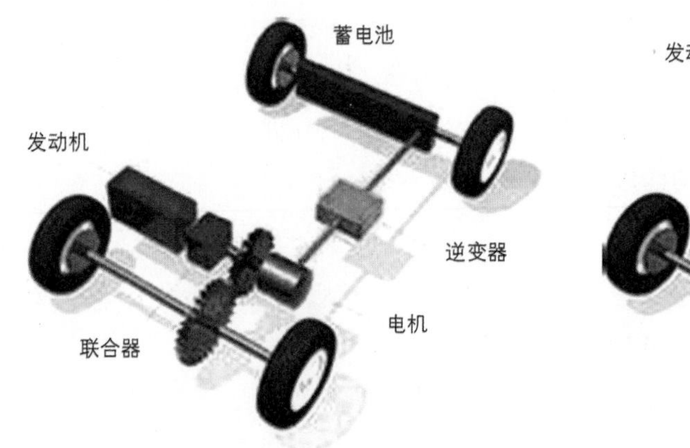

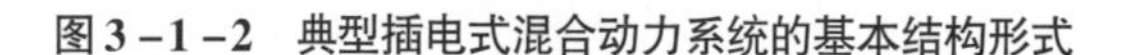

图3-1-2　典型插电式混合动力系统的基本结构形式

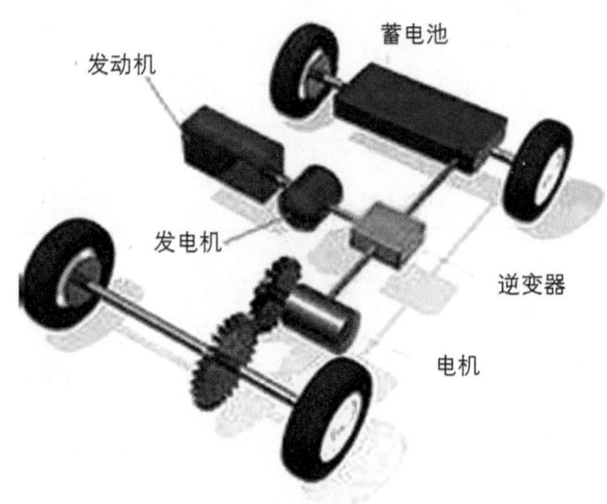

图3-1-3　增程式混合动力系统的基本结构形式

1.3　技术架构及关键技术梳理

基于使用场景，对纯电动和插电式混合动力汽车产品进行分类，如图3－1－4所示。在乘用车方面，针对A00/A0级可分为家常代步、分时租赁、经济性网约车等应用场景；针对A级可分为家用通勤、优选网约、出租车等场景；针对B/C级车，可分为私人高端和高端商务应用场景。在商用车方面，针对客车可分为公路公交、市内公交、机场摆渡、公务班车和校车等场景；针对货车，可分为物流、短途运输、环卫作业和工程特种车等应用场景。

纯电动和插电式混合动力汽车专题领域研究内容的技术架构如图3－1－5所示，分为乘用车技术和商用车技术。在此基础上分为乘、商用车的纯电动汽车技术和插电式混合动力技术，包含蓄电池技术、电机技术、电控技术、充换电技术、智能化技术、专用发动机技术及其他共性技术。由于动力蓄电池技术、充电技术和电驱动技术另有章节论述，故在本章不做深入研究。

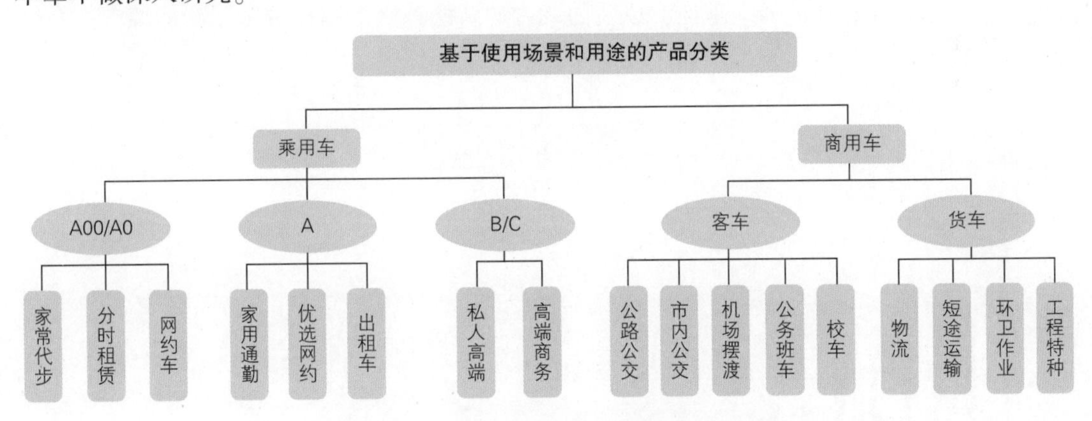

图3－1－4　基于使用场景和用途的产品分类

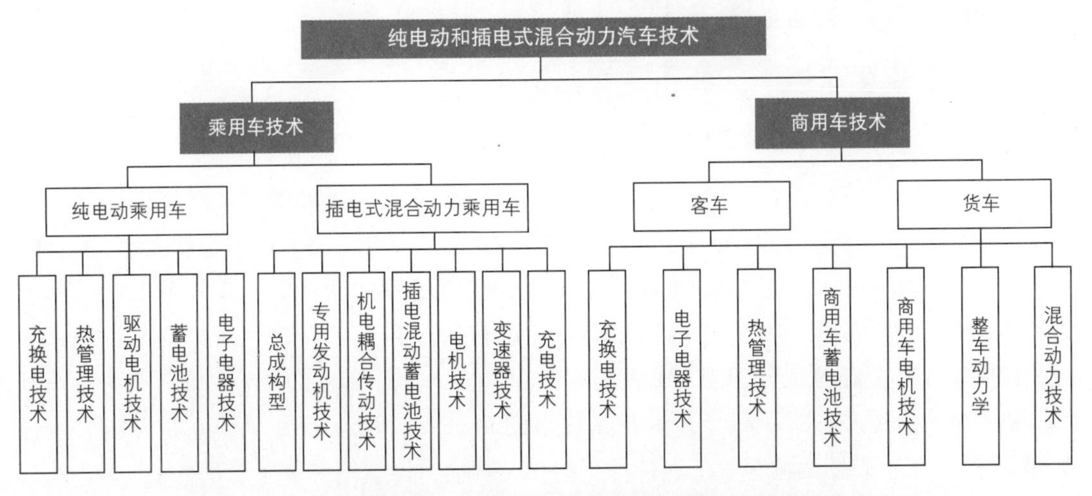

图3－1－5　纯电动和插电式混合动力汽车专题领域研究内容的技术架构

2 技术现状及发展趋势

2.1 发展现状及技术对比

2.1.1 国内新能源汽车发展现状

根据国家溯源平台数据，截至2020年4月底，我国新能源汽车销售量前30的省、自治区、直辖市统计如图3-2-1所示。其中，北京、上海、广东一线省市的新能源汽车销售占全国新能源汽车总销量的33.4%；包含浙江、安徽、山东、江苏、河南、天津和福建等前十名省市的新能源汽车销售量占全国新能源汽车总销量的70.7%；黑、吉、辽的东北地区，甘、新、宁、青的西北地区，以及内蒙古的新能源汽车销量占全国新能源汽车总销量的2.2%。

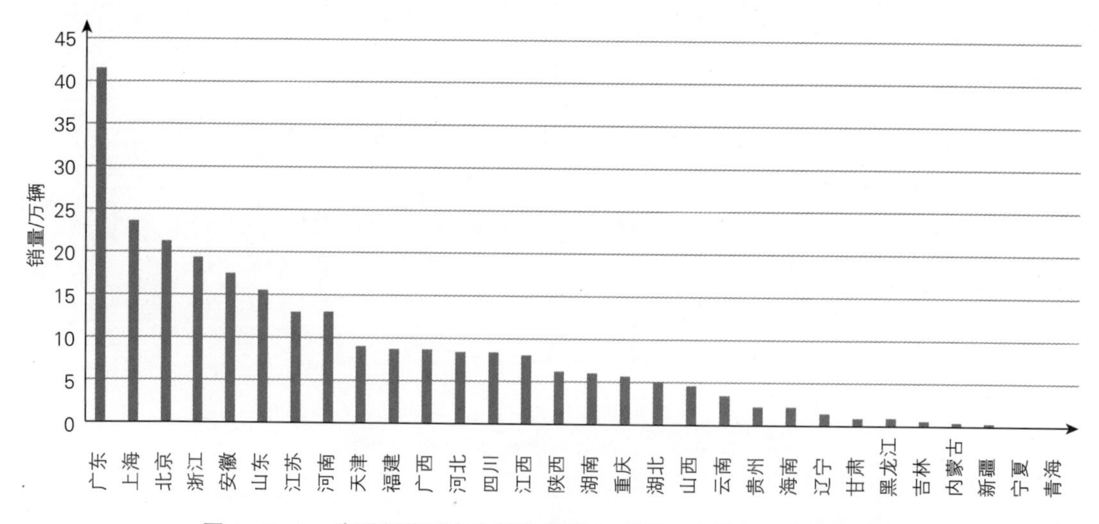

图3-2-1 我国新能源汽车销售量前30的省、自治区、直辖市统计

截至2020年4月，各类新能源乘、商用车按场景分布占比如图3-2-2所示。在新能源乘用车的应用场景分布中，私人乘用车占比65.3%，租赁及出租车合计占比23.1%，公务乘用车占比11.6%。在新能源商用车中，公交类场景的新能源客车达到20.1万辆，占新能源客车总量的80.4%；市内通勤类新能源客车达到2.8万辆，占比11%；长途运行的旅游客车和公路客车分别为1.1万辆和1.0万辆，合计占比约9%。在新能源货车领域，物流特种车约21.8万辆，占新能源货车的96.3%；环卫特种车约0.5万辆，占比2.3%；搅拌车、矿场运输车等工程特种车约0.3万辆，占新能源货车总量的1.2%。

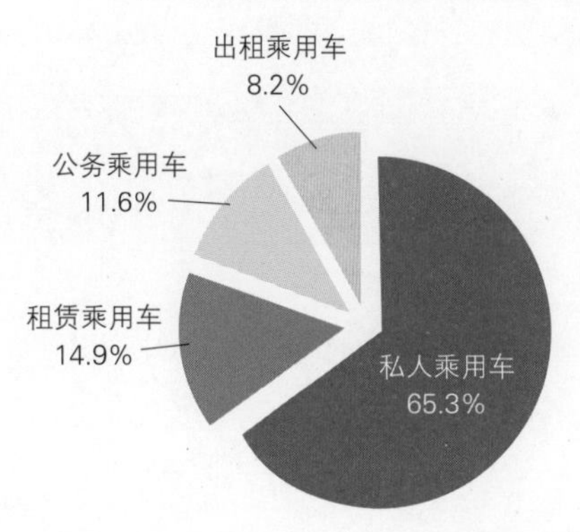

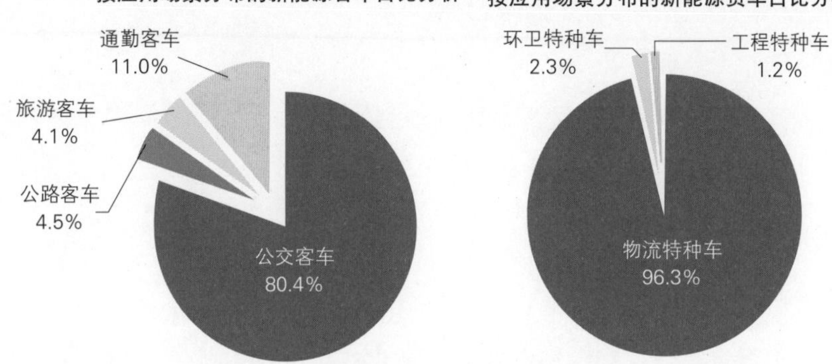

图 3－2－2　各类新能源乘、商用车按场景分布占比

2.1.2　平台化技术

整车平台化通过对不同款型的动力总成、底盘及电子电器部件进行标准化、模块化、系族化设计开发，大幅压缩研发时间和资金投入；大幅提升同系族车型的零部件通用化率，实现规模经济效应，显著降低整车产品成本，表 3－2－1 所示为国内外部分整车企业的电动平台化的发展现状。

表 3－2－1　国内外部分整车企业的电动平台化发展现状

整车企业	代表平台	代表车型
大众	MEB	未来 ID 系列
	PPE	奥迪，保时捷系列
戴姆勒－奔驰	EVA	EQS 纯电动轿车
丰田	TNGA－K	丰田八代凯美瑞、亚洲龙
	TNGA－C	雷凌、普锐斯、CHR

（续）

整车企业	代表平台	代表车型
特斯拉	Model S/X	Model S、Model X
	Model 3	Model 3、Model Y
日产	EV 平台	Leaf、Leaf e +、轩逸纯电
	新 EV 平台	ARIYA 概念车
吉利	KC	吉利博瑞 GE PHEV
	FE	帝豪 GL PHEV、帝豪 EV 系列
	SPA	沃尔沃 XC90PHEV 版
比亚迪	E 平台	比亚迪元 EV 等
上汽集团	Marvel X	Marvel X
	E 平台	荣威、名爵 BEV 等

2.1.3 集成化技术

新能源汽车中动力蓄电池系统的重量大、空间占用大，需要整车各系统的集成化及轻量化升级。国内上海汽车、吉利等整车企业产品具备以下特点：1）结构高度集成：电机与减速器集成、高压系统集成、动力总成集成；2）电气高度集成：电机驱动控制、整车控制、车载双向交流充放电、高压配电、高低压直流转换、直流快充等功能的集成；3）高性能：高功率密度。

国际上，丰田在“三电”系统的研发上坚持小型化、轻量化和集成化。例如，第一代电机体积 5.1L，第四代电机体积已达 2.2L，体积大幅下降的同时，功率从 30kW 提升至 53kW。在电控方面，第一代控制单元（PCU）占据发动机舱空间的 50%；经过系列化集成，小型化后的第四代功率体积减小了 50%。另外，功率半导体双面冷却、智能功率模块（IPM）层叠结构技术的应用，进一步提高了功率，性能也更加稳定。

2.1.4 智能电网融合技术

智能电网融合技术包含车桩的智慧连接、电网负荷调度、有序充电技术等。其中，V2G（Vehicle to Grid，即电动汽车给电网送电）技术实现电网负荷调度，一直是国内外整车企业关注的一项重要技术，V2G 与智能电网技术的融合具有平衡电网、提升发电效率，有效利用可再生电能的功能。2019 年 3 月，法国雷诺宣布已开启 V2G 技术的大规模试验。日产汽车通过 V2H（Vehicle to Home）将电动汽车的电力用于家庭用电，有效利用可再生能源，也被广泛应用于停电或灾害时的备用电源；通过利用 V2B（Vehicle to Building）技术将电动汽车充放电的远程控制和光伏发电系统组合，来实现削峰填谷降低使用成本并减少二氧化碳排放。

比亚迪基于现有电机控制器驱动回路，开发出双向逆变充放电式电机控制技术，采取分时复用绝缘栅双极型晶体管（IGBT）功率模块的形式，扩展电机控制器自身功能，充放电功率最大可达 40kW，未来可应用到 V2G 等领域。其控制模块电路如图 3－2－3 所示。

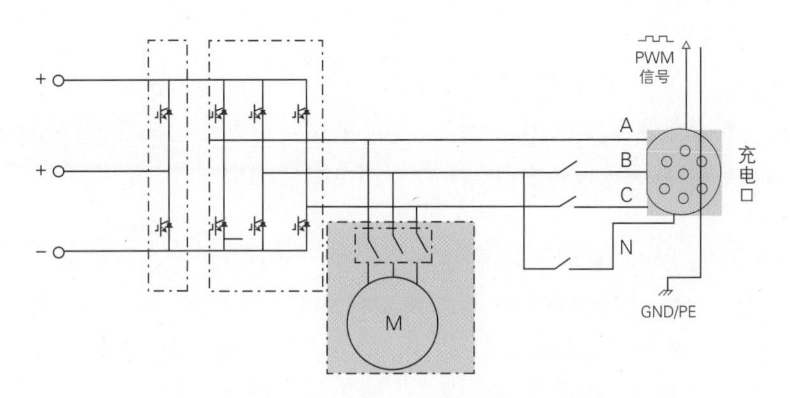

图 3－2－3 比亚迪电机控制模块电路图

2.1.5 机械动力控制技术

1. 制动能量回收技术

制动能量回收技术不仅能提高能量利用率，而且可减少制动器磨损，降低制动噪声，提高制动效能。其回收能量流如图 3－2－4 所示。

图 3－2－4 制动能量回收能量流示意图

奥迪首款纯电动汽车 e-tron，当车速为 100km/h 时制动，动能瞬间回收功率可达 220kW，在使用同等容量动力蓄电池的情况下，回收的能量可使 e-tron 提升 30% 的续驶能力。日产聆风二代在能量回收方面引入“e-pedal”单踏板驾驶模式。在通勤堵车时，驾驶人只操作加速踏板即可用来应对 90% 以上情况，能大幅减少脚踏切换的操作，可有效降低能耗，显著提升续驶里程。

在国内企业中，比亚迪针对电动汽车进行试验，采用电动真空泵方案制动能量回收率可达 25%，采用电液制动方案制动能量回收率可达 37%；采用电液制动方案的续驶里程相比采用电动真空泵方案，法规工况法可提升 8～12km，选用城市工况（制动工况多）续驶里程可提升 40～50km。长安新能源公司通过优化不同车速下的回收强度与回收效率，通过单踏板控制大幅提升能量回收效率，相比上一代无单踏板技术的产品，能量回收效率提升了 10%，达到 38%，续驶里程提升约 10km。

2. 混合动力变速器技术

开发全新的专用混合动力变速器成为国内外整车企业的主流选择，主要表现在两个方向：一是电机与自动变速器集成为一个统一功能系统，与发动机结合成混动系统，减少变速器档数；二是纯电动汽车的变速器，充分利用电机的输出特性，一般采用单级或双级变速器。

宝马 X5 的并联式混动系统利用采埃孚的 8AT，用电机加离合器替代液力变矩器，实现混合电力驱动。专用混合动力变速器的典型代表是丰田的 THS，搭载此系统的普锐斯 NEDC 工况下百公里油耗可降低至 3.4L 以下。本田公司发展 iMMD 智能多模式混合动力系统，并应用在 Clarity PHEV 产品上，实现动力输出优化控制，EPA 公布 Clarity 的综合燃油效率为 110mile/gal（英里/加仑），换算百公里油耗约为 5.3L。

荣威 550 混合动力车型和 e950 的电驱变速器 EDU 使用双电机结构的专用混合动力变速器（DHT），实现了串并联混合驱动。吉利将 7 档湿式双离合变速器与电机集成在一起，汽油发动机与双离合变速器耦合时，电机则通过齿轮与双离合变速器耦合。目前，此系统在领克、博瑞、缤越等车型上均有搭载，其结构如图 3-2-5 所示。综合对比来看，与国外混合动力专用变速器相比，我国自主品牌的产品在效率、工艺细节和成本控制等方面还有一定差距。

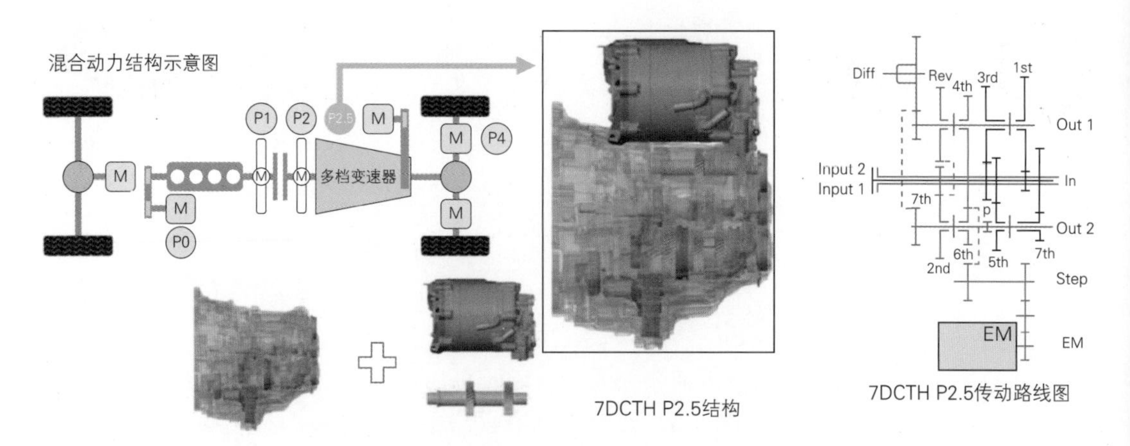

图 3-2-5　吉利 P2.5 混动式双离合变速器示意图

2.1.6　热能管理控制技术

为优化整车能量效率，缓解电动汽车用户里程焦虑，热泵空调系统在电动汽车上逐渐得到应用和推广。国外主要整车企业应用热泵系统较早，技术也相对成熟，目前宝马、奔驰和大众等已在电动汽车产品上应用。

近些年来，国内也开始了热泵系统的研究和应用，目前上市的产品如一汽奔腾B30EV、上汽荣威 Ei5 和荣威 Marvel X 都已应用热泵空调系统。现在国内自主企业长安在其产品长安 CS75 PHEV 上搭载的热泵空调在冬季（－20℃）制热工况下的制热系数（COP）可达2～4，能效多倍于当今普遍使用的 PTC 加热，可以有效延长 20% 以上的续驶里程。

2.2　发展趋势

2.2.1　能耗水平发展趋势

产业规模的扩大带动产业技术不断成熟，整车能耗不断降低。近年来我国电动汽车平均能耗如图 3－2－6 所示。数据统计显示，过去四年我国纯电动轿车和 SUV 车型综合工况的百公里电耗整体呈现逐年下降趋势，未来电动汽车的能耗水平将进一步降低。

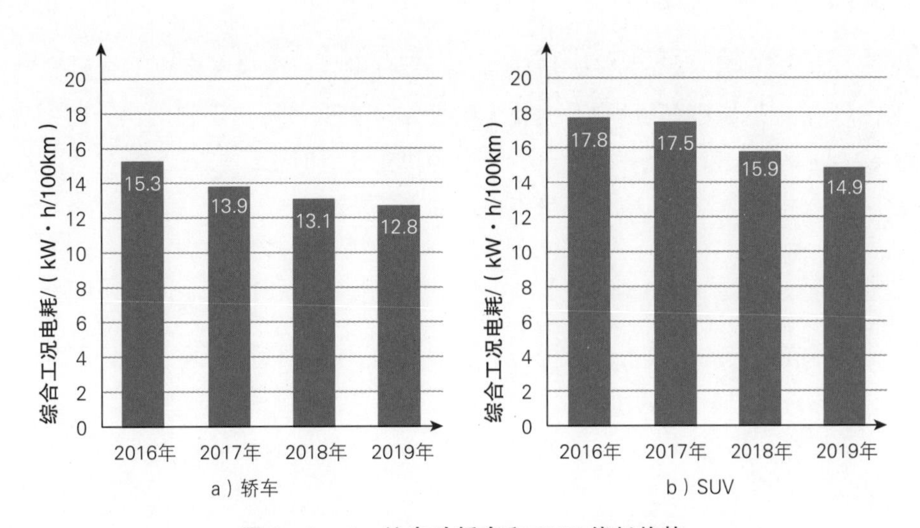

图 3－2－6　纯电动轿车和 SUV 能耗趋势

2.2.2　续驶里程发展趋势

用户日常出行里程的范围是影响新能源汽车续驶里程未来趋势的重要因素。图 3－2－7 是纯电动与插电式混合动力私家乘用车日均行驶里程区间分布。

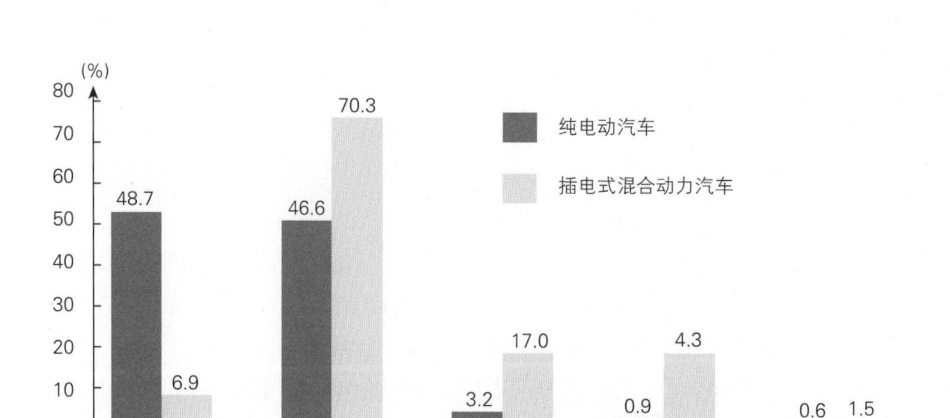

图 3-2-7 纯电动与插电式混合动力私家乘用车日均行驶里程区间分布

图 3-2-8 所示为近年国内市场纯电动汽车续驶里程的变化。过去几年，充电桩数量有限，充电基础设施布局不尽合理，导致纯电动汽车续驶里程持续提升，新能源汽车用户充电便利性有待提高。未来随着国家新基建政策的导入，新能源汽车的充电基础设施将大规模普及，加上快速充电、换电技术的应用，续驶里程的设定将逐步趋向理性。预计到 2021 年，在实际续驶里程方面，电动汽车将与燃油汽车相近。

2.2.3 充换电技术发展趋势

充电技术未来将向以慢充为主、快充为辅、部分场景应用换电模式的方向发展，无线充电技术在户内应用比例将逐渐提升。相关统计结果表明，用户理想的快充时间为 0.5 ~ 1h。图 3-2-9 是我国市场上一部分典型车型的快充充电时长。未来无线充电将向着大功率方向发展，换电模式在特定应用场景正在成为新趋势。

2.2.4 整车轻量化发展趋势

轻量化技术在新能源汽车上的应用需求更加迫切。在新材料方面，超高强度钢、铝合金、镁合金及碳纤维材料的应用将逐渐增多；在新工艺方面，热压成型、内高压成型、辊压等将会成为主流；新材料、新工艺的应用将推动车辆结构的拓扑优化，从而进一步减轻车身的重量。

2.2.5 整车平台化发展趋势

平台化将成为电动汽车的主流方向。平台的模块化及可兼容性、通用化率成为评估平台的重要指标。目前，电动汽车平台化已成为产业共识，未来基于电动化特征的、全新设计的整车平台将成为主流，如图 3-2-10 所示。

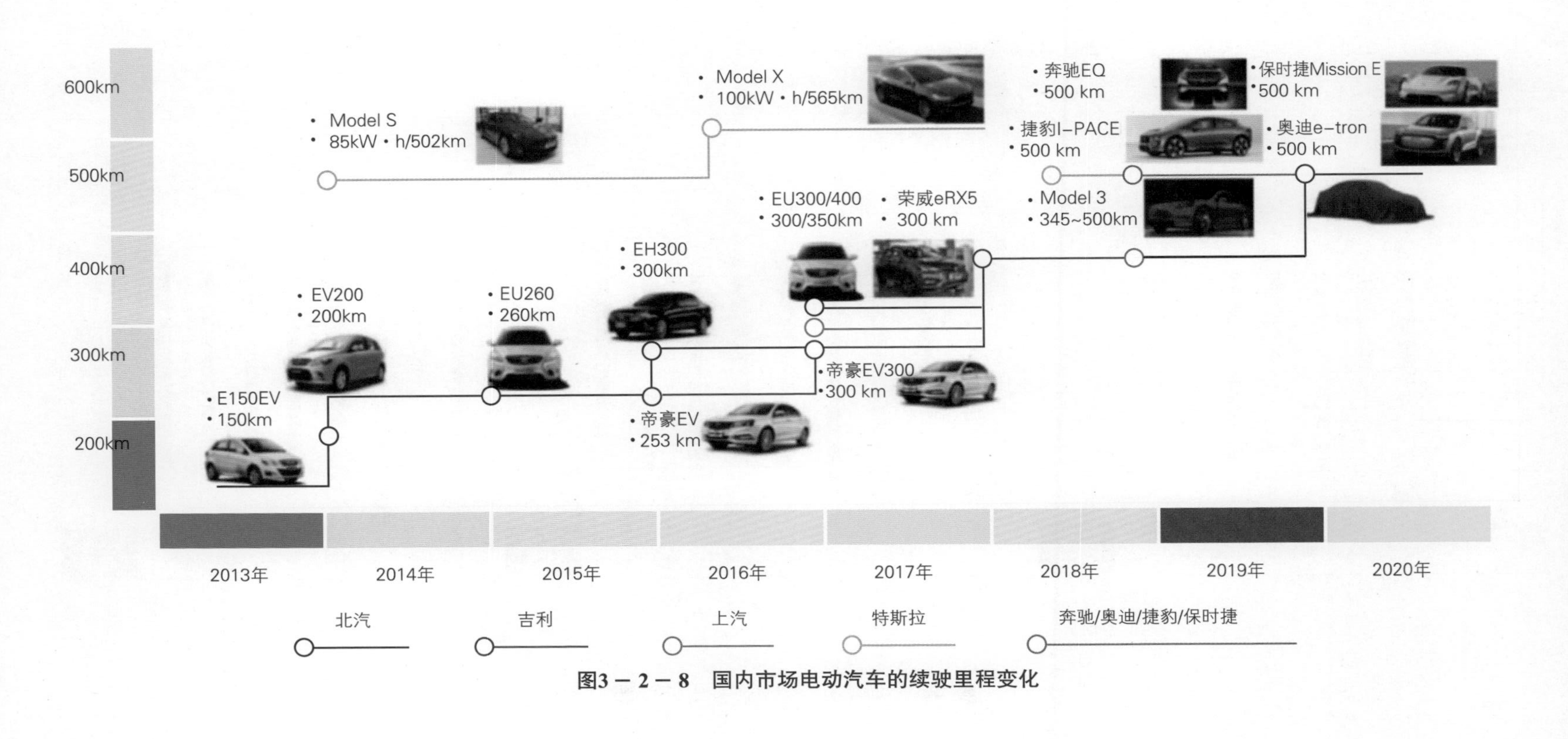

图3－2－8　国内市场电动汽车的续驶里程变化

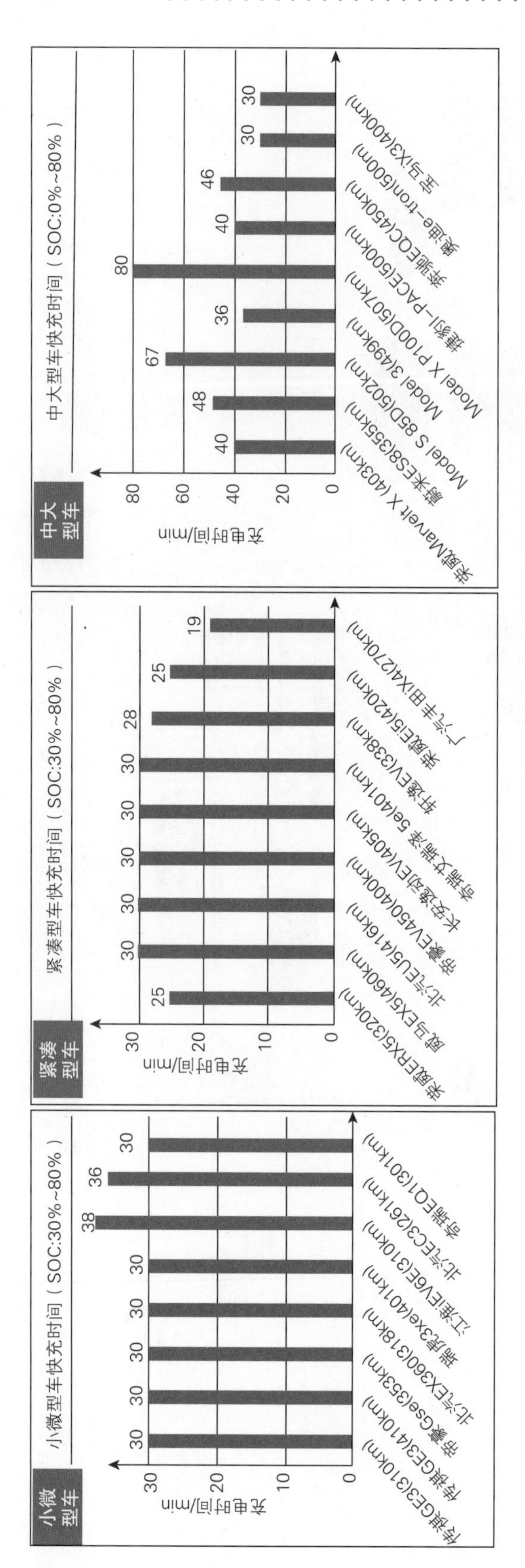

图3－2－9 国内在售电动汽车大功率充电时长统计

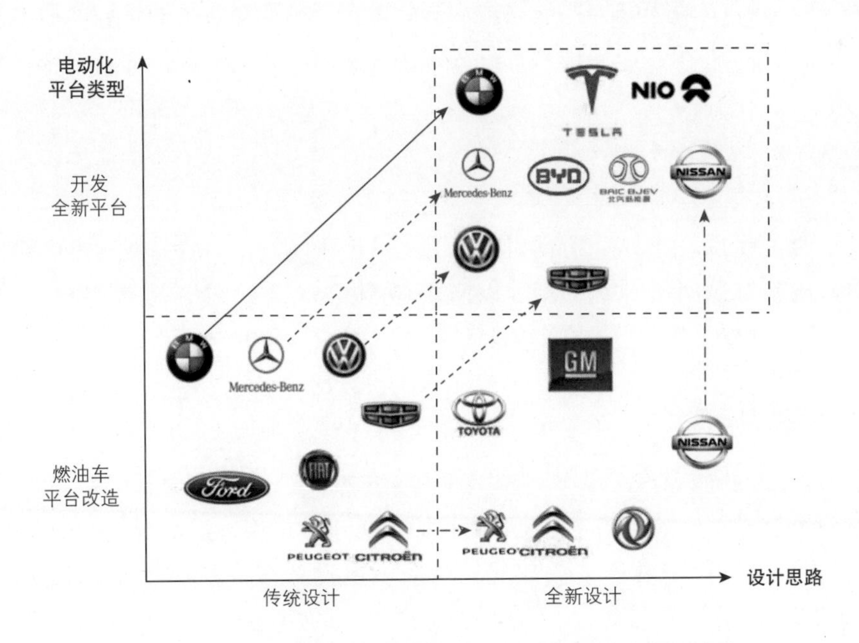

图 3-2-10　各整车企业电动整车平台类型及未来发展趋势

2.2.6　动力蓄电池系统发展趋势

动力蓄电池是新能源汽车的关键核心零部件，其技术水平和安全性一直关系到新能源汽车的发展进程。当前，动力蓄电池系统能量密度有了较大程度的提高，大幅缓解了消费者的里程焦虑。但随着能量密度的提升，动力蓄电池的安全性已成为全行业关注的重中之重。因此，需要快速迭代动力蓄电池安全技术，加大科研力度，降低动力蓄电池成本，提升安全工艺水平，提高动力蓄电池循环寿命，提高质量控制技术，并且全面优化动力蓄电池系统安全设计。此外，还需通过动力蓄电池系统大数据分析，加强对动力蓄电池故障的提前预警；优化快速充电技术与动力蓄电池健康管理；拓展动力蓄电池系统的环境适应性。

随着未来整车应用场景的多元化，未来对于动力蓄电池单体和系统也将出现多元化需求。对于纯电动车型上搭载的能量型动力蓄电池，其安全、可靠性和成本仍有较大提升空间；对于插电式混合动力车型上搭载的功率型动力蓄电池，其成本和能量密度是产品关注的重点特性。对于快充型蓄电池系统，未来在材料及充电控制策略技术方面需要有更长足的进步。对于长寿命的能量型动力蓄电池系统，保持优异的热稳定性和长寿命的同时需要进一步适度提升能量密度。

2.2.7　热管理发展趋势

液冷技术、热管理一体化、热泵空调及余热回收等技术将成为未来新能源汽车热管理的发展趋势。新能源汽车液体冷却技术将成为主流。主流热管理技术逐渐将由动力蓄电池系统转向整车集成一体化；热泵系统将成为新能源汽车热管理系统的重要发展方向；随着电机功率密度的持续提升，针对电机部件内部的主发热区进行定向冷却将是未来技术发展的重要方向。

2.2.8 混合动力构型发展趋势

混合动力构型向高度集成化方向发展。为追求极致性能，动力分流构型向多模式、深度优化方向发展。在中小型乘用车上，以前置前驱模式为主；在中大型商用车上，以纵置后驱模式为主。分布式驱动是未来车辆驱动技术的重点攻关方向。

2.2.9 电安全发展趋势

为进一步提升新能源汽车动力系统效率和充电效率，动力蓄电池系统平台电压将出现持续提高的趋势。大型车辆的电压平台将接近或超过千伏，进而对功率电子器件的绝缘性能、充电线之间的绝缘性能提出更高要求。电动汽车高压电安全将成为关注的重点。与此同时，对相关电器部件、控制系统软硬件的功能安全要求也将持续提高。此外，利用运营大数据对动力蓄电池进行监控预警在未来将是提升新能源汽车安全性的重要措施之一。

2.2.10 电子电气发展趋势

下一代电子电器架构将实现物理上的独立分布及逻辑上的集中管理，并实现更复杂的协同控制策略。随着汽车不断向电气化、智能化、网联化、共享化方向发展，汽车电气/电子架构将更加复杂。未来，域控制器将逐渐被车载电脑替代，从而实现更为集中的逻辑管理。逻辑上的集中管理可简化主干通信线束，增强控制器之间的资源共享，布置构架更简单，从而降低开发成本。

在内部通信方面，控制器局域网络（CAN）总线不再能满足汽车通信速度的要求，未来电子电器架构不仅要求电器元件的运算能力更高，对彼此间通信能力的要求也更高。由于同时支持基于互联网（Internet）的汽车应用及 V2X 的通信，以太网将成为未来汽车的主要通信技术并加以推广。在外部通信方面，随着汽车远程应用软件的增多，5G 技术可解决通信拥堵的问题，为汽车智能网联化提供信息基础。

2.2.11 制动系统发展趋势

未来，制动能量回收技术将更受关注，电制动系统与机械制动系统的高度融合、优化控制技术在电动汽车节能方面发挥的作用将更加凸显。随着新能源汽车的发展，新能源汽车传统制动系统逐渐被电动助力制动系统取代，如图 3－2－11 所示，电动助力制动系统由于采用电机或高压进行助力，从而实现电机制动与传动制动的优化配合，提升制动回收效率。

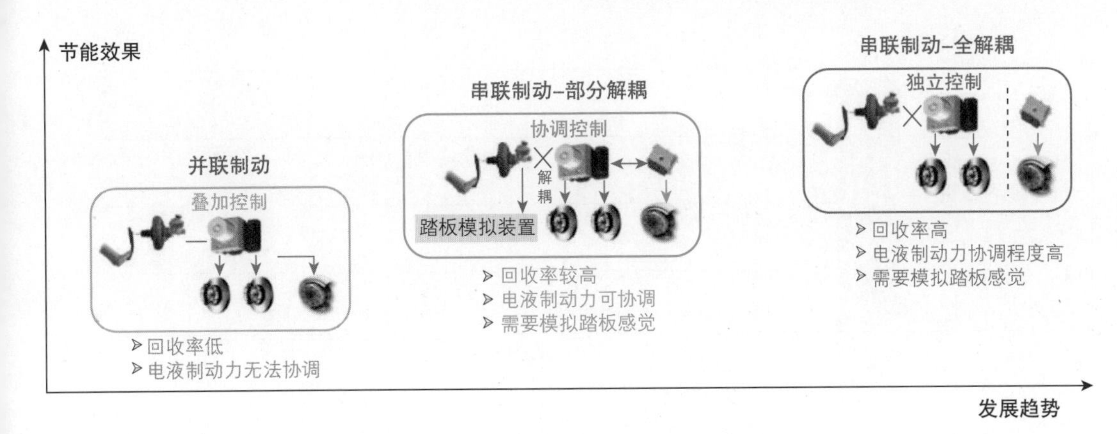

图 3 – 2 – 11　制动能量回收结构发展趋势

2.2.12　品牌发展趋势

高端新能源车型代表了一个整车企业的整体制造水平，可以让企业有更高的品牌价值和溢价能力。

在我国新能源汽车大幅增长前的几年，几乎所有的自主新能源汽车品牌都是以自己的低端传统汽车为基础发力，由于缺乏技术创新和合理的产品定位布局，我国错失了打造高端品牌、开拓全新市场领域的重要机遇。2008 年前后，自主品牌车企曾试图向高端突围，但由于根基不稳、品牌溢价能力不足、技术储备不充分等多种原因，众多自主品牌车企铩羽而归。近几年，以新造车势力为代表的整车企业和国内领先的整车企业陆续发布性能出众的产品，力求在市场中突破高端化的“天花板”。除了整车安全和智能化水平略有差距之外，目前，自主品牌与外资品牌最大的差距还在于品牌建设自身。在自主品牌各方面产品力不逊于外资品牌的情况下，消费者在购买心理上仍对外资品牌有一定意向性倾斜，这种品牌溢价上的差距是自主品牌的重大劣势和短板。因此，良好品牌的建设仍需企业在安全和智能等技术细节方面不断打磨，在用户服务等口碑建设方面不懈地经营。

2.2.13　商用车电动化发展趋势

在电动化渗透商用车各类场景的市场方面，根据中汽数据有限公司的数据，2019 年商用车电动化渗透比例如图 3 – 2 – 12 所示。2019 年新能源市内公交客车达到约 7.37 万辆，新能源汽车占比已达 97.1%，电动化比例基本实现了公交客车全覆盖。2019 年新能源公路公交（含公务通勤车）销量为 3261 辆，受补贴退坡影响，电动化比例由 2017 年的峰值 18.3% 降至 2019 年的 5.1%。2019 年市内物流（含短途运输车辆）销售 1.77 万辆，电动化比例 0.9%。环卫作业车的电动化比例持续提升，至 2019 年已投入 3707 辆新能源环卫车，电动化占比 2.3%，有较大提升空间。新能源工程特种车以自卸渣土车为主，电动化比例为 0.6%，整体呈下行趋势，未来形势与投资高度相关。

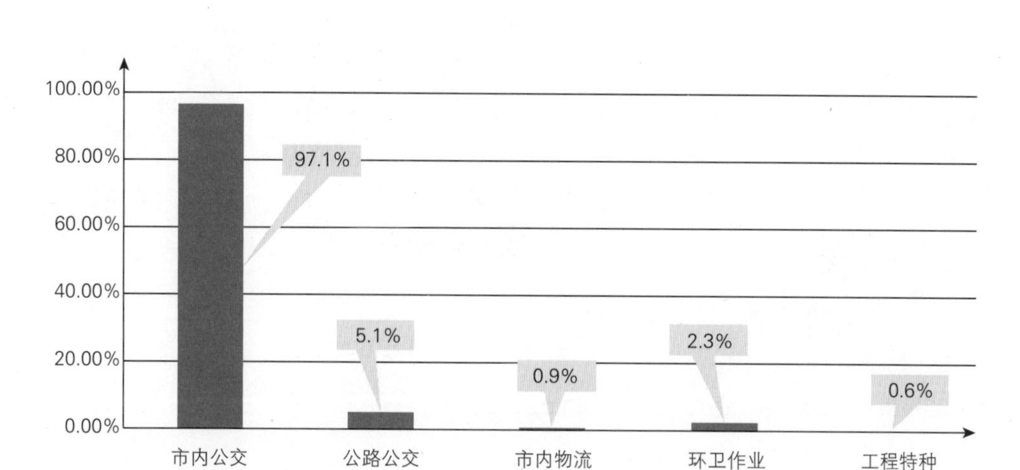

图 3-2-12　2019 年商用车电动化渗透比例

在应用场景方面，由于全国蓝天保卫战的政策引导和排放法规升级，市内公交、通勤客车、城市物流和环卫特种车等领域已具备全面电动化的条件和必要，充电基础设施的快速普及也为商用车的电动化提供助力。

未来，在环保政策法规和商用车新能源积分制度的支持下，新能源商用车将快速切入市场化竞争阶段，市场将推动各类技术创新，快速提升产品性能、质量和用户体验，市场竞争将成为新能源商用车电动化长期可持续发展的主要动力。

2.2.14　新能源公交客车未来发展趋势

作为市政公益类交通基础设施，在补贴完全退坡后，新能源公交客车将在全国蓝天保卫战和各地方政府有效控制汽车尾气污染排放等政策法规的推动下，实现持续发展。未来新能源公交客车的技术路线将以纯电动为主，技术创新的重点将聚焦车辆安全、可靠、高品质和高性价比，车辆制造成本和使用成本将成为市场竞争的焦点，针对城市公交应用场景降低成本的技术创新和模式创新，将成为新能源公交客车企业的核心竞争力。技术创新和模式创新将集中体现在以下几个方面：一是通过车辆能源补给方式的创新（如换电技术与能源补给商业模式的有机结合），根据实际运营需求合理配置单车动力蓄电池装载量，配合以整车的轻量化设计，显著降低车辆的购置成本和运营成本；二是深入研究公交运营实际道路状况，减少车辆过度设计，实现精细化的等寿命设计，降低整车生产成本；三是充分利用再制造、梯次利用、循环利用技术，有效降低整车生产成本。

2.2.15　新能源汽车未来成本发展趋势

根据中汽数据有限公司发布的《中国传统汽车和新能源汽车发展趋势 2050 研究》的结果，各类车型未来购买成本发展趋势如图 3-2-13 显示，以典型紧凑型乘用车为例，2017 年插电式混合动力汽车制造成本比传统汽油车高出 3.7 万元，纯电动汽车制造成本比传统汽油车高出 6.65 万元。但是从长远来看，节能与排放法规的持续加严，将带来传统汽油车成本的上升。虽然随着规模化生产以及结构的优化，混合动力汽车制造成本有一定的下降空间，但是排放标准的加严会抵消部分混合动力汽车成本的下降，成本下降空间有限。对动力蓄电池技术发展趋势分析结果显示，在未来近十年间动力蓄电池成本仍有较大下降空间，使纯电动汽车的制造成本在2025年前优于插电式混合动力汽车，在2025年前后接近混合动力汽车，在2035年后优于传统汽车。

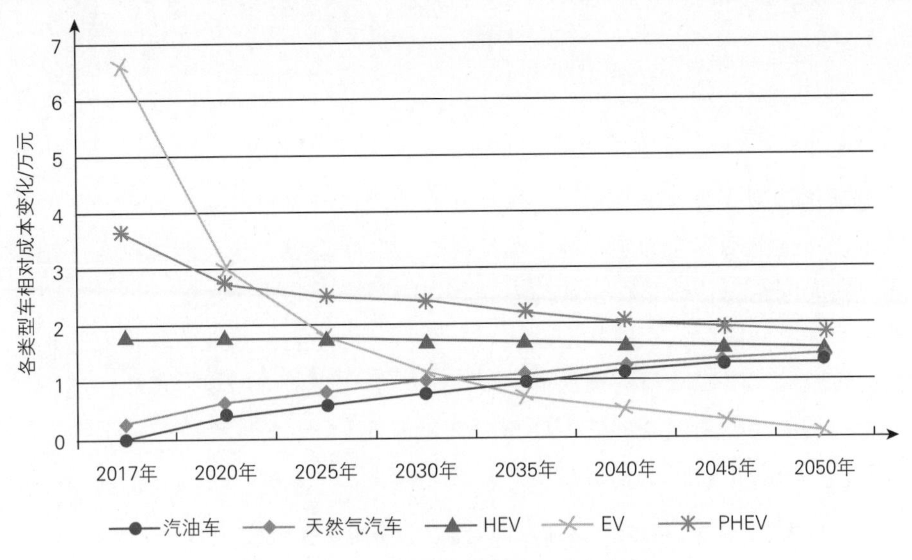

图3-2-13　各类车型未来购买成本发展趋势

3 专题领域技术路线图1.0评估

3.1　技术路线图1.0目标完成情况

3.1.1　总体进展

新能源汽车推广应用规模进一步扩大并覆盖乘商用车全领域。随着国家补贴政策引导力度调整，新能源汽车产业开始转向以市场为主导的良性发展道路，应用范围更加多元化。2019年销售汽车2563.8万辆，其中新能源汽车销量106.3万辆，2019年新能源汽车销量结构见表3-3-1。

表3-3-1　2019年新能源汽车销量结构

车型	年销量/万辆	车型占比（%）
新能源乘用车	92.3	86.83
1）纯电动	71.7	67.45
2）插电混动	20.6	19.38

（续）

车型	年销量/万辆	车型占比（%）
新能源客车	7.8	7.34
1）纯电动	7.2	6.81
2）插电混动	0.4	0.41
3）燃料电池	0.1	0.11
新能源货车	6.2	5.83
1）纯电动	6.0	5.64
2）燃料电池	0.2	0.19

汽车电动化转型成为全球共识。各国均在推动汽车产业向电动化转型。2019年，我国新能源汽车仍以纯电动车型为主，纯电驱动将成为发展趋势。从新能源汽车产销量结构来看，未来一段时间仍以传统整车企业为主，新势力整车企业快速发展。

后补贴时代，新能源汽车的安全性、可靠性、综合性能、驾乘体验将成为未来市场竞争的焦点。在政府非财税政策的推动下，新能源汽车产业和市场规模仍将快速增长，新能源汽车及动力蓄电池等关键零部件产能将会在未来3~5年逐步释放。关于纯电动与插电式混合动力汽车主要指标实现程度的评估见表3-3-2。

表3-3-2 纯电动与插电式混合动力汽车主要指标实现程度的评估

总体技术路线图			
评估项目		2020年关键指标	近期进展
总体目标		初步建成以市场为导向、企业为主体、产学研用紧密结合的新能源汽车产业体系	2019年补贴退坡，“双积分”政策接力，新能源体系初具规模，已初步形成以市场为导向的产业体系。以传统整车企业转型为主，带动造车新势力共同发展，市场规模持续扩大
		纯电动汽车和插电式混合动力汽车年销量占汽车总销量的7%~10%	2019年纯电动和插电式混合动力汽车占汽车总销量的4.13%
纯电动汽车	应用领域	在紧凑型及以下乘用车的城市家庭用车、租赁服务、公务车实现批量应用；在公交客车、市政货车、短途物流车以及其他特定市场、特定用途等领域实现大批量应用	租赁服务和共享出行方面，出现大批量应用新能源紧凑或A级车型，例如首汽集团的GoFun出行、吉利集团的曹操出行、长安出行和长城汽车的欧了出行等。在一二线城市的公交、物流、环卫和机场领域，大批量推广应用新能源汽车
	关键指标	乘用车：典型小型纯电动汽车（整备质量1200kg）法规工况电耗小于12kW·h/100km	目前技术水平先进的小微型车（整备质量不大于1200kg）法规工况电耗已达11kW·h/100km
		公交客车：法规工况整车电耗小于3.5kW·h/100km·t	3.0~3.45kW·h/100km·t

（续）

总体技术路线图			
评估项目		2020 年关键指标	近期进展
插电式混合动力汽车	应用领域	在紧凑型及以上乘用车的私人用车、公务用车以及其他日均行程较短的细分市场实现批量应用	私人乘用车已批量应用，且私人与公务用车比达到 4:1，主要为紧凑型、中型车，SUV 车型较多
	关键指标	城市工况纯电动行驶加速性能接近传统汽车水平，混合动力模式油耗相比传统车型节油 25%（不包括增程式电动汽车）	纯电动汽车加速性与传统汽车持平，部分车型加速性超越传统汽车。2019 年，乘用车平均燃料消耗量实际值 5.6L/100km，2019 年 PHEV 电量维持模式的油耗水平为 4.3L/100km，相比整体油耗水平节油 25.9%

3.1.2　纯电动汽车

产业规模扩大及市场主导的趋势推动整车续驶里程和能耗技术水平提升。梳理近年来国内发布的纯电动乘用车动力蓄电池容量、续驶里程和百公里电耗，对纯电动乘用车能耗及续驶里程方面的评估如下。纯电动汽车主要指标的实现程度见表 3－3－3。

表 3－3－3　纯电动汽车主要指标的实现程度

纯电动汽车技术路线图		
评估项目	2020 年关键指标	2019 年进展
应用领域	在紧凑型及以下乘用车的城市家庭用车、租赁服务、公务车实现批量应用；在公交客车、市政货车、短途物流车及其他特定市场、特定用途等领域实现大批量应用	出租、租赁和共享出行市场大批量应用新能源紧凑型或 A 级车型，例如吉利集团的曹操出行和长城汽车的欧了出行等。在一二线城市的公交、物流、环卫和机场等应用场景，大批推广应用新能源汽车
关键指标	乘用车：典型小型纯电动汽车（整备质量 1200kg）法规工况电耗小于 12kW·h/100km	目前小微型车（整备质量不大于 1200kg）法规工况功耗已达 11kW·h/100km，A 级及紧凑型 SUV（整备质量 1400kg 以上）为主流纯电动汽车车型，法规工况电耗为 13kW·h/100km
	公交客车：法规工况整车电耗小于 3.5kW·h/100km·t	3.0～3.45kW·h/100km·t（法规工况）；按 CWTVC 工况，电耗达到 3.9～4.4 kW·h/100km·t
典型车型	乘用车：典型 A0 级，整备质量 1200kg 以下，综合工况续驶里程达到 300km，法规工况电耗小于 12kW·h/100km	小微型车（整备质量小于 1200kg）法规工况功耗已达 11kW·h/100km，续驶里程接近 300km；A 级及紧凑型 SUV（整备质量 1400kg 以上）为主流纯电动汽车车型，法规工况电耗为 13kW·h/100km，续驶里程超过 350km

（续）

纯电动汽车技术路线图		
评估项目	2020 年关键指标	2019 年进展
关键技术提升	先进驱动方式（包括集中式和分布式驱动）	以轮毂电机系统为代表的分布式驱动产品发展迅速。湖北泰特机电全资收购荷兰 e－Traction，重点布局轮毂电机国产化产品线，并展出国内首辆搭载轮毂电机的纯电动客车
	高性能、高安全、低成本动力蓄电池系统，高精度动力蓄电池管理系统	宁德时代高比能快充锂离子蓄电池技术，具备 4C～5C 快充能力，实现 10～15min 快速充电，具有明显的能量密度和成本优势
	底盘电动化：电驱动与电制动系统集成	目前国内先进企业已做到电驱动、减速器和电控“三合一”集成方案。国内主流企业电驱动成本降低约 30%，重量降低 15%，体积降低近 20%
	整车能效优化控制技术、轻量化技术	国内自主企业通过控制技术优化、整车轻量化、降低机械阻力、提高热管理技术、提升驱动系统效率和能量回收率，整车能量效率实现明显提升。在轻量化方面，部分产品已采用钢铝混合车身，减重 15% 左右

1）根据 2016 年发布的技术路线图 1.0，整备质量小于 1200kg 的典型纯电动汽车车型在 2020 年综合续驶里程目标 300km，法规工况电耗目标小于 12kW·h/100km；公交客车的法规工况整体目标电耗小于 3.5kW·h/100km·t。以上目标 2019 年已达到。

2）整备质量大于 1400kg 的主流电动汽车车型，2020 年续驶里程大多已超过 350km，部分超过 400km，法规工况满足 12kW·h/100km 仍是一个很大挑战。

3.1.3 插电式混合动力汽车

插电式混合动力汽车技术路线图的评估见表 3－3－4。

表 3－3－4 插电式混合动力汽车主要指标的实现程度

插电式混合动力汽车技术路线图		
评估项目	2020 年关键指标	近期进展
应用领域	在紧凑型及以上级别的乘用车的私人用车、公务用车以及其他日均行程较短的细分市场实现批量应用	私人乘用车已批量应用，且私人用车与公务用车比达到 4:1，主要为紧凑型及中型车，SUV 车型较多
关键指标	城市工况纯电动行驶加速性能接近传统汽车水平，混合动力模式油耗相比传统车型节油 25%	2019 年，乘用车平均燃料消耗量实际值为 5.6L/100km，2019 年 PHEV 的 B 状态油耗达到 4.3L/100km，平均节油 25.9%
典型车型	乘用车：典型 A 级，混合动力模式下油耗不超过 5L/100km（工况法）	乘用车：截至 2019 年，典型 A 级 PHEV 比亚迪秦 pro、荣威 ei6 等车型混合动力模式油耗 4.3L/100km

（续）

插电式混合动力汽车技术路线图		
评估项目	2020 年关键指标	近期进展
关键技术提升	结构紧凑、传动效率高的新型机电耦合机构	国内目前多为分体/简单集成，持续功率密度为 0.8～1kW/kg，行业统计结果：系统最高效率 92%，平均效率 81%～85%
	整车匹配技术、总布置优化技术等底盘系统集成优化技术	现有主流自主整车企业，如广汽、上汽等已采用系统集成优化底盘技术
	以动力总成转矩控制为核心的整车控制技术	已实现以矢量控制转矩为核心的整车控制技术突破
	电动汽车整车安全、NVH、寿命等性能控制技术	安全：对蓄电池电芯、模组、动力蓄电池管理系统（BMS）、动力蓄电池系统、整车等各层级进行系统优化设计，整车安全水平得到提升。NVH：现有插电式混动 NVH 为 80dB 左右。寿命：整车和关键零部件的使用寿命得到保证

3.1.4 关键零部件

电驱动系统主要指标的实现程度评估见表 3－3－5，动力蓄电池及动力蓄电池管理系统主要指标的实现程度评估见表 3－3－6。

表 3－3－5 电驱动系统主要指标的实现程度评估

电驱动系统技术路线图		
评估项目	2020 年关键目标	近期进展
电机	乘用车 20s 有效比功率 ≥4kW/kg；商用车 30s 有效比转矩≥18N·m/kg	乘用车电机持续比功率为 1.8kW/kg，30s 比功率大于 4kW/kg；典型产品达到 4.5kW/kg；商用车电机 30s 有效比转矩 25～30N·m/kg
	高输出密度、高效率永磁电机技术	持续功率密度 0.9～1.6kW/kg，峰值效率 95%～97%，乘用车用永磁电机在比功率、效率方面与国际持平
	低损耗硅钢、高性能磁钢、成型绕组、汇流排、磁钢定位封装等先进工艺材料	低损耗硅钢：以宝钢为代表的硅钢材料已达到国际水平，特别是 0.2mm 的硅钢片已在北汽纯电动汽车上批量应用 高性能磁钢：以中科三环为代表的永磁材料性能与日本相当，但重稀土用量偏高，另外在粒度大小和分布的控制、渗透技术和一致性等方面存在一定差距 成型绕组：扁铜线发卡式绕组已得到广泛应用 汇流排：主流企业已广泛采用集中绕组端板 磁钢定位封装：灌胶、注塑、挤压铆接等方式磁钢定位、磁钢封装镀层技术与国际水平相当

（续）

电驱动系统技术路线图		
评估项目	2020 年关键目标	近期进展
电机控制器	实现功率密度≥30kW/L	量产产品达到 30kW/L；在研产品 >40kW/L
	自主 IGBT 模块占市场总量 20%，逆变器性能和可靠性达到国际先进水平	以比亚迪为代表的 IGBT 已经实现国产化，逆变器性能和可靠性基本达到国际先进水平
	高可靠低成本逆变器技术	采用单管并联技术，有效规避了外资品牌高售价 IGBT，实现低成本目标，并在国产品牌车型上得到批量应用
机电耦合装置	纯电驱动系统最高机械传动效率大于 91%	纯电动采用单速比减速器，最高机械传动效率达到 97%
	机电耦合装置最高机械传动效率大于 88%	机电耦合装置系统效率行业平均水平 81% ~85%；最高效率达到 97%
	高速减速器及变速器技术	传动装置最高输入转速 12000r/min，最高效率 97.5%
总成技术	电机和机电耦合装置、逆变器集成技术	机械传动：实现电机与减速器集成 高压功率单元：实现逆变器与车载充电器（OBC）、DC/DC 等集成 总成方面：三合一集成 NVH、EMC 性能取得较大进步

表 3-3-6　动力蓄电池及动力蓄电池管理系统主要指标的实现程度评估

动力蓄电池及动力蓄电池管理系统技术路线图		
评估项目	2020 年关键目标	2019 年进展
动力蓄电池系统	系统比能量达到 260W · h/kg	系统比能量行业最高达到 182.44W · h/kg
	系统使用寿命达到 10 年	企业承诺质保 8 年/12 万 km
	系统成本达到 1.0 元/W · h	系统成本达到 1.0 ~1.2 元/W · h
	高比能、高安全锂离子蓄电池技术	宁德时代的高比能快充锂离子蓄电池技术，可实现 4 ~5C 快充能力，12 ~15min 快充 80% SOC，具有明显能量密度和成本优势
动力蓄电池管理系统	高精度、高可靠性动力蓄电池管理技术	SOC 估算精度、高压电安全管理技术明显提升 高效热管理系统基本满足南北方环境需求
总成技术	高比能、高安全动力蓄电池总成技术	动力蓄电池成组技术、动力蓄电池系统设计、成组率、高压电管理、SOC 估算等系统技术得到全面提升

整车电控系统主要指标的实现程度评估见表3-3-7，其他零部件主要指标的实现程度评估见表3-3-8，充电基础设施的实现程度评估见表3-3-9。

表3-3-7　整车电控系统主要指标的实现程度评估

整车电控系统技术路线图		
评估项目	2020年关键目标	2019年进展
整车控制器	插电式混合动力汽车、纯电动汽车整车控制器	基本掌握控制器核心技术
	自主操作系统应用率达到10%	暂无统计

表3-3-8　其他零部件主要指标的实现程度评估

其他零部件技术路线图		
评估项目	2020年关键目标	2019年进展
车载充电机	高集成度、高功率密度车载充电机	比亚迪的单相充电功率最大7kW，最高效率94%；三相充电功率最大40kW，最高效率96%
	车辆对车辆（V2V）、车辆对家用负载（V2H）及车辆对他用电负载供电（V2L）技术	比亚迪e6、K9等车型采用一种基于电机控制器驱动回路分时复用技术，使电机控制器成为具备驱动与充放电功能为一体的电机控制器，同时具有V2L、V2G、V2V等功能
制动	协调式制动能量回收系统	比亚迪采用电液制动方案的协调式能量回收系统，制动能量回收效率达到37%
转向	电动助力转向系统	已成为新能源汽车标配
空调	基于热泵的电动汽车空调系统	格力发布搭载双极增焓的车载热泵系统，在-30~54℃可靠运行，空调耗电量降低60%。

表3-3-9　充电基础设施主要指标的实现程度评估

充电基础设施技术路线图		
评估项目	2020年关键目标	2019年进展
产业规模	建成超过1.2万座充换电站、超过500万个交直流充电桩	已建成3.6万座充换电站；交直流充电桩122万个，其中公共桩52万个
	在小规模城市群建设充电服务网络	已建成基本满足主要城市的充电服务网络

（续）

充电基础设施技术路线图		
评估项目	2020 年关键目标	2019 年进展
关键技术	慢充功率提高至 6.6kW 以上；每次快充充电 15min 电动汽车可行驶里程≥100km	目前，国内交流桩通过车载充电机充电输出功率一般为6.6～7kW；快充从 20% 至 80% 只需 40min，可实现15min 充电行驶 100km 的目标
	车辆与电网双向充电技术（V2G）	比亚迪量产版双向逆变充放电式控制器可实现充电时，单相充电功率最大 7kW，最高效率 94%；三相充电功率最大 40kW，最高效率 96%；V2G 最大输出功率 30kW，最高效率 95%
	实现无线充电、移动充电等新型充电技术试点运营	2018 年，比亚迪推出 50kW 无线充电巴士站，208kW 的充电功率可以实现每分钟充入 3.4kW · h 的电量。2017 年，齐鲁交通发展集团投资建设的全国首例光伏路面示范区，实现车辆移动充电的试点
	探索清洁能源与电动汽车的融合	国网电动汽车公司已经建成了中国第一个高速公路服务区的光伏发电、储能、充电一体化电站

3.2 技术路线图 1.0 目标达成情况分析

3.2.1 目标达成的原因分析

原定 2020 年目标：针对乘用车，典型小型纯电动汽车（整备质量 1200kg）法规工况电耗小于 12kW · h/100km；针对纯电动公交客车，法规工况整车电耗小于 3.5kW · h/100km · t。实际情况：目前技术水平先进的小微型车（整备质量不大于 1200kg）法规功耗已达 11kW · h/100km，而公交客车的法规工况整车电耗达到 3.0～3.45kW · h/100km · t。

原定 2020 年目标：城市工况纯电动行驶加速性能接近传统汽车水平，混合动力模式油耗相比传统车型节油 25%（不包括增程式电动汽车）。实际情况：纯电动汽车加速性与传统汽车持平，部分车型加速性超越传统汽车。

原因分析：

1）在政策方面，“扶优扶强”的补贴政策和双积分政策，倒逼整车企业采用相关节能技术以降低整车电耗。

2）在市场方面，消费者对续驶里程和价格成本的高度关注，促使整车企业推动低能耗车型的研发，进而降低行业整体电耗。

3）在技术方面，针对纯电行驶电耗，主要原因是高比能量蓄电池的大规模应用、传动系统的效率提升、制动能量回收技术和先进电机技术的应用，实现了新能源汽车的轻量化和动力系统效率提升。针对插电式混合动力汽车的混动行驶油耗，采用 E－CVT、阿特金森循环等发动机节能技术，高效率的机电耦合机构，以及多能源动力系统优化控制技术，实现油耗降低。

3.2.2 目标未达成的原因分析

在路线图 1.0 中，2020 年设定总体目标的关键指标纯电动汽车和插电式混合动力新能源汽车年销量占汽车总销量的 7%～10%。实际情况是，2019 年纯电动与插电式混合动力汽车占总销量 4.13%，根据当前国内外的市场现状，预计在 2020 年达到 7%～10% 的目标存在较大困难。

原因分析：

1）在政策方面，2019 年 3 月发布《关于进一步完善新能源汽车推广应用财政补贴政策的通知》指出，地方应完善政策，过渡期后不再对新能源汽车给予购置补贴，转为用于支持充电基础设施“短板”建设和配套运营服务等方面。补贴标准门槛提升、国家补贴退坡及地方补贴的取消间接导致消费者购车的成本提升，影响最终新能源汽车的销量。

2）在市场方面，2018—2019 年部分城市发布通知提前实施国六排放标准，导致部分整车企业和经销商集中处理国五排放水平的传统汽车。降价的传统汽车相比同等水平的新能源汽车更具价格优势，给新能源汽车销量的快速增长带来一定压力。

3）在技术方面，新能源汽车的蓄电池成本仍在整车中占有较高比重，在购买环节影响新能源汽车的价格优势。此外，纯电动汽车的充电便利性以及安全性也是影响消费者选择新能源汽车的重要原因。

4 面向 2035 年发展愿景、目标及里程碑

4.1 发展愿景

纯电动和插电式混合动力汽车作为我国新能源汽车的重要组成部分，是我国战略性新兴产业之一，同时也是《中国制造 2025》的重点研究领域。在未来 15 年，纯电动和插电式混合动力汽车的产销量将逐年迅速增长，相关技术的进步将成为我国加速推进新能源汽车科技创新和相关产业发展的重要力量。

4.2 目标及里程碑

面向2025年、2030年、2035年的分阶段目标和里程碑如图3－4－1所示。

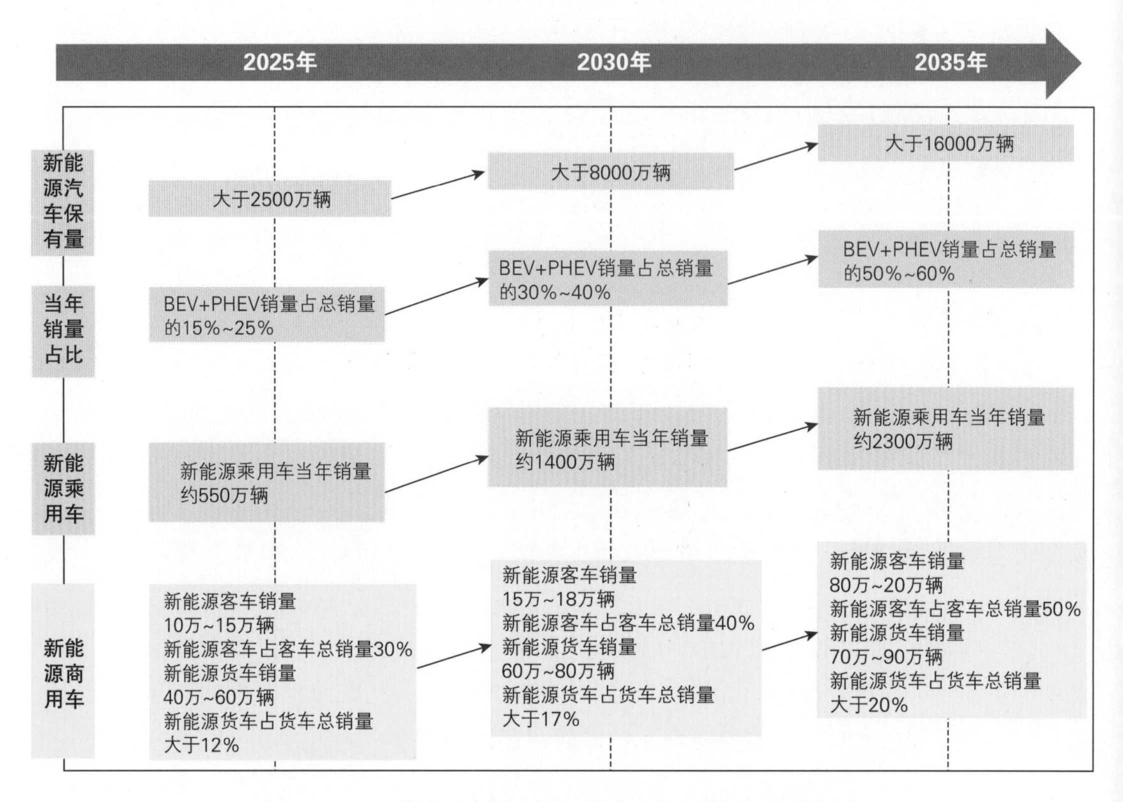

图3－4－1　纯电动和插电式混合动力分阶段目标和里程碑

到2035年，纯电动和插电式混合动力汽车领域将形成自主、完整的产业链。自主品牌汽车产品技术水平和国际同步，拥有在全球销量进入前5位的一流整车企业，动力蓄电池、驱动电机等关键系统实现批量出口，完成纯电动和插电式混合动力汽车、融合风/光发电的智能电网整体联网的区域试点，换电技术完成较大规模的示范。

4.3 关键核心技术

为实现各阶段具体的技术目标，经过对国内外整车企业一线技术专家的集中调研，参考与国际整车企业交流获取的信息，梳理出每一个阶段涉及的关键核心技术如下。

1. 到2025年

整车集成方面：1）开发对底盘、电制动和电驱动系统的集成设计技术，实现纯电动汽车产品的平台化；2）车载充电机、DC/DC和电机控制器集成化技术；3）集中式驱动和多轴分布式驱动技术。

整车控制方面：1）推动行业在2025年前实现三电关键部件达到ASIL－D安全水平；2）开展适用不同行驶工况和环境温度的整车能源管理技术及新型智能热管理技术研究；3）研发混合动力汽车高效专用发动机技术及混合动力整车控制系统优化技术；4）开发基于发动机转矩特性、电机转矩特性和转矩协调管理的多动力分配技术；5）整车控制器具备与全球定位系统、地理信息系统和智能交通系统相结合的智能行驶控制功能；6）开发基于智能线控技术的制动能量回收技术、高精度智能化转向技术及乘员舱与动力蓄电池的热管理一体化空调系统技术；7）开发新能源汽车智能化、网联化技术。

2. 到2030年

整车集成方面：1）开发对底盘、电制动和电驱动系统的集成一体化设计技术；2）开发出高效、高比功率/高比转矩的驱动电机技术及高性能的驱动系统；3）推动纯电动汽车模块化、系统化设计技术，整车轻量化技术；4）开发新型高效的混合动力总成技术。

整车控制方面：1）开发基于驾驶人意图识别和实时路况信息的能量管理技术；2）达到L4及以上级别的自动驾驶控制技术。

3. 到2035年

整车集成方面：1）开发以轮毂电机为基础的新一代动力系统的底盘平台化技术；2）开发混合动力汽车高效率专用发动机（最高热效率达到55%以上）及动力系统集成技术。

整车控制方面：开发基于自主车规芯片和操作系统、大数据、云计算、智能网联技术的新能源汽车控制技术，包括远程故障诊断和控制系统功能安全、V2X等技术。

5 技术路线图

5.1 总体技术路线图

为了全面描述纯电动和插电式混合动力汽车的技术发展路径，纯电动和插电式混合动力汽车总体技术路线图分别考虑乘、商用车的纯电动、插电式混合动力汽车和关键零部件，并分别描述各部分的技术演进时间表，如图3－5－1所示。

		2025年	2030年	2035年
总体目标		形成自主可控完整的新能源汽车产业链	进一步完善新能源汽车自主产业链	成熟、健康、绿色的新能源汽车自主产业链
		BEV和PHEV年销量占汽车总销量15%~25% 其中BEV占新能源汽车销量的90%以上	BEV和PHEV年销量占汽车总销量40%~50% 其中BEV占新能源汽车销量的93%以上	BEV和PHEV年销量占汽车总销量50%~60% 其中BEV占新能源汽车销量的95%以上
纯电动汽车	应用领域	在城市家庭中型及以下乘用车的用车、租赁服务、公务车实现大批量应用	在乘用车和短途商用车上实现大批量应用	在新增的乘用车和中短途商用车上实现大范围应用 覆盖绝大多数公交、物流、市内短途等特定场景
	关键指标	乘用车:技术领先的典型A级纯电动汽车综合工况电耗小于11kW·h/100km (CLTC)	乘用车:技术领先的典型A级纯电动汽车综合工况电耗小于10.5kW·h/100km (CLTC)	乘用车:技术领先的典型A级纯电动汽车综合工况电耗小于10kW·h/100km (CLTC)
		公交客车:技术领先的典型纯电动客车(车长12m)综合工况电耗小于65kW·h/100km(CHTC)	公交客车:技术领先的典型纯电动客车(车长12m)综合工况电耗小于60kW·h/100km(CHTC)	公交客车:技术领先的典型纯电动客车(车长12m)综合工况电耗小于55kW·h/100km(CHTC)
插电式混合动力汽车	应用领域	在A级以上私人乘用车、公务用车以及其他日均行程较短的细分市场实现批量应用	在A级以上私人乘用车、公务用车以及其他日均行程适中的领域实现批量应用	在A级以上私人乘用车、公务用车以及其他日均行程适中的领域实现大量应用
	关键指标	技术领先的典型A级PHEV车型在电量维持模式条件下油耗不超过4.3L/100km 建议纯电续驶里程不超过80km	技术领先的典型A级PHEV车型在电量维持模式条件下油耗不超过4.0L/100km 建议纯电续驶里程不超过80km	技术领先的典型A级PHEV车型在电量维持模式条件下油耗不超过3.8L/100km 建议纯电续驶里程不超过80km
零部件技术		蓄电池、电机等关键零部件达到国际领先水平，批量出口，ASIL-D安全水平		蓄电池与电机等关键零部件引领国际前沿，占据主导地位
安全及质量目标		安全目标:新能源汽车自燃事故率小于0.5次/万辆	安全目标:新能源汽车自燃事故率小于0.1次/万辆	安全目标:新能源汽车自燃事故率小于0.01次/万辆
		质量目标:新能源新车购买一年内行业百车故障率平均值降至小于140个	质量目标:新能源新车购买一年内行业百车故障率平均值降至小于120个	质量目标:新能源新车购买一年内行业百车故障率平均值降至小于100个

图 3-5-1　纯电动和插电式混合动力汽车总体技术路线图

5.2　关键分领域技术路线图

在纯电动汽车领域，以中型及以下车型为主，实现纯电动技术在家庭用车、公务用车、出租车、租赁服务用车以及短途商用车等领域的推广应用。纯电动汽车技术路线图如 3-5-2 所示。

	2025年	2030年	2035年
应用领域	在中型以下乘用车应用、公务、租赁服务大批量应用在家用短途代步，出租车、网约车、市内物流、公交、环卫中大批量使用	在高端商务、专用场地、短途商用车上实现大批量应用	在新增乘用车中占据主流，市内公交及物流实现全覆盖 在特种商用车上大批量使用
关键指标	乘用车：技术领先的典型A级纯电动汽车 综合工况电耗小于11kW·h/100km (CLTC)	乘用车：技术领先的典型A级纯电动汽车 综合工况电耗小于10.5kW·h/100km（CLTC)	乘用车：技术领先的典型A级纯电动汽车 综合工况电耗小于10kW·h/100km (CLTC)
	公交客车：技术领先的典型纯电动客车(12m)综合工况电耗小于65kW·h/100km(CHTC)	公交客车：技术领先的典型纯电动客车（12m）综合工况电耗小于60kW·h/100km(CHTC)	公交客车：技术领先的典型纯电动客车(12m)综合工况电耗小于55kW·h/100km(CHTC)
典型车型	入门型乘用车：典型A00级车型，整备质量<1000kg。续驶里程可选配且由市场决定，建议约200km，综合工况电耗小于9 kW·h/100km 铁锂–成本型蓄电池为主，单电机，动力需求一般	入门型乘用车：典型A00级车型，整备质量<1000kg，续驶里程可选且由市场决定，建议约200km，综合工况电耗小于8.5 kW·h/, 100km慢充为主，L3/DA 自动泊车等功能	入门型乘用车：典型A00级车型，整备质量<1000kg，续驶里程可选且由市场决定，建议约200km，综合工况电耗小于8 kW·h/100km，铁锂蓄电池为主，单电机，安全可靠、成本低
	普及型乘用车：典型A级车型，整备质量1600kg，续驶里程可选配且由市场决定，建议约300km，综合工况电耗小于11kW·h/100km 家用通勤场景选用成本或寿命型蓄电池	普及型乘用车：典型A级车型，整备质量1600kg，续驶里程可选配且由市场决定，建议约300km，综合工况电耗小于10.5 kW·h/100km，出租车场景可搭载换电技术，对动力性需求高	普及型乘用车：典型A级车型，整备质量1600kg，续驶里程可选配且由市场决定，建议约300km，综合工况电耗小于10 kW·h/100km，优选网约车搭载双电机分布式驱动技术
	高端型乘用车：典型B级车型，整备质量约1800kg，建议综合工况续驶里程小于500km，法规工况电耗小于13kW·h/100km 三元等性能型蓄电池为主，较好的加速性和良好驾驶体验；具备L3级智能网联水平	高端型采用车：典型B级车型，整备质量约1800kg，建议综合工况续驶里程小于600km，法规工况电耗小于12.5kW·h/100km具备快/慢、充换电技术，具备L4级智能网联水平	高端型乘用车：典型B级车型，整备质量约1800kg，建议综合工况续驶里程小于650km，法规工况电耗小于12kW·h/100km 具备优异的加速性和良好驾驶体验、追求性能，分布式驱动系统；具备L5级智能网联水平
关键技术提升	先进驱动方式(包括集中式和分布式驱动) 驱动电机功率密度达到5.0kW/kg 控制器功率密度40kW/L	高效、高性能驱动方式 驱动电机功率密度达到6.0kW/kg，控制器功率密度50kW/L	持续优化的高效驱动方式 驱动电机功率密度达到7.0kW/kg，控制器功率密度70kW/L
	高比能、高安全、低成本蓄电池系统，高精度蓄电池管理系统 高端车型能量型动力蓄电池单体能量密度800W·h/L，电压平台500~ 700V	新体系蓄电池系统 高端车型能量型动力蓄电池单体能量密度 900W·h/L，电压平台750~900V	新体系蓄电池系统 高端车型能量型动力蓄电池单体能量密度900W·h/L，电压平台750~900V
	底盘电动化： 电驱动与电制动系统集成	基于下一代动力系统的全新概念纯电动汽车底盘设计技术	
	到 2025年，整车安全技术水平全面提升，达到ASIL–D水平，整车能效优化控制技术，轻量化技术		

图3–5–2　纯电动汽车技术路线图

注： 图中关于纯电动乘用车的续驶里程目标描述，仅代表根据动力蓄电池的技术进步从技术层面可以达到的水平。而未来纯电动乘用车产品的实际续驶里程将综合考虑技术经济性最佳，可以满足不同应用领域要求来确定。

在插电式混合动力汽车领域，以紧凑型以上车型为主，实现插电式混合动力技术在私人用车、公务用车以及其他日均行驶里程较短的领域推广应用。插电式混合动力汽车技术路线图如图 3－5－3 所示。

	2025年	2030年	2035年
应用领域	在有限行限购限号的城市批量应用，满足日均行驶里程较短的细分市场	在A级以上私人乘用车、公务用车及其他日均行程适中的领域实现批量应用	在A级以上私人乘用车、公务用车及其他日均行程较长的领域实现大量应用
关键指标	城市工况纯电动行驶加速性能接近传统汽车水平，电量维持模式油耗比同级别传统车型节油30%	城市工况纯电动行驶加速性能接近传统汽车水平，电量维持模式油耗比同级别传统车型节油38%	城市工况纯电动行驶加速性能接近传统汽车水平，电量维持模式油耗比同级别传统车型节油42%
典型车型	乘用车:技术领先的典型A级及以上PHEV车型在电量维持模式油耗小于4.3L/100km 建议纯电续驶里程不超过80km	乘用车:技术领先的典型A级及以上PHEV车型在电量维持模式油耗小于4.0L/100km 建议纯电续驶里程不超过80km	乘用车:技术领先的典型A级及以上PHEV车型在电量维持模式油耗小于3.8L/100km 建议纯电续驶里程不超过80km
关键技术提升	技术领先的插电混动专用发动机点工况最高热效率可达到44%	技术领先的插电混动专用发动机点工况最高热效率可达到47%	技术领先的插电混动专用发动机点工况最高热效率可达到50%
	机电耦合机构与电机集成技术	节油效果更优、全工况适用、平台通用性好的混合动力总成	
	整车匹配技术、总布置优化技术等底盘系统集成优化技术		
	以能量管理为核心的整车控制技术	与智能化信息化融合的整车智能控制技术	与自动驾驶相融合的整车控制技术
	电动汽车整车安全、NVH 、寿命等性能控制技术，轻量化技术，排放水平达到同期法规标准		

图 3－5－3　插电式混合动力汽车技术路线图

5.2.1　纯电动汽车技术预期目标

到 2025 年，纯电动汽车产品整体性能将进一步提升，综合性能达到国际先进水平。国内纯电动汽车占新能源汽车当年销量的比例达到 90% 以上。将纯电动汽车分为三类考虑，针对高端型乘用车，以技术领先的典型 B 级纯电动乘用车（整备质量 1800kg）为例，法规工况条件下电耗小于 13kW·h/100km（CLTC），实现先进驱动方式（包括集中式和分布式），建议综合工况续驶里程不超过 500km；针对普及型乘用车，以技术领先的典型 A 级纯电动乘用车（整备质量 1600kg）为例，法规工况条件下电耗小于 11kW·h/100km（CLTC），建议续驶里程可选配且由市场决定，里程约 300km；针对入门型乘用车，以典型 A00 级为例，整备质量小于 1000kg，续驶里程可选配且由市场决定，建议约 200km，综合工况电耗小于 9kW·h/100km（CLTC），推荐以铁锂－成本型蓄电池为主，动力需求一般，搭载单电机。动力蓄电池、驱动电机等关键零部件性能持续提升。车型采用的能量型动力蓄电池单体能量密度可接近800W·h/L，电压平台500~700V，选用的驱动电机功率密度达到5.0kW/kg，控制器功率密度达到40kW/L。到2025年，乘用车将大范围采用整车集成及电动化专用底盘平台技术。对于商用车，技术领先的12m长公交客车中国工况条件下电耗不超过65kW·h/100km（CHTC）。到2025年，纯电动汽车型中，驾驶辅助（DA）级、部分自动驾驶（PA）级、有条件自动驾驶（CA）级智能网联汽车（L3）销量占当年汽车市场销量的80%。纯电动客车国际市场销量达到8000辆，新能源乘用车海外产量占国内产量的5%。在安全性方面，行业新能源汽车的起火事故率小于0.5次/万辆。根据车辆自身监测数据，利用大数据挖掘技术，通过无线通信技术提醒车主发生自燃安全事故的潜在可能，并提前通知车主到4S店进行维修。在质量方面，国内纯电动汽车行业百车故障数平均值降为140个。在环境适应性方面，具有较好的环境适应性，在华北地域冬季仍有较好的能耗水平。

到2030年，纯电动汽车产品的部分性能指标引领国际先进水平。国内纯电动汽车销量占新能源汽车当年销量的比例达到93%以上。采用新蓄电池体系，实现高效、高性能驱动方式在乘用车和短途商用车上实现大批量应用。针对高端型乘用车，以技术领先的典型B级纯电动乘用车（整备质量1800kg）为例，法规工况条件下电耗小于12.5kW·h/100km（CLTC），综合工况续驶里程建议不超过600km；针对普及型乘用车，以技术领先的典型A级纯电动乘用车（整备质量1600kg）为例，法规工况条件下电耗小于10.5kW·h/100km（CLTC），建议续驶里程可选配且由市场决定，里程约300km。采用高效高性能的驱动方式，驱动电机功率密度达到6.0kW/kg，控制器功率密度达到50kW/L。采用新体系动力蓄电池系统，其中能量型动力蓄电池单体能量密度可接近900W·h/L，电压平台可以达到750~900V。到2030年，行业将采用扁平化电动底盘平台，电驱动总成与驱动轴一体化，动力蓄电池与底盘一体化设计，取消车载交流充电器，直流慢充用于V2G，全面实现自动避撞，车身采用非承载式轻量化车身。对于商用车，以技术领先的纯电动客车（车长12m）为例，其法规工况电耗小于60kW·h/100km。针对入门型乘用车，以整备质量小于1000kg的A00车为例，续驶里程可选配且由市场决定，综合工况电耗小于8.5kW·h/100km（CLTC）。到2030年，部分自动驾驶级、有条件自动驾驶级、高度自动驾驶级智能网联汽车销量占当年汽车市场销量的比例接近100%，其中，部分自动驾驶级、有条件自动驾驶级占比70%，高度自动驾驶级（L4）占比超过20%。纯电动客车国际市场销量达到16000辆，新能源乘用车海外产销量占国内产量的10%。在安全性方面，行业新能源汽车的起火事故率小于0.1次/万辆。在必然发生事故前，车载系统提前报警以保证乘员逃生。在质量方面，国内纯电动汽车行业百车故障数平均值降为120个，具有良好的环境适应性，在东北地域冬季有良好能耗水平。

到2035年，我国纯电动汽车产品综合性能指标保持国际领先水平。国内纯电动汽车销量占新能源汽车当年销量的比例达到95%以上。在新增乘用车中占据主流，市内公交及物流实现全覆盖。此时的纯电动汽车将采用持续优化的高效驱动方式，驱动电机功率密度达到7.0kW/kg，控制器功率密度达到70kW/L，技术水平进一步提升。针对高端型乘用车，以技术领先的典型 B 级纯电动乘用车（整备质量 1800kg）为例，法规工况条件下电耗小于 12kW·h/100km（CLTC），综合工况续驶里程建议不超过 650km；针对普及型乘用车，以技术领先的典型 A 级纯电动乘用车（整备质量 1600kg）为例，法规工况条件下电耗小于 10kW·h/100km（CLTC），建议续驶里程可选配且由市场决定，里程约 300km。到 2035 年，在扁平化电动底盘平台基础上实现轮毂电机分布式驱动。对于商用车，12m 长的公交客车 CHTC 法规工况电耗不超过 55kW·h/100km。针对入门型乘用车，以整备质量小于 1000kg 的 A00 车为例，里程可选配且由市场决定，综合工况电耗小于 8kW·h/100km（CLTC）。高度自动驾驶级、完全自动驾驶级（L5）智能网联车辆具备网联协同决策与控制能力，各类高度自动驾驶车辆广泛运行于我国。纯电动客车国际市场销量达到 24000 辆，新能源乘用车海外产销量占国内产量的 30%。在安全性方面，行业新能源汽车的起火事故率小于 0.01 次/万辆。在质量方面，国内纯电动汽车行业百车故障数平均值降为 100 个，具有优秀的环境适应性，在全国范围内解决全气候问题，在严寒和极热地域拥有可全季使用的产品。

纯电动汽车未来技术特征需求见表 3-5-1。

5.2.2 纯电动汽车技术预期目标实现的差距和障碍

实现纯电动汽车发展预期目标的差距主要体现在底盘及动力系统上，国外新能源汽车底盘与动力系统一体化与平台化等趋势明显，我国纯电动汽车领域缺少全新设计的一体化电动底盘；同时，在动力系统、系统集成、电控、IGBT、轻量化等方面仍然有一定的差距。

5.2.3 纯电动汽车技术预期目标实现路径

1. 平台化技术

通过对底盘、电制动和电驱动系统的集成设计，实现纯电动汽车产品的平台化、一体化设计，逐步形成新一代动力系统的底盘平台化技术，提升纯电动汽车的整体性能。

2. 高效驱动系统关键技术

研究车辆的先进驱动方式，包括集中式驱动和分布式驱动技术；研发高性能的驱动系统，开发出高效、高比功率/高比转矩的乘用车/商用车驱动电机，实现高效、高性能驱动方式。

3. 整车集成化技术

开展动力系统平台的集成与优化技术攻关，研究纯电动汽车模块化、系统化设计技术，进一步提升纯电动汽车动力系统平台的安全性与可靠性。

表 3-5-1　纯电动汽车未来技术特征需求

车型		用途	预测数量	面向 2025 年纯电动汽车技术特征需求								售价
				续驶里程	能耗	动力需求	蓄电池/电机类型	电压体系	充换电	智能化需求	其他需求特点	
乘用车	A0 A00	家用短途	15%～25%	里程可选配且由市场决定，建议约 200km	A0＜1000kg 9kW·h/100km	一般	铁锂为主－成本优先/单电机驱动	≤144V	慢充	L3/DA 自动泊车等功能	安全可靠、成本低	10 万元以下
		分时租赁		由市场决定，建议 300～400km	10.5kW·h/100km	一般	铁锂为主，部分三元，单电机驱动	100～300V	快/慢充	L3/DA 自动泊车等功能	安全、成本低	12 万元左右
		经济网约		建议 400km	10kW·h/100km	高	成本或寿命驱动型铁锂为主，少部分三元，单电机驱动	100～300V	快/慢充 换电	L3/DA 自动泊车等功能	安全、关注舒适性、能耗和空间．里程需求相对较高	12 万元左右
	A	家用通勤		里程可选配且由市场决定，建议约 300km	1600kg 11kW·h/100km	中	成本或寿命驱动型，单电机驱动	320V/360V	快/慢充	L3/DA 自动泊车等功能	安全性、关注能耗、续驶、寿命	10 万～20 万元
		优选网约		建议约 400km	1600kg 11kW·h/100km	高	三元或铁锂，性能或成本型，单/双电机驱动，分布式驱动	320V/360V	快/慢充 换电	L3/DA 拥堵路段辅助	安全、关注能耗、里程和动力性	10 万～25 万元
		出租车		建议约 400km	1600kg 11kW·h/100km	高	三元或铁锂，性能和成本型，单/双电机	320V/360V	快/慢充 换电	L3/DA 拥堵路段辅助	安全、舒适可靠生产资料，关注能耗和空间，里程需求高	10 万～25 万元
	B、C	高端家用		建议约 500km	1800kg 13kW·h/100km	高	三元，性能型蓄电池，双电机	500～700V	快/慢充 换电	L4/CA 高速公路有条件自动驾驶	安全、较好的加速性和良好驾驶体验、追求性能	20 万～80 万元
		高端商务		建议约 500km	1800kg 13kW·h/100km	高	三元，性能驱动型，双电机，分布驱动	500～700V	快/慢充 换电	L4/CA 高速公路有条件自动驾驶	安全、舒适的乘坐体验、性能良好、里程长	20 万～80 万元

（续）

车型		用途	预测数量	面向 2025 年纯电动汽车技术特征需求								售价
				续驶里程	能耗	动力需求	蓄电池电机类型	电压体系	充换电	智能化需求	其他需求特点	
商用车	客车	市内公交	95%	建议 300~400km	12m 公交客车，65kW·h/100km	中	成本或寿命型铁锂双电机	300~700V	快/慢充，换电	L4/PA 交通拥堵辅助	更注重安全性、可规律充电 最高车速不必超过 70km/h	50 万~150 万元
		专用场地		建议约 300km	参考同类车型	中	成本或寿命型铁锂，单电机驱动	300~700V	慢充换电	L3/DA 车道保持	安全、含机场摆渡 最高车速不必超过 60km/h	50 万~100 万元
		公务通勤		建议约 300km	12m 客车 70kW·h/100km	中	成本或寿命型铁锂，双电机	300~700V	快/慢充换电	L3/DA 车道保持	含校车，安全需求非常高，里程频率低、最高车速不必超过 70km/h	50 万~150 万元
	货车	市内物流	5%	市场决定，建议约 400km	参考同类车型	中	成本或寿命型铁锂或三元，双电机	500~700V	快/慢充换电	L4/PA 交通拥堵辅助	安全、邮政快递，对空间和动力需求大，对里程要求低，对最高车速要求低	5 万~20 万元
		环卫作业		市场决定，建议约 300km	参考同类车型	低	成本型铁锂/单电机驱动	500~700V	慢充	市场决定	安全、对功率要求低，对里程和功率要求相对较高	5 万~15 万元
		工程特种		市场决定，建议约 200km	参考同类车型	高	成本型三元或铁锂双电机及轮毂电机、分布式驱动	500~800V	快/慢充	矿山车建议有 FA 完全自动驾驶功能	安全性、含矿山自卸车，升举车，工地水泥搅拌车等生产资料，里程规律，有自动驾驶功能。作业功能多	5 万~50 万元

4．纯电动汽车能源管理和热管理技术

开展适用于不同行驶工况和环境温度的整车能源管理和续驶里程预估技术研究，提高核心零部件的能量效率，研究优化控制策略，提高整车能效。更重要的是，建立以动力蓄电池系统安全为核心，以单体、模组、系统、整车、大数据分析技术共同构成的电动汽车安全保障体系，保证车辆在各种应用环境、各种行驶工况、全生命周期中的安全性。

5．轻量化技术

研究在整车设计和产业化中轻量化材料以及新结构的应用技术，创新结构和材料的生产工艺，形成整车规模化批量生产能力。

6．新一代电气电子功率器件

以 SiC 和 GaN 为代表的电子电控器件，大幅提升电控系统功率密度，降低能耗，提升系统效率。

5.2.4　插电式混合动力汽车技术预期目标

到 2025 年，插电式混合动力汽车产品性能，尤其是油耗和电耗水平达到国际先进水平。机电耦合装置性能持续提升，集成化程度和整车控制技术的自主化率得到明显提升，加速性超过传统汽车水平。电量维持模式油耗比同级别传统车型节油 30%。以技术领先的典型 A 级插电式混合动力车型为例，电量维持模式油耗不超过 4.3L/100km（工况法），纯电动续驶里程建议不超过 80km。插电式混合动力车型搭载的发动机点工况最高热效率达到 44%，实现以能量管理为核心的整车控制技术。

到 2030 年，插电式混合动力汽车产品性能处于国际先进水平，开发出节油效果更优、全工况适用、平台通用性好的混合动力总成。电量维持模式油耗比同级别传统车型节油 38%。以技术领先的典型 A 级插电式混合动力车型为例，电量维持模式油耗不超过 4.0L/100km（工况法），纯电动续驶里程建议不超 80km。混合动力专用发动机的点工况最高热效率突破 47%。整车搭载与信息化深度融合的智能控制技术。

到 2035 年，插电式混合动力汽车产品持续保持国际领先水平。在 A 级以上私人乘用车、公务用车以及其他日均行程较长的领域实现大量应用。电量维持模式油耗比同级别传统车型节油 42%。以技术领先的典型 A 级插电式混合动力车型为例，电量维持模式油耗不超过 3.8L/100km（工况法），纯电动续驶里程建议不超过 80km。混合动力专用发动机点工况最高热效率突破 50%。整车安全、NVH、寿命等性能控制技术达到国际领先水平，并且搭载与自动驾驶相融合的整车控制技术。

5.2.5　插电式混合动力汽车技术预期目标实现的差距和障碍

近年来国内插电式混合动力汽车技术发展迅速，产品迭代快。然而整个产业还处于成长早期，自主品牌整车在混合动力阶段油耗、驱动输出平顺性、可靠性及成本控制上与世界先进车型仍有较大差距。我国仍然缺少性能好、效率高、尺寸紧凑、成本低的自主混合动力总成。集成开发和成本控制受到一定程度制约。

5.2.6 插电式混合动力汽车技术预期目标实现路径

1. 混合动力专用发动机的开发

影响插电式混合动力汽车能耗最重要的因素之一是搭载内燃机的燃烧热效率。在排放控制日益严苛的未来，针对混合动力汽车专门研发的内燃机是决定混合动力高效的关键总成。因此，采用多种燃烧模式的稀薄燃烧技术和活性燃料技术拓展最佳燃烧区域、提高发动机热效率、优化发动机运行区域、降低有害排放物，将是提升内燃机水平的重要途径。

2. 新型高性价比混合动力总成开发

研究新型高效的混合动力总成构型；开发结构紧凑、传动效率高的新型机电耦合机构，提升系统效率及可靠性，降低机电耦合系统成本；开发高效、高比功率电机，研究机电耦合机构和电机的集成技术，开发节油效果更优、全工况适用、平台通用性更好的新型混合动力总成。

3. 混合动力整车控制系统优化研究

开发基于驾驶人意图识别和实时路况信息的能量管理技术；开发基于发动机转矩特性、电机转矩特性和转矩协调管理的多动力分配策略，实现整车驱动输出平顺性优化控制；开展远程故障诊断研究和控制系统功能安全开发，提升整车安全水平。

5.3 零部件技术路线图

整车电控系统技术路线图如图 3－5－4 所示。

	2025年	2030年	2035年
整车控制系统	具备与全球定位系统（GPS）、地理信息系统和智能交通系统（GIS/ITS）相结合的智能行驶控制功能的纯电、插电式混合动力汽车整车控制器	与信息化、智能化融合的整车控制器	与信息化、智能化深度融合的整车控制器，同时搭载适用于主流自动驾驶水平的低能耗控制器
	整车控制系统自主化率达到80% 关键国产化芯片应用率达到30% 自主实时操作系统应用率达到50%	整车控制系统出口20%	整车控制系统出口40%

图 3－5－4　整车电控系统技术路线图

到 2025 年，整车控制器具备与全球定位系统（GPS）、地理信息系统和智能交通系统（GIS/ITS）相结合的智能行驶控制功能的纯电、插电式混合动力汽车整车控制器。整车控制系统自主化率达到 80%，关键国产化芯片应用率达到 30%，自主实时操作系统应用率达到50%。

到2030年，整车控制器实现与信息化、智能化融合。研究以能量管理为核心的整车电控系统，突破融合多信息、以能量管理为核心的整车智能控制技术、高集成度的动力系统电动化等技术难题。采用全新架构的高度集成的整车动力控制单元。

到2035年，整车控制器实现与信息化、智能化的深度融合。搭载适用于主流自动驾驶水平的低能耗控制器。在集成化、轻量化及整车安全性、可靠性、经济性、功能性等多方面提升整车性能。其他零部件技术路线图如图3-5-5所示。

	2025年	2030年　2035年
车载充电机	高集成度、高功率密度车载充电机	
	车辆对车辆（V2V）、车辆对家用负载（V2H）及车辆对用电负载供电（V2L）技术的逐渐应用	车辆与电网双向充电技术（V2G）的普及应用
制动	基于线控技术的制动能量回收系统	新型电动汽车制动系统
转向	电动化、智能化融合的转向系统	线控转向系统，智能化转向系统深度融合，轮毂电机的逐渐普及
空调	乘员舱和蓄电池一体化汽车空调系统	新型高效环保电动汽车空调系统

图3-5-5　其他零部件技术路线图

在车载充电机方面，车载充电机与DC/DC和电机控制器呈现集成化趋势，而我国大多数企业的集成度有待提高。另外，车载充电机与电机控制器、DC/DC以及电机共用元器件形成的全新一代集成控制器，将是未来提高模块集成度和比功率的重要方向。同时，整车企业开发具有车对车（V2V）充电、车对用电设备（V2L）供电及车向电网（V2G）馈电功能的双向充电机将是重要发展趋势，以此满足不同用户的需求，实现多场景应用。

在线控电制动方面，开发基于线控技术的制动能量回收系统，将是近五年的热点。未来新型电动汽车的制动系统将实现智能自动制动（AEB）、液压电子稳定系统（ESC）、液压再生制动（RB）、电子液压制动（EHB）以及线控制动（EMB）执行机构的结构集成与功能一体化。开发电机回馈制动力与摩擦制动力协调控制技术，研发制动能量回收系统试验评价技术，实现极端工况车辆动态负载的准确模拟。

在电动转向方面，高精度、高可靠和智能化转向系统将是未来的重要发展趋势，线控转向技术将得到广泛应用，制动系统与稳定性控制系统的集成技术将成为重要的研究方向。

在电动空调方面，乘员舱与动力蓄电池的热管理一体化空调系统将成为下一个技术热点。同时，节能型低温热泵空调即将广泛产业化应用，尤其是适用于宽温度带、高效热泵空调技术，即将在新能源汽车上实现规模化应用。2030年后，新型、高效、环保的电动空调系统的开发将成为专业热点，重点研究新型智能热管理系统。

6 创新发展需求

作为新能源汽车的重要组成部分，纯电动和插电式混合动力汽车在未来十年仍然是新能源汽车的主力车型。为此，基于前面的综合分析，参考新能源汽车产业规划的相关目标，需要在新能源汽车安全、整车能量管理、分布式驱动控制、制动能量回收、V2G 等方面实施创新研究，实现技术突破。本节将从基础前瞻、应用技术、示范与产业化、行业共性技术四个角度分别论述，提出到 2035 年的预期目标、研究内容和科研成果。

说明：实施方式中 A 为国家主导；B 为行业联合，含跨行业联合；C 为企业领跑。

6.1 基础前瞻

序号	项目名称	必要性	项目目标	研究内容	预期成果	实施方式
1	下一代电力电子功率器件	以碳化硅、氮化镓为基础的下一代电力电子元件及功率器件是电机控制器比功率倍增计划和进一步提升整车能效的基础，是该领域的技术竞争焦点	2025 年前：成熟应用基于下一代功率器件的集成、控制和封装技术，实现电机控制器比功率的倍增目标，开始规模应用碳化硅、氮化镓的元器件 2030 年前：掌握晶元的设计和工艺技术，并可以规模化生产 2035 年：该领域的技术达到国际领先水平，实现大规模产业化	基于下一代功率器件的电机控制器集成和效率优化研究 基于自主的碳化硅、氮化镓为基础的下一代电力电子元件的功率器件封装、控制技术研究 研究晶元设计技术、纳米耐电晕材料和绝缘体系、工艺技术和规模产业化技术研究	全面应用电机控制器的集成优化与效率优化技术 成功开发下一代电力电子功率器件，在设计、工艺技术以及功率模块封装与控制技术方面实现国际领先	A、B

2	无线充电技术	无线充电技术是电动汽车、插电式混合动力汽车电能补给的新技术领域，与传统的传导式充电相比，有许多特殊的优势，国际竞争激烈	2025 年：根据前期试验示范结果，在适用领域展开较大规模的推广应用，无线充电功率提升至 6. 6kW 2030 年：在一二线城市智能网联示范区内实现规模性应用，输出功率提升至 10kW 2035 年：实现无线充电技术在全国公共停车场、部分私人停车位等适用场景大规模应用，输出功率提升至 20kW，具备一定比较双向电能交互功能	开展无线充电关键技术研究，开发无线充电产品 开展无线充电试验示范应用与经济性分析 开展无线充电运营商业模式研究	全面掌握无线充电技术，开发出达到国际先进水平的无线充电系统 实现较大规模的推广应用	B
3	与车辆互连互通、多能源高度融合智能电网技术 V2G	与车辆互联互通、多能源高度融合的智能电网技术是实现我国电能清洁化、发电装备与用电需求优化配置、加强电网总体目标的重要基础	2025 年：完成若干示范区的试验示范 2030 年：基本实现普及应用 2035 年：与可再生能源的电能融合，实现与智能电网的全面应用	开展新能源汽车与电网双向充放电技术研究 开展与可再生能源融合的智能电网技术研究 开展车、电网、微电网及分布式可再生能源的互连互通技术以及智能管理技术研究	开发关键设备、装置并实现产业化 建立合理的商业模式 全面掌握车、可再生能源、智能电网、微电网的智能融合技术	B
4	基于大数据的新能源汽车安全保障体系	新能源汽车大数据是新能源汽车与信息、通信等技术相融合产生的全新领域，是保障汽车安全、优化整车性能的重要手段	2025 年：完成国内主流整车企业的大数据互联互通 2030 年：打通全行业高频数据，连接充电基础设施端数据 2035 年：健全新能源汽车安全保障体系	基于新能源汽车高频大数据，开展动力蓄电池安全预警模型研究、用户驾驶和用车行为研究、整车性能优化研究	降低新能源汽车安全事故发生频率及破坏性，提升行业整体安全水平 建设具有国际领先水平的新能源汽车安全预警体系	B

6.2 应用技术

序号	项目名称	必要性	项目目标	研究内容	预期成果	实施方式
1	电动热泵空调技术	在电动汽车的实际运行中，制冷和制热能耗占整车能耗的比例达到20%～30%，寒冷季节制热及其能耗问题尤为严重。开发高能效的电动热泵空调技术，是电动汽车必须解决的问题	2025年：热泵空调技术实现新能源汽车大批量搭载，技术达到国际领先水平；集成化和轻量化程度高，实现自主产业化 2030年：实现全产品搭载，相关零部件实现出口，产业化更加成熟 2035年：持续提升高寒高热地域热泵空调的制热制冷效率	开展高速电机、压缩机及其集成优化等关键技术研究 开展高效热泵空调及介质的研究和优化匹配研究 开展低温制热功能和效率优化研究 开展基于整车效率的热泵空调节能优化控制技术研究	全面掌握热泵空调的核心技术和系统优化技术，提高低温制热效率 开发出达到国际先进水平的，集成化、轻量化、适应不同类型电驱动整车需求的系列化产品，实现自主产品产业化 未来新一代热泵空调技术产品具有国际竞争力	B
2	智能充电技术	智能充电技术是建设坚强电网、保证电力供应安全的保障措施，同时也是提高电网智能化，实现电能优化利用、提高电力资源优化配置的基础	2025年：开发出双向高效车载充放电机（包括无线充电）的成熟产品，掌握车辆向电网（主电网、微电网）供电的安全、可靠、优化控制技术，实现较大规模的试验示范 2030年：全面建立与技术相适应的商业模式，全面实现纯电动、插电式混合动力汽车融入智能电网 2035年：实现新能源汽车与智能电网能源的合理调配，对新能源汽车应用区域实现全网覆盖	开展双向高效车载充电机及系统优化控制研究 开展主电网、微电网、局域性可再生能源发电以及车载能源协调融合的系统优化控制和智能管理技术研究	全面掌握双向高效车载充电机及系统优化控制技术，开发出系列化产品并实现产业化 全面掌握主电网、微电网、局域性可再生能源发电以及车载能源协调融合的系统优化控制和智能管理技术，并实现推广应用 实现智能充电技术的升级和迭代	B

6.3 示范与产业化

序号	项目名称	必要性	项目目标	研究内容	预期成果	实施方式
1	V2G、可再生能源发电系统、智能电网、智能社区与新能源汽车互连互通示范工程	V2G、可再生能源发电、智能社区微电网、智能电网与纯电驱动汽车互连互通示范工程，验证相关互连互通关键技术，积累经验，为推广普及奠定基础	实施可再生能源发电系统、智能社区微电网、智能电网与纯电驱动汽车互联互通示范工程，验证相关技术，累积实际经验	开展V2G智能控制技术的验证试验和优化研究；开展社区微电网灵活应用主干网、可再生能源发电微网、车载储能等多个电能系统之间智能切换、综合优化研究	通过全面的试验示范，建立全面系统的技术体系，技术方案达到可普及推广的程度	A
2	在特定区域推动先进换电技术示范工程	在私人充电桩数量有限、充电时间长的现实情况下，换电模式具有补电速度快的特点，引起行业关注。但由于各厂家车型的蓄电池类型和装配方式均有不同，为了实现换电的统一标准化，有必要推广先进换电技术示范工程	在全国重点城市，结合当地交通条件和新能源汽车的分布条件，推广不同厂家多车型统一标准的换电站服务试点，解决出租车、网约车等运营车的充电难题	引导主流企业在合理的区域统一标准，联合建立换电基础设施运营服务平台，实现互联互通、信息共享与统一结算；加强换电设备与配电系统的安全预警技术研发，提高换电设施的一致性、可靠性，提升服务保障水平 加强对蓄电池的高效充电和安全管理研究	通过多家企业的联合应用示范，建立在典型城市圈的技术体系，并将可行的方案推广到相当体量的城市 以此为突破，区域性带动具有换电功能的私家车销售	B

6.4 行业共性技术

序号	项目名称	必要性	项目目标	研究内容	预期成果	实施方式
1	整车及系统安全研究平台	保障新能源汽车的安全是影响产业发展的关键因素，建立整车、系统以及关键零部件的安全研究平台至关重要	形成整车安全体系的正向设计和安全评估能力，保证整车、关键零部件在生产、使用、报废回收各个环节的安全性	开展系统和关键零部件安全机理与事故触发及发展规律的研究 基于整车及关键零部件在生命周期中，在不同运行环境中潜在的安全隐患，开展安全理论体系的研究 开展不同性质、不同层级安全事故的防护和事故处置技术、流程和系统的开发研究	建立建设安全设计规范和安全评估体系 建立健全适应整车生命周期安全理论体系 形成软硬件安全研究能力 掌握系统和关键零部件安全机理与事故触发及发展规律 掌握安全事故防护、事故处置技术、工作流程和设计规则	A
2	整车和关键零部件及材料行业基础数据库	整车和关键零部件及其材料的行业基础数据库是形成纯电动、插电式混合动力汽车核心研发能力的关键	建立健全系统的纯电动、插电式混合动力汽车整车、关键零部件及其材料数据库，同时建立全行业共享的运行管理体制	深入研究整车、关键零部件及其材料的测试分析方法、分析技术 大力研究纯电动和插电式混合动力汽车整车、关键零部件的研发需求 建立健全数据库结构，研究适合行业的共享运行管理机制	建立完整、系统的数据库结构 形成完整、系统的样车测试、分析技术体系和测试分析流程 形成能够自我迭代的数据库共享云端管理机制和体系	A
3	智能电网、微电网、新能源汽车智能管理及系统安全运行研究、检测评价和检测平台	检测和检测技术与平台，是整个系统高效、坚强、安全运行的根本保障，是一个全新的领域，必须给予高度的重视	建立智能化、网联化的互联互通、智能管理和系统安全运行保障、检测评价和检测平台，全面掌握整个大系统的各项关键技术	开展多种能源灵活接入、退出，协调兼容、安全可靠运行的智能化控制技术研究 开展系统商业化运营、智能结算技术研究 开展系统安全测试和实时监测技术研究	建立监测评价和监测平台 制订安全运行规范 建立商业化运行体系 全面掌握相关技术	A、B

第四章

氢燃料电池汽车技术路线图

CHAPTER 04

1 导 言

1.1 战略意义

氢能和氢燃料电池是实现我国能源清洁利用、能源消费结构优化的重要途径。氢能具有来源多样、可以实现可再生能源的大规模稳定储存、运输及利用、快速补充等特点和优势，是未来清洁能源转型的重要保障；氢能可广泛应用到交通运输、工业生产、家庭生活、航空航天等多个领域，发展氢能技术是实现能源清洁化利用的重要途径。

氢能是国家能源供应安全的重要保障。2019 年我国原油进口量 50572 万 t，较 2018 年增长 9.5%，石油对外依存度达 70.8%；随着我国汽车保有量的上升，交通运输对石油的需求占石油消费总量的比例上升到 60% 以上，成为推动石油消费增长的主要动力，是我国石油对外依存度攀升的重要推手。因此，发展氢能是保障国家能源战略安全的重要措施。2020 年 4 月，国家能源局发布《中华人民共和国能源法（征求意见稿）》，其中氢能被我国首次列入能源范畴。

作为氢能在交通领域的重要应用场景，氢燃料电池汽车是全球汽车动力系统电动化转型升级的重要方向。氢燃料电池汽车具有车辆使用阶段“零排放”、能源的高效利用、续驶里程长、燃料加注时间短等优势，如果使用可再生能源制氢，燃料电池汽车甚至能实现全生命周期零排放。

氢能和氢燃料电池汽车是深入推进绿色节能、减少空气污染和温室气体的重要途径。中国已经是二氧化碳排放大国，其中近 1/14 的二氧化碳排放来自传统内燃机汽车。空气污染物中碳氢化合物（HC）、氮氧化物（NO_X）、颗粒物（PM）逐年上升，而这些污染物主要来自于传统汽车的尾气排放。

根据国际能源署（IEA）的研究报告预测，到 2050 年，氢将能够满足全球 18% 的终端能源需求。欧洲、美国、日本、韩国等主要国家和地区纷纷将氢能和燃料电池技术作为能源技术革命的重要方向和未来能源战略的重要组成部分，并已进入产业化阶段。日本政府发布了氢能战略，提出 2050 年建成氢能社会，并明确了实现氢能社会战略的发展路径。韩国提出 2030 年形成以氢能为基础的经济体系。欧盟、美国、加拿大等发达国家和地区均提出全面支持氢能经济的发展战略，并在现阶段重点支持建立涵盖氢气制取、储运以及工业、交通、发电等领域中的大规模氢能应用的能源系统。

1.2　研究范围及修订说明

路线图 2.0 主要基于 2016 年发布的技术路线图 1.0 中“氢燃料电池汽车技术路线图”已有框架进行修订编写，涵盖氢燃料电池汽车的氢能体系供应链和汽车关键系统技术链，包括燃料电池堆及关键材料、车用燃料电池系统、整车集成，以及氢气生产运输储存和加注基础设施等。

本路线图覆盖的范围仅指以氢为车载能源载体、燃料电池为能量转化方式的技术路径。在重点考虑整车性能指标和产业化推广目标的前提下，延展到影响目标实现的产业链关键瓶颈技术，包括氢能基础设施相关的加氢站以及氢气运输、储存和生产技术，燃料电池堆的关键核心技术及关键材料，燃料电池系统的集成和控制以及关键零部件，以及氢气在车辆上的储存技术。归纳起来，本路线图包括四个子路线图——燃料电池堆路线图、燃料电池系统路线图、燃料电池汽车路线图、氢基础设施路线图，仍沿用技术路线图 1.0 的原则，在氢基础设施路线图中包括车载储氢技术。

1.3　技术构架及关键技术梳理

氢燃料电池汽车技术路线图 2.0 采用燃料电池汽车和氢基础设施的技术构架，燃料电池汽车包括燃料电池客车、货车、物流车等商用车辆和燃料电池乘用车。氢燃料电池汽车总体技术构架如图 4-1-1 所示，第一层架构与四个子路线图对应，第二层为各子路线图下的关键零部件技术和集成生产技术，第三层则给出了更加详细的技术对象。

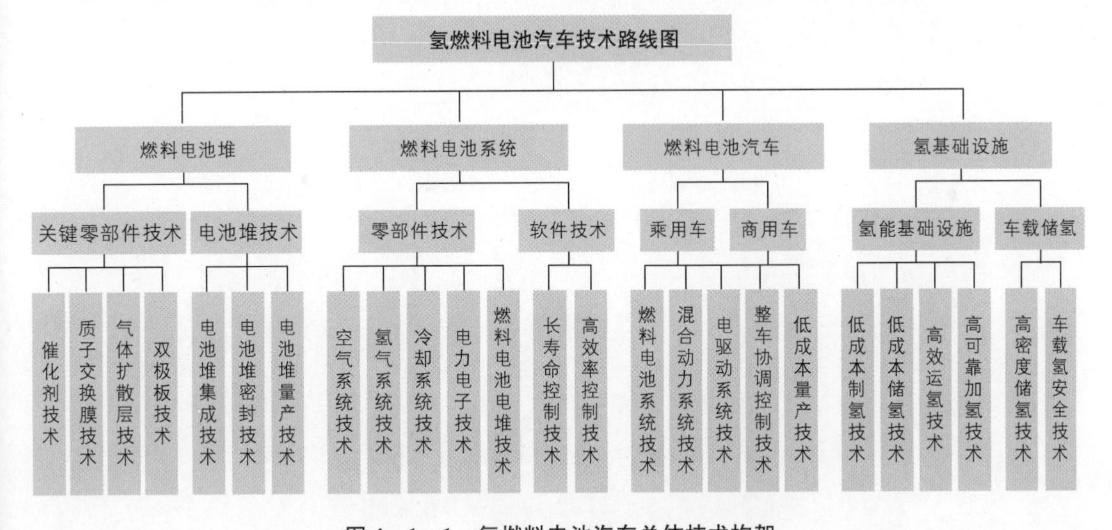

图 4-1-1　氢燃料电池汽车总体技术构架

1.3.1 燃料电池堆技术构架与关键技术

车用燃料电池堆是由数百个单电池通过一定的组装方式（串联）形成的一个发电单元。燃料电池堆技术构架如图 4-1-2 所示。部件包括膜电极（MEA）、双极板（BP）、密封件、紧固件（如螺栓）、集流板、端板等，其中膜电极与双极板是其两大核心部件。膜电极的关键材料包括聚合物膜［如质子交换膜（PEM）］、催化剂、气体扩散层（GDL）。

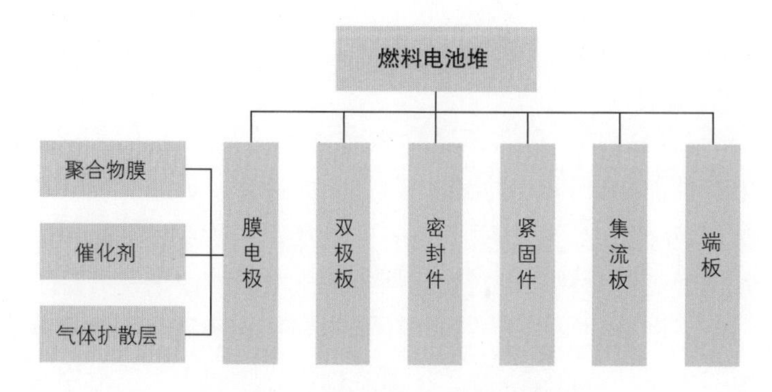

图 4-1-2　燃料电池堆技术构架图

为适应道路车辆应用场景的复杂多变条件，推动燃料电池汽车市场化应用，满足高可靠和长寿命的燃料电池堆性能开发，掌握低成本材料和自主可控的制造技术核心，需要突破的关键技术包括：催化剂、膜材料、气体扩散层等基础材料的自主开发，双极板、膜电极设计和生产工艺，燃料电池堆集成与批量生产工艺技术。

1.3.2 燃料电池系统

燃料电池系统是以燃料电池堆为基本单元，增加必要的辅助零部件构成的一套完整的发电系统，只要有连续的氢气供应，便能长期连续输出电能。如图 4-1-3 所示，燃料电

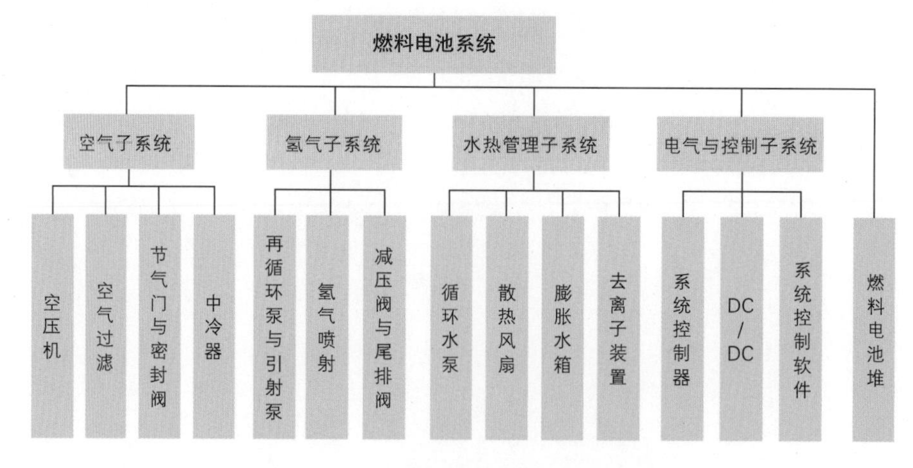

图 4-1-3　燃料电池系统技术构架图

池辅助零部件包括空气子系统（如压缩膨胀一体式小型、低功率高速空气压缩机）、氢气子系统（如高效氢气循环装置，不包括储氢系统）、水热管理子系统以及电气与控制子系统（如多功能 DC/DC 变换器）等。

为满足整车的环境适应性、耐久性和低成本等技术要求，燃料电池系统需要突破的关键技术主要包括燃料电池辅助系统关键零部件开发、燃料电池堆和辅助系统的匹配与集成优化、燃料电池系统的高效长寿命控制策略等。

1.3.3　燃料电池汽车

燃料电池系统将车载氢气蕴含的化学能转化为电能，然后经由驱动电机将电能转化为机械能驱动车辆行驶，仅有反应生成的水排放。如图 4－1－4 所示，燃料电池汽车技术包括由燃料电池系统和电池储能单元构成的混合动力系统、逆变器与驱动电机构成的电驱动系统、整车控制器与管理算法构成的控制系统，以及车载储氢系统四大系统技术。在车型方面则包括了商用车和乘用车等不同用途的车辆。

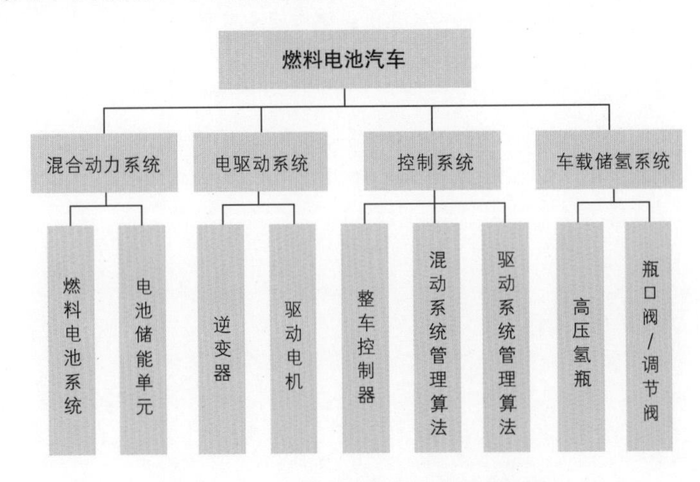

图 4－1－4　燃料电池汽车技术构架图

制约燃料电池汽车推广应用的关键技术包括燃料电池动力系统平台集成与控制技术、全气候的大功率氢燃料电池系统与整车匹配技术、整车能量管理与热管理技术、氢电安全技术，以及关键零部件降成本与量产技术。

1.3.4　氢基础设施

氢气的制取、运输、加注和储存构成了完整的车用氢能供应体系，在本路线图技术构架梳理中，将车上和车下氢气储存均纳入基础设施范围进行分析。如图 4－1－5 所示，制氢环节包括现有已经商业化的三种氢气来源，即煤炭与天然气等化石能源制氢，甲醇和制碱等的工业尾气制氢，以及可再生能源制氢。氢气的储存环节则包括目前商业化的高压气态储氢、低温液态储氢两种主要方式；而在运输环节则主要是指以拖车进行的气态或者液态氢气运输方式，以及以管道进行的气态氢气输送方式。氢气加注过程主要是指以 35MPa 和 70MPa 为主导的高压氢气加注方式，以及在推广初期的液氢加注方式。

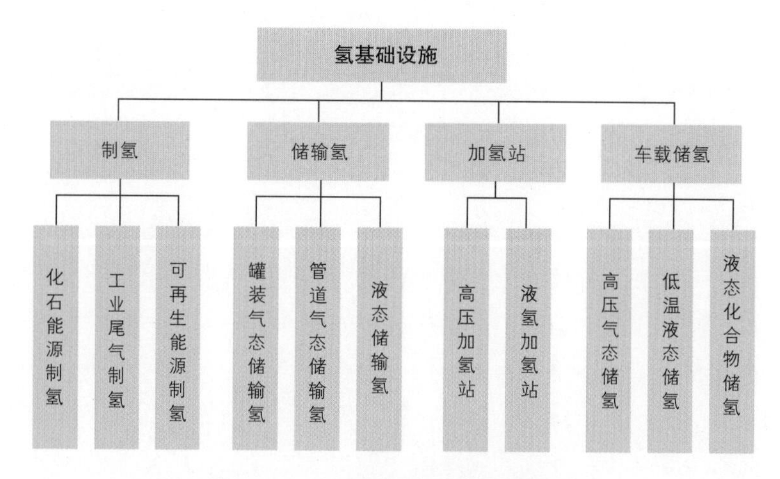

图 4－1－5　氢能基础设施技术框架

氢气的液化、管道输送和加压加注技术是我国氢能基础设施最亟待解决的三大关键技术问题。

2 技术现状及发展趋势

2.1 国内外技术现状对比

2.1.1 燃料电池堆与关键材料

1．燃料电池堆

燃料电池堆性能在单堆功率、功率密度、最低冷启动温度、寿命及最高效率等指标上均有大幅度改善。如图 4－2－1 所示，与“十三五”初期产品相比，2019 年出厂的车用燃料电池堆单堆功率覆盖范围为 38～90kW，平均功率为 48kW。石墨双极板电池堆体积功率密度从 1.5kW/L 增加到 2.2kW/L，提高了 47%；金属双极板电池堆体积功率密度从 2.0kW/L 上升到 3.0kW/L，提高了 50%。电池堆最低冷启动温度从 2015 年的 －20℃进一步探低到 －30℃；电池堆寿命从 2015 年的 3000h 延长到 5000h（金属双极板型）和 12000h（石墨双极板型）；燃料电池堆最高效率从 2015 年的 55% 提高到 2019 年的 60%。

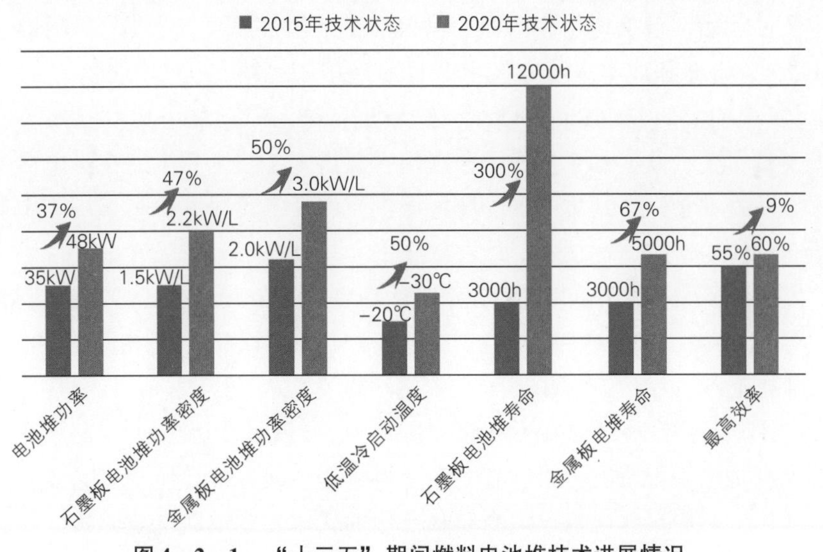

图 4－2－1　“十三五”期间燃料电池堆技术进展情况

由于处于技术推广的初级阶段，燃料电池堆仍然是订单式生产，2019 年的电池堆年产量为 3023 台，输出总功率由 20MW 上升到 175MW。如图 4－2－2 所示，2019 年年产量规模达到百台以上的企业有四家，即上海神力、大连新源动力、江苏清能、广东国鸿。国际燃料电池堆企业已经进入中国市场，拥有较大的市场份额。加拿大巴拉德（Ballard）公司、氢能（Hydrogenics）公司，日本丰田公司，瑞典 PowerCell 公司等，以产品销售、技术许可、合资建厂等方式在燃料电池堆输出总量上达到 1400 多台，占 2019 年国内电池堆总量的 46.7%，其中仅巴拉德一家就出货 1370 台，占据进口电池堆的 97%。

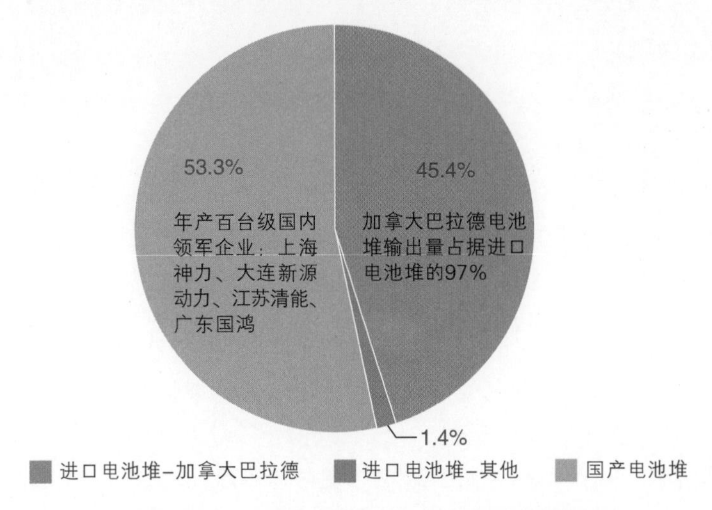

图 4－2－2　2019 年国内燃料电池堆来源分析

2. 电池堆关键组件/材料

(1) 膜电极组件

膜电极组件是燃料电池堆的关键核心部件，由催化层、质子交换膜和气体扩散层组合而成，其主要性能指标包括单位表面积的输出功率（功率密度）、贵金属用量（单位功率输出的铂用量）、寿命和成本。膜电极生产目前采用的是第二代生产技术——催化剂涂膜（CCM）技术，具有卷对卷（Roll-to-Roll）连续化高速生产能力。

国际上，日、美、欧、加拿大等国家和地区凭借多年技术积累，在膜电极的基础研究和制备技术上一直处于领先地位。国外膜电极供应商及丰田、本田等乘用车企业都已具备膜电极批量自动化生产线，单线年产能在数千平方米到万平方米级。

目前，国际上最先进的膜电极商业化产品的功率密度在1.4~1.5W/cm^2范围内，国内量产膜电极的功率密度为1.0~1.2W/cm^2。与国外膜电极制备相比，国内膜电极的生产尚未达到商品化的制造能力，由于膜电极的设计与制造缺陷较多，产出的膜电极的功率密度、耐久性和贵金属铂使用载量等技术参数都有待于进一步提升，所采用的关键组件材料大都还依赖进口。

质子交换膜是一种聚合物电解质膜，在燃料电池中起着传导质子、隔离阴极和阳极反应物的重要作用，并被用作电极反应介质和催化剂载体，是燃料电池的核心材料，也是决定燃料电池性能、寿命及成本的关键部件。全球从事燃料电池质子膜研究的主要有美国科慕、陶氏、3M公司、戈尔公司，比利时索尔维（Solvay）公司，日本旭硝子玻璃（Asahi Glass）、旭化成（Asahi KASEI），以及我国的东岳氢能等十余家公司。其中，美国戈尔公司在增强膜方面具有知识产权优势，丰田Mirai、本田Clarity和现代ix35车型均采用戈尔公司的Select系列膜。东岳氢能具有完整的全氟磺酸树脂产业链，近几年在质子膜树脂制造方面开始凸显优势，但在产品可靠性、寿命、规模化生产及应用经验方面还需提高。国内外燃料电池质子交换膜指标对比见表4-2-1。

表4-2-1　国内外燃料电池质子交换膜（全氟质子膜）指标对比

性能指标	国内情况	国外情况
产能/（m^2/年）	接近50000	1000000
厚度一致性/μm	±2	±1
溶胀率	2%~5%	2%
强度/MPa	>30	>30
综合耐久性/h	>6000	>6000
成膜聚合物当量质量（EW）	700~1100	700~1100

在催化剂方面，车用频繁变载的行驶工况将导致催化剂碳载体高电位腐蚀与催化剂衰减，空气中微量的氮/硫化物也会对铂产生毒化作用，催化剂的耐久性等性能极为重要。催化剂需要平衡成本与耐久性两方面的需求，新型高稳定、高活性铂或非铂催化剂是研究热点。铂合金催化剂取得很大进展，如PtCo/C、PtNi/C等正在得到实际应用；非铂催化剂以Fe-N-C为主要研究方向，其性能与稳定性还有待提升。近年来，PtCo/C等合金催化剂也实现了商业化并逐渐取代Pt/C广泛用于燃料电池产品中，如丰田Mirai。日本田中贵金属（Tanaka Kikinzoku Kogyo）、英国庄信万丰（Johnson Matthey）和比利时优美科（Umicore）是全球最大的几家燃料电池催化剂供应商，催化剂制备技术处于绝对领先地

位，已经能够实现批量化生产（大于10kg/批次），而且性能稳定，可靠性高。国内目前几乎没有产业化催化剂制造企业，催化剂产品也比较单一。

气体扩散层（GDL）包括碳纤维基层和碳微孔层，起到支撑膜电极、收集电流、传导气体、管控反应水（气）及热等重要作用。国外有日本东丽（Toray）及三菱（Mitsubishi）、德国西格里（SGL）和科德宝（Feudenberg）、美国AvCarb，韩国JNTG等制造厂商，都已实现气体扩散层的规模化生产，且都有多款适应不同应用场景的产品销售。而国产气体扩散层还处于初级碳微孔层的制备阶段，性能均一性和稳定性尚未得到实际验证。国内碳纸与国际同类商品比较见表4-2-2。

表4-2-2　国内碳纸与国际同类商品比较

主要指标	国内碳纸	国外碳纸
空隙率（%）	78.7	78
透气率/[m^3/(m^2·h·kPa)]	2278	1883
石墨化度（%）	82.2	66.5
电阻率/×10^5Ω·m	2.17	5.88
拉伸强度/N·cm	30.2	50

（2）双极板

燃料电池双极板须具备耐腐蚀、高强度、低透气性、高导电、低成本等综合性能。目前，极板材料有碳基和金属基材料两大类，碳基极板又分为石墨板和复合膜压碳板两大类。

石墨双极板一般以无孔石墨板或碳板作为基材，并使用数控机床进行流道加工，石墨双极板电池堆技术代表性国外企业有加拿大巴拉德和氢能公司。国内石墨双极板技术近年来发展十分迅速，技术水平与国外相当，但厚度通常在2mm以上。复合膜压碳板在国外已突破0.8mm薄板技术，具备与金属板同样的体积功率密度。目前，国内在薄碳板开发方面，除国鸿有来自加拿大巴拉德公司的授权技术外，其他复合膜压碳板尚处于研制开发阶段。石墨和金属双极板性能对比见表4-2-3。

表4-2-3　石墨和金属双极板性能对比

对比项	金属板	石墨板	复合板
材料成分	不锈钢、铝、钛等	石墨	聚合物
导电率	非常高	高	良好
散热性能	良好	高	一般
渗透率	可忽略	良好	良好
化学稳定性	差	良好	良好
可加工性	好	差	良好
生产周期	短	长	一般

（续）

对比项	金属板	石墨板	复合板
制造成本	与金属材料有关	高	高
主要加工方式	冲压成型	铣削	模压成型/注塑成型
材料改进措施	表面镀膜/涂层处理	树脂密封处理	优化填充料配比

在金属极板基材方面，目前以不锈钢和钛合金板为主。不锈钢基材开发以钢铁企业为代表，而国内金属极板专用基材的开发方面仍为空白。国内外金属双极板主要指标对比见表4－2－4。

表4－2－4　国内外金属双极板主要指标对比

主要指标	国外双极板	国内双极板
精细化加工	工艺板材成形均匀	单序冲压成形工艺，存在应力集中现象
微流道深宽比	≥0.7	≤0.4
制备碳膜速度/（s/片）	25（丰田 Mirai）	150～200

对比国际先进水平，我国电池堆技术水平仍存在差距，详见表4－2－5。

表4－2－5　电池堆技术水平存在的差距

序号	名称	主要内容
1	电池堆及材料技术水平	1）没有可以产业化的催化剂材料 2）膜材料（包括树脂、膜）性能有待提高，尚不能形成稳定产品 3）电池堆比功率有待提升：目前装车运行电池堆的比功率仍低于国际先进水平 4）低温冷启动有待提升：需要研究－30～40℃电池堆冷启动技术
2	电池堆与材料批量生产技术	需要研究规模化的电池堆与材料的生产工艺和设备
3	电池堆核心材料产品	催化剂、膜、碳纸等关键材料仍主要依赖进口，国内缺乏核心材料的产品供应
4	电池堆成本	电池堆成本还需要大幅降低

2.1.2　燃料电池系统

从国外燃料电池系统发展现状来看，全球主要燃料电池系统厂商基本完成了燃料电池系统的性能研发，系统性能已满足使用需求。今后的研究重点集中在降低燃料电池系统成本和推广商业化示范等方面。

国内外燃料电池发动机主要零部件水平对比见表4－2－6。国内外燃料电池发动机寿命与环境适应性对比见表4－2－7。

表4-2-6 国内外燃料电池发动机主要零部件水平对比

对比项	技术指标	国内先进水平	国际一流水平
核心零部件	空压机	60kW级实车运营	100kW级实车运营
	储氢系统	35MPa储氢系统-Ⅲ型瓶组	70MPa储氢系统-Ⅳ型瓶组
	氢循环装置	氢循环泵技术空白，30kW级引射器可量产	已有100kW级燃料电池系统用氢气循环泵产品
系统参数	功率等级	主流为40~60kW，最新产品功率达到90kW以上	已有功率达100kW级燃料电池示范系统
	最高效率	现有乘用车产品最高效率达55%，商用车最高效率达60%	已有产品最高效率达67%

表4-2-7 国内外燃料电池发动机寿命与环境适应性对比

对比项	国外		国内
燃料电池系统的低温启动	国外汽车厂商如丰田、现代等已经实现-30℃的低温自启动，并在加拿大北部严寒地区进行了试车实验		现阶段主流车用燃料电池系统采用辅助加热达到-30℃，最新燃料电池系统样机无辅助-30℃低温冷启动时间约为20s
燃料电池系统的耐久性	乘用车电池堆寿命	>5000h	正在进行多辆实车验证示范，平均运行时间>3000h，平均衰减约为2.1%。验证仍在进行中
	公交客车用燃料电池系统	>7000h	

燃料电池系统的耐久性一方面受制于电池堆的耐久性，另一方面则由于车载环境燃料电池堆工作条件控制效果不佳，加速了电池堆的性能衰减。现阶段，燃料电池耐久性测试存在干扰因素多、测试周期长、成本高等困难，燃料电池堆衰减机理和寿命预测建模、燃料电池堆加速老化测试与快速评价、燃料电池健康状态在线辨识与故障诊断等技术的缺失已无法满足产业快速发展的需求，需要进行重点攻关，以建立燃料电池系统耐久性技术体系。

我国燃料电池系统技术瓶颈见表4-2-8。

表4-2-8 燃料电池系统技术瓶颈

序号	名称	主要内容
1	寿命和可靠性耐久性快速测试评价与控制技术	1）燃料电池堆及关键材料的性能提升 2）燃料电池系统耐久性保障闭环控制支撑技术体系
2	高性能关键零部件技术	1）高压比、大流量、低噪声和高效率，可能量回收利用的空气压缩机 2）高效率、高升压比、高效载波和精确阻抗识别功能的DC/DC变换器 3）大压缩比、大流量的氢气循环泵
3	高效快速低温冷启动技术	1）燃料电池堆在线含水状态识别 2）燃料电池系统低温环境启停机边界条件识别

2.1.3 燃料电池汽车

与国外相比，我国商用车采用电 – 电混合技术路线，在续驶里程及整车成本方面有明显优势，但在耐久性等性能指标方面与国外差距较大，国内外氢燃料电池客车具体参数对比见表 4 –2 –9。

表 4 –2 –9 国内外氢燃料电池客车性能对比

分类	国内			国外	
客车厂家	北汽福田①	郑州宇通①		丰田 SORA②	美国 AC Transit 示范典型车型③
车型	BJ6123FCEVCH-3	ZK6125FCEVG10	ZK6105FCEVG2		
燃料电池系统 厂家	亿华通	亿华通	上海重塑	丰田	UTC Power
燃料电池系统 额定功率	63kW	63kW	50kW	114kW ×2（峰值）	120kW
动力蓄电池容量	100.16kW · h	108kW · h	117kW · h	未公开	17.4 kW · h
整车长度	12m	12m	10.5m	10.5m	12m
气瓶	8 ×140L（35MPa）	8 ×140L（35MPa）	8 ×140L（35MPa）	10 ×60L（70MPa）	35MPa
储氢量	25kg	25kg	25kg	未公开	40kg
耐久性	实际运行 930h，衰减 0.2%，持续运行中	实际运行 1200h，衰减 0.5%，持续运行中	实际运行 3200h，衰减 1.5%，持续运行中	未公开	实际运行最长时间 31200h，持续运行中
续驶里程	平均续驶里程 452km	平均续驶里程 468km	平均续驶里程 560km	未公开	平均续驶里程 446km

① 数据来源于新能源汽车推广应用推荐车型目录，运行数据为厂家反馈数据。

② 数据来源于丰田宣传资料。

③ 数据来源于 Technology Validation：Fuel Cell Bus Evaluations – May 1，2019。

与国际燃料电池汽车发展相比，国内燃料电池乘用车产业化发展缓慢。以丰田为例，丰田公司 2015 年推出量产 Mirai 轿车，2015—2019 年年产量从 700 辆逐步提升到 3000 辆，总产量超过 1 万辆。目前，国内在乘用车领域，上汽是唯一具备燃料电池乘用车技术和生产能力的企业，一汽、东风、长安、广汽、长城等企业也在推进燃料电池乘用车研发。国内外燃料电池乘用车性能对比见表 4 –2 –10。

我国燃料电池汽车主要技术短板见表 4 –2 –11。

表 4－2－10　国内外燃料电池乘用车性能对比

内容与指标	丰田 Mirai	本田 Clarity	现代 Tucson (ix 35)	中国 2020 水平
车型	轿车	轿车	SUV	B 级轿车/SUV
售价	670 万日元/56950 美元	766 万日元/65110 美元	8500 万韩元/77300 美元	—
续驶里程/km	650～700	700	594（NEDC）	300～500
最大时速/(km/h)	175	—	160	150～180
0—100km/h 加速时间/s	9.6	—	12.5	10～14
冷启动允许温度/℃	－30	－30	－25	－30
整车寿命	5000h/25 万 km	5000h	7500h/30 万 km（长期目标）	2000～5000h（估计值）

表 4－2－11　我国燃料电池汽车主要技术短板

序号	名称	主要内容
1	燃料电池系统的性能	缺乏高可靠、长寿命、全气候的大功率氢燃料电池系统，部分关键材料及核心零部件未取得技术突破，高度依赖进口
2	国产车载储氢系统	体积大、成本高，尚不能满足大规模商业化需求

2.1.4　氢能基础设施与车载储氢

1. 制氢环节

全球氢气产能约 7000 万 t/年，其中，我国氢气产能约 2000 万 t/年；国际上以天然气制氢为主，约占 75%；我国以煤制氢为主，占 60% 以上；国内外可再生能源制氢占比均极小。但是，可再生能源制氢是降低燃料电池汽车全生命周期碳排放量的主要途径，因此正在得到全球范围的大力推动。在我国，碱性水电解制氢技术较为成熟，应用比较广泛，但存在单体制氢能力相对产业需求不够大、电流密度小、占地面积大等问题。质子交换膜电解制氢技术国内外均处于研发和小量应用阶段，我国质子交换膜制氢技术在设备成本、催化剂技术、质子交换膜本身等方面与国际先进水平差距较大。因此，近期以成熟的碱性水电解制氢技术为主，中长期为碱性、质子交换膜等多种制氢方式并存。

不同制氢技术的成本存在较大差异，这主要由制氢原料的成本和规模等要素决定。表 4－2－12展示了不同制氢技术的成本和规模。目前，基于煤炭和天然气制氢是综合成本与规模最突出的路径，其成本在 8～15 元/kg。其中，煤炭制氢成本较低、规模较大，最小规模应不小于 5000Nm^3/h（10t/天），最大规模可到 1000t/天。天然气制氢的规模大约是煤制氢规模的1/5，成本大约高20%。以焦炉气和氯碱工业的副产制氢的成本大约为6～12元/kg，最小规模最低与化石燃料制氢相当，但在最大规模上要低一些，尤其是氯碱工业副产制氢的最大规模只有10000Nm³/h（20t/天）。利用甲醇与氨等有机化合物进行制氢的路径成本在碳氢原料制氢途径中成本最高，在12～20元/kg之间，但具有制氢规模灵活的优势；最低规模可以达到50 Nm³/h，其最大规模为10000Nm³/h（每天20t/天）。电解水制氢的成本变化幅度最大，在电价极低尤其是在消纳风光水可再生能源波峰过剩电力的情况下，可以做到10元/kg的生产成本，但当使用工业电价时成本会增加到50元/kg。目前，电解水单体的制氢规模在10～2000 Nm³/h（4t/天），可以使用多个单元灵活增加制氢规模。

表4－2－12　不同制氢技术的成本和规模

制氢方式	成本/（元/kg）	规模/（Nm³/h）
煤制氢	8～12	5000～500000
天然气制氢	10～15	1000～100000
焦炉煤气制氢	8～12	5000～100000
氯碱、丙烷脱氢等副产氢	6～10	2000～10000
甲醇、氨制氢	12～20	50～10000
电解水制氢	10～50	10～2000

2. 氢气储输环节

气态氢储输是目前全球氢气储输的主要技术路线，采用长管束或瓶组，国际上已有厂商采用45～55MPa的氢气瓶组进行氢气运输；国内目前只有20MPa钢制高压长管拖车和瓶组，储氢密度低。未来将以30MPa及以上的高压力等级为主，向轻量化、大容积和更高安全性的Ⅲ型瓶和Ⅳ型瓶发展，以复合材料对钢材的替代使用减轻自身重量，提高储氢密度。

氢气长输管道在全球已建成约5000km，其中约85%分布在美国和欧洲，工作压力在4～8MPa。我国氢气长输管道总长约400km，分布在环渤海湾、长三角、中原等地，输氢管道较短、设计压力较低。未来需要发展高压的长输管道，实现大规模输氢。

全球氢气液化装置50余座，总产能超过470t/天，在北美应用较多。液氢主要通过液氢槽车的方式进行远距离运输，世界首条液氢运输船2020年初在日本下水，计划开展从澳大利亚到日本的液氢输运。我国有4座氢液化装置投入使用，均在航天领域，总产能约5t/天，占全球总产能约1%。我国大规模氢液化和液氢运输的技术比较薄弱，大型氢透平膨胀机和液氢球罐等关键设备的设计制造技术与国际差距较大，阀门、充装加注软管和连接器等关键零部件主要依赖进口，也缺乏商业化应用条件下的液氢储运、充装/转注操作和安全泄放等相关的试验数据和操作管理经验。未来将通过规模化应用，促进液氢技术、装备和关键零部件的国产化，并大幅降低液化能耗至6～7kW·h/kg氢气。

运输环节的成本主要由运输距离、运输形式等要素决定。国内加氢站目前均以20MPa长管拖车运输为主，1kg氢气100km运输成本为6~8元。短期3~5年内主要通过增加长管拖车数量或运输氢气的瓶组压力来降低20%以上的公路运输成本。中长期通过液氢槽车可以把运输和加注环节（含液化和加氢站内的汽化加注）的成本降低50%~70%；通过氢气输配管道，将氢气的单位运输成本降低80%以上。氢气到站成本见表4-2-13。

表4-2-13　氢气到站成本

储运方式	100km到站成本增加/（元/kg）	200km到站成本增加/（元/kg）	300km到站成本增加/（元/kg）
纯氢管道	1.3	2.0	2.7
20MPa高压拖车	10.7	19.4	28.1
50MPa高压拖车	9.8	16.6	23.4
-253℃液氢（大规模）	12.8	13.9	15

3. 加氢站环节

如图4-2-3所示，全球已建成加氢站约450座，以70MPa为主，其中部分站点的储氢方式为液氢；我国已建成加氢站47座，以35MPa为主，储氢方式均为气氢。加氢站的关键零部件（如加氢枪、拉断阀、流量计和高压阀门管件等）主要依赖进口。气氢加氢站的高压储氢容器、氢气压缩机和加氢机等主要设备的国内供应商比较少，液氢加氢站的液氢储罐和液氢泵技术等处于研发阶段。未来，随着燃料电池车辆规模化应用，会推动加氢站的关键设备和零部件的国产化，储氢方式也将从单一气态储氢向气氢、液氢等并存发展。加氢站与加油站、加气站、充电站等合建站也将成为主要模式。

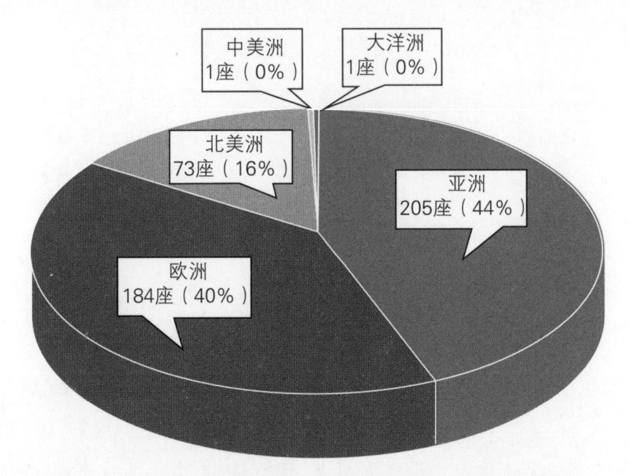

图4-2-3　全球运营中的加氢站分布比例示意图

注： 数据来源于H2Station。

加氢站加注环节的成本主要由加氢站工作负荷率、土地成本、设备投资及其运维费用等要素决定，按 500kg/天的加注能力、70% 的负荷率，加注成本高于 30 元/kg。未来主要通过设备国产化和自动化、增大单站规模和液氢汽化加注等技术创新，以及合建站、商业模式创新以提升加氢站负荷率等，将加注环节的成本降低 50% 以上。

4. 车载储氢环节

目前，国外已经实现了 70MPa Ⅳ型瓶车载储氢系统在燃料电池乘用车的商业化应用；我国车载储氢系统主要以 35MPa Ⅲ型瓶为主，70MPa 车载储氢系统尚处于示范阶段。相比Ⅲ型瓶，Ⅳ型瓶在轻量化和储氢密度方面更有优势；另外，车载液氢和深冷高压技术处于研发阶段。

总的来说，我国在制氢方面具有总体产能大，资源分布广泛，技术路线多样、成熟，国产化率高等优势。在储输环节的工业应用领域，落后国际领先水平，但在面向未来的先进技术的研究方面差异较大，如在储氢材料方面，欧洲近期斥巨资对储氢材料展开系统全面的研究；在大于 30MPa 高压和液氢加注环节与国际领先的工业应用水平差异较大，主要体现在涉及高压、低温的关键材料与核心零部件、整机和系统设计等方面。另外，加氢站的建设规模需要满足氢燃料电池汽车的需求，基础设施的布局需要超前氢燃料电池汽车的发展。

主要车载储氢系统技术指标比较见表 4－2－14。

表 4－2－14　主要车载储氢系统的技术指标比较

主要指标	35MPa 高压气氢	70MPa 高压气氢	液氢	深冷高压
工作压力/MPa	35	70	0.7	30
氢气温度/℃	－40 ～ 80	－40 ～ 80	－253 ～ －240	－240 ～ 80
单瓶水容积/L	≤450	≤230	≥500	≤500
储氢密度/（g/L）	25	40	70	67
质量储氢密度/（wt%）	3.5～4.5	4～6.5	7.5～10	7.5～9

我国在制氢、氢气储输、加氢站和车载储氢技术方面存在的主要技术短板见表 4－2－15。

表 4－2－15　我国制氢、氢气储输、加氢站和车载储氢技术的主要技术短板

序号	名称	主要内容
1	加压环节的压缩机装备	1）高压（大于 45MPa）的隔膜式压缩机柱塞密封结构的设计和制造工艺 2）高压氢气环境下的金属膜片耐氢脆性能的测试技术 3）液驱柱塞式压缩机、离子液体压缩机技术
2	加氢机和高压瓶的关键零部件	加氢枪、拉断阀、高压氢气质量流量计、高压软管、调压阀和车用高压氢气瓶阀

（续）

序号	名称	主要内容
3	高压氢气质量流量计	1）提升高压氢气质量流量计的准确度与精度 2）提高产品集成度 3）开发高压氢气计量测试和标定装置
4	Ⅳ型瓶技术	车载储氢瓶碳纤维材料
5	质子交换膜制氢技术	催化剂技术、质子交换膜
6	高效氢气液化装置	开发大于100t/天、低能耗低至6kW·h/kg的氢气液化装置

2.2　发展趋势

2.2.1　燃料电池堆与关键材料

开发基于新材料体系的低成本、高功率密度燃料电池堆技术。提高燃料电池的功率密度，要从性能提高与体积减小两方面着手。性能方面，从降低活化极化、欧姆极化、传质极化等多方面入手，改进催化剂、膜、双极板等关键材料的性能。研制高活性、高稳定性催化剂，建立新型催化剂体系；研制高性能、长寿命、低成本质子膜技术，通过提高聚合物材料的玻璃化转变温度，改善电解质材料的耐高温性能；通过膜的超薄化，提高膜质子导电性；通过材料的结构与性能研究，增强材料的性能及其与树脂材料的浸润性。同时，开展质子交换膜与基膜的界面性能的可调控研究，满足不同膜电极制备过程对膜的使用要求。发展导电耐腐蚀双极板及有利于传质的新型流场。在体积减小方面，需要降低极板等硬件的厚度，提高集成度等。

2.2.2　燃料电池系统

1. 零部件高度集成化与系统结构简单化

基于零部件的高度集成化，燃料电池系统结构越来越简单，主要包括空气供应装置、氢气供应装置、冷却控制装置与电控接口装置四个辅助系统零部件和电池堆。其中，空气供应装置集成了空气压缩机、中冷器、组合阀门与相应的传感器等；氢气供应装置集成了比例阀或氢气喷射器、引射器、循环泵、水分离器、排水阀和传感器等；冷却装置集成了电子水泵、多路冷却液分配器、离子过滤器和传感器等；电控接口装置集成了高效DC/DC、电气保护与分配装置、控制器和传感器等。

2. 高度智能化的大功率高性能燃料电池系统

基于高性能电池堆和关键零部件的燃料电池系统单模块峰值功率将逐步达到100kW

等级，通过模块化组合实现更大功率输出。未来，燃料电池系统额定工作温度将持续提高至90℃以上，系统实际应用将长时间处于高效能量利用区间和短时的峰值功率区间。基于燃料电池在线状态识别的可靠性保障和耐久性预测技术，燃料电池系统将实现全工况和完整生命周期的智能闭环控制，可靠性、耐久性和低温冷启动性能将得到全面提升。

2.2.3 燃料电池汽车

我国将发展氢燃料电池商用车作为整个氢燃料电池行业的突破口。当前，我国氢燃料电池汽车市场处于示范导入期，以客车和城市物流车为主。商用车运营线路相对固定，便于加氢站布点及统筹管理，能够满足商用车加氢时间快、续驶里程长的要求，而且我国氢燃料电池商用车比国外的商用车具有很大的成本优势。

2020—2025年，氢燃料电池汽车将进入商业化提升期，城市内和城际旅游客运和中大型物流车及专用车等车型为主要推广车型；2025—2030年，氢燃料电池汽车将进入快速发展期，在原来车型的基础上，推广车型将增加乘用车，载重量大、长距离行驶的中重型货车，以及长途客运、牵引车、港口拖车等，实现氢燃料电池车的全面推广。

2.2.4 氢能基础设施与车载储氢

1. 车下基础设施

气态氢储输未来将以30MPa及以上的高压力等级方案为主，向轻量化、大容积和高安全性的Ⅲ型瓶和Ⅳ型瓶发展。未来将发展高工作压力的长输管道，实现大规模输氢。通过氢气输配管道，将氢气的单位运输成本降低80%以上。

液氢方面，未来将通过规模化应用，促进液氢技术、装备和关键零部件的国产化，并大幅降低液化氢气能耗至6～7kW·h/kg。中长期来看，通过液氢槽车可以把运输和加注环节（含液化和加氢站内的汽化加注）的成本降低50%以上。

未来储输氢方式需要由各地的资源禀赋与条件、技术进展以及法规的成熟度来决定。一般来说，长距离、大流量、地质条件较好的区域适合长输管道或液氢；距离较短、用量较少，适宜管束高压气氢运输；用量较大、距离较短的情况下，可考虑输配管网。

加氢站环节，未来将通过规模化应用，推动关键设备和零部件的国产化；同时，根据燃料电池车辆发展趋势持续提升加注能力和加注压力，储氢方式也将从单一气态储氢向气氢、液氢等并存发展。加氢站未来发展主要通过设备自动化、制氢加氢一体站、增大单站规模和液氢汽化加注等技术创新，以及油气等合建站、商业模式创新以提升加氢站负荷率等管理创新，将加注环节的成本降低50%以上。

2. 车载储氢环节

高安全性、轻量化和高储氢密度是车载储氢系统的发展趋势。氢瓶的压力等级从35MPa提高到70MPa将使得质量储氢密度达到4.5%以上，如果采用大容积Ⅳ型瓶，质量储氢密度将进一步提升到5.5%以上。在重载商用车领域，采用大容积单瓶车载液氢系统，质量储氢密度将超过6.5%；采用深冷高压储氢技术可能会进一步提升系统储氢密度。因此，从35MPa向70MPa、从Ⅲ型瓶向Ⅳ型瓶、从常温向低温和从小容积向大容积，是未来车载储氢系统的发展方向。

车载储氢成本主要受规模、碳纤维关键材料、高压管阀件等要素影响，目前35MPa车载氢瓶的成本为6000元/kg。未来随着车辆规模的扩大，碳纤维关键材料和高压管阀件的国产化，成本将大幅降低（60%以上）。深冷高压等新技术经过充分的技术验证后，有可能在提升储氢密度、降低成本方面发挥重要作用。

3 专题领域技术路线图1.0评估

3.1 燃料电池堆

针对技术路线图1.0，到2019年年底，国内产业化的燃料电池堆额定功率、体积功率密度、低温启动等指标已经达到或超过2020年的目标，电池堆的耐久性还需要实际验证，成本存在较大差距。燃料电池堆技术路线图2020年目标完成情况见表4-3-1。

表4-3-1　燃料电池堆技术路线图2020年目标完成情况

评估项	指标	2020年目标	目标实现情况	状态
商用车电池堆	额定功率/kW	70	80	达到
	体积功率密度/(kW/L)	2.0	2.0~3.0	达到
	寿命/h	10000	10000	达到
乘用车电池堆	额定功率/kW	70	70	达到
	体积功率密度/(kW/L)	3.0	3.0~3.4	达到
	寿命/h	5000	5000	达到
膜电极铂用量	铂用量/(g/kW)	0.3	0.3	达到
冷启动	冷启动/℃	-20	-30	达到
成本	成本/(元/kW)	1000	3000	有差距

从表4-3-1可以看到，电池堆体积功率密度目标超额完成。商用车电池堆体积功率密度已经达到2.0~3.0kW/L，高于目标2.0kW/L；乘用车电池堆体积功率密度3.0~3.4kW/L，高于目标3.0kW/L。其原因主要是技术进步幅度超过预期：材料部件方面，膜电极性能提高，普遍高于1W/cm^2；双极板技术进展较快，石墨复合板厚度明显减薄，小于1mm；操作方面，电池堆额定工作电流密度提升，目前电池堆工作点从低于1A/cm^{2}提

高到 1.5A/cm²以上，工作点提高可以明显提升电池堆比功率，电池堆高电流密度下各节的均一性保证良好。

从表 4-3-1 可以看到，电池堆成本目标尚未完成。电池堆目标成本是 1000 元/kW，目前电池堆成本在 3000 元/kW 左右，成本距目标差距较大。这主要有以下两方面原因。一是材料不能自主供应，成本过高。目前，电池堆关键材料如催化剂、膜（包括树脂）、碳纸等大部分依赖进口，导致材料成本居高不下。二是电池堆关键部件缺乏批量生产工艺，加工成本高。目前，膜电极、双极板等电池堆关键部件缺乏批量生产，使得制造成本偏高。随着市场的扩大，国内企业逐渐开始重视批量生产技术，将有效地降低燃料电池堆成本。

3.2 燃料电池系统

在乘用车燃料电池系统的 2020 年目标中，除了万套级系统成本 1500 元/kW，现有生产规模无法满足要求导致成本高外，其他主要目标均已实现，见表 4-3-2。在商用车燃料电池系统的 2020 年目标中，最高效率未达到预期指标，功率、冷启动温度和寿命目标均已实现，见表 4-3-3。

表 4-3-2　乘用车燃料电池系统 2020 年目标完成情况

指标	2020 年目标	完成情况
额定功率/kW	60	>60
最高效率（%）	45	接近 50
体积功率密度/(W/L)	400	接近 500
冷启动温度/℃	-30	-30
寿命/h	5000	接近 5000
系统成本	1500 元/kW(万套级)	未完成

表 4-3-3　商用车燃料电池系统 2020 年目标完成情况

指标	2020 年目标	完成情况
额定功率/kW	60	>60
最高效率（%）	55	接近 50
质量功率密度/（W/kg）	300	400①
冷启动温度/℃	-20	-30
寿命/h	10000	10000
系统成本	5000 元/kW	完成

①亿华通 YHT60SS 商用车燃料电池系统参数：输出功率为 60kW，质量为 150kg。

燃料电池系统各项技术目标的达成主要得益于进口燃料电池堆技术及其对国内电池堆技术的促进作用，国产电池堆技术对产业链的拉动作用，辅助系统关键零部件、控制技术和测试评价技术的进步，以及现阶段车辆采用的电－电混合动力模式对燃料电池系统应用条件的改善。

乘用车燃料电池目标成本未能达到预期目标的主要原因是，现阶段燃料电池乘用车暂时不具备市场化应用条件，导致产业发展缓慢。商用车燃料电池系统的最高效率和功率密度指标未能达到预期目标的主要原因是，现有技术指标基本满足车辆示范应用需求，在产业规模较小的情况下，制造厂商从成本角度出发选择了更具经济性的技术方案。在高价引进国外电池堆技术后，尚未掌握核心技术并转化为自主更新迭代的能力。

3.3 燃料电池汽车

以氢燃料电池客车为例，主要技术指标已达到 2020 年目标，寿命和整车成本与 2020 年目标仍有差距。具体指标完成情况见表 4－3－4。

表 4－3－4　氢燃料电池客车 2020 年目标完成情况

指标	2020 年目标	2019 年完成情况
续驶里程/km	500	500
0—50km/h 加速时间/s	20	20
燃料经济性（百公里氢耗）/(kg/100km)	<7.0	<7.0
最高车速/（km/h）	80	80
冷启动温度/℃	－20	－30
寿命	40 万 km	实际运行超过 10 万 km，衰减 0.5%～1.5%，按衰减 10% 寿命终止，估计寿命超过 60 万 km
成本/万元	<150	<150

由于电－电混合控制技术、燃料电池发动机高效控制技术的提升部分指标已经提前或超额完成，如续驶里程、加速时间、百公里氢耗等。然而，我国氢燃料电池汽车产业规模化尚未形成，关键零部件大多处于样件阶段或小批量生产阶段，导致整车成本高；同时，没有车辆完成全生命周期验证，因此无法衡量氢燃料电池汽车的寿命。

3.4 氢能基础设施

技术路线图 1.0 中我国氢燃料电池汽车发展目标为 2020 年加氢站 100 座；到 2019 年年底，我国已建成加氢站 47 座，在建加氢站约 40 座。根据现有已建成加氢站数量，结合北京冬奥会及各地区的氢能交通发展趋势，预计到 2020 年年底加氢站数量将超过 100 座的目标。

4 面向 2035 年发展愿景、目标及里程碑

4.1 氢燃料电池汽车

参照国家已经发布的科技与产业发展战略，我国氢燃料电池汽车阶段性发展目标如图 4-4-1所示。

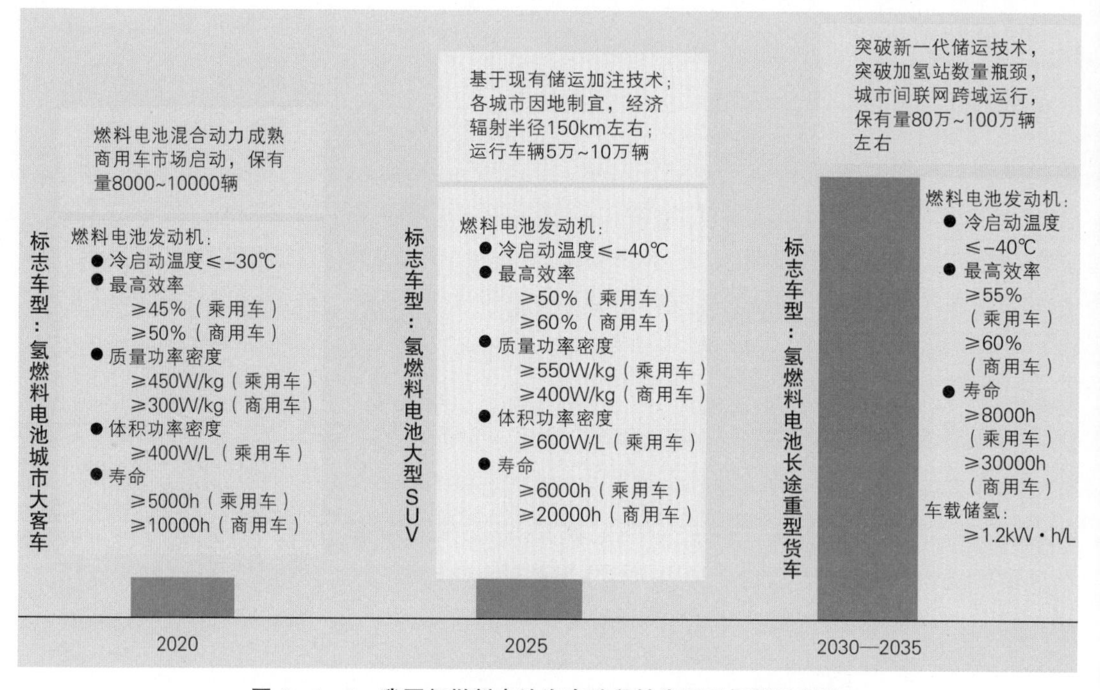

图 4-4-1 我国氢燃料电池汽车阶段性发展目标及里程碑

1）**到 2020 年，初步实现氢燃料电池汽车的商业化应用。氢燃料电池汽车的商业化应用规模达到 8000～10000 辆，投入运营加氢站 100 座以上。**在北京、上海、郑州、武汉、成都、张家口、佛山、如皋、潍坊、大同等全国 10 余大中小不同级别城市，以公共交通、仓储物流为主要业务开展商业化示范运营，累积运营里程超过 1 亿 km。

2）**到 2025 年，加快实现氢能及燃料电池汽车的推广应用。**以大型 SUV、公共服务用车的批量应用为主，基于现有储运加注技术，基于 150km 的辐射距离，因地制宜地推广氢能与燃料电池技术，优化燃料电池系统结构设计，加速关键部件产业化，大幅降低燃料电池系统成本。燃料电池汽车保有量达到 5 万～10 万辆规模。

3）**到 2030 年，实现氢能及燃料电池汽车的大规模推广应用。**大规模氢的制取、存

储、运输、应用一体化，加氢站现场储氢、制氢模式的标准化和推广应用；完全掌握燃料电池核心关键技术，建立完备的燃料电池材料、部件、系统的制备与生产产业链。燃料电池汽车规模在80万~100万辆，氢气来源50%为清洁能源。

4.2　燃料电池堆

4.2.1　面向2035年发展愿景和目标

通过燃料电池堆关键材料与部件的持续改进及创新，燃料电池堆性能、耐久性、成本完全满足规模化商业运行需求。通过批量生产技术的开发，建立国产化燃料电池堆及关键材料供应体系。

4.2.2　2025年、2030年、2035年分阶段里程碑

1. 2025年

商用车电池堆单堆额定功率大于70kW，体积功率密度大于2.5kW/L，寿命大于16500h，成本小于1200元/kW；乘用车电池堆额定功率大于110kW，体积功率密度大于4kW/L，寿命大于5500h，成本低于1800元/kW。催化剂、膜、碳纸、膜电极、双极板等关键材料量产规模满足10万辆以上氢燃料电池汽车需求。

2. 2030—2035年

商用车电池堆单堆额定功率大于100kW，体积功率密度大于3kW/L，寿命大于30000h，成本小于400元/kW；乘用车电池堆额定功率大于130kW，体积功率密度大于6kW/L，寿命大于8000h，成本低于500元/kW。催化剂、膜、碳纸、膜电极、双极板等关键材料量产规模满足100万辆以上氢燃料电池汽车需求。

4.2.3　关键核心技术

1. 面向2025年的应用场景，对现有材料体系进行改进与提升

关键技术包括：开发高性能、高稳定性超低铂/非铂催化剂，高性能、高稳定性、低EW[㊀]值膜树脂及薄增强质子交换膜，高气体通量、高导电性气体扩散层，高性能低铂膜电极组件，导电、耐腐蚀双极板基材与成型技术，高功率密度燃料电池堆；优化耐久性控制策略；建立材料与部件批量生产及电池堆组装自动生产线。

㊀ EW是Equivalent Weight的缩写，代表1mol磺酸基团的树脂质量。EW越小，磺酸基团浓度越高，电导越高，但是膜的强度可能也越低。

2. 面向 2030 年规模化推广，在提升现有材料体系的同时开发创新性材料体系

关键技术包括：催化剂批量生产技术及装备，质子交换膜批量生产技术及装备，膜电极批量生产技术及装备，双极板批量生产技术及装备，电池堆组装与检测技术等基于现有材料体系的低成本、高品质产品的制造技术；高温质子交换膜及电池堆，非铂催化剂及电池堆，碱性阴离子交换膜及非贵金属催化剂电池堆等新材料体系的技术开发。

3. 面向 2035 年产业化应用，进行创新性材料体系的应用技术开发

关键技术包括但不限于以下创新材料体系的实际应用：高温质子交换膜及电池堆技术应用，非铂催化剂及电池堆技术应用，碱性阴离子交换膜及非贵金属催化剂电池堆技术应用；形成完整产业链，实现燃料电池关键材料高品质的制造体系。

4.3 燃料电池系统

4.3.1 面向 2035 年发展愿景与目标

到 2035 年，燃料电池系统产业链基本完善，具备成熟的规模化生产能力，燃料电池系统产品具备和内燃机充分竞争的能力。

4.3.2 2025 年、2030 年、2035 年分阶段里程碑

1. 2025 年

乘用车燃料电池系统功率达到 90kW，体积功率密度达到 600W/L，系统最高效率达到 55%，输出动态响应速度达到 10kW/s，在最低温度 −30℃ 条件下实现 120s 内快速冷启动，耐久性（循环工况）超过 5000h，系统成本降至 3500 元/kW，关键零部件国产化率大于 80%；商用车燃料电池系统功率大于 120kW，质量功率密度达到 350W/kg，系统最高效率大于 55%，在最低温度 −40℃ 条件下实现 300s 内快速冷启动，耐久性（循环工况）超过 15000h，系统成本降至 2000 元/kW，关键零部件国产化率大于 90%。

2. 2030—2035 年

乘用车燃料电池系统功率大于 120kW，体积功率密度达到 800W/L，系统最高效率大于 60%，输出动态响应速度达到 20kW/s，在最低温度达到 −40℃ 以下 60s 内实现高效快速低温冷启动，耐久性（循环工况）达到 7000h，系统成本降至 1000 元/kW，主要关键零部件全部实现国内规模化生产制造；商用车燃料电池系统功率大于 180kW，质量功率密度达到 450W/kg，系统最高效率达到 60%，在最低温度 −40℃ 条件下实现 120s 内快速冷启动，耐久性（循环工况）达到 30000h，系统成本降至 600 元/kW，主要关键零部件全部实现国内规模化生产制造。

4.3.3 关键核心技术

1. 2025 年关键核心技术

（1）耐久性快速测试评价技术

阐明车载工况下燃料电池堆衰减机理及其影响因素，建立燃料电池堆加速老化测试与量化评价方法，形成基于运行工况的燃料电池耐久性预测模型。

（2）无外增湿湿度闭环控制技术

掌握燃料电池堆内部含水量在线辨识方法，开发高效水平衡测试与控制装置，实现不同环境和工况下的无外增湿燃料电池系统的电池堆含水状态闭环控制。

（3）高性能零部件技术

开发充分利用压缩气体能量的大流量、高压头、高效率、低噪声空气压缩机和氢气循环泵，且氢气循环泵具备较好的低温环境适应性；开发出适于车载应用的具备在线阻抗检测功能的高效 DC/DC 变换器。

2. 2030—2035 年关键核心技术

（1）面向耐久性优化的智能控制技术

掌握燃料电池系统在线健康状态识别技术，根据燃料电池系统健康状况、运行环境、运行工况进行动态优化调节，实现全工况和完整生命周期的耐久性优化智能控制。

（2）高效快速低温冷启动技术

开发具备极寒环境适应性的关键零部件，掌握燃料电池低温环境下安全启停边界条件，充分利用系统热量和燃料电池自身产热，实现电池堆低衰减快速低温冷启动。

（3）规模化生产制造技术

建立完善的燃料电池系统及关键零部件测试方法和评价标准，形成适合规模化生产制造的生产工艺和质量保障体系。

4.4 燃料电池汽车

4.4.1 面向 2035 年发展愿景和目标

我国氢燃料电池汽车的发展愿景是，到 2035 年实现百万辆的燃料电池汽车（以燃料电池商用车为主体）推广应用。

4.4.2 2025 年、2030 年、2035 年分阶段里程碑

到 2025 年，实现氢能及燃料电池技术的推广应用，以城市物流用车、公共服务用车

的批量应用为主，车辆规模力争达到 10 万辆。

2030—2035 年实现氢燃料电池技术的普及应用，推广应用车辆力争达到 100 万辆。

4.4.3 关键核心技术

1. 2025 年关键核心技术

提高燃料电池系统功率，以大功率燃料电池系统与中等容量动力蓄电池系统的电 - 电混合为特征，在特定应用环境下，整车成本实现与纯电动汽车能够竞争。

2. 2030—2035 年关键核心技术

以大功率燃料电池系统与小容量动力蓄电池系统的电 - 电混合为特征，开发长寿命燃料电池动力系统；燃料电池商用车动力性、经济性及全生命周期成本需达到燃油车水平。

4.5 氢能基础设施与车载储氢

4.5.1 面向 2035 年发展愿景和目标

形成完善的氢能基础设施区域网络，满足氢能消费需求，结合碳交易体系，实现氢能零排放交通的规模化，推动氢能社会的可持续化发展。

4.5.2 2025 年、2030 年、2035 年分阶段里程碑

到 2025 年，建成与燃料电池汽车推广应用相适应的氢能基础设施；大规模发展可再生能源制氢技术，最大限度地满足燃料电池车辆用氢量需求；具备 70MPa 压力的Ⅲ型/Ⅳ型车载储氢瓶的批量生产能力；加氢站数量超过 1000 座。

2030—2035 年，实现液氢技术在能源领域的商业化应用，推动区域性输氢管网的商业化示范，实现氢能基础设施及燃料电池汽车的大规模推广应用；加氢站数量超过 5000 座。

4.5.3 关键核心技术

1. 2025 年关键核心技术

鼓励可再生能源制氢，基本掌握高效氢气制备、储运和加氢站等关键技术；掌握 70MPa 压力的Ⅲ型瓶的制造工艺。重点突破大规模可再生能源制氢技术和 30MPa 及以上高压氢气的公路运输政策瓶颈。

2. 2030—2035 年关键核心技术

2030—2035 年，实现制氢、储输等新技术的突破性进展。

5 技术路线图

5.1 氢燃料电池汽车技术路线总图

氢燃料电池汽车技术路线总图如图 4 -5 -1 所示。

		2020年	2025年	2030—2035年
总体目标		燃料电池混合动力技术成熟，商用车市场启动，保有量达到1万辆规模	基于现有储运加注技术；各城市因地制宜，经济辐射半径约150km；运行车辆5万～10万辆	突破新一代储运技术，突破加氢站数量瓶颈，城市间联网跨域运行，保有量100万辆左右
		燃料电池系统产能超过1000套/企业	燃料电池系统产能超过1万套/企业	燃料电池系统产能超过10万套/企业
氢燃料电池汽车	功能要求	冷启动温度达到-30℃，动力系统构型设计优化，整车成本与纯电动汽车相当	冷启动温度达到-40℃，提高燃料电池功率，整车成本达到混合动力汽车的水平	冷启动温度达到-40℃，燃料电池商用车动力性、经济性及成本需达到燃油汽车水平
	商用车	续驶里程≥400km 客车经济性≤6kg/100km 成本≤150万元 整车寿命20万km	续驶里程≥500km 客车经济性≤5.5kg/100km 成本≤100万元 整车寿命40万km	续驶里程≥800km 重型货车经济性≤10kg/100km 成本≤50万元 整车寿命100万km
	乘用车	续驶里程≥500km 最高车速≥150km/h 经济性≤1.2kg/100km 寿命10万km 成本≤80万元	续驶里程≥650km 最高车速≥180km/h 经济性≤1.0kg/100km 寿命25万km 成本≤30万元	续驶里程≥800km 最高车速≥180km/h 经济性≤0.8kg/100km 寿命30万km 成本≤20万元
共性关键技术	燃料电池堆技术	冷启动温度<-30℃ 商用车电池堆体积功率密度>2kW/L，寿命>11000h，成本<2500元/kW 乘用车电池堆体积功率密度>3kW/L，寿命>5500h，成本<3500元/kW	冷启动温度<-40℃ 商用车电池堆体积功率密度>2.5kW/L，寿命>16500h，成本<1200元/kW 乘用车电池堆体积功率密度>4kW/L，寿命>5500h，成本<1800元/kW	冷启动温度<-40℃ 商用车电池堆体积功率密度>3kW/L，寿命>30000h，成本<400元/kW 乘用车电池堆体积功率密度>6kW/L，寿命>8000h，成本<500元/kW
	基础材料技术	高性能膜材料、低铂催化剂、高通量高导电性气体扩散层、高性能膜电极组件技术、先进双极板材料与成型技术、高功率密度电池堆技术	批量化催化剂、质子交换膜、膜电极组件、双极板生产技术及装备	高温质子交换膜及电池堆技术应用、非铂催化剂及电池堆技术应用、碱性阴离子交换膜及非贵金属催化剂电池堆技术
	控制技术	部分增湿与水闭环控制技术、低温快速启动技术、阳极循环技术、状态估计与水热优化管理技术	阴极中高压流量压力解耦控制技术、能量综合利用技术、面向寿命优化的动态运行控制技术	无增湿长寿命技术、宽压力流量范围自适应控制技术、阳极引射泵循环泵回流控制技术
	储氢技术	供给系统关键部件开发技术，高压储氢技术、氢安全技术	供给系统关键部件高可靠性技术，储氢系统高可靠性技术	供给系统关键部件低成本技术，储氢系统低成本技术

图 4 -5 -1　氢燃料电池汽车技术路线总图

		2020年	2025年	2030—2035年
关键零部件技术		高速无油空压机与高集成空气系统、氢循环泵引射泵与氢循环系统、含交流阻抗功能的专用DC/DC、70MPa储氢瓶、液氢储氢瓶等关键系统附件性能满足车用指标要求		
氢能基础设施	氢气供应	可再生能源分布式制氢，副产氢气高效低成本氢分离纯化技术，氢气需求量1万~3万t/年	鼓励可再生能源分布式制氢，氢气需求量20万~40万t/年	可再生能源分布式制氢，氢气需求量200万~400万t/年
	氢气储输	高压气态氢气储存与运输	高压气态氢为主、液氢、管道输氢示范	多种形式并存
	加氢站	加氢站接近100座 加注压力：35/70MPa 氢燃料成本≤40元/kg	加氢站>1000座 加注压力：35/70MPa 氢燃料成本≤40元/kg	加氢站>5000座 加注压力：35/70MPa 氢燃料成本≤25元/kg

图 4-5-1　氢燃料电池汽车技术路线总图（续）

5.2　燃料电池堆与关键材料技术路线图

车用燃料电池堆技术路线图以 2025 年、2030 年、2035 年为三个关键时间节点。通过改进与创新电极材料及电池堆结构、优化耐久性控制策略、建立材料与部件批量生产及电池堆自动组装生产线，来提升电池堆体积功率密度、耐久性，降低成本。研究高温、高污染、高海拔环境适应性技术，加大对燃料电池堆工程化研究，发展燃料电池制造装备技术，建立关键材料与部件批量生产线，实现关键材料与部件的产品化、商业化，最终使关键材料、部件、电池堆从品质与产能上满足燃料电池汽车规模化运行要求。燃料电池堆发展路线图如图 4-5-2 所示。

基于目前国内、国际技术与产业发展现状，根据商用车与乘用车的不同应用特点，在性能、耐久性、成本方面给出了不同的指标要求。商用车用电池堆在耐久性、成本方面提出了比乘用车更高的要求，而乘用车用电池堆在体积功率密度方面比商用车的目标要求高。到 2035 年，商用车的电池堆成本要从 2500 元/kW 降低到 400 元/kW，寿命从 11000h 提升到 30000h；到 2035 年，乘用车电池堆体积功率密度从 3kW/L 提升到 6kW/L。从环境适应性方面，各种应用场合到 2035 年均达到能在 -40℃储存与启动。

		2020年	2025年	2030—2035年
总体目标	商用车电池堆	冷启动温度-30℃	冷启动温度-40℃	冷启动温度-40℃
		单堆额定功率>70kW	单堆额定功率>70kW	单堆额定功率>100kW
		体积功率密度>2 kW/L	体积功率密度>2.5kW/L	体积功率密度> 3kW/L
		寿命：11000h	寿命：16500h	寿命：30000h
		成本：2500元/kW	成本：1200元/kW	成本：400元/kW
	乘用车电池堆	额定功率>70kW	额定功率>110kW	额定功率>130kW
		体积功率密度>3kW/L	体积功率密度>4kW/L	体积功率密度>6kW/L
		寿命接近5500h	寿命>5500h	寿命：8000h
		成本：3500元/kW	成本1800元/kW	成本：500元/kW
性能提升		电池堆一致性技术	改进型电极材料	新型电极材料
		电池堆组装匹配技术	改进型电池堆结构	新型电池堆结构
寿命提升		优化操作条件 耐久性控制策略	在线水管理监控 耐久性控制策略	新型耐久性材料 耐久性控制策略
成本降低		低成本材料部件 提升电池堆体积功率密度	材料与部件批量生产 电池堆组装自动生产线 提升电池堆体积功率密度	低成本材料部件 材料与部件批量生产 提升电池堆体积功率密度
环境适应		低温启动策略与技术	高温、高污染、高海拔环境适应性技术	开发动力系统综合热管理技术

图 4-5-2　燃料电池堆发展路线图

5.3　燃料电池系统技术路线图

5.3.1　乘用车燃料电池系统

如图 4-5-3 所示，乘用车燃料电池系统发展路线图以 2020 年现状为基础，以 2025 年、2030—2035 年为两个关键节点，按照燃料电池乘用车从电-电混合至全功率的发展趋势，逐步开发能与汽油机相竞争的低成本、高效率、高环境适应性、长寿命的高比功率、大功率燃料电池系统，并实现大规模应用的产业化。由于燃料电池乘用车对成本、基础设施依赖度较高，现阶段乘用车燃料电池系统技术处于面向产业化的研发阶段，虽然工程样机的各项技术指标均已达到国际先进水平，但涉及使用的各项技术性能尚需要进行充分实测验证。前期进行示范应用的乘用车燃料电池系统功率主要是 60~80kW，系统体积功率密度约为 500W/L，系统最高效率约为 50%，最低冷启动温度为-30℃，耐久性约为 5000h，成本约为 7000 元/kW。

	2020年	2025年	2030—2035年
总体目标	2020年状况： • 额定功率＞60kW • 最高效率约50% • 体积功率密度约500W/L • 最低启动温度-30℃ • 寿命约5000h • 系统成本约7000元/kW	2025年达到： • 额定功率＞90kW • 最高效率＞55% • 体积功率密度600W/L • 最低启动温度-30℃ • 寿命＞5000h • 系统成本3500元/kW	2030—2035年达到： • 额定功率＞120kW • 最高效率＞60% • 体积功率密度800W/L • 最低启动温度-40℃ • 寿命＞7000h • 系统成本1000元/kW
集成控制技术	阴极中高压（≤3.0bar）运行，压力流量解耦控制		宽范围（≤4.0bar）压力流量自适应控制
	部分增湿与含水状态在线识别控制技术	无增湿器、面向寿命的自适应湿度闭环控制技术	
	快速-30℃低温冷启动技术	高能效、低衰减、快速-40℃冷启动与能量综合利用技术	
关键零部件技术	高性能紧凑型无油空气压缩机，最高压比≥3.0，流量≥120g/s	高集成度燃料电池专用空气供应系统，具备空气压缩、冷却、气体再循环等功能，最高压比≥4.0，流量≥150g/s	
	低噪声高效主被动循环一体式氢气供应装置，压升≥0.2bar，流量≥1400SLPM①	具备水分离、适应极寒环境的多功能氢气循环装置，压升≥0.3bar，流量≥2000SLPM①，功耗≤500W	
	具备保护功能的高效DC/DC变换器，升压比≥8，峰值效率≥98.5%，峰值功率＞100kW	智能型燃料电池系统电气接口装置，具备高效灵活的变流功能和燃料电池堆在线阻抗检测等功能，峰值功率＞150kW	

图 4-5-3　乘用车燃料电池系统技术路线图

①SLPM 即 Stard Liter Per Minute 的缩写，中文意思是标准公升每分钟流量值。

1. 2020—2025 年

2020—2025 年为乘用车燃料电池系统面向产业化需求技术性能持续提升的关键阶段，要求系统功率大于 90kW，系统最高效率大于 55%，体积功率密度达到 600W/L，在最低温度 -30℃实现 120s 内快速冷启动，实车运行工况下耐久性超过 5000h，系统成本降至 3500 元/kW。

系统集成控制关键技术主要包括：燃料电池系统阴极中高压运行控制技术，实现不同海拔环境下压力流量闭环解耦控制；基于燃料电池堆含水状态在线识别技术，实现部分增湿条件下的电池堆湿度闭环控制；利用外部加热的 -30℃环境下快速低温冷启动集成与控制技术。

燃料电池系统辅助关键零部件技术主要包括：高性能紧凑型无油空气压缩机开发，其压比不小于 3.0，流量不小于 120g/s；低噪声高效主被动循环一体式氢气供应装置，实现减压、主动循环、被动引射集成功能，压升不小于 0.2bar，循环量不小于 1400SLPM（标准状态每分钟流量）。

2. 2030—2035 年

2030—2035 年为乘用车燃料电池系统技术达到规模化应用、全面实现产业化的关键阶段，要求功率等级大于 120kW，系统最高效率达到 60%，体积功率密度达到 800W/L，在最低温度 -40℃实现 60s 内快速冷启动，实车运行工况下耐久性超过 7000h，系统成本降至 1000 元/kW。

系统控制集成控制关键技术包括：宽范围压力流量自适应控制技术，根据系统健康状况、运行环境和工况，针对系统耐久性、经济性和动力性进行自动压力流量最优控制；无增湿、面向寿命的自适应湿度闭环控制技术，在无增湿器条件下，通过电池堆含水状态识别，根据进气条件和运行工况，通过气体供应、水分离和工况调节实现湿度自适应闭环控制；高能效、低衰减、快速 -40℃冷启动与能量综合利用技术，通过充分利用系统自身热量和电池堆产热控制，结合极寒环境下燃料电池系统安全启停机边界条件识别，实现高效快速低温冷启动。

燃料电池系统辅助关键零部件技术主要包括：高集成度燃料电池专用空气供应系统，集成空气压缩/膨胀、冷却、气体再循环等功能，最高压比不小于 4.0，流量不小于 150g/s；具备水分离、适应极寒环境的多功能氢气循环装置，集成比例阀或喷射器、氢气压缩/膨胀、引射器、水分离器和排水阀等，最大压升不小于 0.3bar，流量不小于 2000SLPM，功耗不大于 500W；智能型燃料电池系统电气接口装置，具备高效灵活变流功能、燃料电池堆在线阻抗检测、高低压分配与保护等功能，峰值功率大于 150kW。

5.3.2　商用车燃料电池系统

如图 4 -5 -4 所示，商用车燃料电池系统发展技术路线以 2020 年现状为基础，以 2025 年、2030—2035 年为两个关键节点。目前，市场上的燃料电池系统大部分为 30 ~ 60kW，已经开始商用车燃料电池系统的批量生产和小批量装车推广，30kW 系统主要用于小型物流车和城市内公交车，60kW 系统主要用于市郊公交车。依据小功率燃料电池与大容量动力蓄电池混合动力 - 大功率燃料电池与小容量动力蓄电池混合动力的发展路线，逐步提升商用车燃料电池系统功率，优化系统结构和功能，提升系统性能，使得燃料电池系

	2020年	2025年	2030—2035年
总体目标	2020年状况： • 额定功率 > 60kW • 最高效率约50% • 质量功率密度约250W/kg • 最低启动温度-30℃ • 寿命约10000h • 系统成本约5000元/kW	2025年达到： • 额定功率 > 120kW • 最高效率 > 55% • 质量功率密度350W/kg • 最低启动温度-40℃ • 寿命15000h • 系统成本2000元/kW	2030—2035年达到： • 额定功率 > 180kW • 最高效率 > 60% • 质量功率密度450W/kg • 最低启动温度-40℃ • 寿命 > 30000h • 系统成本600元/kW

集成控制技术			
	中压供气技术	高压供气技术、低功耗空压机技术	分子筛富氧供气技术
	阴极膜增湿技术	阴极无增湿器水管理技术	高温富氧水管理技术
	阳极氢气循环泵回流技术	阳极引射器与循环泵联用回流控制及一体化集成技术	
	电堆状态估计与水热优化管理技术	面向寿命优化的动态运行控制技术	寿命预测与自修复技术
	燃料电池系统高低温环境适应性控制技术	系统综合能量管理技术	系统鲁棒自适应控制技术

图 4 -5 -4　商用车燃料电池系统技术路线图

统在功率密度、效率、环境适应性、寿命及成本等方面的关键指标达到产业化要求，并且完成商用车燃料电池系统，尤其是相关辅助系统批量制造能力建设，逐步从低速、低载重商用车应用向高速高载重商用车应用转变，满足燃料电池商用车发展需求。

1. 2020年

现阶段，燃料电池系统以满足整车平均功率需求的形式开始批量装车应用。在这一阶段，燃料电池系统整机额定功率在30～60kW，匹配功率型动力蓄电池，满足商用车动力性需求。燃料电池系统质量功率密度达到300W/kg。最低冷启动温度达到-30℃，满足我国绝大部分地域冬季启动需求。在以功率型动力蓄电池满足整车功率需求的情况下，系统寿命达到10000h。日前，商用车燃料电池系统成本平均为5000元/kW。系统为中压工作，提升寿命的主要手段为优化系统控制技术，实现增湿的手段主要为外部增湿。

2. 2025年

2025年为商用车燃料电池系统性能持续提升、系统成本持续下降、可靠性大幅度提升、实现大规模推广应用的节点。在这一阶段，通过提升燃料电池系统额定功率、质量功率密度、系统效率及环境适应性，逐步提升燃料电池系统性能。其中，系统额定功率提升至120kW以上，系统最高效率大于55%，质量功率密度达到350W/kg。最低冷启动温度低于-40℃，覆盖我国绝大多数地域冬季启动需求，系统寿命突破15000h，燃料电池系统成本降至2000元/kW。

系统集成控制关键技术包括：探索高压供气和低功耗空压机技术，进一步提升系统集成度，其最大压比不小于2.5，流量大于150g/s；发展无外部增湿器水管理技术，提高系统环境适应性；开发引射回流联用回流技术，降低系统对循环泵的依赖，提高集成度并降低成本；结合车路协同智能优化策略，将整车功率需求预测融合到燃料电池系统寿命优化策略中，开发面向寿命优化的燃料电池系统运行控制技术，进一步提升燃料电池系统寿命；掌握电池堆状态估计与水热优化管理技术，提升系统可靠性和寿命；发展燃料电池系统综合能量管理技术，改善系统综合效率并提升环境适应性。

3. 2030—2035年

2030—2035年为商用车燃料电池系统全面达到产业化要求的关键节点。在这一阶段，通过进一步提升燃料电池系统额定功率、质量功率密度、系统效率及环境适应性，燃料电池系统性能完全达到产业化要求。其中，系统额定功率提升至180kW以上，系统最高效率大于60%，质量功率密度达到450W/kg，最低冷启动温度低于-40℃，覆盖我国全部地域冬季启动需求，系统寿命突破30000h，燃料电池系统成本降至600元/kW。

系统集成控制关键技术包括：基于对衰减机理的深入研究建立寿命模型，实现燃料电池系统寿命预测，发展自修复技术进一步提升系统寿命；建立燃料电池鲁棒自适应控制技术，进一步提升系统环境适应性和可靠性；燃料电池发动机专用压缩机量产，压比达到3.0，流量大于 200g/s，采用膨胀机回收能量，具有快速启停控制功能；开发高性能一体化氢气循环装置，达到进出口压差大于 20kPa，循环量大于 2000SLPM。

5.4 燃料电池汽车技术路线图

5.4.1 燃料电池商用车

如图 4-5-5 所示，燃料电池商用车（以 12m 公交客车、49t 重型货车与 8t 以下物流车作为典型车型）发展技术路线以 2020 年、2025 年、2030—2035 年为三个关键时间节点，以小功率燃料电池与大容量动力蓄电池混合动力系统为市场切入点，开始燃料电池商用车的示范运行及产业化推广，依据小功率燃料电池与大容量动力蓄电池混合动力-大功率燃料电池与小容量动力蓄电池混合动力的发展路线，逐步提升商用车燃料电池系统功率，降低动力蓄电池容量，优化动力系统匹配与控制技术，提升整车动力性、耐久性及经济性。公路客车和货车市场开始试点，逐步扩大应用范围，使得燃料电池商用车动力性、经济性、耐久性、环境适应性及成本五方面的关键指标达到批量推广的产业化要求，并且完成动力系统及整车批量制造能力建设。

	2020年	2025年	2030—2035年
总体目标	· 续驶里程400km · 燃料经济性＜6.0kg/100km① · 冷启动温度-20℃ · 燃料电池系统寿命＞10000h · 整车寿命20万km · 整车成本＜150万元	· 续驶里程500km · 燃料经济性＜5.5kg/100km① · 冷启动温度-30℃ · 燃料电池系统寿命＞15000h · 整车寿命40万km · 整车成本＜100万元	· 续驶里程＞800km · 燃料经济性＜10kg/100km② · 冷启动温度-40℃ · 燃料电池系统寿命＞30000h · 整车寿命＞100万km · 整车成本＜50万元
整车及动力系统	60~120kW功率混合型 整车热能综合利用，动力系统-30℃冷启动	大功率燃料电池系统应用	180kW以上燃料电池系统应用 高效综合热管理技术，动力系统-40℃冷启动
燃料电池系统	高可靠、全气候燃料电池系统开发	长寿命、大功率燃料电池系统开发	低成本燃料电池系统开发
车载氢系统	高安全、高可靠、低成本35MPa Ⅲ型储氢瓶应用	高安全、低成本70MPa Ⅲ/Ⅳ型高压储氢瓶应用	深冷高压、液氢等高效车载储氢技术

图 4-5-5 燃料电池商用车技术路线图

①以 12m 公交车为例，在中国城市客车行驶工况下，其氢气消耗率小于 6.0kg/100km。

②以 49t 重型货车为例，在中国半挂牵引车列车行驶工况下，其氢气消耗率小于 10kg/100km。

1. 2020 年

2020 年为燃料电池商用车批量推广的关键节点。在这一阶段，实现耐久性达到 20 万 km、实际线路续驶里程达到 400km、成本不高于 150 万元的整车性能指标。以额定功率为 60kW 级燃料电池系统为主动力，配合长寿命、高充放电倍率功率型动力蓄电池，推广电－电混合动力燃料电池商用车。实现整车－20℃冷启动，满足绝大多数地区冬季的正常使用。在燃料经济性方面，我国城市客车行驶工况下氢气消耗率小于 6.0kg/100km。

2. 2025 年

2025 年为燃料电池商用车动力系统性能持续提升、整车成本持续下降、实现大规模推广应用的节点。在这一阶段，通过提升燃料电池系统额定功率、优化动力系统能量管理策略，逐步提升燃料电池系统及整车性能，整车动力性、经济性、耐久性、环境适应性及成本均逐步改善，其寿命与传统汽车相当。在燃料经济性方面，我国城市客车行驶工况下氢气消耗率小于 5.5kg/100km。实际线路续驶里程达到 500km，整车冷启动温度低于－30℃，寿命达到 40 万 km，同时整车成本小于 100 万元。

3. 2030—2035 年

2030—2035 年为燃料电池商用车实现全面产业化要求的关键节点，燃料电池公路客车和货车应用占据较大市场份额。在这一阶段，通过 180kW 级以上高功率密度燃料电池系统的应用，实现大功率燃料电池动力系统的重型货车规模化应用。通过量产燃料电池商用车，提升整车性能，降低成本。以 49t 重型货车为例，在燃料经济性方面，在我国半挂牵引车列车行驶工况下氢气消耗率小于 10kg/100km。实际线路续驶里程超过 800km，整车冷启动温度达到－40℃，寿命提高至 100 万 km，达到全面产业化指标要求，同时进一步控制整车成本在 50 万元以内。

5.4.2 燃料电池乘用车

如图 4－5－6 所示，燃料电池乘用车（以 B 级车为典型车型）发展技术路线以 2020 年、2025 年、2030—2035 年为三个关键时间节点，以中等功率燃料电池与中等容量动力蓄电池的混合动力系统为小规模先期示范，开始逐步在礼仪接待、大型运动活动、城市交通形象宣传、高端商务用车等方面推广，逐步提升乘用车燃料电池系统的功率密度，降低动力蓄电池容量，优化动力系统匹配与控制技术，提升整车性能，逐步向全功率燃料电池动力系统发展，逐步扩大示范应用范围，使得燃料电池乘用车的动力性、经济性、耐久性、环境适应性能够达到传统内燃机车及纯电动汽车的水平，在成本方面逐步接近并达到量产水平。

1. 2020 年

截至 2020 年，我国燃料电池乘用车，特别是动力系统集成技术方面，取得了阶段性成果。在这一阶段，以混合系统零部件匹配、整车能量管理与优化、高效驱动电机应用，兼顾耐久性与成本的控制策略等为特点，针对高功率密度燃料电池发动机及其整车动力系统进行攻关开发，并以小批量示范、试验及小规模运营为主。在后续几年中，以额定功率为 60kW 级燃料电池系统为主动力，配合长寿命、高充放电倍率功率型动力蓄电池，实现续驶里程达到 500km、耐久性接近或者达到 10 万 km 的水平。普遍实现整车－20℃冷启动，满足绝大多数地区冬季的正常使用。在燃料经济性方面，我国城市行驶工况下氢气消耗率小于 1.2kg/100km；整车成本仍有下降空间。

	2020年	2025年	2030—2035年
性能：			
续驶里程	500km	650km	>800km
最高车速	150km/h	180km/h	>180km/h
百公里氢耗	1.2kg	<1.0kg	约0.8kg
适应性与耐久性			
起动最低温度/时间	-20℃	-30℃	-40℃
耐久性(循环工况)	10万km 5000h	25万km 7500h	30万km 10000h
成本			
整车成本	≤80万元	约30万元	约20万元

整车动力系统集成与工程化技术

60kW燃料电池系统应用 → ≥90kW燃料电池发动机系统应用 → ≥120kW燃料电池发动机系统应用

功率混合型/动力系统匹配优化 → 基于网联的智能化能量管理技术

新型高效电机及驱动/制动能量回收

燃料电池系统集成/前机舱布置 → 燃料电池系统/电驱动/减速器一体化动力总成

整车综合热管理，动力系统-30℃冷启动 → 整车综合热管理，低功耗-40℃冷启动

70MPa Ⅲ型高压瓶应用 → 70MPa Ⅳ型高压瓶应用 → 高效车载储氢技术

图 4-5-6　燃料电池乘用车技术路线图

2. 2025 年

2025 年为燃料电池乘用车动力系统持续攻关阶段。通过进一步提升燃料电池系统功率等级、体积功率密度、优化动力系统能量管理策略，逐步提升动力系统及整车性能。其主要技术特征是大功率（不小于 90kW）燃料电池系统开始应用，工程化设计进一步得到加强，采用前机舱一体化布置；在部分前驱车型中燃料电池-变换器-电机实现一体化设计；制动能量回收得到普遍采用，能量回收效率提高；新型电子电器架构、动力域控制器/基础控制器模式逐步成熟，能量管理策略进一步优化。整车的动力性、经济性、耐久性、环境适应性及成本均逐步改善。在动力性方面，几乎可以与现有燃油汽车相比较；在燃料经济性方面，我国城市行驶工况下氢气消耗率小于 1.0kg/100km，续驶里程达到 650km；整车冷启动温度低于-30℃，寿命达到 25 万 km 或相当于累计运行 7500h 的水平。预计通过国内关键零部件企业整合，整车平均成本控制在 30 万元以内。通过 90kW 级以上高功率密度燃料电池系统集成设计、工程优化和严格的法规测试，可靠性超过传统汽车。随着整车性能持续提升，整车成本下降，开始逐步在礼仪接待、大型运动活动、城市交通形象宣传、高端商务用车等方面推广。

3. 2030—2035 年

2030—2035 年燃料电池乘用性能持续提升，成本持续下降。通过 110kW 级以上高功率密度燃料电池系统的应用，基本实现全功率燃料电池动力系统的规模化应用，整车性能与纯电动或传统内燃机汽车具有同样的竞争力。在燃料经济性方面，我国城市行驶工况下氢气消耗率控制在 0.8kg/100km 以内，续驶里程超过 800km，整车冷启动温度低于 -40℃，寿命提高至 30 万 km 或相当于累计运营 10000h，同时进一步控制整车成本在 20 万元以内。特别是 2035 年以后，燃料电池乘用车的商业应用价值逐步得到体现，其动力性、安全性、长续驶里程等特点逐步为大众所接受，随着氢燃料价格的持续降低，燃料电池家庭用车可能逐步被人们所接受。

5.5 氢能基础设施与车载储氢技术路线图

5.5.1 氢能技术设施技术路线图

氢能基础设施技术路线图如图 4－5－7 所示。以 2020 年、2025 年及 2030—2035 年为三个关键时间节点，明确了制氢、氢气储输和加氢站三个环节的技术路线，以满足燃料电池汽车发展需求。

	2020年	2025年	2030—2035年
总体目标	制氢： • 工业副产氢、鼓励可再生能源制氢 • 氢气需求1万~3万t/年 氢气储输 • 高压气氢 加氢站： • 数量：超过100座 • 储氢方式：高压气氢 • 加注压力：35/70MPa • 氢燃料成本：40元/kg	制氢： • 鼓励可再生能源制氢 • 氢气需求20万~40万t/年 氢气储输 • 高压气态氢、液氢、管道 加氢站： • 数量：超过1000座 • 储氢方式：高压气氢/液氢 • 加注压力：35/70MPa • 氢燃料成本：40元/kg	制氢： • 可再生能源制氢为主 • 氢气需求200万~400万t/年 氢气储输 • 多种形式并存 加氢站： • 数量：超过5000座 • 储氢方式：高压气氢/液氢 • 加注压力：35/70MPa • 氢燃料成本：25元/kg

图 4－5－7 氢能基础设施技术路线图

1. 2020 年

2020 年，实现氢能基础设施商业化示范运行。氢气需求量为 1 万～3 万 t/年，在制氢环节，以现有的工业尾气制氢和化石能源制氢为主，鼓励可再生能源制氢技术的研究与应用。进一步降低电解水成本和能耗，提高综合效益。氢气储输环节，氢气运输以 20MPa 高压气态氢运输为主，鼓励 30MPa 氢气运输的技术研究和产品开发应用。在加氢站环节，加氢站数量超过 100 座，其中储氢压力以 35MPa 为主，储氢压力 70MPa 示范应用，补贴后氢燃料成本不超过 40 元/kg。

2. 2025 年

到 2025 年，实现氢能基础设施及燃料电池汽车的推广应用。在制氢环节，氢气需求量为20 万～40 万 t/年，鼓励可再生能源制氢，大力开发高效率的电解水制氢技术，主要包括大规模的碱液电解水制氢设备和低成本的质子交换膜制氢技术。在氢气储输环节，以 30MPa 及以上的高压气态氢运输为主，鼓励 50MPa 氢气运输的技术研究和产品开发；实现液氢技术在能源领域的商业化应用，推动区域性输氢管网的商业化示范。在加氢站环节，加氢站数量超过 1000 座，储氢压力 35MPa 和 70MPa 并存，氢燃料成本不超过 40 元/kg。

3. 2030—2035 年

2030—2035 年，实现氢能基础设施及燃料电池汽车的大规模推广应用。氢气需求量为 200 万 ~ 400 万 t/年，在制氢环节，以可再生能源制氢为主，继续开发光催化制氢和生物质制氢等前沿技术。在氢气储输环节，氢气运输以高压气态氢运输、液氢运输、管道运输等多种形式并存，鼓励高效的储输新技术研究和应用。在加氢站环节，加氢站数量超过 5000 座，储氢压力 35MPa 和 70MPa 并存，氢燃料成本达到 25 元/kg。

5.5.2 车载储氢系统技术路线图

根据燃料电池汽车技术路线图，更新了车载储氢系统技术路线图，如图 4－5－8 所示。

	2020年	2025年	2030—2035年
总体目标	具备Ⅲ型瓶批量生产能力 保有量超过4万支 储氢压力35/70MPa 质量储氢密度4.0% 体积储氢密度20g/L 系统成本：6000元/kg（储氢能力）	具备Ⅲ/Ⅳ型瓶批量生产能力 保有量超过40万支 储氢压力35/70MPa 质量储氢密度5.5% 体积储氢密度35g/L 系统成本：2000~4000元/kg（储氢能力）	Ⅳ型瓶批量生产 保有量超过400万支 储氢压力35/70MPa 质量储氢密度6.5% 体积储氢密度65g/L 系统成本：<2000元/kg（储氢能力）
关键技术/零部件	碳纤维材料技术	Ⅳ型瓶内胆材料和瓶头密封技术	液氢温区的复合材料技术
	瓶口阀和调压阀	瓶口组合阀	液氢温区瓶口阀

图 4－5－8　车载储氢系统技术路线图

1. 2020 年

2020 年，具备Ⅲ型瓶批量生产能力，车载氢瓶保有量超过 4 万支，车载储氢系统压力以 35MPa 为主，70MPa 为示范运行。质量储氢密度达到 4.0%，体积储氢密度达到 20g/L。35MPa 车载储氢系统成本控制在 6000 元/kg（储氢能力），实现氢瓶用碳纤维材料、瓶口阀和调压阀的国产化。

2. 2025 年

2025 年，具备Ⅲ/Ⅳ型瓶批量生产能力，车载氢瓶保有量超过 40 万支，车载储氢系统压力 35/70MPa 并存。质量储氢密度达到 5.5%，体积储氢密度达到 35g/L。车载储氢系统成本控制在氢气 2000 ~ 4000 元/kg（储氢能力）。掌握 70MPa Ⅳ型瓶内胆材料和瓶头密封技术，实现瓶口组合阀国产化。

3. 2030—2035 年

2030—2035 年，实现Ⅳ型瓶批量生产，车载瓶保有量超过 400 万支，车载储氢系统压力 35/70MPa 并存。质量储氢密度达到 6.5%，体积储氢密度达到 65g/L，系统成本控制在氢气 2000 元/kg（储氢能力）以内。掌握液氢温区的复合材料技术，实现液氢温区瓶口阀国产化。

6 创新发展需求

说明：A 为国家主导，B 为行业联合，C 为企业领跑。

6.1 基础前瞻

项目名称	必要性	实施目标	主要研究内容	预期成果	组织模式
提高电池堆性能与比功率	我国高比功率技术与国际先进水平还有一定的距离：国际上乘用车的燃料电池功率级别一般在 100 kW 左右，而商用车的燃料电池功率输出可以达到 200 kW 以上。国内车用燃料电池堆主要以 30 ~ 50kW 为主	提高性能，商用车燃料电池堆比功率 > 3kW/L，燃料电池乘用车体积功率密度 > 6kW/L	研发高活性催化剂、薄增强复合膜、导电耐腐蚀双极板等创新性材料；研究有序化膜电极并用于实际应用；优化电池堆结构，3D 流场的设计研究和试验验证；开展高温质子交换膜、非铂催化剂、碱性聚合物膜、非贵金属催化剂等前沿创新材料的研发	电池堆性能得到提升，实现燃料电池汽车的额定功率 100kW 以上的目标	A、B
车用固体氧化物燃料电池（SOFC）技术	SOFC 近年来发展十分迅速，由于 SOFC 材料成本低、理论工作效率高、燃料适应性强，未来具有进一步商用化潜力	研究 SOFC 高功率密度集成技术，开发 SOFC 系统，实现 SOFC 系统示范应用	SOFC 催化剂材料与关键零部件技术，SOFC 密封与集成技术，SOFC 附件集成与控制技术	完成具备装车能力的 SOFC 系统，额定输出功率 > 30kW	A、B、C

6.2 应用技术

项目名称	必要性	实施目标	主要研究内容	预期成果	组织模式
高质量密度液氢储氢技术	伴随未来重载长距离运载工具的发展，高压气氢已经无法满足续驶里程需求，发展液氢技术是推动燃料电池商用车技术发展的关键	开发大容量液氢车载储氢系统，加注系统与综合能量管理系统，满足液氢燃料电池汽车开发需求	大容量液氢储氢罐，液氢瓶口阀、冷热氢电系统架构与综合能量管理技术，液氢加注装备	突破 10% ~30% 超高能量密度储氢技术，将商用车续驶里程提高到 1000km 以上	A、B、C
先进辅助设备技术	相比内燃机技术，燃料电池系统集成设计与状态估计研究历史还十分短暂，目前集成度还有很大的提高空间，附件技术还未形成完整的产业链，控制技术与机理还有待研究，还需继续加强研究	通过先进辅助设备技术研究，提高燃料电池系统功率密度与使用寿命	新型传感器技术研究、新型辅助设备技术研究与开发、先进智能诊断技术	突破 6kW/L（kg）、30000h 燃料电池系统功率密度技术	A、C
燃料电池堆耐久性	提高燃料电池堆及系统的耐久性，是燃料电池商业化的前提，能够保证燃料电池汽车具有和传统内燃机汽车同样的耐久性	寿命提升到 30000h；在环境适应性方面，各种应用场合到 2035 年均达到能在 -40℃ 储存与启动	研究高性能、高稳定性电催化剂；高性能、高稳定性薄增强质子交换膜；界面稳定膜电极组件；导电、耐腐蚀双极板；有利于电池堆的控制策略	燃料电池汽车整体性能指标达到产业化要求	A、B、C
高压氢气质量流量计	由于氢气的分子量小、密度低，高压氢气的精确计量（±1.0% 精度标准）仍是一个国际上都没有很好解决的难点	研究开发计量准确度高、覆盖压力范围广的高压氢气质量流量计 制/修订相应的计量标准	高压氢气质量流量计的研究，包括提升高压氢气质量流量计的准确度与精度、提高产品集成度、开发高压氢气计量测试和标定装置等	解决行业的难点，满足行业需求生产出高压氢气质量流量计	A、C

6.3 示范与产业化

项目名称	必要性	实施目标	主要研究内容	预期成果	组织模式
燃料电池汽车动力系统与整车的工程化	在整车与动力系统的智能控制、可靠性、安全性以及耐久性等方面没有自主技术，只具备小批量生产能力	整车与动力系统的智能控制、可靠性、安全性以及耐久性等自主核心技术	整车与动力系统的智能控制、可靠性、安全性以及耐久性等研究开发；建立燃料电池客车动力系统质量管理体系	燃料电池客车动力系统和整车成为成熟产品	C

6.4 行业共性技术

项目名称	必要性	实施目标	主要研究内容	预期成果	组织模式
完善燃料电池汽车标准体系	标准法规不全	制定出台燃料电池汽车、氢能基础设施相关产业链的标准、法规	制定车用氢气储运等环节技术条件及产品认证标准，研究车用燃料电池研发、制造、测试等过程的标准体系及规范要求；研究制定氢燃料电池发动机系统及整车相关的安全条件及试验规范等标准，等等	燃料电池汽车、氢能基础设施相关产业链的标准、法规指导规范行业的发展	A、B、C

第五章 智能网联汽车技术路线图

1 导言

1.1 战略意义

当前，以智能化、网联化为重要特征的全球新一轮科技革命和产业变革正蓬勃兴起，人工智能（AI）与新一代信息技术的快速发展将推动人类生产生活方式发生深刻变化。智能网联汽车与交通系统、能源体系、城市运行与社会生活紧密结合，是一项集智慧城市、智慧交通和智能服务于一体的国家级重大系统工程，承载了我国经济战略转型、重点突破和构建未来创新性社会的重要使命。

加快推动智能网联汽车创新发展，对我国经济社会发展具有十分突出的战略意义。

1. 培育经济新增长极

从历史上看，汽车产业及产品一直都是新技术应用的重要载体。在智能化时代，智能网联汽车是人工智能、移动互联网、新一代信息技术、物联网、云计算、能源储存、可再生能源等技术的应用平台。大量新技术的应用，不仅将打破汽车以往的产业链、技术链和价值链，为我国汽车产业实现赶超提供重大机遇，还将推动新技术持续创新、突破与产业化，带动相关产业升级迭代，促进产业间深度交叉融合，形成全新的、对未来产生深远影响的产业生态体系与经济增长极。

2. 推动社会智能化转型

随着智能化水平的不断提升，汽车正在由单纯交通运输工具向智能化移动终端转变，带动全社会加速向智能化转型。一方面，智能网联汽车将有效且系统地加强汽车、道路基础设施和使用者之间的联系，促进智能交通系统构建与智慧城市建设。在我国“新基建”战略背景下，智能网联汽车将与信息基础设施有效结合，带动整个社会加快智能化转型。另一方面，智能网联汽车将建立车辆、道路和使用者之间的智能动态协同，形成保障安全、提高效率、改善环境、节约能源的智能交通运输系统。与此同时，智能网联汽车将适应未来汽车社会共享消费理念，逐步取代驾驶人员，降低成本与能耗，为共享出行服务提供强劲支撑。此外，智能网联汽车还将有效解决老龄化社会所面临的出行问题。值得注意的是，2020年初，在新型冠状病毒肺炎疫情下，由高级别自动驾驶车辆来承担特殊区域的物资运输配送、清洁消毒、环卫治理等非接触型作业和服务的重要性尤为凸显，智能网联汽车对提升国家面临公共重大事件的治理能力具有重要的支撑作用。

3. 提升国家综合竞争力

发展智能网联汽车，是推动我国新一轮科技革命和产业变革的重要力量。人工智能的飞速发展和应用正在不断颠覆传统的生产生活方式。复杂的运行场景使得智能网联汽车成为人工智能重要的应用领域，将有力推动我国人工智能的基础研发和技术应用。数据是智能化时代的核心战略资源，智能网联汽车作为数据网络的中间枢纽和核心环节，时刻产生和获取各种有价值的数据。海量数据的深度挖掘和使用，将对社会管理和国家治理产生深远影响。发展自主可控的智能网联汽车及基础关键技术，有利于掌控安全敏感数据，避免其被非法获取、传输或者利用，进而对国家安全产生隐患。

1.2　研究范围及修订说明

本版技术路线图系统梳理、更新、完善智能网联汽车的定义、技术架构和智能化网联化分级，分析了智能网联汽车的技术发展现状和未来演进趋势，对2016年出版的智能网联汽车技术路线图1.0实现程度和实施效果进行了评估。在此基础上，制订我国面向2035年的智能网联汽车技术发展的总体目标、愿景、里程碑与发展路径，提出创新发展需求，以期为我国汽车产业紧抓历史机遇、加速转型升级、支撑制造强国建设、制订中长期发展规划指明发展方向，提供决策参考。

自2016年技术路线图1.0发布以来，编写组每年对路线图内容进行评估。近年来，智能网联汽车产业更新发展较快，智能化、网联化相融合的发展路径已得到国际广泛共识，涌现出诸多技术新特征、新趋势，在充分研究评判上述变化的基础上，编写组开展了本版智能网汽车技术路线图的修订工作，总体编写思路如下。

1）在对比技术路线图1.0中技术指标和产业发展现状的基础上，本版路线图增加了评估篇章。在研究过程中，充分结合2017—2019年编制出版的年度评估报告，参考国内外近期的标志性进展以及实施效果。

2）本版路线图的研判目标扩展到2035年，形成以2025年、2030年和2035年为阶段性目标的时间里程碑，并将智能化和网联化分级呈现于一张坐标图中，突出两者的耦合关联。

3）本版路线图修订研究乘用车、货运车辆、客运车辆的智能网联技术产业化落地和发展趋势，主要分析城市道路、城郊道路、高速公路和限定场景四种类型运行范围内的智能网联汽车技术产业化、市场化、商业化时间进度。

4）修订工作对智能网联汽车的技术架构和体系进行全面梳理和修订。如车辆关键技术部分增加系统设计技术，其中包含电子电气架构、人机交互、智能计算平台；信息交互关键技术部分增加车路协同技术，丰富云控基础平台；基础支撑关键技术部分增加人工智能、功能安全和预期功能安全，优化高精度地图和定位、标准法规等。

5）本轮修订中，汽车行业对跨产业融合有了更加深入的理解和共识。如信息交互关键技术在技术路线图 1.0 中虽然已经首次考虑了智能化和网联化的融合，但仍以车辆作为智能化和网联化的主体。在本轮修订中，突出网联化分级是基于车 – 车、车 – 路、车 – 人、车 – 云控平台的车路云一体化相融合的分类方式。

1.3 技术架构及关键技术梳理

智能网联汽车是指搭载先进的车载传感器、控制器、执行器等装置，融合现代通信与网络、人工智能等技术，实现车与 X（车、路、人、云等）智能信息交换、共享，具备复杂环境感知、智能决策、协同控制等功能，可实现“安全、高效、舒适、节能”行驶，并最终可实现替代人来操作的新一代汽车。

智能网联汽车包括智能化与网联化两个技术层面，其分级也可对应地按照智能化与网联化两个层面区分。在智能化方面，国际机动车工程师协会（SAE International）和美国高速公路安全管理局（NHTSA）、德国汽车工业联合会（VDA）、中国全国汽车标准化技术委员会（汽标委）等组织已经发布了智能化分级方案。考虑到我国道路交通情况的复杂性，本版路线图的智能化等级增加各级别下自动驾驶系统能够适应的设计运行范围（Operational Design Domain，ODD）和典型工况场景特征。智能化等级定义见表 5 – 1 – 1。

表 5 – 1 – 1　智能化等级定义

智能化等级	等级名称	等级定义	控制	监视	失效应对	设计运行范围	典型工况场景
1	驾驶辅助（Driver Assistance，DA）	在特定的设计运行范围内，自动驾驶系统持续执行横向或者纵向运动控制的动态驾驶任务，其余动态驾驶任务由驾驶人执行	人与系统	人	人	有限制	自适应巡航、车道保持等
2	部分自动驾驶（Partial Automation，PA）	在特定的设计运行范围内，自动驾驶系统持续执行横向和纵向运动控制的动态驾驶任务，驾驶人执行失效应对和监视自动驾驶系统	系统	人	人	有限制	交通拥堵辅助、协同式自适应巡航、自动泊车等

（续）

智能化等级	等级名称	等级定义	控制	监视	失效应对	设计运行范围	典型工况场景
3	有条件自动驾驶（Conditional Automation，CA）	在特定的设计运行范围内，自动驾驶系统持续执行全部动态驾驶任务，当系统发出接管请求或者系统出现故障时，用户需要接管系统并做出响应	系统	系统	人	有限制	高速公路、交通拥堵、商用车队列有条件自动驾驶等
4	高度自动驾驶（High Automation，HA）	在特定的设计运行范围内，自动驾驶系统持续执行全部动态驾驶任务和负责失效应对接管，用户不需要响应系统发出的接管请求	系统	系统	系统	有限制	高速公路、城市、城郊、特定场景（如代客泊车）高度自动驾驶等
5	完全自动驾驶（Full Automation，FA）	在任何可行驶条件下，自动驾驶系统持续执行全部动态驾驶任务和负责失效应对接管，用户不需要响应系统发出的接管请求	系统	系统	系统	无限制	所有行驶场景

在网联化层面，按照网联通信内容的区别及对车辆驾驶自动化功能支持的不同程度将其划分为网联辅助信息交互、网联协同感知、网联协同决策与控制三个等级，见表5-1-2。

表5-1-2　网联化等级定义

网联化等级	等级名称	等级定义	典型信息	传输需求	典型场景	车辆控制主体
1	网联辅助信息交互	基于车-路、车-后台通信，实现导航等辅助信息的获取以及车辆行驶与驾驶人操作等数据的上传	地图、交通流量、交通标志、油耗、里程等信息	传输实时性、可靠性要求较低	交通信息提醒、车载信息服务、天气信息提醒、紧急呼叫服务等	人
2	网联协同感知	基于车-车、车-路、车-人、车-后台通信，实时获取车辆周边交通环境信息，与车载传感器的感知信息融合，作为自车决策与控制系统的输入	周边车辆、行人、非机动车位置，信号灯相位，道路预警等数字化信息	传输实时性、可靠性要求较高	道路湿滑预警、交通事故预警、紧急制动预警、特殊车辆避让等	人或系统

（续）

网联化等级	等级名称	等级定义	典型信息	传输需求	典型场景	车辆控制主体
3	网联协同决策与控制	基于车－车、车－路、车－人、车－云平台通信，实时并可靠获取车辆周边交通环境信息及车辆决策信息，车－车、车－路等各交通参与者之间信息进行交互融合，达到智能协同，从而实现车－车、车－路等各交通参与者之间的协同决策与控制	车－车、车－路、车－云间的协同感知、决策与控制信息	传输实时性、可靠性要求最高	引导行驶速度、车辆间距、车道选择、协作式编队、交叉路口通行、匝道汇入等	人或系统

智能网联汽车涉及汽车、信息通信、交通等多领域技术，其技术架构较为复杂，可划分为“三横两纵”技术架构。“三横”是指智能网联汽车主要涉及的车辆关键技术、信息交互关键技术和基础支撑关键技术，“两纵”是指支撑智能网联汽车发展的车载平台和基础设施，如图 5－1－1 所示。

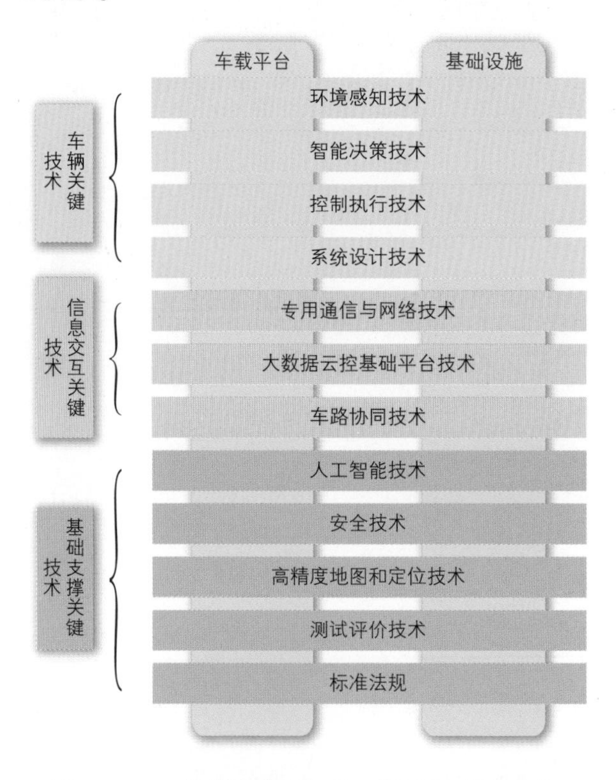

图 5－1－1　智能网联汽车“三横两纵”技术架构

图 5－1－1 中，基础设施指除了车载平台本身以外，还包括能够支撑智能网联汽车发展的全部外部环境条件，比如交通设施、通信网络、云控平台、定位基站等。这些基础设施将逐渐向数字化、智能化、网联化和软件化方向发展。

近年来，众多整车制造、信息通信企业都在加大智能网联汽车技术研发投入，各国政府加快不同自动驾驶等级车辆示范推广与商业应用，技术快速迭代，新技术、新应用层出不穷。一方面，围绕单车智能，多种高精度、新型传感器取得突破，复杂环境感知精度提高，适用范围拓展，性价比提升；同时，横纵向控制执行技术同步发展。另一方面，围绕车路协同应用的C-V2X技术、云控交互技术以及路侧端关键技术的商业化加快，网联化和智能化融合式发展路径得到国内外产业界的广泛认同。此外，整车制造商开始在新一代人工智能技术、高精度地图与全工况定位技术、信息安全、预期功能安全等领域不断加大集成应用。因此，伴随上述诸多关键核心技术和基础共性技术的发展，对以车辆为载体的电子电气架构、计算平台、智能终端等提出更高的要求。为此，智能网联汽车路线图在进一步研判技术演进路径和商业应用时间的同时，将技术体系架构在车辆关键技术、信息交互关键技术、基础支撑技术基础上，进行了第二层级与第三层级子领域技术分解研究，见表5-1-3。

表5-1-3　智能网联汽车“三横”技术体系

第一层级	第二层级	第三层级
车辆关键技术	环境感知技术	高精度传感器，包括成像系统、毫米波雷达、激光雷达、新型传感器等
		行驶环境感知技术
		车辆状态感知技术
		乘员状态感知技术
		态势分析技术
	智能决策技术	行为预测与决策技术
		轨迹规划技术
		基于深度学习的决策算法
	控制执行技术	关键线控执行机构，包括驱动、制动、转向、悬架系统等
		车辆纵向、横向和垂向运动控制技术
		车辆多目标智能控制技术
	系统设计技术	电子电气架构技术
		人机交互技术
		智能计算平台技术
信息交互关键技术	专用通信与网络技术	C-V2X无线通信技术
		专用通信芯片与模块技术
		车载信息交互终端技术
		直连通信技术
		5G网络切片及应用技术

（续）

第一层级	第二层级	第三层级
信息交互关键技术	大数据云控基础平台技术	多接入边缘计算技术
		边云协同技术
	车路协同技术	车路数字化信息共享技术
		车路融合感知技术
		车路融合辅助定位技术
		车路协同决策自动驾驶技术
		车路云一体化协同控制自动驾驶技术
基础支撑关键技术	人工智能技术	新一代人工智能与深度学习技术
		端到端智能控制技术
	安全技术	信息安全技术
		功能安全技术
		预期功能安全技术
	高精度地图和定位技术	高精度三维动态数字地图技术
		多层高清地图采集及更新技术
		高精度地图基础平台技术
		基于北斗卫星的车用高精度定位技术
		高精地图协作定位技术
		惯性导航与航迹推算技术
	测试评价技术	测试评价方法与技术标准
		自动驾驶训练与仿真测试
		测试场地规划与建设
		示范应用与推广
	标准法规	标准体系与关键标准构建
		标准技术试验验证
		前瞻标准技术研究
		国际标准法规协调

2 技术现状及发展趋势

2.1 国内外技术现状及对比

目前，欧、美、日在智能网联汽车技术领域形成了较强的优势。美国以人工智能技术为切入点，旨在掌控智能网联汽车车载核心芯片架构，取得人工智能计算时代的主导权，其在智能网联汽车产业链上具有明显优势；欧洲具有世界领先的汽车电子零部件供应商和整车企业，其基于车载传感器的自动驾驶技术相对领先；日本汽车产业和交通设施基础均较好，智能网联汽车方面技术水平也在稳步推进。

1）美国企业在智能网联汽车领域取得诸多成果并占据全球领先地位。整车制造和零部件企业积极推进自动驾驶技术研发，相继推出相关产品，技术逐步成熟。包括通用汽车、福特等在内的整车制造商主要采用从低等级至高等级自动驾驶技术迭代的方式进行产品研发，目前已推出众多具备部分自动驾驶功能的量产车型。2020 年 5 月，通用汽车宣布正在开发新一代自动驾驶系统，具备高速公路变道、进出匝道及城市工况下相应自动驾驶功能。特斯拉于 2019 年发布 3.0 版自动驾驶计算平台，搭载了自主研发的“全自动驾驶(FSD)”芯片，并通过“影子模式”搜集数据，依托百万辆在实际道路上行驶的自动驾驶汽车，不断迭代自动驾驶功能。Cruise、Waymo 致力于开发高级别自动驾驶技术，重点开展自动驾驶出租车业务，在凤凰城等地正在探索商业化运营许可。2020 年 2 月，美国高速公路安全管理局公布 Nuro 公司开发的无人驾驶配送车辆取得豁免资格，意味着车辆可以在公共道路上合法地提供无人货物配送服务，这是美国豁免的第一个自动驾驶商业应用案例。英伟达、英特尔、Velodyne 在自动驾驶汽车计算芯片、激光雷达技术方面均保持全球领先地位。

2）欧洲拥有完备的整车及零部件产业基础，已制定清晰的智能网联汽车发展目标。奥迪早在 2018 年已经发布具备有条件自动驾驶功能的高端车型奥迪 A8，计划于 2020 年推出高度自动驾驶量产车型。戴姆勒 – 奔驰已具备有条件自动驾驶技术储备，计划于 2020 年在奔驰 S 级轿车上搭载有条件自动驾驶系统。2020 年 1 月，戴姆勒 – 奔驰发布 MB. OS 操作系统，目标在 2024 年前覆盖奔驰所有新车型。宝马全新 3 系、7 系、X5 等新车型均已实现部分自动驾驶，同时计划 2022 年推出有条件自动驾驶量产车型宝马 iNEXT。大众汽车加速数字化转型，开发 E3 电子电气架构与 vw. OS 操作系统。博世在自动驾驶感知、规划、决策和控制四大技术板块建立核心研发与产业化能力，2020年7月，博世宣布计划将软件与电子专业技术与业务进行统筹，建立智能驾驶与控制事业部，进一步加强车辆软件化能力。

3）**日本汽车及相关企业积极推进智能网联汽车技术产业化。**丰田早在2015年就成立了自动驾驶研究中心，计划2020年推出具备有条件自动驾驶功能的车型。丰田汽车开发e-Palette移动平台并取消驾驶人座位，以期适用于通勤、物流以及用餐、办公等各类场景。日产ProPilot自动驾驶技术已搭载在聆风和奇骏车型，可实现部分自动驾驶，2020年推出高度自动驾驶汽车。在零部件方面，日本拥有超过20家全球汽车零部件百强企业，雄厚的产业基础为自动驾驶技术发展提供重要支撑。为加速高精度地图发展，日本政府联合整车厂、地图供应商等成立高精度地图平台（Dynamic Map Platform，DMP）公司，构建“产业－学术－政府”协同新模式。

4）**我国发挥市场与体制优势，实践智能化与网联化融合路径。**国内主要整车制造厂已经开始在量产车型上装配驾驶辅助、部分自动驾驶系统产品，具备部分自动驾驶功能的新车销量占全国乘用车总销量的比例稳定在10%以上。同时，主机厂纷纷发布具备有条件自动驾驶、高度自动驾驶功能及C-V2X功能汽车的量产计划。2020年，长安汽车发布具备有条件自动驾驶功能全新车型UNI-T；广汽新能源宣布Aion LX车型通过搭载高精度地图可实现高速公路场景下的有条件自动驾驶功能。2020年6月，东风汽车发布5G高度自动驾驶汽车Sharing-VAN。计算平台、激光雷达、毫米波雷达等核心零部件纷纷取得国产化突破，但在核心传感器芯片、计算芯片方面仍与国外顶尖企业具有一定差距。在网联化方面，C-V2X产业生态体系基本形成，产业化速度加快。基础设施建设、高精度地图和高精度定位等也取得阶段性进展，提升支持高等级智能网联汽车规模应用的能力。

5）**与我国联合行业编制技术路线图相似，欧洲、日本也持续发布、更新自动驾驶汽车路线图，制定产业目标。**2019年，欧盟道路交通研究咨询委员会发布“Connected Automated Driving Roadmap”，强调自动驾驶车辆与道路交通实施的协同互联，提出支撑自动驾驶能力的基础设施级别（Infrastructure Support Levels for Automated Driving，ISAD），在奥地利和西班牙等地组织测试验证。日本持续逐年发布《官民ITS构想·路线图》，针对将私家车、物流服务、出行服务作为三大推广领域公布并优化其发展目标、商用化时间表，在日本全境部署大量的实证试验进行验证。

从各国研究成果来看，各国基本预判在2025年前后有条件自动驾驶汽车将得到大规模量产与应用，高度自动驾驶智能网联汽车开始进入市场，并得到一定的商业化应用，见表5－2－1。

表 5-2-1　各国及地区智能网联汽车路线图对比

序号	地区	路线图名称	发布机构	发布时间	预期目标
1	欧洲	“Connected Automated Driving Roadmap”	欧盟道路交通研究咨询委员会	2019 年	到 2025 年，乘用车、货运车辆以及客运车辆将实现在高速公路、专用车道等简单场景下的 L4 级自动驾驶功能，同时逐步向城区混合车道、城郊道路等复杂场景进行演进
2	日本	《官民 ITS 构想·路线图》	日本内阁府	2019 年	到 2020 年，私家车在高速公路实现 L3 级功能，L2 级以上货车编队行驶（后续车辆无人），以及特定区域内用于出行服务的 L4 级自动驾驶 2025 年，私家车、货车运输实现高速公路 L4 级自动驾驶。出行服务方面，在日本全国范围内实现无人驾驶出行服务
3	中国	《节能与新能源汽车技术路线图 2.0》	中国汽车工程学会	2020 年	到 2025 年，PA、CA 级智能网联汽车占当年汽车市场销量超过 50%，HA 级智能网联汽车开始进入市场，C-V2X 终端新车装配率达 50%，网联协同感知在高速公路、城市道路节点（如交叉路口、匝道口）和封闭园区实现成熟应用，具备网联协同决策功能的车辆进入市场；在高速公路、专用车道、停车场等限定场景及园区、港口、矿区等封闭区域实现 HA 级智能网联汽车的商业化应用

2.2　发展趋势

智能网联汽车产业备受关注，发展快速，将是未来智能交通、智慧城市的重要组成部分。1）**从各国战略规划来看**，各个国家或地区都将智能网联汽车放到核心战略发展地位，制定或修订一系列战略规划、产业政策和法律法规，以支持产业稳步有序发展；2）**从市场端来看**，以车辆安全为核心目标的智能网联汽车技术必将受到越来越高的重视，到 2025 年，我国部分自动驾驶、有条件自动驾驶智能网联汽车将有望占当年汽车市场销量的 50%，高度自动驾驶智能网联汽车开始进入市场，市场前景广阔；3）**从技术产品端来看**，智能网联汽车成为众多重点领域协同创新的焦点和构建新型交通运输体系的重要载体，是人工智能技术最好的产业先行区和试验田。

2.2.1　技术发展趋势

与此同时，智能网联汽车技术发展路线在不断完善，高精度传感器、计算芯片、操作系统、高精度地图与定位、C-V2X 终端等产品也在不断演进、快速迭代，呈现出诸多值得关注的发展趋势。

1）**智能网联汽车从单车智能化逐步向智能化与网联化相融合的路径发展。**随着智能网联汽车设计运行范围的扩展，道路交通场景复杂程度越来越高，仅凭单车智能化方案难以在量产车上实现无人驾驶，通过采用智能化与网联化相融合的发展方向，可以有效弥补单车智能化存在的能力盲区和感知不足，降低对自身搭载传感器、硬件性能等要求，降低单车成本，有利于快速实现自动驾驶。与此同时，该发展路径还需要高速无线通信系统、智能化道路系统、交通信息网络、大数据管理平台、信息安全等协同发展，是一项重要的系统工程。近年来，智能化、网联化技术融合式发展的路线也正得到越来越多国家的认可。2019 年欧盟发布的网联式自动驾驶发展路线图中强调车与交通设施的信息传输关系，突出数字化基础设施对自动驾驶车辆的支撑等级和作用。2020 年 5 月，美国 SAE 发布《道路机动车辆协同自动驾驶定义与分级》（J3216）标准，也在进一步探究智能化与网联化融合模式。

2）**自动驾驶推动新型电子电气架构演进，软件定义、数据驱动汽车将成为未来发展趋势。**为应对车辆智能化与网联化发展趋势，大众、戴姆勒、博世、松下、上汽等公司已聚焦软件技术开发能力建设，全力推进汽车软件化进程。此外，传统汽车电子系统由数十个，甚至近百个负责不同功能的电子控制单元组成，这种碎片化的汽车电子系统缺陷明显，已经难以满足未来汽车软件化的需求。未来基于域控制器、中央计算平台的电子电气架构将成为趋势。其优势明显，可使车辆软硬件分离，充分利用硬件性能，提高软件复用率，降低整体成本；同时，车企将主导核心算法开发、自主软件系统的开发与应用，能掌握对整车空中下载（OTA）升级能力，从而实现车辆性能、功能的持续优化与迭代更新。

3）**智能网联汽车新技术在特定场景优先得到实践应用，随着技术不断验证与成熟，逐步向城市及郊区道路、高速公路等场景拓展。**从技术层面来看，限定区域运营场景由于路况简单、线路相对固定、车速相对较低、交通参与者较少等因素，更有利于自动驾驶功能实现。相较之下，大范围不定线路运营场景、复杂交通环境场景和极端恶劣天气下运营场景，短时间内难以实现安全可靠的自动驾驶功能。因此，智能网联汽车会按照低速封闭场景到低速开放场景/高速封闭场景，再到高速开放场景的顺序实现商业化落地。尤其是对于商用车辆，由于商用车用户（如煤矿运输企业、港口服务公司等）对于运营成本的考虑，国内对封闭道路场景下的自动驾驶产品有强烈的价值驱动，将是我国自动驾驶落地的重要突破口。

4）**未来路侧基础设施将加速智能化进程，连接云控平台与智能网联汽车，形成多级化智能网联交通体系。**通过路侧基础设施智能化，可以有效提升交互实时性、车辆定位精度，并提高信息交互效率。一方面，通过车联网技术，能够实现智能网联汽车与周边车辆、行人等周边交通参与方的信息交互及其相关场景应用。通过与云控平台交互获取全域交通信息，与自动驾驶汽车共享实时高精度地图和高精度传感器信息，保障实时交互性。另一方面，可以在不依赖全球导航卫星系统和地基增强系统的前提下，路侧感知设备能够支持对以车辆、行人为主的交通参与者进行全时、全方位、全要素实现亚米级高精度定位，保障可靠性。此外，在路侧边缘借助机器智能算法，以交通数据流整合为核心，支持实现智能交通物联网和信息网的融合，构建起全局动态的交通管控系统、数据驱动的智能化协同管控系统，保障智能交通体系的全面性与动态性。

5）**智能网联汽车推动汽车产业生态重构**。汽车产业进入全新时代，产业边界不断扩展且日益模糊，除了原先处于产业中心的汽车制造企业之外，提供新型软硬件的科技公司，出行服务的运营商、服务商、内容商，以及基础设施的建设与运营单位都将成为未来汽车产业的重要组成部分。过去垂直线型的汽车产业链，将逐渐演变为立体网状的生态系统，可充分发挥带动相关产业转型升级、促进产业深度交叉融合及形成新型产业生态体系的作用。未来，智能网联汽车产业将通过多方协同创新，共同打造出全新的智能化移动交通工具，并在智慧城市大环境里有效地运营，从而推动智能网联汽车融合发展。

6）**智能网联汽车与智慧城市、智能交通实现融合成为主要发展趋势**。在新一轮科技革命的影响下，智能网联汽车是智慧城市、智能交通实现融合的关键节点与抓手，通过智能网联汽车与各产业之间有机、深入的融合，可有力带动我国科技创新和产业发展。智能网联汽车和智能交通的融合将打通客流、物流、能源流和信息流，实现汽车与城市、交通、能源互联互通，实现城市运行效率提升及节能减排。智能网联汽车和智慧城市的协同将依靠现代化技术手段实现城市中产业、经济、生活、工作的有效布局与再完善；汽车产业链复杂，落地后商业模式丰富，深刻地改变着人类的生活方式，有利于带动城市实现未来发展、转型的目标。

总体来看，我国汽车产业已进入新的发展阶段，智能网联技术作为未来产业发展的核心突破口之一，将推动我国汽车产业迈上新台阶，并将带动相关产业协同发展。智能网联汽车背后的信息安全、产业战略安全问题，决定了我国必须要探索符合我国国情的开放合作与自主可控相结合的产业发展道路。同时，我国要尽快探索出智能网联汽车特色发展路径，明确战略发展方向。未来，智能网联汽车将成为我国引领世界汽车产业发展的重大历史机遇，探索并践行智能网联汽车创新发展的中国方案至关重要且刻不容缓。

2.2.2 战略发展方向

我国智能网联汽车产业发展需要践行中国方案发展路径。智能网联汽车涉及汽车、交通、信息通信等多个产业的交叉融合，汽车在行驶过程中所需的通信、地图和数据又具有极强的本地属性，需要国家统一的安全监管，因此，难以直接复制引用国外发展模式。为实现智能网联汽车产业的创新发展，需要打造具备以下特征的中国方案发展路径：结合中国优势与产业发展趋势，通过优势产业的协同带动效应，实现跨越式发展；在凝聚共识的基础上，探索适应产业变革需求的发展路线；以汽车为核心，实现汽车、交通与智慧城市共同发展的智能网联汽车新型体系架构。未来，中国方案将坚持智能化与网联化充分融合的发展特征，以车载计算基础平台、智能终端基础平台、云控基础平台、高精动态地图基础平台和信息安全基础平台五大平台为载体，最终实现车路云一体化协同的创新发展道路。

为打造智能网联汽车中国方案发展路径，充分结合中国优势与产业发展趋势，进一步适应产业变革需求，在推进我国智能网联汽车产业发展过程中，应坚持以下发展方向和路径。

1）**充分发挥领先产业与体制优势，坚持智能化与网联化融合技术路线**。我国从谋划智能网联汽车产业之初，就强调智能化与网联化协同。在节能与新能源汽车技术路线图 1.0 中，已经在网联化分级方面率先提出网联辅助信息交互、网联协同感知、网联协同决策与控制三个等级，为产业发展开辟了新思路和新路径。我国拥有世界领先的信息通信产业，特别是下一代通信技术将提供满足车辆高速驾驶低时延、高可靠的信息交互环境，基于 C-V2X 技术的频谱管理、标准体系建设、产品研发、测试验证、基础设施建设、终端应用等已经全面发展，多家车企提出 2020 年末预商用计划，初步形成领先优势。同时，我国在跨产业协同方面的制度优势和基础设施建设方面的优势，也会为智能化与网联化的深度融合和协同发展提供保障。

2）**把握历史机遇窗口，着力推进我国汽车软件能力建设**。智能网联汽车对传统车辆开发模式提出了新的需求，自动驾驶功能实现越发依赖车辆软件能力建设。国内外产业各界已经高度重视汽车软件构建能力并纷纷推出相应战略措施。汽车产业链、技术链与价值链形态即将发生重大变革，产业生态正处于更换赛道的机遇窗口。为进一步把握智能网联汽车产业发展的重大历史机遇，需要积极推动国内整车、软件、电子等企业的联合与协作，构建我国汽车软件能力，补齐短板、深挖长板，培育我国汽车产业的新型生态。

3）**深化贯彻智能网联汽车安全技术研究与应用**。通过自动驾驶技术提高车辆行驶安全性是汽车智能网联化的核心目的之一，因此，在产品开发过程中保障自动驾驶系统自身安全性尤为重要。由于现有环境感知、智能决策、控制执行等相关技术水平限制，功能安全、信息安全与预期功能安全成为智能网联汽车研发与商业化的核心难题。我国需要充分结合实际道路、政策法规、交通参与者行为习惯等情况，研究制定符合中国国情的智能网联汽车安全标准和技术方案，将安全技术需要作为核心要素深入贯彻到智能网联汽车产品开发的每一个环节。

3 专题领域技术路线图 1.0 评估

3.1 技术路线图 1.0 目标完成情况

为顺应智能网联汽车最新的国际发展趋势，应对我国智能网联汽车产业化推进过程中的挑战性问题，近年来我国从政策法规制定、共性技术突破、产业协同创新、测试示范应

用等多个方面开展了大量探索与实践，加快我国智能网联汽车产业的创新发展。对标技术路线图 1.0 中提出的技术发展目标，具体进展如下。

1. 整车产品技术

在整车产品技术层面，车辆智能化水平进一步提升。国内众多整车企业纷纷发布了智能网联汽车发展计划，2018 年自主品牌部分自动驾驶汽车开始陆续量产，目前已经得到大量应用，2020 年长安汽车与广汽新能源发布了具备有条件自动驾驶功能车型。高级别自动驾驶车辆在园区、机场、矿山、码头、停车场等封闭、半封闭场景已经开始得到示范应用。在网联化方面，我国 C-V2X 快速发展，产业生态体系健全。2019 年，上汽、一汽、东风、长安、北汽等 13 家车企共同发布 C-V2X 商用路标，计划于 2020—2021 年量产搭载 C-V2X 终端的汽车。总体而言，整车技术进展与路线图提出的里程碑目标保持一致。

2. 车辆关键技术

在车辆关键技术层面，国内环境感知、智能决策等关键技术和产品不断得到应用。多线束激光雷达产品已经实现量产，已经推出 32 线、64 线、128 线等主流产品，产品性能直追国外产品，较大幅度地拉低了价格；在半固态激光雷达技术上也取得了突破性进展，已经发布多款产品。我国已经推出多款自主研发的自动驾驶计算平台，代表性产品有华为的 MDC（Mobile Data Center）和地平线的 Matrix 平台等。此外，我国智能交互技术发展迅速，具备自主知识产权的语音交互技术已经得到大量应用。总体而言，智能网联汽车关键技术进展与路线图提出的里程碑目标保持一致。

3. 信息交互关键技术

在信息交互关键技术层面，我国 C-V2X 产业生态体系基本形成。工业和信息化部于 2018 年 11 月发布了《车联网（智能网联汽车）直连通信使用 5905 ~ 5925MHz 频段管理规定（暂行)》，确定了 LTE-V2X 的专用频段。在通信芯片、通信终端、V2X 协议栈方面，我国本土企业均发布了相关产品。在测试示范方面，2018 年开展“三跨”互联互通应用示范活动，2019 年 10 月开展了“四跨”互联互通应用示范活动，增加信息安全验证平台，对不同厂家 C-V2X 技术方案互联互通进行了规模测试，验证了我国 V2X 协议栈和安全机制的有效性。2020 年 10 月开展“新四跨”应用示范，进一步推动云控平台、高精度地图等在 C-V2X 上的应用，为 C-V2X 技术大规模试验和产业化应用奠定了基础。总体而言，信息交互关键技术进展与路线图提出的里程碑目标保持一致，甚至在网联化技术验证与应用方面超出目标。

4. 基础支撑关键技术

在基础支撑关键技术层面，智能网联汽车技术标准和测试验证体系不断完善，成果显著。2017 年 12 月，工业和信息化部、国家标准化管理委员会发布《国家车联网产业标准体系建设指南（智能网联汽车）（2017)》，2018 年 6 月制定了《国家车联网产业标准体系建设指南（总体要求)》《国家车联网产业标准体系建设指南（信息通信)》和《国家车联网产业标准体系建设指南（电子产品与服务）》系列文件等。我国智能网联汽车技术验证和道路测试快速发展，已经从早期的封闭试验场到道路测试，再到目前的先导区内先行探索，并逐渐向城市大规模应用示范所发展与迈进，验证范围不断扩展，类型场景不断丰富。总体而言，基础支撑技术进展与路线图提出的里程碑目标保持一致。

智能网联汽车技术路线图评估情况见表5-3-1。

表5-3-1　智能网联汽车技术路线图评估情况

关键指标	2020年目标	2020年进展及完成情况
车载视觉系统技术	在光学镜头、图像处理与视觉增强算法大规模应用自主成果，性能与国际品牌相当并具有成本优势，在中国品牌汽车市场中占据80%以上份额；车道偏离预警（LDW）/前方碰撞预警（FCW）/全景泊车/倒车辅助等基于视觉的预警类产品大规模应用	在光学镜头方面，已经成熟量产；感光芯片方面，在高分辨率、低功耗、高动态、高低照度等技术方面已经取得突破；预警类产品已经取得大规模应用。综上，车载视觉系统发展情况基本符合路线图预期目标
车载毫米波雷达技术	实现车载24GHz和77GHz射频收发芯片和雷达波形控制芯片的自主研制，完成雷达射频前端设计、制造、装配、测试技术的开发，完成复杂道路条件下的二维雷达信号处理系统开发；实现基于自主24GHz和77GHz芯片的车载雷达开发，并集成多种车载应用功能，实现样机研制和测试评价	在芯片技术方面，国内毫米波雷达射频收发和波形控制芯片具备自主研制能力，部分指标与国际主流产品相当；在产品化方面，国内的毫米波雷达在多个关键技术上已经取得突破，但产品仍处于小规模量产和试用阶段，尚需加快车载毫米波雷达产品化进程。综上，毫米波雷达发展情况基本符合路线图预期目标
车载激光雷达技术	实现单线激光雷达相关硬件的自主制造，实现厘米级实时测距，其中激光探测器相关技术指标达到国际先进水平	在上游元器件方面，国产激光器、传感器、控制芯片性能不断提高，逐渐追赶世界先进水平；在产品开发方面，国内多线束高性能车载激光雷达在探测范围、分辨率等方面已达到国际领先水平。综上，激光雷达发展情况超出路线图预期目标，基本达到国际一流水平
多源信息融合技术	车载多传感器前向信息融合理论研究取得阶段性成果，且融合后的感知精度、准确率、实时性与国际品牌相当；开展机器视觉与毫米波雷达信息融合技术研发及应用，提高前方障碍物感知的精度和可靠性，并满足多种交通应用场景	在理论方法方面，以车载视觉和雷达数据融合为主流的融合感知算法模型已取得一定成果；在车载应用方面，车载毫米波雷达和机器视觉融合已经形成应用，实现了多源感知信息融合优化组合和自组合方法，前向车辆和障碍物检测的精度和可靠性已经初步满足多种交通场景的应用需求。综上，多源信息融合技术发展情况基本符合路线图预期目标

（续）

关键指标	2020 年目标	2020 年进展及完成情况
车辆决策与控制技术	针对自动驾驶环境多样性及多工况条件，进一步完善决策与控制策略开发与测试仿真平台，结合实车实验，完成从部分自动驾驶到有条件自动驾驶的过渡，建立适用于有条件自动驾驶的单车决策控制方法，针对路径规划的目的点或特征点建立自主决策的优化模型	在关键执行机构方面，满足驾驶辅助需求的关键执行机构已实现量产应用；决策控制方面，自动紧急制动、自适应巡航等纵向驾驶辅助、车道保持辅助等横向驾驶辅助以及自动泊车决策控制的核心决策控制算法都已实现量产应用。综上，车辆决策与控制技术发展情况基本符合路线图预期目标
多车协同控制技术	以车辆安全性、经济性、舒适性和行车效率为综合目标，分纵向、横向分别实现智能网联汽车多车多目标协同决策与控制方法，支持 PA 级别的自动驾驶	在理论模型方面，提出了线性多车动力学系统，决策机制从一维道路向二维路网下的多车协同发展；虚拟测试平台研究方面，已经建立了车队协同控制仿真系统，并逐步得到推广应用。综上，多车协同控制技术发展情况基本符合路线图预期目标
电子电气架构技术	实现 CAN、LIN、以及 MOST 总线、CAN_ FD、FlexRay 等新型总线协议的完整分析；制定智能网联汽车对电子电气架构的需求标准；提出具有电气冗余、网络通信及控制冗余、功能可扩展的满足智能网联汽车需求的新型电子电气架构，并搭建新型电子电气架构仿真测试平台	在新型车载总线技术进展方面，802. 3cg、802. 3ch 和 802. 3ch 等将在 2020 年发布，TSN 标准逐渐趋于完善；应用方面，实现了新型电子电气架构在部分车型的工程应用，且部分网段实现了域控制；在标准规范方面，各主机厂制订了企业级标准规范，部分主机厂已经制订以太网企业级标准。综上，电子电气架构技术发展情况基本符合路线图预期目标
HMI 产品	完成面向智能网联汽车的用户操控体验感的人机交互主客观评价体系的构建；建立中国智能网联汽车人机接口（HMI）市场调研和用户质量反馈体系	在主客观评价体系方面，国内研究机构取得了多项进展；技术开发与应用方面，语音交互和手势识别技术已经通过本地与网联融合计算的方式进入了车载应用领域，越来越多的车型搭载交互功能。综上，HMI 产品技术的发展基本符合路线图预期目标
人机交互与共驾技术	建立面向智能网联汽车的中国驾驶人人机交互行为基础数据库，实现驾驶人身份识别的人机交互的个性化定制；建立人机共驾性能测试与验证平台，设计考虑驾乘体验感的控制权切换适宜性的主客观评价指标，构建不同智能等级下人车控制权切换的性能评估与测试方法	自然驾驶数据库建设工作初步开展；人机共驾的测试验证指标与系统研究有较大进展，但平台仍有待建立，相关标准也需要尽快立项。驾驶人在线学习等关键技术处于试验阶段，需要进行进一步的可靠性验证；驾驶权的动态优化、失效补偿、主动诱导等技术研发正在稳步进行。综上，人机交互与共驾技术发展情况基本符合路线图预期目标

（续）

关键指标	2020 年目标	2020 年进展及完成情况
信息交互平台技术	建设信息交互平台的分级架构，建立“基础数据平台－公共服务平台－应用服务平台”的三级信息交互平台架构体系，明确政府与企业等各参与者的角色和定位，研究各平台间数据交互标准	在架构及标准方面，三层分级架构、信息交互标准已经建立，各方角色分工基本明确；在运营方面，部分省市建立了运管平台。综上，信息交互平台技术发展情况基本符合路线图预期目标
V2X 应用技术	结合底层通信模块的商业化开发；开展基于 V2X 技术的车辆测试、认证和大规模产业化推广和应用，提高车辆的安全和效率	在底层通信模块方面，我国自主通信芯片、模组已经得到验证并实现小批量供货；在测试验证方面，实现城市级车联网示范应用，同时实现跨通信模组、跨终端、跨整车的互联互通，验证了中国 V2X 标准协议栈的有效性。综上，智能网联汽车 V2X 应用技术发展情况符合路线图预期目标
信息安全技术	形成智能网联汽车信息安全管理要求，制定智能网联汽车信息安全技术标准，完善智能网联汽车信息安全测试规范，建立智能网联汽车信息安全应急响应体系	在标准方面，我国正全面展开智能网联汽车信息安全系列标准的研制工作，各标准组织在汽车信息安全领域发力和布局；在测评方面，现阶段没有形成成熟的测评方法体系，缺乏顶层设计，但路线图规划时间周期较长，目前处于前期准备阶段；在认证方面，鉴于现阶段标准体系的建设进度仍处于酝酿和研究阶段，在国内尚没有形成市场准入级认证及自愿性产品等级认证。综上，信息安全技术发展情况基本符合路线图预期目标
高精度定位系统技术	协同国家北斗定位系统发展战略，实现独立自主的北斗车载高精度定位定姿系统，动态下精度达到亚分米级；实现基于多传感器的辅助定位及精度补偿技术，全面提升动态定位下的稳定性和抗干扰性；完成其他新型车载定位技术的原型开发，结合高精度地图建立完善的测评体系	目前依托北斗卫星和千寻 RTK 差分定位，在开阔道路上基本可以实现亚米级定位。在 GNSS＋惯导融合技术基础之上，增加视觉定位以及地图数据的融合，实现多维数据多场景判断，可达到亚米级定位的标准，满足低级别的自动驾驶需求。综上，高精度定位系统技术发展情况基本符合路线图预期目标
高精度地图技术	提供全国范围内骨干路网及主要城市路网的高级辅助驾驶高精度地图（ADAS Map）数据，精度达到亚分米级，建立 ADAS Map 相关国家或者行业标准；提供适用于无人驾驶的高精度地图（HAD Map）数据，精度达到亚分米级，数据范围覆盖全国主要高速公路和城市快速路，且数据采集设备和技术自主占比达到 60%，形成成熟的数据模型和存储式样标准	ADAS Map 基本按计划完成地图精度和覆盖范围；HAD Map 基本按计划完成各种示范项目要求的小范围数据用于做研究；国家标准《电子公路图地理要素高精度表达规范》已经立项。综上，高精度地图技术发展情况基本符合路线图预期目标

（续）

关键指标	2020 年目标	2020 年进展及完成情况
标准法规	研究制定以 DA 级、PA 级智能化水平和网联化等级中的辅助信息网联为重点的技术及应用系列标准	围绕智能网联汽车，已经从国家标准和团体标准两个层面构建了标准体系；同时，在先进驾驶辅助系统、自动驾驶、汽车信息安全及网联功能与应用等细分专业领域，截至 2019 年底，已经启动了超过 40 项国家标准的制定工作。综上，标准法规发展情况符合路线图预期目标

3.2　技术路线图 1.0 目标达成情况分析

智能网联汽车技术路线图 1.0 目标基本达成，整体发展速度和水平超出预期，一些关键技术与零部件存在短板。

总体来看，我国智能网联汽车技术与产品处于起步期，顶层设计正在形成，能力建设和市场推广稳步推进。C-V2X、激光雷达等部分领域技术发展需求超出预期。我国多线数激光雷达已经实现大规模量产应用，远超出“实现单线激光雷达相关硬件的自主制造”预期目标；我国 C-V2X 产业生态体系基本形成，已经构建出从芯片到模组再到终端的整套生产能力，远超出“结合底层通信模块的商业化开发”预期目标。此外，在关键执行机构、电子电气架构、智能计算平台和专用芯片等技术方面与国外相比还有一定差距，需要进一步加强推动。由于缺少相关标准支撑与大规模示范验证，基础数据平台建设仍面临一定挑战。

4　面向 2035 年发展愿景、目标及里程碑

4.1　发展愿景

我国智能网联汽车产业发展愿景是，实现汽车强国伟大目标，使汽车社会朝着有益于文明进步、可持续轨道发展，满足人民对美好生活无限向往的需要，具体如下。

1）安全：大幅降低交通事故数量和伤亡人数。

2）效率：显著提升交通和城市运行效率。

3）节能减排：有效降低道路交通能源消耗和污染排放。

4）舒适和便捷：提高驾驶舒适性，解放驾驶人。

5）人性化：使老年人、残障人士等都拥有驾乘出行的权利。

4.2 目标

到2035年，中国方案智能网联汽车技术和产业体系全面建成，产业生态健全完善，整车智能化水平显著提升，高度自动驾驶智能网联汽车大规模应用。由于采用智能化和网联化技术，驾乘安全性和舒适性显著提高，交通事故和人员伤亡数量大幅降低，交通出行和物流运输效率显著提升，道路交通能源消耗和污染排放有效降低。中国方案智能网联汽车关键核心技术处于国际领先水平，有效助推汽车产业转型升级、新兴产业经济重构和安全、高效、绿色的汽车社会文明形成，促进实现建设世界汽车强国的战略目标。

4.2.1 发展期（2021—2025年）

1. 顶层设计

确立中国方案智能网联汽车发展战略，构建跨部门协同的管理机制，基本建成中国智能网联汽车的政策法规、技术标准、产品安全和运行监管体系框架，智能网联汽车协同创新体系、多产业融合体系和新型生态体系初步形成。

2. 技术和产品创新能力

建立较为完善的智能网联汽车自主研发体系、生产配套体系、创新产业链体系；掌握智能网联汽车关键技术，产品质量与价格均具有较强国际竞争力，在世界排名前十的供应商中我国企业有一两家；智能交通系统建设取得积极进展，建设基本覆盖大城市、高速公路的车用无线通信网络和智能化基础设施，北斗高精度时空服务实现全覆盖，“人-车-路-云”系统达到初步协同。

3. 市场应用

到2025年，部分自动驾驶、有条件自动驾驶智能网联汽车的销量占当年汽车总销量的比例超过50%，高度自动驾驶智能网联汽车开始进入市场，C-V2X终端新车装配率达50%，网联协同感知在高速公路、城市道路节点（如交叉路口、匝道口）和封闭园区实现成熟应用，具备网联协同决策功能的车辆进入市场。在高速公路、专用车道、停车场等限定场景及园区、港口、矿区等封闭区域实现高度自动驾驶智能网联汽车的商业化应用。

4.2.2 推广期（2026—2030年）

1. 顶层设计

中国方案智能网联汽车成为国际汽车发展体系重要的组成部分，全面建成中国智能网联汽车的政策法规、技术标准、产品安全和运行监管体系框架，技术创新能力显著增强，相关产业深度融合，新型产业生态基本建成。

2. 技术和产品创新能力

形成完善的智能网联汽车自主研发体系、生产配套体系、创新产业链体系；部分智能网联汽车关键技术达到国际领先水平，中国品牌智能网联汽车以及核心零部件企业具备较强的国际竞争力，实现产品大规模出口；建立完善的智能交通系统，形成覆盖城市主要道路的车用无线通信网络和智能化基础设施，“人－车－路－云”系统达到高度协同，智能网联汽车与智能交通形成高效的协作发展模式。

3. 市场应用

到2030年，部分自动驾驶、有条件自动驾驶智能网联汽车的销量占当年汽车总销量的比例超过70%，高度自动驾驶车辆占比达20%，C-V2X终端新车装配基本普及，具备车路云一体化协同决策与控制功能的车辆进入市场。高度自动驾驶智能网联汽车在高速公路广泛应用，在部分城市道路规模化应用。

4.2.3　成熟期（2031—2035年）

1. 顶层设计

中国方案智能网联汽车产业体系更加完善，实现与交通、信息、互联网等领域充分协调，与智能交通、智慧城市产业生态深度融合，打造共享和谐、绿色环保、互联高效、智能安全的智能社会，支撑我国实现汽车强国、步入汽车社会。

2. 技术和产品创新能力

智能网联汽车重大关键核心技术全面取得自主掌控突破，技术创新能力领跑全球，中国品牌智能网联汽车以及核心零部件企业保持强劲的国际竞争力，形成一批引领世界的智能网联汽车整车和零部件企业，扩大产品出口规模。

3. 市场应用

到2035年，高速快速公路、城市道路等基础设施智能化水平满足高度自动驾驶智能网联汽车运行要求。高度自动驾驶、完全自动驾驶智能网联汽车具备与其他交通参与者之间的网联协同决策与控制能力，各类网联式高度自动驾驶汽车广泛运行于我国广大地区。

4.3　里程碑

4.3.1　智能网联乘用车发展里程碑

1. 分阶段发展目标

根据智能化等级和网联化等级要求，智能网联乘用车[㊀]的分阶段发展目标具体如下。

㊀ 该部分所研究的智能网联乘用车为轿车，其功能包括城市道路自动驾驶、停车场自动驾驶等。

1）到2025年左右，实现有条件自动驾驶技术的规模化应用，高度自动驾驶技术开始进入市场。具备在较复杂工况下的自动驾驶功能，典型场景功能应用包括交通拥堵自动驾驶、高速公路自动驾驶、代客泊车自动驾驶等；同时，以基于C-V2X网络的通信能力和边缘计算技术为基础，支持代客泊车和高速公路自动驾驶等功能的协同式迭代更新。

2）到2030年左右，实现高度自动驾驶技术的规模化应用，典型应用场景包括城郊道路、高速公路以及覆盖全国主要城市的城市道路。在车路协同边缘计算、多源传感器融合、C-V2X异构通信网络等技术的成熟基础上，实现路侧设施、车载终端装配率与使用范围的大幅提升，充分利用车端、路侧的多源传感器数据共享融合技术。

3）在2035年以后，完全自动驾驶乘用车开始应用，实现车路之间协同发展，优化交通设施与应用生态，在全路况条件下实现廉价且高可靠、可规模化快速部署的商用无人驾驶功能，实现车路协同、智能移动平台与智能交通云控平台调度的规模化应用。

智能网联乘用车里程碑如图5-4-1所示。

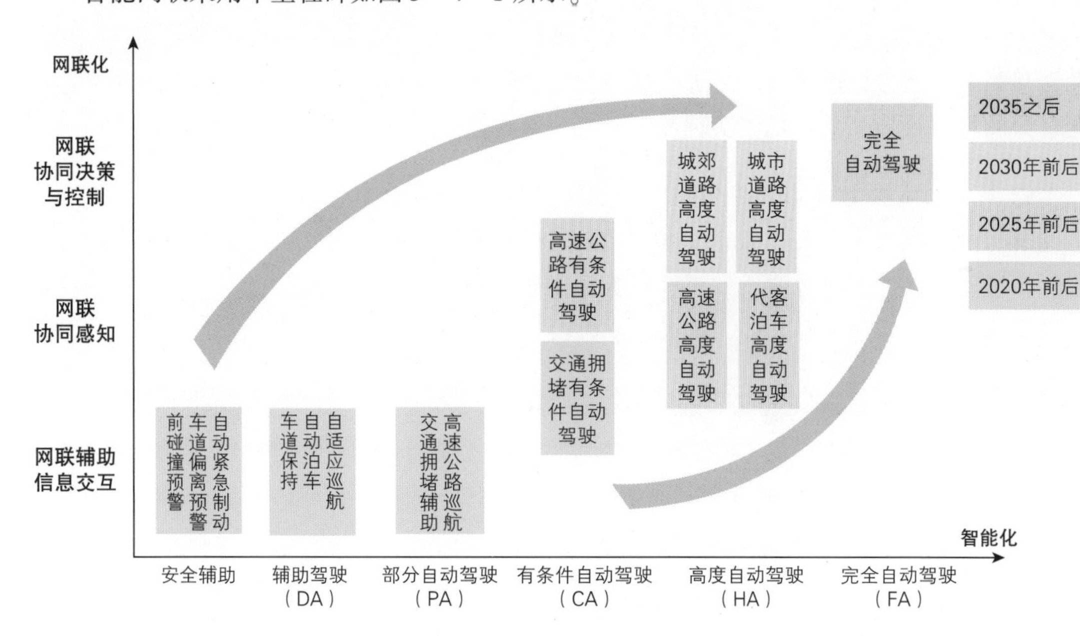

图5-4-1 智能网联乘用车里程碑

2. 里程碑功能场景定义

随着智能化与网联化的高度耦合，乘用车自动驾驶场景的感知、决策与控制将由车端、路侧、云端共同实现。结合上述里程碑示意图，主要的目标里程碑功能场景定义如下。

（1）交通拥堵有条件自动驾驶（Traffic Jam Chauffeur，CA级）

能够在城市或高速公路的交通拥堵路段提供横向和纵向控制，保持车辆在自车道内以一定车速和车距安全行驶。驾驶人必须主动激活系统，但不必持续监视系统，驾驶人可以在任何时候接管系统，系统将来升级后可实现车道变更。当系统向驾驶人发出接管请求时，会给驾驶人预留足够的时间接手驾驶任务。如果驾驶人没有及时接管驾驶任务，那么系统应适时执行风险减缓策略，将车辆在车道内制动（或安全停止）。

（2）高速公路有条件自动驾驶（Highway Chauffeur，CA 级）

能够在高速公路或城市快速道路上以限速范围内的车速行驶。从入口到出口，可在所有车道行驶，可实现超车。驾驶人必须主动激活系统，但不必持续监视系统，驾驶人可以在任何时候接管系统。当系统向驾驶人发出接管请求时，会给驾驶人预留足够的时间接手驾驶任务。如果驾驶人没有及时接管驾驶任务，那么系统应适时执行风险减缓策略，将车辆在车道内制动（或安全停止）。在条件允许时，系统有能力变更车道，以使车辆安全地停到应急车道或路肩上。

（3）高速公路高度自动驾驶（Highway Autopilot，HA 级）

能够在高速公路或城市快速道路上以限速范围内的车速行驶。从入口到出口，可在所有车道上行驶，可实现超车和车道变更。车辆处于高速公路运行区域正常行驶时，系统并不会向驾驶人发出接管请求。如果遇到特殊情况（比如极端天气、交通事故），系统会发出接管请求，系统有能力停止在安全停车区域，在条件允许时，系统有能力驶离高速公路。

（4）代客泊车高度自动驾驶（Automated Valet Parking，HA 级）

在停车场区域，能够实现从接驳点至目标车位的自动驾驶及泊车功能。驾驶人必须主动激活系统，但不需要驾驶人监控，驾驶人或远程监控者可以在任何时候关闭系统。车辆能够自行前往目标停车位或自行搜寻有效车位，随后自动完成泊车入位等动作，泊车完成后通知驾驶人车辆的状态；可实现对车辆的召唤，车辆能自动地完成从泊车位到接驳点的自动驾驶。车辆在代客泊车过程中会自动探测障碍物和其他交通参与者，以保证泊车过程的安全。如果不具备行驶条件或无可行驶区域，系统将安全地停止行驶。

（5）城市/郊区道路高度自动驾驶（City/Suburban Autopilot，HA 级）

在城市或郊区（没有路标的窄车道、不同的道路使用者等）道路上，能够在城市、郊区的限速范围内实现自动驾驶，例如，自动驾驶出租车 Robo-Taxi 可根据用户需求提供高度自动驾驶出行服务。该系统可由驾驶人在任何交通状况下启动，驾驶人可以随时接管系统；能够实现对可行驶区域、交通参与者的意图识别。驾驶人可以在所有交通状况下启动该系统，并且可以在任何时候接管或关闭系统。

（6）完全自动驾驶（FA 级）

在公共道路上，能够在所在路段的限速范围内实现自动驾驶。该系统可自主激活，不需要用户监控；能够基于 C-V2X、多源传感器融合等技术实现全场景的完全自动驾驶；当系统无法完成驾驶任务时，系统可自动达到最小风险状态并通知云端。

4.3.2 智能网联货运车辆发展里程碑

1. 分阶段发展目标

根据智能化等级和网联化等级要求，智能网联货运车辆㊀的分阶段发展目标具体如下。

1）到 2025 年左右，实现高速场景驾驶辅助、部分自动驾驶技术规模化应用，有条件自动驾驶货运车辆开始进入市场。限定场景高度自动驾驶实现商业化应用，高速公路队列行驶开始应用等；基于 C-V2X 网络的通信能力和边缘计算技术能够有效支撑智能网联货运车辆应用。

2）到 2030 年左右，城市道路高度自动驾驶技术开始应用，高速公路高度自动驾驶技术实现商业化应用，限定场景高度自动驾驶、高速公路队列行驶实现规模商业应用，典型应用场景覆盖全国主要城市的城市道路。车路云一体化系统在限定区域场景下的高度协同和城市主要道路的全面覆盖，可充分降低车端感知能力和计算平台需求，有效实现网络协同决策与控制的规模化应用。

3）在 2035 年以后，完全自动驾驶智能网联货运车辆开始应用。实现车路之间协同发展，优化交通设施与应用生态。在全路况条件下实现低成本、高可靠性的无人驾驶智能网联货运车辆部署，有效降低货运成本和能源消耗。

智能网联货运车辆里程碑如图 5－4－2 所示。

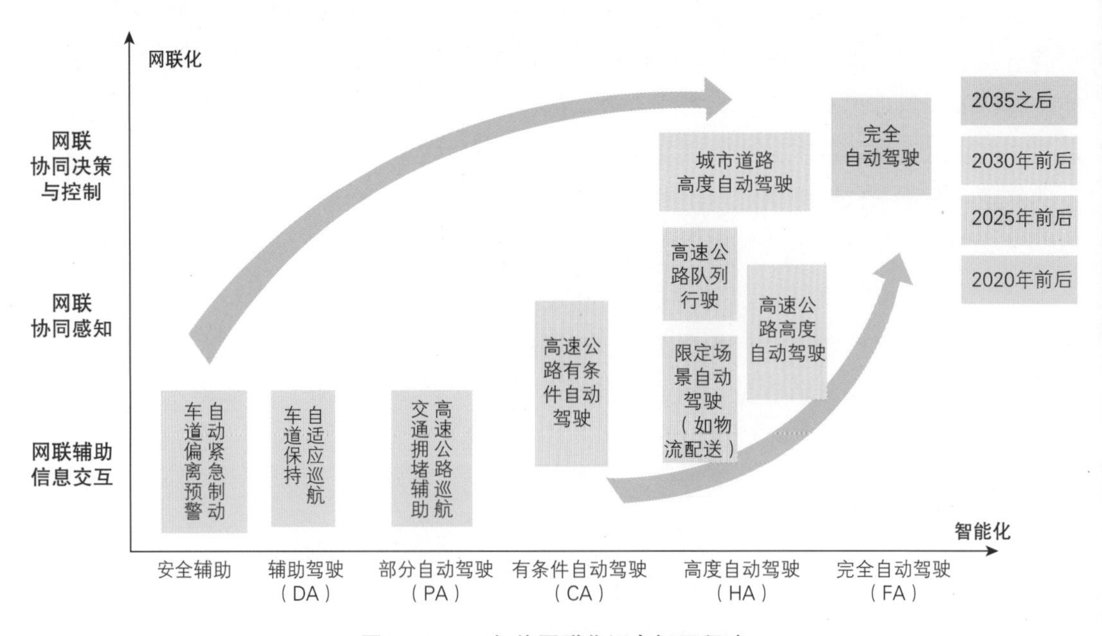

图 5－4－2 智能网联货运车辆里程碑

㊀ 该部分所研究的智能网联货运车辆包括中型、大型货车，以及目前在特定区域示范应用的新型物流配送车辆。

2. 里程碑功能场景定义

随着智能化与网联化的高度耦合，货运车辆自动驾驶场景的感知、决策与控制将由车端、路侧、云端共同实现。结合上述里程碑示意图，主要的目标里程碑功能场景定义如下。

（1）高速公路有条件自动驾驶（Highway Chauffeur，CA 级）

能够在高速公路或城市快速道路上以限速范围内的车速行驶。从入口到出口，可在所有车道行驶，可实现超车。驾驶人必须主动激活系统，但不必持续监视系统，驾驶人可以在任何时候接管系统。当系统向驾驶人发出接管请求时，会给驾驶人预留足够的时间接手驾驶任务。如果驾驶人没有及时接管驾驶任务，那么系统应适时执行风险减缓策略，将车辆在车道内制动（或安全停止）。

（2）高速公路高度自动驾驶（Highway Autopilot，HA 级）

能够在高速公路或城市快速道路上以限速范围内的车速行驶。从入口到出口，可在所有车道上行驶，可实现超车和车道变更。车辆处于高速公路运行区域时，系统并不会向驾驶人发出接管请求。如果有突发情况发生需要停车，在驾驶人未接管驾驶任务时，系统有能力驶离高速公路并安全停止。

（3）高速公路队列行驶（Highway Pilot Platooning，HA 级）

能够在高速公路或城市快速道路上，多辆不同类型的汽车通过网联的方式相互连接，并在同一个车道内队列行驶，车距控制在最小范围。随着网联式协同决策和控制技术发展，C-V2X 通信实时性不断增强，可将车间安全距离降低到远低于当前人工驾驶安全距离的水平，适用于不同品牌货运车辆组队，能够将驾驶人监督任务移交给队列行驶中的其他车辆，进一步可实现后车无人驾驶、车队换道行驶。

（4）限定场景高度自动驾驶（Confined Areas Autopilot，HA 级）

在限定场景（如港口、矿区、校园、物流园区）等道路条件下，能够按照限定区域内的行驶规则，实现低速自动驾驶。该系统可由驾驶人在任何交通状况下启动，驾驶人可以随时接管系统；能够实现对可行驶区域、交通参与者的意图识别。驾驶人可以在所有交通状况下启动该系统，并且可以在任何时候接管或关闭系统。在限制区域内，为提高货物联合运输和转运效率，可制定相关法规和标准。

（5）城市道路高度自动驾驶（City Autopilot，HA 级）

在城市道路上，能够在城市限速范围内实现自动驾驶。该系统可由驾驶人在任何交通状况下启动，驾驶人可以随时接管系统；能够实现对可行驶区域、交通参与者的意图识别。驾驶人可以在所有交通状况下启动该系统，并且可以在任何时候接管或关闭系统。

（6）完全自动驾驶（FA 级）

在公共道路上，能够在所在路段的限速范围内实现自动驾驶。该系统可自主激活，不需要用户监控；能够基于 C-V2X、多源传感器融合等技术实现全场景的完全自动驾驶；当系统无法完成驾驶任务时，系统可自动达到最小风险状态并通知云端。

4.3.3 智能网联客运车辆发展里程碑

1. 分阶段发展目标

根据智能化等级和网联化等级要求，智能网联客运车辆[㊀]的分阶段发展目标具体如下。

1）到 2025 年左右，实现限定场景公交车（BRT）有条件自动驾驶技术商业化应用、限定场景接驳车（如园区、景区等封闭区域）高度自动驾驶技术商业化应用，同时基于 C-V2X 网络的通信能力和边缘计算技术，实现限定场景网联协同感知与决策的商业化应用。

2）到 2030 年左右，实现高度自动驾驶接驳车（如园区、景区等区域）规模化应用，限定场景高度自动驾驶公交车商业化应用，高度自动驾驶城市道路公交车开始进入市场。充分利用车端、路侧的多源传感器数据共享融合技术，实现网联协同感知与决策的规模化应用。

3）在 2035 年以后，实现城市道路公交车高度自动驾驶技术规模化应用，高速公路客运车高度自动驾驶商业化应用，实现车路之间协同发展，优化交通设施与应用生态，随技术发展，逐步实现全路况条件下的自动驾驶。此外，多用途完全自动驾驶移动服务平台开始商业化应用，进一步可演进成集“家居、娱乐、工作、社交、配送”为一体的智能移动空间，有望集成客运、货运等不同功能。

智能网联客运车辆里程碑如图 5－4－3 所示。

2. 里程碑功能场景定义

随着智能化与网联化的高度耦合，客运车辆自动驾驶场景的感知与决策将由车端、路侧、云端共同实现。结合上述里程碑示意图，主要的目标里程碑功能场景定义如下。

（1）限定场景有条件自动驾驶（BRT，CA 级）

在城市 BRT 专用车道上，具备巡航、精确进站、前向自动紧急制动等功能，实现有条件自动驾驶。同时，基于 C-V2X 技术，具备信号灯协同、盲区预警等功能。驾驶人必须主动激活系统，但不必一直监视系统；同时，驾驶人可以在任何时候接管系统。当系统向驾驶人发出接管请求时，驾驶人需响应系统请求，如果驾驶人无响应，那么系统应适时执行风险减缓策略。

㊀ 该部分所研究的智能网联客运车辆包括用于城市公交、城际客运、社会团体等客车，以及目前在特定区域示范应用的新型通勤小巴。

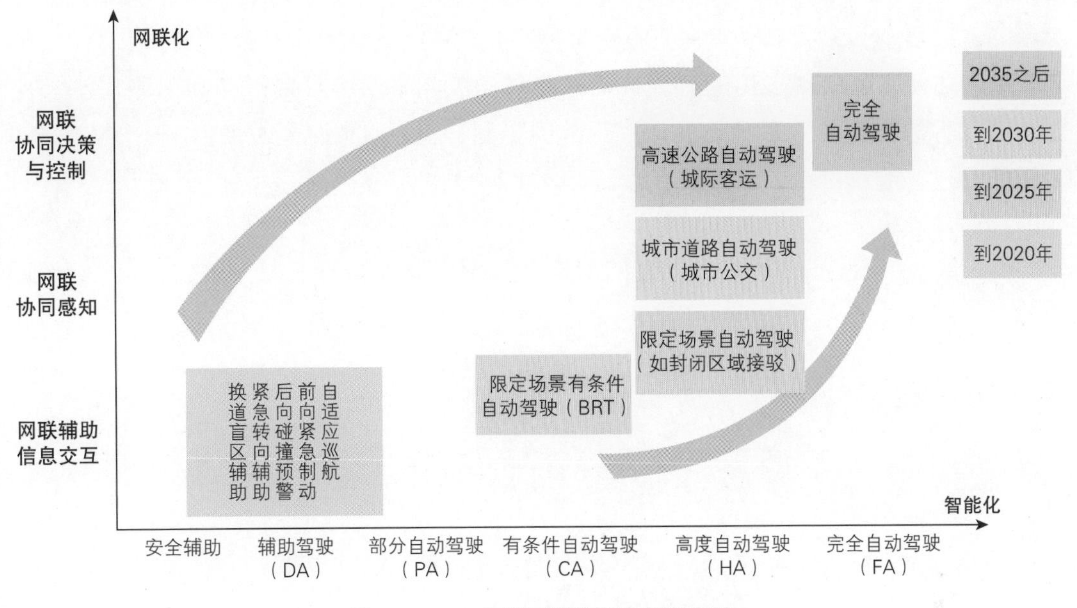

图5－4－3　智能网联客运车辆里程碑

（2）限定场景高度自动驾驶（Confined Areas Autopilot，HA级）

在园区、景区等限定场景内，具备自主进站、精准停靠等功能，实现基于限定场景内高度自动驾驶小型客车、“新型小巴”的通勤接驳功能。在设计运行范围内该系统可自主激活，不需要用户监控。当系统无法完成驾驶任务时，系统可自动达到最小风险状态，远程驾驶人可自行选择接管。

（3）城市道路高度自动驾驶（City Autopilot，HA级）

在城市道路上，公交客车具备自主换道、自主超车、精确进站等功能，实现所在公交线路上的高度自动驾驶。该系统可自主激活，能够实现对可行驶区域、交通参与者的意图等识别；当系统无法完成驾驶任务时，系统可自动达到最小风险状态，远程驾驶人可自行选择接管。

（4）高速公路高度自动驾驶（Highway Autopilot，HA级）

在高速公路上，城际客运车具备交通标识识别、跟车行驶、靠路边停车、自主进出服务区等功能，能够实现从入口到出口、所有车道上的高度自动驾驶。该系统可自主激活，能够实现对可行驶区域、交通参与者的意图等识别；当系统无法完成驾驶任务时，系统可自动达到最小风险状态，远程驾驶人可自行选择接管。

（5）完全自动驾驶移动平台（FA级）

在公共道路上，中大型客车能够在路段的限速范围内实现自动驾驶。该系统可自主激活，不需要用户监控；能够基于C-V2X、多源传感器融合等技术实现低速场景和高速场景的完全自动驾驶；当系统无法完成驾驶任务时，系统可自动达到最小风险状态并通知云端。

除此之外，将出现多用途完全自动驾驶移动服务平台，可实现自动驾驶底盘和座舱自动化拆卸与装备，系统无设计运行范围限制，当系统激活后，可执行全部动态驾驶任务。

5 技术路线图

5.1 总体技术路线图

智能网联汽车总体技术路线图如图 5 -5 -1 所示。

	2025年	2030年	2035年
总体目标	到 2025 年，确立中国方案智能网联汽车发展战略。PA、CA 级智能网联汽车销量占当年汽车市场总销量的比例超过50%，HA 级智能网联汽车开始进入市场，C-V2X 终端新车装配率达 50%，网联协同感知开始在高速公路、城市道路节点（如交叉路口、匝道口）和封闭园区实现成熟应用，具备网联协同决策功能的车辆进入市场。在高速公路、专用车道、停车场等限定场景及园区、港口、矿区等封闭区域实现 HA级智能网联汽车的商业化应用	到2030年，中国方案智能网联汽车成为国际汽车发展体系重要的组成部分。PA、CA级智能网联汽车销量占当年汽车市场总销量的70%，HA级占比超过20%，C-V2X终端新车装配基本普及，具备车路云一体化协同决策与控制功能的车辆进入市场。HA级智能网联汽车在高速公路广泛应用，在部分城市道路规模化应用	到2035年，中国方案智能网联汽车产业体系更加完善，与智能交通、智慧城市产业生态深度融合，打造共享和谐、绿色环保、互联高效、智能安全的智能社会，支撑我国实现汽车强国、步入汽车社会，各类网联式高度自动驾驶车辆广泛运行于我国广大地区
车辆关键技术	到2025年，车辆关键技术全面满足CA、部分场景HA自动驾驶需求。障碍物检测能力达到200m以上；能够提供覆盖全国80%道路的智能决策技术；实现面向ADAS功能的车辆纵向、横向、垂向动力学协同耦合控制及底层执行器控制算法开发；建立基于域控制器的电子电气架构平台，计算平台支持CA级自动驾驶和协同感知	到2030年，车辆关键技术全面满足HA自动驾驶需求。障碍物检测能力达到500m以上；能够提供覆盖全国90%道路场景的HA智能决策技术；实现线控系统集成化控制。建立以计算平台为核心的电子电气架构平台，计算平台支持HA级自动驾驶和协同决策与控制	到2035年，车辆关键技术可满足FA级自动驾驶需求。障碍物检测能力达到1000m以上；建立适用于FA级的智能决策技术;实现线控系统的集成化和模块化设计;通过搭建基于车路云一体化的车辆平台架构，在网联环境下实现整车云端协同控制，计算平台具备和车-路-云全方位无缝协同的能力

图 5 -5 -1　智能网联汽车总体技术路线图

	2025年	2030年	2035年
信息交互关键技术	到2025年，完成NR-V2X频谱、LTE-V2X与NR-V2X设备共存、NR 控制LTE直通链路以及单播组播等专用通信与网络技术的研究。建成区域级智能网联汽车大数据云控基础平台。基于车路数字化信息共享的驾驶辅助技术成熟应用、车路融合环境感知技术实现应用、车路融合的辅助定位技术成熟	到2030年，NR-V2X 6GHz以上毫米波技术成熟；建成国家级智能网联汽车大数据云控基础平台，实现在多个城市全区域和多条高速公路全路段自动驾驶和交通管控的数据运营。基于车路云协同决策的自动驾驶技术逐步成熟，在重点路口、路段和封闭园区实现应用	到2035年，V2X技术支持HA级以上自动驾驶的商用；形成较为完备的、标准化的全国车路云一体化自动驾驶与智能交通实时大数据共享与服务体系，平台能力满足大规模HA级自动驾驶车辆信息服务需求，通过对单车与多车驾驶过程的决策引导，大幅提升城市交通整体运行效率；能够实现基于车路云一体化协同控制的自动驾驶技术应用
基础支撑关键技术	到2025年，完善人工智能环境感知算法，提升无人驾驶深度学习、端到端智能控制等领域的理论研究；构建基于“感知–决策–控制”的智能网联汽车信息安全防护体系；在CA级及以上智能网联汽车实现功能安全标准的应用；高精度地图数据精度达到广域亚米级、局域分米级，支持HA级自动驾驶；高精度定位精度达厘米级；具备支撑CA级智能网联汽车验证能力，形成CA级测试评价体系；在智能网联汽车各细分领域，制定100余项标准	到2030年，突破多传感器环境感知算法深度融合技术；实现CA、HA级智能网联汽车信息安全防护体系落地实施，建立完善的预期功能安全测试验证方法，保障CA、HA级智能网联汽车行驶安全测试需求；高精度地图数据精度达到广域分米级、局域厘米级，高精度定位动态下精度稳定在厘米级；具备支撑HA级智能网联汽车验证能力，形成HA级测试评价体系；不断更新迭代的智能网联汽车中国标准体系，标准体系可适用于HA级及以上车辆的量产应用需求	到2035年，全面实现高级别无人驾驶汽车的人工智能控制；信息安全防护体系的全面落地实施；实现功能安全标准和预期功能安全标准在FA级智能网联车辆整车、系统和芯片上的应用；高精度地图数据精度接近厘米级，可提供稳定的全域室内厘米级高精度定位服务，满足智能网联汽车FA级别需求；具备支撑FA级智能网联汽车验证能力，形成FA级测试评价体系。全面形成技术先进、结构合理、内容完善的智能网联汽车中国标准体系

图5–5–1　智能网联汽车总体技术路线图（续）

5.2　关键分领域技术路线图

5.2.1　环境感知系统技术路线图

1. 预期目标

到2025年左右，满足有条件自动驾驶、部分场景高度自动驾驶系统需求。在视觉传感器、毫米波雷达、激光雷达、超声波雷达、车载多传感器信息融合及基于C-V2X多源协同感知等领域实现一定突破，障碍物检测能力达到最远200m以上，最近0.1m以内；城区/城郊工况下感知系统计算时间小于100ms，高速工况下小于50ms；障碍物识别、车道线检测、车位线识别准确率大于90%。

到2030年左右，全面满足高度自动驾驶系统需求。在视觉传感器、毫米波雷达、激光雷达、超声波雷达、车载多传感器信息融合以及基于C-V2X多源协同决策与控制等领域实现突破，障碍物检测能力达到最远500m以上，最近0.05m以内；城区/城郊工况下感知系统整体计算时间小于70ms，高速工况下小于30ms；障碍物识别、车道线检测、车位线识别准确率大于95%。

到2035年左右，满足完全自动驾驶系统需求。多源融合感知系统障碍物检测能力达到最远1000m以上，最近0.03m以内；城区/城郊工况下感知系统整体计算时间小于50ms，高速工况下小于20ms；障碍物识别、车道线检测、车位线识别准确率大于99%。

2. 差距分析

1）在传感器方面，国外在视觉传感器、毫米波雷达、激光雷达以及超声波雷达等领域均处于领先地位。

在车载视觉处理芯片方面，德州仪器（TI）、恩智浦（NXP）、安霸等嵌入式半导体企业以及英伟达、英特尔等计算机处理器企业在车载芯片上的布局较早，Mobileye的机器视觉芯片已量产上市并大批量装车，而国内量产芯片种类少，装车量小。在毫米波雷达方面，国外77GHz雷达应用在汽车上已有5~10年，而国内产品刚开始进入前装市场，量产经验不足。在激光雷达方面，国内厂商正在积极加入整车厂供应目录，但是在激光收发芯片、传感控制芯片等基础元器件方面，新型光束转向技术、调频连续波技术、硅光技术等技术创新方面，以及规模化量产应用方面，与国外存在较大的差距。在超声波雷达方面，国外在自动驾驶系统上应用超声波雷达已有3~5年，而国内超声波雷达只能应用于安全预警系统上。

2）在处理器方面，国外厂商占据绝对领先地位，国内企业开始布局，但尚有较大差距。

3）在车载多传感器信息融合算法方面，国外处于领先地位，已经出现较多相对成熟的解决方案，国内仅有部分产品达到类似技术水平，尚不能满足车辆高速行驶环境下实时性要求，对复杂环境的感知精度有待提高。

4）在基于V2X的多源协同感知方面，国内数据的继承性和实时性较差，在端到端的融合上与国外存在较大差距。

3. 实现路径

1）加强传感器领域的基础研发。突破视觉传感器、毫米波雷达、激光雷达以及超声波雷达等领域的技术瓶颈，拓展传感器的应用环境气候范围，提升传感器的可靠性以及探测距离、识别精度、分辨率等核心性能；推动雷达的高分辨率成像、微多普勒特征、合成孔径雷达成像技术研究与应用。

2）开展处理器及芯片方面的技术攻关，支持激光雷达等精密传感器的上游关键元器件研发制造。提升芯片计算能力，满足大分辨率或极端工况特殊算法的运算能力。

3）加强算法技术方向的研究。在障碍物识别、车道线检测、车位检测、多目标分类、融合跟踪等领域实现算法突破，加大算法技术工程应用的研发和应用。攻克车载多传感器信息融合技术，通过机器视觉、毫米波雷达、激光雷达及超声波雷达等综合探测，进行数据层、特征层和决策层的信息融合，提高车辆对全向障碍物的检测精度和可靠性；同时，通过特征提取和运动模型设计，构建车辆行驶危险模型，提高障碍物检测精度并满足实时性要求。

4. 路线图

环境感知系统技术路线图如图5-5-2所示。

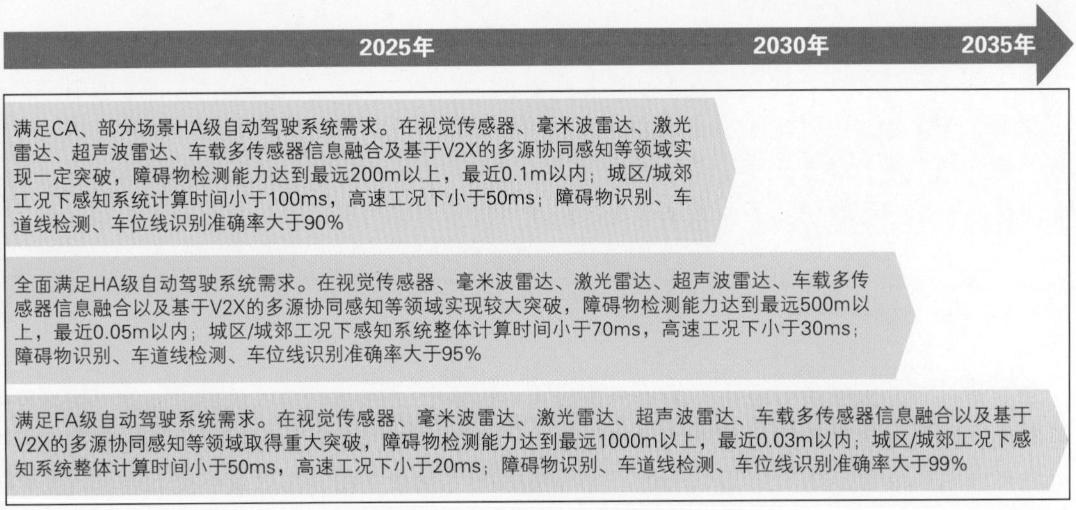

图5－5－2　环境感知系统技术路线图

5.2.2　智能决策系统技术路线图

1. 预期目标

到2025年左右，根据不同功能场景开发基于规则模型和人工智能算法的智能决策技术。提供覆盖全国80%道路（包括高速路、快速路、封闭园区、停车场）的有条件自动驾驶、高度自动驾驶智能决策技术。其中，行为预测技术通过人工智能算法达到障碍物行为预测准确率大于90%；行为决策技术通过不同的模型（有限状态机、决策树模型、知识推理决策模型）进行开发设计，其中自主跟车、车道保持、自主换道、超车、掉头、转向、泊车等关键行为正确率达到95%；轨迹规划技术通过人工智能算法确保轨迹计算更新周期小于100ms，轨迹规划能力达到人类驾驶人水平的90%。构建智能网联汽车多车协同通信拓扑结构和编队优化方法，实现网联辅助信息交互的多车协同控制方法，支持有条件自动驾驶。当自动驾驶系统出现故障时，智能决策系统可以继续完成动态驾驶任务支援，保证驾驶人有20s的时间接管。

到2030年左右，针对自动驾驶环境的多样性，将决策、动力学、人工智能算法等深度结合进一步开发端到端的人工智能决策技术，提供覆盖全国90%道路场景的高度自动驾驶智能决策技术。其中，行为预测技术通过人工智能算法达到障碍物预测准确率大于95%；行为决策技术通过不同的模型以及人工智能技术进行深度开发，车辆关键行为正确率达到98%；轨迹规划技术通过核心人工智能算法确保轨迹计算更新周期小于80ms，轨迹规划能力达到人类驾驶人水平的95%；构建智能网联汽车多车协同控制的测试评估优化方法，实现网联协同感知的多车协同控制方法，支持高度自动驾驶。当自动驾驶系统出现故障时，智能决策系统可以继续完成车辆的安全控制运行，不需要驾驶人接管。

到2035年左右，通过大量人工智能算法以及车路云端融合的智能化决策规划技术开发应用，最终建立适用于完全自动驾驶的智能决策技术，提供覆盖全国100%的道路场景的完全自动驾驶级智能决策技术。其中，行为预测技术对障碍物预测准确率大于99%；行为决策技术通过不同的模型以及人工智能技术进行深度开发，车辆的关键行为正确率达到99%；轨迹规划技术通过车路云融合决策确保轨迹计算更新周期小于50ms，轨迹规划能力超越人类驾驶人水平。智能网联汽车实现车－路－云端融合的多车协同的网联协同决策与控制，支持完全自动驾驶。当自动驾驶系统出现故障时，智能决策系统继续安全工作。

2. 差距分析

1）在测试与验证方面，缺少针对智能决策技术开发的模拟仿真软件和测试验证平台。目前，国内企业尚无完善通用的软件仿真平台和实车测试验证平台，缺乏有效的手段进行大规模测试验证，阻碍了智能决策技术的研发进展。

2）在安全控制方面，欠缺在功能安全方面相应的开发验证，尚不满足自动驾驶在多工况下的安全需求。自动驾驶车辆要适用于复杂环境的多工况条件，需要智能决策技术具备较高的安全性和较强的鲁棒性。

3. 实现路径

1）构建智能决策控制技术策略开发、虚拟测试验证仿真平台。基于车辆驾驶道路环境模型、环境感知模型、车辆执行机构模型、车辆动力学模型等搭建适用于有条件自动驾驶级智能决策技术控制策略开发测试仿真平台；基于车辆实际道路采集的数据，搭建适用于完全自动驾驶级智能决策技术大数据训练平台。

2）开发自动驾驶系统智能决策技术控制方法。逐步深化耦合基于规则的智能决策技术和基于人工智能算法的智能决策技术，发挥各自算法的优势，组合形成强大的智能决策控制模型；同时，基于大量的仿真测试建立自适应的智能控制算法，支持车辆完成开放道路的自动驾驶功能。

4. 路线图

智能决策系统技术路线图如图5－5－3所示。

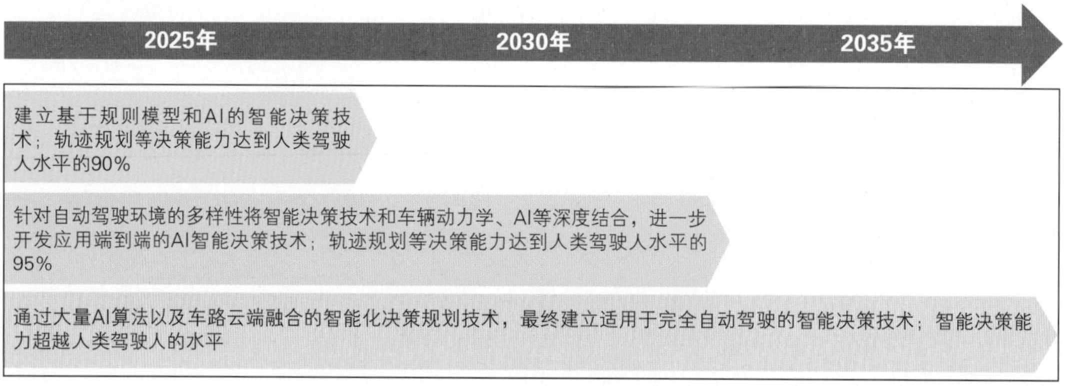

2025年	2030年	2035年
建立基于规则模型和AI的智能决策技术；轨迹规划等决策能力达到人类驾驶人水平的90%		
针对自动驾驶环境的多样性将智能决策技术和车辆动力学、AI等深度结合，进一步开发应用端到端的AI智能决策技术；轨迹规划等决策能力达到人类驾驶人水平的95%		
通过大量AI算法以及车路云融合的智能化决策规划技术，最终建立适用于完全自动驾驶的智能决策技术；智能决策能力超越人类驾驶人的水平		

图5－5－3　智能决策系统技术路线图

5.2.3　控制执行系统技术路线图

1. 线控底盘系统技术路线图

（1）预期目标

到2025年左右，实现车辆纵向、横向、垂向动力学协同耦合控制及底层执行器控制算法开发；提升产品冗余设计，开发高覆盖率诊断机制，提高产品可靠性；探索针对智能网联汽车不同等级、不同功能需求的线控子系统及线控底盘整体系统的测试评价方法，建立智能网联汽车线控底盘系统标准法规。

到2030年左右，完善线控系统执行器的集成化机械结构设计，实现线控驱动、制动、转向、悬架系统控制算法优化与集成；进一步优化线控系统软硬件冗余设计，提升功能安全；依托底盘域控制器和智能驾驶域控制器，实现线控系统集成化控制，能够实现较为丰富的执行控制层个性化人机共驾功能。

到2035年左右，实现线控系统的集成化和模块化设计，形成以底盘域控制器为核心的线控系统，具备自主生产研发先进线控执行器、各级电子控制单元、高计算能力车规级芯片等能力，形成以域控制器为核心的智能驾驶平台。

（2）差距分析

1）在硬件基础方面，在线控系统机械结构可靠性、机电装置性能、线控系统集成化设计、主要传感器性能及电子控制单元（ECU）研发技术等方面与国外供应商存在差距。

2）在软件平台和控制算法方面，在车辆动力学控制以及底层执行系统控制算法的研究上尚落后于国外主要零部件供应商，缺少线控系统的验证经验和充足的可靠性验证数据，软件开发工具链大多依赖进口。

（3）实现路径

1）开展面向智能网联汽车的线控底盘系统硬件设计研发，掌握关键零部件加工工艺，提升零部件可靠性、一致性，逐步实现线控系统集成化、模块化设计。

2）逐步扩大国产化线控系统应用，积累线控系统的验证经验和数据支撑，着重进行车辆动力学控制以及底层执行系统控制算法研究，逐步形成完整的国产化软件开发工具链。

（4）路线图

线控底盘系统技术路线图如图5-5-4所示。

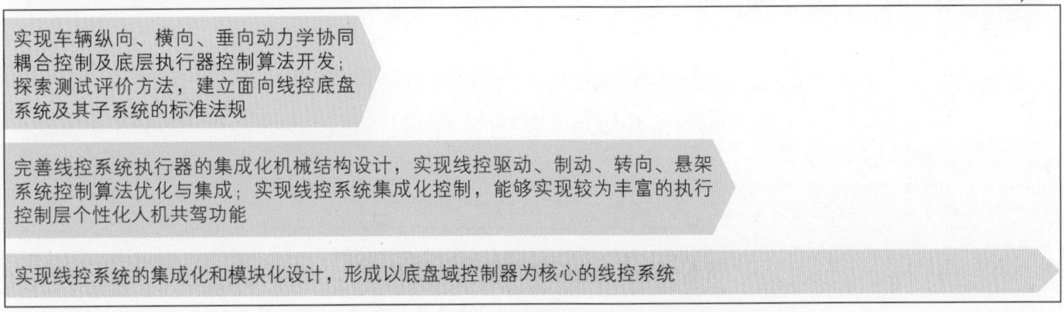

2025年	2030年	2035年
实现车辆纵向、横向、垂向动力学协同耦合控制及底层执行器控制算法开发；探索测试评价方法，建立面向线控底盘系统及其子系统的标准法规		
完善线控系统执行器的集成化机械结构设计，实现线控驱动、制动、转向、悬架系统控制算法优化与集成；实现线控系统集成化控制，能够实现较为丰富的执行控制层个性化人机共驾功能		
实现线控系统的集成化和模块化设计，形成以底盘域控制器为核心的线控系统		

图5-5-4　线控底盘系统技术路线图

2. 线控制动系统技术路线图

(1) 预期目标

到 2025 年左右，掌握电动助力制动系统、电子液压、气压制动系统机械结构和液压、气压拓扑设计，掌握关键零部件加工技术和加工工艺，提升助力电机性能和电磁阀一致性和可靠性，掌握线控制动系统的软硬件冗余备份技术，功能安全等级不低于 ISO 26262 中的 ASIL D 级。

到 2030 年左右，实现集成电动助力、踏板解耦、踏板感觉模拟或补偿、制动能量回收、失效备份、车身稳定性控制等功能的“one box”结构线控制动系统，掌握线控制动系统电子控制单元和液压控制单元（HCU）的软硬件开发技术。

到 2035 年左右，掌握线控制动系统的全套软硬件开发技术，能够自主研发具有解耦结构和失效安全功能、具有高制动能量回收能力、主动建压能力和压力控制精度的集成化线控制动系统。

(2) 差距分析

我国在线控制动系统先进机械结构、液压和气压回路拓扑构型、助力电机性能、电磁阀和主要传感器性能、电子控制单元技术等方面与国外供应商仍存在差距；在制动系统非线性特性分析与高精度高鲁棒性的压力动态控制算法等方面落后于国外。

(3) 实现路径

1) 开展线控制动系统关键零部件的研发，突破线控制动系统助力电机、传感器、电磁阀、车规级芯片等关键硬件研发技术和加工工艺，完善失效备份设计。

2) 开展线控制动系统软件平台和控制算法的研究，开展复杂不确定性约束条件下系统控制、非线性特性分析、高精度高鲁棒性动态压力控制算法、复杂工况下多目标协调复合制动控制策略研究。

(4) 路线图

线控制动系统技术路线图如图 5－5－5 所示。

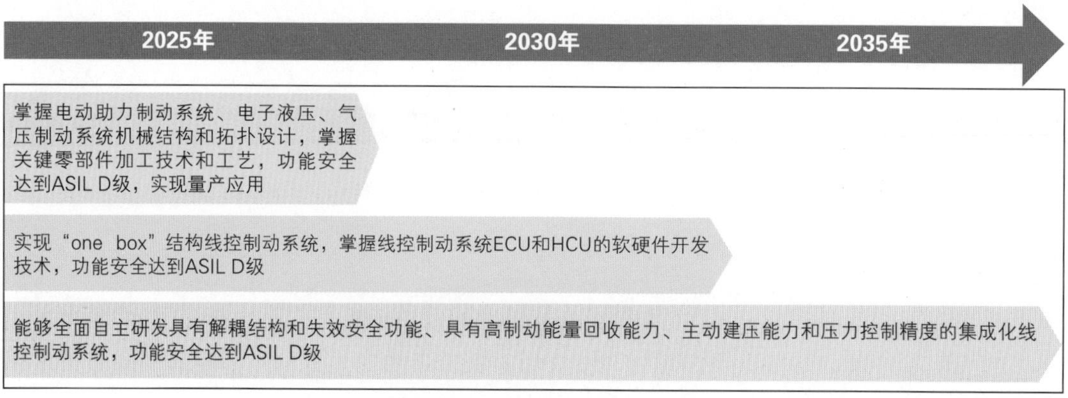

2025年　2030年　2035年

掌握电动助力制动系统、电子液压、气压制动系统机械结构和拓扑设计，掌握关键零部件加工技术和工艺，功能安全达到ASIL D级，实现量产应用

实现“one box”结构线控制动系统，掌握线控制动系统ECU和HCU的软硬件开发技术，功能安全达到ASIL D级

能够全面自主研发具有解耦结构和失效安全功能、具有高制动能量回收能力、主动建压能力和压力控制精度的集成化线控制动系统，功能安全达到ASIL D级

图 5－5－5　线控制动系统技术路线图

3. 线控转向系统技术路线图

（1）预期目标

到 2025 年左右，实现对车辆转向的精确控制，转向系统响应时间小于 15ms，功能安全等级 ASIL D 级；与电子车身稳定系统协调优化车辆横向动力学控制；完善控制执行层人机共驾技术，实现驾驶权稳定、准确及可靠切换。

到 2030 年左右，实现线控转向执行器的批量生产，并做充分可靠性验证。实现控制执行层人机驾驶权共享与同时在环的人机共驾技术，并面向不同驾驶人实现转向助力的个性化设计，逐步实现与其他底盘线控系统的集成控制。

到 2035 年左右，掌握线控转向系统的全套软硬件开发技术，转向系统响应时间小于 8ms，实现与其他底盘线控系统集成化设计，形成以底盘域控制器为核心的底盘线控系统。

（2）差距分析

我国在高可靠性线控转向系统结构和机电装置、线控与机械转向的切换装置、基于复杂约束条件的集成控制系统、线控转向系统主要传感器及电子控制单元等方面与国外供应商仍存在差距；在高舒适与高真实路感约束下的线控转向系统协调控制、线控转向系统的故障诊断与主动容错控制等研究上尚落后于国外。

（3）实现路径

1）开展高可靠性、高舒适性线控转向系统的研发。设计优化线控转向系统结构与机电装置，提升线控转向系统可靠性。

2）开展线控转向与机械转向切换装置优化设计。减小切换时间、切换冲击和振动噪声，实现高舒适与高真实路感约束下的线控转向系统协调控制，提升转向操作舒适性，同时兼顾驾驶人对行驶道路状态的感知。

3）开展线控转向系统高实时性故障诊断方法的研究。分析线控转向系统失效模式与处理机制，研究线控转向系统高实时性故障诊断方法，并形成以线控转向、助力机械转向和无助力机械转向切换逻辑为核心的主动容错控制系统。

（4）路线图

线控转向系统技术路线图如图 5－5－6 所示。

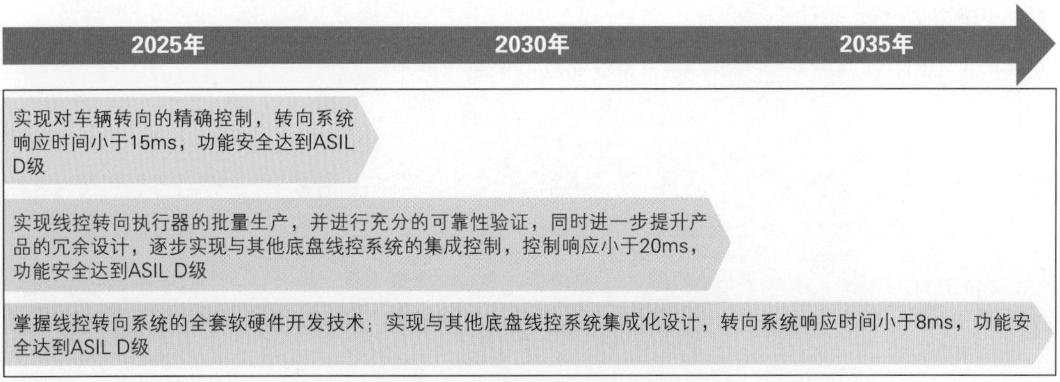

2025年	2030年	2035年
实现对车辆转向的精确控制，转向系统响应时间小于15ms，功能安全达到ASIL D级		
实现线控转向执行器的批量生产，并进行充分的可靠性验证，同时进一步提升产品的冗余设计，逐步实现与其他底盘线控系统的集成控制，控制响应小于20ms，功能安全达到ASIL D级		
掌握线控转向系统的全套软硬件开发技术；实现与其他底盘线控系统集成化设计，转向系统响应时间小于8ms，功能安全达到ASIL D级		

图 5－5－6　线控转向系统技术路线图

4. 智能驱动系统技术路线图

(1) 预期目标

到2025年左右，掌握轮毂电机智能驱动、全时四驱智能驱动、智能循迹控制等关键技术；进一步提高智能驱动系统电气化水平，促进多元化技术发展；提高智能驱动系统集成化水平。

到2030年左右，提升智能驱动系统集成化水平，建立和完善智能动态驱动底盘模块，实现高压发卡式缠绕电机、电控液压驱动全轮驱动耦合器以及集成驱动桥等技术的研发与应用。

到2035年左右，全面掌握集成化智能驱动系统关键技术，实现智能驱动系统平台化、模块化设计，满足高度自动驾驶/完全自动驾驶对底层执行器需求。

(2) 差距分析

受限于传统系统研发经验和数据积累不足，我国智能驱动系统在轮毂电机、全时四驱、智能驱动系统差速器、高压发卡式缠绕电机、智能驱动系统集成等关键技术及相关控制算法上与国外主要供应商存在差距；缺少对智能驱动系统的验证经验和充足的可靠性验证数据。

(3) 实现路径

开展满足智能网联汽车需求的智能驱动系统的技术研发与设计。掌握高压发卡式缠绕电机技术，实现高功率密度以及高峰值效率；通过变速器、电子驱动桥等提升车辆传动效率；完善电驱动桥系统平台化、模块化设计，实现多车型匹配；开发电控液压驱动全轮驱动耦合器，实现自适应转矩分配以提升牵引力分配、操纵稳定性、燃油经济性等。

(4) 路线图

智能驱动系统技术路线图如图5-5-7所示。

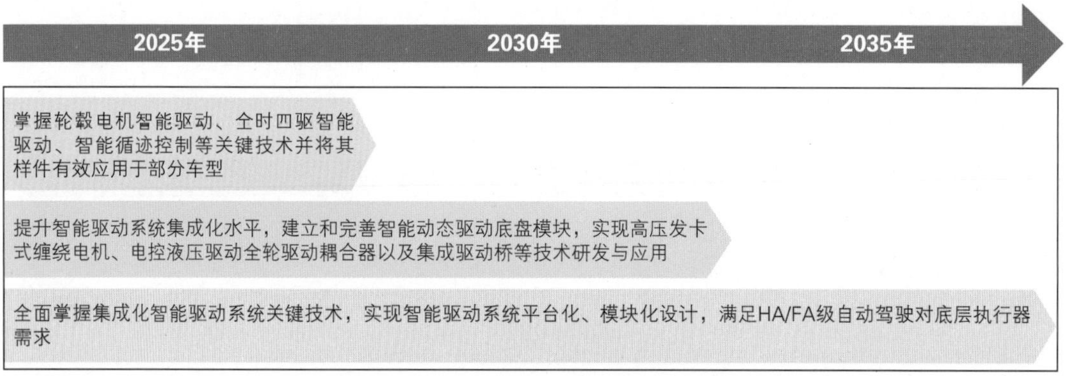

2025年	2030年	2035年
掌握轮毂电机智能驱动、全时四驱智能驱动、智能循迹控制等关键技术并将其样件有效应用于部分车型		
提升智能驱动系统集成化水平，建立和完善智能动态驱动底盘模块，实现高压发卡式缠绕电机、电控液压驱动全轮驱动耦合器以及集成驱动桥等技术研发与应用		
全面掌握集成化智能驱动系统关键技术，实现智能驱动系统平台化、模块化设计，满足HA/FA级自动驾驶对底层执行器需求		

图5-5-7 智能驱动系统技术路线图

5. 线控悬架系统技术路线图

(1) 预期目标

到2025年左右，掌握线控悬架关键技术并形成样件，提升乘坐舒适性，提高底盘通过性，减少侧倾产生的交通事故，提高驱动加速和制动减速利用率。

到2030年左右，实现线控电磁悬架系统成熟应用，线控液压悬架、线控气压悬架等多种结构形式并进发展。减振调节实现根据车辆振动数据进行自动控制，并根据前方路况实现预控制调节，在加减速时自动平衡车身前后高度。

到2035年左右，能够根据车内载重、车速、路面情况、车辆振动程度等自适应调节控制悬架系统，实现能耗、舒适性等最优化。

(2) 差距分析

我国在线控悬架系统阻尼及减振器、基于复杂约束条件的集成控制系统、阻尼调节及减振器馈能控制研究、线控悬架系统主要传感器及电子控制单元等方面与国外供应商仍存在差距。

(3) 实现路径

1) 开展基于智能识别系统的主动安全控制技术研发。在闭环反馈控制基础上进行主动悬架自适应控制技术研发，结合智能识别功能主动探知前方行驶道路信息，从而使车辆在任何道路均能获得良好的稳定性及舒适性。

2) 开展基于多约束优化的集成协调控制技术研发。综合考虑车辆纵向、横向及垂向的控制目标及控制量，基于各执行器动态约束条件进行集成优化分配，面向悬架刚度、阻尼、高度等参数进行综合最优控制。

3) 开展节能馈能技术研发。加快馈能装置、储能装置等新结构的设计并进行参数优化，建立准确的液电馈能减振器数学模型，分析能量转换过程，结合新能源车辆能量管理技术，加快馈能悬架技术落地。

(4) 路线图

线控悬架系统技术路线图如图5-5-8所示。

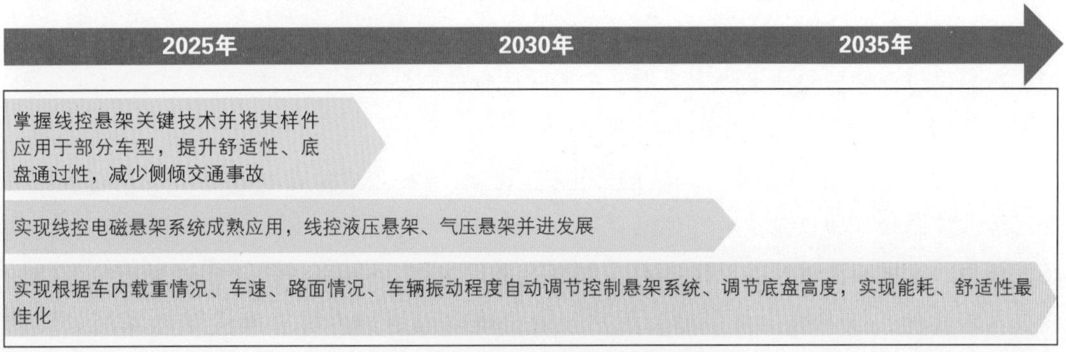

图5-5-8 线控悬架系统技术路线图

5.2.4 电子电气架构技术路线图

1. 电子电气架构系统路线图

(1) 预期目标

到 2025 年左右，建立基于域控制器的电子电气架构平台，实现智能网联汽车在自动驾驶和网联功能安全、可靠运行。车内控制器数量降低，车内网络以太网化，拓扑结构简化、线束数量减少。基于国产域控制器基础平台，实现符合 AUTOSAR 标准的软件体系。建立比较完整的汽车电子电气模型数据库，形成完整的、具备国际同行业水平的架构设计、评估、验证技术能力。

到 2030 年左右，建立以计算平台为核心的电子电气架构平台，车内控制器数量大幅降低。搭建形成行业标准化的空中下载系统，在电子控制单元计算能力和存储空间，软件之间的系统接口，车/云之间的通信协议等关键方面形成兼顾通用和灵活性的行业标准。形成完整产业链生态环境，构建自主可控的汽车电子软件工具链、控制器底层软件产品、系统化电子电气架构设计软件工具、自主车载总线协议技术具备成规模的商品体系。

到 2035 年左右，依托我国信息通信技术和市场应用优势，搭建基于车路云一体化的平台架构，在网联环境下实现整车云端协同控制。基于机器学习的车辆空中下载系统可以实现整车升级更新，跨汽车品牌、跨行业领域互联互通。

(2) 差距分析

1）在功能软件的设计模型方面，国内主机厂自主设计车载核心功能较少，尤其缺少核心功能设计、开发、验证能力积累，导致整车电子电气架构设计和验证缺少完整的功能模型，设计方案的整体性评估、论证、检验不充分。国外主机厂普遍掌握核心的车载电气功能技术方案、设计模型，并通过模型验证实现设计方案的早期论证，并在此基础上进一步开展基于模型的系统工程设计，以全局视角设计电子电气架构方案。

2）在控制器底层软件产品方面，由于我国主机厂缺乏对底层软件产品的需求定义、验证能力，多采用采购市场有认证的底层软件产品。软件的认证权限多集中在由国外主机厂、产品供应商主导的技术协会手中，市场底层软件产品多为国外产品，我国产品的应用范围少、用量少，很难持续发展并完善。

3）在主流车载总线技术方面，国外主机厂已经研发、试验应用 10Mbit/s 左右带宽的加密传输控制命令的总线技术（如 CAN-XL、10Mbit/s 以太网），10～30Gbit/s 带宽的传递环境场景、音视频流数据的总线技术（如高带宽以太网、SerDes 等）。国内现有的有线通信技术碎片化，技术被国外垄断，无法互通，难以满足国内智能网汽车在通信方面的需求。

4）在软件工具产品方面，我国目前没有具有自主产权的设计软件产品，而国外企业开始新一轮的业务兼并，产品路线由架构设计系统软件工具向基于模型的系统工程软件系统产品开发过渡。我国在这方面的差距存在进一步扩大的风险。

5）在冗余技术方面，冗余技术在保证未来智能网联汽车安全性和可靠性方面具有十分重要的作用，国际上领先的电子电气架构研发团队提出多种冗余方式，将冗余技术应用在整个电子电气架构的开发过程中。国内目前对冗余技术的研究更多的是针对某一部件的冗余，而没有从整体架构上予以考虑。

6）在汽车电子基础软件方面，国外汽车行业已经较为成熟，如日本汽车软件标准化组织 JASPAR 和欧洲 AUTOSAR 体系，而这一技术在国内属于发展初期。此外，汽车电子对于底层软件的要求严格，目前国内外主机厂主要依赖国外零部件供应商，而国内自主研发较难得到应用机会。

7）OTA 安全机制不健全。目前，在安全方面，已经初步建立基于 HTTPS、GPG/RSA、证书签名的安全架构体系，基本实现会话的加密传输、软件包的完整性和合法性保障等，但缺乏完备的安全机制来保证整个系统始终处于最强的安全级别，即某一环节被黑客攻破，将会产生阻碍电子控制单元工作甚至是整车被控制的严重后果。该领域是国内外共同面临的难题。

8）没有专门用于 OTA 业务的通信协议。国内普遍使用私有协议或使用 OMA DM 协议，私有协议具备足够的灵活性，但通用性不高。OMA DM 协议虽然通用性较高，但在灵活性上有明显的缺陷。

（3）实现路径

1）加强面向 AUTOSAR 的工具链开发，针对自主平台的域控制器产品，开发全体系工具链，促进汽车行业电子电控系统标准化及成本降低，形成统一的行业成熟功能模型框架。

2）加强面向汽车网联化的汽车电子软件架构研究。发挥国内在网联领域的优势，增强在国际上汽车电子软件架构的影响力和话语权。

3）加强底层软件产品研发。结合自主处理器芯片研发，为其研发自主底层软件产品，并通过软件开发过程和产品的质量认证。

4）加强研发新型车载总线技术，满足不同应用场景的总线通信需求。

5）加强架构设计软件工具产品研发。首先发展软件产品的集成创新能力，集合架构设计、开发、验证全过程的设计软件，开发系统设计，开发软件平台。利用云平台软件技术，实现云平台架构设计软件创新。

6）规范 OTA 车云、电子控制单元之间的通信协议和接口并逐渐形成行业规范。例如，汽车电子控制单元硬件及软件层面的能力，开发过程中必须考虑 OTA 功能的技术要求和底层能力要求。

7）建立弹性的 OTA 安全机制，实现诸如使用额外的存储空间从无休止的数据攻击中恢复、广播元数据防止混合软件版本攻击、使用版本清单检测软件部分安装攻击、使用时间服务器限制冻结攻击等安全机制，完善软件升级系统架构的安全性。

（4）路线图

电子电气架构系统路线图如图 5－5－9 所示。

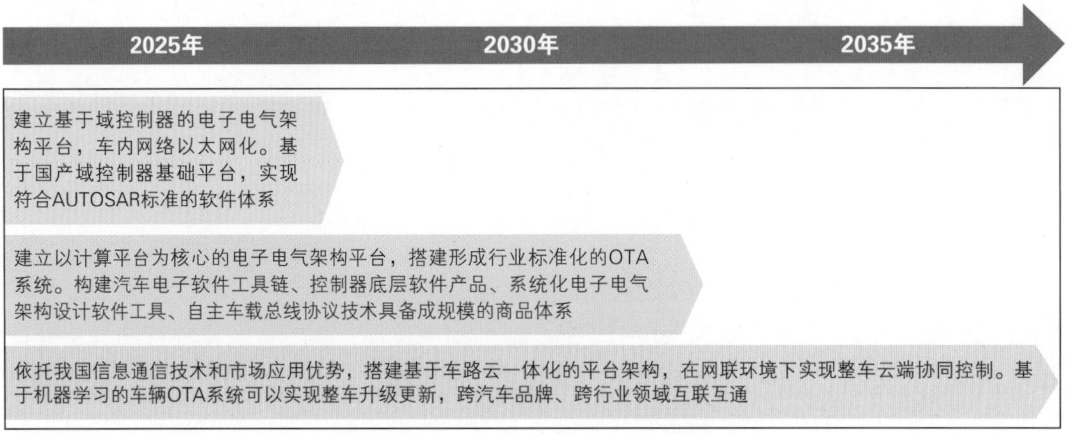

2025年　2030年　2035年

建立基于域控制器的电子电气架构平台，车内网络以太网化。基于国产域控制器基础平台，实现符合AUTOSAR标准的软件体系

建立以计算平台为核心的电子电气架构平台，搭建形成行业标准化的OTA系统。构建汽车电子软件工具链、控制器底层软件产品、系统化电子电气架构设计软件工具、自主车载总线协议技术具备成规模的商品体系

依托我国信息通信技术和市场应用优势，搭建基于车路云一体化的平台架构，在网联环境下实现整车云端协同控制。基于机器学习的车辆OTA系统可以实现整车升级更新，跨汽车品牌、跨行业领域互联互通

图 5－5－9　电子电气架构系统路线图

2. 线束及其部件技术路线图

（1）预期目标

到 2025 年左右，建立完整的线束和部件供应链，研发并量产车规级域插接器和线缆，完成自主产品的基础工艺和原材料的开发，积极参与高频线束国际标准的制定。

到 2030 年左右，建立满足智能网联汽车基本需要的线束和部件基础平台技术方案设计能力，形成完整的高频线束产业链生态环境，汽车高频插接器、线缆产品、相关配套零件技术具备成规模的自主供应体系，满足整车电气化需要。

到 2035 年左右，实现整车高速网络线束和部件产品应用，满足无人驾驶、智能交通、云服务的高速率数据传输需要，形成统一协调的标准体系。

（2）差距分析

1）在高频线束技术方面，目前国内主机厂自主设计车载核心功能较少，尤其缺少核心功能设计、开发、验证能力积累，整车线束设计和验证缺少完整的功能模型，设计方案的整体性评估、论证和检验不充分。

2）在线束部件制造方面，高频插接器的供应商目前还主要是罗森博格和泰科电子等少数几家国外公司，国内在这方面的开发还刚刚起步。在高质量插接器产品方面，我国产品的性能明显落后于国外。在线缆产品方面，虽然我国企业众多，但大多集中于消费电子市场，缺乏对车规级要求的认知，车用高频线缆基本来自国外莱尼（LEONI）、GG 等企业。

3）在线束部件制造装备方面，高频线束部件制造精度要求比较高，目前我国设备和测试仪器还无法满足要求，需要依赖进口。产品的高频传输性能评估所必需的网络分析仪、时域反射射仪主要由是德科技和罗德与施瓦茨（Rohde & Schwarz）等国外公司生产。

4）高频传输器件所使用的介电材料要求低介电常数、低损耗，同时也要满足车辆的高热、振动、阻燃性等。现阶段，这些材料主要依赖进口。

（3）实现路径

1）加强基础标准的研究，组织制定高频电缆、插接器和线束国家标准或行业标准。促进汽车线束系统标准化及成本降低，形成统一的行业成熟功能模型框架。各主机厂基于功能模型框架建立自己的功能模型数据库，形成具有国际竞争力、个性化的功能架构体系。

2）加强高频线束基础原材料的研究和开发。通过成熟的消费级线束和电子产品改进的手段，结合汽车行业的应用场景和标准要求，提升汽车线束的性能，实现自主汽车线束和部件的商业应用。

3）加强适应5G需要的新型高频线束的研制。通过底层基础网络协议的研究，结合自主材料和装备研发，开发高性能满足5G传输要求的线束系统和连接部件。

4）加强对光纤及插接器件的研究，以适合车载网络需要，满足车辆对器件耐热、寿命、耐弯折振动等要求，提高安全可靠性和鲁棒性。

5）加强研发新型通用性总线线束技术。基于控制器局域网（CAN）总线技术基础、以太网技术基础，研发通用性新型总线技术，尝试采用统一总线线束产品，进而简化网络的复杂性。

（4）路线图

线束及其部件技术路线图如图5－5－10所示。

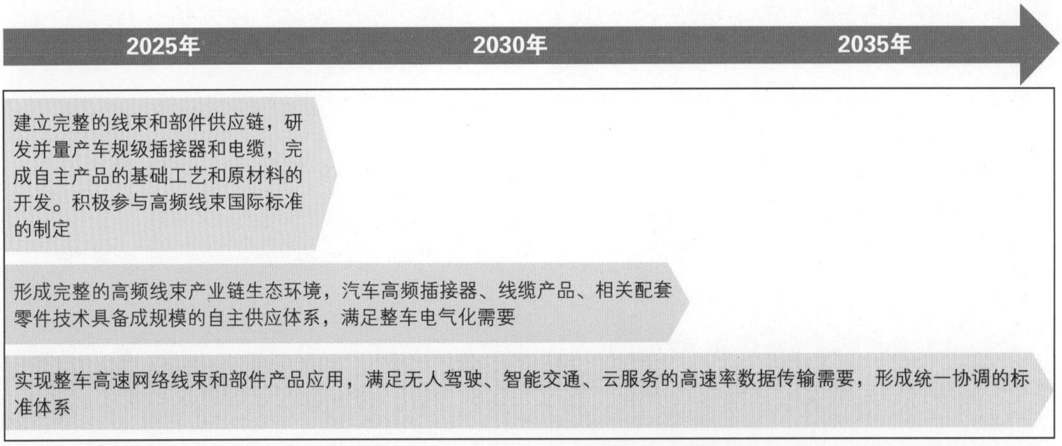

图5－5－10　线束及其部件技术路线图

5.2.5 人机交互技术路线图

1. 人机交互产品技术路线图

(1) 预期目标

到2025年左右，虚拟显示、眼球追踪、视线追踪等新技术开始应用于座舱交互；分区音场开始在高端配置车型得到普及；语音交互全双工技术取得突破，语音识别系统误唤醒率为24h/次，识别句正确率达到95%，语音交互成功率达到90%。开始实现驾驶人监控系统搭载；对部分手势、头部姿势、面部表情所表达的意义形成行业通用标准，平均识别成功率达95%。

到2030年左右，眼球追踪、视线追踪关联应用等技术开始进入前装量产，支撑语音交互的知识库的覆盖面较为完整，且各方面知识深度得到加强。分区音场、声源定位及声纹识别技术、多语种混杂识别及回应得到规模化普及。语音识别系统误唤醒率为48h/次，识别句正确率达到97%，语音交互成功率达到95%。基于手势、头部姿势、面部表情等要素的交互技术进入前装量产，平均识别成功率达97%。

到2035年左右，眼球追踪、视线追踪关联应用等技术得到规模化普及。语音识别系统误唤醒率为72h/次，识别句正确率达到99%，语音交互成功率达到98%。基于手势、头部姿势、面部表情等要素的交互技术得到规模化普及，平均识别成功率达99%。

(2) 差距分析

国际主流整车企业在人机交互设计方面注重人机交互的高效性和安全性，以提高交互效率和驾驶安全为前提，而国内自主品牌车企更多倾向于开发娱乐性强、场景化的多屏人机交互系统，在交互逻辑的完整性上和欧美国家仍然存在差距。

1）语音识别、降噪声算法、全双工技术基本掌握在微软和Nuance公司手中，国外小语种语音交互技术基本被国外厂商掌握。在自然语言处理算法上，国内外厂商差距明显。

2）在视觉与多模态交互方面，国内企业在传感器、衍射光学元件等环节薄弱，国内外差距明显。

(3) 实现路径

1）突破生物识别和感知技术。基于高性能处理器、图像识别算法、深度学习和大数据分析等关键技术，通过对人体静态及动态数据进行采集，整合线上数据与线下生物识别数据，对人的生理和心理状态进行实时监控，突破人机交互高效化、个性化和场景化，实现汽车人机界面的实时调整，使车内气氛、交互环境与当前驾驶状态吻合。

2）开发人机情感交互技术。结合5G通信与机器视觉技术，开发基于情绪识别、眼动追踪及人脑信息识别的实时在线应用服务，通过大数据分析，将生态服务场景化和情感化。

(4) 路线图

人机交互产品技术路线图如图5－5－11所示。

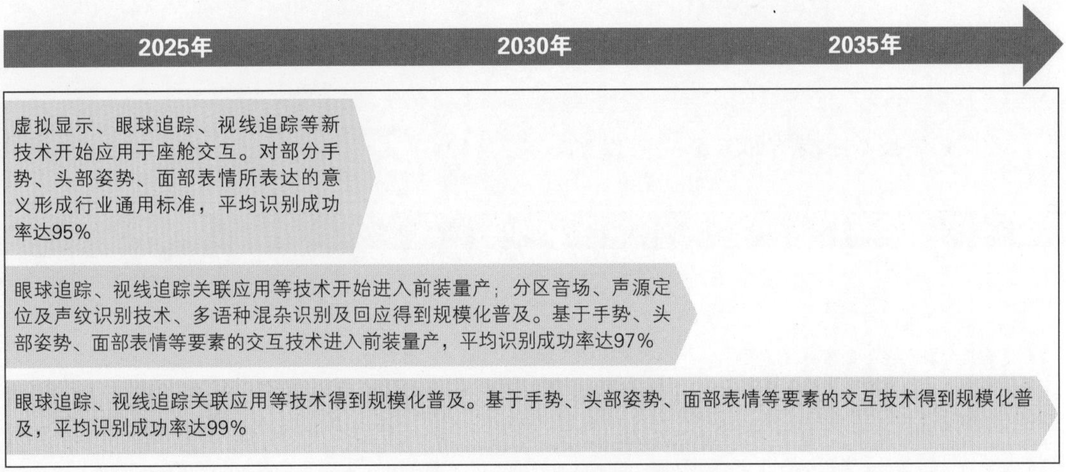

2025年 2030年 2035年

虚拟显示、眼球追踪、视线追踪等新技术开始应用于座舱交互。对部分手势、头部姿势、面部表情所表达的意义形成行业通用标准，平均识别成功率达95%

眼球追踪、视线追踪关联应用等技术开始进入前装量产；分区音场、声源定位及声纹识别技术、多语种混杂识别及回应得到规模化普及。基于手势、头部姿势、面部表情等要素的交互技术进入前装量产，平均识别成功率达97%

眼球追踪、视线追踪关联应用等技术得到规模化普及。基于手势、头部姿势、面部表情等要素的交互技术得到规模化普及，平均识别成功率达99%

图 5-5-11 人机交互产品技术路线图

2. 人机共驾技术路线图

(1) 预期目标

到2025年左右，构建中国驾驶人自然驾驶行为和车辆控制系统数据库，建立不同智能等级下的人机共驾测试评价体系。在简单场景、低速自动驾驶条件下，驾驶人进入驾驶在环的成功率达到99%，反应操作正确率达到90%。

到2030年左右，实现高可靠性驾驶人行为、状态、接管能力在线智能学习，突破驾驶权实时动态分配技术，在复杂场景、高速自动驾驶条件下，实现驾驶人进入驾驶在环的成功率达到99%，反应操作正确率达到90%以上。

到2035年左右，实现自动驾驶和人工接管无缝衔接，实现耦合型人机共驾技术。

(2) 差距分析

1）欧洲和美国在2010年前后均开始进行自然驾驶数据采集，至今已经积累了相当规模的数据量，而国内相关的数据采集才刚刚处于起步阶段，对数据的分析和利用也尚不充分。

2）国外开展了较多人机共驾领域的实验，对人机共驾的评价指标及测试手段进行了许多研究。国内相关研究与指标体系建设仍然存在不足。

3）驾驶人状态分析与行为研究领域在国外获得了较多关注，一些量产驾驶辅助系统也已将其中部分技术落地应用。国内相关研究则起步较晚。

4）人机共驾功能是自动驾驶系统运行模态的一部分，由于目前国内具备自主研发能力的驾驶辅助系统供应商仍十分缺乏，因此人机共驾缺乏与技术相匹配的应用载体。

(3) 实现路径

1）建立自然驾驶数据库。加强规模化自然驾驶数据采集，促进传感器配置、数据采集内容、格式、接口统一。

2）建立人机共驾测试验证标准，加强面向标准制定的实验研究。提出可操作、易评价、指标明确和规范统一的测试标准。

3）开展驾驶人行为建模与在线学习研究。突破信任基线较准、面部表情较准等，突破驾驶状态与操控能力感知关键技术。

（4）路线图

人机共驾技术路线图如图 5－5－12 所示。

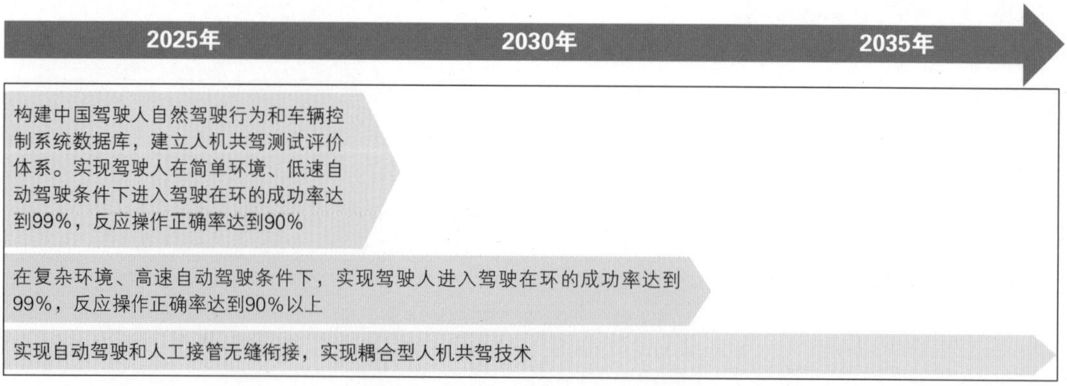

2025年	2030年	2035年
构建中国驾驶人自然驾驶行为和车辆控制系统数据库，建立人机共驾测试评价体系。实现驾驶人在简单环境、低速自动驾驶条件下进入驾驶在环的成功率达到99%，反应操作正确率达到90%		
在复杂环境、高速自动驾驶条件下，实现驾驶人进入驾驶在环的成功率达到99%，反应操作正确率达到90%以上		
实现自动驾驶和人工接管无缝衔接，实现耦合型人机共驾技术		

图 5－5－12　人机共驾技术路线图

5.2.6　智能计算平台技术路线图

1. 预期目标

到 2025 年左右，计算平台支持有条件自动驾驶和协同感知。算法上支持强化学习，功耗达到国家绿色认证的相关要求，功能安全、预期功能安全达到产品化要求，构建符合信息安全防护体系的计算平台信息安全功能。硬件平台实现人工智能单元、计算单元和控制单元等核心模块的集成，并提供标准化接口，在性能上支撑汽车实现有条件自动驾驶。系统软件实现全栈、完整化构建能力，包括编译工具链、操作系统、中间件、基础库，实现分布式通信、异构传感器融合、动态可重置的能力，功能支撑有条件自动驾驶。功能软件实现框架完整构建能力，以及部分重要模块的实现与应用，基于功能软件可开发有条件自动驾驶应用软件。自动驾驶操作系统实现自主知识产权的突破，初步建立自主开发生态。

到 2030 年左右，计算平台支持高度自动驾驶和协同决策与控制。功能安全、预期功能安全达到产品化要求，加强符合信息安全防护体系的计算平台信息安全功能，构建数据安全体系建设。硬件平台实现计算平台核心模块高度集成，硬件支持升级扩展，在性能上支撑高度自动驾驶和完全自动驾驶。系统软件主要部分实现自主，功能软件进一步增强，在部分重要模块与应用基础上实现自主可控，基于功能软件可开发高度自动驾驶和完全自动驾驶应用软件，在自主可控能力之上建立功能软件级生态。

到 2035 年左右，计算平台具备和车路云全方位无缝协同的能力。架构方面实现车辆控制单元高度集成及异构融合方案，算法上支持强人工智能。硬件平台在芯片级集成基础上实现完全自主知识产权，在性能上支撑完全自动驾驶级无人驾驶。功能安全、预期功能安全达到产品化要求，信息安全防护级别与 ICT 信息安全防护级别相匹配。系统软件与功能软件实现全面自主化，引领全行业的标准，促进完全自动驾驶级自动驾驶应用软件开发。计算平台实现定制与行业领先，建立自主可控的开发与应用生态。

2. 差距分析

1）在整体架构方面，国外的先进体系架构积累丰富，高性能计算方面的体系架构及其在智能网联汽车计算平台上的应用发展较快，领先于国内。目前，国内在基础体系架构方面有大幅的提升，部分企业提出并实现了国内外先进的人工智能指令集，但总体来说还有差距。不过，随着智能化与网联化的融合，国内已形成计算基础平台参考架构行业共识，包含网联模块和云控模块等基础支撑模块，体现中国方案特色，在网联化自动驾驶系统整体架构方面领先国外。

2）在硬件方面，传统车规级芯片及硬件主要由国外厂商垄断，如英飞凌、瑞萨等，计算平台芯片及硬件汇集了国外 ICT 芯片企业，如英伟达、高通、德州仪器、英特尔、赛灵思、ARM 公司等。电子设计自动化（EDA）工具在内的硬件设计产业链也掌握在 Synopsis、Cadence 等国际厂商手中。虽然国内 ICT 芯片及硬件企业也开始进入汽车行业，但在车规级芯片的安全等级和性价比等方面仍有差距。国内具备车规级自主研发能力的芯片企业较少，目前没有量产产品。国外厂商如英飞凌、恩智浦等早已实现 ASIL D 等级芯片大规模量产。在芯片计算能力方面，国内目前主要以深度学习加速芯片为发力点，目前单芯片计算能力在 5TOPS[㊀] 左右；国外，如英伟达已经量产大计算能力系统级芯片（SoC 芯片），计算能力达 30TOPS 以上。总体上，当前国内在车规级芯片设计和产品化方面积累不足，与国外存在较大差距。

3）在系统软件方面，多内核设计和选择是系统软件设计的关键。计算平台的控制单元和计算平台的计算单元与人工智能单元分别需要部署 AUTOSAR 经典平台（Classic Platform）及 AUTOSAR 自适应平台（Adaptive Platform）架构中间件，人工智能芯片采用相应功能安全等级的 Linux 内核，计算单元采用实时性、安全性较高的实时操作系统（RTOS），控制单元采用 ASIL D 安全等级的实时内核等。目前，成熟内核系统及中间件等基本掌握在欧美厂商中，国内存在较大差距。

4）在功能软件方面，功能软件根据自动驾驶核心共性需求和实现自动驾驶功能，主要包括自动驾驶通用框架模块、网联模块、云控模块、信息安全和功能安全模块等。功能软件是支撑高级别自动驾驶功能实现的重要软件系统，是计算平台产业链的重要环节。国内已开始功能软件需求研究与部分模块预研，国外也有部分厂商开始布局功能软件，整体都处于起步阶段。

3. 实现路径

1）深入研究基于自主开放的核心架构或开源架构，引导自主计算平台的未来发展方

㊀ TOPS 是 Tera Operations Per Second 的缩写，用来衡量处理器的计算能力。1TOPS 代表处理器每秒可进行一万亿（10^{12}）次操作。

向。继续完善计算平台参考架构研究，优先发展计算基础平台，带动子模块自主化。

2）在硬件方面，鼓励国内芯片及车规硬件研发团队充分利用行业成熟资源加大自主设计，通过计算平台的自主开放和市场化，推动完善硬件设计及工艺的全产业链自主可控。

3）在系统软件方面，基于我国自研框架和操作系统能够支持不同级别和不同计算能力的自主计算平台演进，同时对 Linux Kernel 或者其他微内核架构做布局，加强开源 OpenCL、OpenCV 等针对计算平台的自主化演进，加强数据分发服务（DDS）的架构研究和完善。

4）在功能软件方面，应基于参考架构进一步细化，整合产业链、技术链资源，尽快完成原型设计研发，突出中国方案，加快推进应用示范与生态体系建设。

4. 路线图

智能计算平台技术路线图如图 5－5－13 所示。

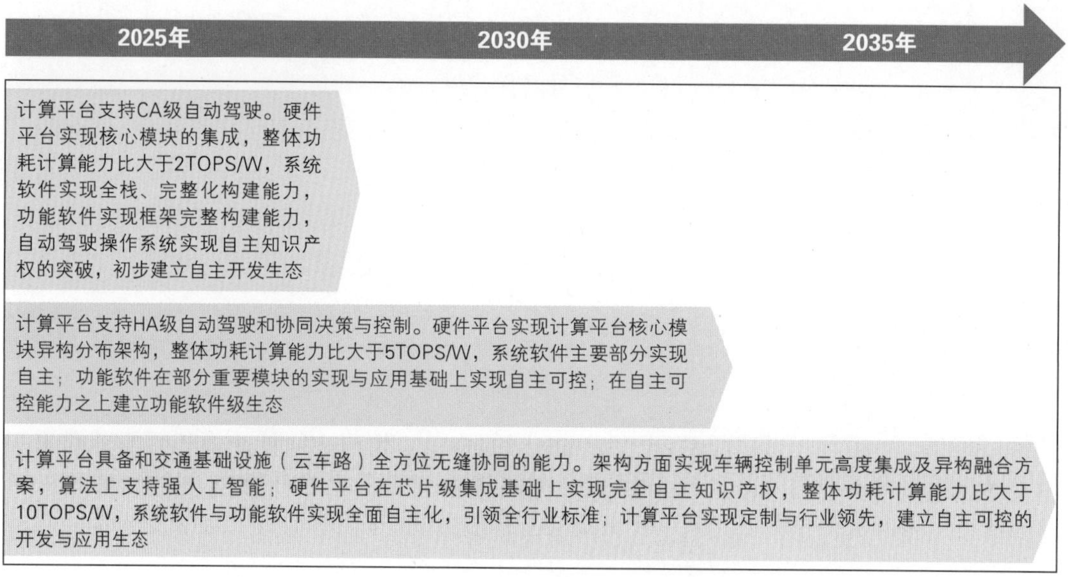

2025年	2030年	2035年
计算平台支持CA级自动驾驶。硬件平台实现核心模块的集成，整体功耗计算能力比大于2TOPS/W，系统软件实现全栈、完整化构建能力，功能软件实现框架完整构建能力，自动驾驶操作系统实现自主知识产权的突破，初步建立自主开发生态		
计算平台支持HA级自动驾驶和协同决策与控制。硬件平台实现计算平台核心模块异构分布架构，整体功耗计算能力比大于5TOPS/W，系统软件主要部分实现自主；功能软件在部分重要模块的实现与应用基础上实现自主可控；在自主可控能力之上建立功能软件级生态		
计算平台具备和交通基础设施（云车路）全方位无缝协同的能力。架构方面实现车辆控制单元高度集成及异构融合方案，算法上支持强人工智能；硬件平台在芯片级集成基础上实现完全自主知识产权，整体功耗计算能力比大于10TOPS/W，系统软件与功能软件实现全面自主化，引领全行业标准；计算平台实现定制与行业领先，建立自主可控的开发与应用生态		

图 5－5－13　智能计算平台技术路线图

5.2.7　专用通信与网络技术路线图

1. 预期目标

在 2020 年左右，完成 LTE-V2X 所有标准的制定和实施，支持端到端时延 20ms，实现可靠性不低于 90%。

在 2025 年前，完成 NR-V2X 频谱研究、LTE-V2X 与 NR-V2X 设备共存技术研究、NR Uu 控制 LTE 直通链路技术研究，以及单播组播技术研究。开展 NR-V2X 相关的行业标准制定。建立我国完善的测评体系，形成自主研发的核心测评工具链。5G 网络切片实现超可靠低延迟通信（URLLC），针对车联网业务服务提供端到端的网络定制化能力；多边缘计算能力与路侧单元（RSU）融合，形成泛云化的路侧单元部署，增强车路协同中路端的业务处理能力，实现对自动驾驶等低时延业务的增强处理。

到2030年左右，NR-V2X 6GHz以上毫米波技术成熟。建立全球领先的测评体系，打造行业一流的测评工具，并成为全球C-V2X检测平台。实现针对局部典型业务的智能化切片处理，如切片自动化部署，故障定位；实现多边缘计算能力对智能网联汽车业务的全场景支持，多级分布的业务处理功能智能化编排，满足不同业务的网络和处理能力需求。

到2035年左右，V2X技术支持高度自动驾驶和完全自动驾驶的商用。C-V2X标准测评体系、测评工具链服务于全球研发测试领域。针对智能网联汽车全场景切片按需部署，增强切片智能化能力，针对不同业务和场景实现切片自优、自愈、自主进化；具备广泛分布的边缘云能力，将智能网联终端（车辆、行人及非机动车等）的计算和决策能力上移至云端，释放终端计算压力，降低功耗。

2. 差距分析

1）在通信技术方面，国内C-V2X通信设备尚未经过大规模外场性能测试，真实场景下C-V2X通信性能尚未得到验证。同时，车规级C-V2X设备技术标准和测试规范尚未确定。针对支持高级别自动驾驶的C-V2X标准化工作尚未开展。

2）在检测认证方面，C-V2X检测标准、规范尚不完善，实验室、小规模外场和大规模环境下的检测组件、检测系统、检测环境等仍需进一步完善。认证体系不明确，部分评估认证规范缺失。

3）在安全体系方面，国内还没有形成完整的C-V2X安全标准体系，C-V2X证书管理、相关数据接口及流程等技术要求尚未明确，针对C-V2X通信证书格式、身份认证管理平台、隐私保护等方面的检测能力尚未完全建立，安全认证管理实体尚未明确，缺乏支持汽车应用的车规级国密C-V2X安全芯片和硬件安全模块（HSM）产品。

4）在运营主体方面，C-V2X网络运营主体尚未确定，仅在部分示范区、先导区局部开展C-V2X网络部署工作，距离规模化部署与应用还有差距。

3. 实现路径

1）开展C-V2X通信技术性能验证测试。组织大规模C-V2X外场性能测试，验证C-V2X在真实外场环境下大规模通信性能，切实解决大规模测试中暴露的问题。

2）建立C-V2X检测认证体系。完善C-V2X相关检测标准规范，包括检测组件、检测环境、实施要求等。开展C-V2X应用层互联互通、协议一致性、性能要求、信息安全等方面的检测认证工作。

3）完善C-V2X通信安全标准体系。制定并完善《安全证书管理系统技术要求》《安全认证测试方法》等通信安全标准。

4）提高C-V2X通信安全检测能力。建立通信安全测试验证平台，开展C-V2X终端安全能力测试验证、身份认证管理平台的功能性能测试验证。开展实验室安全测试，包括安全消息一致性测试、认证中心接口测试、通信安全认证机制的性能分析等。开展外场安全测试验证，开展多厂家终端、多认证中心平台的互联互通测试。

5）构建 C-V2X 安全认证管理平台。建立完整的认证中心管理系统，实现证书颁发、证书撤销、终端安全信息收集、数据管理、异常分析等一系列与安全相关的功能，确保 C-V2X 业务的安全。明确 C-V2X 安全证书管理主体，建立协同统一的安全认证管理平台，推动不同管理平台间相互信任，确保来自不同管理实体的车辆及设施之间的互联互通。

6）开展国密算法研究。确保 C-V2X 安全系统采用国家密码管理局批准的国密算法，数字证书应符合国家标准或者行业标准的技术要求。促进形成多种形态的车规级国密安全芯片、硬件安全模块产品，以提升 C-V2X 终端、系统的安全能力。

7）明确运营主体及资质。加快与运营相关的频率、业务、商业模式研究，明确车联网运营模式，明确运营主体需要满足的资质，确定频率运营的相关政策。

4. 路线图

专用通信与网络技术路线图如图 5－5－14 所示。

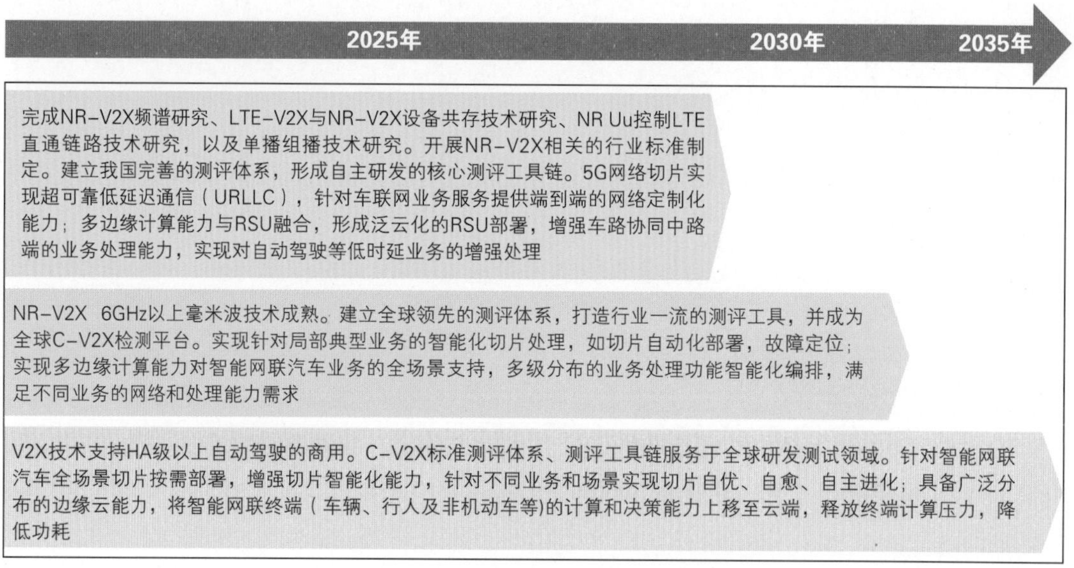

2025年 2030年 2035年

完成NR-V2X频谱研究、LTE-V2X与NR-V2X设备共存技术研究、NR Uu控制LTE直通链路技术研究，以及单播组播技术研究。开展NR-V2X相关的行业标准制定。建立我国完善的测评体系，形成自主研发的核心测评工具链。5G网络切片实现超可靠低延迟通信（URLLC），针对车联网业务服务提供端到端的网络定制化能力；多边缘计算能力与RSU融合，形成泛云化的RSU部署，增强车路协同中路端的业务处理能力，实现对自动驾驶等低时延业务的增强处理

NR-V2X 6GHz以上毫米波技术成熟。建立全球领先的测评体系，打造行业一流的测评工具，并成为全球C-V2X检测平台。实现针对局部典型业务的智能化切片处理，如切片自动化部署，故障定位；实现多边缘计算能力对智能网联汽车业务的全场景支持，多级分布的业务处理功能智能化编排，满足不同业务的网络和处理能力需求

V2X技术支持HA级以上自动驾驶的商用。C-V2X标准测评体系、测评工具链服务于全球研发测试领域。针对智能网联汽车全场景切片按需部署，增强切片智能化能力，针对不同业务和场景实现切片自优、自愈、自主进化；具备广泛分布的边缘云能力，将智能网联终端（车辆、行人及非机动车等)的计算和决策能力上移至云端，释放终端计算压力，降低功耗

图 5－5－14 专用通信与网络技术路线图

5.2.8 大数据云控基础平台技术路线图

1. 预期目标

大数据云控基础平台是具有实时信息融合与共享、计算、应用编排、数据分析和信息安全等基础服务机制，为智能网联汽车及其用户、监管部门等提供车辆运行、道路基础设施、交通环境、交通管理等实时动态数据与大规模网联应用实时协同计算环境的智能网联驾驶基础设施。

到 2025 年左右，形成标准化的智能网联汽车通用数据集和数据共享模型，形成标准

化的平台效用评价指标体系，满足政府监管和基础数据采集的要求；建成区域级智能网联汽车大数据云控基础平台，在多个城市测试路段和多个高速公路测试路段进行探索性运营示范。区域级平台可实时采集不小于50万辆汽车的行驶数据和不小于1000套的路侧系统感知数据，区域内智能网联汽车接入率超过10%。平台通过多源数据融合实现覆盖范围内的全局交通感知，感知数据采集与下发时延各小于20ms，感知协同计算时延小于30ms，时延抖动小于10ms。平台协同感知的时延及精度可满足作为单车感知的冗余，同时还具备预见性感知和超视距感知，满足有条件自动驾驶要求。

到2030年左右，形成平台数据标准化运营服务机制、数据质量控制机制、数据安全管理机制，打破壁垒满足数据开发与流通，形成与其他行业平台数据交换的标准化机制。建成国家级智能网联汽车大数据云控基础平台，实现在多个城市全区域和多条高速公路全路段自动驾驶和交通管控的数据运营。单个城市级平台可实时采集不小于500万辆汽车的行驶与感知数据，可以实时采集不小于10000套路侧系统感知数据，单个城市智能网联汽车接入率超过50%。平台感知数据采集与下发时延各小于10ms，感知协同计算时延小于20ms，时延抖动小于5ms。平台的协同感知数据满足有条件自动驾驶与高度自动驾驶要求，平台的协同决策有效支撑高度自动驾驶。

到2035年左右，形成较为完备的、标准化的全国车路云一体化自动驾驶与智能交通实时大数据共享与服务体系；形成全国一个平台、一个网络的标准化运营服务机制，具备较为成熟的跨省份、跨城市的自动驾驶与智能交通全过程服务能力。实现全国一、二线主要城市全区域和高速公路全路段的智能网联汽车大数据云控基础平台覆盖。平台具备在特定条件下自动接管车辆的能力，按照相应的应急管理要求保证车辆对交通环境处于低危险度状态。平台能力满足大规模高度自动驾驶车辆信息服务需求，通过对单车与多车驾驶过程的决策引导，大幅提升城市交通整体运行效率。

2. 差距分析

1）现有数据标准难以满足平台采集和处理加工的需求。目前，车辆动态数据、车路协同数据、道路基础设施数据和交通管理数据有限，难以满足大数据云控基础平台对车辆自动驾驶功能的需求。

2）现有的平台协同感知精度和时延难以满足车端驾驶的需求。由于平台将融合多源感知数据，引入时间同步误差和空间对齐误差，所以感知精度降低；由于尚无大量、高质量的车路数据接入，所以平台的协同决策算法还未经过实际场景的大规模验证。

3）协同感知和协同决策数据缺少可用性评价标准。由于缺少对所采集的数据进行质量评估的标准法规、缺少可靠性测试的标准、缺乏与单车感知与决策进行比较的大规模验证，所以难以被车辆信任而发挥平台的作用。

3. 实现路径

1）形成完备的车路数据采集标准、平台架构标准和技术标准。保障不同厂家的车路数据可快速接入平台并进行处理，减少繁琐的接口协调开发工作和平台的开发工作。推动车路原始感知数据质量检测工作，保证原始数据质量的精度和可靠性，保证平台输出的感知和决策数据的精度和可靠性。

2）大力发展多接入边缘计算技术，推动运营商、交通管理部门、设备商协作。建设基于 C-V2X 等无线接入技术的边缘云，部署自动驾驶感知、决策和交通控制的应用服务广泛进行测试，对自动驾驶汽车制造者和交通管理者所关注的问题进行探索并解决。

3）大力发展端云融合技术，解决单车自动驾驶存在的难点和痛点，解决智能交通存在的技术难点。

4）构建边云协同技术架构。建设中心云，用于大范围、准实时的全局数据管理，用于动态全局路径规划、交通控制与诱导、区域数据协同等，通过大数据分析优化边缘云的业务规则或模型并动态更新；建设边缘云，作为数据的采集和计算单元，用于小范围、实时数据的处理与分析，支撑局部区域交通事件协同分析和匹配转发、车端与路侧智能设备的接入，以及实时感知与决策，支撑中心云的大范围、准实时计算和应用服务。

4. 发展路线图

大数据云控基础平台技术路线图如图 5－5－15 所示。

2025年	2030年	2035年
形成标准化的智能网联汽车通用数据集和数据共享模型，形成标准化的平台效用评价指标体系 建成区域级智能网联汽车大数据云控基础平台，在多个城市测试路段和多个高速公路测试路段进行探索性运营示范 区域级平台可实时采集不小于50万辆汽车的行驶数据和不小于1000套的路侧系统感知数据	形成平台数据标准化运营服务机制，数据质量控制管理机制，数据安全管理机制；形成与其他行业平台数据交换的标准化机制 建成国家级智能网联汽车大数据云控基础平台，实现在多个城市全市区域和多条高速公路全路段进行服务于自动驾驶和交通管控的数据运营 单个城市级平台实现实时采集不小于500万辆汽车的行驶与感知数据和不小于10000套路侧系统感知数据	形成较为完备的、标准化的全国车路云一体化自动驾驶与智能交通实时大数据共享与服务体系；形成全国一个平台、一个网络的标准化运营服务机制，具备较为成熟的跨省份、跨城市的自动驾驶与智能交通全过程服务能力 实现全国一、二线主要城市全区域和主要高速公路全路段的智能网联汽车大数据云控基础平台覆盖

图 5－5－15 大数据云控基础平台技术路线图

5.2.9 车路协同技术路线图

1. 预期目标

到 2025 年左右，实现基于车路数字化信息共享的有条件自动驾驶开始应用。基于道路基础设施的数字化、网联化建设和车载终端装配不断提升，路侧设施为智能网联汽车提供道路标志、标线、信号灯相位、危险路况、事故、气象、拥堵等状态信息。

车路融合环境感知技术在重点路口、路段和封闭园区实现应用。基于边缘计算技术的路侧设备可对摄像头、毫米波雷达、激光雷达等所感知到的信息进行融合处理，达到300m内车辆等动态目标的感知能力。路侧的融合感知能力可弥补自动驾驶车辆对中远程、超视距目标的感知能力不足，同时补全智能网联汽车的感知盲区。

车路融合的辅助定位技术成熟，实现卫星、路侧感知、车载感知等多源辅助定位的组合应用，对交通信息进行深度处理和分析，实现任何场景下的车路时空对齐，定位误差精度达到厘米级甚至更高。

到2030年左右，基于车路云协同决策的自动驾驶技术逐步成熟，在重点路口、路段和封闭园区实现应用。

视觉、毫米波雷达、激光雷达等路侧多感知设备和边缘计算单元实现深度融合，感知精度和范围以及计算能力进一步提升，实现复杂环境下的多交通参与目标意图预测，实现感知和意图预测信息实时发送给自动驾驶车辆。

自动驾驶车辆环境感知决策系统具备对路侧感知信息和意图判断信息的融合处理能力，路侧多元信息支撑复杂道路环境下的感知决策能力提升。

到2035年左右，实现基于车路云一体化协同控制的自动驾驶技术应用。基于路侧感知的全局连续式布设，实现车辆和道路的全息协同感知和数据融合，实现对道路、车辆的微观行为的精准预判，车路云一体化平台实现规模化连接，平台高度智能化，可根据车辆轨迹数据分析车辆运动模型和驾驶模型，为车辆提供全局最优的车道级行驶路径规划，车侧依据路侧调度指令进行动作规划与执行。端、边、云高度协同，实现效率最大化的精准决策调度。

2. 差距分析

1）缺乏统一完善的顶层设计规划。车路协同的规模化落地涉及汽车、通信、交通等多个行业，技术复杂度高，目前，我国尚缺乏国家层面的跨行业车路协同融合发展的战略规划和统一的产业发展协同机制，相关的政策、法律法规、标准体系等不够完善，跨行业的协同推进机制难以保证，后续的大规模测试与示范应用无法保证。

2）标准体系不够完善。我国车路协同相关的标准委员会积极开展车路协同相关标准研究工作，相关标准委员会之间合作密切，但尚未形成完善的车路协同标准体系，缺乏结合我国实际道路交通状况的测试验证成果来推动产业落地。

3）道路基础设施建设不足。我国智能交通发展仍处在初级阶段，交通安全基础设施（交通标志标线、信号、护栏、道路照明等）作为数字化的前提，标准化和规范化设施还有待全面完善；我国高速公路沿线除监控摄像外的信息系统完备度不高，缺乏针对关键路段和重点设施（桥梁、隧道等）的实时监测，沿线无线通信的覆盖能力不足，对交通运行的调控和应急反应能力不足；另外，交通基础设施与智能网联汽车的协同发展路径不明确。

4）缺乏成熟的项目落地经验。美、欧、日在智能交通系统架构方面起步较早并持续演进，通过相关成熟的项目实施来开展系统架构研究，形成相对完善的系统参考架构。我国缺乏丰富的项目经验，尚未建成满足智能网联汽车要求的成熟的信息物理架构。

3. 实现路径

1）车路协同技术按照车路数字化信息共享、车路融合感知、意图判断与协同决策、车路云一体化协同控制等阶段逐步发展，增强自动驾驶车辆的感知、决策、控制能力，降低自动驾驶汽车总体成本，最终达到系统资源优化利用、提高道路交通安全、缓解交通拥堵的目标。

2）建立完善的车路协同系统参考架构设计。从产业、功能、物理、通信、自动驾驶、协同控制等多维视角研究和构建车路协同参考架构，完善车路协同相关法律法规、技术标准、保险等体系，实现人、车、路、云各端异构系统的深度融合和高度协同。智能网联汽车在高速移动过程中获得实时、可靠、连续、时空同步的信息，形成具备高度安全可靠协同控制能力的车路协同系统架构，建立实时、动态、闭环的车路协同控制机制。

3）推动车、路、网多产业融合发展，实现跨领域创新发展战略的协同，搭建跨领域、跨行业的产业发展平台，逐步推进车路协同产业落地。

4）积极开展基于车路协同技术的大规模测试示范，测试、验证车路协同系统和部件性能，加快完成车路协同系统测试规范和信息安全标准的制定，建立完善的安全认证体系。评估车路协同应用在安全、效率、节能等方面的社会价值，支撑车路协同系统商用部署。

5）发挥产学研优势，加强跨行业协作，重点突破车路协同涉及的车车/车路信息交互、协同感知、协同预测、协同决策与协同控制、协同分配、协同系统仿真测试等技术，通过智能车辆与路侧控制设备的信息传递、功能协同、协调配合，实现大规模车辆及车辆群体安全协同通行。

6）积极探索车路协同可持续运营模式和系统的规模化部署应用。以国家级示范区、先导区建设项目为基础，探索车路协同商业模式和运营主体的试点方案。

7）以信息服务为基础，优先解决当前道路交通安全和效率问题，加快路侧基础设施建设进程，提高 C-V2X 车载终端渗透率，出台相关的法律法规或鼓励政策，促进新车前装 C-V2X 通信设备，鼓励后装设备的开发和安装，提高 C-V2X 通信设备的保有量。

8）提高路侧单元、核心通信芯片等关键部件、设备的性能和竞争力，保证网络安全，抵御网络攻击风险，保证车辆的行驶安全。

9）国家层面建立统一的车联网公钥基础设施（PKI）监管机制，从源头上保证公钥基础设施的安全性。参考现有公钥基础设施的监管机制，制定针对车联网的公钥基础设施管理办法，以明确车联网公钥基础设施建设单位并定期对其安全性进行审查。

4. 发展路线图

车路协同技术路线图如图 5－5－16 所示。

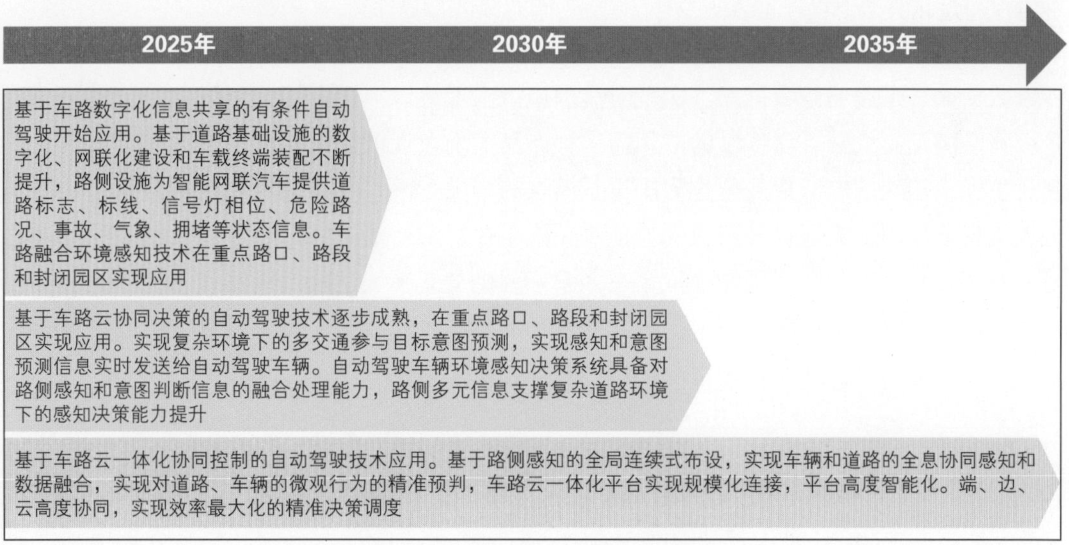

2025年　2030年　2035年

基于车路数字化信息共享的有条件自动驾驶开始应用。基于道路基础设施的数字化、网联化建设和车载终端装配不断提升，路侧设施为智能网联汽车提供道路标志、标线、信号灯相位、危险路况、事故、气象、拥堵等状态信息。车路融合环境感知技术在重点路口、路段和封闭园区实现应用

基于车路云协同决策的自动驾驶技术逐步成熟，在重点路口、路段和封闭园区实现应用。实现复杂环境下的多交通参与目标意图预测，实现感知和意图预测信息实时发送给自动驾驶车辆。自动驾驶车辆环境感知决策系统具备对路侧感知和意图判断信息的融合处理能力，路侧多元信息支撑复杂道路环境下的感知决策能力提升

基于车路云一体化协同控制的自动驾驶技术应用。基于路侧感知的全局连续式布设，实现车辆和道路的全息协同感知和数据融合，实现对道路、车辆的微观行为的精准预判，车路云一体化平台实现规模化连接，平台高度智能化。端、边、云高度协同，实现效率最大化的精准决策调度

图 5 –5 –16　车路协同技术路线图

5.2.10　人工智能技术路线图

1. 预期目标

到 2025 年左右，人工智能技术在非结构化道路、隧道、矿区、停车场等复杂道路场景取得重点突破，在图像数据处理、激光数据处理、高精度地图等算法方面取得自主性成果，使用多源异构信息融合的方式完善人工智能环境感知算法。在端到端自动驾驶等自主决策与控制方面取得突破性成果，部分产品实现产业化应用。基于规则的行为决策得到较为广泛的应用，基于深度学习、决策树等各类机器学习算法的行为决策实现一定程度的示范应用，部分成果产业化应用。在基于人工智能的语音合成、语音识别和语义理解等多语种关键核心技术方面取得突破，达到中文语音交互的水平。基于人工智能技术建设相关的测试基地，将人工智能算法集成并应用于驾驶辅助系统，使得其在车道偏离预警、前方碰撞预警、泊车辅助等驾驶辅助系统中得到广泛应用。

到 2030 年左右，在恶劣天气（暴雨、暴雪等）等场景实现重点突破，完善在恶劣天气下的专家数据库、道路场景数据库，实现对全国城市次干道及以上等级道路和特定区域的覆盖；突破复杂场景下的人工智能决策、多执行机构智能汽车端到端的智能控制等关键技术，非规则的智能决策技术水平得到大幅度提升，实现一定场景的典型应用。实现各类传感器的深度融合和大规模应用，推动专家数据库、道路场景数据库等数据采集、标准体系建立、数据加密等政策体系建设。采用规则算法与学习算法相结合的方式，实现自动驾驶汽车的自主决策，顶层采用有限状态机根据场景进行层级遍历，底层采用机器学习算法基于具体场景进行分模块应用。在自然语言理解领域，通过深度学习、强化学习技术以及海量数据支撑等实现自然语言理解的突破性创新，达到人类正常的智力理解水平，实现人

与汽车之间无障碍交流。

到 2035 年左右，在全时段（白天、夜间）场景实现重点突破，提供全工况条件下的专家数据库、道路场景数据库，实现对全国城市次干道以下、非结构化道路等全道路的覆盖；完全满足高级别自动驾驶的应用需求，产品实现大规模装配，自主产品在全球具有较强竞争力，端到端方法更多地作为决策子模块的解决方案。全面实现高级别自动驾驶汽车的人工智能控制，大幅提升高级别自动驾驶汽车在复杂场景下的综合性能，相关领域理论研究及产品水平达到国际领先地位。在多模态人机交互领域，通过机器视觉技术、情感化技术、语音交互技术、触觉技术、嗅觉技术等的发展，使汽车人机交互取得突破，可以辅助人进行智能决策、智能推理以及环境感知等。

2. 差距分析

1）在人工智能技术研究方面，目前广泛应用的传感器感知算法（如 RCNN、PointNet 等）、深度学习理论、强化学习理论、情感识别技术、多语种人机交互技术等均由国外研究人员开发，国内相关研究起步较晚；在端到端自动驾驶、多执行机构底盘人工智能控制等方面的关键理论上与美国等先进国家存在较大差距，缺乏自主可控的原始创新，难以对产品研发提供有力支撑。国外在核心算法的理解与创新方面存在优势，国内主要侧重算法应用与集成，原创性较少。

2）在人工智能技术应用方面，国外企业在感知系统、决策系统等方面已研发多年，能与预警类和控制类产品深度融合，能符合汽车零部件性能和质量要求，在商业化应用方面具有极大优势。国内近些年才开始进行相关产品的研发，而且主要集中在基于环境感知的预警类产品，缺乏与控制类产品结合的经验。

3. 实现路径

1）开展人工智能核心算法基础研究。针对融合神经科学、机器学习、计算机视觉、多传感器融合等技术进行跨学科、大协同的基础研究，推动面向高精度、全天候环境感知能力的人工智能理论基础研究，研发能有效减少人工干预的自主智能方法，提高自主学习能力。提升基于深度学习的感知算法研发水平，掌握深度学习关键技术，突破原创性算法研发。

2）加快研究神经网络、深度学习等与车辆模型有效结合。提升神经网络、深度学习等人工智能算法在车辆运动控制中的应用能力和在交通场景理解、交通参与者预测、驾驶行为选择、局部轨迹规划等领域的准确率。研究基于监督学习的端到端决策、基于强化学习的端到端决策技术与车辆动力学模型的有效结合，实现关键原始算法创新，克服实际使用过程中遇到的数据量大、训练周期长、模型迁移能力差等难题。

3）推动智能网联汽车人工智能技术应用与验证工作。在各种场景工况条件下验证智能网联汽车的环境感知、决策控制和人机交互能力，通过积累海量数据为迭代改进环境感知与建模、神经网络模型算法的性能奠定基础。

4. 路线图

人工智能技术路线图如图 5－5－17 所示。

2025年	2030年	2035年
使用多源异构信息融合的方式完善人工智能环境感知算法，提升无人驾驶深度学习、端到端智能控制等领域的理论研究，突破多语种合成、识别、语义理解关键技术		
突破多传感器环境感知算法深度融合技术，实现端到端智能控制等先进技术的小批量规模化应用，实现混合式智能决策方法体系的规模化应用。实现车载数据处理芯片、人工智能芯片等的自主研制，自主产品在国内市场占用率达到50%以上		
研发具有原创性和突破性的深度学习模型，实现核心传感器和环境感知算法的自主开发与大规模应用，实现情感化、多模态的人机交互，支持高级别自动驾驶，全面实现高级别无人驾驶汽车的人工智能控制，大幅提升高级别自动驾驶汽车在复杂场景下的综合性能		

图 5－5－17　人工智能技术路线图

5.2.11　信息安全技术路线图

1. 预期目标

1）到 2025 年左右，建立考虑信息安全的整车开发、生产流程管理；基于信息安全防护理论和方法构建智能网联汽车信息安全基础防护体系，在有条件自动驾驶、高度自动驾驶智能网联汽车上实施；逐步满足预测—防护—检测—响应（PPDR）防御体系的技术要求；实现车辆边界、车载网络、车内关键域的纵深防御，实现车车、车路、车人、车云安全通信及车联网专有中心云、边缘云的安全防护；建立企业内部及行业协同的信息安全漏洞共享及应急响应机制；推动标准和评价及监管体系建设。

2）到 2030 年左右，实现高度自动驾驶及以上智能网联汽车信息安全防护体系的实施；促进汽车与 ICT 信息安全防护体系的融合；满足 PPDR 防御体系的技术要求；健全智能网联汽车信息安全应急响应机制及保障与监管体系；有效支撑数据安全和数据隐私的保护程度。

3）到 2035 年左右，实现智能网联汽车信息安全防护体系的全面实施；研发汽车与信息安全防护体系融合的平台化技术；促进交通网、通信网、车联网三网融合，构建交通安全、信息安全、网络安全、数据安全融为一体的监管体系。

2. 差距分析

1）在技术标准方面，国外法规标准同步，国内标准先行。联合国 UN/WP29 成立专门的汽车信息安全标准任务组，围绕汽车网络安全、数据保护和软件 OTA 升级三部分开展国际法规及标准的制定工作；国际标准化组织针对汽车信息安全制定的 ISO 21434 标准计划在 2020 年完成并发布；美国形成了 SAE J3061/IEEE 1609.2 系列标准；欧洲安全车联网项目提供了汽车信息安全指南；德国汽车工业联合会提出了可信信息安全评估交换机制；英国标准协会发布了 PAS 11281—2018；5Stars 联盟完成了互联和自动驾驶汽车网络安全保障体系的总体构建等。我国正在推进智能网联汽车标准的制定工作，目前 SAC/TC114/SC34 正在制定《汽车信息安全通用技术要求》《车载网关信息安全技术要求》《汽车信息交互系统信息安全技术要求》等标准，参与 ISO 21434 等国际标准的制定与转化。

2）在安全防护体系构建方面，国内模型的成熟度相比国外略有差距。美、日、欧等国家和地区对汽车信息安全的生命周期进行了分析和研究，公布了相应的设计和防范指南。日本信息处理机构（IPA）提出了汽车信息安全模型（IPA Car），对可能攻击汽车系统的途径、不同汽车功能模块的信息安全对策等做了系统的整理。目前国内正采用 PDRA[㊀]模型建立全生命周期的汽车信息安全管理体系。

3）在安全漏洞组织建立方面，国内漏洞库建设刚起步，行业协同程度相比国外略有差距。目前美国、日本已经建立汽车信息安全共享分析中心（Auto-ISAC），其中美国汽车信息安全共享分析中心（U-Auto-ISAC）成员单位包括多家整车生产商及零部件供应商，覆盖北美 99% 以上的轻型车型。国内相关企业正在推进汽车信息安全共享与分析中心建设工作。中国汽车技术研究中心有限公司已经建立了汽车信息安全共享分析中心，发布汽车信息安全十大风险与防护措施等研究成果；国家智能网联汽车创新中心牵头建立了“车辆安全漏洞预警与分析平台（CVVD）”，建立汽车安全信息共享通报机制及技术协作体系，协同行业资源打造车辆安全漏洞协作平台，提供安全应急响应、安全众测、安全解决方案、安全告警等综合服务；国家互联网应急中心初步建成国家车联网信息安全漏洞共享平台（CNVD-IoV），研制联网汽车自动化安全检测平台。

3. 实施路径

1）建设并完善标准认证体系。研究智能网联汽车共性技术，提取特征属性，结合我国实际情况，构建基于“感知—决策—控制”的智能网联汽车信息安全架构；推进智能网联汽车信息安全标准编制工作，完善信息安全相关标准；结合智能网联汽车信息安全测试规范，建立信息安全认证体系，实现信息安全强制认证；进一步建立基于“端 - 管 - 云”的智能网联汽车信息安全认证体系。

2）建立全面的技术防护体系。建立包括云安全（实现数据安全、应用安全、虚拟化安全技术应用）、管安全（基于国内的安全标准实现通信加密体系、身份认证体系、证书体系及防重发、防篡改、防伪造等技术应用）、端安全（实现车辆控制器信息安全技术、车载防火墙、车辆入侵检测和防御技术的应用）在内的“端 - 管 - 云”信息安全技术框架；研究智能网联汽车生态系统全生命周期各阶段信息安全活动，建立基于“端 - 管 -

㊀ PDRA 是 Protection、Detection、Response、Assessment 的缩写，即安全防护、攻击检测、应急响应和风险评估。

云”的信息安全评价体系；构建基于“感知—决策—控制”的智能网联汽车技术防护体系。

4. 路线图

信息安全技术路线图如图 5－5－18 所示。

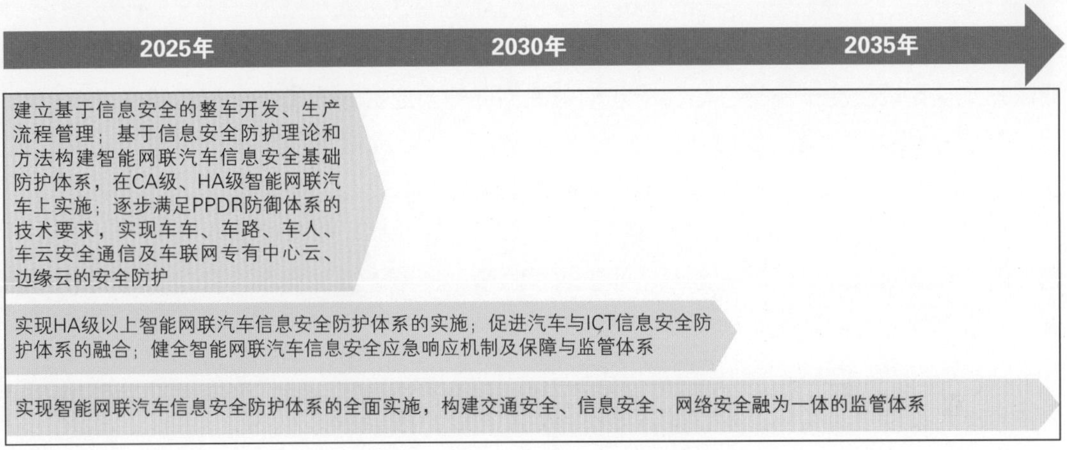

图 5－5－18 信息安全技术路线图

5.2.12 功能安全和预期功能安全技术路线图

1. 预期目标

到 2025 年左右，建立健全功能安全及预期功能安全标准的自动驾驶系统开发流程、组织规范、功能安全软硬件架构、功能安全验证评估标准及能力、产品发布、测试验证、运营维护和报废流程。建立国家功能安全及预期功能安全标准法规库，国内企业须掌握功能安全及预期功能安全危害分析、安全分析、目标分解、安全功能的技术实现和验证的理论和方法。完善智能网联汽车整车层面、系统层面和芯片层面的功能安全设计流程，搭建具备完整的功能安全故障注入测试环境，完善故障注入测试方法和测试用例；提高功能安全硬件和软件的测试覆盖范围，实现核心软件代码安全分析和测试；建立智能网联汽车预期功能安全设计分析流程，研究并实施预期功能安全场景验证和认证方法。

到 2030 年左右，具备智能网联汽车产品和流程功能安全认证的能力和资质，拥有国际认可的自主认证机构；实现功能安全及预期功能安全标准在自动驾驶系统上的示范应用；自主开发并完善功能安全相关的工具链和相关技术，完善智能网联汽车预期功能安全测试验证方法。

到 2035 年左右，全面实现功能安全标准和预期功能安全标准在完全自动驾驶智能网联整车、系统和部件上的应用；建立具有自主知识产权的功能安全开发、管理工具链，提出具有创新性的功能安全及预期功能安全的分析方法和技术，开发新的方法论和分析手段。

2. 差距分析

1）在功能安全设计方面，国内功能安全的危害分析和风险评估所需支撑数据积累少；故障诊断和预期功能不足所需的容错系统架构设计理论和方法亟待加强。

2）在功能安全测试方面，我国智能网联汽车的高置信度安全可验证原理、方法、评价处于初级阶段，汽车功能安全案例论证体系的理论和方法处于空白，基于模型的系统功能安全设计、实现和验证的理论和方法欠缺。故障注入测试方面，不论是工具使用，还是测试案例设计以及测试实现方法，国外整车和零部件企业都积累了丰富的经验。

3）在预期功能安全设计方面，国内预期功能安全分析流程和技术应用还处于初级阶段；STPA[㊀]等分析方法和剩余风险评估理论还亟须加强研究。

4）在预期功能安全测试方面，国内智能网联汽车企业在预期功能安全关于已知危害场景测试和未知危害场景测试方面还处于起步阶段，远不能满足有条件自动驾驶及以上智能网联汽车的安全测试需求。

5）在功能安全认证方面，全球一流整车厂已将功能安全作为强制标准来实施，但国内在标准政策建立与实际开发程度两方面均处于初级阶段。

6）在软硬件架构方面，目前满足功能安全的软件架构主要还是由国外公司主导，比如 Adaptive AUTOSAR 汽车电子软件架构、E-GAS Monitoring Concept 软件架构。我国尚无类似满足功能安全的软件架构，因此，在此方面差距明显。

3. 实现路径

1）建立基于 GSN 系统理论的功能安全案例的论证体系；开发基于 HAZOP 和 STPA 结合的危害分析和安全分析的体系。依据 ASIL 等级和安全目标，设计容错控制系统，分析 Fail-Safe（失效安全）和 Fail-Operational（失效运行）的必要性和系统支撑架构，定义系统状态迁移途径，满足车辆功能安全要求。

2）针对智能网联汽车的特殊性，建立合适的汽车安全完整性等级确定方法，避免不合理的安全等级。明确定义智能网联汽车自动驾驶系统功能安全概念。建立符合功能安全要求的系统架构。自动驾驶系统的硬件架构和软件架构要满足功能安全要求。

3）加强车载系统和芯片在功能安全设计及测试方面的研发。提高系统设计能力，有效使用软件对硬件进行诊断和容错能力分析，依据系统动态特性，定义功能安全的安全状态迁移路径。

4）加强预期功能安全设计开发和测试验证研究。从整车、零部件、芯片层级完善预期功能安全设计流程和测试体系。加强未知场景测试理论和验证技术研究，以满足有条件自动驾驶及以上智能网联汽车的安全测试需求。

㊀ STPA 即 System Theoretic Process Analysis 的缩写，是一种危害分析技术或工具。

4. 路线图

功能安全和预期功能安全技术路线图如图 5－5－19 所示。

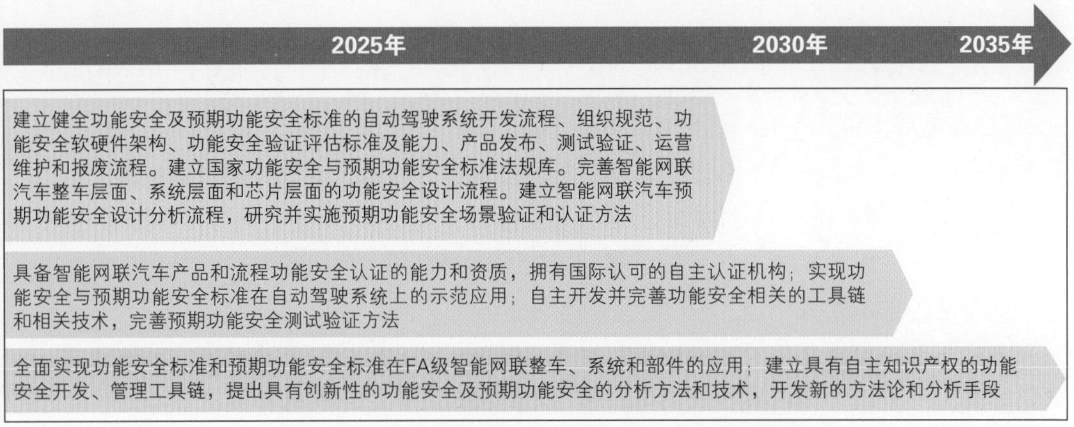

2025年　2030年　2035年

建立健全功能安全及预期功能安全标准的自动驾驶系统开发流程、组织规范、功能安全软硬件架构、功能安全验证评估标准及能力、产品发布、测试验证、运营维护和报废流程。建立国家功能安全与预期功能安全标准法规库。完善智能网联汽车整车层面、系统层面和芯片层面的功能安全设计流程。建立智能网联汽车预期功能安全设计分析流程，研究并实施预期功能安全场景验证和认证方法

具备智能网联汽车产品和流程功能安全认证的能力和资质，拥有国际认可的自主认证机构；实现功能安全与预期功能安全标准在自动驾驶系统上的示范应用；自主开发并完善功能安全相关的工具链和相关技术，完善预期功能安全测试验证方法

全面实现功能安全标准和预期功能安全标准在FA级智能网联整车、系统和部件的应用；建立具有自主知识产权的功能安全开发、管理工具链，提出具有创新性的功能安全及预期功能安全的分析方法和技术，开发新的方法论和分析手段

图 5－5－19　功能安全和预期功能安全技术路线图

5.2.13　高精度地图和定位技术路线图

1. 高精度地图技术路线图

（1）预期目标

到 2025 年左右，数据精度达到广域亚米级、局域分米级，支持高度自动驾驶，覆盖全国高速路、城市快速路及重点城市的热点区域、封闭园区、停车场等复杂道路，实现结构化道路及停车场等特定场景的高精度地图应用；实现静态数据周更新、局部静态数据和动态信息小时级更新。构建高精度动态地图基础服务平台，形成实时数据加密、数据安全传输等技术体系，完善高精度地图数据加密等政策。

到 2030 年左右，数据精度达到广域分米级、局域厘米级，覆盖全国城市次干道及以上等级道路和一线城市热点区域等；通过构建智能网联车端数据、路侧数据、更新数据的闭合生态圈，实现高精度地图的自动化生产、快速更新和数据发布，实现静态数据天更新、动态信息分钟级更新。完成应用示范区的建设和运营模式推广，形成实时采集、生产、加密、审图、发布的规模化应用。

到 2035 年左右，数据精度接近厘米级，数据覆盖全国路网，时空大数据各维度（如精度、内容、延迟性等）满足完全自动驾驶需求；基于车端数据及路侧数据，实现高精度地图静态数据随需更新、动态信息秒级更新。全面建成高精度地图安全保障体系，支持全场景地图数据服务，中国高精度地图数据规格实现国际化。

（2）差距分析

1）在设计运行范围方面，国内自动驾驶安全工作环境与美国等有很大差距。国内城

市道路路况复杂、人口众多、通行规则不明确、行人交通规则意识淡薄，车辆抢道、并线等行为频发，部分路段和区域国内有法规限制高精度地图的使用，影响高级别自动驾驶功能的实现。

2）国外企业不受采图资质和高程、限重、曲率等敏感地理信息的采集限制，已经开展了广泛、大量的地图众包采集工作。地图生产的自动化程度以及作业效率高于国内。

3）在低成本量产车高精度地图的动态更新技术方面，Mobileye、博世等公司处于世界领先水平。

4）在标准化推进方面，国内还处于起步阶段，没有形成成熟的标准体系。国外有 NDS、ADASIS、OpenDRIVE 等地图数据物理存储格式，国内并没有针对自动驾驶系统的高精度地图的统一规格。

(3) 实现路径

1）推动高精度地图理论研究。研究智能网联汽车对高精度基础地图数据接口、标准、规范及动态地图数据共享体系的需求，推进采集方式智能化、机械化，促进数据交换规格统一、物理存储格式标准化。

2）深入挖掘自动驾驶地图技术需求，设计高精度地图产品内容，确立数据格式和产品模型。优化高精度地图产品生产制作工艺，大力提升数据采集效率、精度、数据制作自动化程度和准确度，确保高精度地图的品质，实现大规模高效率高精度地图生产。基于道路测试，建立高精度地图评价体系。

(4) 路线图

高精度地图技术路线图如图 5－5－20 所示。

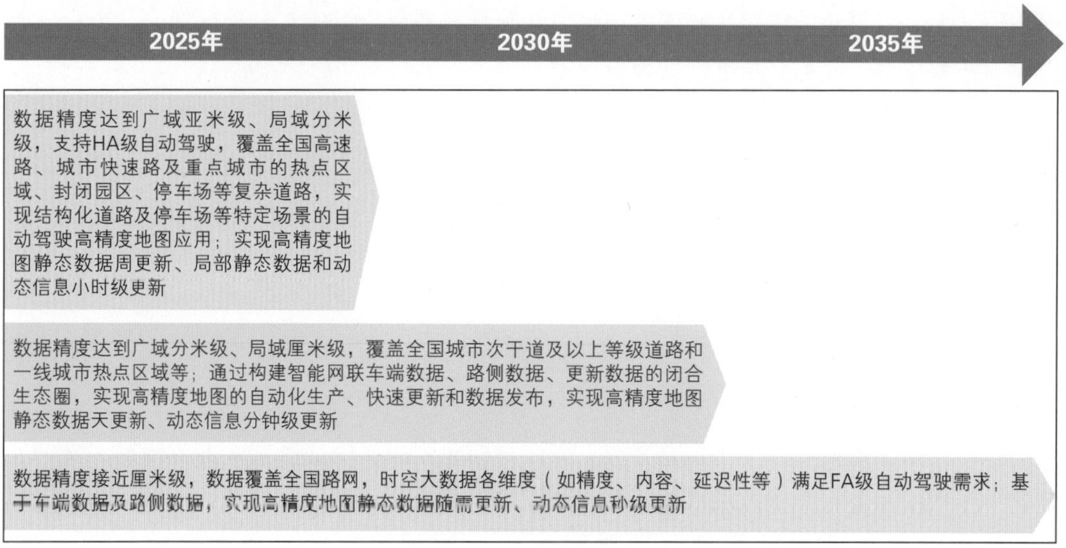

2025年	2030年	2035年
数据精度达到广域亚米级、局域分米级，支持HA级自动驾驶，覆盖全国高速路、城市快速路及重点城市的热点区域、封闭园区、停车场等复杂道路，实现结构化道路及停车场等特定场景的自动驾驶高精度地图应用；实现高精度地图静态数据周更新、局部静态数据和动态信息小时级更新	数据精度达到广域分米级、局域厘米级，覆盖全国城市次干道及以上等级道路和一线城市热点区域等；通过构建智能网联车端数据、路侧数据、更新数据的闭合生态圈，实现高精度地图的自动化生产、快速更新和数据发布，实现高精度地图静态数据天更新、动态信息分钟级更新	数据精度接近厘米级，数据覆盖全国路网，时空大数据各维度（如精度、内容、延迟性等）满足FA级自动驾驶需求；基于车端数据及路侧数据，实现高精度地图静态数据随需更新、动态信息秒级更新

图 5－5－20　高精度地图技术路线图

2. 高精度定位技术路线图

(1) 预期目标

到 2025 年左右，建成北斗与多源辅助定位传感器组合应用下的车载高精度定位定姿系统，定位精度达厘米级；建立以北斗、惯性导航、视觉、激光雷达、超宽带（UWB）、伪卫星、局域定位系统（LPS）等为主的区域高精度定位技术和产品体系；实现基于卫星差分增强服务的数据加密与安全系统；提供稳定的星地基一体化定位服务，实现激光雷达、惯性导航等高精度定位软硬件一体化产品国产化量产。

到 2030 年左右，实现基于视觉、毫米波雷达等的地图特征定位技术；突破车载多传感器深度融合和环境感知辅助的高可信、高精度定位技术，在大部分遮挡区域实现厘米级动态定位；实现超宽带、局域定位系统等与北斗、惯性导航的融合，推动以超宽带、局域定位系统等为代表的室内定位芯片规模化应用；建立路侧端和全网联的卫星定位导航授时防欺骗干扰及安全加密系统；实现广域无源的高精度定位服务；实现高精度定位软硬件芯片与车载计算平台系统一体化设计与量产。

到 2035 年左右，实现北斗与多源辅助定位及其他新型定位定姿技术深度融合，在无通信和无卫星信号条件下定位精度保持在厘米级；提供稳定的全域室内外一体化的高精度定位服务；完成高精度定位态势系统建设，实时提供高精度定位精度检测，满足智能网联汽车完全自动驾驶阶段的感知和认知需求。

(2) 差距分析

1）国外视觉感知技术厂商具备基于摄像头和量产芯片的高精度定位技术，国内在基于视觉等低成本传感器实现高精度定位技术的研究方面还有差距，相关技术处于实验室研发阶段，与国外有明显差距。

2）全球卫星导航系统（GPS）市场占有率高，具备成熟完善的产业链。而北斗系统作为国内近年来逐渐发展壮大的自主卫星导航系统，在国内汽车行业市场的占有率较低，其产品形态主要是与 GPS 共存的多模式导航，相关研发制造业少，尚未形成基于北斗高精度定位规模化应用的产业链。

3）国外企业在车规级定位芯片上的市场占有率较高，国内芯片产品未批量供应给主流整车企业及装配到主流车型中，高精度定位芯片未形成规模效应。

(3) 实现路径

1）增加实验场景并形成良好的实验生态，通过大量的实验和应用，不断增强基础技术效果。

2）建立行业标准并严格把关应用效果，切实产出实际用户价值。

3）加强处理芯片及核心算法等关键技术的基础研发，实现基础理论突破。研究基于新型原理的高精度定位技术及传感器，提升单车定位精度；为降低全模组成本，考虑云端网联和特征地图匹配的发展需求，满足精度需求。

4）加强智能网联汽车北斗高精度定位系统技术的研究、应用和推广，增强北斗动态高精度定位的稳定性和抗干扰性。

（4）技术路线图

高精度定位技术路线图如图5-5-21所示。

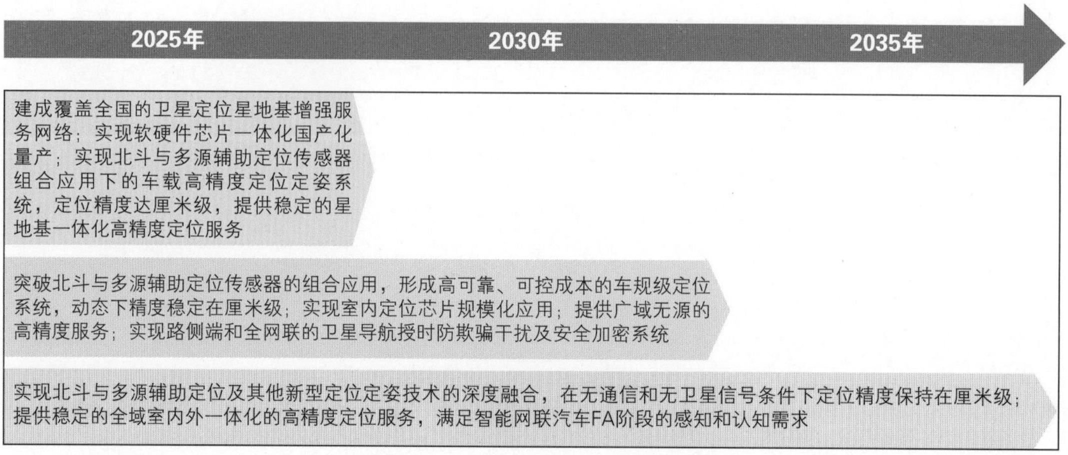

图5-5-21　高精度定位技术路线图

5.2.14　测试评价技术路线图

1. 预期目标

到2025年左右，构建出反映中国区域交通环境和气候特征的中国典型驾驶场景数据库；虚拟仿真测试实现模型在环（MIL）90%场景覆盖、硬件在环（HIL）80%场景覆盖；建立车辆智能化、网联化能力与开放道路等级匹配制度，推动测试验证设施建设；实现有条件自动驾驶及以下智能网联汽车测试专用设备和软硬件系统的自主研发和生产；形成有条件自动驾驶完整的智能网联汽车测试评价体系、产品测试认证规范和流程。

到2030年左右，形成较完整的、行业分级共享的中国典型驾驶场景数据库；完成仿真环境下的V2X测试工况和测试评价方法，实现模型在环95%场景覆盖、硬件在环90%场景覆盖；车辆智能化、网联化能力与开放道路等级匹配制度成熟完善，测试验证设施满足各类测试需求；实现高度自动驾驶智能网联汽车测试目标物、测试硬件系统、测试管理软件系统的自主研发；形成完善的高度自动驾驶智能网联汽车测试评价体系、产品测试认证规范和流程。

到2035年左右，形成完整的可支撑国家标准法规、企业自主研发验证的中国典型驾驶场景数据库，场景数据库采集、分析、更新迭代高效运作；模型在环、硬件在环、实车在环（VIL）测试评价满足中国交通环境下的全覆盖；形成完全自动驾驶智能网联汽车测试评价体系，产品认证规范和流程成熟完备，可全面支撑各类智能网联汽车走向市场。

2. 差距分析

在场景数据库方面，国外场景数据库研究开展较早，我国多个高校、科研机构已经开始持续性研究，但仍存在数据采集标准、接口规范不统一，场景数据库标准架构缺失等问题；在仿真测试方面，我国在模型在环、硬件在环上有一定的积累，但在实车在环方面与国外先进水平相比有较大差距；在测试设施和装备方面，国内测试场缺少完善的管理运营流程和发展模式，企业参与深度不够，道路测试里程积累、政策开放程度方面与国外稍显滞后，此外，受制于产业基础和标准等因素，国产测试软硬件装备与工具也长期落后于欧美国家；在评价与认证方面，我国目前初步构建了部分自动驾驶智能网联汽车评价体系，但主要集中在驾驶辅助和环境感知系统方面，尚未形成一整套通用的从功能测试到系统集成与验证的完整的智能网联汽车测试评价体系。

3. 实现路径

1）通过大量采集我国实际路况信息，包括采集城市主干道路与高速公路路况信息，城市非主干道路、国道、省道路况信息，乡村道路、高速匝道、隧道，以及特殊工况的实际路况信息等，实现具备中国人因特色的测试场景的全覆盖。开发场景自动化生成软件，实现场景数据的自动提取、导入、转换、重建，实现场景数据库建设的全自动化。

2）丰富和完善模型在环、硬件在环、实车在环虚拟场景，提升场景覆盖率，加快模型在环、硬件在环、实车在环测试评价体系的建立和推广。针对模型在环测试，构建适用于智能网联汽车仿真测试所需的车辆模型、仿真场景模型。针对硬件在环测试，构建覆盖智能网联汽车感知系统、决策系统、执行系统的全功能硬件在环测试系统。针对实车在环测试，构建室内/室外整车在环方案。

3）完善测试场设计运营及开放道路认定分级等标准规范，推进各类测试场的功能建设和完善。研制测试目标物系统、实车交通环境在环平台、动态试验场测试工具等测试装备技术，建立对自动驾驶系统功能及安全性充分验证的测试装备技术能力，开展高强度加速测试验证。

4）研究和细化国内外相关标准要求的测试评价方法，加快构建我国智能网联汽车测试评价体系、产品认证流程。

4. 发展路线图

测试评价技术路线图如图 5 – 5 – 22 所示。

5.2.15 标准法规技术路线图

1. 预期目标

根据智能网联汽车技术现状、产业应用需求及未来发展趋势，分阶段建立适应我国国情并与国际接轨的智能网联汽车中国标准体系，建立国家标准、行业标准、团体标准协同

2025年　　2030年　　2035年

场景数据库：构建反映中国区域交通环境和气候特征的中国典型驾驶场景数据库，形成场景数据库采集标准规范、接口规范、数据格式规范、评价规范
虚拟仿真测试：实现MIL 90%场景覆盖、HIL80%场景覆盖。具备支持CA级智能网联汽车测试验证的MIL、HIL仿真测试系统，初步建立实车交通环境在环平台
测试设施及装备：完善测试场设计运营及开放道路认定分级等标准规范，建立车辆智能化、网联化能力与开放道路等级匹配制度，完成示范区、认证专用场地等测试设施建设。实现CA级及以下智能网联汽车测试专用设备和软硬件系统的自主研发和生产，自主测试设备及系统占有率超过30%
评价与认证：形成CA级智能网联汽车完整的测试评价体系，包括感知、控制、执行、车路协同通信系统验证评价，同一等级智能网联汽车细分能力的评价等，初步形成产品测试认证规范和流程

场景数据库：形成较完整的、行业分级共享的中国典型驾驶场景数据库，规范场景数据的分析和应用
虚拟仿真测试：完成仿真环境下的V2X测试工况和测试评价体系建立。实现MIL 95%场景覆盖、HIL 90%场景覆盖。具备支持HA级智能网联汽车测试验证的MIL、HIL、VIL仿真测试系统
测试设施及装备：健全测试场、开放道路相关的标准规范，车辆智能化、网联化能力与开放道路等级匹配制度成熟完善，测试验证设施满足各类测试需求。实现HA级智能网联汽车测试目标物、测试硬件系统、测试管理软件系统的自主研发，自主测试设备及系统占有率超过50%
评价与认证：建立基于场景的分级评价方法，构建出符合我国交通环境特点的主客观测试评价体系，形成HA级智能网联汽车测试评价体系，产品测试认证规范和流程进一步完善

场景数据库：形成完整的可支撑国家政策标准法规、企业自主研发验证的中国典型驾驶场景数据库，场景数据库采集、分析、更新迭代高效运作
虚拟测试仿真：实现中国交通环境下MIL、HIL、VIL测试评价的全覆盖，具备可支持FA级智能网联汽车的仿真测试系统
测试设施及装备：测试设施和装备工具完善，实现综合、高效、自动化测试验证，自主测试设备及系统占有率超过70%
评价与认证：形成FA级智能网联汽车测试评价体系，产品认证规范和流程成熟完备，可全面支撑各类智能网联汽车走向市场

图 5－5－22　测试评价技术路线图

配套的新型标准体系，促进智能网联汽车技术快速发展和应用，支撑我国汽车产业转型升级和高质量发展，构建智能网联汽车中国标准体系。

在 2025 年前，形成全球领先的智能网联汽车中国标准体系，与国际标准法规制定协同发展。标准体系可支撑各级别自动驾驶，并可适用于有条件自动驾驶车辆的大规模量产应用需求，高度自动驾驶相关标准支撑研发。标准体系将包括先进驾驶辅助系统、高度自动驾驶、信息安全、功能安全、网联功能与应用、车用操作系统、基础软件等细分领域，制定国家标准超过 100 项。在前瞻技术领域，充分发挥团体标准对国家标准的补充作用，加快开展面向研发需求的前瞻技术标准研究，加快标准供给。

在 2030 年前，形成持续灵活、不断更新迭代的智能网联汽车中国标准体系，标准体系可适用于高度自动驾驶及以上车辆的量产应用需求。依托产业发展状态，分析智能网联汽车技术应用现状，建立标准实施评估机制。根据需求完成重点标准修订工作，基于自动驾驶汽车运行数据，更新标准中对于自动驾驶的功能要求和测试方法。根据产业发展需求，基于高级别自动驾驶适时启动相关新技术标准的研究和制定工作，持续促进智能网联汽车技术和产品的推广普及，持续推进智能化和网联化技术的融合应用。

在2035年前，全面形成技术先进、结构合理、内容完善的智能网联汽车中国标准体系，满足智能化、网联化等不同技术路线，体系可适用于各类型自动驾驶车辆的量产需求。标准体系覆盖智能网联汽车发展过程中的产品设计、准入认证及过程管理与服务质量评价，在标准支撑下实现安全、高效的高度自动驾驶功能普及。

通过建立完善的智能网联汽车标准体系，引导和推动我国智能网联汽车技术发展和产品应用，培育技术自主创新环境，提升整体技术水平和国际竞争力，构建安全、高效、健康、智慧运行的未来汽车社会。

2. 差距分析

我国针对传感系统、车载终端、测试评价等核心技术和关键环节的标准尚处于制定阶段，现有部分汽车强制性标准条款存在对自动驾驶的技术发展约束的可能性。标准内容涉及汽车、通信、电子、交通等多领域，存在一定程度的交叉，在通信传输、链路建立、信息联系、数据解析等方面还有待进一步协调。

欧、美、日等汽车发达国家和地区开展ADAS、自动驾驶和网联标准法规的制定工作。我国智能网联汽车标准体系作为全球首部系统规划智能网联汽车标准的指南性文件，受到世界范围的关注，发布后部分汽车产业发达国家纷纷组织制定类似文件并与我国开展标准体系比对研究。依据标准体系，我国率先启动驾驶人注意力提醒、车门开启、夜视系统、交通拥堵辅助、后部穿行等国家标准的制定工作。我国通过制定《智能网联汽车道路测试管理规范（试行）》和《智能网联汽车自动驾驶功能测试规程（试行）》，形成世界领先的道路测试管理方案，为后续自动驾驶标准制定发挥引领作用。

伴随上述成果，我国逐渐步入自动驾驶领域标准法规制定的核心地带，中国专家先后担任国际标准化组织自动驾驶测试场景国际标准工作组（ISO/TC22/SC33/WG9）召集人和联合国自动驾驶工作组（UN WP. 29/GRVA）副主席职务，承担联合国智能网联汽车法规工作组（GRVA）下设自动驾驶功能要求非正式工作组（FRAV）联合主席，并担任国际电工委员会（IEC）未来可持续交通（SEG11）召集人职务及秘书处单位。总之，中国智能网联汽车标准体系建设已得到国际认可。

3. 实现路径

实现路径可分为以下几个方面。

1）贯彻落实《国家车联网产业标准体系建设指南》等文件对于智能网联汽车标准制定的要求，开展标准制定及研究工作。

2）开展智能网联汽车各细分领域标准化需求分析，充分调研企业产品规划和技术发展趋势，适时启动相关标准制定工作，保证标准项目设置的合理性和全面性。

3）加大前瞻交叉领域标准协同。在车路协同、高精度地图和定位、车载高速网络、云控基础平台等跨行业交叉领域，加强与相关产业标准委员会的协同，鼓励通过联合开展标准需求调研、跨行业多标号联合开展团体标准研究等方式，满足跨行业协同创新的需求。

4）综合考虑智能网联汽车不同技术路线差异，分析不同技术路线对于产品应用的差异性，基于差异性启动支撑不同技术路线需求的标准制定工作。建立标准体系动态完善机制、实施评估机制，保障标准对于技术不断更新迭代的适用性。

5）实现中国标准与国际标准法规协同制定。加强与世界主要汽车生产国的交流与合作，全面参与或牵头联合国世界车辆法规协调论坛（WP29）自动驾驶及网联工作组（GRVA）、国际标准化组织道路车辆技术委员会（ISO/TC22）及智能运输系统技术委员会（ISO/TC204）、国际电工委员会（IEC）等国际组织和机构智能网联汽车相关标准法规的制定工作，开展适应性分析并适时启动相应标准法规的国标转化工作。

4. 发展路线图

标准法规技术路线图如图5-5-23所示。

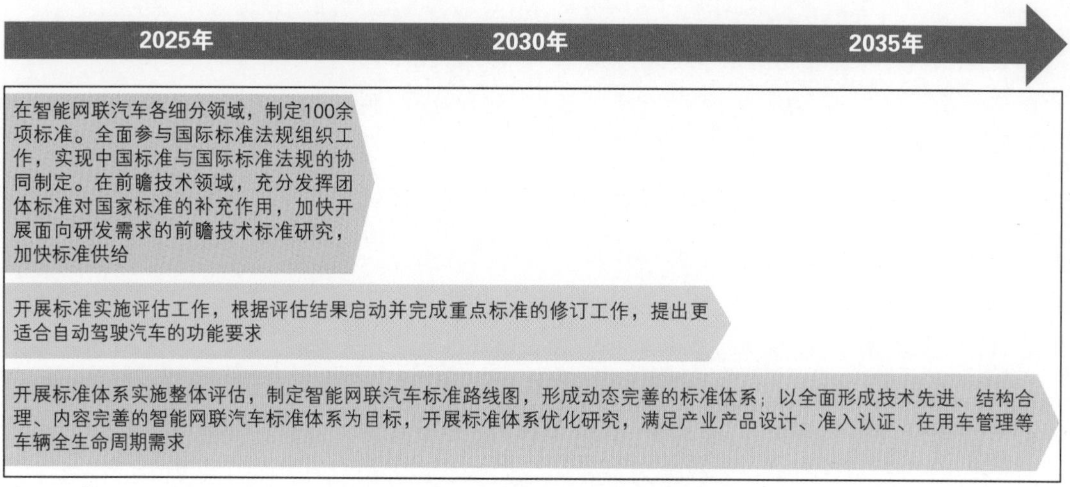

图5-5-23　标准法规技术路线图

6 创新发展需求

说明：实施方式中A为国家主导，B为行业联合，C为企业领跑。

序号	项目名称	必要性	项目目标	研究内容	预期成果	实施方式
1	机器视觉深度认知技术	视觉感知除了依赖摄像头的性能之外，还取决于感知算法的先进性。将人工智能技术应用于视觉感知可对环境进行深度认知，能够实现对非标准化道路信息、交通行为规则等要素的判断	2025 年：实现对非结构路面车道判断和可行驶区域认知 2030 年：实现全天候可行驶区域识别与交通规则识别 2035 年：实现全工况交通环境、交通参与者、交通行为的识别	深度学习等人工智能理论在视觉认知领域的应用	可在各种环境条件下进行可行驶区域识别、交通规则识别、移动障碍分类与识别、地标分类与识别	B、C
2	基于深度学习的多目标检测技术	针对不同交通场景下的车辆、行人等多种不同的目标，通过使用深度学习算法实现多个目标的检测与识别，为驾驶辅助系统、自动驾驶等提供技术支撑	2025 年：实现对道路车辆、行人、非机动车等目标的检测 2030 年：实现对道路中多目标精确检测，初步实现道路场景自我理解 2035 年：实现对道路场景的自我理解	深度学习等人工智能理论在视觉认知领域的应用	可以实现对道路车辆、行人、非机动车等目标的检测，对道路场景的自我理解等	B、C
3	智能网联汽车线控转向系统	线控转向系统是智能网联汽车的核心执行器件，为支撑高级别自动驾驶功能的实现，需要开发高可靠性且满足功能安全的线控转向系统	2025 年：实现高安全性线控电液转向系统 2030 年：实现高安全性线控纯电动转向系统	双绕组电机、传感器的冗余信号、控制器的冗余备份，以及系统的功能安全设计	能够实现故障模式下的转向执行功能，功能安全达 ASIL D	B、C

（续）

序号	项目名称	必要性	项目目标	研究内容	预期成果	实施方式
4	域控制器	随着智能网联汽车感知、决策、执行系统复杂程度的提高，车辆各系统间的数据传输、信息交互、协同控制越来越多，具有计算能力强、集成化、模块化、接口多、可移植、便于管理等优点的域控制器将成为未来智能网联汽车电子电气架构的核心部件，能够实现多传感器信息处理与决策、车辆动力学协调控制、冗余控制等重要功能	2025 年：掌握域控制器部分关键技术，实现一定规模的市场化应用 2030 年：实现满足高级别自动驾驶计算能力要求的车规级域控制器芯片国产化 2035 年：具备为高度自动驾驶汽车提供中央计算平台的能力	车辆各域控制算法集成、协同控制、车内通信、硬件共享等技术研发和突破；掌握域控制器电气接口和冗余设计、高性能核心处理器等核心技术	实现车辆各功能模块间的集成和协调控制，完成由自动驾驶域、底盘域、车身域、座舱域组成的智能驾驶平台搭建并实现产业化	A、B、C
5	自动驾驶操作系统	操作系统是自动驾驶软件正常运行的基础，直接影响驾驶安全、信息/隐私安全等。目前，其主流市场被国外企业占领。如果无法实现独立自主，则可能在底层软件系统留下隐患（漏洞、后门等），导致潜在国家安全隐患	2025 年：实现国内方案进入主流市场 2030 年：实现国内方案领先 2035 年：打破国外垄断，占领国际主流市场	面向自动驾驶的操作系统软件设计	符合功能安全，适应主流硬件方案	A、B
6	智能网联汽车车路协同技术	随着智能网联汽车技术研发和商业化探索的深入，面对复杂环境下实现高可靠性自动驾驶的需求，仅凭车辆自主式智能化技术仍难以支撑。车载传感器的感知范围和感知信息的丰富程度有限，车端决策基于不完备的局部信息无法实现更高维度的全局优化。而网联化与智能化相结合，可有效扩展单车感知能力，可以从宏观交通角度对车辆进行广域协同控制，实现安全、高效、舒适、节能的出行目标	2025 年：智能网联汽车车路协同系统关键技术取得关键成果 2030 年：在部分地区实现车路协同系统小规模推广应用 2035 年：实现车路协同系统大规模商业化应用	基于车路协同技术的智能网联汽车研发与应用	实现智能网联汽车车路协同系统的大规模量产商业化应用	A、B

7	大数据云控平台	大数据云控平台是实现智能网联汽车与基础设施间信息实时共享的中心节点，是智能网联应用的关键运行环境，是实现对智能网联汽车与交通的统一监管、调度与支持服务的必要技术平台	2025 年：建成城市级大数据云控平台并进行探索性示范运营 2030 年：建成并打通省级大数据云控平台并实现省内业务协同示范运营 2035 年：建成并打通全国大数据云控平台并实现全国统一标准的协同示范运营	研究时延敏感数据交换技术、分层实时感知融合技术	1）形成服务于网联信息实时获取与分发的统一应用层通信协议、数据交互接口、消息系统等 2）分布式分层车路信息融合技术体系与关键融合技术，产生实时更新的交通场景与路网状态信息	A
8	多源传感器融合定位技术	各类单项定位技术均存在很多局限性，不能提供稳定的定位输出，无法保证自动驾驶车辆的安全性。为了实现全场景运行和安全冗余，必须使用多源传感器融合的定位技术，做到安全冗余	2025 年：实现在园区等封闭道路场景的视觉、激光点云及全球定位系统（GNSS）+惯性测量单元（IMU）组合导航定位技术的融合定位 2030 年：实现城市结构化开放道路场景的视觉、激光点云、GNSS + IMU 组合导航定位的融合定位 2035 年：实现城市道路、高速道路的视觉、激光点云、GNSS + IMU、5G 的融合定位	深度学习技术在计算机视觉方面的应用（包括图像、视频、3D 点云、深度图）、导航定位技术、5G 技术	可在各种环境条件下进行可自动驾驶车辆定位	B、C

（续）

序号	项目名称	必要性	项目目标	研究内容	预期成果	实施方式
9	高精度动态地图基础平台	为满足国家地理信息安全需求，实现高精度动态地图实时更新，未来需要构建国家主管部门监管的高精度地图地理信息安全服务；建设车端、路侧、行业交通数据作为高精度地图实时感知数据获取、成图、审图、加密、安全传输及更新发布的数据中心运营保障服务系统	2025年：实现平台区域应用规模系统建设及应用，建设完成数据加密、审图自动化系统；建设完成基于网联传输安全系统 2030年：完成全国基础地图平台系统运营，完成自动驾驶实时作图、审图、加密、安全服务、监管、事故检测及大数据运营服务 2035年：汇聚自动驾驶车辆动态数据，实现自动驾驶地图应用、运营监管、安全保障及服务	研究车端动态数据、分发、更新发布技术；研究地图实时加密、实时审图技术；研究地图传输安全、地理信息安全技术；研究自动驾驶地图事故责任大数据技术	形成基于国家监管、数据安全、地理信息安全、自动驾驶运营服务平台系统；为自动驾驶运营提供检测、监管、安全保障	A、B
10	车联网信息安全防护体系建立	当前，我国车联网产业进入快车道，技术创新日益活跃，新型应用蓬勃发展，产业规模不断扩大。但全国各地智能网联汽车信息安全事件频发，暴露了车联网信息安全存在关键核心技术有待突破、防护体系亟待建立等问题	2025年：根据智能网联汽车信息安全架构体系，完善智能网联汽车信息安全测试规范，制定信息安全技术测试标准，提高行业监管效率 2030年：基于感知—决策—控制多域的智能网联汽车信息安全架构，构建基于“端－管－云”的智能关联汽车信息安全防护体系	建立“端－管－云”数据安全技术框架，包括云安全、管安全、端安全；建立汽车全生命周期安全管理体系，涵盖规划—设计—验证—量产—交付—运营	公钥基础设施（PKI）/认证中心（CA）基础安全认证体系建立，IP/CAN/以太网音频桥接（AVB）防火墙产品部署，入侵检测系统（IDS）、入侵防御系统（IPS）产品研发及部署，安全管理中心（SOC）建立等	A、B

序号	项目名称	必要性	项目目标	研究内容	预期成果	实施方式
11	智能网联汽车测试场测试与评价体系建设	智能网联汽车测试场作为自动驾驶汽车测试与评价的重要一环，在测试场环境构建、组织监管和测试评价三个方面都存在不足，不利于推动智能网联汽车的快速发展	2025 年：制定智能网联汽车测试场设计技术要求国家标准 2030 年：形成成熟完善的智能网联测试场运营管理标准规范和测试评价标准规范体系 2035 年：形成成熟完善的智能网联汽车测试场自动驾驶产品认证标准规范和流程体系	研究制定智能网联汽车测试场环境构建、组织监管和测试评价三方面技术并形成标准规范	场地设计标准、运营管理标准、测试评价标准和产品认证流程	A、B

6.2　应用技术

序号	项目名称	必要性	项目目标	研究内容	预期成果	实施方式
1	智能网联汽车新型电子电气架构设计	新型电子电气架构可以将传统分散式的车辆功能模块进行重新划分，形成集中式的整体架构，满足智能网联汽车高计算能力、大数据量的需求。其复杂程度超出传统电子电气架构开发模式所能承担的能力范围，需要作为系统工程进行整体规划与布局	2025 年：建立完整的功能模型统一框架，形成完善的域控制器架构技术方案框架 2030 年：实现新型车载总线技术的标准化，形成完善的中央处理架构技术方案框架 2035 年：建立完善的云平台架构设计系统，实现云计算架构技术方案框架	研究统一的整车电气功能接口模型框架，设计开发处理器芯片技术及其底层软件系统，探索新型总线技术，研究冗余控制、备份处理等架构技术，研究云计算技术在汽车电子电气架构的设计应用	形成完备的功能接口模型标准，设计开发自主汽车处理器芯片和底层软件系统，形成具有竞争力的车载总线标准，形成冗余架构技术方案、备份处理机制标准，开发云平台架构设计系统工具与产品	B

(续)

序号	项目名称	必要性	项目目标	研究内容	预期成果	实施方式
2	智能人机交互技术	研究开发智能化、集成化、多模态、多场景的车载智能人机交互技术，将有效提升人机交互合理性、准确率、友好性等交互设计指标	2025 年：实现自然语言对话、虚拟现实（VR）立体图像交互技术，以及多模态如声纹、手势等交互技术	自然语言对话交互技术、AR 实景显示技术、多模态交互技术	实现人与车辆无障碍、情感化的人机交互方式	B、C

6.3 示范与产业化

序号	项目名称	必要性	项目目标	研究内容	预期成果	实施方式
1	智能网联汽车场景库数据共享及示范应用	智能网联汽车研发、测试需要大量场景库数据的支持，当前部分研究机构与企业已经开展场景库采集与建设工作，但目前尚未形成数据共享机制	2025 年：形成统一的场景库数据共享平台 2030 年：提升场景库数据共享平台的效率 2035 年：将场景库数据成熟地应用到研发环节，形成统一的场景库数据共享平台	研究数据共享的方式方法，确定共享的数据格式，形成统一的数据共享平台。逐步优化场景库中冗余的数据，减少占用空间的同时提升数据利用率。能够将场景库数据成熟地应用到策略开发、仿真测试环节中	研制出行业内统一的场景库数据共享平台。可以分辨并剔除场景库数据中不必要的数据。利用场景库数据可以辅助研发	B

第六章

汽车动力蓄电池技术路线图

1 导 言

1.1 战略意义

在新一轮科技革命和产业变革下，电动化、网联化、智能化、共享化正成为全球汽车产业的发展潮流和趋势，发展新能源汽车已成为全球共识。发展新能源汽车是保障我国能源安全的战略举措，是降低汽车污染排放的有效途径。动力蓄电池作为新能源汽车能量存储与转换装置的基础单元，是新能源汽车的核心零部件。动力蓄电池的电性能、安全可靠性和使用寿命等对整车设计、开发、运营以及维护至关重要，直接影响新能源汽车的市场应用和普通消费者的接受度，其技术发展水平是全球汽车产业电动化转型的关键支撑。

动力蓄电池将成为新一轮汽车产业转型国际竞争的必争之地。在国家层面上，美国、日本、韩国及欧盟等国家和组织均制定了车用动力蓄电池发展规划，以期加强本国的动力蓄电池技术进步，巩固本国汽车强国地位；我国在节能与新能源汽车国家规划、国家重点研发计划新能源汽车重点专项以及新能源汽车产业发展规划中，从全产业链的角度对动力蓄电池的研发和产业化发展进行大力支持。

以中国、美国、日本、德国、韩国等为代表的国家在动力蓄电池的研发和应用方面主要分为三个层次：锂离子蓄电池的实用化技术、锂离子蓄电池的高性能化技术和新体系动力蓄电池的创新性技术。从国际竞争角度看，整车企业对动力蓄电池企业的投资、参股和并购趋势日趋活跃，以实现对动力蓄电池技术及其供应链的深度掌控。国际动力蓄电池企业加速拓展国际和我国市场，国内动力蓄电池企业积极进行海外布局，动力蓄电池技术和市场竞争日益激烈。

在政府大力扶持引导和市场巨大需求的推动下，我国动力蓄电池产业发展迅速，动力蓄电池技术水平显著提升，形成了涵盖动力蓄电池、系统集成、新体系动力蓄电池、关键材料、制造技术及关键装备、测试评价、梯次利用及回收利用的完善产业链布局，动力蓄电池产业已成为我国具有战略地位的高新产业和支柱产业。

目前，我国动力蓄电池产业正处于从政府推动到市场驱动、从技术跟随到技术引领、从产能最大到质量和产能同步领先的发展新阶段。

1.2 研究范围及修订说明

围绕支撑《新能源汽车产业发展规划（2021—2035年）》的规划目标，系统梳理了技术路线图1.0发布后动力蓄电池、系统集成、新体系动力蓄电池、关键材料、制造技术及关键装备、测试评价、梯次利用及回收利用等方面的国内外发展现状，对比国内外技术差异，识别技术短板，提出面向2035年的动力蓄电池发展愿景、目标和里程碑，制定动力蓄电池技术发展路线图，同时提出重大创新发展需求及优先行动项。

与技术路线图1.0相比，本路线图对动力蓄电池的技术方向和产品应用领域进行了拓展。动力蓄电池涉及能量型、能量功率兼顾型和功率型三大技术类别，产品涵盖乘用车和商用车两大应用领域，实现了动力蓄电池技术方向和产品应用全覆盖。本章将蓄电池系统集成的内容移至本路线图中，因此，本路线图涵盖了动力蓄电池全产业链的内容，包括动力蓄电池、系统集成、新体系动力蓄电池、关键材料、制造技术及关键装备、测试评价、梯次利用及回收利用。

本路线图针对当前突出的短板问题，通过技术规律研判，确定创新发展方向，制订2025年、2030年和2035年的发展目标以及发展思路，明确需要优先部署的发展方向，对市场需求、产业目标、技术路线等内容进行重新修订，形成了本领域技术路线图，为我国汽车产业紧抓历史机遇、加速转型升级、支撑制造强国建设提供决策参考与支持。

1.3 技术架构及关键技术梳理

目前，我国节能与新能源汽车产品应用领域和细分市场逐步清晰，对应的车型产品特征显著，涵盖纯电动、插电式混合动力和混合动力三大类别，乘用车和商用车两大应用领域，对应动力蓄电池类别分别为能量型、能量功率兼顾型和功率型，充电方式为慢充为主、快充为辅。

动力蓄电池整体技术架构设计从全产业链进行了覆盖，包括动力蓄电池、系统集成、新体系动力蓄电池、关键材料、制造技术及关键装备、测试评价、梯次利用及回收利用。新能源汽车动力蓄电池整体技术架构如图6-1-1所示。

各领域涉及的关键技术如下。

1）对于动力蓄电池，要求能量密度和功率密度、安全可靠性、寿命和成本等方面全面满足整车要求。在纯电动技术方向，着重进行高能量密度和具有成本经济性优势的蓄电池技术开发，同时兼顾寿命和充电等性能；在插电式混合动力技术方向，着重进行兼具高能量密度和高功率密度的蓄电池技术开发，同时兼顾寿命和快充等性能；在混合动力技术方向，着重进行高功率的蓄电池技术开发，同时兼顾寿命和成本经济性等。

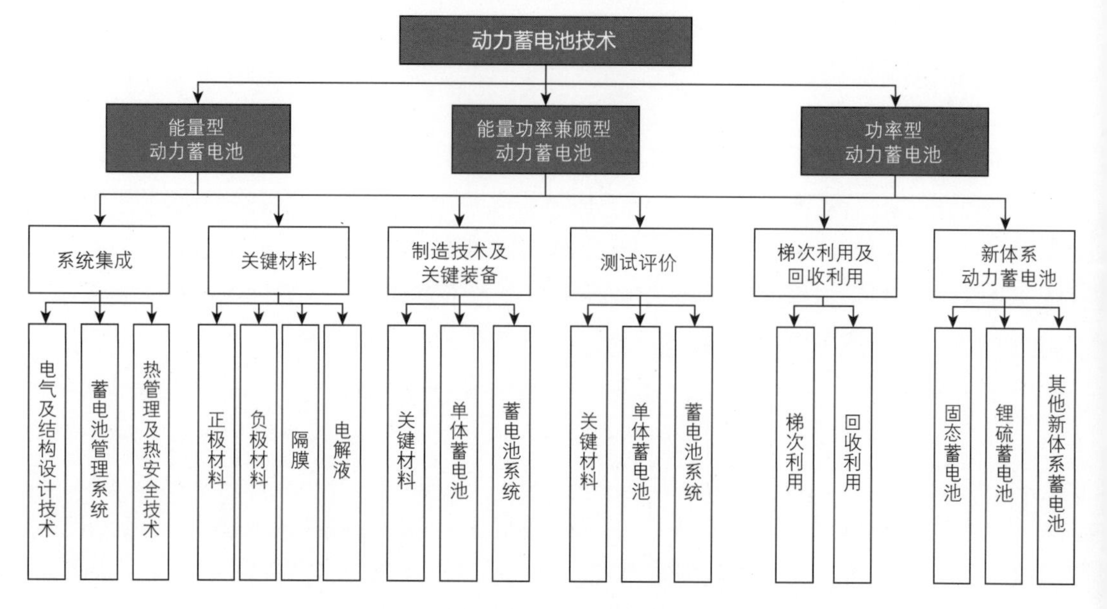

图 6-1-1　新能源汽车动力蓄电池整体技术架构

2）对于动力蓄电池系统技术，着重开展高效成组技术、蓄电池管理技术、热管理技术、安全预警技术、热失控及热扩散防护技术和高效充电技术等方面的研究，建立动力蓄电池模块及蓄电池系统标准化体系。

3）对于新体系动力蓄电池，从基础理论、研究方法、材料体系和蓄电池设计技术等方面形成新体系动力蓄电池的技术突破和原始创新。

4）对于关键材料，针对不同类型的动力蓄电池需求，开发具有高比容量、高热稳定性的正、负极材料，耐高温隔膜以及耐高电压和难燃电解液，以提升动力蓄电池能量密度、功率密度、寿命及安全性并降低成本等。

5）对于制造技术及关键装备，针对动力蓄电池制造产业升级的迫切需求，开发先进生产工艺和装备，采用物联网、大数据和新一代人工智能技术，解决动力蓄电池及其关键材料制造的质量、效率和成本等问题。

6）对于测试评价，开展材料、蓄电池及系统三个层面的测试评价技术研究工作，重点研究材料性质参数与蓄电池性能的构效关系、动力蓄电池及蓄电池系统全生命周期的安全可靠性评价技术、工况条件下寿命预测技术和加速验证技术等。

7）对于梯次利用及回收利用，重点开展退役动力蓄电池系统直接利用技术、柔性无损拆解及重组技术、动力蓄电池剩余寿命预测技术、退役动力蓄电池性能评估和筛选技术，以及梯次利用蓄电池安全可靠性评价技术研究等；重点开展普遍适用性有价金属元素浸出、分离富集、萃取分离技术以及有机电解质无害化处理技术研究，提升有价金属元素资源保障能力，实现动力蓄电池产业绿色循环和可持续发展。

2 专题领域技术现状及发展趋势

2.1 国内外技术现状及对比

2.1.1 国内外动力蓄电池规划

鉴于动力蓄电池在新能源汽车产业中的重要作用，中、美、日、韩、德以及欧盟等其他国家和组织均制定了车用动力蓄电池发展的国家级规划，大力支持动力蓄电池的研发及产业化，推进动力蓄电池技术的快速进步和市场推广应用。

各国及组织动力蓄电池规划见表6－2－1。

我国在“十三五”中设立了新能源汽车重点研发专项（2016—2020年），动力蓄电池方面从高比能锂离子蓄电池、高功率长寿命蓄电池、动力蓄电池系统、高比能二次蓄电池、测试评估等六方面进行技术研发支持，提升锂离子蓄电池的技术水平，单体蓄电池质量能量密度达到300W·h/kg，系统质量能量密度达到200W·h/kg，实现批量应用；开展新型锂离子蓄电池的技术开发，质量能量密度达到400W·h/kg；开展新体系动力蓄电池的技术开发，质量能量密度达到500W·h/kg。

2.1.2 动力蓄电池技术现状

2019年全球锂离子动力蓄电池装机量为112.6GW·h，其中，日、韩动力蓄电池企业装机量为50.4GW·h，占比44.8%；我国动力蓄电池企业装机量为62.2GW·h，占比55.2%，其中，排名前十家企业装机量达到了54.65GW·h。

2019年我国动力蓄电池企业的装机量中，按正极材料类型划分，三元蓄电池装机量为40.5GW·h，占比为65.2%；磷酸铁锂蓄电池装机量为20.8GW·h，占比达到33.4%；锰酸锂等其他类型蓄电池装机量为0.9GW·h，占比为1.4%。其中，三元蓄电池主要配套在乘用车领域，装机量为39.6GW·h；磷酸铁锂蓄电池和锰酸锂蓄电池主要配套在商用车领域，装机量分别为13.8GW·h和0.4GW·h。

1. 能量型蓄电池技术发展现状

能量型动力蓄电池主要应用于纯电动汽车领域。目前，国际高端圆柱形蓄电池采用高镍低钴含量的镍钴铝（NCA）正极材料匹配添加少量一氧化硅的石墨负极材料，规模化生产的21700圆柱形蓄电池质量能量密度达到260W·h/kg；采用高镍三元正极材料（NCM811等）量产的软包蓄电池质量能量密度达到288W·h/kg；采用三元正极材料（NCM523等）匹配石墨负极材料量产的方形铝壳蓄电池质量能量密度达到240W·h/kg。

表 6-2-1 各国及组织动力蓄电池规划

	中国	美国	日本	德国	韩国	欧盟
规划名称	“十三五”规划	电动汽车普及大挑战蓝图	NEDO 二次电池技术研发路线图 2013	国家电驱动平台计划（NPE）	—	蓄电池 2030 +
技术研究方向	关键材料开发、蓄电池系统性能提升、新型锂离子蓄电池和新体系动力蓄电池	动力蓄电池、电驱动系统、车辆轻量化、高效能量控制、充电设施等	蓄电池材料开发、蓄电池生产、蓄电池设计、蓄电池评价与分析	材料开发以及蓄电池技术、创新性蓄电池设计技术、安全性评估和测试流程、蓄电池寿命的建模和分析、大规模生产的工艺技术	与材料、工艺和设备相关的核心技术	加快新材料和界面工程的研发、智能感测和自修复功能、蓄电池设计及制造、蓄电池回收
研究目标	优化能源动力总成系统、开发下一代用于车辆动力总成系统的蓄电池化学体系	纯电驱动汽车性能提升和成本降低	高性能动力蓄电池、新一代固态蓄电池	推动动力蓄电池发展、持续改进动力蓄电池系统、提高新能源汽车续驶里程	提高关键材料性能、动力蓄电池性能、整车续驶里程	研发超高性能、可靠、安全、可持续和成本合理的动力蓄电池
性能参数	单体蓄电池： 2025 年，质量能量密度为 300W · h/kg 2030 年，质量能量密度为 400W · h/kg 2035 年，质量能量密度为 500W · h/kg	蓄电池系统： 2022 年，质量能量密度为 250W · h/kg；体积能量密度为 400W · h/L；质量功率密度为 2000W/kg；成本约 0.88 元/W · h	蓄电池系统： 2030 年前，质量能量密度为 500W · h/kg，质量功率密度为 1500W/kg，成本为 0.7 元/W · h 2030 年后，质量能量密度为 700W · h/kg，质量功率密度为 1500W/kg，成本为 0.35 元/W · h	蓄电池系统： 2030 年，质量能量密度为 250W · h/kg；体积能量密度为 700W · h/L；快充时间为 20min（80% SOC）；成本为 0.82 元/W · h；使用寿命为 10 年	单体蓄电池： 2022 年，质量能量密度为 300W · h/kg；体积能量密度为 700 W · h/L 2024 年，质量能量密度为 330 W · h/kg 2025 年，固态蓄电池实现商业化	将蓄电池实际性能（能量密度和功率密度）和理论性能的差距减少至少 1/2，蓄电池耐用性和可靠性提高 3 倍，蓄电池生命周期碳足迹减少至少 1/5，蓄电池回收率达到 75%，实现关键原材料的回收率接近 100%

注： 美国、德国和日本的蓄电池成本按照最新汇率折算。

我国磷酸铁锂蓄电池采用磷酸铁锂（LEP）正极材料匹配石墨负极材料，质量能量密度普遍达到140～180W·h/kg，部分产品可达190W·h/kg，实现了规模化生产；采用三元正极材料（NCM523等）匹配石墨负极材料量产的方形铝壳蓄电池质量能量密度为210～240W·h/kg，量产的软包蓄电池质量能量密度为230～260W·h/kg；采用高镍三元正极材料量产的圆柱形蓄电池质量能量密度为240～260W·h/kg。采用高镍三元（NCM811）正极材料和硅碳负极材料，已开发出质量能量密度达到300W·h/kg的软包蓄电池和260W·h/kg的方形铝壳蓄电池。

2. 能量功率兼顾型动力蓄电池技术发展现状

能量功率兼顾型动力蓄电池主要应用于插电式混合动力汽车和增程式混合动力汽车领域。国际上能量功率兼顾型动力单体蓄电池质量能量密度最高达到195W·h/kg，质量功率密度达到1600W/kg，寿命达到3000次。目前，我国量产的三元软包蓄电池质量能量密度达到200W·h/kg，质量功率密度达到1500W/kg，实现了量产配套；开发了质量能量密度达到130W·h/kg、6C充电不低于80%额定容量的高比功率快充三元蓄电池。

3. 功率型动力蓄电池技术发展现状

功率型动力蓄电池主要应用于混合动力汽车领域。国际上开发出了3.6～8A·h不同容量的功率型动力蓄电池并实现量产，质量功率密度大于4500W/kg。

我国已经开发出应用于混合动力汽车的6A·h三元高功率型动力蓄电池，质量能量密度达到108W·h/kg，质量功率密度大于4000W/kg，循环寿命超过8000次（2C充放电）；6A·h磷酸铁锂高功率蓄电池质量能量密度达到79W·h/kg，质量功率密度大于5600W/kg，循环寿命超过20000次（50%放电深度），已实现量产。

超级电容器在混合动力汽车领域实现了少量应用，主要分为双电层电容器和锂离子混合型电容器。

在双电层电容器方面，国外通过对集流体表面处理技术、电极制造技术、正负极配比技术和电解液技术，将质量功率密度提高到最高78kW/kg；锂离子电容器方面，质量能量密度达到20W·h/kg，电压区间为2～4V。

国内开发的锂离子电容器，质量能量密度达到100W·h/kg、质量功率密度达到15kW/kg，寿命达到10万次；研制的12000F双电层电容器，质量能量密度达到9.67W·h/kg，质量功率密度达到8kW/kg。

2.1.3　蓄电池系统技术现状

随着动力蓄电池技术水平的不断提高，蓄电池系统能量密度呈现明显增长趋势，提升了新能源汽车的续驶里程，同时也对安全性能提出了更高要求。

目前，国外主流新能源汽车动力蓄电池系统质量能量密度集中在120～160W·h/kg，成组效率在60%左右。国内受补贴政策导向，乘用车领域的蓄电池系统质量能量密度集中在140～160W·h/kg，成组效率及能量密度方面普遍高于同期国际其他产品，成组效率在65%～75%，质保期达到了8年/15万km，对于运营车辆，质保期普遍要求达到5年/50万km；商用车领域（大客车为主）的蓄电池系统质量能量密度主要集中在135W·h/kg左右，成组效率在90%左右，质保期达到了8年/60万km。批量配套应用的三元蓄电池和磷酸铁锂蓄电池系统质量能量密度最高分别达193W·h/kg和145W·h/kg。从纯电动乘用车领域整体来看，在政策和市场的双重作用下，140W·h/kg蓄电池系统成为市场主体，140～160W·h/kg和160W·h/kg以上蓄电池系统所占比例分别为63.1%和29.1%，有力地促进了纯电续驶里程的提升。

1. 成本

成本方面，在竞争加剧、补贴退坡、规模效应等因素共同作用下，2019年蓄电池系统成本快速下降，已达到1元/W·h的水平。

2. 蓄电池模组化技术

在蓄电池模组化技术方面，模组设计标准化是蓄电池系统平台化的重要技术支撑，蓄电池及蓄电池模组尺寸的相关标准已制定并实施，目前，已规模使用标准化蓄电池模组，可降低动力蓄电池系统制造和维修成本。直接将蓄电池布置在电池箱体内的无模组结构设计技术快速发展，与传统蓄电池结构相比，零部件可减少超过20%，成组效率可提升5%～10%,空间利用率可提升5%，有利于提升蓄电池系统的能量密度。

3. 热管理系统

在热管理系统方面，主要包括风冷、液冷、直冷、相变材料冷却等类型，在主流的风冷与液冷技术方面，国内外相差不大，系统温差均能控制在5℃以下。随着蓄电池能量密度快速提升，快充功率增加及快充渗透率提升，对热管理技术提出了高要求，目前新能源汽车主要采用液冷技术路线，通常以水和乙二醇的混合物作为介质，通过设计管道和散热板等将热量导出，实现冷却液与蓄电池之间热交换。

4. 蓄电池管理技术

在蓄电池管理技术方面，国外的蓄电池管理系统（BMS）软硬件架构和关键元器件及产业链基本成熟，我国目前处于追赶阶段。国内目前已实现对全部核心部件进行自检，远程升级（OTA）技术有少量应用，出现了基于可变速CAN线（CAN FD）通信方式的蓄电池管理系统。在状态监测方面，对各种算法的精度、计算量、运算速度等有深入研究，电压精度、温度精度、状态估算（SOX）精度与国外同步，并根据实际工况在电池系统中得到了工程化应用，主被动均衡技术得到广泛应用，提高了电池使用过程中的一致性；在功能安全方面，部分产品已实现满足汽车安全完整性等级最高级（ASIL D）的功能安全；在信息安全方面，目前国内外均停留在较为初级的阶段。

5. 轻量化技术

在轻量化技术方面，主要包括壳体轻量化和蓄电池系统结构优化。目前，蓄电池系统壳体采用铝合金挤压型材和铝板焊接结构，代替密度更大的钢铁材质壳体。特别是玻璃纤维增强材料、塑料注塑、片状模塑料（SMC）、热固性复合材料及碳纤维增强复合材料等多种非金属复合材料大多应用于动力蓄电池系统箱体上盖的制造。

6．热失控检测及热扩散防控技术

在热失控检测及热扩散防控技术方面，目前国内外处于同一水平。装车的蓄电池系统热失控事故实现提前5min预警，同时能够实现一定程度的热扩散防护，部分高比能蓄电池系统的热扩散防护时间可达30min以上，较好地提升了蓄电池系统使用安全性。

2.1.4　新体系动力蓄电池技术发展现状

目前，新体系动力蓄电池主要涵盖固态蓄电池、锂硫蓄电池和其他新体系动力蓄电池，通过解决相关科学基础问题、工程基础问题，实现基于新体系动力蓄电池的原理样机考核验证。

1．固态蓄电池

固态蓄电池本质上具有不易燃烧和长循环寿命等优点。2000年，日本开始公布固态蓄电池研究计划。2014年起固态蓄电池相关专利的申请出现快速增长。目前，兼具高能量密度和高安全性的大容量全固态蓄电池还处于实验室研发阶段。总体而言，日本在固态蓄电池研发中处于领先地位，丰田公司希望2025年实现固态蓄电池市场化，但同时表示，固态蓄电池从实验室到产业化过程中依旧存在巨大挑战。据报道，2020年初韩国三星公司宣布发明了一种提高全固态蓄电池寿命和安全性的方法，采用固态电解质和使用银碳（Ag-C）复合层作为阳极，可将三元正极蓄电池体积能量密度提高到900W·h/L。目前正在研发的固态蓄电池多数是固液电解质混合的锂离子蓄电池，将逐步向全固态蓄电池方向发展，采用的固态电解质主要包括硫化物、聚合物和氧化物三种类型，其他新型固态电解质还在开发过程中。我国多家企业开发了多种类型的固态蓄电池，研制出单体质量能量密度达到400W·h/kg的样品，硫化物固态锂金属蓄电池还在开发过程中。

2．金属锂聚合物二次电池

目前仅有金属锂聚合物二次电池在新能源汽车上实现了批量商业示范运行。法国Batscap-Bollore开发的金属锂聚合物二次电池容量为10～30A·h，循环寿命超过2000次，成功应用于Autolib共享汽车，保有量达到了4000辆，主要在巴黎地区运行。金属锂聚合物二次电池质量能量密度可以达到180～200W·h/kg，同时运行时需要进行保温，蓄电池系统质量能量密度不超过120W·h/kg，低于目前锂离子蓄电池技术水平。

3．锂硫蓄电池

锂硫蓄电池是以硫元素作为电池正极，金属锂作为负极的一种锂电池。国外进行锂硫蓄电池研发的公司主要有美国Sion Power和英国Oxis公司。Sion Power公司研发的锂硫蓄电池主要涉及无人机、地面车辆、军用便携式电源和新能源汽车等应用领域。Oxis公司与牛津大学、剑桥大学和俄罗斯科学院合作开发聚合物锂硫蓄电池，主要应用于航空和新能源汽车等领域。我国在锂硫蓄电池的研发方面已取得良好进展，开发的能量型锂硫蓄电池最高质量能量密度超过 600W · h/kg。

目前，锂硫蓄电池在寿命和安全性方面还面临巨大挑战，硫正极中间产物多硫化物可溶于有机电解液，充电过程会迁移至负极，形成穿梭效应，金属锂负极存在界面不稳定和枝晶问题，电池循环和安全性能差，同时硫正极密度低、蓄电池体积能量密度低，尚不能满足新能源汽车使用要求。

4. 锂空气蓄电池

锂空气蓄电池是采用金属锂作为阳极，以空气中的氧气作为阴极反应物的电化学体系，理论质量能量密度可达到 3500W · h/kg（计算氧的重量），受到了高度关注，研究工作不断深入，取得了诸多研究成果，我国研发的液态锂空气蓄电池质量能量密度已达到 780W · h/kg。但该类蓄电池的电极反应机理复杂、极化大、效率低、循环寿命不佳，作为动力蓄电池应用方向的前景仍在探讨中。

2.1.5 动力蓄电池关键材料技术发展现状

1. 正极材料技术现状

正极材料是锂离子蓄电池锂源的提供者，决定了蓄电池的质量能量密度和体积能量密度。目前已经规模化生产的正极材料主要包括橄榄石结构磷酸铁锂材料、层状结构三元材料（镍钴锰、镍钴铝）及富锂锰基材料、尖晶石结构锰酸锂材料等。目前，国外动力蓄电池企业的产品主要以锰酸锂、镍钴锰（NCM）、镍钴铝或其混合材料为主，掌握着高端材料制备技术；我国动力蓄电池企业的产品中三元材料和磷酸铁锂材料共存，随着整车企业对动力蓄电池质量能量密度和体积能量密度要求的快速提升，乘用车用动力蓄电池正极材料转向三元材料。

我国磷酸铁锂材料的比容量达到 160mA · h/g；三元材料向高镍化发展，高镍三元材料（NCM622）的比容量达到 180mA · h/g，高镍三元材料（NCM811）的比容量达到 205mA · h/g；基于能量密度、安全和寿命考虑，单晶高电压三元材料（NCM523）当前体现出较为突出的技术优势；高电压尖晶石镍锰酸锂和高电压高比容量的富锂锰基材料目前处于研发和产业化前期阶段。

从正极材料产业角度看，2019 年我国正极材料出货量 40.4 万 t，同比增长 32.5%。其中，三元材料出货量 19.2 万 t，同比增幅 40.7%；磷酸铁锂材料出货量 8.8 万 t，同比增长 29.3%；锰酸锂材料出货量 5.7 万 t。我国在正极材料领域的研发和产业化方面达到国际先进水平，可满足动力蓄电池企业对正极材料的需求，并实现了批量出口。

2. 负极材料技术现状

负极材料在锂离子蓄电池中主要作为储锂主体，在充放电过程中实现锂离子嵌入和脱出，与电池寿命和充电性能密切相关。负极材料通常分为碳材料和非碳材料两大类。碳材料主要包括人造石墨、天然石墨、复合石墨、中间相碳微球、硬炭和软炭等；非碳材料包括钛基材料、锡基材料、硅基材料以及氮化物材料等。负极材料目前以碳材料为主，人造石墨占比最大且增加迅速，高比容量硅基复合材料是重点发展方向。

我国改性天然石墨的比容量达到360mA·h/g，首次库仑效率在94%左右，压实密度在1.4~1.5g/cm^3；人造石墨比容量可以达到350mA·h/g，首次库仑效率达到93%左右，压实密度达到1.65g/cm^3。根据使用功能可分为高比能、快充、超高功率等方向，快充型负极材料充电倍率可以达到1.5~3C，极速快充可以达到5C。硅基合金材料具有原料丰富、容量高的特性，但循环过程中体积变化大，在动力蓄电池领域目前主要和碳材料混合使用。高容量硅碳材料是负极材料的重点发展方向，目前典型硅碳负极材料比容量分别达到了420mA·h/g、650mA·h/g和1200mA·h/g，首次库仑效率分别为92%、86%和86%。钛酸锂电池具有高安全、长寿命、耐低温充电和快充的性能，但因比同类型石墨负极电池电压低1.3V，且成本高约1倍，市场逐渐萎缩。

从负极材料产业角度来看，2019年我国负极材料出货量26.5万t，同比增长38%，其中人造石墨出货量20.8万t，占负极材料总出货量78.5%。负极材料行业市场集中度较高，2019年我国企业出货量占全球市场份额达74%。我国在负极材料领域的研发和产业化方面已进入世界先进行列，可满足动力蓄电池企业对负极材料的需求，并实现了批量出口。

3. 隔膜技术现状

隔膜的主要作用是使电池正、负极分隔开来，防止正负极接触而短路，此外，还具有能使电解质离子通过的功能，隔膜性能直接影响电池性能与安全。

目前，锂离子蓄电池隔膜以聚烯烃基膜为主，材质为聚丙烯（PP）和聚乙烯（PE）。当前聚丙烯基隔膜及复合膜的破膜温度分布在150~170℃，聚乙烯基隔膜及复合膜的破膜温度可达到180℃；聚丙烯和聚乙烯基隔膜及复合膜的机械强度（纵向和横向）可以达到150MPa。随着对动力蓄电池安全性要求的提高，通常在基膜材料表面涂覆无机陶瓷涂层和/或有机涂层，进行表面改性处理以提高隔膜的耐温性能和/或阻燃性能，并改善与电解液的浸润性。国内外多家企业已开发出在200℃下不会发生热收缩的芳纶表面改性聚烯烃隔膜。热稳定性高、机械强度高、薄型化的隔膜材料，材质为芳纶、聚对苯二甲酸乙二酯（PET）、聚偏二氟乙烯（PVDF）和聚酰亚胺（PI）是重点发展方向。近年来，具有耐高温特性的芳纶、聚对苯二甲酸乙二脂、聚偏二氟乙烯、聚酰亚胺等新型隔膜材料已经进入中试阶段。

从隔膜材料产业角度来看，干法工艺的聚丙烯基隔膜大部分在我国生产，湿法工艺的聚乙烯基隔膜已在国内外多家企业实现了规模化生产，涂层隔膜产品得到了广泛应用。2019年我国锂离子蓄电池隔膜出货量27.4亿m^2，同比增长35.6%，保持快速增长的态势。近年来我国隔膜企业大多投资进行聚乙烯基隔膜技术开发和产品市场推广，并实现了批量出口。

4. 电解液技术现状

电解液性能直接影响锂离子蓄电池比容量、工作温度范围、循环效率、安全性等性能。

目前，电解液以碳酸酯类溶剂、六氟磷酸锂电解质盐为主，新型耐高压类溶剂和双氟磺酰亚胺锂盐（LiFSI）、双三氟甲烷磺酰亚胺锂（LiTFSI）类锂盐是重点发展方向。我国电解液企业以碳酸酯类混合溶剂、六氟磷酸锂电解质盐为主，开发了多款功能型添加剂，优化组合出与动力蓄电池相适应的不同电解液体系，匹配不同材料体系的动力蓄电池。目前开发的电解液电化学窗口可达到5V，电导率为（9 ~ 12）$\times 10^{-3}$S/cm。功能电解液，如高电压电解液、磷酸铁锂快充电解液、阻燃电解液、低温电解液、高镍钴铝（NCA）和高镍三元材料（NCM811）用电解液等，是目前电解液企业的重要研究方向。

从电解液产业的角度看，2019 年我国电解液出货量 18.3 万 t，同比增长 30%。市场集中度提升，出货量排名前三的企业市场份额占比达 54.59%，基本满足了国内动力蓄电池企业对电解液的需求，并实现了批量出口。

2.1.6 动力蓄电池制造技术发展现状

国外主流动力蓄电池企业拥有较优的自动化生产技术、工艺装备和质量控制水平，特别是智能化无人制造技术为制造高安全、高一致性的动力蓄电池产品提供了保障。目前我国动力蓄电池企业多数生产过程处于单机自动化和局部信息链接阶段，制约了动力蓄电池产品质量的快速提升。我国动力蓄电池核心工序的制程能力（C_{pk}）在 1.33 ~ 1.67，产品直通率在 92% ~94%，材料利用率提升到 92%。我国目前虽然有动力蓄电池规格尺寸标准和相关制造标准，但是动力蓄电池产品种类较多，自动化水平参差不齐，生产线优化周期长，动力蓄电池产品的可靠性、一致性需进一步提升。

目前我国动力蓄电池中低端材料制造设备全部实现了国产化，但高端隔膜设备、正极材料设备、负极材料设备，如混料机、窑炉、表面改性设备等核心生产装备依赖进口，在生产能力和稳定性方面与德国、日本相比有较大差距。

近年来，我国在动力蓄电池极片生产、极芯生产技术及装备方面取得了长足进步，基本掌握了动力蓄电池装备核心技术，单机自动化方面取得了较大进展，缩小了与国际先进水平之间的差距。在制浆容量、均匀性、涂布、辊压的宽度和涂布、辊压的速度方面都超越国外主流生产装备企业，在卷绕变形控制、无偏差组装、激光模切及激光焊接等一些单项技术方面具备了国际领先水平。国外圆柱形电池组装线达到600PPM㊀，国外双面高速涂布速度达到120m/min；我国制造装备正在走向集成化，在数字化制造方面处于模型建立、数字化开发阶段。国内在制造标准体系的建立、新型模型建立、数据字典建立、制造工艺优化、设备可靠性及智能化的程度等方面还需重点攻关。动力蓄电池制造装备的国产化率

㊀ PPM 即每分钟组装 18650 或 21700 圆柱形蓄电池的个数。

目前达到 80% 以上，我国产能排名前三的动力蓄电池企业主要使用国产化设备。

2.1.7 动力蓄电池测试评价技术发展现状

动力蓄电池测试评价涉及关键材料、蓄电池和蓄电池系统（包含电池管理系统）三个层级。我国动力蓄电池产业规模在全球处于领先水平，与之相匹配的测试评价技术也取得了长足的发展。

在关键材料测试评价技术方面，国内外处于同一水平线上，在化学组成、结构特性、物理特性、热稳定性和电化学性能等方面均形成了流程化和系统化的测试分析方法，但在标准体系建设方面尚待进一步完善。美国阿贡实验室、日本东丽研究中心，以及中国科学院物理所等机构在材料分析与电池失效机理方面开展了系列研究工作，但目前尚未建立材料与电池性能之间复杂构效关系的分析体系。

在电池测试评价技术方面，近年来我国动力蓄电池测试技术的发展与国外保持同步，并在某些关键技术领域和标准化方面取得领先地位。我国目前建立了较为系统的动力蓄电池测试评价方法和规范，相关研究成果已上升为国家标准，如电性能、环境适应性、安全性和循环耐久性等，并成为动力蓄电池公告试验的检验依据。电池热失控触发/电池系统热扩散等研究结果已被电动汽车安全全球技术法规（EVS-GTR）和动力蓄电池安全性的国家强制性标准采纳，成为动力蓄电池安全性能测试评价的核心内容。

随着蓄电池系统集成技术的不断进步，测试评价相关内容也逐步开始从材料和电池向电池系统转移。目前，我国动力蓄电池系统的测试评价偏重于法规性的电性能和安全性的分析与验证，整车和蓄电池企业均建立相应的产品技术规范，开展了新电池系统的循环耐久性、安全可靠性等测试评价工作。国外偏重于从整车应用端需求出发的测试评价，如动力蓄电池系统全生命周期性能测试评价和安全可靠性测试评价、动力蓄电池使用过程中抗电干扰的性能测试，以及更趋向于燃油汽车的世界轻型车辆测试规程（WLTP）下动力蓄电池的工况寿命测试评价等。

在蓄电池管理系统测试评价方面，国内外进展保持同步，基于硬件在环（HIL）的仿真测试已经开展，但兼顾全生命周期、宽温度和全荷电状态范围的精准评价工作尚需完善，国外在功能安全测试评价方面进展较我国略快。

2.1.8 动力蓄电池梯次利用及回收利用技术发展现状

1. 动力蓄电池梯次利用技术发展现状

国外较早开展了退役动力蓄电池梯次利用的研究工作。美国桑迪亚国家实验室及可再生能源国家实验室对梯次利用的应用场景、经济性、市场规模预测等方面开展了退役动力蓄电池测试、系统测算及评价等研究工作，同时开展了少量应用示范，侧重于验证技术可行性，但并未实现大规模推广及商业化。典型的案例如日产汽车公司和住友集团合资成立了 4R Energy 能源公司，将新能源汽车退役动力蓄电池拆解至单体再重组成小型的户用储能系统开展应用。欧洲 The Mobility House 近年来与整车企业合作开发 MW·h 级的集中式梯次利用储能系统，开展模块级梯次利用和系统级梯次利用。

当前我国退役动力蓄电池梯次利用主要有低速电动汽车、电网储能、基站备用三种应用场景，其中在低速电动汽车及基站备用场景中以替换原有铅酸蓄电池为主。目前，梯次利用商业化主要对象为磷酸铁锂蓄电池，三元蓄电池由于安全性及寿命后段衰减不确定性等问题仅在少量梯次利用试验、示范中被使用。低速电动汽车一般为单体蓄电池级梯次利用，对电池系统、模组、单体进行初检、拆解、修复、测试、重组等工序形成合格的二次产品再次销售；基站备用一般为模块级梯次利用，对电池系统、模组进行初检、拆解、测试、重组等工序进行再利用；电网储能的梯次利用主要为削峰填谷，一般为模块级、系统级梯次利用，对电池系统、模组进行初检、拆解、测试、重组等工序进行再利用。目前，电池系统性能快速解析及模块柔性快速拆解依赖机器识别技术实现自动化，由于不同厂家、不同类型动力蓄电池系统集成设计的差异性，拆解及测试评价难以实现全自动化，需要人工进行部分工序工作。

针对退役动力蓄电池梯次利用，在动力蓄电池全生命周期监控的大数据信息技术，基于车端数据的退役动力蓄电池健康状态、安全性、残值快速精准评估技术，退役动力蓄电池柔性无损高效拆解、分选技术，梯次利用储能系统集成优化设计技术，动力蓄电池安全性及剩余寿命在线评估技术，以及梯次利用储能系统电池再退役标准等方面均开展了相关研究工作。

从现阶段梯次利用蓄电池实际情况看，蓄电池系统直接梯次利用存在电压等级不匹配、蓄电池管理系统不兼容、内部电池一致性差、存在安全隐患等问题，目前由蓄电池系统中拆解出蓄电池模组，重组检测后进行梯次利用的技术方式是主流。退役动力蓄电池要实现大规模梯次利用，经济性是面临的主要难题，同时要确保梯次利用动力蓄电池产品使用的安全可靠性。

2. 动力蓄电池回收利用技术发展现状

退役动力蓄电池回收通常分为湿法回收和火法回收两类技术路线。欧洲退役动力蓄电池回收主要采用火法技术，而中、日、韩等国家退役动力蓄电池回收主要采用湿法回收。

火法回收包括火法高温冶炼、低温碳热还原和直接修复再生等方法。火法冶炼是将退役动力蓄电池直接放入 1200～1500℃熔炼炉中进行高温冶炼。在冶炼过程中，废旧蓄电池中的隔膜、电解液、黏结剂及负极石墨等有机物燃烧脱除，并充分利用了铝和有机物材料的还原性与蕴含能量，实现了毒害物质集中无害化处置，目前该工艺已成熟使用。低温碳热还原技术是近几年发展的新技术，最突出的特点是可以优先回收锂元素。通过还原过程，正极材料中过渡金属被还原成低价态，而锂转变成碳酸锂。借助碳酸锂和碳酸氢锂水溶性差异，利用碳化分解或弱酸浸出法可实现锂的选择性提取。目前该工艺处于实验室阶段，尚未实现工业化应用。直接再生修复技术采用配锂烧结的方法恢复电极材料电化学性能，其流程短、效率高。直接修复再生技术在处理磷酸铁锂废料方面研究较多，特别是在修复电池边角废料方面显示出了一定应用潜力。在处理退役动力蓄电池方面，由于废料来源广泛、杂质含量多变，采用单一的配锂烧结制度难以保证修复材料的一致性和安全性，尚未实现产业化。

湿法回收是我国动力蓄电池循环利用领域中应用最广泛的技术，主要包括预处理（放电、破碎、分选、正极活性物质材料与集流体分离等）、浸出、净化分离和材料产品再生制备等步骤。近年来三元蓄电池回收逐渐形成了“物理拆解破碎分选—酸浸—净化分离—过渡金属硫酸盐和碳酸锂产品”和“物理拆解破碎分选—酸浸—净化与组分调控—前驱体制备—锂电材料再生”两条技术路线，均实现了产业化。对于磷酸铁锂废料，湿法回收形成的产品为碳酸锂和磷酸铁。与三元蓄电池废料相比，磷酸铁锂蓄电池废料价值低，回收产品难以抵消其成本已成为制约磷酸铁锂废料产业化回收利用的最主要因素。

动力蓄电池回收技术取得了显著进步，目前铜、镍、钴、锰的综合回收率大于90%，锂综合回收率达到70%以上，铁综合回收率约90%，铝综合回收率达到80%以上，取得了良好的经济效益和社会效益。

2.2 发展趋势

汽车电动化已成高度共识，动力蓄电池作为新能源汽车核心零部件，是实现汽车产业电动化转型的关键因素，动力蓄电池的电性能、安全性、寿命和成本等至关重要。

混合动力汽车技术中短期仍将有较大的发展，纯电驱动汽车技术中长期有较大发展，尤以纯电动汽车技术为主要发展方向。从市场需求看，随着电动化的乘用车和商用车产品的投放，市场接受度逐渐提升，而乘用车是未来新能源汽车增长的主力。

具有高功率特性的锂离子蓄电池是混合动力汽车的首选技术，磷酸铁锂蓄电池和三元蓄电池等均有良好的高功率应用发展前景。

具有高能量密度特性的三元蓄电池是新能源乘用车的首选技术，着眼于新能源汽车长续驶里程和能耗需求，发展高镍三元蓄电池已成行业共识，众多动力蓄电池企业积极布局高镍三元蓄电池研发，同时安全技术是发展高镍三元蓄电池的关注重点。

具有高安全、长寿命和低成本特性的磷酸铁锂蓄电池仍具有发展空间。通过更换负极材料及蓄电池设计优化等，进一步提升其性能和经济性，可充分满足商用车和经济型乘用车需求，并发挥重要作用。

具有低成本和高安全特性的锰酸锂蓄电池未来一段时间在经济型乘用车和电动两轮车领域有一定市场空间，同时锰酸锂材料可与其他高性能正极材料混合使用，作为降低蓄电池成本的有效手段。

采用富锂锰基材料的高比能锂离子蓄电池和具有高安全、长寿命特性的固态蓄电池是未来发展的热点。

未来，以高性能智能传感器和自响应智能材料为主要特征的智能电池也将成为重要研究方向。

2.2.1 动力蓄电池技术发展趋势

过去 15 年，新能源汽车经历了从无到有的阶段，技术可行性得到了验证并初步经受了市场考验，2020—2035 年是新能源汽车发展壮大的关键阶段。动力蓄电池技术发展以高比能、安全可靠、智能化制造和管理为主要发展方向。

1. 能量型动力蓄电池

为了进一步提升比能量和能量密度，支撑新能源汽车实现长续驶里程，需要采用更高能量密度的正负极材料，如高镍/高压三元材料、富锂锰基材料、高克容量高压密石墨材料、添加硅/锡等合金化元素的复合负极材料等；开发薄基材技术、高效封装技术、厚电极技术、薄隔膜表面改性技术等，减少蓄电池内部非活性物质占比，提高蓄电池有效体积利用率；通过模组/蓄电池系统结构设计和优化，提高蓄电池系统的体积利用率，如大模组/无模组集成技术等。

上述技术方案也可以用来提高具有成本优势，但能量密度偏低的磷酸铁锂蓄电池和锰酸锂蓄电池的能量密度，使其能够满足纯电动乘用车续驶里程要求，同时具有显著的成本优势。

2. 能量功率兼顾型动力蓄电池

基于目前插电式混合动力汽车的市场需求、技术现状及发展前景，动力蓄电池在保持长寿命、高充放电功率等性能基础上进一步提高能量密度，满足插电式混合动力汽车的纯电续驶里程要求。

在兼顾成本和能量密度的前提下，提升负极对锂离子的快速接受能力，采用新技术和新工艺开发具有快速充电能力的动力蓄电池，改善循环性能和安全性能，与充电技术设施密切结合，实现推广应用。

3. 功率型动力蓄电池

功率型动力蓄电池技术开发方向主要包括：通过正负极材料、电解液优化等提高蓄电池的功率性能，如采用小粒径二次颗粒材料、表面处理高功率负极材料、非碳酸酯电解液溶剂等；提升低钴或无钴正极材料的充放电功率性能，推动低成本材料在功率型动力蓄电池中的应用。

未来高安全、长寿命智慧电池将通过嵌入智能传感器和应用自响应智能材料，实现动力蓄电池全生命周期物理化学特征智能感知、自动修复和安全预警等功能，走向智能化。

2.2.2 动力蓄电池系统技术发展趋势

开发适用于新能源汽车的动力蓄电池模块化平台，通过标准化模组、配电单元及电池箱体，采用有利于梯次利用的设计，降低系统全生命周期的使用成本；采用轻量化技术，提高系统集成度，提升系统的成组效率、系统的重量和体积能量密度；应用大数据及物联网技术，提升功能安全，实现管理系统全生命周期的在线及离线安全可靠控制，管理系统具有自我诊断和修复功能。

实现动力蓄电池系统全天候、全工况和全生命周期条件下的安全可靠使用，实现热失控预警，防止热扩散发生，循环寿命、日历寿命和充电时间等满足使用要求。

2.2.3 新体系动力蓄电池技术发展趋势

1. 固态蓄电池

在固态蓄电池方面，涉及高电导率高稳定性固态电解质、高稳定性正负极、固相界面修饰调控、新型工艺装备、系统成组设计等诸多技术难题。现有液态锂离子蓄电池的安全性已显著提高，预锂化技术正逐步成熟，在未来3~5年，首先能够规模化生产的是介于液态锂离子蓄电池与固态锂电池之间的电池类型，例如固液混合电解质的锂离子蓄电池，质量能量密度和体积能量密度有望达到300~400W·h/kg和800~1000W·h/L。该类电池首先在某些细分市场得到应用，随着循环性、安全性以及综合技术指标的逐渐提升，逐步拓展到新能源汽车领域。在此基础上，逐步减少液体或凝胶类电解质的比例，最终过渡到固态锂电池，质量能量密度和体积能量密度有望达到500~600W·h/kg和1200~1500W·h/L。

2. 锂硫蓄电池

在锂硫蓄电池方面，质量能量密度和体积能量密度有望在3~5年内实现500W·h/kg和600W·h/L的目标，但循环寿命及体积能量密度的提升是技术难点；金属锂负极需重视基础性研究。锂硫蓄电池后续技术研究需引入新思路和新技术，解决正极多硫离子溶解穿梭问题，构建高载量和高压实硫电极，减少电解液用量，消除电池燃烧等安全隐患，提升金属锂负极的电化学可逆性，构建本质安全、长寿命和高体积能量密度的锂硫蓄电池。

3. 锂空气蓄电池

在锂空气蓄电池方面，主要解决锂空气蓄电池反应机理及性能衰退问题，优化蓄电池中各关键要素间相容性，解决含氧中间态产物与碳材料、电解液体等发生化学反应的技术难题等。

2.2.4 动力蓄电池关键材料技术发展趋势

1. 正极材料

正极材料向高比容量和低成本两个方向发展，材料体系仍是层状、橄榄石、尖晶石结构材料多元化齐头并进。镍含量高的镍钴锰层状材料（高镍材料）和高电压镍钴锰层状材料（高电压材料）将成为重点方向。此外，尖晶石镍锰酸锂正极材料因其高电压和低成本，以及富锂锰基材料因其具有高比容量和宽电化学窗口，成为开发热点；同时，为进一步提升磷酸铁锂蓄电池的能量密度，一些新型磷酸盐正极材料也在开发中。

未来，氧化物正极材料将综合使用掺杂和多元化包覆工艺，提升高电压下材料的结构稳定性，减小材料与电解液之间的副反应；单晶化材料在高电压下将具有更好的循环性能。低钴或无钴层状材料技术、三元材料单晶化技术、磷酸铁锂高密度化和低成本生产技术、高压尖晶石镍锰酸锂材料技术、富锂锰基材料技术及电解液匹配技术将支撑高能量密度和低成本动力蓄电池的技术发展，满足从高端到经济型新能源汽车的需求。

2. 负极材料

负极材料仍以碳材料为主，石墨材料将进一步向提升比容量、倍率和降低成本方向发展；无定型碳材料将进一步向提升比容量、首次库仑效率和降低成本方向发展；高比容量硅基、锡基及其复合负极材料将快速发展，进一步提升循环寿命和首次库仑效率，增加其在碳材料中的添加量。

3. 隔膜

聚烯烃基膜表面涂覆（包括聚合物涂覆、陶瓷涂覆、纳米复合材料涂覆和离子导体涂覆等）技术将持续进步；耐高温材质（包含聚酰亚胺、聚偏氟乙烯和聚对苯二甲酸乙二醇酯等）的新型聚合物基膜、玻璃纤维膜以及耐高温聚合物纤维/纳米陶瓷材料复合隔膜技术和产业化进程将开始加速。

4. 电解液

电解液技术在提高耐久性的前提下，向高电压、高功率、高低温和安全型方向发展。针对正极采用具有较高脱/嵌锂电位的高镍三元材料（NCM、NCA）或者高压尖晶石镍锰酸锂材料及层状富锂锰基材料，负极采用高比容量硅基材料的锂离子蓄电池，发展相应的高比能型电解液；针对大电流、高倍率持续充放电类型的锂离子蓄电池，开发高功率型电解液；针对环境适用性高的锂离子蓄电池，开发宽温型电解液；同时安全型离子液体电解液和局域高浓度电解液均在研发中。

2.2.5 动力蓄电池制造技术发展趋势

未来，动力蓄电池制造趋势主要表现在两个方面：现有制造工艺装备创新升级和新型工艺装备创新。

现有工艺装备创新升级主要表现为高速化、集成化和数字化，如涂布速度突破 120m/min，卷绕线速度突破 3m/s，叠片效率突破 600PPM；实现制浆、涂布、辊压、分条集成一体化；激光模切卷绕、激光模切叠片、组装过程一体化，以上技术突破可大幅减少人工成本和环境控制成本，缩短制造链，提高制造效率，提升材料利用率。设备数字化的目标是实现平台化设备接口、通过边缘计算实现设备制造质量的工艺闭环，提升设备的稳定性和制造质量。

新型工艺装备创新主要面对材料技术、蓄电池技术升级开发新型装备，如预锂化设备、干法制片制备设备、多层极片复合设备、极片隔膜复合设备、智能化成设备以及极片、蓄电池3D打印成型设备等。

在动力蓄电池智能制造方面，核心目标是利用工业互联网平台，基于大数据、云计算和工业人工智能技术，建立垂直领域工业互联平台，提升动力蓄电池制造质量、安全性和效率。

2.2.6　动力蓄电池测试技术发展趋势

动力蓄电池性能提升与更新换代对蓄电池材料测试技术提出了新需求，材料测试评价技术整体发展趋向于标准化、高效化、准确化、定量化和智能化。未来重点发展的技术包括：针对材料性质和蓄电池性能的构效关联测评，发展失效分析技术和材料全寿命周期评测技术，揭示材料特性与蓄电池特性存在的多对多耦合复杂关系，解决电池黑箱测试的难题；针对测试评价标准和项目缺乏统一性和标准化，发展标准化、准确化的普适性和高精准的测评技术；发展材料基因组和大数据技术，进一步提升材料匹配、筛选、仿真和模拟功能。

1. 蓄电池测试评价技术

在蓄电池测试评价技术方面，动力蓄电池向着更高能量密度、更快充电速度、更长循环寿命和更好安全性能等方向发展。未来重点发展的技术包括：结合电化学、力学、热学、原位电子计算机断层扫描（CT）等多学科测试技术、方法和模型仿真，发展动力蓄电池全生命周期的化—电—热—力多物理场耦合特性测试分析技术；结合动力蓄电池发生安全事故的具体现象及测试数据，开展动力蓄电池安全性评价技术研究，建立分级标准；开展基于中国汽车行驶工况（CATC）的动力蓄电池工况循环寿命测试评价技术研究，结合相应的寿命预测模型，建立测试规程，实现动力蓄电池工况循环寿命的准确评估和快速预测；结合动力蓄电池的电化学反应机理，开展动力蓄电池设计和生产过程失效模式分析技术研究，提高动力蓄电池使用的安全可靠性；开展无损的电池失效和缺陷分析技术研究，提高失效分析的准确性和可靠性。

2. 蓄电池系统测试评价

在蓄电池系统测试评价方面，完善测试评价技术体系，加强基于实际工况的电性能及寿命、安全可靠性、热失控和热扩散、致灾行为量化评价技术研究。未来重点发展的技术包括：全生命周期内电池的一致性、热失控/热扩散、防护（IP）等的测试评价技术及方法，尤其是生命中后期蓄电池系统的可靠性及安全性；蓄电池系统安全性量化测评技术及方法，明确安全边界、危险性分级、致灾后果等；结合公共云端大数据平台，开展生命周期范围内蓄电池系统的机械/热/电气安全的在线监控、测试和安全性预测技术研究；结合中国汽车行驶工况，开展综合应力累积下的蓄电池系统性能衰降的评价技术研究；开展蓄电池系统工况循环寿命测试评价技术研究，结合相应的寿命预测模型，建立测试规程，实现蓄电池系统工况循环寿命的准确评估和快速预测；开展动力蓄电池系统日历寿命研究。

2.2.7 动力蓄电池梯次利用及回收利用技术发展趋势

1. 动力蓄电池梯次利用

梯次利用蓄电池面临残余价值评估技术匮乏、价值评判不统一等难题，需基于应用场景建立统一的残余价值评价体系。

依据新能源汽车国家监测与动力蓄电池回收利用溯源综合管理平台，建立高效高精准度的溯源系统，形成完善的上车运行—退役回收监管，实现就地及跨区域就近回收。

建立基于数据训练的蓄电池白箱模型和基于等效电路模型及电化学机理模型为主的蓄电池黑箱模型；结合备电、储能、低速电动汽车等不同应用场景，围绕蓄电池荷电状态、健康状态、功能状态和安全状态等多影响因子，深化对蓄电池电化学特性及外特性表征关联关系的判定，开展动力蓄电池残余价值评价技术及方法的研究，开展动力蓄电池残余价值评估模型研究，建立新能源汽车退役动力蓄电池残余价值评估体系。

开展动力蓄电池高效无损分选技术研究，建立全自动化分选生产线，实现同规格或多规格动力蓄电池产品拆解、自动分类与归集，随着蓄电池、蓄电池模组及蓄电池系统规范化和标准化的提升，优先实现蓄电池系统级和蓄电池模组级再利用，应用于备电、储能、低速电动汽车等不同场景。

动力蓄电池梯次利用未来的突破方向是以低成本为核心，从经济性的角度实现市场竞争。

2. 动力蓄电池回收利用

退役动力蓄电池回收将长期处于火法和湿法技术共存的状态。火法回收靠设备，随着我国机械制造和智能控制水平的提升，退役动力蓄电池火法冶炼技术与装备将成为一个重要发展方向，实现退役动力蓄电池的绿色回收是发展趋势。除此之外，未来急需发展的方向还包括以下几方面。

(1) 高效安全破碎成套技术与装备

目前，退役动力蓄电池盐水放电周期长，效率低，二次污染严重，难以满足生产要求。退役动力蓄电池破碎过程物料黏连扭曲，且易燃易爆，导致后续物料分离难、安全生产隐患大。因此，急需开发兼容多规格动力蓄电池的高效放电、安全破碎成套技术及装备，缩短放电周期，降低破碎着火率，提高破碎效率。

(2) 低成本物料精细分选技术及成套装备

目前，退役动力蓄电池物料分选精度低，极粉中铜、铝、铁含量高，导致极粉及铜铝回收率低，极粉物料湿法浸出除杂压力大、成本高。因此，未来急需开发低成本物料精细分选技术及成套装备，实现极粉物料的高效富集和杂质控制，为后续金属提取和材料再生奠定基础。

(3) 电解液低成本无害化处理技术

废电解液中含有大量有机物，易挥发，易燃易爆，其中的含氟组分极易分解，污染环境。随着未来动力锂电池容量的不断增大、电解液注入量不断增多，退役动力蓄电池中电解液的处理处置将成为一个不可忽视的问题。研发废电解液低成本无害化处置技术，是未来发展的一个重要方向。

(4) 低成本高效提锂技术

退役动力蓄电池锂组分回收率低是行业的一个痛点，也是进一步提高锂电回收经济性的一个潜在增长点。开发低成本的锂提取技术，不仅有利于实现三元动力蓄电池材料全组分高效利用，而且对降低磷酸铁锂废料回收成本、促进其产业发展意义重大。

(5) 覆盖动力蓄电池全生命周期的回收利用体系

现有技术多注重有价组分的提取和材料的再生利用，回收过程中引发的二次污染问题思考不够深入，如何基于动力蓄电池全生命周期设计回收利用流程、开发绿色回收和污染防控技术，将成为未来发展的重点方向。

3 专题领域技术路线图 1.0 评估

3.1 动力蓄电池技术路线图 1.0 评估

随着我国新能源汽车市场规模的快速增长，动力蓄电池技术进展显著，较技术路线图 1.0 版发布前，各项技术指标均实现了较大提升。其中插电式混合动力乘用车用能量功率兼顾型动力蓄电池的能量密度、充电比功率、寿命及成本均达到了路线图 1.0 中 2020 年目标要求；纯电动乘用车用能量型动力蓄电池的能量密度、功率密度和成本指标达到了路线图 1.0 中 2020 年目标要求，能量密度和寿命等提升较快，但尚有一定差距。

1. 纯电动汽车用能量型动力蓄电池

(1) 能量密度

在能量密度方面，目前量产的能量型动力蓄电池质量能量密度分别达到 240W · h/kg（方形铝壳）、260W · h/kg（圆柱形不锈钢壳体）和 260W · h/kg（铝塑膜软包装）。量产的动力蓄电池系统质量能量密度普遍达到 160W · h/kg，最高达到 193W · h/kg，有力地支撑了续驶里程突破 500km，蓄电池系统技术指标可基本满足当前市场化的纯电动乘用车的性能指标要求。

采用高镍正极材料、高首效硅基负极材料以及负极补锂新工艺等，可实现较高技术指标。目前，300W · h/kg 软包动力蓄电池已完成研制并实现小批量生产，体积能量密度超过 660W · h/L，蓄电池系统质量能量密度可达到 200W · h/kg。以上技术指标距路线图 1.0 中 2020 年目标 350W · h/kg 还有一定距离，同时成本和安全是整车企业关注的焦点，需要进一步降低和验证考核。

（2）寿命

在寿命方面，纯电动汽车用能量型蓄电池在质量能量密度达到 250W · h/kg 的前提下，循环寿命达到 1500 次，日历寿命达到 8 年以上，可满足纯电动汽车 8 年/15 万 km 或运营车 5 年/50 万 km 的质保要求。

与路线图 1.0 中 2020 年目标要求的 4000 次/10 年寿命存在差距，主要挑战在于：超长寿命设计一定程度上会导致蓄电池质量能量密度降低，同时模组/蓄电池系统等机械件和电子电气件亦须满足超长寿命设计，将导致动力蓄电池及系统成本显著上升；未来针对不同应用场景，细化对应的动力蓄电池技术指标。

（3）成本

在成本方面，目前纯电动汽车用能量型蓄电池的成本在 0.6～0.8 元/W · h，系统的成本在 0.8～1.1 元/W · h，基本达到路线图 1.0 中 2020 年目标要求。

2. 插电式混合动力汽车用能量功率兼顾型动力蓄电池

量产的插电式混合动力汽车用蓄电池质量能量密度达到 200W · h/kg，体积能量密度达到 400W · h/L，充电质量功率密度达到 2500W/kg，成本下降至 1 元/W · h；动力蓄电池系统质量能量密度达到 135W · h/kg，体积能量密度达到 250W · h/L，充电质量功率密度达到 1500W/kg，循环寿命达到 4500 次，日历寿命达到 10 年，成本下降至 1.5 元/W · h，达到路线图 1.0 中 2020 年目标要求。

3.2 关键材料技术路线图 1.0 评估

1. 正极材料

量产的锰酸锂材料、三元材料比容量均达到路线图 1.0 中 2020 年目标要求，分别为 110mA · h/g 和 205mA · h/g，磷酸铁锂材料的比容量接近目标要求，达到 160mA · h/g。高电压（5V）尖晶石镍锰酸锂材料样品的比容量达到 135mA · h/g，富锂锰基材料样品的可逆容量达到 300mA · h/g，并研制出了放电比容量达到 400mA · h/g 的锰基富锂材料，以上研究样品如何进行产业化是需要突破的重点工作。

（1）高镍三元材料

在高镍三元材料方面，通过定制化前驱体技术、纳米梯度掺杂和纳米均匀包覆路线，比容量达到 205mA · h/g，极片压实密度达到 3.7g/cm^3，残余碱量达到 0.6%，与目标设定的0.4%仍有差距。三元材料残余碱量比目标值高主要是由于氢氧化锂原料粉碎后的碳酸根升高以及制备过程环境湿度高造成的。

（2）磷酸铁锂材料

在磷酸铁锂材料方面，比容量接近160mA·h/g，与目标设定的165mA·h/g以上略有差距，需继续解决材料中锂含量偏低和碳包覆分布不均匀的问题。

（3）富锂锰基材料

在富锂锰基材料方面，研究样品可逆容量达到300mA·h/g，压实密度达到3.0g/cm^3，残余碱量达到0.4%，与目标设定的压实密度和残余碱量略有差距。富锂锰基材料压实密度比目标值低的原因是材料颗粒不致密导致抗压强度下降。残余碱量比目标值高的原因是锂配比过高导致过量的氧化锂容易转换成残碱。

2. 负极材料

改性天然石墨、无定型碳材料、硅碳材料的比容量达到路线图1.0中2020年目标要求。改性天然石墨比容量达到360mA·h/g，首次库仑效率在94%左右，人造石墨比容量达到350mA·h/g，首次库仑效率在93%左右。无定型碳材料的比容量达到290mA·h/g，首次库仑效率为83%，与目标设定的首次库仑效率略有差距。无定型碳材料首次库仑效率比目标值低的原因是，整个行业均在关注能量密度的提升，将提升材料的比容量作为主要攻关方向，而下游市场对首次库仑效率的提升不如比容量迫切；其次是对成本的要求导致了原材料的选择存在很大差异。高容量的碳硅材料是负极材料的重点发展方向，当前批量生产的硅碳负极材料的比容量分布在420～1500mA·h/g，低比容量产品首次库仑效率可以达到92%，高比容量产品的应用还待补锂技术的进步。

3. 隔膜

实现了高品质聚乙烯和聚丙烯隔膜的规模化生产，孔隙率、透气性和机械强度达到路线图1.0中2020年目标要求，安全使用温度和热收缩率的技术指标尚未达到要求。目前，改性涂覆隔膜主要采用陶瓷涂覆、聚合物涂覆、有机/无机复合涂覆等方式，未来改性涂覆隔膜的涂层材料结构设计和新型耐高温基材变得更加重要。隔膜的安全使用温度、热收缩率技术指标未达到目标的原因是，目前量产的基膜主要是聚乙烯或聚丙烯材料，该类聚烯烃材料本身耐热性不高，仅通过配方和工艺的改善短期内无法实现路线图1.0中2020年目标设定的安全使用温度和热收缩率。但通过采用基膜表面涂覆功能涂层的工艺方式可以达到目标要求，如涂覆耐热纳米陶瓷层可以实现180℃（耐温时间60min）小于2%的热收缩率，涂覆低闭孔温度的聚合物材料可实现安全使用温度窗口变宽，但部分关键涂层材料的成熟性尚需提升。

4. 电解液

溶剂、锂盐及添加剂等的发展达到路线图1.0中2020年目标要求。溶剂主要是以碳酸酯类为主的混合溶剂，锂盐以六氟磷酸锂为主，引入少量新型锂盐，合成了多种功能性添加剂，研制并量产多种匹配磷酸铁锂材料及不同镍钴锰比例三元材料体系的电解液。电解液的电化学窗口达到5V，电导率达到（9~12）$\times 10^{-3}$S/cm。

3.3 新体系动力蓄电池技术路线图1.0评估

在“十三五”期间国家重大专项项目和基金项目的大力支持下，新体系动力蓄电池研究水平不断提升，各项指标全面达到路线图1.0中2020年目标要求。

在固态蓄电池方面，硫化物固态电解质样品的电导率达到10^{-2}S/cm，高能量密度的三元正极材料及硅碳负极材料已在固态蓄电池中得到考核验证，安时级高比能量固态蓄电池样品质量能量密度达到423W·h/kg，100次循环容量保持率大于92%，高于设定的2020年300W·h/kg的目标。

在锂硫蓄电池方面，使用新型碳材料以及硫碳复合新方法，提升了硫碳复合材料以及高硫载量电极的性能，安时级蓄电池样品质量能量密度提升至609W·h/kg，高于设定的2020年500W·h/kg的目标，但循环性能需要进一步改善。

在金属空气蓄电池方面，液态锂空气蓄电池质量能量密度达到780W·h/kg，高于设定的2020年700W·h/kg的目标。

3.4 关键共性技术路线图1.0评估

3.4.1 动力蓄电池制造技术路线图1.0评估

动力蓄电池制造在尺寸类别、制造一致性、单模块产能和制造成本等方面已取得了较大进展；在产品直通率和材料利用率方面有所提升。

蓄电池尺寸类别由原来的100多种降到50种，这是由于动力蓄电池龙头企业市场份额规模化集聚，有力地推进了动力蓄电池规格的标准化。蓄电池制造一致性显著提升，蓄电池容量、内阻和自放电等制造一致性指标提升了20%~30%。这其中的原因是制造设备的精度和设备能力指数（CMK）有较大提升，同时生产线的自动化程度明显提高，逐步从半自动化向组合自动化、一体机化发展。单模块产能和制造成本方面进步明显，制浆、涂布、卷绕的单机产能明显提升，涂布能力大于1GW·h，卷绕机大于0.25GW·h，高速叠片机大于0.4GW·h，蓄电池制造成本从0.25元/W·h降到目前的0.12元/W·h左右。

产品直通率和材料利用率有所提升。核心工序的制程能力（C_{pk}）在1.33~1.67，产品直通率在92%~94%。这主要是由于生产线设备基本处于单机逻辑组合控制阶段，尚未引入工序闭环和整线数据闭环，目前处于普通3C制造业的水平。随着工序的集中和制造过程物料回收、卷料增大、中间接头减少，材料利用率提升到92%，进一步提升材料的利用率需要从工艺方法、设备能力和生产自动化等方面加以改善。

在智能制造方面，建立了蓄电池制造数据采集体系，制造执行系统基本得到实施，尚未建成完整的锂离子蓄电池垂直领域工业互联网平台，已实施上云、工业互联网系统和微服务制造系统。

3.4.2　动力蓄电池测试评价路线图 1.0 评估

在蓄电池关键材料测试评价方面，涵盖了大多数理化指标和关键电性能指标，建立了标准化的测试流程和方法，取得了一定的行业引领效果，同时也存在某些测试项目设置与技术发展现状脱钩，以及指标要求约束力较差等问题。

在单体蓄电池、模组和系统测试评价方面，构建了比较完整的测试评价体系，覆盖了包括电性能、安全性、循环寿命、互换性和回收利用等环节，在热失控/热扩散等安全性测试技术方面走在国际前列，相关研究成果体现在电动汽车安全全球技术法规和动力蓄电池安全性要求国家强制性标准中。

在综合测试评价方面，建立了面向动力蓄电池不同层级对象的综合性测试方法和体系，覆盖了单体蓄电池的电性能、寿命和安全性，蓄电池管理系统的功能性和可靠性，以及蓄电池系统的电性能、可靠性、安全性和耐久性等。

测试评价设定的路线图目标基本实现，满足了整车企业、动力蓄电池企业、检测及认证机构等对与动力蓄电池相关的测试评价技术和方法的迫切需求。

3.4.3　动力蓄电池梯次利用及回收利用路线图 1.0 评估

1. 动力蓄电池梯次利用路线图 1.0 评估

动力蓄电池梯次利用的监控技术、评估技术、分选技术、经济效益达到了路线图 1.0 中 2020 年目标要求，成组集成技术达成了部分目标要求。

（1）监控技术

在监控技术方面，国家级新能源汽车监测与动力蓄电池回收利用溯源管理平台正式开通应用，设有“新能源汽车车载管理模块”和“电池回收利用管理模块”两大模块，提高了动力蓄电池全生命周期信息整合度，推动了上下游产业互联加速。

（2）评估技术

在评估技术方面，动力蓄电池健康状态分析工具和模型研发从多个技术路线并行铺开，白箱模型评估研究处于起步阶段，黑箱模型评估方法精度及效率提高，两种评估模型的融合技术也备受关注。评估指标体系进一步丰富，除剩余可用容量之外，同时兼顾考虑安全性及衰减预判的相关影响因子。

（3）分选技术

在分选技术方面，部分电池企业建立了回收电池人工分选试验生产线，生产梯次利用电池产品，多数电池企业及第三方梯次利用企业正在建设半自动回收、分选生产线。

(4) 成组集成技术

在成组集成技术方面，部分电池企业对蓄电池模块内的电池进行重组或修复，优化梯次利用蓄电池模块的一致性，同时以两级式多分支能量变换系统提供直流侧宽电压范围，适应蓄电池系统级再利用产品特点。动力蓄电池上下游企业正在通过标准制定推动蓄电池模块的标准化设计，从设计源头考虑回收及再利用。

(5) 效益分析

在效益分析方面，国内出现了不少于 10 处百千瓦时及以上的示范工程及试验梯次利用系统，单点最大规模已超 7MW·h，同时部分电池梯次利用企业在目前的市场环境下以用户侧削峰填谷、电价套利和铅酸蓄电池替换开展了商业化运营的尝试，形成了一定的商业运营模式。目前蓄电池回收、拆解、分选再形成梯次利用产品这一环节因技术成熟度问题，成本暂时难以数值化。同时，在新电池成本快速下降而应用场景盈利条件有限的当下，梯次利用产品推广应用的经济性亟待提升。

2. 动力蓄电池回收路线图 1.0 评估

动力蓄电池回收的拆解技术、锂元素及石墨回收达到了路线图 1.0 中 2020 年目标要求，镍、钴、锰有价金属的回收尚未达到目标要求。

(1) 拆解技术

在拆解技术方面，实现了由人工拆解向自动化拆解的过渡，成套拆解破碎分选设备已投入市场。目前，铜、铁、铝元素的回收率分别达到 90%、90% 和 80% 左右，超过 70% 的设定目标。

(2) 镍、钴、锰有价金属的回收

在镍、钴、锰有价金属的回收方面，废旧动力蓄电池—镍钴锰原料—前驱体—电池级再生材料循环体系已建立，并实现了商业化运行。镍、钴和锰元素的整体综合回收率达到 90% 以上，与目标设定的 98% 以上仍有差距。镍、钴、锰元素回收率偏低的原因主要在于退役动力蓄电池破碎分选处理阶段不够精细，导致极粉分散流失。因此，急需开发更为精细、安全、智能的破碎和分选技术与装备，提升过渡金属的回收效果。

(3) 锂元素及石墨回收

在锂元素及石墨回收方面，锂元素的回收率达到 70% 以上。基于还原焙烧的三元废料优先提锂技术在实验室阶段中已展现出极好的效果，有望提升锂资源的回收率。石墨回收与资源化技术已基本明晰，形成了石墨负极的湿法除杂与结构修复、石墨负极的石墨化除杂与结构修复两条技术路线，两套工艺在实验室阶段均取得了令人满意的修复效果，将推进产业化示范和市场实践。

4 面向2035年发展愿景、目标及里程碑

4.1 发展愿景

关键材料完全具备自主能力，产品性能达到国际领先水平；形成多材料体系动力蓄电池、模块和系统产品平台，安全可靠性及耐久性显著提升；新材料、新结构、新体系动力蓄电池实现突破和工程应用，拥有自主原始创新技术；实现动力蓄电池制造装备和制造过程的数字化和无人化；形成精细化、智能化、高值化退役动力蓄电池循环利用体系。

我国新能源汽车动力蓄电池技术总体居于国际领先地位，动力蓄电池产业链完整、自主、可控，形成3~5家具有国际竞争力的大型动力蓄电池企业集团。

4.2 目标

1）完成能量型、能量功率兼顾型和功率型等动力蓄电池的全面布局、技术开发和产品规模化应用，电性能、安全可靠性、循环耐久性和成本满足整车要求。

2）动力蓄电池系统实现全天候、全工况使用，实现热失控预警，防止热扩散发生，管理系统具有自我诊断和修复功能，标准化比例大于90%，循环寿命和日历寿命满足整车要求。

3）固态蓄电池能量密度显著提升，实现实用化和规模化应用；锂硫蓄电池循环稳定性、安全性得到解决，实现锂硫蓄电池的规模化应用；其他新体系动力蓄电池实现小规模应用；开展新型智能蓄电池的基础性研究。

4）完成关键材料的关键技术攻关，更高比容量的关键正负极材料、功能电解液及耐高温隔膜的技术水平进一步提升，包括层状结构高镍三元材料、无钴或低钴镍酸锂材料、富锂锰基材料，尖晶石结构镍锰酸锂材料，以及橄榄石结构磷酸铁锂材料；硅基/锡基复合材料；功能电解质材料、固态电解质材料和阻燃电解质材料等；涂层隔膜、新型隔膜和功能黏合剂等，形成创新性技术，产品性能居于国际先进地位，支撑动力蓄电池技术升级以及成本降低。

5）装备实现极片、极芯和组装的一体化，达到智能闭环管控、无人工厂的国际先进水平，单线产能大于4GW·h，材料利用率大于98%，蓄电池制造能力C_{pk}大于2.0。

6）实现对关键材料、单体蓄电池及蓄电池系统性能参数的精准、定量分析，解决黑箱测试难题，开发高效和贴合整车实际应用环境的性能、耐久和安全可靠性量化测评技术和方法，建立覆盖全生命周期、全工况的标准和通用化测评体系。

7）实现梯次利用蓄电池的可用性及价值快速准确评估和自动化分选；实现退役动力蓄电池安全拆解、智能分选，实现退役动力蓄电池全组分高效、绿色循环利用，有价组分回收率大于99%，电解液无害化处置率100%，突破正负极废料短流程直接再生修复技术。

4.3 里程碑

4.3.1 动力蓄电池发展里程碑

1）到2025年，动力蓄电池技术走向成熟，产品安全、性能、品质全面提升，满足节能与新能源乘用车和商用车对动力蓄电池的要求。高端能量型动力蓄电池质量能量密度大于350W·h/kg，质量功率密度大于1000W/kg；能量功率兼顾型蓄电池质量能量密度大于250W·h/kg，质量功率密度大于1500W/kg；功率型蓄电池质量能量密度大于80W·h/kg，质量功率密度大于5000W/kg。

2）到2030年，新一代高比能动力蓄电池实现量产，高端能量型动力蓄电池质量能量密度大于400W·h/kg，质量功率密度大于1200W/kg；能量功率兼顾型蓄电池质量能量密度大于300W·h/kg，质量功率密度大于1600W/kg；功率型蓄电池质量能量密度大于100W·h/kg，质量功率密度大于6000W/kg。

3）到2035年，动力蓄电池技术全面成熟，高端能量型动力蓄电池质量能量密度大于500W·h/kg，质量功率密度大于1500W/kg，同时可适用梯次利用、新能源汽车入网（V2G）、车与外界互联（V2X）等多种应用场景；能量功率兼顾型蓄电池质量能量密度大于325W·h/kg，质量功率密度大于1800W/kg；功率型蓄电池质量能量密度大于120W·h/kg，质量功率密度大于7000W/kg。

4.3.2 动力蓄电池系统发展里程碑

1）到2025年，系统成组技术逐步成熟，关键技术标准化，定义明确。成组效率大于70%；标准化比例大于30%；状态估算精度误差小于3%；液冷技术得到广泛应用，系统内温差小于5℃；初步建立有效的热失控预警方案，热失控扩散时间大于90min，报警响应时间小于5s；实现离线数据对在线算法的标定修正和远程升级软件功能配备。

2）到2030年，动力蓄电池系统技术与国际水平相当。成组技术得到快速发展，成组效率大于73%；标准化比例大于60%；状态估算精度误差小于2%；液冷、直冷以及相变材料等多管理融合的复合热管理方式得到推广，系统内温差小于3℃；具备准确可靠热失控报警及防护功能，不发生热扩散，报警响应时间小于3s；实现离线数据与在线数据融合、远程升级软件的自我诊断和分析。

3）到2035年，动力蓄电池系统技术处于国际领先地位。成组效率大于75%；标准化比例大于90%；状态估算精度误差小于1.5%；复合式热管理系统大规模应用，系统内温差小于2℃；实现蓄电池系统热失控趋势预判，不发生热扩散，报警响应时间小于1s；实现云端计算和在线数据的完整融合、通过智能网络和远程升级软件升级优化策略算法。

4.3.3 新体系动力蓄电池发展里程碑

1）到2025年，固态蓄电池研发产品安全性和循环性能接近应用目标，质量能量密度大于 400W·h/kg，循环大于 1000 次；锂硫蓄电池质量能量密度大于 500W·h/kg，循环大于 500 次；开展锂空气蓄电池、钠离子蓄电池等新体系动力蓄电池研究。

2）到 2030 年，固态蓄电池实现工业化成熟应用，质量能量密度大于 500W·h/kg，循环大于 1500 次；锂硫蓄电池质量能量密度大于 600W·h/kg，循环大于 500 次；一两种新体系动力蓄电池实现示范应用。

3）到 2035 年，固态蓄电池实现工业化成熟应用，质量能量密度大于 700W·h/kg，循环大于 1500 次；锂硫蓄电池质量能量密度大于 600W·h/kg，循环大于 1000 次；一两种新体系动力蓄电池实现工业化应用。

4.3.4 动力蓄电池关键材料发展里程碑

1）到 2025 年，高镍三元材料比容量大于 210mA·h/g，富锂锰基材料比容量大于 300mA·h/g；硅碳材料比容量大于 800mA·h/g；7μm 聚烯烃隔膜基膜实现量产应用，改性隔膜安全使用温度大于 200℃；固体电解质电导率大于 10^{-3}S/cm。

2）到 2030 年，高镍三元材料比容量大于 220mA·h/g，富锂锰基材料比容量大于 350 mA·h/g；硅碳材料比容量大于 1200mA·h/g；5μm 聚烯烃隔膜基膜实现量产应用，新型耐高温隔膜初步量产，隔膜安全/长期使用温度大于 250℃；固体电解质电导率大于 5×10^{-3}S/cm。

3）到 2035 年，高镍三元材料比容量大于 240mA·h/g，富锂锰基材料比容量大于 400mA·h/g；硅碳材料比容量大于 1500mA·h/g；3μm 聚烯烃隔膜基膜实现量产应用，新型耐高温隔膜技术实现国际引领，隔膜安全/长期使用温度大于 300℃；固体电解质电导率大于 10^{-2}S/cm。

4.3.5 动力蓄电池制造技术发展里程碑

1）到 2025 年，蓄电池规格种类小于 50，单线产能大于 2GW·h，制程能力（C_{pk}）大于 1.33，材料利用率大于 94%，产品直通率大于 94%，制造成本降到 0.1 元/W·h，实现制造安全因素全监控。建立制造元数据体系、制造数据平台、质量优化模型，搭建基于锂离子蓄电池垂直领域的制造微服务开放平台。

2）到 2030 年，蓄电池规格种类小于 25，单线产能大于 3GW·h，制程能力（C_{pk}）大于 1.67，材料利用率大于 96%，产品直通率大于 96%，制造成本降到 0.08 元/W·h，实现制造安全闭环。实现制造过程中基于模型定义的工程集成优化和基于工艺数据的自学习优化。

3）到 2035 年，蓄电池规格种类小于 12，单线产能大于 4GW·h，制程能力（C_{pk}）大于 2.0，材料利用率大于 98%，产品直通率大于 98%，制造成本降到 0.06 元/W·h，实现制造安全预警自优化。实现大规模定制的智能管控、整线闭环生产、多品种混线柔性切换和质量深度学习优化，实现故障完全预测管控和无人工厂运行。

4.3.6 动力蓄电池测试评价发展里程碑

1）到 2025 年，在关键材料方面，引入高水平的先进表征技术，完善关键材料常规评测标准体系；在蓄电池方面，建立全生命周期的化—电—热—力等多物理场耦合特性测试技术，开发无损的蓄电池失效和缺陷分析技术；在蓄电池系统方面，形成基于硬件在环的状态估算精度测试方法及可靠性测试评价方法，针对均衡策略、热管理控制策略和故障诊断功能等形成统一的测试标准；实现复合应力下和全生命周期的动力蓄电池系统安全可靠性测试评价，明确蓄电池系统主要失效模式，建立动力蓄电池热失控及热扩散模型，优化动力蓄电池热失控及热扩散测试评价方法，确定动力蓄电池热事故有毒物质致灾危害等级分类评价标准；开发全天候动力蓄电池系统实际使用工况条件下的循环耐久性加速测试技术。

2）到 2030 年，在关键材料方面，实现材料测评技术标准化，实现高通量、原位的材料评价技术，建立材料失效测评数据库；在蓄电池方面，建立动力蓄电池全生命周期多维度耦合性能模拟仿真评价体系，搭建云端大数据平台；在蓄电池系统方面，建立面向实际使用工况的蓄电池系统安全可靠性的快速测试评价技术，建立基于动力蓄电池热失控触发风险、热扩散发展强度的动力蓄电池系统安全量化评价体系；实现动力蓄电池系统实际使用工况下的循环耐久性精确预测。

3）到 2035 年，实现国际领先的标准化、海量材料数据快速分析能力；完善动力蓄电池全生命周期多维度耦合性能评测模型、安全性评估模型和工况循环寿命预测模型，建立云端关联评价体系；提出全生命周期内动力蓄电池系统实际工况使用条件下的可用边界及测试方法，实现蓄电池系统故障在线辨识和安全性预警技术的实车应用。

4.3.7 动力蓄电池梯次利用及回收利用发展里程碑

1. 动力蓄电池梯次利用发展目标与里程碑

1）到 2025 年，动力蓄电池梯次利用应用市场逐步开启。随着电池评估和分选技术的成熟，退役动力蓄电池实现梯次利用规模大于 10GW · h，从低速电动汽车、通信电源等替代铅酸蓄电池的应用场景开始快速产业化。

2）到 2030 年，加快完善动力蓄电池梯次利用应用体系。实现小时级蓄电池评估和全自动化分选，退役动力蓄电池实现梯次利用规模大于 20GW · h，在电网侧储能应用方面开始实现商业化运营。

3）到 2035 年，梯次蓄电池利用实现稳定运行以及较高的经济性。实现全自动流水线的柔性拆解，退役动力蓄电池实现梯次利用规模大于 40GW · h，梯次利用蓄电池系统实现不同性能的多级梯次利用商业化运营。

2. 动力蓄电池回收利用发展目标与里程碑

1）到 2025 年，突破退役动力蓄电池安全破碎技术，破碎着火率小于 1%；突破锂资源高效提取技术，正极极粉中锂回收率大于 90%；突破低成本磷酸铁锂废料回收技术，铁锂回收率大于 92%。

2）到 2030 年，突破有机物高效分离技术，隔膜无害化处置率 100%，电解液无害化处置率大于 80%；正极极粉中锂回收率大于 95%，铁锂回收率大于 98%，退役磷酸铁锂蓄电池产业化回收经济运行；突破石墨负极产业化循环利用技术，石墨综合回收率大于 95%。

3）到 2035 年，形成精细拆解与智能分选成套技术与装备，实现退役动力蓄电池全组分高效回收；突破电解液与隔膜资源化利用技术，有机物无害化处置率 100%，有价金属组分及石墨回收率大于 99%。

5 技术路线图

5.1　总体技术路线图

本路线图规定的动力蓄电池系统包括能量型、能量功率兼顾型和功率型三大技术类别，蓄电池产品应用于乘用车和商用车两大领域，针对纯电动、插电式混合动力和混合动力使用的不同需求，从能量密度、功率密度、寿命及成本等方面提出了关键技术目标参数。涵盖包括动力蓄电池、系统集成、新体系动力蓄电池、关键材料、制造技术及关键装备、测试评价、梯次利用及回收利用等内容，实现动力蓄电池产业链技术发展的全覆盖。

1）在系统集成方面，从成组技术、热管理技术、热失控/热扩散防控技术和蓄电池管理系统技术开展研究，提高成组效率、标准化比例、安全性能和智能化水平等。

2）在新体系动力蓄电池方面，开展固态蓄电池、锂硫蓄电池及其他新体系动力蓄电池研究。

3）在动力蓄电池及关键材料方面，提升能量密度，采用高能量密度的正负极材料，如高镍高容量正极材料、富锂锰基材料、高电压正极材料和合金负极材料等，采用预锂化技术，提高极片压实密度，减薄隔膜和集流体基材，同时保持足够的抗拉强度和延伸率，实现包装结构件的轻量化，优化工艺，减少非活性材料在蓄电池重量和体积上的占比，达到提升能量密度的目标。提升功率密度，采用高功率密度的正负极材料，采用高孔隙率隔膜及高电导率电解液；提升负极材料的脱/嵌锂速度，如颗粒表面包覆处理和颗粒多孔结构设计等；通过正负极极片结构及成分优化，提高极片的电子以及离子电导率；减薄隔膜和集流体基材，同时保持足够的抗拉强度和延伸率，实现包装结构件的轻量化等，减少非活性材料成本以及重量占比，达到提升功率密度的目标。提升循环寿命，采用具有长循环能力的高能量密度正负极材料、新型电解液及新型添加剂和预锂化技术等提升蓄电池循环性能，同时优化蓄电池应用边界，达到提升寿命的目标。提升安全性，采用高热稳定性的高能量密度和高功率密度正负极材料、高安全性新型电解液及添加剂、高稳定性安全功能涂层改性聚烯烃隔膜；蓄电池安全结构设计，如高耐热/散热外壳、泄气阀、短路和过充电保护装置等；采用高可靠性生产制造工艺、检测技术和品质管理体系，达到提升安全性的目标。降低成本，采用低成本正负极材料，降低非活性物质的比例，采用标准化设计和规模化生产，提升制造水平和直通率，达到降低成本的目标。

4）在智能制造方面，实现智能化、无人化、洁净化等生产技术，提高材料利用率、制造质量和生产效率，降低制造成本，实现向数字化制造和数字化工厂的转变。

5）在测试评价方面，开展关键材料、单体蓄电池和蓄电池系统的系统性、规范性测试评估，实现蓄电池系统全生命周期综合性能、安全可靠性和循环耐久性的测试评价。

6）在梯次利用及回收利用方面，实现退役动力蓄电池系统、模组及单体蓄电池的智能拆解、精细分选和高值化循环利用；实现退役动力蓄电池的全组分高效资源化和绿色循环利用。

新能源汽车动力蓄电池总体技术路线图如图 6－5－1 所示。

			2025年	2030年	2035年
技术路线	能量型蓄电池	普及型	质量能量密度>200W • h/kg 体积能量密度>400W • h/L 质量功率密度>1000W/kg 体积功率密度>2000W/L 寿命>3000次/12年 成本<0.35元/W • h	质量能量密度>250W • h/kg 体积能量密度>500W • h/L 质量功率密度>1200W/kg 体积功率密度>2400W/L 寿命>3000次/12年 成本<0.32元/W • h	质量能量密度>300W • h/kg 体积能量密度>600W • h/L 质量功率密度>1500W/kg 体积功率密度>3000W/L 寿命>3000次/12年 成本<0.30元/W • h
		商用型	质量能量密度>200W • h/kg 体积能量密度>400W • h/L 质量功率密度>1000W/kg 体积功率密度>2000W/L 寿命>6000次/8年 成本<0.45元/W • h	质量能量密度>225W • h/kg 体积能量密度>450W • h/L 质量功率密度>1200W/kg 体积功率密度>2400W/L 寿命>6000次/8年 成本<0.40元/W • h	质量能量密度>250W • h/kg 体积能量密度>500W • h/L 质量功率密度>1500W/kg 体积功率密度>3000W/L 寿命>6000次/8年 成本<0.35元/W • h
		高端型	质量能量密度>350W • h/kg 体积能量密度>700W • h/L 质量功率密度>1000W/kg 体积功率密度>2000W/L 寿命>1500次/12年 成本<0.50元/W • h	质量能量密度>400W • h/kg 体积能量密度>800W • h/L 质量功率密度>1200W/kg 体积功率密度>2400W/L 寿命>1500次/12年 成本<0.45元/W • h	质量能量密度>500W • h/kg 体积能量密度>1000W • h/L 质量功率密度>1500W/kg 体积功率密度>3000W/L 寿命>1500次/12年 成本<0.40元/W • h
	能量功率兼顾型蓄电池	兼顾型	质量能量密度>250W • h/kg 体积能量密度>500W • h/L 质量功率密度>1500W/kg 体积功率密度>3000W/L 寿命>5000次/12年 成本<0.60元/W • h	质量能量密度>300W • h/kg 体积能量密度>600W • h/L 质量功率密度>1600W/kg 体积功率密度>3200W/L 寿命>5000次/12年 成本<0.55元/W • h	质量能量密度>325W • h/kg 体积能量密度>650W • h/L 质量功率密度>1800W/kg 体积功率密度>3600W/L 寿命>5000次/12年 成本<0.50元/W • h
		快充型	质量能量密度>225W • h/kg 体积能量密度>450W • h/L 质量功率密度>2000W/kg 体积功率密度>4000W/L 寿命>3000次/10年 成本<0.70元/W • h 充电时间<15min	质量能量密度>250W • h/kg 体积能量密度>500W • h/L 质量功率密度>2500W/kg 体积功率密度>5000W/L 寿命>3000次/10年 成本<0.65元/W • h 充电时间<12min	质量能量密度>275W • h/kg 体积能量密度>550W • h/L 质量功率密度>3000W/kg 体积功率密度>6000W/L 寿命>3000次/10年 成本<0.60元/W • h 充电时间<10min
	功率型蓄电池	功率型	质量能量密度>80W • h/kg 体积能量密度>160W • h/L 质量功率密度>5000W/kg 体积功率密度>10000W/L 寿命>30万次/12年 成本<1.20元/W • h	质量能量密度>100W • h/kg 体积能量密度>200W • h/L 质量功率密度>6000W/kg 体积功率密度>12000W/L 寿命>30万次/12年 成本<1.00元/W • h	质量能量密度>120W • h/kg 体积能量密度>240W • h/L 质量功率密度>7000W/kg 体积功率密度>14000W/L 寿命>30万次/12年 成本<0.80元/W • h

图 6－5－1　新能源汽车动力蓄电池总体技术路线图

		2025年	2030年	2035年
系统集成	蓄电池管理系统、蓄电池系统技术	成组效率>70% 热扩散时间>90min 标准化比例>30%	成组效率>73% 不发生热扩散 标准化比例>60%	成组效率>75% 不发生热扩散 标准化比例>90%
关键材料	正极材料	橄榄石结构磷酸盐材料，层状结构高镍多元氧化物材料、富锂锰基材料、尖晶石结构氧化物材料和其他新型高电压、高比容量正极材料		
	负极材料	石墨类材料、软硬碳材料、硅等合金化负极材料、铌酸钛等高电位负极材料		
	电解液	$LiPF_6$、LiFSI、LiTFSI等电解质盐、酯类、醚类及氟代酯类、醚类溶剂，新型电解质盐、溶剂及功能添加剂，固体电解质等		
	隔膜	PE、PP及其复合膜，表面改性膜剂及新型耐高温隔膜等		
制造技术及关键装备	先进电芯制造/质量控制技术	智能化、无人化、洁净化，$C_{pk}>2.0$，材料利用率>98%，动力蓄电池新型工艺技术（如干电极、复合固体电解质电极等），蓄电池、模组及蓄电池系统实现规格化、标准化等		
测试评价	材料、单体、系统测试技术	新型分析和测试评价技术、尤其是全生命周期的安全性、可靠性和耐久性测试技术，关键材料和蓄电池的失效模式分析与验证技术等，实现测试评价技术的标准化、高效化、准确化和定量化		
梯次利用及回收利用	梯次利用	动力蓄电池剩余价值评价技术及方法，动力蓄电池剩余价值评估模型及残余价值评估体系，动力蓄电池高效无损分选和自动分类与归集，实现经济性的应用场景和商业模式		
	回收利用	构建退役动力蓄电池精细化、智能化、高值化清洁循环利用技术体系，实现经济性的绿色回收利用		
新体系动力蓄电池	固态蓄电池 锂硫蓄电池 其他新体系蓄电池	材料体系的构效关系与材料设计、电极/电解质固固两相界面调控与反应机制研究、固态体系中锂离子嵌脱过程引起的材料应力分布变化和对蓄电池性能的影响及调控；新型固态蓄电池结构设计和制造；硫正极稳定性提升和锂负极循环性能提升等		

图 6－5－1　新能源汽车动力蓄电池总体技术路线图（续）

5.2　关键分领域技术路线图

5.2.1　动力蓄电池系统技术路线图

动力蓄电池系统重点在系统成组、热管理、热失控/热扩散防护、蓄电池管理系统等方面开展技术攻关。

1）在系统成组技术方面，利用三维设计软件进行结构、电气等成组设计；利用仿真技术，对蓄电池模组及系统中的静力、动力强度进行计算机辅助设计（CAE）分析，优化系统结构，进行电气仿真，优化电气结构；开展轻量化等新材料应用。

2）在热管理技术方面，利用 CAE 等仿真技术，实现基于流场—温度场耦合的热管理系统方案设计及优化控制，降低系统内温差，提升热管理效率。

3）在热失控/热扩散防护技术方面，基于力、热、电、化等多学科交叉研究，分析单体蓄电池热失控的失效原因、机理和模式，基于实验和仿真模拟，优化模块和系统结构设计，分析蓄电池热失控在不同时间及空间尺度上的特征表现，实现蓄电池热失控的快速报警和扩散抑制，热失控在线/离线等形式的预测、热扩散的防护和控制以及对于蓄电池系统起火的应急消防处理技术等。

4）在蓄电池管理系统技术方面，重点开展高精度状态估算的算法研究，包括荷电状态（SOC）、健康状态（SOH）和功率状态（SOP），软件架构及平台开发，功能信息安全技术研究，云计算技术、智能网联技术和软件升级优化策略算法的研究等。

蓄电池系统技术路线图如图6－5－2所示。

	2025年	2030年	2035年
成组系数	• ＞70%	• ＞73%	• ＞75%
标准化比例	• ＞30%	• ＞60%	• ＞90%
BMS	• SOX精度误差＜3% • 通过离线、在线数据融合的方式提供蓄电池人工维护方案 • 实现ASIL C	• SOX精度误差＜2% • 通过云计算、OTA下发等方式实现远程自动维护 • 实现ASIL D	• SOX精度误差＜1.5% • 结合用车习惯、车况、路况等信息实现个性化、定制化自动维护 • 实现ASIL D
额定工况温差	• ＜5℃	• ＜3℃	• ＜2℃
安全性	• IP67，并初步具备机械滥用监控 • 提前24小时预警 • 热扩散时间＞90min • 报警响应时间＜5s	• IP68，具备机械滥用监控 • 初步实现机械疲劳预警 • 不发生热扩散 • 报警响应时间＜3s	• IP68，具备机械滥用监控及机械疲劳预警 • 不发生热扩散 • 报警响应时间＜1s
智能化（OTA）	• 实现离线数据对在线算法的标定修正 • 实现软件在线升级功能的配备	• 实现离线数据与在线数据融合 • 实现软件在线升级的自我诊断和分析	• 实现云端计算和在线数据完整融合 • 通过智能网络和软件在线升级优化策略算法
成组成本	• 0.2元/W·h	• 0.12元/W·h	• 0.08元/W·h

图6－5－2 蓄电池系统技术路线图

5.2.2 新体系动力蓄电池技术路线图

重点开展高稳定性、高离子导电性材料体系构效关系与材料设计研究、电极/电解质固固界面调控与反应机制研究、固态体系中锂离子嵌脱过程引起的材料应力分布变化和对蓄电池性能的影响及调控研究；解决硫正极溶解问题以及金属锂循环性能提升研究；钠离子蓄电池能量密度提升及锂空气蓄电池循环稳定性研究等问题。

1）在固态蓄电池方面，为满足新能源汽车需求，优化现有固液混合电解质的锂离子蓄电池技术，开发新型固态锂电池，开展提升安全性、一致性和循环寿命等关键技术研究。

2）在锂硫蓄电池方面，优化现有材料体系锂硫蓄电池技术，开展兼具高能量密度和长寿命锂硫蓄电池的技术研究，大幅提升体积能量密度。

3）在其他新体系动力蓄电池方面，提出高比容量锂空气蓄电池寿命提升和低成本钠离子蓄电池质量能量密度提升的技术新途径和新方法等。

新体系动力蓄电池技术路线图如图 6 – 5 – 3 所示。

	2025年	2030年	2035年
固态蓄电池技术	质量能量密度 > 400W · h/kg，循环 > 1000次，研发产品安全性和循环性能接近应用目标	质量能量密度 > 500W · h/kg，循环 > 1500次，并实现工业化成熟应用	质量能量密度 > 700W · h/kg，循环 > 1500次，并实现工业化成熟应用
锂硫蓄电池技术	质量能量密度 > 500W · h/kg，循环 > 500次	质量能量密度 > 600W · h/kg，循环 > 500次	质量能量密度 > 600W · h/kg，循环 > 1000次
其他新体系蓄电池技术	开展锂空气蓄电池、钠离子蓄电池等新体系蓄电池研究	一两种新体系蓄电池实现示范应用	一两种新体系蓄电池实现工业化应用

图 6 – 5 – 3　新体系动力蓄电池技术路线图

5.2.3　动力蓄电池关键材料技术路线图

1. 正极材料

动力蓄电池需要持续提高安全性和能量密度，磷酸铁锂材料和三元材料在未来较长时间内仍是动力蓄电池主要材料的选择。磷酸铁锂材料比容量已接近极限，但压实密度会进一步提高；三元材料镍含量将进一步提升并以单晶化为发展趋势，逐步向低钴/无钴多元材料过渡；尖晶石镍锰酸锂材料因高电压和低成本、富锂锰基材料因较高的比容量和较宽的电化学窗口，成为开发热点；随着固态电解质技术的进步，固体电解质复合型材料正成为关注热点；多电子材料由于高比容量等优势，也在进一步开发中。

三元材料主要包括镍钴锰和镍钴铝两个系列，三元材料主要通过进一步提高镍含量以提高其比容量，同时，通过掺杂、包覆和表面处理等技术手段，提高其循环性能。2025年，高镍三元材料比容量大于 210mA · h/g，2030 年大于 220mA · h/g，2035 年大于 240mA · h/g。

富锂锰基材料主要通过材料改性的技术手段，在保持高比容量的前提下，提升高电压使用条件下的循环性能。通过对层状富锂锰基材料表面进行多种金属协同包覆，隔绝电解液对材料表面结构的侵蚀；通过对材料进行体相的高价金属掺杂，提高材料首次充放电效率，减少副反应的发生。2025 年，富锂锰基材料比容量大于 300mA · h/g，2030 年大于 350mA · h/g，2035 年大于 400mA · h/g。

尖晶石镍锰酸锂正极材料的重点是提升其高温循环性能，磷酸铁锂正极材料的重点是提升压实密度和倍率性能。

2. 负极材料

目前，商业化应用最广泛的负极材料是石墨类材料（天然石墨、人造石墨和中间相碳微球)。其他已规模化生产和应用的负极材料各具特色，无定型碳材料（硬碳和软碳）倍率性能好，硅碳材料比容量高，钛酸锂材料高低温性能和循环性能优异。金属锂将成为研究的重点，主要应用于包含固态蓄电池在内的新体系蓄电池中。

石墨材料的比容量已接近理论值，下一步发展趋势是提升压实密度和降低成本。无定型碳材料具有良好的寿命和循环性能，下一步发展趋势是高比容量材料的实用化，同时需要提升首次循环库仑效率和降低成本。2025 年，无定型碳材料比容量大于 350mA·h/g，2030 年大于 400mA·h/g，2035 年大于 500mA·h/g。

硅具有超过石墨材料 10 倍的理论比容量（4200mA·h/g）和略高于石墨的嵌锂电压平台。目前，国内外逐步推出的高比容量负极材料产品主要还是在石墨中混合部分一氧化硅，需要通过多种技术方法进行补锂，提升其首次库仑效率。硅碳复合材料则需要构建稳固的硅碳二次颗粒复合结构，引入无定型碳层缓冲硅膨胀、添加锡等金属元素提升硅反应活性，通过控制硅颗粒的氧含量提升其首次库仑效率和用表面改性处理进一步提升循环性能。2025 年硅碳材料比容量大于 800mA·h/g，2030 年大于 1200mA·h/g，2035 年大于 1500mA·h/g。

2025 年以后，快充型钛酸锂材料预计将被比容量倍增的铌酸钛材料取代。

3. 隔膜

隔膜薄型化已成为发展趋势。湿法隔膜技术路线目前已成为主流选择，聚烯烃隔膜超薄化技术将进一步完善。下一步发展趋势是优化隔膜结构特征参数和一致性，比如优化厚度、孔隙率取值、孔径尺寸和孔径分布；解决规模化生产隔膜一致性核心技术；实现隔膜在 0~5V 电化学窗口内的稳定工作。预计 2025 年、2030 年和 2035 年，分别实现 7μm、5μm 和 3μm 隔膜的量产应用，通过发展功能涂层、新型耐高温材料以及新型制模工艺提升隔膜耐温性；隔膜的安全使用温度 2025 年大于 200℃，2030 年大于 250℃，2035 年大于 300℃。

4. 电解液

高纯度、高稳定性电解液对提升锂离子蓄电池的性能至关重要，涉及溶剂的纯化、电解质的生产和纯化、电解液添加剂的生产和纯化、高性能电解液的组配和优化等；发展氟化溶剂，合理使用阻燃剂，提升电解液的安全性；拓宽电解液温度范围，满足动力蓄电池宽温度（-40~60℃）使用需求；高电压下电解液稳定性持续提升。发展高抗氧化剂溶剂和新型锂盐电解质，满足 5.0V 高压材料蓄电池稳定性。

固体电解质将由固液混合电解质、聚合物—锂盐复合电解质等向锂离子迁移数为 1 的单离子固态电解质过渡，包括硫化物电解质、氧化物电解质、磷酸盐电解质和单离子聚合物及其复合材料；固体电解质电导率由 10^{-3}S/cm 逐步提升到 5×10^{-3}S/cm 和 10^{-2}S/cm。

动力蓄电池关键材料技术路线图如图 6-5-4 所示。

	2025年	2030年	2035年
正极材料（比容量）	• 磷酸铁锂 > 165mA·h/g • 三元材料 > 210mA·h/g • 锰酸锂 > 115mA·h/g • 镍锰酸锂 > 135mA·h/g • 富锂锰基 > 300mA·h/g	• 磷酸铁锂 > 165mA·h/g • 三元材料 > 220mA·h/g • 锰酸锂 > 115mA·h/g • 镍锰酸锂 > 135mA·h/g • 富锂锰基 > 350mA·h/g • 新型正极 > 400mA·h/g	• 磷酸铁锂 > 165mA·h/g • 三元材料 > 240mA·h/g • 锰酸锂 > 115mA·h/g • 镍锰酸锂 > 140mA·h/g • 富锂锰基 > 400mA·h/g • 新型正极 > 600mA·h/g
负极材料（比容量）	• 石墨材料 > 360mA·h/g • 无定型碳 > 350mA·h/g • 硅碳材料 > 800mA·h/g • 铌酸钛 > 250mA·h/g	• 石墨材料 > 360mA·h/g • 无定型碳 > 400mA·h/g • 硅碳材料 > 1200mA·h/g • 铌酸钛 > 280mA·h/g	• 石墨材料 > 360mA·h/g • 无定型碳 > 500mA·h/g • 硅碳材料 > 1500mA·h/g • 铌酸钛 > 300mA·h/g
隔膜	• 安全使用温度 > 200℃ • 受热收缩率 < 1%(200℃双向) • 电化学窗口 > 5V • 基膜厚度 < 7μm	• 安全使用温度 > 250℃ • 受热收缩率 < 1%(250℃双向) • 电化学窗口 > 5V • 基膜厚度 < 5μm	• 安全使用温度 > 300℃ • 受热收缩率 < 1%(300℃双向) • 电化学窗口 > 5V • 基膜厚度 < 3μm
电解液	• 功能有机电解液 • 电化学窗口 > 5V • 室温电导率 > 10^{-2}S/cm • 固体电解质电导率 > 10^{-3}S/cm	• 阻燃型有机电解液 • 电化学窗口 > 5V • 室温电导率 > 10^{-2}S/cm • 固体电解质电导率 > 5×10^{-3}S/cm	• 不燃型有机电解液 • 电化学窗口 > 5V • 室温电导率 > 10^{-2}S/cm • 固体电解质电导率 > 10^{-2}S/cm

图 6-5-4 动力蓄电池关键材料技术路线图

5.2.4 动力蓄电池制造技术路线图

到 2025 年，锂离子动力蓄电池仍占主导地位，制造工艺不会有颠覆性变革，包括固液混合的锂离子蓄电池和锂硫蓄电池也基本沿用现有成熟的生产工艺，重点在于大幅提升制造质量和效率；到 2030 年，极片生产工艺有可能过渡到无溶剂化，实现动力蓄电池智能化制造；到 2035 年，固态蓄电池的生产工艺定型并走向成熟，实现锂离子蓄电池和固态电池数字化制造。

动力蓄电池制造技术路线图如图 6-5-5 所示。

5.2.5 动力蓄电池测试评价技术路线图

重点开展动力蓄电池关键材料、蓄电池、蓄电池系统等的评价技术研究。

加强对于动力蓄电池产品全生命周期的综合性能、安全可靠性和循环耐久性的测试评价技术研究。综合考虑蓄电池关键材料、蓄电池和蓄电池系统等多层级产品之间的关联对应关系，采用机理分析、模拟仿真和试验研究，建立动力蓄电池全生命周期的性能表征技术和加速测试技术。

建立科学全面的、普遍适用性的车规级动力蓄电池评价技术体系，兼顾标准法规要求和产品开发测试评价。

动力蓄电池测试评价技术路线图如图 6-5-6 所示。

	2025年	2030年	2035年
动力蓄电池制造技术	• 蓄电池规格种类<50 • 单线产能>2GW·h • C_{PK}>1.33 • 材料利用率>94% • 产品直通率>94% • 制造成本降到0.1元/W·h • 实现制造安全因素全监控	• 蓄电池规格种类<25 • 单线产能>3GW·h • C_{PK}>1.67 • 材料利用率>96% • 产品直通率>96% • 制造成本降到0.08元/W·h • 实现制造安全闭环	• 蓄电池规格种类<12 • 单线产能>4GW·h • C_{PK}>2.0 • 材料利用率>98% • 产品直通率>98% • 制造成本降到0.06元/W·h • 实现制造安全预警自优化
新型蓄电池工艺装备	• 匀浆单机产能>6GW·h • 涂布速度>100m/min • 卷绕线速度>2m/s • 叠片速度>600PPM • 方形、软包组装速度>24PPM • 干电极工艺及装备 • 数据字典、数据平台建立、单机设备边缘闭环	• 匀浆单机产能>8GW·h • 涂布速度>120m/min • 卷绕线速度>3m/s • 叠片速度>1000PPM • 方形、软包组装速度>40PPM • 干电极工艺及装备 • 工艺模型建立、数据分段智能闭环	• 匀浆单机产能>12GW·h • 涂布速度>180m/min • 卷绕线速度>4m/s • 叠片速度>1500PPM • 方形、软包组装速度>60PPM • 干电极工艺及装备 • 工业人工智能、大数据、数据整体质量智能闭环
新体系蓄电池工艺装备	• 固态电解质/电极复合、预锂化等技术	• 电极复合速度>60m/min • 工艺参数与制造质量闭环	• 电极复合速度>90m/min • 复合质量学习闭环
智能制造工厂建设	• 全生命周期制造数据集成、设备边缘计算、工艺数据设备闭环 • 搭建基于锂电制造的微服务开放平台、建立质量优化模型 • 制造系统云服务平台建设、制造远程运维系统	• 实现制造过程中基于模型定义的工程集成优化 • 实现基于工艺数据的自学习优化	• 实现大规模定制、整线闭环生产、多品种混线柔性切换 • 平台App优化、质量深度学习 • 实现故障完全预测管控、无人工厂智能管控运行

图6-5-5 动力蓄电池制造技术路线图

	2025年	2030年	2035年
关键材料评价技术	• 完成关键材料定量测评技术开发和标准制定 • 发展先进的原位表征技术 • 发展材料失效分析测试技术 • 形成材料–蓄电池–性能闭环联动评价技术体系	• 实现高通量、原位材料评价技术，具备较高时间和空间分辨能力 • 实现无损分析及快速评测相关失效模式方法的标准化，建立完善的蓄电池失效测评价数据库	• 实现关键材料海量测评数据快速分析能力 • 建设完成失效分析共享平台，形成国际化、标准化、集成化、定量化的材料测评技术体系
蓄电池评价技术	• 建立蓄电池全生命周期的化–电–热–力耦合性能测评技术 • 开发无损的电池失效和缺陷分析技术 • 完善全生命周期内的蓄电池安全性测评体系，建立安全分级标准体系 • 建立动力蓄电池技术标准体系	• 建立蓄电池全生命周期的化–电–热–力多场性能模拟仿真评价技术体系 • 建立蓄电池安全性快速评估模型 • 优化蓄电池寿命预测模型及加速老化寿命评价方法	• 结合云端大数据分析，实现蓄电池性能精准在线评价和预测 • 建立动力蓄电池在线安全预警体系
蓄电池系统评价技术	• 建立标准化、可重复的动力蓄电池热失控触发模型及方法 • 建立基于热扩散发展强度的蓄电池系统安全量化评价体系 • 建立复合应力下的蓄电池系统安全可靠性测试评价方法 • 提出实际运行工况下的蓄电池系统失效模式分析方法 • 建立基于中国汽车工况的蓄电池系统循环寿命评价技术及加速方法 • 建立动力蓄电池系统技术标准体系	• 建立面向实际使用工况的全生命周期的蓄电池系统安全性快速评价技术 • 建立蓄电池系统的化–机–电–热安全风险在线测试技术 • 建立动力蓄电池剩余寿命评价模型及方法 • 建立蓄电池系统热事故致灾及有害物质危害等级评价标准	• 提出全生命周期内的蓄电池系统实际使用工况下的安全性边界量化评价方法 • 建立蓄电池系统故障在线辨识和安全性预警技术

图6-5-6 动力蓄电池测试评价技术路线图

5.2.6　动力蓄电池梯次利用及回收利用技术路线图

1. 动力蓄电池梯次利用技术路线图

开展退役动力蓄电池残余价值评价技术研究，深化白箱蓄电池快速评估技术，建立退役动力蓄电池残余价值评估体系，实现退役动力蓄电池快速评估；开展退役动力蓄电池高效柔性无损智能拆解和精细分选技术研究，建立全自动化分选生产线，实现自动分类与归集；开展退役动力蓄电池安全性及剩余寿命评估技术研究，健全梯次利用蓄电池标准体系，实现蓄电池系统级、模组级的再利用，推进电网储能、通信电源、低速电动汽车等应用场景的低成本高可靠运行，实现可持续商业化运营。蓄电池梯次利用技术路线图如图6－5－7所示。

	2025年	2030年	2035年
评估	• 开展黑箱和白箱模型研究，提高模型的准确性和快速性 • 开展退役动力蓄电池残余价值评价技术和评估体系研究 • 开展退役动力蓄电池安全性及剩余寿命评估技术研究	• 基于白箱模型实现小时级的快速评估 • 建立完善的退役动力蓄电池残余价值评估体系	• 基于白箱模型实现运行状态下的实时评估 • 建立完善的梯次利用蓄电池标准体系
拆解及重组	• 退役动力蓄电池全自动拆解到蓄电池系统、模组和单体 • 开展退役动力蓄电池重组技术研究	• 退役动力蓄电池的全自动柔性拆解到蓄电池系统和模组	• 形成全自动拆解流水线，可根据需要进行不同系统的柔性拆解
推广规模	• 实现重组蓄电池系统的梯次利用，梯次利用蓄电池总规模>10GW·h	• 实现退役动力蓄电池系统和模组的梯次利用，梯次利用蓄电池总规模>20GW·h	• 实现退役动力蓄电池系统的梯次利用，梯次利用蓄电池总规模>40GW·h
商业模式	• 在低速电动汽车、通信电源等替换铅酸蓄电池应用场景方面实现商业化运营	• 梯次利用蓄电池在电网侧储能方面实现商业化运营	• 梯次利用蓄电池系统实现不同性能的多级梯次利用商业化运营

图6－5－7　蓄电池梯次利用技术路线图

2. 动力蓄电池回收利用技术路线图

开展退役动力蓄电池智能拆解、高效安全破碎、精细分选及归集技术研究，以及有价元素高效提取回收技术研究；强化有机组分分离和毒害组分无害化处理，构建退役动力蓄电池精细化、智能化、高值化清洁循环利用技术体系，推动退役动力蓄电池全组分高效资源化绿色回收利用。蓄电池回收利用技术路线图如图6－5－8所示。

	2025年	2030年	2035年
拆解分选	• 实现自动破碎解离、精细分选，铜、铁、铝回收率>90%，极粉中金属杂质含量<3% • 突破正负极粉分离技术	• 实现安全破碎解离、智能分选，铜、铁、铝回收率>95%，极粉中金属杂质含量<1% • 正负极粉分离率>95%	• 实现精细拆解、智能分选，铜、铁、铝回收率>99% • 正负极粉完全分离，杂质含量，满足修复要求
正极材料回收	• 镍钴锰综合回收率>98%；突破低成本磷酸铁锂废料回收技术，铁锂回收率>92%，磷酸铁生产成本低于市场主流工艺成本 • 正极粉中锂回收率>90% • 突破杂质元素控制与高品质自掺杂改性材料再生制备技术	• 三元废料镍钴锰综合回收率>99%；磷酸铁锂废料铁锂回收率>98%，磷酸铁锂回收经济运行 • 正极极粉中锂回收率>95% • 形成高品质自掺杂改性材料再生产品	• 三元废料镍钴锰综合回收率>99%；磷酸铁锂废料铁锂回收率>99% • 正极极粉中锂回收率>99% • 突破短流程直接再生修复技术，产品性能满足市场要求
负极材料回收	• 实现退役动力蓄电池石墨负极再生产业示范运行	• 退役动力蓄电池石墨负极再生产业稳定运行，石墨综合回收率>95%	• 石墨负极回收产业经济稳定运行，形成系列高值产品，石墨综合回收率>99% • 突破硅碳负极材料再生利用技术
安全环保	• 退役动力蓄电池破碎着火率<1% • 含氟毒害组分无害化处置率100% • 回收残渣处置率100%	• 安全破碎解离稳定生产运行 • 突破隔膜和电解液无害化处置技术，隔膜无害化处置率100%，电解液无害化处置率>80%	• 电解液无害化处置率100% • 突破隔膜和电解液资源化回收利用技术

图 6-5-8　蓄电池回收利用技术路线图

6 创新发展需求

本领域在基础前瞻、应用技术、示范与产业化、行业共性技术等层面到 2030 年最重要的项目分别见下表。

说明：实施方式中 A 为国家主导，B 为行业联合，C 为企业领跑。

序号	项目名称	必要性	项目目标	研究内容	预期成果	实施方式
1	质量能量密度 > 500W · h/kg 动力蓄电池的新材料技术研究	开发高比能新体系动力蓄电池（质量能量密度 > 500W · h/kg）的核心是新型正极材料、负极材料、电解质等关键新材料技术突破	正极材料比容量 > 500mA · h/g，负极材料比容量 > 1500mA · h/g；室温下固体电解质电导率 > 5×10^{-3}S/cm	开发轻质多电子反应正极材料、轻质和循环性能好的负极材料、高离子电导率和高机械性能的固态电解质等	开发出具有自主知识产权的新材料及制备技术，并形成中试级产品	A
2	质量能量密度 > 500W · h/kg 的固态蓄电池技术研究	新能源汽车对高比能动力蓄电池的需求日益迫切，安全性高和经济性好的高比能动力蓄电池成为研究热点，急需研究蓄电池新结构及制造新工艺，其中固态蓄电池被认为最具发展潜力	研发新型固态蓄电池结构和制造工艺，开发出质量能量密度 > 500W · h/kg 的动力蓄电池，安全性、循环耐久性及环境适应性等满足新能源汽车要求	研究固体电解质和电极制备成型工艺；优化选择关键部件，如双极性集流体和封装材料；优化蓄电池组装工艺，开发固态蓄电池制造新技术、新工艺等	开发出具有自主知识产权的固态蓄电池结构、制造新工艺，并形成中试级产品	B
3	新型动力蓄电池及关键材料计算仿真技术研究	动力蓄电池及关键材料的反应过程涉及复杂的电化学反应、传质和传热等过程，通过计算和仿真技术，可全面、系统性地分析蓄电池及关键材料在工作过程中各物理量的动态演化规律，为蓄电池及关键材料的设计提供理论支撑，可大幅缩短研发时间	通过数据挖掘、机器学习及计算模拟相结合的方式，实现动力蓄电池材料及动力蓄电池的模拟仿真设计	利用量子力学计算和机器学习技术研究新型材料，预测其稳定性和电性能，缩短新型蓄电池材料的研发周期；构建蓄电池模型，利用有限元等方法研究蓄电池的电化学性能及热特性，指导蓄电池设计，缩短新材料应用和蓄电池开发周期	发现电化学性能优异的新材料，构建蓄电池材料数据库；构建蓄电池仿真模型，指导蓄电池合理设计	B

（续）

序号	项目名称	必要性	项目目标	研究内容	预期成果	实施方式
4	新型动力蓄电池管理技术研究	BMS 是连接动力蓄电池系统和新能源汽车的重要纽带，实时采集、处理、存储动力蓄电池系统运行过程中的重要信息，解决动力蓄电池系统在整车使用中安全性、可用性、易用性、使用寿命等关键问题，提高蓄电池的利用率，防止蓄电池出现过充/放电，保障动力蓄电池系统的安全可靠和正常运行	软件架构支持 AUTOSAR；基于初步信息安全机制的 OTA 技术；模块化设计的传感器单元设计；高精度 SOX 技术；功能安全满足 ASIL C；基于大数据平台建立热失控模型，实现安全预警	符合功能安全和低开发成本的标准化软件架构平台研究；科学的动力蓄电池状态识别算法和精准的热管理策略研究；热失控模型及安全预警技术研究；信息防御机制及 OTA 技术研究等	开发出先进的动力蓄电池管理技术，在新型动力蓄电池系统中推广应用	B

6.2 应用技术

序号	项目名称	必要性	项目目标	研究内容	预期成果	实施方式
1	新体系动力蓄电池系统集成技术	基于高比能新体系动力蓄电池研发，实现新一代动力蓄电池系统应用，急需研究新型蓄电池系统结构、蓄电池管理技术、热管理和安全技术	发展基于新体系动力蓄电池系统的结构和制造工艺、新型蓄电池管理技术、热管理技术和安全技术，开发出空间利用率 > 80% 的蓄电池系统，安全性、寿命及环境适应性等满足新能源汽车要求	研究新体系动力蓄电池电化学模型、蓄电池管理技术、热管理技术和安全技术，推进新型结构材料、导电和热管理材料的应用，开发动力蓄电池系统制造新技术和新工艺等	形成具有自主知识产权的新体系动力蓄电池系统集成技术和新一代动力蓄电池系统制造新工艺，并形成产品	A、C
2	关键核心设备和自动化生产线技术	动力蓄电池制造效率和质量的提升关键在于制造工艺和装备技术的突破和自动化生产的实现	突破新一代动力蓄电池高精度高效率制造装备技术，研究高速一体化生产线技术	开发新型极片生产、激光切割、高速叠片/卷绕等关键设备，开发单线产能 > 4GW · h 的一体化生产线技术	为高端动力蓄电池制造和大规模生产提供支持	A、C

3	动力蓄电池快速评估方法研究	动力蓄电池的循环耐久性、全生命周期的安全可靠性以及退役动力蓄电池的残余价值等相关参数测试周期长，试验成本高，急需开展快速评价方法的研究	建立动力蓄电池标准化和流程化的循环耐久性、全生命周期的安全可靠性以及退役动力蓄电池的残余价值测试评估方法，并实现应用	结合新能源汽车实际使用工况和温度、电流、振动等加速因素，开展动力蓄电池循环耐久性和安全可靠性快速评估技术和方法的研究；利用政府和企业监控平台的海量数据，开展白箱和黑箱蓄电池模型研究，发展快速筛选技术，实现蓄电池残余价值的快速评估	形成快速评估的测试方法和标准流程	B
4	退役动力蓄电池清洁循环利用	动力蓄电池的报废不可避免地带来回收处理问题，安全、环保、高效地对退役动力蓄电池进行回收是急需解决的问题	建立智能拆解、安全破碎和精细分选生产线；实现钴、镍、锰、锂、铜、铝等元素高效回收；实现隔膜、电解液及其他辅助材料的回收利用/无害化处理；建立火法、湿法冶金工艺流程	有机物深度分离及毒害组分无害化处理技术；金属元素热处理分离技术；负极石墨修复技术；金属元素复杂溶液提纯与循环利用技术等；智能拆解、安全破碎和精细分选技术；火法/湿法回收工艺及装备技术	形成火法/湿法回收工艺包及成套装备，实现推广应用	C
5	质量能量密度>500W·h/kg的高比能动力蓄电池安全性技术研究	新能源汽车安全性成为制约新能源汽车商业化发展的短板；开发具有高安全性的高比能动力蓄电池是新能源汽车商业化应用的重要保障和必然趋势	建立高比能材料结构和界面稳定性模型，探索材料/电解质界面反应机制，探索材料电压、热、循环失效边界，提高高比能动力蓄电池安全性	重点开展高稳定性、高离子导电特性锂离子导电材料体系构效关系与材料安全设计研究；电极/电解质固固两相界面调控与反应机制研究；锂离子嵌脱引起的材料应力分布变化和对蓄电池安全性能的影响及调控研究，开展高比能动力蓄电池热安全、电安全、结构安全研究	实现高比能动力蓄电池的安全性技术应用	A

（续）

序号	项目名称	必要性	项目目标	研究内容	预期成果	实施方式
6	动力蓄电池系统全生命周期安全性研究	目前对动力蓄电池系统的安全性评价主要聚焦在新蓄电池，对蓄电池使用中后期的安全性评价急需加强，以切实提升动力蓄电池系统使用过程中的安全性	总结动力蓄电池系统全生命周期安全性演变与老化衰减机理的演变规律，开展蓄电池系统全生命周期热失控/热扩散防范设计与安全管理，对蓄电池系统化安全故障/事故提前预警	结合整车使用工况，研究分析动力蓄电池系统全生命周期的安全性演变因素，研究蓄电池系统热失控触发方法及热扩散测试评价方法，掌握单体蓄电池热失控测试评价与抑制技术、热失控预警技术、蓄电池系统热扩散的防护和控制技术等	建立动力蓄电池系统全生命周期安全性测试评价体系，形成系统性、规范性的动力蓄电池全生命周期安全性综合测试评价体系	B

6.3 示范与产业化

序号	项目名称	必要性	项目目标	研究内容	预期成果	实施方式
1	动力蓄电池关键材料产业化技术研究	高比容量正负极材料、耐高温隔膜和高纯度/高稳定性电解质是开发高能量密度和高安全性动力蓄电池（质量能量密度＞400W·h/kg）的基础和支撑	开发新型高比容量正负极材料（高镍多元、富锂锰基材料、硅/锡基复合材料）、耐高温隔膜（超薄聚乙烯涂层隔膜、聚酰亚胺隔膜、PVDF隔膜等）和高纯度/高稳定性电解质（功能电解质材料、固态电解质材料和阻燃电解质等）制备技术，提升关键材料的工程化制备技术，满足高比能动力蓄电池发展的迫切需求	重点开展高比容量纳米硅/锡基复合材料、高镍多元、富锂锰基材料、耐高温隔膜和高纯度/高稳定性电解质研究及应用工作，发展新型制造工艺和装备技术	材料性能满足质量能量密度为400W·h/kg动力蓄电池的应用要求，建立正负极、隔膜和电解质材料的规模化生产线	B

2	质量能量密度>400W·h/kg的动力蓄电池产业化技术研究	开发质量能量密度>400W·h/kg动力蓄电池技术，提升其安全性及循环寿命，是推动长续驶里程新能源汽车发展的必要手段	开发出质量能量密度>400W·h/kg的锂离子动力蓄电池，安全性、循环寿命及成本满足新能源汽车要求	研究新型电解质和电极制备成型工艺；研究高稳定性合金负极制备技术；优化选择关键部件，如集流体、隔膜、封装材料；优化极片制备成形、蓄电池组装工艺过程；全自动化上产装备技术等	建设质量能量密度>400W·h/kg动力蓄电池产业化示范基地，实现规模化应用	B
3	质量能量密度>350W·h/kg的动力蓄电池系统产业化技术研究	高比能、高安全和长寿命动力蓄电池系统是支撑高端新能源汽车发展的核心部件	开发出质量能量密度>350W·h/kg的动力蓄电池系统，安全可靠性、循环耐久性以及成本满足新能源汽车发展需求	开发新型蓄电池管理系统和热管理系统；研究动力蓄电池系统状态估计算法和OTA技术，发展系统动态建模精度技术，实现软件在线升级；研究蓄电池系统轻量化技术、热失控预警技术热扩散防控技术开发新型冷却技术	开发具有自主知识产权的动力蓄电池系统，建立标准化信息防御机制，实现动力蓄电池系统小批量生产和应用	B
4	动力蓄电池智能工厂示范应用	推进动力蓄电池制造的智能化和数字化是动力蓄电池产业升级的迫切需求	开发智能制造信息系统，建成基于人工智能和大数据技术的动力蓄电池智能制造示范工厂，实现高品质动力蓄电池的规模化生产	研发3D虚拟验证、执行软件、自动化控制、数据采集、大数据质量分析技术，实现蓄电池智能生产纵向集成，建成人工智能和大数据技术的智能蓄电池制造示范工厂，实现动力蓄电池生产计划与制造装备协同及品质管控	建立柔性化制造、智慧物流、信息采集与集成关键技术的动力蓄电池智能制造示范工厂	A、C

6.4 行业共性技术

序号	项目名称	必要性	项目目标	研究内容	预期成果	实施方式
1	下一代关键材料及新体系动力蓄电池研发及测试平台	下一代高性能低成本蓄电池关键材料及新体系动力蓄电池技术的研发及测试分析是推动动力蓄电池行业技术持续发展和进步的重要支撑	建成新一代高性能低成本蓄电池关键材料及新体系动力蓄电池技术研发和测试分析平台，推动行业技术升级	动力蓄电池关键材料研制和测试分析技术研究及平台建设；新结构蓄电池设计、模拟仿真、测试分析技术研究；新体系动力蓄电池制造技术工艺和装备研发及试验生产线建设	建成新一代高性能低成本动力蓄电池关键材料及新体系动力蓄电池技术的研发和测试分析的公共服务平台	A、B
2	关键材料、动力蓄电池及蓄电池系统测试评价技术平台	关键材料及动力蓄电池测试评价已制定部分国家标准并实施，但尚未形成系统性的行业规范、技术要求、检测检验方法，设计验证能力、试验检测能力、产品规范/标准的研究能力	采用先进的检测、分析方法和模型、软件工具，建立关键材料高效定量的性能测试和表征分析的公共平台；建立动力蓄电池及蓄电池系统的电性能、循环耐久性、环境适应性、安全可靠性的技术评价、设计验证、功能安全等的验证体系	开展新型关键材料、动力蓄电池及蓄电池系统的评估技术及方法研究，研究关键材料失效和蓄电池性能衰退机理，开展动力蓄电池系统全生命周期的综合性能、安全可靠性和循环耐久性的测试评价技术研究等	建立公共测试平台，获得关键材料、动力蓄电池及蓄电池系统的大量测试数据，形成数据库，实现信息共享与数据挖掘，加速先进材料、动力蓄电池和蓄电池系统的开发和推广，建立科学全面、普遍适用性的动力蓄电池测评技术体系	B

3	动力蓄电池标准体系研究	我国动力蓄电池标准体系已初步建立，需根据新能源汽车发展需求，进一步完善和加强动力蓄电池产品规范、检测标准的研究能力，以促进动力蓄电池产业的持续发展	完善动力蓄电池安全可靠性、循环耐久性以及电性能等技术要求和测试方法	开展在用车辆动力蓄电池安全评价测试方法和规程研究；开展全生命周期的安全可靠性相关标准研究；修订完善动力蓄电池循环耐久性、电性能等标准内容；开展动力蓄电池标准化（单体、模组及系统等）等标准的修订；开展固态蓄电池等前沿技术的标准预研；开展车规级动力蓄电池及蓄电池系统的标准预研	完善新能源汽车标准体系，促进新能源汽车产业发展	B
4	动力蓄电池智能制造技术研究	高安全、长寿命、低成本的动力蓄电池对蓄电池制造提出了数字化、信息化、标准化、自动化、智能化等更高要求	利用新一代信息技术，实现动力蓄电池制造设备层互联互通互操作，开发智能制造信息系统，研制基于人工智能和大数据技术的动力蓄电池智能制造装备，具备3D数字孪生虚拟验证、设备故障诊断、工艺波动与重组、产品质量追溯等功能，可实现产品质量自完善、物料和产能自平衡	开发智能信息系统，研制基于人工智能和大数据技术的智能制造装备，具备3D虚拟验证、设备故障诊断、产品追溯、大数据质量分析功能，可实现动力蓄电池智能生产纵向集成；研发蓄电池系统柔性化智能制造、智慧物流、信息采集与集成关键技术，具备基于MES系统的蓄电池模组/蓄电池系统智能装配和集成功能	建立动力蓄电池智能制造数字化平台，推动动力蓄电池智能制造技术应用	A

第七章 新能源汽车电驱动总成系统技术路线图

CHAPTER 07

1 导　言

1.1 战略意义

经过近四个“五年”计划的持续发展，我国新能源汽车技术与产业取得长足进步，形成了从整车、核心零部件到基础材料较为完整的产业链，产业规模连续五年居全球首位。驱动电机及其控制系统是各类新能源汽车的核心零部件，是新能源汽车实现机械能与电能转换的关键。我国有较好的电机工业基础和丰富的稀土资源，驱动电机系统在全球资源限制条件下具有比较明显的优势，易于形成中国特色优势产业。我国自主研发的系列化驱动电机及控制器产品的峰值功率范围覆盖了360kW以下各类新能源汽车用电驱动系统动力需求，关键技术指标如功率密度、效率等与国际同类产品水平相当。我国新能源汽车绝大部分采用自主驱动电机及其控制系统，同时实现了批量出口。

根据中国汽车工业协会统计数据，2019年我国新能源汽车产销量分别达到124.2万辆和120.6万辆，其中新能源乘用车产销量分别达到109.1万辆和106.0万辆，新能源商用车产销量分别达到15.1万辆和14.6万辆。在驱动电机及控制器配套企业中，新能源乘用车驱动电机和电机控制器的国内企业配套比例分别达到83.6%和85.9%，新能源商用车全部由国内企业配套。我国新能源汽车市场驱动电机前20家配套比例达到81.1%，其中15家为国内驱动电机企业；电机控制器前20家配套比例达到75.9%，其中16家为国内电机控制器企业。总体上，我国在驱动电机及控制器领域具备了较为充分的国产化配套能力，产业聚集效应初步显现。2019年我国新能源汽车驱动电机及控制器整体配套情况如图7-1-1所示。

高速、高效、高密度、低振动噪声、高性价比是新能源汽车驱动电机的重点发展方向。面向新能源汽车的更大规模应用，我国一方面需要持续提升驱动电机设计和制造水平，另一方面需要加大对高性能硅钢材料、低重稀土永磁材料、耐电晕耐高温绝缘材料、直接油冷电机材料、高速轴承、位置传感器等基础核心零部件的研发投入。在电机控制器方面，技术方向瞄准更高功率密度和更高效率，第三代宽禁带半导体器件基础材料与设计，功率模块高效冷却与封装，无源器件技术，相关传感、控制和通信用集成电路等技术和工艺是研究重点和关键方向。

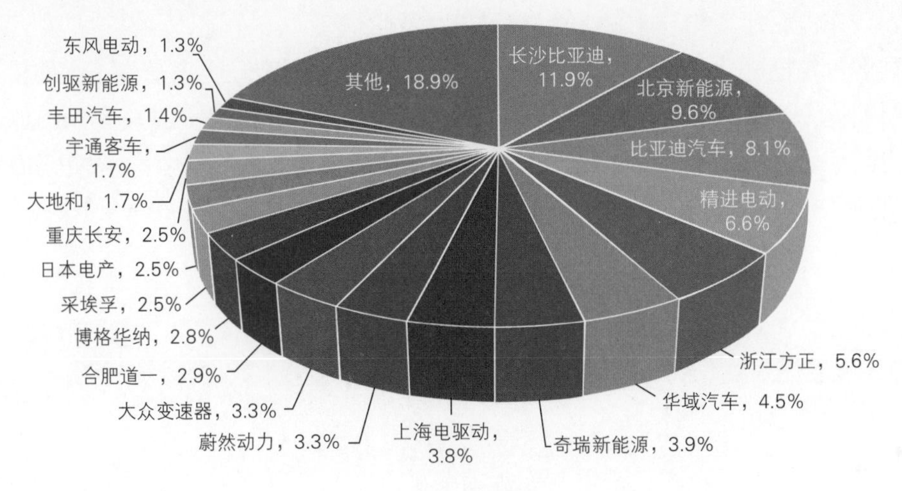

a）驱动电机配套

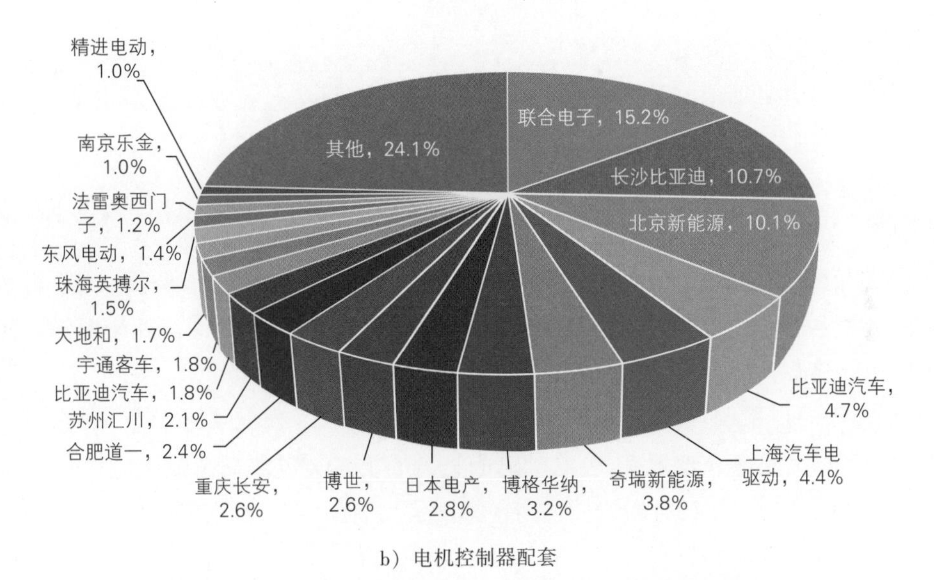

b）电机控制器配套

图 7－1－1　2019 年我国新能源汽车驱动电机及控制器配套情况

注： 数据来源于中国汽车技术研究中心。

电驱动总成系统是新能源汽车动力传动系统一个明确的产品发展方向，我国起步与国外基本同步，然而我国需要加快自主高速减速器/变速器及其轴承、齿轮等配套关键零部件开发，并强化电机和减速器/变速器的深度集成。面向分布式驱动电动汽车应用的轮毂/轮边电机总成是新能源汽车行业发展的热点之一，我国需要在轮毂/轮边电机的集成、防护、安全与成本控制等方面持续增加投入。

我国相继建立了“电动汽车产业技术创新战略联盟”和“电动汽车电驱动系统全产

业链技术创新战略联盟”等，联盟涵盖了新能源汽车产业链上下游，在高密度电机控制器、全碳化硅电机控制器、高密度驱动电机、电驱动总成等方面取得了进展，推动了核心零部件的持续研发与验证，进一步提升了我国核心器件和零部件的自主竞争力，带动了我国新能源汽车电驱动系统全产业链的创新发展。

新能源汽车电驱动总成技术涵盖纯电动汽车、插电式混合动力电动汽车、增程式电动汽车、燃料电池汽车、混合动力汽车等各类采用驱动电机作为动力源或辅助动力源汽车的应用，也可广泛应用于电动化轨道交通、海空运载装备、工程机械、工业变频等相关领域，带动相关行业技术进步和节能减排。

1.2 研究范围及修订说明

1.2.1 研究范围

新能源汽车电驱动总成系统定义为驱动电机、电机控制器通过集成不同的机械组件（变速器、离合器等）形成的电驱动动力总成系统，是为新能源汽车提供主要的能量转换与动力传递的系统。

新能源汽车电驱动总成系统研究范围包括以下四方面。

1）驱动电机及其控制系统：包括新能源汽车驱动电机本体、驱动电机控制器本体、电机系统控制软件等，提出未来技术发展方向、实现的技术途径与关键核心指标的发展目标。

2）驱动电机系统的核心材料及器件：包括硅钢片、电磁线、永磁体、绝缘材料、轴及轴承、电力电子器件、集成电路和控制芯片、无源器件等，提出面向新能源汽车驱动电机系统应用的核心关键指标与可能的技术途径。

3）电驱动总成系统：包括纯电动乘用车电驱动总成、插电式乘用车机电耦合总成、新能源商用车动力总成、轮毂/轮边电机总成等，提出各类电驱动总成系统的技术发展目标、核心技术指标与可能的技术发展方向，特别是与驱动电机及其控制系统紧密关联的核心指标与技术发展方向。

4）试验认证与制造：包括设计软件、认证标准、检测装备、制造装备等，提出我国自主的设计开发软件，包括操作系统和软件架构、认证体系、开发与测试工具等发展需求。

1.2.2 修订说明

技术路线图 2.0 中汽车电驱动总成系统技术路线图是根据行业专家论证新增独立章节。在技术路线图 1.0 版“纯电动与插电式混合动力汽车电驱动系统路线图”的基础上，行业专家通过横向扩展和纵向深入研究撰写了本章内容。新增汽车电驱动总成系统技术路线图的研究范围除了涵盖新能源汽车驱动电机及电机控制器本体外，在驱动电机系统的关键材料及核心零部件/元器件领域和机电耦合电驱动总成两个领域进行了拓展；同时，增加了自主主控芯片（MCU）和软件架构等我国存在技术短板的内容。

本领域技术路线图旨在通过客观分析当前我国新能源汽车电驱动总成技术和产业发展状况，对标国际先进技术，提出2021—2035年我国节能与新能源汽车驱动电机、电机控制器、关键材料和零部件/元器件、电驱动总成的重大需求和发展目标，提炼重大技术问题，规划发展步骤，提出支持政策环境建议，形成适合我国新能源汽车电驱动系统产业现状、科学指导我国新能源汽车电驱动系统领域技术和产业链发展、支撑我国新能源汽车健康可持续发展的纲领性技术文件。本版技术路线图也可为电动化交通和其他工业领域电驱动系统提供借鉴与参考。

1.3　技术架构及关键技术梳理

新能源汽车电驱动总成包括以下四个层次。1）动力总成：纯电动总成、机电耦合动力总成、轮毂/轮边电机总成。2）核心零部件：驱动电机、电机控制器及控制软件、机电耦合装置（齿轮及轴系、离合器、行星齿轮、制动器等）。3）核心材料及零部件/元器件：硅钢片、电磁线、绝缘材料、永磁体、轴承、传感器、电力电子器件、集成芯片、无源器件等。4）基础支撑：先进检测与试验设备、先进工艺及制造装备等硬件、设计和控制软件条件等。新能源汽车电驱动总成系统的技术架构如图7－1－2所示。

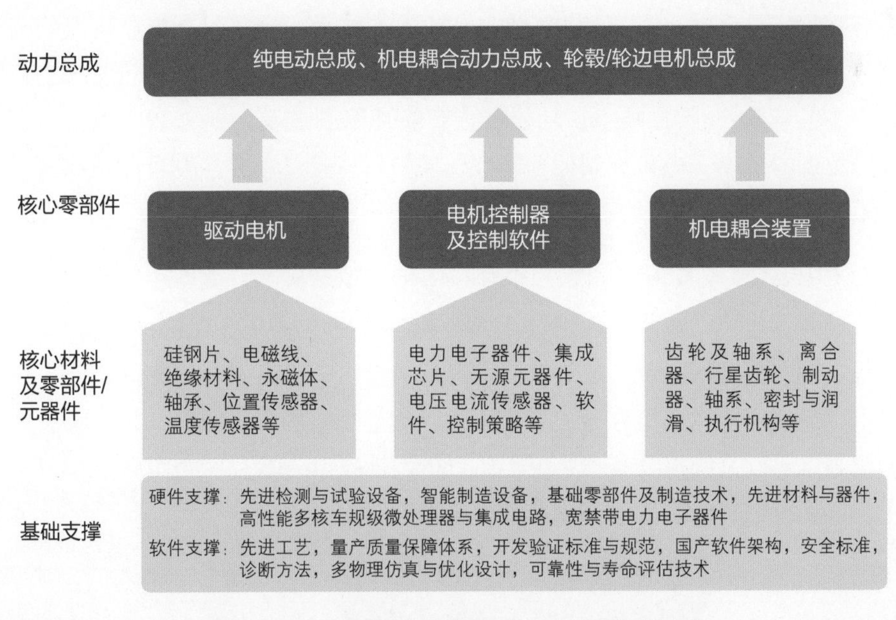

图7－1－2　新能源汽车电驱动总成系统技术架构

由图 7-1-2 可见，各个领域涉及的关键技术如下。

1. 驱动电机及核心材料的关键技术

驱动电机及核心材料的关键技术包括：高速、高效、高比功率、低振动噪声、低成本驱动电机设计与制造工艺、驱动电机回收利用与再制造技术；高效散热与密封、轴承电腐蚀与耐久、高压安全与防护、长寿命免维护等设计与验证技术；基于电磁材料多域服役特性，多物理场协同正向设计，电磁部件物理底层建模分析，以及大数据自动优化算法的电机设计技术；耐电晕绝缘材料和电磁线技术与制备，可批量生产的高性能导磁材料及成型技术，以及具有更低成本的低重稀土永磁、混合磁体的设计与制造技术；可批量生产的高精度、高可靠磁阻式旋变或新型位置传感器及设计、检测与自动化制造以及可批量应用的新型磁性编码器；可批量应用的国产高速低摩擦、低噪声轴承与高速/高精度减速机构；可实现全自动成型、脱漆、焊接、弯折的高效率发卡式绕组/扁导线绕组制造设备；具有高可靠性与电热寿命，高导热、耐电晕、耐油特征的高性能绝缘材料及其绝缘系统设计技术等。

2. 电机控制器及核心材料的关键技术

电机控制器及核心材料的关键技术包括：基于功率芯片/器件级集成的多变流器拓扑结构和绝缘栅型双极晶体管（IGBT）芯片大电流密度与高效散热集成封装技术；分布式驱动电机控制器的高可靠性、高功能安全以及耐高振动、耐强冲击、耐高温、耐恶劣盐雾等环境适应性技术；控制器主控芯片、软件开发与测试技术；电机控制器可靠性设计与寿命评估技术；第三代宽禁带功率半导体晶圆制备及检测、快速厚外延生长及材料检测技术；低感高密度碳化硅（SiC）模块封装与高效散热技术；高压、高温、高频、高容积比膜电容器设计与封装技术以及新型高温电容器技术；电磁兼容设计与评价技术；高功能安全技术、自主基础软件/架构技术；功能安全产品开发测试及诊断工具开发；应用新型控制算法提升控制器效率，电机控制器功能失效保护新技术，提升控制器的汽车安全完整性等级（ASIL）和可靠性；网络安全技术等。

3. 驱动电机与电机控制器通过与不同机电耦合装置集成，形成电驱动总成

在集成层面，电驱动总成的关键技术主要包括：机电耦合总成拓扑创新和构型技术，高度集成机电耦合系统的密封、散热、润滑等集成技术，机电耦合机构故障点监控、预测和预警技术，齿轮及轴系、离合器、行星齿轮、执行机构等关键零部件技术，直驱轮毂电机与新型轮毂电驱动系统以及制动系统创新机构设计技术，振动噪声设计、抑制、检测与评价技术，以及机电耦合装置验证标准和规范。

4. 装备与检测方面的关键技术

装备与检测方面的关键技术包括：电机绕组和电枢制造装备、电驱动总成测试、智能制造装备，混合动力变速器振动噪声（NVH）专用检测装备；电驱动总成硬件在环仿真

（HIL）设备，高速（20000r/min）电测功机系统，高速位置传感器动态性能测试系统与评价方法，以及IGBT/SiC晶圆与模块静态、动态电参数测试设备。

2 专题领域技术现状及发展趋势

2.1 国内外技术现状及对比

2.1.1 国内外驱动电机总成及关键材料和元器件

2017年，美国发布的电动汽车发展2025路线图规划明确了汽车电机高效（97%）、高密度（50kW/L）、低成本（3.3美元/kW）的发展方向。近年来，新能源汽车驱动电机本体技术方面，通过多种技术途径实现了驱动电机性能的不断提升。

1）高密度绕组技术。通过采用高密度绕组或者扁线绕组（例如发卡式绕组）结构，可以大幅度降低绕组发热，提高绕组材料的利用率15%以上，是提升转矩、功率密度及效率的主要手段，是近年来驱动电机量产工艺路线重点方向之一。例如，通用第四代沃蓝达电机采用发卡式绕组结构，电装公司为丰田公司开发了扁导线电机，大众模块化电气化套件（MEB）平台明确提出了扁导线绕组结构；采用发卡式绕组高速驱动电机的质量功率密度达到3.8kW/kg以上。

2）电机高速化技术。通过提高驱动电机的最高转速，可以降低电机的转矩要求，从而减少电机体积和重量，提高功率密度水平。例如，特斯拉Model 3的驱动电机转速达到17900r/min，丰田普锐斯第四代驱动电机转速达到17000r/min，沃尔沃、克莱斯勒、大众等公司的驱动电机最高转速达到14000~16000r/min，我国多个汽车企业规划的2020年以后上市的新能源汽车驱动电机转速也达到16000r/min。

3）高效热管理技术。高效热管理技术采用高密度绕组端部冷却技术、油冷技术、油水复合冷却技术、新型冷却结构等，提升驱动电机的换热效率，提高电机功率密度。

我国驱动电机在功率密度、系统集成度、电机最高效率和转速、绕组制造工艺、冷却散热技术等方面持续进步，与国外先进水平并驾齐驱，重量比功率已达到4.2kW/kg以上。同时，我国驱动电机研究延伸至振动噪声和铁心、永磁体和绝缘材料层面，进一步提升驱动电机的设计精度、工艺制造水平以及产品质量。例如，华域电动采用发卡式绕组电机应用于上汽电驱动单元（EDU）Ⅱ代插电式混合动力汽车率先实现了量产；精进电动、汇川、松正、上海电驱动等企业研制了发卡式绕组的乘用车驱动电机样机。典型国内外乘用车驱动电机产品指标见表7-2-1。

表7-2-1　典型国内外乘用车驱动电机产品指标

技术指标	上海电驱动	精进电动	中车电动	美国通用Bolt	德国博世	特斯拉 Model 3
峰值功率/kW	125	130	130	130	150	165
最高转速/(r/min)	13200	13200	12000	8810	16000	17900
峰值转矩/N·m	300	315	310	360	310	416
峰值效率（%）	97	97	97	97	97	97
质量功率密度/(kW/kg)	4.30	4.56	4.20	4.60	4.40	4.50
冷却方式	水冷	油冷	水冷	水冷	水冷	水冷

在驱动电机优化设计方面，我国多所高校和研究机构提出了基于电磁材料多域服役特性的车用电机多域多层面正向设计方法、多变量多域电机快速优化方法等，综合电磁、机、热、流体、声多域仿真与验证，解决电磁材料的宽温变/应变等服役特性的非线性和驱动电机运行全速域效率优化与动力性匹配问题。在新型材料和应用方面，我国还研发了适用于高频电机且旨在减小环流和涡流的高效多股线换位绕组；应用低损耗非晶铁磁材料开发出最高效率达到96.2%的非晶电机样机。

尽管我国驱动电机产品水平已可以比肩国际大企业，但仍需要在驱动电机创新技术与产品、先进设计与工艺等方面持续投入研发，如先进电机优化算法、多物理域仿真分析、基于碳化硅元器件的下一代电机开发、少（无）重稀土永磁体电机、电机高效冷却方法、新材料与新结构电机等。

2.1.2　国内外电机控制器总成及关键元器件

1. 硅基器件的电机控制器发展现状

高效、高密度、高电磁兼容性能是电机控制器的重要技术发展方向。通过采用电力电子集成技术，可有效减小整个控制器的重量和体积，提高功率密度，降低成本。电力电子集成技术主要分为三个不同的层次和形式：单片集成、混合集成和系统集成，国外车用电机控制器如丰田普锐斯、通用沃蓝达、大陆汽车等大多采用混合集成方案。模块封装与互连、高效散热是电力电子混合集成的核心。我国典型高密度电机控制器样机与国外先进水平对比见表7-2-2。

表7-2-2　国内外典型高密度电机控制器样机指标对比

对比项目	丰田普锐斯第4代	德国博世第3代	德国大陆第3代	精进电动单控制器	上海电驱动单控制器	上海大郡双控制器
控制器体积功率密度/（kW/L）	25.0	25.0	23.0	22.4	23.1	23.5

（续）

对比项目	丰田普锐斯第4代	德国博世第3代	德国大陆第3代	精进电动单控制器	上海电驱动单控制器	上海大郡双控制器
控制器质量功率密度/(kW/kg)	23.2	22.8	21.0	18.0	18.0	19.0
峰值功率/kW	105	125	135	135	125	260
直流电压等级/V	200~600	300~450	300~450	270~450	300~480	300~480
器件电流/A	350Arms①	400Arms	450Arms	820	800	800
器件封装形式	定制	定制	定制	标准模块	定制	定制

①Arms 表示有效值电流。

2. 碳化硅器件的电机控制器发展现状

在碳化硅控制器开发方面，充分利用碳化硅器件耐高温、高效和高频特性是实现电机控制器功率密度和效率进一步提升的关键要素。特斯拉率先实现基于碳化硅功率器件的电机控制器量产应用，其碳化硅电机控制器由24个碳化硅功率模块分组并联组成，输出相电流达到800Arms。国外多个企业和研究机构也纷纷推出全碳化硅集成控制器（PCU）。日本丰田公司测试发现，在带载情况下碳化硅集成控制器样车较IGBT集成控制器损耗可降低30%。2017年，美国国家能源部投资2000万美元资助21个宽禁带半导体项目，全面布局推动宽禁带半导体元器件研究及应用。

我国比亚迪汽车自主研制的碳化硅模块控制器于2020年搭载四驱比亚迪电动汽车“汉”实现量产，功率密度达到40kV·A/L。中科院电工所、精进电动、中车时代电动等企业和机构研制了碳化硅电机控制器样机。其中，中科院电工所研制了碳化硅模块和集成冷却的膜电容器，研制出体积功率密度达到37.1kW/L（85℃）的电机控制器；精进电动研制的碳化硅电机控制器样机的体积功率密度达到40kW/L。

3. 电力电子器件发展情况

在IGBT器件方面，精细化沟槽栅技术、单芯片功能集成、铜（带）绑定线技术、双面焊接、高效冷却等是IGBT器件与封装技术的重要发展方向。国外如英飞凌（Infineon）、富士（Fuji）、三菱（Mitsubishi）、瑞萨（Renesas）等公司都相继推出了车规级IGBT器件；我国斯达半导体、中车微电子、比亚迪微电子等企业也推出了自主IGBT器件，器件性能指标与关键工艺技术稳步提升。我国在IGBT功率模块封装与集成方面发展迅速，攻克了IGBT车用模块封装设计及核心工艺技术，在模块封装性能及可靠性方面接近国际水平。我国IGBT模块在新能源汽车应用领域实现了部分进口替代，自主IGBT在国内市场占有率达到20%，形成了一定的产业基础。

在碳化硅器件方面，持续提升器件耐压、开关频率、提高单芯片电流能力和功率密度是重点方向。国际上有以科锐（CREE）和意法半导体（ST）为代表的平面栅碳化硅MOSFET㊀，其中科锐产品规格达900V/196A；还有以罗姆（ROHM）为代表的双沟槽650V/118A碳化硅沟槽栅结构MOSFET（UMOSFET）和英飞凌1200V/93A单侧沟槽碳化硅UMOSFET。我国中电科五十五所、中车微电子、西安电子科技大学、中科院微电子所分别研制出了1200V 50A碳化硅平面栅结构MOSFET（DMOSFET）器件，泰科天润公司在“十三五”期间量产了碳化硅二极管，1200V 40A碳化硅MOSFET芯片也实现小批量供货，我国在大电流碳化硅芯片产品化方面正在加速追赶。

4. 主控芯片、软件构架与安全技术现状

新能源汽车电机控制器（MCU）主控芯片量产应用主要有英飞凌AURIX系列、NXP的Power PC系列、瑞萨RH85XX系列等，全部由国外半导体芯片企业供货，我国自主电机控制器芯片处于空白，华大半导体、琪埔维半导体、上海芯旺微和华为等企业处于起步状态。

电机控制器软件架构基于功能安全体系开发，采用分层设计，具备底层基础软件及操作系统（OS）、中间实时运行环境（RTE）层、上层应用层软件，具备存储管理、诊断控制、通信协议、标定开发等系统功能。现阶段，我国各电机控制器研发企业已完全掌握应用层软件及电机核心控制算法，但是操作系统和基础软件仍由国外第三方软件公司提供。我国如北京经纬恒润科技公司、普华基础软件公司等正在开发基于分层设计的软件架构，完全实现量产应用较少。

在安全性认证方面，我国多个电机控制器研发和应用企业（如汇川技术、北汽新能源、上海电驱动、上海大郡、精进电动、中车时代电动等）通过了ISO 26262功能安全ASIL C/D流程认证管理体系认证。2019年，工业和信息化部等部门发布了《电动汽车安全指南》，涵盖了从开发设计到运营的电机、功率电子控制器和电驱动总成软硬件开发指南，是我国较为全面的电驱动安全参考性文件。

2.1.3 电驱动总成技术

1. 机电耦合动力总成技术

在混合动力、插电式混合动力总成中，电驱动系统与发动机、变速器、驱动桥等传统机械动力总成实现深度集成，并在效率、尺寸、重量、成本、平顺性等核心指标进行综合优化。乘用车机电耦合动力总成主要技术路线分为以大众P2、上汽EDU二代为代表的单电机路线、以丰田和通用汽车及吉利-科力远为代表的动力分流路线，以及以本田i-MMD为代表的串并联路线，其构型对比见表7-2-3。

㊀ MOSFET是Metal-Oxide-Semiconductor Field-Effect Transistor的缩写，即金属-氧化物半导体场效应晶体管。

表7-2-3 典型机电耦合电驱动总成构型对比

技术方案	单电机		动力分流	串并联
	大众P2构型	上汽EDU二代	丰田THS Ⅳ	本田i-MMD
结构示意图				
代表车型	帕萨特PHEV	荣威Ei6	普锐斯4代	雅阁混动

国外主流整车企业的深度混合动力技术已经成熟，拥有大规模生产的新能源汽车变速器技术和产品能力。我国仅有少数整车企业拥有新能源自动变速器及产品开发能力，上汽捷能开发出基于双离合变速器的机电耦合动力总成，并实现了量产；科力远开发出基于双行星排动力总成系统应用于吉利新插电混合动力乘用车；比亚迪基于双模混动动力总成，在“秦”“宋”等插电式混合动力乘用车实现了量产。国内外典型机电耦合总成的关键技术指标对比见表7-2-4。

表7-2-4 国内外典型机电耦合总成的关键技术指标对比

指标	国外	国内
轴向尺寸	360（普锐斯4）~475mm（大众DQ400e）	380（吉利7DCTH）~390mm（上汽EDU G2）
机电耦合架构	功率分流/串并联/Px	功率分流/串并联/Px
耦合系统最高效率	≥92%（普锐斯4）	≥92%（上汽EDU G2）
总成重量	≤125kg（大众DQ400e）	≤125kg（上汽EDU G2）

与国外同类产品相比较，我国机电耦合架构设计相对较成熟，但是自动变速器技术和传动关键零部件基础相对比较薄弱，对国外供应商依赖度高，制约了混合动力总成的集成开发和成本控制。另外，对于机电耦合系统，在不同电压平台及耦合系统效率等方面需要持续优化与提升。

2. 乘用车领域纯电驱动总成技术

驱动电机、电机控制器与减速器深度集成的电驱动一体化总成是乘用车领域现阶段发展的主要技术方向。国外以日本电产、博世、大陆汽车、麦格纳、吉凯恩、博格华纳、采埃孚等为代表的电驱动系统集成商推出了电驱动一体化总成产品，成为乘用车驱动系统主要应用类型。我国起步与国外基本同步，如上海电驱动、精进电动、巨一自动化、汇川技术、比亚迪、上汽变速器等企业均推出了三合一电驱动总成系统，最高转速范围达到13000~16000r/min，产品应用于长安逸动EV460、比亚迪元EV360、广汽Aion S等新能源汽车，已批量上市，精进电动研发的200kW/4000 N·m三合一电驱动总成获北美整车企业量产定点。国内外乘用车电驱动总成关键技术指标对比见表7-2-5、表7-2-6。

表7-2-5 国外乘用车电驱动总成关键技术指标对比

对比项目	大陆EMR	博世MEB	宝马四代	聆风2018	特斯拉Model 3
电机峰值转矩/N·m	270	310	250	320	416
电机峰值功率/kW	120	150	125	110	165
最高转速/（r/min）	14000	16000	11400	10500	17900
标称母线电压/Vdc	315	388	330	340	370
电驱总重量/kg	82	92	80.5	90.1	90

表7-2-6 国内乘用车电驱动总成关键技术指标对比

对比项目	国内产品1	国内产品2	国内产品3	国内产品4	国内产品5
电机峰值转矩/N·m	320	300	320	300	320
电机峰值功率/kW	140	145~150	150	160	150
最高转速/（r/min）	12000	12800	14000	15000	16000
标称母线电压/Vdc	350	350	396	410	340
电驱总重量/kg	82.5	80	92	90	94

博世MEB和大陆EMR电驱动总成均采用逆变器、电机、减速器三合一集成设计。博格华纳在研“iDM”电驱模块除了将减速器、电机和控制器集成在一起，还配置多种齿轮比和电机尺寸（采用高压发卡式定子绕组技术HVH）；吉凯恩（GKN）最新研发生产的二代平行轴电桥将电机、逆变器、eAxle减速器等集成，永磁电机与集成了脱档断开装置的电桥驱动后轴，均为深度耦合电驱动集成系统。我国上汽、精进电动、中车时代、巨一自动化、汇川技术、蔚来汽车、长安汽车等在研三合一与多合一电驱产品覆盖250kW峰值功率输出。除此之外，长安、北汽研发多合一电驱动系统总成，将逆变器、电机、减速器、整车控制器、高压分线盒、直流变换器、充电机进行集成，集成度进一步提升。

与国外乘用车纯电驱动总成比较，我国推出的三合一或多合一电驱动一体化总成产品与国外基本同步，集成度有一定差距；我国在研电驱动系统电机质量功率密度均达到4.2kW/kg以上，与国际先进水平相当。

3. 商用车领域电驱动总成

在纯电动客车或公交客车集中驱动系统方面，采埃孚推出分布式电驱动桥和CeTrax集中电驱动系统，对车辆布置变化要求小，最大功率300kW，最大输出转矩4400N·m；西门子推出的采用双电机和单速比减速器的ELFA动力总成功率密度较高；博世公司eAxle电驱动桥将动力电机、电机功率控制逆变器和变速器三合一集成，降低了动力系统体积，应用于轻型商用车。我国宇通、中通、中车、金龙、福田、安凯商用车公司的最高车速和爬坡度要求不高的纯电动客车或公交客车均采用我国自主的直驱电机系统。分布式驱动主要分为轮边驱动和轮毂驱动。其中，刚性桥轮边驱动的代表是采埃孚公司的轮边低地板电驱动桥，国内企业比亚迪在电动公交客车上应用轮边电机；直驱轮毂驱动系统因需要输出极高转矩和成本过高，制约了在纯电动商用车上的规模化应用。另外，集成大转矩驱动电机与重载多档变速器的动力总成成为新能源重型货车的主要应用，如特百佳、绿控、精进电动等均推出了样机或产品。

与国外商用车动力系统比较，我国商用车直驱电机在最高效率和功率密度上与国外水平相当，比亚迪、宇通、精进电动、中车直驱电机最高效率均达到95% ~97%，但我国在可靠性、振动噪声、轻量化等方面与国外产品还有一定差距，特别是轴齿、轴承和壳体等零部件设计和精加工能力等方面与国外差距较大。

4．轮毂电机总成

国外轮毂电机的构型主要为减速轮毂电机与直驱轮毂电机。日本丰田、NTN、NSK、日产等均开发出减速轮毂电机，减速齿轮以多级圆柱齿轮（NSK）和行星齿轮（丰田）为主，也有采用摆线式齿轮（NTN）的。直驱轮毂电机制造商如Fraunhofer、Protean（中国恒大收购)、Elaphe、日本Sim-drive等均采用外转子直驱轮毂电机；我国上海电驱动联合高校与研究所，开发乘用车用轮毂电机总成样机。国内外轮毂电机性能参数对比见表7 -2 -7。

表7 -2 -7　国内外轮毂电机性能参数对比

对比项目	Fraunhofer 轮毂电机	Protean 轮毂电机	Elaphe 轮毂电机	上海电驱动 轮毂电机
电机重量/kg	42	36	34	32
峰值转矩/N · m	700	1250	1500	640
峰值功率/kW	72	75	110	65
转矩密度/（N · m/kg)	16. 7	34. 7	44	20. 6
功率密度/（kW/kg)	1. 71	2. 08	3. 2	2. 03
直流电压/V	≥400	≥400	300	360
结构形式	集成 IPU	集成 IPU	集成制动系统	轮毂电机本体

然而，由于轮毂电机簧下质量高、成本高、高可靠、防护及耐振动等工程问题需要解决和持续攻关，轮毂电机总成在乘用车领域仍处于研发或小批量试验阶段，在一些车速要求不高的特种车辆上开始应用。

2. 2　发展趋势

1．驱动电机总成及关键材料

持续提高驱动电机转矩/功率密度与效率，提高电机转速，降低电机振动噪声和制造成本，是未来车用驱动电机的发展方向。面向不同的驱动电机技术发展目标，图 7 -2 -1

所示从核心材料与零部件、电机设计与工艺两方面，归纳出驱动电机未来发展的主要技术路径。

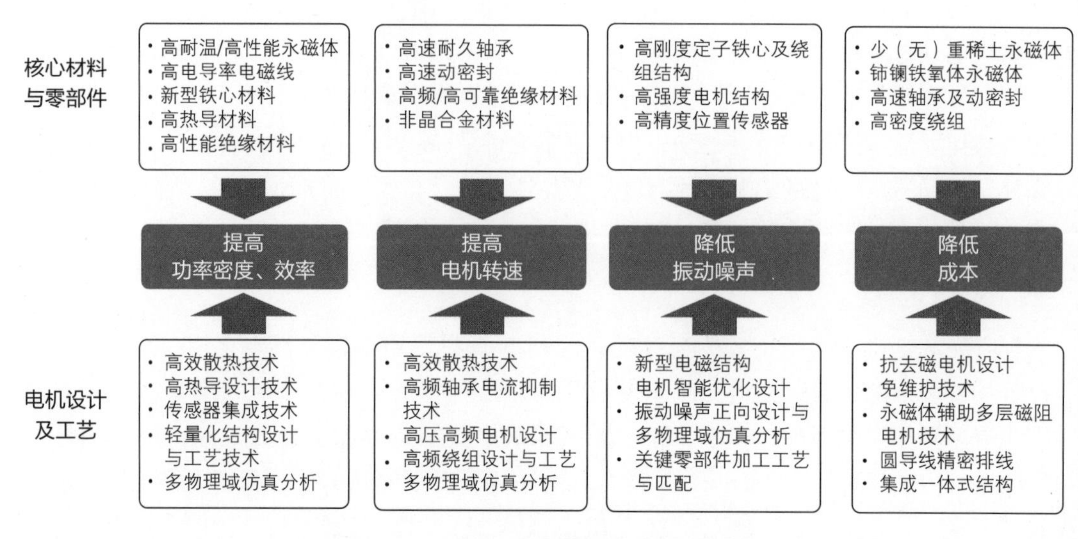

图 7-2-1　驱动电机发展技术路径与趋势

根据新能源汽车应用车型差异，将驱动电机划分为高性能乘用车驱动电机和普及型乘用车驱动电机两种发展方向。高性能乘用车驱动电机重点是不断提升电机峰值功率密度和峰值转速，发展高密度绕组、高效冷却结构集成等技术，鼓励应用高性能铁磁材料和元器件，以高产品性能提升整车水平；普及型乘用车电机重点关注降低成本、提高产品可靠性和寿命，例如无/少稀土永磁材料、轻量化一体式结构、采用高磁阻设计降低功率器件电流等技术，以产品的高性价比、高可靠性、免维护等性能促进普及型新能源汽车持续扩大产业规模。

在驱动电机智能制造、高端工艺与装备技术方面，开发和应用高端工艺、检验、物流的硬件设备和软件应用工具，打造和运营满足"工业 4.0"的现代汽车驱动电机智能制造生产线；重点加强主要零部件、关键总成的自主研发与制造，研究电机回收与再制造技术，提升我国驱动电机全产业链核心竞争力。

2. 电机控制器总成及关键材料

利用功率器件双面冷却与功率部件集成技术，提升电力电子部件的集成度、功率密度和效率是电机控制器的发展方向。兼具高效、高温和高频特征的第三代宽禁带半导体元器件发展迅速，开始应用于新能源汽车；面向分层软件架构和高功能安全的设计成为乘用车驱动电机系统产品的应用需求。随着开关频率和功率密度的提升，需进一步解决电磁兼容和安全可靠性问题。针对电机控制器关键指标发展需求，图 7-2-2 从核心元器件、工具链与评价，设计、工艺与匹配两方面，归纳出电机控制器未来发展的主要技术路径与趋势。

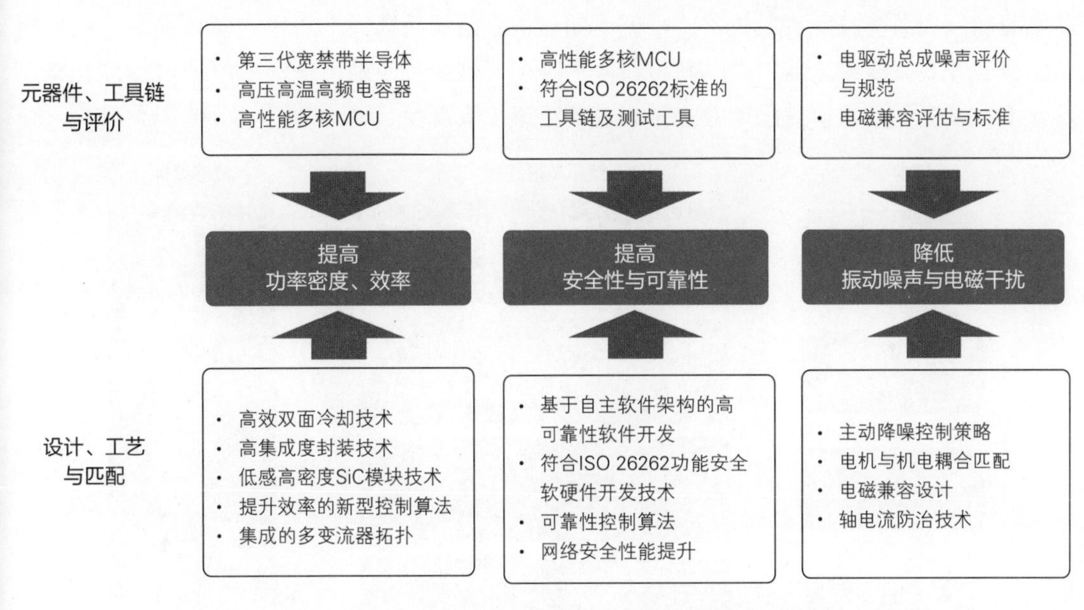

图 7-2-2　电机控制器发展的主要技术路径与趋势

与不同应用车型的驱动电机相对应，应用于高性能乘用车驱动电机的电机控制器重点采用新型功率器件和新型拓扑提升电机控制器功率密度和效率，采用多核微处理器、域控制器、类 AUTOSAR 软件架构以及 ISO 26262 高功能安全技术，根据车辆需求灵活选择高电压平台，全面提升整车性能；面向普及型新能源汽车应用，鼓励采用成本更具优势的 IGBT 器件及封装、功率部件高效散热与集成技术，以持续提升电机控制器可靠性、安全性与电磁兼容性能技术，开发国产化零部件为发展重点，助推我国新能源汽车快速普及自主产业链发展。

未来，电机控制器还需要具备远程升级技术（OTA），重视网络安全和信息加密技术，建立汽车软件升级规范，确保车辆信息与运行安全。

3. 新能源汽车电驱动总成技术

集成化、平台化、模块化、小型化、高效化、高可靠、长寿命、低噪声、高性价比成为新能源汽车动力总成未来发展的共同目标。针对插电式混合动力乘用车动力总成、纯电动乘用车动力总成、新能源商用车动力总成、轮毂/轮边电机总成等不同动力总成，归纳总结相应的技术发展路径与趋势如图 7-2-3 所示。

在插电式混合动力机电耦合总成方面，通过构型创新实现高效率（动力源利用效率与传动效率），是未来重要的发展目标，集成化与平台化设计是实现产品的成本控制保障。高效混合动力专用发动机、混合动力用多变流器电力电子集成、高密度高集成度电机与高效散热等是降低插电式混合动力、混合动力车型能耗与提升整车性能的关键技术途径。

在乘用车纯电驱动总成方面，高速高密度集成的三合一电驱动总成已成为乘用车电驱动系统主流。三合一电驱动总成与驱动轴集成，形成紧凑型电驱动轴，为扁平化电动底盘开发提供可能；多功能电力电子集成为多合一电驱动系统集成提供技术途径。持续研究提高电驱动总成系统深度集成技术，根据不同车型应用灵活选择电压平台、功率电子和控制器平台，开发高速减速器；鼓励新材料应用与工艺创新，鼓励电驱动系统通过标准化与模块化形成系列化产品；鼓励产业强强联合，迅速扩大规模。

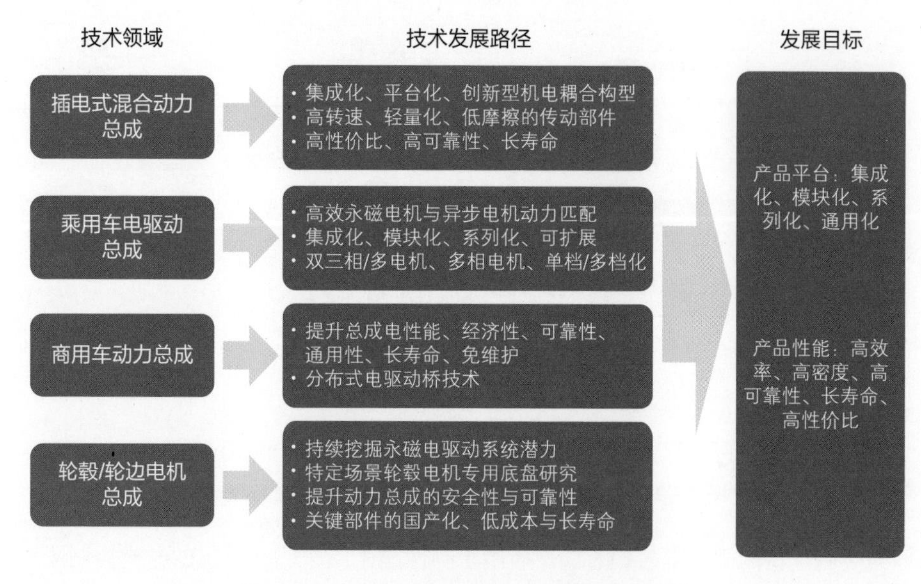

图 7-2-3　电驱动总成技术发展路径与趋势

我国商用车动力向着节能效果更优、全工况适用、高度集成、平台通用性的的方向发展，重点在于面向公交客车、长途客车、重型货车、物流车等不同应用场景，开发高效率、高可靠性、长寿命的驱动电机与耦合机构，持续降低电驱动系统能耗，聚焦高效冷却与密封、轴承耐久、高压安全及防护、基于功率器件封装的多变流器集成、第三代宽禁带半导体器件应用等，提升商用车动力总成性能及可靠性。

在轮毂电机总成方面，我国高校与科研机构在轮毂转矩矢量分配、牵引力控制等操作稳定性方面具有优势，技术方向是高效高密度轮毂电机本体设计、关键零部件与材料的成本控制、高防护等级设计、高耐振动设计、长寿命与耐久性设计等，鼓励轮毂电机在特定场景下的示范应用，加快推进轮毂电机产业化。

3 专题领域技术路线图 1.0 评估

3.1 技术路线图 1.0 目标完成情况

2016 年以来，经过四年多持续研发与产业化，我国新能源汽车电驱动总成系统关键零部件性能获得大幅度提升。我国驱动电机在功率密度、系统集成度、电机最高效率和转

速、绕组制造工艺、冷却散热技术等方面持续进步，与国外先进水平并驾齐驱，产品国内市场占有率达90%以上并实现批量出口。2019年，我国量产驱动电机质量功率密度已达到4.0kW/kg以上，相比2016年提升30%以上。多个企业已推出自主开发出的车用沟槽栅场中止IGBT芯片、双面冷却IGBT模块和高功率密度电机控制器，量产电机控制器的体积功率密度达到16~20kW/L，相比2016年实现了功率密度倍增，总体技术水平迅速追赶国际先进水平。我国还开发并量产了多款三合一纯电驱动总成和插电式机电耦合总成产品，技术水平与国际同类产品接近。但是，我国在车用驱动电机及其控制系统智能化、高密度、与机电耦合的深度集成化设计能力、高速轴承及高速变速器的设计与制造能力等关键零部件设计与制造，以及耐电晕高温绝缘材料和矩形电磁线、高速轴承、宽禁带功率半导体元器件、微处理器等新材料和核心元器件开发与产业化方面距国际先进技术仍有一定差距。

新能源汽车电驱动系统到2020年预期目标达成情况见表7-3-1。

表7-3-1　电驱动系统到2020年预期目标达成情况

关键领域	关键指标	2020年目标	2020年进展及完成情况
驱动电机	乘用车驱动电机20s有效质量功率密度	不低于4kW/kg	驱动电机质量功率密度达到4.2~4.6kW/kg，较2016年提升30%以上，例如北汽新能源、精进电动、上海电驱动、华域汽车等量产的驱动电机产品
	商用车驱动电机30s有效质量转矩密度	不低于18N·m/kg	我国宇通客车、精进电动、上海电驱动、中车电动、苏州绿控等量产的公交客车直驱电机功率密度达到18~20N·m/kg
	高输出密度、高效率永磁电机设计技术		我国如上海大学、中科院电工所、哈尔滨工业大学等多个高校和科研院所及上海电驱动、精进电动等企业开发出了机、电、热、磁、声多领域集成与设计技术，并在驱动电机量产应用
	低损耗硅钢、高性能磁钢、成型绕组与汇流排、磁钢定位封装等先进工艺材料		低损耗硅钢：以宝钢为代表的硅钢材料已达到国际水平，0.2~0.35mm的硅钢片在北汽、长安、奇瑞等多个企业的新能源汽车驱动电机批量应用 高性能磁钢：以中科三环、宁波韵升、烟台正海、烟台首钢为代表的企业，其生产的永磁材料性能与日本相当 成型绕组与汇流排：我国华域汽车已经量产扁铜线发卡式电机绕组，并在上汽新能源汽车广泛应用；联合电子等在P2构型驱动电机上应用了汇流排技术，并实现量产应用 磁钢定位封装：我国多个电机生产企业的灌胶、注塑等磁钢定位工艺实现了量产应用

（续）

关键领域	关键指标	2020 年目标	2020 年进展及完成情况
电机控制器	电机控制器体积功率密度	基于 Si 器件实现功率密度倍增，基于 SiC 器件体积功率密度达到30kW/L	我国量产基于 Si 器件的电机控制器体积功率密度达到 16～20kW/L，样机体积功率密度达到 23.5kW/L；上海大郡、上海电驱动、精进电动、中车电动等企业研发的高密度电机控制器的体积功率密度达到 23kW/L 以上 基于 SiC 器件的高密度电机控制器样机体积功率密度达到 40kW/L，比亚迪实现 SiC 控制器量产，中科院电工所、中车电动等研制的 SiC 器件电机控制器体积功率密度达到 37.1kW/L，精进电动 SiC 控制器样件体积功率密度达到 40kW/L
	自主 IGBT 模块占市场总量的20%，逆变器性能和可靠性达到国际先进水平		我国嘉兴斯达、中车电动、比亚迪等企业自主研发的汽车级 IGBT 芯片与模块已经实现量产应用，2019 年自主 IGBT 芯片和模块占国内市场总量的比例超过20%，应用国产化元器件的逆变器性能和可靠性逐步接近国际先进水平
	高可靠性、低成本逆变器技术		我国多个企业如联合电子、汇川技术、上海电驱动、巨一自动化等企业研发并量产了多款采用功率模块集成的电机控制器，并实现了量产应用，产品价格及可靠性获得充分市场验证
电驱动总成	纯电驱动总成最高效率	>91%	我国纯电驱动总成的综合效率达到92%，例如一汽、上汽、精进电动、上海电驱动、巨一自动化等企业的产品
	机电耦合总成最高传动效率	>88%	我国量产机电耦合总成传动效率达到 83%～88%，例如上汽 EDU、科力远 CHS、比亚迪 DM 等
	高速减速器及变速器技术		我国重庆青山、株洲欧格瑞齿轮、上汽变速器等企业量产高速减速器产品的高输入转速达到 12000r/min，峰值效率达到97%，上汽变速器为大众 MEB 平台研发的高速减速器最高转速达到 16000r/min，技术水平与国际同类产品相当 在变速器技术方面，我国插电式乘用车用 DCT、行星轮排等多档变速器产品实现了量产，多个企业的 AMT 在纯电动商用车实现了量产
	电机和机电耦合装置、逆变器集成技术		我国多个企业研发并量产了纯电驱动总成、机电耦合自动变速器产品，例如比亚迪基于功率器件复用技术的 DC/AC 与 AC/DC 电力电子集成产品，北汽、长安等集成 DC/AC、DC/DC 和 AC/DC 的多合一电力电子集成产品；在公交客车应用领域，深圳汇川、英威腾、蓝海华腾等企业五合一、六合一等多电力电子集成控制器产品实现量产应用

3.2 技术路线图1.0目标达成情况分析

1. 国家多重利好政策驱动推进我国新能源汽车电驱动市场快速发展

2015年，国务院印发《中国制造2025》，提出“节能与新能源汽车”作为重点发展领域，驱动电机作为核心技术发展之一，重点推进工程化和产业化能力；2017年，我国《汽车产业中长期发展规划》提出，2020年新能源车产销量达到200万辆，驱动电机技术持续保持国际先进；2018年，国务院印发《打赢蓝天保卫战三年行动计划》明确提出，加快对既有车辆结构升级、促进新能源车辆的推广应用。我国新能源汽车市场从2016年以来连续多年实现了高速发展，市场占有率连续多年占全球50%以上。我国驱动电机及控制器研发制造企业以及整车企业纷纷加大在电驱动总成技术和产品的投入，建立技术团队，形成自主研发和检测能力。据中国汽车工业协会统计数据，2018年以来，我国新能源汽车驱动电机及控制器研发与生产企业达到200余家，技术和产品实现了与新能源汽车整车同步发展，产业规模实现了国内市场占有率90%，个别自主品牌实现了量产出口。

2. 科技“十三五”重点研发计划专项布局，推进电驱动技术快速发展

“十三五”重点研发计划先后启动三个批次的新能源汽车重点专项。专项在电机驱动和电力电子领域总体目标是，开发第三代宽禁带功率半导体器件及其控制器，电机控制器功率密度实现倍增，驱动电机技术水平继续保持与国际同步。在驱动电机与电力电子领域设置了十个项目，专项在高温电力电子学及测评方法、基于硅基器件的高密度电机控制器、基于碳化硅技术的宽禁带功率半导体控制器开发、高效轻量化驱动电机产品开发、高可靠电力电子集成控制器、高效轻量化轮毂电机总成以及机电一体化电驱动总成等方面形成了一大批成果，推动了我国新能源汽车电驱动总成技术进步。同时，在专项推动下，我国在自主车规级IGBT元器件研发与产业化方面取得突破，比亚迪、嘉兴斯达、中车电动等多个企业已推出自主开发出的车用沟槽栅场中止IGBT芯片，并实现量产应用；我国在高性能硅钢片、低重稀土永磁材料、高精度位置传感器方面也实现量产。总体而言，新能源汽车专项的实施，在新材料、基础理论、关键工艺、高性能产品等方面均取得进展，为我国新能源汽车产业升级和科技创新体系提供支撑。

然而，受制于我国在核心零部件设计和制造能力、原材料及电力电子器件的发展水平，我国在更高集成度电力电子总成、深度集成的机电耦合总成设计、高速变速器研发与控制等方面与国际先进水平仍存在差距。尤其是车规级主控微处理器和专有集成电路100%依赖进口。

4 面向2035年发展愿景、目标及里程碑

4.1 发展愿景

我国新能源汽车电驱动系统产品总体达到国际先进水平，大部分关键性能指标达到国际领先；在新原理、新结构、新材料方面实现突破，电驱动产品产业链实现完整、自主、可控；设计、制造、检测设备和软件实现国产化全覆盖，满足技术研发、产品生产和批量制造需求；形成3～5家具有国际竞争力的大型电驱动系统集团。

1. 驱动电机及其控制系统

驱动电机系统形成多规格、模块化产品平台，新材料、新结构实现工程应用，核心零部件完全具备自主能力，产品性能达到国际领先水平；在新原理、新结构、新材料电机和控制系统方面有突破，拥有中国自主原始创新技术；依托各级数据中心，形成成熟的驱动电机系统全生命周期管理智慧云；建立完整的驱动电机系统产业链与创新链。

2. 电驱动总成

乘用车插电式机电耦合总成实现正向开发，形成多个具有国际竞争力的机电耦合变速器产品，技术水平国际领先；乘用车电驱动总成形成模块化平台产品，产品具有国际竞争力和国际先进水平的性价比；商用车动力总成集成度、效率、智能化水平显著提升，产品技术水平国际领先；分布式电驱动总成、电驱动桥、新构型动力总成等实现产业化应用；驱动电机、电机控制器、高速减速器及其关键零部件实现完全自主可控，形成完整的电驱动总成产业链与创新链。

3. 产业链

实现全部材料与元器件的国产化、批量化。硅基元器件实现完全自主可控，产品性能国际领先；宽禁带功率半导体元器件实现产业化，技术水平达到国际先进；无源器件材料与高密度封装实现完全自主；永磁材料、绝缘材料、电磁线、硅钢片性能及产品达到国际领先水平；轴承、电流与位置等传感器达到国际先进水平；主控芯片与专用集成电路实现国产化。

4. 设计、研发软件及体系

实现电驱动系统设计、开发软件的国产化与自主化。在电机快速设计及控制系统安全容错、电磁兼容等方面实现突破；电机设计与分析工具满足多变量、多物理域、多优化目标和高度智能需求；掌握虚拟设计与正向设计技术，建立数字样机，提高研发效率与品质；电驱动系统操作系统软件发展为层次化、模块化和平台化，实现软件架构可移植、可

扩展；形成具有自主知识产权的仿真研究、设计与控制软件及体系。

5. 关键装备

实现研发、制造、检测设备的国产化，关键装备的自主化。建立数字化开发平台，开展电机、控制系统整车工况下的虚拟与硬件在环仿真研究；加强自动化生产线的数字化、智能化并增加覆盖率；提升电力测功机、电驱动 NVH 检测等设备的速度、精度和智能化水平；形成完善的开发验证标准和技术规范，在硬件在环仿真（HIL）/软件在环仿真（SIC）/模型在环仿真（MIL）、高端制造、试验设备方面实现突破。

4.2 目标

1）驱动电机及控制器关键性能达到国际先进水平，实现高压化、高速化电机及先进工艺技术，应用第三代宽禁带功率半导体元器件的新型电机控制器实现产业化。高性能乘用车驱动电机功率密度达到 7.0kW/kg，驱动电机转速可达到 25000r/min，电机控制器功率密度达到 70kW/L，系统峰值效率达到 96.5%，产品振动噪声控制水平达到国际先进，电磁兼容性达到 4 级及以上水平，功能安全等级达到 ASIL D；应用于普及型新能源汽车的驱动电机系统成本不超过 40 元/kW，实现高可靠性、长寿命与免维护，电机系统的关键材料和关键元器件实现完全自主可控。

2）高性能乘用车三合一电驱动总成质量功率密度较 2020 年提升 30%，峰值效率达到 94.5%，峰值转速可达到 25000r/min；高速减速器制造及关键零部件完全自主，减速器水平达到国际领先水平；电驱动总成 NVH 等级及电磁兼容性等级达到国际先进水平；面向普及型新能源汽车乘用车三合一总成系统成本不超过 50 元/kW，实现长寿命与免维护，关键零部件实现完全国产化。

3）插电式混合动力系统产品处于世界一流水平，关键零部件技术达到国际领先水平；以 2020 年为基础，机电耦合总成体积和重量减少 30%，混合动力传动效率达到 97%，机电耦合系统 WLTC 综合效率达到 86%。

4）商用车动力系统关键部件性能持续提升，保持国际先进水平。商用车驱动电机有效比转矩大于 30N·m/kg，或带减速器/变速器高速电机有效质量功率密度大于 6kW/kg，商用车电机控制器实现体积功率密度不低于 60kW/L，实现高度集成产品平台化、高效率、高可靠性与长寿命。

5）直驱轮毂电机本体转矩密度达到 90N·m/L，减速轮毂电机本体质量功率密度达到 7.0kW/kg，轮毂电机减速器综合峰值效率达到 94.5% 以上，轮毂电机控制系统功能安全等级达到 ASIL D，轮毂/轮边电机实现大批量应用。

6）第三代宽禁带功率半导体元器件达到国际先进水平，拥有 8in 或更大尺寸的晶圆量产能力，车规级单芯片电流能力 400A 以上，芯片与模块制造完全自主，市场自主能力超过 50%；无源器件材料与高密度封装材料实现完全自主。

7）新能源汽车电驱动系统主控微处理芯片实现国产化，电驱动系统操作系统软件形成层次化、模块化和平台化，实现软件架构可移植、可扩展，并逐步形成行业自主软件架构。

4.3 里程碑

4.3.1 驱动电机及其控制系统

到 2025 年，驱动电机关键性能达到国际先进水平，实现高压高速化与先进制造工艺，核心元器件、关键材料与部分关键制造装备实现国产化；应用第三代宽禁带半导体元器件的新型电机控制器实现产业化，构建基于数据驱动的电驱动系统状态智慧监测架构；高性能乘用车驱动电机质量功率密度达到 5.0kW/kg，体积功率密度达到 35kW/L，电机控制器体积功率密度达到 40kW/L；驱动电机峰值效率达到 97.5%，控制器峰值效率达到 98.7%，超过 80% 的驱动电机系统效率高效率区不低于 90%；系统电磁兼容性达到 4 级水平，功能安全等级达到 ASIL C 或同等技术水平，驱动电机系统噪声（1m）不超过 72dB。

到 2030 年，驱动电机关键性能达到国际先进水平，实现高压高速化与先进制造工艺，核心器件、关键材料与关键制造装备实现国产化；应用第三代宽禁带功率半导体元器件的新型电机控制器实现产业化，构建电驱动系统健康管理智慧云架构；高性能乘用车驱动电机质量功率密度达到 6.0kW/kg，体积功率密度达到 42kW/L，电机控制器体积功率密度达到 50kW/L，驱动电机峰值效率达到 98.0%、控制器峰值效率达到 99.0%，超过 80% 的系统效率高效率区不低于 93%；系统电磁兼容性达到 4 级水平以上，功能安全等级达到 ASIL D 或同等技术水平，驱动电机系统噪声（1m）不超过 70dB。

到 2035 年，驱动电机关键性能达到国际先进水平，实现高压高速化与先进制造工艺，核心器件、关键材料、关键制造与测试装备与设计开发工具实现国产化；应用第三代宽禁带半导体元器件的新型电机控制器实现产业化，形成成熟的电驱动系统全生命周期管理智慧云；高性能乘用车驱动电机质量功率密度达到 7.0kW/kg，体积功率密度达到 50kW/L，电机控制器体积功率密度达到 70kW/L，驱动电机峰值效率达到 98.5%，控制器峰值效率达到 99.2%，超过 80% 的系统效率高效率区不低于 95%；系统电磁兼容性达到 4 级以上水平，功能安全等级达到 ASIL D 或同等技术水平，驱动电机系统噪声（1m）不超过 68dB。

4.3.2 电驱动总成

到 2025 年，插电式机电耦合总成产品性能达到国际先进水平，集成化程度提高，体积和重量相对 2020 年降低 12%，混合动力工况传动效率达到 95%，系统 WLTC 综合效率达到 83%；电驱动产业综合竞争力达到国际先进水平，电驱动系统质量功率密度达到 2.0kW/kg，总成最高效率达到 93.5%，CLTC 综合使用效率达到 87.0%；商用车动力总成关键部件性能、集成度和效率进一步提升，总成质量功率密度达到 0.5kW/kg，驱动电机质量转矩密度达到 20N·m/kg 或质量功率密度达到 4.0kW/kg；轮毂电机峰值转矩密度达到 20N·m/kg（或 60N·m/L），或者质量功率密度达到 5kW/kg，系统最高效率达到 92%，系统 CLTC 综合使用效率达到 80%，实现小批量示范运行。

到 2030 年，插电式机电耦合总成产品性能达到国际先进水平，集成化程度持续提高，体积和质量相对 2020 年降低 20%，混合动力工况传动效率达到 96.0%，系统 WLTC 综合效率达到 84.5%；电驱动产业综合竞争力达到国际先进水平，电驱动系统质量功率密度达到 2.4kW/kg，总成最高效率达到 94%，CLTC 综合使用效率达到 88.5%；商用车动力总成关键部件性能、集成度和效率进一步提升，总成质量功率密度达到 0.6kW/kg，驱动电机质量转矩密度达到 24N·m/kg 或质量功率密度达到 5.0kW/kg；轮毂电机峰值转矩密度达到 24N·m/kg（或 72N·m/L），或者质量功率密度达到 6kW/kg，系统最高效率达到 93.5%，系统 CLTC 综合使用效率达到 83%，实现示范运行。

到 2035 年，插电式机电耦合总成产品性能达到国际先进水平，集成化程度持续提高，体积和重量相对 2020 年降低 30%，混合动力工况传动效率达到 97.0%，系统 WLTC 综合效率达到 86%；电驱动产业综合竞争力达到国际先进水平，电驱动系统质量功率密度达到 2.8kW/kg，总成最高效率达到 94.5%，CLTC 综合使用效率达到 90%；商用车动力总成关键部件性能、集成度和效率进一步提升，总成质量功率密度达到 0.7kW/kg，驱动电机质量转矩密度达到 30N·m/kg 或质量功率密度达到 6.0kW/kg；轮毂电机峰值转矩密度达到 30N·m/kg（或 90N·m/L），或者质量功率密度达到 7.0kW/kg，系统最高效率达到 94.5%，系统 CLTC 综合使用效率达到 86%，轮毂电机总成实现分布式驱动构型产品量产，国产轮毂电机技术研发与商品化能力达到国际领先水平。

5 技术路线图

5.1 总体技术路线图

新能源汽车电驱动总成总体技术路线图包括驱动电机及其控制系统、电驱动总成两部分。驱动电机及其控制系统领域以提升驱动电机功率密度与效率、提高电机控制器集成度为重点，以核心元器件和关键材料国产化为支撑，全面提升驱动电机及其控制系统技术水平，提升产品性价比。电驱动总成领域以纯电驱动总成、插电式机电耦合总成、商用车动力总成、轮毂/轮边电机总成为重点，以基础核心零部件/元器件国产化为支撑，提升我国电驱动总成集成度与水平。

新能源汽车电驱动系统总体技术路线图如图 7 –5 –1 所示。

			2025年	2030年	2035年
总体目标			驱动电机、电机控制器、纯电驱动总成、机电耦合总成的关键性能达到国际先进水平，实现可高压高速化与先进制造工艺，核心关键材料与关键制造装备实现国产化	驱动电机、电机控制器、纯电驱动总成、机电耦合总成的关键性能达到国际领先水平，实现可高压高速化与先进制造工艺，核心关键材料与关键制造装备实现国产化	驱动电机、电机控制器、纯电驱动总成、机电耦合总成的关键性能整体达到国际领先，核心关键材料、关键制造与测试装备与设计开发工具实现国产化
驱动电机系统领域	重点技术	提升电机功率密度与效率	高性能乘用车电机质量功率密度达到5.0kW/kg，电机系统超过80%的高效率区达到90%	高性能乘用车电机质量功率密度达到6.0kW/kg，电机系统超过80%的高效率区达到93%	高性能乘用车电机质量功率密度达到7.0kW/kg，电机系统超过80%的高效率区达到95%
		提升控制器集成度	高性能乘用车电机控制器体积功率密度达到40kW/L	高性能乘用车电机控制器体积功率密度达到50kW/L	高性能乘用车电机控制器体积功率密度达到70kW/L
		提高电驱动总成性价比	面向普及型应用，电机成本为28元/kW，控制器为30元/kW	面向普及型应用，电机成本为25元/kW，控制器为25元/kW	面向普及型应用，电机成本为20元/kW，控制器为20元/kW
	支撑技术	关键材料与零部件实现突破	低损耗硅钢、低无重稀土磁钢、高速轴承、高线速度密封件、耐高频高压绝缘材料、低黏度润滑油等核心零部件技术		新材料与新工艺的核心零部件技术及其应用
		功率元器件与无源元器件国产化	功率部件高度集成、高效散热	新型功率半导体元器件、新型无源元器件（高温陶瓷材料）应用技术	
		软件架构与故障诊断应用	自主软件架构、基于智能云的状态检测、多核异构计算平台与智能控制、故障诊断与容错、寿命预测		
电驱动总成领域	重点技术	纯电驱动总成技术提升	纯电驱动系统质量功率密度达到2.0kW/kg，CLTC综合使用效率达到87.0%	纯电驱动系统质量功率密度达到2.4kW/kg，CLTC综合使用效率达到88.5%	纯电驱动系统质量功率密度达到2.8kW/kg，CLTC综合使用效率达到90%
		机电耦合集成度提升	机电耦合总成重量相对2020年降低12%，WLTC综合效率达到83%	机电耦合总成重量相对2020年降低20%，WLTC综合效率达到84.5%	机电耦合总成重量相对2020年降低30%，WLTC综合效率达到86%
		提升商用车总成技术水平	商用车电机转矩密度达到20N·m/kg，控制器体积功率密度达到30kW/L	商用车电机转矩密度达到24N·m/kg，控制器体积功率密度达到40kW/L	商用车电机转矩密度达到30N·m/kg，控制器体积功率密度达到60kW/L
		轮毂/轮边电机总成国产化	轮毂电机峰值转矩密度达到20N·m/kg，或质量功率密度达到5kW/kg	轮毂电机峰值转矩密度达到24N·m/kg，或质量功率密度达到6kW/kg	轮毂电机峰值转矩密度达到30N·m/kg，或质量功率密度达到7kW/kg
	支撑技术	核心零部件国产化	核心零部件国产化（专用润滑油、高精度齿轮工艺、断开装置、平行轴，高转速/低摩擦/长寿命轴承和油封、强制润滑、两档变速器		新材料、新工艺、轻量化材料与核心零部件

图 7 –5 –1　新能源汽车电驱动系统总体技术路线图

5.1.1　驱动电机及其控制系统技术路线图

1. 重点发展两大技术途径

(1) 驱动电机方面

在驱动电机方面，重点技术发展高比功率、高效率、低成本的永磁驱动电机技术（例如高速化、扁线/圆线精排、定子铁心拼块、集成油冷、复合冷却等），低损耗硅钢、低（无）重稀土磁钢、高速轴承、高线速度密封件、耐高频高压绝缘材料、低黏度润滑油等核心零部件技术，新结构电机、新材料、轻量化电机技术（例如轴向磁通、磁齿轮、可变磁极、变绕组等），驱动电机设计专用工具软件开发以及高精密电测功机检测设备与关键制造装备国产化、驱动电机回收与再制造等。

(2) 电机控制器方面

在电机控制器方面，重点发展基于功率元器件级集成多电力电子器件功率集成技术，新型电力电子拓扑及控制技术（新型功率半导体元器件、高温无源器件、高温传感与驱动），基于多核异构计算平台的电机智能控制方法，基于智慧传感器和大数据平台的状态监测与健康管理技术、基于数据驱动的智能控制、诊断和预测技术，模型在环（MIL）/软件在环（SIL）/硬件在环（HIL）测试软硬件工具开发及应用技术。面向普及型新能源汽车应用，重点是高性价比电机及其控制系统设计与制造技术、高可靠性、长寿命、免维护技术。

2. 同步发展多项支撑技术

(1) 驱动电机核心零部件与先进材料技术

重点包括高性能硅钢片（有害元素与夹杂物控制、织构与晶粒尺寸控制技术）、永磁材料（高润湿性晶间相的成分与结构设计，即 GBM；晶间重稀土扩散技术，即 GBD，以及永磁体粉末在磁场中的取向与成型设计）、绝缘系统（耐电晕漆包扁线漆制备技术、高热高强聚酯亚胺基体树脂合成、云母混抄纸制备技术、纳米粒子表面化学包覆与分散技术）、高温变高速轴承（金属材料非金属夹杂物控制技术、润滑与密封、热处理与精密制造工艺）、位置传感器（传感器解码芯片与传感器集成化技术、深度自学习高精度修正技术、超高速高精度与动态测试技术）等。

(2) 电机控制器核心功率器件与无源器件技术

重点包括 IGBT 器件［新型背面缓冲层技术、少子寿命控制的逆导 IGBT（RC-IGBT）技术、超结设计与精密的工艺技术、芯片集成温度和电流传感器技术；芯片表面铜金属化工艺与模块双面焊接、多功能集成智能模块封装等模块技术］、宽禁带功率半导体元器件（耐高温低损耗碳化硅 MOSFET 芯片设计、高电子迁移率/高可靠碳化硅 MOS 栅氧介质形成工艺、高深宽比/高平整度碳化硅沟槽结构形成与晶圆减薄工艺、高温封装材料与封装工艺技术等）、无源元器件（耐高温/超薄膜与封装材料技术、超薄介质膜蒸镀/分切工艺技术、高压高温高容积比超薄膜电容的设计与工艺技术）等。

（3）软件架构与故障诊断技术

重点包括具有自主知识产权的国产基础软件架构、具有自主知识产权的国产编译器/开发环境和调试工具，基于智能云的状态检测、多核异构计算平台与智能控制、故障诊断与容错技术、寿命预测方法等。

5.1.2　电驱动总成技术路线图

1. 重点开发四大总成技术

（1）纯电驱动总成

重点发展模块化电驱动总成技术（例如共用壳体、轴、冷却），新材料、新工艺、持续轻量化、无动力中断的断开装置、多档变速器等。

（2）机电耦合动力总成

重点发展高效混合动力机电耦合构型技术，高效的混合动力专用发动机技术、高效专用变速器技术（DHT），新材料和新技术应用的下一代机电耦合装置，智能自动化专用生产线与下线（EOL）检测、国产设计与仿真及测试软硬件工具等。

（3）商用车动力总成

重点发展适用于公交客车、长途客车、重型货车、物流车等应用领域的高效、高可靠性、长寿命商用车动力总成技术及新型电驱动总成与分布式驱动技术，高比功率、高效电机与电力电子集成技术，全自动化、智能化专用生产线技术，以及全自动下线检测与国产化装备开发等。

（4）轮毂/轮边电机总成

重点开发轮毂驱动与机械制动集成与匹配、轮毂电机专用全新电动化底盘（集成防抱死制动系统、车身电子稳定功能），轮毂电机高效控制算法、面向行驶安全的分布式驱动底盘故障诊断与容错系统控制技术、轮毂电机防护、高耐振动设计、长寿命与耐久性设计等。

2. 同步开发关键材料与核心元器件的支撑技术

重点开发电驱动总成核心零部件技术，包括专用润滑油、高精度齿轮工艺、断开装置、平行轴，高转速/低摩擦/长寿命轴承和油封、强制润滑、减速器或变速器，高精度齿轮、高线速度轴承、轻量化铝镁合金设计与制造工艺，低噪声、耐磨损、耐大冲击的轮毂减速器、高线速度密封总成，新材料新工艺、轻量化低成本轮毂电动轮零部件（轴承、密封、减速器）等。

5.2 关键分领域技术路线图

5.2.1 驱动电机关键分领域技术路线图

新能源汽车驱动电机发展方向是高工况效率、高速化、高密度化、低振动噪声和低成本，一方面需要持续提升驱动电机设计和制造水平，另一方面加大对高性能硅钢材料、低重稀土永磁材料、耐电晕耐高温绝缘材料、直接油冷电机材料、高速轴承、位置传感器等基础核心零部件的研发投入。具体技术路线图将驱动电机分为电机本体、硅钢片、永磁体、绝缘系统、高速轴承、位置传感器等几个部分分别描述。

1. 驱动电机本体技术路线图

总体目标是，2025 年，高性能乘用车驱动电机质量功率密度达到 5.0kW/kg，体积功率密度达到 35kW/L，连续质量功率密度达到 2.8kW/kg，电机峰值效率达到 97.5%，最高转速可达到 18000r/min，驱动电机关键技术指标达到国际先进水平；普及型乘用车电机质量功率密度达到 3.6kW/kg，峰值效率达到 97.0%，实现高可靠性、长寿命、免维护，成本目标达到 28 元/kW；2030 年，高性能乘用车驱动电机质量功率密度、体积功率密度、连续质量功率密度在 2025 年的基础上提升 20%，电机峰值效率达到 98.0%，电机最高转速可达到 20000r/min；普及型乘用车电机质量功率密度达到 4.2kW/kg，峰值效率达到 97.5%，实现高可靠性、长寿命、免维护，成本目标为 25 元/kW；2035 年，高性能乘用车质量功率密度、体积功率密度、连续质量功率密度在 2030 年的基础上再提升 15% ~ 20%，电机峰值效率达到 98.5%，电机最高转速可达到 25000r/min，驱动电机关键技术指标整体达到国际领先水平；普及型乘用车电机质量功率密度达到 5.0kW/kg，峰值效率达到 98.0%，实现高可靠性、长寿命、免维护，成本目标为 22 元/kW。重点在驱动电机先进设计与工艺、新型材料与新零部件国产化、故障诊断与智能控制、设计软件与工具开发、检测与制造装备开发等方面开展技术攻关。

(1) 先进设计与先进工艺

重点发展高比功率、高效率、低成本永磁驱动电机设计与工艺技术（例如高速化、扁线/圆线精排、定子铁心拼块、集成油冷、复合冷却）；基于电磁材料多域服役特性，多物理场协同正向设计，电磁部件物理底层建模分析，以及大数据自动优化算法的电机设计技术；开发新结构新原理电机技术（例如轴向磁通、可变磁通、可变磁极、变绕组、磁齿轮等应用探索），轻量化一体壳体技术、高效散热与密封技术、轴承电腐蚀与耐久技术、高压安全与防护技术，以及高效异步电机设计与制造工艺技术等。

(2) 新材料与零部件国产化

包括高性能导磁材料及成型技术，低重稀土永磁、混合磁体的设计与制造技术，高精度、高可靠性磁阻式旋变位置传感器及设计、检测与自动化制造及新型磁性编码器等位置传感器，国产高速、低摩擦、低噪声轴承与高速、高精度减速机构，具有高可靠性与电热寿命、高导热、耐电晕、耐油特征的高性能绝缘材料及其绝缘结构设计技术；碳化硅元器件发展使得更高电频率、更高母线电压获得应用，除了高频绝缘材料外，高频扁圆电磁线、绕组设计与工艺、高频轴承电流抑制等是研究的重点。

(3) 车用驱动电机系统故障诊断与智能控制

研究车用驱动电机系统多物理域感知和认知方法，开发智能传感器，研发网络化系统状态监测与健康管理的网络架构、通信和数据挖掘技术，实现“自知和自诊断”电机智能化技术。

(4) 工具软件与智能制造

开发驱动电机设计专用工具软件，开发可全自动成型、脱漆、焊接以及多维度弯折的高效率发卡式绕组/扁导线绕组国产制造设备、高精密电测功机检测设备与关键制造装备，驱动电机回收与再制造技术，开发高端工艺、检验、物流的硬件设备和软件工具，打造满足“工业4.0”的现代汽车驱动电机智能制造生产线。

驱动电机本体技术路线图如图7-5-2所示。

	2025年	2030年	2035年
总体目标	驱动电机关键性能达到国际先进水平，实现高压高速化与先进制造工艺，部分关键制造装备实现国产化；普及型乘用车电机产品实现高可靠、长寿命、免维护	驱动电机关键性能部分达到国际领先水平，实现高压高速化与先进制造工艺，关键制造装备实现国产化	驱动电机关键性能整体达到国际领先水平，关键制造与测试装备与设计开发工具实现国产化
关键指标[①]	高性能乘用车电机质量功率密度达到5.0kW/kg，体积功率密度达到35kW/L，连续质量功率密度达到2.8kW/kg，最高转速可达18000r/min，峰值效率达到97.5%，电机噪声不超过72dB	高性能乘用车电机质量功率密度达到6.0kW/kg，体积功率密度达到42kW/L，连续质量功率密度达到3.2kW/kg，最高转速可达20000r/min，峰值效率达到98.0%，电机噪声不超过70dB	高性能乘用车电机质量功率密度达到7.0kW/kg，体积功率密度达到50kW/L，连续质量功率密度达到3.8kW/kg，最高转速可达25000r/min，峰值效率达到98.5%，电机噪声不超过68dB
	普及型乘用车电机质量功率密度达到3.6kW/kg，峰值效率达到97.0%，实现高可靠性、长寿命、免维护，成本目标为28元/kW[②]	普及型乘用车电机质量功率密度达到4.2kW/kg，峰值效率达到97.5%，实现高可靠性、长寿命、免维护，成本目标为25元/kW[②]	普及型乘用车电机质量功率密度达到5.0kW/kg，峰值效率达到98.0%，实现高可靠性、长寿命、免维护，成本目标为22元/kW[②]
关键技术	高比功率、高效率、低成本永磁电机技术（例如高速化、扁线/圆线精排、定子铁心拼块、集成油冷、复合冷却）（2025—2035年）		
		新结构、新原理电机技术（例如轴向磁通、可变磁通、可变磁极、变绕组、磁齿轮）（2030—2035年）	
	低损耗硅钢、低无重稀土磁钢、高速轴承、高线速度密封件、耐高频高压绝缘材料、低黏度润滑油等核心零部件技术（2025—2030年）		新材料与新工艺的核心零部件技术及其应用
	基于智能云的状态检测、故障诊断与容错技术、寿命预测及验证、免维护技术（2025—2035年）		
	驱动电机设计专用工具软件开发、高精密电测功机检测设备与关键制造装备国产化、驱动电机回收与再制造（2025—2035年）		

图7-5-2 驱动电机主体技术路线图

①指标定义与测试条件。

②成本计算以峰值功率100kW作为参照。

说明：

- **电驱动系统比功率**：电驱动系统输出功率除以电驱动系统总质量，其中质量包括电机、逆变器、减速器或变速器。由于集成构型不同，可折算得到电驱动部分的体积或质量。
- **电机有效比功率**：电机轴端输出功率除以电机有效材料质量，包括定子、转子，但不含轴。
- **峰值功率**：驱动电机及控制器在60℃冷却液温度（其他冷却方式除外）条件下，在额定电压下，在基速至0.75倍最高工作转速范围内，持续时间内（30s）允许安全持续输出的最大功率。
- **连续功率**：驱动电机及控制器在60℃冷却液温度（其他冷却方式除外）条件下，在额定电压下，能进行连续30min以上的功率输出。
- **电压等级因素影响**：针对以额定电压400V直流电，相电流有效值最大450Arms范围的逆变器及其功率模块为基准提出的，对于经过适度升压或增大电流的电驱动系统，建议乘以加严系数k，$k=(400\times450)/(实际电压\times实际电流)$。

2. 硅钢片技术路线图

总体目标是，2025年，自主硅钢片产品铁损P1.0/400不大于13W/kg（磁极化强度J5000不低于1.66T），屈服强度不低于420MPa，性能达到国际先进水平，具备国际竞争力；2030年，自主硅钢片产品形成系列化，铁损P1.0/400不大于12W/kg（磁极化强度J5000不低于1.67T），屈服强度不低于500MPa，性能达到国际领先水平；2035年，自主硅钢片产品实现全覆盖，铁损P1.0/400不大于11W/kg（磁极化强度J5000不低于1.68T），屈服强度不低于600MPa，性能达到国际领先水平。

重点攻关技术在于产品新设计技术、有害元素控制技术、夹杂物控制技术、织构控制技术、晶粒尺寸控制技术以及表面控制技术等方面。

硅钢片技术路线图具体如图7-5-3所示。

3. 永磁体技术路线图

总体目标是，2025年，突破钕-铁-硼晶间技术以及先进的粉末制造工艺，实现高剩磁、高内禀矫顽力、低重稀土的永磁体产业化，关键性能与国际水平相当；2030年，持续提升制粉与成型工艺装备水平，进一步细化晶粒、提高剩磁和矫顽力，全面达到国际先进水平；2035年，永磁体取向织构实现智能化设计以达成最优化电机磁极性能，实现高性能、低杂波损耗、低成本永磁体的大规模生产，产品综合性能引领国际水平。

重点攻关技术在于低熔点、高润湿性晶间相的成分与结构设计（GBM）、粉末粒径小的低污染高效率粉碎工艺、高精度单片多压头磁场成型以及高效率、高精度的全自动化及智能化工业生产线等方面。

永磁体技术路线图具体如图7-5-4所示。

	2025年	2030年	2035年
总体目标	自主研发的新能源驱动电机硅钢产品实现产业化，产品性能国际先进，具有国际市场竞争力	新能源驱动电机硅钢产品实现系列化，产品性能国际领先，具有国际市场竞争力	新能源驱动电机硅钢产品实现全覆盖，产品性能国际领先，具有显著的国际市场竞争力
关键指标	厚度0.27mm（定子、转子）；铁损P1.0/400≤13W/kg，P1.0/800≤36W/kg	厚度0.25mm（定子）；铁损P1.0/400≤12W/kg，P1.0/800≤33W/kg	厚度0.2mm（定子）；铁损P1.0/400≤11W/kg，P1.0/800≤30W/kg
	磁极化强度J5000≥1.66T	磁极化强度J5000 ≥1.67T	磁极化强度J5000 ≥1.68T
	屈服强度σ_s≥420MPa	0.35mm（转子）；屈服强度σ_s≥500MPa	0.30mm（转子）；屈服强度σ_s≥600MPa
重点攻关技术	产品设计新技术	产品设计新技术	产品设计新技术
	有害元素控制技术	有害元素控制技术	有害元素控制技术
	夹杂物控制技术	夹杂物控制技术	夹杂物控制技术
	织构控制新技术	织构控制新技术	织构控制新技术
	晶粒尺寸控制技术	晶粒尺寸控制技术	晶粒尺寸控制技术
	表面控制技术	表面控制技术	表面控制技术

图7-5-3　硅钢片技术路线图

	2025年	2030年	2035年
总体目标	稀土永磁关键性能与国际先进水平相当；突破Nd-Fe-B晶间技术以及先进的粉末制造工艺；实现高剩磁、高内禀矫顽力、无重稀土低成本永磁体产业化	稀土永磁工业规模化产品的关键性能达到国际领先水平；提升制粉与成型工艺装备水平；进一步细化晶粒、提高剩磁和矫顽力	稀土永磁的综合性能引领国际水平；磁体取向织构的智能化设计以达成最优化电机磁极性能的目的；实现高性能、低杂波损耗、低成本永磁体的大规模生产
关键指标①	剩磁B_r≥1.40 T	B_r≥1.45 T	B_r≥1.50 T
	矫顽力H_{cj}≥2300 kA/m	H_{cj}≥2400 kA/m	H_{cj}≥2400 kA/m
	重稀土D_y/Tb总量≤1.0 %wt	D_y/Tb总量≤1.0 %wt	D_y/Tb总量≤1.0 %wt
重点攻关技术	低熔点、高润湿性晶间相的成分与结构设计（GBM）	高效率的晶间重稀土扩散技术（GBD）与GBM最优化	粉末在磁场中的智能化取向与成型设计
	粉末粒径$D50$≤3μm的低污染、高效率的粉碎工艺	成分、微观结构的精准优化调控技术	高精度近净成型技术
	高效率、高精度的单片多压头磁场取向成型技术	高效率、高精度的全自动化、智能化工业生产线	高效率、高精度的全自动化、智能化工业生产线

图7-5-4　永磁体技术路线图

①指标考核条件为磁体最高工作结温达到180℃（PC=1）。

4. 绝缘系统技术路线图

总体目标是，2025 年，耐电晕漆包扁线 20kHz 下耐电晕寿命大于 100h，绝缘浸渍树脂耐温等级 200℃，电机绝缘系统对地局部放电起始电压（PDIV）大于 1.2kV，导热系数大于 0.3W/m·K，电机绝缘材料及绝缘系统整体水平达到国际先进水平，实现批量生产与应用；2030 年，耐电晕漆包扁线 30kHz 下耐电晕寿命大于 100h，绝缘浸渍树脂耐温等级 220℃，电机绝缘系统对地局部放电起始电压大于 1.4kV，导热系数大于 0.4W/m·K，绝缘材料及耐电晕寿命进一步增强，绝缘系统的耐温等级、导热系数明显提升；2035 年，耐电晕漆包扁线 50kHz 下耐电晕寿命大于 100h，绝缘浸渍树脂耐温等级 240℃，电机绝缘系统对地局部放电起始电压大于 1.6kV，导热系数大于 0.5W/m·K，绝缘材料及系统技术达到国际领先水平，具有高导热、高耐热和优异的耐电晕性能。

重点攻关技术在于漆包线薄层涂敷技术、高热高强聚酯亚氨基体树脂合成技术、绝缘材料耐油技术、纳米粒子表面化学包覆及分散技术、云母混抄纸制备技术及电机绝缘系统优化集成等。

绝缘系统技术路线图具体如图 7-5-5 所示。

	2025年	2030年	2035年
总体目标	电机绝缘材料及绝缘系统整体水平达到国际先进水平，实现批量生产与应用	绝缘材料及耐电晕寿命进一步增强，绝缘系统的耐温等级、导热系数明显提升	绝缘材料及系统技术达到国际领先水平，实现高导热、高耐热、优异耐电晕性能
关键指标①	耐电晕漆包扁线20kHz下耐电晕寿命＞100h，无针孔	耐电晕漆包扁线30kHz下耐电晕寿命＞100h，无针孔	耐电晕漆包扁线50kHz下耐电晕寿命＞100h，无针孔
	绝缘浸渍树脂固化挥发份＜1%；耐温等级200℃，导热系数＞0.3W/m·K	绝缘浸渍树脂固化挥发份＜1%；耐温等级220℃，导热系数＞0.5W/m·K	绝缘浸渍树脂固化挥发份＜0.5%；耐温等级240℃，导热系数＞0.7W/m·K
	复合纸导热系数＞0.3W/m·K, 耐温等级200℃，阻燃V1级	复合纸导热系数＞0.5W/m·K，耐温等级220℃，阻燃V0级	复合纸导热系数＞0.8W/m·K，耐温等级220℃，阻燃V0级
	电机绝缘系统对地PDIV＞1.2kV；耐温等级200℃，导热系数>0.3W/m·K	电机绝缘系统对地PDIV＞1.4kV；耐温等级220℃，导热系数＞0.4W/m·K	电机绝缘系统对地PDIV＞1.6kV；耐温等级220℃，导热系数＞0.5W/m·K
重点攻关技术	漆包线薄层“R”涂覆技术	单涂层耐电晕漆包扁线漆制备技术	超高耐电晕制备技术
	高热高强聚酯亚胺基体树脂合成	微纳米粒子在浸渍树脂中的分散技术	高耐热、高强度基体树脂合成技术
	耐油技术	云母混抄纸制备技术	高导热制备技术
	纳米粒子表面化学包覆、分散技术	绝缘系统优化集成技术	纳米技术

图 7-5-5　绝缘系统技术路线图

① 漆包线测试条件为羊角线棒样品，测试条件为 3000V、20kHz、155℃，测试时间为 100ns；复合绝缘纸在冷却油中浸泡 2000h 不分层开裂。

5. 高速轴承技术路线图

总体目标是，2025 年，持续提升轴承各零件制造精度和制造工艺，实现滚动轴承高速化，轴承极限转速不低于 20000r/min，疲劳寿命不低于 5 倍 L_{10} 寿命，允许运行温度区间为 -40 ~ 150℃，产品关键性能与国际先进水平相当；2030 年，持续提升轴承材料、热处理及制造工艺装备水平，进一步提升轴承制造精度和质量稳定性，轴承极限转速不低于 25000r/min，疲劳寿命不低于 6 倍 L_{10} 寿命，允许运行温度区间为 -40 ~ 160℃，滚动轴承关键性能达到国际领先水平；2035 年，进一步优化设计，建立动态模拟分析系统，突破轴承在高温、超高速下工作的技术瓶颈，轴承极限转速不低于 28000r/min，疲劳寿命不低于 8 倍 L_{10} 寿命，允许运行温度区间为 -40 ~ 180℃，滚动轴承的综合性能引领国际水平，并实现规模化生产。

重点攻关技术在于金属材料非金属夹杂物（磷、硫、氧）控制技术、轴承润滑与密封技术及轴承材料热处理与精密制造技术等。

高速轴承技术路线图具体如图 7-5-6 所示。

	2025年	2030年	2035年
总体目标	滚动轴承关键性能与国际先进水平相当；提升轴承各零件制造精度和制造工艺；实现滚动轴承高速化要求	滚动轴承关键性能达到国际领先水平；提升轴承材料、热处理及制造工艺装备水平；进一步提升轴承制造精度和质量稳定性	滚动轴承的综合性能引领国际水平；进一步优化设计，建立动态模拟分析系统；突破轴承在高温、超高速下工作的技术瓶颈。并实现规模化生产
关键指标	极限转速为20000r/min（$d \leqslant 35mm$）	极限转速为25000r/min（$d \leqslant 35mm$）	极限转速为28000r/min（$d \leqslant 35mm$）
	温度范围（-40~150℃）	温度范围（-40~160℃）	温度范围（-40~180℃）
	疲劳寿命为$5L_{10}$	疲劳寿命为$6L_{10}$	疲劳寿命为$8L_{10}$
	振动等级≥Z3	振动等级≥Z4	振动等级≥Z4
重点攻关技术	金属材料非金属夹杂物控制（P、S、O）	金属材料非金属夹杂物控制（P、S、O）	金属材料非金属夹杂物控制（P、S、O）
	润滑与密封技术	润滑与密封技术	润滑与密封技术
	热处理与精密制造工艺	热处理与精密制造工艺	热处理与精密制造工艺

图 7-5-6　高速轴承技术路线图

6. 位置传感器技术路线图

总体目标是，2025 年，位置传感器检测机械角度精度不大于 ±12′，解码器带宽不低于 2.5kHz，最高转速达到 20000r/min，技术指标达到国际先进水平，实现完全自动化生产；2030 年，新一代高精度位置传感器，实现传感器与芯片集成化与深度自学习高精度修正功能，机械角度精度不大于±6′，解码器带宽不低于3.0kHz，最高转速达到25000r/min，产品性能国际先进并实现产业化；2035年，开发出下一代多参数集成化传感器，满足汽车电动智能化的发展需求，机械角度精度不大于±5′，解码器带宽不低于3.5kHz，最高转速达到28000r/min，性能持续保持国际先进水平。

重点攻关技术在于位置传感器精细化设计与高精度制造技术、解码芯片与位置传感器集成技术、传感器深度自动学习与高精度修正技术，开发超薄集成化结构与兼容性技术，开发隧道磁阻、巨磁阻等新型位置传感器。

位置传感器技术路线图具体如图7－5－7所示。

	2025年	2030年	2035年
总体目标	位置传感器技术指标达到国际先进，实现完全自动化生产，满足高精度高可靠低成本的要求	新一代高精度位置传感器，实现传感器与芯片集成化与深度自学习高精度修正功能，产品性能国际先进	下一代多参数集成化传感器开发，满足汽车电动智能化的发展需求，产品性能国际先进
关键指标	工作温度范围：−40~150℃	工作温度范围：−40~180℃	工作温度范围：−40~200℃
	位置检测精度: ±12′max（机械角） 解码器带宽: >2.5kHz	位置检测精度: ±6′max（机械角） 解码器带宽: >3.0kHz	位置检测精度: ±5′max（机械角） 解码器带宽: >3.5kHz
	最高工作转速：20000r/min	最高工作转速：25000r/min	最高工作转速：28000r/min
重点攻关技术	精细化设计与高精度装备及工艺	芯片与传感器集成化技术	多参数集成化传感器与智慧性技术
	带转速直接输出功能	深度自学习高精度修正技术	超薄型集成化结构及其兼容性
	新型位置传感器：TMR、GMR、电涡流等	电磁兼容与安装容错技术	超高速高精度与动态测试技术

图7－5－7　位置传感器技术路线图

5.2.2　电机控制器关键分领域技术路线图

新能源汽车电机控制器技术方向瞄准更高功率密度和更高效率，电力电子高密度集成、功率模块高效冷却与封装、无源器件技术、第三代宽禁带半导体元器件基础材料与设计技术、相关传感/控制和通信用集成电路等是重点和关键方向。

1．电机控制器本体技术路线图

总体目标是，2025年，高性能乘用车电机控制器功率密度达到40kW/L，电机控制器峰值效率达到98.7%，系统电磁兼容性达到4级水平，实现高压化与先进工艺；普及型乘用车电机控制器功率密度达到20kW/L，电机控制器峰值效率达到98.5%，电磁兼容性不低于3级水平，功率部件完全国产化，成本达到30元/kW。2030年，高性能乘用车电机控制器功率密度达到50kW/L，电机控制器峰值效率达到99.0%，宽禁带元器件及控制器实现量产，普及型乘用车电机控制器功率密度30kW/L，电机控制器峰值效率98.7%，电磁兼容性不低于 4 级水平，功率部件完全国产化，成本目标为 25 元/kW。2035 年，高性能乘用车电机控制器功率密度达到 70kW/L，电机控制器峰值效率达到 99.2%，形成成熟的电驱动系统全生命周期状态管理，实现电机控制器免维护运行；普及型乘用车电机控制器功率密度达到 40kW/L，电机控制器峰值效率达到 99.0%，电磁兼容性不低于 4 级水平，功率部件完全国产化，成本目标为 20 元/kW。

重点攻关技术在电力电子集成设计与新型拓扑、宽禁带功率半导体元器件与无源元器件国产化、状态监测与智能诊断，以及设计软件与工具开发等方面开展技术攻关。

(1) 电力电子集成设计与新型拓扑

基于功率元器件级集成多电力电子元器件功率集成技术，基于功率元器件级集成的多变流器拓扑结构（新型功率半导体元器件、高温无源器件、高温传感与驱动）、IGBT 芯片集成封装技术；控制器主控芯片、软件开发与测试技术；电磁兼容设计与评价技术；符合高功能安全等级与类 AUTOSAR 的基础软件/架构；功能安全产品开发测试及诊断工具开发；应用新型控制算法提升控制器效率，电机控制器功能失效保护新技术，提升控制器的汽车安全完整性等级（ASIL）和可靠性；网络安全技术。

(2) 宽禁带功率半导体元器件与无源器件国产化

宽禁带半导体晶圆制备及检测、快速厚外延生长及材料检测技术；低感高密度碳化硅模块封装技术、高效散热技术；高压、高温、高频、高容积比膜电容器设计与封装技术等。

(3) 状态监测与智能诊断

重点是基于多核异构计算平台的电机智能控制方法，基于智慧传感器和大数据平台的状态监测与健康管理技术、基于数据驱动的智能控制、诊断和预测技术等；研究域控制器与主控芯片集成应用技术。

(4) 设计软件与工具开发

重点是电机控制器主控芯片、软件开发与测试技术，开发符合高功能安全等级与自主软件架构的基础软件/架构、功能安全产品开发测试及诊断工具等，开发网络安全技术，模型在环/软件在环/硬件在环测试软硬件工具开发及应用技术。

电机控制器本体技术路线图具体如图 7-5-8 所示。

2. 硅基功率器件技术路线图

总体目标是，2025 年，硅基 IGBT 芯片电流密度达到 350A/cm^2（不小于 750V）和 200A/cm^2（不小于 1200V），最高工作温度达到 175℃，技术指标和产品特性达到国际先进水平，模块产品实现汽车大规模应用，自主率达到 30%；2030 年，开发出逆导 IGBT 及超结 IGBT 芯片，芯片电流密度达到 400A/cm^2（不小于 750V）和 240A/cm^2（不小于

1200V），最高工作温度达到200℃，技术指标及产品达到国际先进水平，模块产品实现汽车大规模应用，自主率达到50%；2035年，芯片电流密度达到450A/mm²（不小于750V）和300A/cm²（不小于1200V），IGBT器件自主能力超过50%，模块产品实现汽车大规模应用，自主率达到70%。

	2025年	2030年	2035年
总体目标	Si基电机控制器关键性能指标国际先进，实现高压化与先进工艺；基于宽禁带功率元器件的电机控制器实现产业化，建立电驱动系统运行状态智慧监测架构	Si基电机控制器关键性能达到国际先进，实现高压化与先进工艺；基于宽禁带功率器件的电机控制器实现产业化，建设电驱动系统运行状态管理智慧云	基于新元器件和新材料的高效高密度智慧电机控制器实现产业化，形成成熟的电驱动系统全生命周期状态管理智慧云
关键指标①	高性能乘用车电机控制器体积功率密度达到40kW/L，可实现高压化，电机控制器峰值效率达到98.7%，电机系统EMC达到4级，功能安全等级ASIL C或同等水平	高性能乘用车电机控制器体积功率密度达到50kW/L，可实现高压化，电机控制器峰值效率达到99.0%，电机系统EMC达到4级，功能安全等级ASIL D或同等水平	高性能乘用车电机控制器体积功率密度达到70kW/L，可实现高压化，电机控制器峰值效率达到99.2%，电机系统EMC达到4级，功能安全等级ASIL D或同等水平
	普及型乘用车电机控制器体积功率密度达到20kW/L，电机控制器峰值效率达到98.5%，EMC不低于3级，功率部件完全国产化，成本目标为30元/kW②	普及型乘用车电机控制器体积功率密度达到30kW/L，电机控制器峰值效率达到98.7%，EMC不低于3级，功率部件完全国产化，成本目标为25元/kW②	普及型乘用车电机控制器体积功率密度达到40kW/L，电机控制器峰值效率达到99.0%，EMC不低于4级，功率部件完全国产化，成本目标为20元/kW②
重点攻关技术	基于功率器件级集成多电力电子器件功率集成技术	基于功率器件级集成多电力电子器件功率集成技术	
		新型电力电子拓扑及其控制技术	新型电力电子拓扑及其控制技术
	功率半导体元器件与膜电容器集成	新型功率半导体元器件、新型无源元器件（高温陶瓷材料）应用技术	新型功率半导体元器件、新型无源元器件（高温陶瓷材料）应用技术
	多核异构计算平台与智能控制、基于智能云的状态检测、故障诊断与容错技术、域控制器集成应用技术	多核异构计算平台与智能控制、基于智能云的状态检测、故障诊断与容错技术、域控制器集成应用技术	多核异构计算平台与智能控制、基于智能云的状态检测、故障诊断与容错技术、域控制器集成应用技术
	自主MCU及操作系统开发、专用工具软件国产化开发及应用技术，MIL/SIL/HIL测试软硬件工具开发及应用技术	自主MCU及操作系统开发、专用工具软件国产化开发及应用技术，MIL/SIL/HIL测试软硬件工具开发及应用技术	自主MCU及操作系统开发、专用工具软件国产化开发及应用技术，MIL/SIL/HIL测试软硬件工具开发及应用技术

图7-5-8　电机控制器本体技术路线图

① 电机控制器功率密度计算除了功率部件、散热组件和控制组件外，还需要计入达成EMC指标的滤波器、交直流接线端等辅助部件，考核条件为规定的冷却条件。

② 成本计算以峰值功率100kW作为参照。

重点攻关技术包括芯片和模块两个方面。在芯片方面，重点开发IGBT芯片的精细化沟槽和背面缓冲层、芯片集成温度和电流传感器及驱动电路与芯片集成一体化等设计技术，开发逆导IGBT芯片、超结设计与精密工艺技术及新型元器件结构技术等。在模块方面，重点是芯片表面铜金属化工艺、模块双面焊接技术、双面冷却模块封装技术及多功能集成智能化模块技术等。

硅基功率器件技术路线图具体如图7-5-9所示。

	2025年	2030年	2035年
总体目标	IGBT芯片技术指标和产品特性达到国际先进水平，模块产品实现汽车大规模应用，自主率达到30%	逆导IGBT及超结IGBT芯片技术指标及产品达到国际先进水平，模块产品实现汽车大规模应用，自主率达到50%	IGBT器件自主能力超过50%，模块产品实现汽车大规模应用，自主率达到70%
关键指标	IGBT最高工作温度：175℃	IGBT最高工作温度：200℃	IGBT最高工作温度：200℃
	750V芯片电流密度达到350A/cm²	750V芯片电流密度达到400A/cm²	750V芯片电流密度达到450A/cm²
	1200V芯片电流密度达到200A/cm²	1200V芯片电流密度达到240A/cm²	1200V芯片电流密度达到300A/cm²
重点攻关技术	精细化沟槽栅和新型背面缓冲层技术	少子寿命控制的RC-IGBT技术	IGBT驱动电路与芯片一体化集成
	RC-IGBT芯片技术	新型元器件结构技术	新型元器件结构技术
	芯片集成温度和电流传感器技术	超结设计与精密的工艺技术	超结设计与精密的工艺技术
	芯片表面铜金属化工艺与模块双面焊接技术	双面冷却模块封装技术	多功能集成智能模块封装技术

图 7-5-9　硅基功率器件技术路线图

3. 宽禁带半导体器件技术路线图

总体目标是，2025 年，突破芯片新型结构设计以及先进工艺技术，碳化硅 MOSFET 单芯片导通电流达到 150A，电流密度达到 450A/cm²，最高工作结温达到 225℃，芯片关键性能与国际先进水平的差距缩小到一代以内，实现耐高温、低损耗碳化硅 MOSFET 芯片产业化；2030 年，持续提升芯片结构设计及先进工艺技术水平，碳化硅 MOSFET 单芯片导通电流达到 250A，电流密度达到 600A/cm²，最高工作结温达到 250℃，碳化硅 MOSFET 关键性能达到国际先进水平，进一步提升耐高温、低损耗碳化硅 MOSFET 芯片产业规模；2035 年，碳化硅 MOSFET 芯片结构设计以及工艺技术水平进一步提升，碳化硅 MOSFET 单芯片导通电流达到 400A，电流密度达到 800A/cm²，最高工作结温达到 275℃，碳化硅 MOSFET 关键性能与国际最高水平相当，实现耐高温、低损耗碳化硅 MOSFET 芯片大规模产业化。

在碳化硅芯片方面，其重点攻关技术在于芯片和材料方面极低缺陷密度的碳化硅衬底和外延制造技术、高温低损耗碳化硅 MOSFET 芯片设计技术、高电子迁移率与高可靠的碳化硅 MOSFET 栅氧介质形成工艺技术及碳化硅 MOSFET 沟槽栅工艺等；在碳化硅模块方面，其重点攻关技术是高温封装材料、封装工艺、高效散热集成技术及器件测试技术等。

宽禁带半导体器件技术路线图具体如图 7-5-10 所示。

	2025年	2030年	2035年
总体目标	SiC MOSFET关键性能与国际先进水平的差距缩小到一代以内；突破芯片新型结构设计以及先进工艺技术；实现耐高温、低损耗SiC MOSFET芯片产业化	SiC MOSFET关键性能达到国际先进水平；提升芯片结构设计以进工艺技术水平；进一步提升耐高温、低损耗SiC MOSFET芯片产业规模	SiC MOSFET关键性能与国际最高水平相当；芯片结构设计以及工艺技术水平进一步提升；实现耐高温、低损耗SiC MOSFET芯片大规模产业化
关键指标	击穿电压等级达到650~1200V	击穿电压等级达到650~1500V	击穿电压等级达到650~1700V
	单芯片导通电流达到150A	单芯片导通电流达到250A	单芯片导通电流达到400A
	芯片电流密度达到450A/cm²	芯片电流密度达到600A/cm²	芯片电流密度达到800A/cm²
	芯片最高工作结温达到225℃	芯片最高工作结温达到250℃	芯片最高工作结温达到275℃
重点攻关技术	耐高温、低损耗SiC MOSFET芯片设计	耐高温、低损耗SiC MOSFET芯片设计	耐高温、低损耗SiC MOSFET芯片设计
	高电子迁移率、高可靠SiC MOSFET栅氧介质形成工艺	高电子迁移率、高可靠性SIC MOSFET沟槽栅氧工艺和栅氧拐角电场平缓技术	高电子迁移率、高可靠性SIC MOSFET沟槽栅氧工艺和栅氧拐角电场平缓技术
	SiC MOSFET沟槽栅形成工艺	高深宽比、高平整度SiC沟槽结构形成，8in晶圆制造工艺，厚度≤100μm	高深宽比、高平整度SiC沟槽结构形成，8in晶圆制造工艺，减薄厚度≤50μm
	高温封装材料与封装工艺技术	高温封装材料与封装工艺技术	高温封装材料与封装工艺技术

图 7-5-10　宽禁带半导体器件技术路线图

4. 无源元器件技术路线图

总体目标是，2025 年，电容器产品实现高压耐高温、小型化高容积比，膜电容器容积比达到 1.5μF/mL（115℃，500V），新型电容器最高工作温度达到 140℃，工作电压可达到 800V，关键性能达到国际先进水平；2030 年，膜电容器容积比达到 1.8μF/mL（115℃，500V），新型电容器最高工作温度达到 150℃，工作电压可达到 1000V，关键性能达到国际先进水平；2030 年，膜电容器容积比达到 2.5μF/mL（115℃，500V），新型电容器最高工作温度达到 175℃，工作电压可达到 1200V，电容器的耐压耐温与碳化硅 MOSFET 应用发展匹配，关键性能达到国际先进水平。

重点攻关技术在于高压、耐高温、高容积比电容器设计与工艺及高温介质电容器设计与工艺等设计技术，耐高温薄膜、超薄膜与耐高温封装材料技术，以及耐高温材料、超薄介质膜蒸镀、分切等工艺与装备技术等。鼓励和支持电容技术创新，新一代电容器耐压、耐高温与宽禁带功率半导体应用同步发展。

无源元器件技术路线图具体如图 7-5-11 所示。

	2025年	2030年	2035年
总体目标	直流支撑电容产品关键性能达到国际先进水平，实现耐高温、小型化高容积比，满足宽禁带半导体元器件的新型电机控制器运用及产业化发展	直流支撑电容产品关键性能达到国际先进水平，实现耐高温、小型化高容积比，满足宽禁带半导体元器件的新型电机控制器运用及产业化发展	直流支撑电容产品关键性能达到国际先进水平，实现耐高温、小型化高容积比，满足宽禁带半导体元器件的新型电机控制器运用及产业化发展
关键指标	高温介质电容器最高工作温度140℃，耐纹波电流0.42A/μF，工作电压800V	高温介质电容器最高工作温度150℃，耐纹波电流0.5A/μF，工作电压1000V	高温介质电容器最高工作温度175℃，耐纹波电流0.6A/μF，工作电压1200V
	薄膜电容器最高工作温度115℃，容积比1.5μF/mL@500Vdc 0.8μF/mL@700V，0.6μF/mL@900V	薄膜电容器最高工作温度115℃，容积比1.8uF/ml@500Vdc 1.2μF/mL@700V，0.9μF/mL@900V	薄膜电容器最高工作温度115℃，容积比2.5uF/ml@500Vdc 1.6μF/mL@700V，1.2μF/mL@900V
重点攻关技术	耐高温薄膜、超薄膜与耐高温封装材料技术	耐高温介质材料、耐高温薄膜、超薄膜与耐高温封装材料技术	耐高温介质材料、耐高温薄膜、超薄膜与耐高温封装材料技术
	耐高温材料、超薄介质膜蒸镀、分切相关设备及工艺技术	耐高温材料、超薄介质膜蒸镀、分切相关设备及工艺技术，高温介质工艺	耐高温材料、超薄介质膜蒸镀、分切相关设备及工艺技术，高温介质工艺
	耐高温电容、高容积比超薄膜电容的设计、设备及工艺技术	高温介质电容器的设计与工艺技术	高温介质电容器的设计与工艺技术

图7-5-11　无源器件技术路线图

5. 主控芯片技术路线图

总体目标是，2025年，采用55nm或40nm工艺，主控芯片主频不低于300MHz，实现ISO 26262 ASIL D，芯片可靠性、安全性达到车规级应用要求，达到国外同类产品先进水平；2030年，采用28nm工艺，主控芯片主频不低于600MHz，芯片技术指标和产品支持域控制器，逐步实现软件开发工具链的国产化；2035年，采用16nm或14nm工艺，主控芯片主频不低于1GHz，芯片技术指标和产品特性水平达到国际先进水平，完全实现软件开发工具链的国产化。

重点攻关技术在于纳米级嵌入式芯片车规级Flash工艺、硬件信息安全模块（HSM）技术、自主操作系统与功能安全技术及开发符合中国标准的国产主控芯片工具链。

主控芯片技术路线图具体如图7-5-12所示。

6. DC/DC变换器技术路线图

总体目标是，2025年，采用车规级国产高压硅基MOSFET和低压MOSFET研制DC/DC变换器产品，与2020年相比较体积和重量降低30%，加权效率达到90%，性能达到国际先进水平；2030年，采用国产第三代宽禁带元器件和新型磁性材料的DC/DC变换器实现应用，开发满足不同电压和功率特性的高效拓扑并实现应用，与2020年相比较体积和重量降低50%，加权效率达到92%，性能达到国际先进水平；2035年，采用国产第三代宽禁带元器件和新型磁性材料的DC/DC变换器实现应用，实现产品模块化设计和接口标准化，变换器产品覆盖不同电池电压等级，加权效率达到94%，性能达到国际先进水平，国产化率超过70%。

	2025年	2030年	2035年
总体目标	采用55nm或40nm工艺，芯片可靠性、安全性达到新能源汽车主驱电机应用要求，达到国外同类产品先进水平	采用28nm工艺，芯片技术指标和产品支持域控制器，逐步实现软件开发工具链的国产化	采用16nm或14nm工艺，芯片技术指标和产品特性水平达到国际先进水平，完全实现软件开发工具链的国产化
关键指标	主频不低于300MHz多核锁步MCU	主频不低于600MHz多核锁步MCU	主频不低于1GHz多核锁步MCU
	ISO 26262 ASIL D	ISO 26262 ASIL D	符合中国标准的汽车功能安全标准
	工作温度：-40~125℃ AEC-Q100 Grade 1	工作温度：-40~150℃ AEC-Q100 Grade 0	工作温度：-40~150℃ AEC-Q100 Grade 0
关键技术	55nm或40nm嵌入式车规级Flash工艺	28nm嵌入式车规级Flash工艺	16nm/14nm嵌入式车规级Flash工艺
	硬件信息安全模块技术（符合Evita Full标准）	先进硬件信息安全模块技术	先进硬件信息安全模块技术
	自主操作系统与功能安全技术	自主操作系统与功能安全技术	自主操作系统与功能安全技术
	开发拥有自主知识产权的国产编译器、开发环境和调试工具	国产MCU开发工具链发布中国标准	普及符合中国标准的国产MCU开发工具链

图7-5-12 主控芯片技术路线图

重点攻关技术在于大功率双向DC/DC变换器及其与电驱动总成系统效率技术、国产化碳化硅MOSFET应用技术、高温半导体材料应用技术，功率半导体材料双面冷却与新型冷却技术，以及低压信号级与功率级主动有源电磁兼容滤波器设计技术、高频化与磁性器件集成技术等。

DC/DC变换器技术路线图具体如图7-5-13所示。

7. 车载充电机技术路线图

总体目标是，2025年，采用国产高压碳化硅MOSFET和低压MOSFET开发车载充电机产品，相对于2020年体积和重量降低30%，加权效率达到88%，性能达到国际先进水平，实现双向车载充电机的车对电网逆变功能（V2G）；2030年，采用国产宽禁带元器件和新型磁性材料的高效拓扑结构车载充电机实现应用，相对于2020年体积和重量降低50%，加权效率达到90%，性能达到国际先进水平，实现双向车载充电机的车对电网逆变功能规模应用（V2G））；2035年，车载充电机产品覆盖不同电池电压等级，实现模块化和集成化设计，加权效率达到92%，性能达到国际先进水平，关键元器件的国产化率超过70%。

重点攻关技术在于功率半导体高效冷却设计与集成技术，车载充电机与DC/DC变换器集成技术，低压信号级与功率级主动有源电磁兼容滤波器设计技术、高频化与磁性元器件集成技术，以及双向实时功率控制算法、多核处理器安全机制等。

车载充电机技术路线图具体如图7-5-14所示。

	2025年	2030年	2035年
总体目标	采用车规级国产高压Si基MOSFET和低压MOSFET的DC/DC变换器产品性能达到国际先进水平，满足汽车产品低成本、高可靠要求	采用国产第三代宽禁带元器件和新型磁性材料的DC/DC变换器实现应用，开发满足不同电压和功率特性的高效拓扑并实现应用	采用国产第三代宽禁带元器件和新型磁性材料的DC/DC变换器实现应用，DC/DC变换器产品覆盖不同电池电压等级，关键器件的国产化率超过70%
关键指标	相同功率体积缩小到2020年的70%	体积进一步减小到2020年的50%左右	模块化设计，接口标准化
	加权效率高于90%，最高效率高于97%	加权效率高于92%，最高效率高于97.5%	加权效率高于94%，最高效率高于98%
	EMC能达到4级水平	EMC达到4级水平以上	EMC达到4级水平以上
重点攻关技术	国产化175℃ Si基MOSFET应用	200℃高结温半导体元器件应用	225℃高结温半导体元器件应用
	功率半导体双面散热技术	驱动和功率半导体集成化设计	新型功率器件晶圆封装和散热技术
	低压信号级主动有源EMC滤波器技术	功率级主动有源EMC滤波技术	新型全谐振拓扑结构技术
	高频化，磁性元器件小型化	高频化，磁性元器件小型化，新型EMC滤波磁性材料	新型磁性材料及磁集成技术
	大功率DC/DC变换器技术	大功率DC/DC变换器技术	大功率DC/DC变换器技术

图 7-5-13　DC/DC 变换器技术路线图

注：加权效率计算参照 GB/T 24347—2009《电动汽车 DC/DC 变换器》中 5.3.2 节。

	2025年	2030年	2035年
总体目标	采用国产高压碳化硅MOSFET和低压MOS的车载充电机产品性能达到国际先进水平，初步实现双向车载充电机的车对电网逆变功能（V2G）	采用国产宽禁带元器件和新型磁性材料的高效拓扑结构车载充电机实现应用，实现双向车载充电机的车对电网逆变功能规模应用（V2G），起到稳定电网作用	车载充电机产品覆盖不同高压电池等级，关键元器件的国产化率超过70%
关键指标	部分功能安全要求满足ASIL C等级	200℃高结温半导体元器件应用	200℃高结温半导体元器件应用
	EMC能达到4级水平	EMC达到4级及以上水平	EMC达到4级及以上水平
	相同功率体积缩小到2020年的70%	相同功率体积缩小到2020年的50%	模块化设计，接口标准化
	加权效率高于88%，最高效率高于96%	加权效率高于90%，最高效率高于97%	加权效率高于92%，最高效率高于98%
重点攻关技术	功率半导体高效冷却集成技术	AC/DC与DC/DC半导体集成化设计	新型全谐振拓扑结构
	低压信号级主动有源EMC滤波器技术	功率级主动有源EMC滤波技术	新型功率元器件晶圆封装和散热技术
	高频化，磁性元器件小型化	新型EMC滤波磁性材料	新型磁性材料及磁集成技术
	双向实时功率控制算法	多控制核心的安全机制	多控制核心的安全机制

图 7-5-14　车载充电机技术路线图

5.2.3 电驱动总成关键分领域技术路线图

新能源汽车电驱动总成领域涵盖乘用车插电式机电耦合总成、乘用车纯电驱动总成、商用车电驱动总成和轮毂/轮边电机总成四个方面。

1. 机电耦合总成技术路线图

总体目标是，以2020年为基础，2025年机电耦合总成体积和重量减少12%，纯电驱动工况运行效率达到92.0%，混合动力工况机械传动效率峰值达到95%，WLTC综合效率达到83%，总成性能持续提升；2030年，机电耦合总成体积和重量减少20%，纯电驱动工况运行效率达到92.5%，混合动力工况机械传动效率峰值达到96%，WLTC综合效率达到84.5%，技术保持国际先进水平；2035年，机电耦合总成体积和重量减少30%，纯电驱动工况运行效率达到93.0%，混合动力工况机械传动效率峰值达到97%，WLTC综合效率达到86%，机电耦合总成插电式机电耦合产品处于国际一流水平，关键零部件技术达到世界领先水平。

重点攻关技术聚焦机电耦合总成设计、核心零部件国产化及检测与制造装备等方面。

机电耦合总成技术路线图具体如图7-5-15所示。

	2025年	2030年	2035年
总体目标	插电式机电耦合总成产品性能达到国际先进水平，机电耦合电驱动总成性能持续提升，集成化程度提高	插电式机电耦合总成性能持续保持国际先进水平，开发出节油效果更优、全工况适用、平台通用性好的总成产品	插电式机电耦合总成处于国际一流水平，机电耦合电驱动总成参与国际竞争，关键零部件技术达到国际领先水平
关键指标	机电耦合总成体积和重量相对2020年降低12%①	机电耦合总成体积和重量相对2020年降低20%①	机电耦合总成体积和重量相对2020年降低30%①
	纯发动机最高机械传动效率达到97%，纯电驱动工况系统最高效率达到92%	纯发动机最高机械传动效率达到97.5%，纯电驱动工况系统最高效率达到92.5%	纯发动机最高机械传动效率达到98%，纯电驱动工况系统最高效率达到93%
	混合动力工况最高机械传动效率达到95%，机电耦合系统WLTC综合效率达到83%	混合动力工况最高机械传动效率达到96%，机电耦合系统WLTC综合效率达到84.5%	混合动力工况最高机械传动效率达到97%，机电耦合系统WLTC综合效率达到86%
	纯电驱动工况1m总噪声不超过85dB②	纯电驱动工况1m总噪声不超过80dB②	纯电驱动工况1m总噪声不超过75dB②
重点攻关技术	高效混合动力机电耦合总成及其构型技术、耦合设计理论		新材料和新技术的新型机电耦合装置
	高效的混合动力专用发动机及其控制技术		
	基于DCT/行星排等变速器技术	高效专用变速器技术（如DHT等）	
	高转速/高精度齿轮、低摩擦轴承、离合器等核心零部件制造与工艺技术		
	平台化驱动电机及控制器技术	以宽禁带材料应用为代表的高集成度电机系统技术、下一代电子电气架构技术	

图7-5-15 机电耦合总成技术路线图

① 2025—2035年体积和重量数据以2020年典型同类机电耦合总成为参照。

②1m噪声按照满载工况进行测试。

1）机电耦合总成设计：重点包括高效混合动力机电耦合构型技术，研发集成化、平台化的机电耦合总成、耦合设计理论等，研究新材料和新技术应用的下一代机电耦合装置设计技术，以及机电耦合总成的 NVH 评价规范等。

2）核心零部件国产化：包括高效的混合动力专用发动机技术、高效专用变速器技术（DHT），高转速、高精度齿轮及低摩擦轴承制造，核心零部件（专用润滑油、高精度齿轮工艺、断开装置、平行轴，高转速、低摩擦、长寿命轴承和油封，强制润滑、变速器等），新材料、新工艺、持续轻量化、无动力中断的断开装置，以及多档变速器等。

3）检测与制造装备：智能自动化专用生产线与线下检测、国产机电耦合总成测试认证装备，以及自主设计与仿真及测试软硬件工具等。

2. 乘用车纯电驱动总成技术路线图

总体目标是，2025 年，乘用车电驱动总成质量功率密度达到 2.0kW/kg，电驱动系统传动最高效率达到 93.5%，CLTC 综合效率达到 87%，高速减速器制造及关键零部件完全自主，普及型新能源汽车纯电驱动总成成本达到 70 元/kW；2030 年，电驱动总成质量功率密度达到 2.4kW/kg，电驱动系统传动最高效率达到 94.0%，CLTC 综合效率达到 88.5%，核心零部件实现完全自主可控，普及型新能源汽车纯电驱动总成成本达到 60 元/kW；2035 年，电驱动总成质量功率密度达到 2.8kW/kg，电驱动系统传动最高效率达到 94.5%，CLTC 综合效率达到 90%，自主电驱动总成引领行业发展，普及型新能源汽车纯电驱动总成成本达 50 元/kW，成本和性能具有国际竞争力。

重点技术聚焦总成集成设计、核心零部件国产化及检测与制造装备等方面。

1）纯电驱动总成集成设计：重点是模块化电驱动总成技术（共用壳体、轴、冷却系统），高效冷却系统设计；集中式与分布式电驱动桥设计等。

2）核心零部件国产化：包括高转速、高精度齿轮及低摩擦轴承制造，核心零部件（专用润滑油、高精度齿轮工艺、断开装置、平行轴，高转速、低摩擦、长寿命轴承和油封，强制润滑、两档变速器），新材料、新工艺、持续轻量化、无动力中断的断开装置，及多档变速器等。

3）检测与制造装备：智能自动化专用生产线与线下检测、国产设计与仿真及测试软硬件工具等。

乘用车纯电驱动总成技术路线图具体如图 7－5－16 所示。

3. 商用车电驱动总成技术路线图

总体目标是，2025 年，商用车动力系统关键部件性能持续提升，保持国际先进水平，商用车驱动电机 60s 质量转矩密度大于 20N·m/kg，高速电机 60s 有效质量功率密度大于 4.0kW/kg，商用车电机控制器实现体积功率密度不低于 30kW/L；2030 年，商用车驱动电机 60s 质量转矩密度大于 24N·m/kg，高速电机 60s 有效质量功率密度大于 5.0kW/kg，商用车电机控制器实现体积功率密度不低于 40kW/L；2035 年，商用车驱动电机 60s 质量转矩密度大于 30N·m/kg，高速电机 60s 有效质量功率密度大于 6.0kW/kg，商用车电机控制器实现体积功率密度不低于 60kW/L；面向客车、重型货车和物流车不同应用场景，开发出节能效果更优、全工况适用、高度集成、平台通用性好的动力系统，拥有独立知识产权的仿真设计平台和精加工能力。

	2025年	2030年	2035年
总体目标	我国自主电驱动产业综合竞争力达到国际先进水平，可持续发展能力显著增强。核心零部件按商品价值估算国产自给率达到50%以上	我国自主电驱动技术研发与商品化能力达到国际领先水平。核心零部件按商品价值估算国产自给率达到80%以上，100%可实现进口替代	我国自主电驱动产品开发引领国际发展，整机和以控制芯片和功率半导体元器件为代表的核心零部件均实现大规模出口，电驱动产业实现全产业链自主可控
关键指标①	电驱动系统最高效率达到93.5%，CLTC综合使用效率达到87.0%②	电驱动系统最高效率达到94.0%，CLTC综合使用效率达到88.5%②	电驱动系统最高效率达到94.5%，CLTC综合使用效率达到90%②
	电驱动系统峰值质量功率密度达到2.0kW/kg，连续质量功率密度达到1.2kW/kg	电驱动系统峰值质量功率密度达到2.4kW/kg，连续质量功率密度达到1.5kW/kg	电驱动系统峰值质量功率密度达到2.8kW/kg，连续质量功率密度达到1.8kW/kg
	电驱动系统1m总噪声不超过75dB③	电驱动系统1m总噪声不超过72dB③	电驱动系统1m总噪声不超过68dB③
	普及型电驱动总成成本不超过70元/kW④	普及型电驱动总成成本不超过60元/kW④	普及型电驱动总成成本不超过50元/kW④
重点攻关技术	模块化电驱动总成（共用壳体、轴、冷却系统）	集成式驱动总成/分布式驱动总成	
	高比功率、高效电机及控制器技术	新结构、新材料驱动电机及控制器技术	
	核心零部件（专用润滑油、高精度齿轮工艺、断开装置、平行轴，高转速、低摩擦、长寿命轴承和油封，强制润滑、两档变速器）		
		新材料，新工艺，持续轻量化、无动力中断的断开装置、多档变速器	
	智能自动化专用生产线、智能自动化EOL检测、国产设计与仿真及测试软硬件工具、下一代电子电气架构技术		

图 7-5-16　乘用车纯电驱动总成技术路线图

①功率密度按照驱动电机峰值功率与电驱动总成质量之比计算。

②燃料消耗量计算基于 A 级轿车，车辆总重量（GVW）约 1.6t。

③电驱动系统、电机、减速器 1m 总噪声：转折转速、50% 负载。

④成本计算按照峰值功率 100kW 作为参照。

重点发展高效率、高可靠性、长寿命商用车电驱动总成技术、可实现多档化的大转矩驱动电机与变速器集成技术、新型电驱动总成与分布式驱动技术，高比功率、高效电机与电力电子集成技术，全自动化、智能化专用生产线技术，以及全自动下线检测与国产化装备开发等。

商用车动力总成技术路线图具体如图 7-5-17 所示。

	2025年	2030年	2035年
总体目标	面向不同应用场景，全面提升动力总成关键部件性能，动力总成装置集成度和效率进一步提升	动力总成集成度和效率国际领先，节能效果更优、全工况适用、高度集成、平台通用性更好	动力总成关键部件性能持续提升，保持国际先进水平，具备自主仿真设计软件平台和零部件精加工能力
关键指标	动力总成质量功率密度达到0.5kW/kg①，可实现多档化、动力总成最高效率达到91%	动力总成质量功率密度达到0.6kW/kg①，可实现多档化、动力总成最高效率达到92%	动力总成质量功率密度达到0.7kW/kg①，可实现多档化、动力总成最高效率达到94%
	商用车电机质量转矩密度达到20N·m/kg或质量功率密度4.0kW/kg②，实现高可靠性与长寿命	商用车电机转矩密度达到24N·m/kg或质量功率密度5.0kW/kg②，实现高可靠性与长寿命	商用车电机转矩密度达到30N·m/kg或质量功率密度6.0kW/kg②，实现高可靠性与长寿命
	商用车控制器体积功率密度达30kW/L，峰值效率达到98.5%，可实现多变流器集成	商用车控制器体积功率密度达40kW/L，峰值效率达到98.8%，可实现多变流器集成	商用车控制器体积功率密度达60kW/L，峰值效率达到99.2%，可实现多变流器集成
	商用车动力总成噪声不超过85dB	商用车动力总成噪声不超过80dB	商用车动力总成噪声不超过78dB
重点攻关技术	面向不同应用场景的高效电驱动总成集成、高可靠性与长寿命技术（例如大转矩多档变速器、行星排变速器等）	新型电驱动总成与分布式驱动技术	
	高效高比功率驱动电机、大转矩长寿命驱动电机、电力电子集成控制器技术		新结构、新材料电机及控制器技术
	高精度齿轴、高线速度轴承、轻量化铝镁合金、重载多档变速器		
		新材料，新工艺，轻量化材料与关键零部件技术与工艺	
	全自动化/智能化专用生产线、全自动化EOL检测、国产装备替代		

图 7-5-17　商用车动力总成技术路线图

①商用车动力总成定义为电机+变速器系统，其他系统此处不涵盖；动力总成噪声在纯电动模式下，相距1m和50%峰值转矩条件下；动力总成效率指电机、控制器与变速器综合效率；比功率指动力总成输出功率除以动力总成重量（电机+变速器）。

②商用车驱动电机转矩密度和功率密度均指60s测试条件下。

4. 轮毂/轮边电机总成技术路线图

总体目标是，2025年，直驱轮毂电机本体体积转矩密度达到60N·m/L，减速轮毂电机本体质量功率密度达到5.0kW/kg，轮毂电机减速器综合峰值效率达到92%以上，轮毂电机实现小批量示范应用；2030年，直驱轮毂电机本体体积转矩密度达到72N·m/L，减速轮毂电机本体质量功率密度达到6.0kW/kg，轮毂电机减速器综合峰值效率达到93.5%以上，轮毂电机实现乘用车批量应用；2035年，直驱轮毂电机本体体积转矩密度达到90N·m/L，减速轮毂电机本体质量功率密度达到7.0kW/kg，轮毂电机减速器综合峰值效率达到94.5%以上，轮毂电机控制系统功能安全等级达到ASIL D，轮毂电机实现大批量应用。

重点开发轮毂驱动与机械制动集成与匹配、轮毂电机专用全新电动化底盘（集成防抱死制动系统、车身电子稳定功能），轮毂电机高效控制算法、面向行驶安全的分布式驱动底盘故障诊断与容错系统控制技术、关键零部件与材料的成本控制、高防护等级设计、高耐振动设计及长寿命与耐久性设计等，鼓励轮毂电机在特定场景下的示范应用，加快推进轮毂电机产业化。

轮毂/轮边电机总成技术路线图具体如图 7－5－18 所示。

	2025年	2030年	2035年
总体目标	搭载轮毂电机的乘用车实现小批量示范运行，关键零部件实现国产化与成本可控，产品与国际领先水平的差距缩小	实现分布式驱动系统在乘用车上实现量产，零部件实现全面国产化与低成本，技术与商品化能力达到国际先进水平	分布式驱动与传统集中式驱动系统形成良性的差异化竞争，国产轮毂电机技术研发与商品化能力达到国际领先水平
关键指标①	直驱轮毂电机峰值体积转矩密度达到60N·m/L，减速器轮毂电机质量功率密度达到5.0kW/kg	直驱轮毂电机峰值转矩密度达到72N·m/L，减速器轮毂电机质量功率密度达到6.0kW/kg	直驱轮毂电机峰值转矩密度达到90N·m/L，减速器轮毂电机质量功率密度达到7.0kW/kg
	轮毂电机系统最高效率达到92%，系统超过80%的高效率区达85%，系统CLTC综合使用效率达到80%	轮毂电机系统最高效率达到93.5%，系统超过80%的高效率区达88%，系统CLTC综合使用效率达到83%	轮毂电机系统最高效率达到94.5%，系统超过80%的高效率区达90%，系统CLTC综合使用效率达到86%
	轮毂电机系统1m总噪声不超过72dB	轮毂电机系统1m总噪声不超过70dB	轮毂电机系统1m总噪声不超过68dB
	轮毂电机系统成本不超过120元/kW	轮毂电机系统成本不超过80元/kW	轮毂电机系统成本不超过60元/kW
重点攻关技术	轮毂驱动与机械制动集成与匹配	轮毂电机专用全新电动化底盘（集成ABS、ESP功能）	
	高比功率、高效电机及控制器技术	新结构、新材料驱动电机及控制器技术	
	大冲击的轮毂电机减速器；高线速度、低摩擦动密封总成		
		新材料新工艺、轻量化低成本轮毂电动轮零部件（轴承、密封、减速器）	
	轮毂电机分布式驱动系统的高效控制算法、面向行驶安全的分布式驱动底盘故障诊断与容错系统		

图 7－5－18　轮毂/轮边电机总成技术路线图

注： 轮毂电机系统指簧下重量和体积，包含电机、减速器、润滑油、壳体、轮毂轴承，不包含逆变器、转向节、轮辋、轮胎、制动器；对于逆变器布置在簧下的情形，核算时可扣除逆变器的重量和体积。轮毂电机系统质量转矩密度指轮毂电机系统输出转矩除以轮毂电机系统簧下总质量；体积转矩密度指轮毂电机系统输出转矩除以轮毂电机系统簧下总体积。轮毂电机质量功率密度指电机峰值功率与电机有效质量之比。

6 创新发展需求

以下列表说明：实施方式中 A 为国家主导，B 为行业联合，C 为企业领跑。

序号	项目名称	必要性	项目目标	研究内容	预期成果	实施方式
1	基于多核异构计算平台的电机智能控制方法	高品质控制和功能安全是车用驱动电机系统的重要发展趋势，电驱动总成的实时计算能力是关键。开发由多核芯片和不同硬件架构构成的多核异构计算平台可大幅提升计算能力，将现有电机系统控制升级为智能控制	2025 年，开发具有自主知识产权的多核异构计算平台和智能算法，提升车用驱动电机系统的智能化水平 2030 年，实现产品级应用	驱动电机系统建模及参数辨识技术研究，多核异构计算平台的基础硬件和软件架构开发，驱动电机系统智能控制算法及其应用研究	掌握基于具有自主知识产权的车用多核异构计算平台及电机智能控制技术，使电机智能控制达到国际先进水平	B
2	电机驱动系统的健康状态检测和故障容错控制技术	实时掌握系统健康状态可大幅提升车用驱动电机系统寿命。我国具备良好的新能源汽车数据基础，挖掘并利用大数据实现健康状态检测具有必要性。故障诊断与容错技术是提升系统安全可靠性的关键性技术，是系统达到功能安全标准的有效途径。但是，由于工作环境和运行工况的特殊以及车上软硬件平台的限制，现有技术受到制约，需要理论突破	2025 年，构建由车用驱动电机（边缘端）和新能源汽车大数据平台（云端）组成的网联化智慧健康状态监测架构，构建基于电机系统软硬件平台的故障诊断系统，建立适用于车载平台的电机多数故障容错控制方案 2030 年，实现产品级应用	1）研究车用驱动电机系统多物理域感知和认知方法，开发智能传感器，研发网络化系统状态监测与健康管理的网络架构、通信和数据挖掘技术 2）研究驱动电机系统多故障诊断方法，建立基于系统硬件实体与数字孪生模型相结合的故障诊断平台 3）研究“驱动 - 诊断 - 容错”一体化的电机驱动控制系统及设计方法	建成国际领先的车用驱动电机系统健康管理大数据平台，提升系统全生命周期利用率；形成驱动电机系统故障诊断与容错控制技术体系，形成可实用的软硬件解决方案，提升系统安全性与可靠性	B

3	电驱动系统的数字孪生技术	车用电驱动系统的设计制造过程与状态监测方法的智能化、网络化技术应用不足。数字孪生技术作为虚实空间交互的纽带，用网络技术与智能技术，实现系统全生命周期的模拟分析、智能制造与状态监测，实现电驱动系统的智慧转型	2025年，开发一套多物理场、多尺度、多维度的集成制造平台，满足数字孪生体建模高保真性、实时性的需求 2030年，实现产品级应用	针对不同应用需求，开发高保真数字孪生模型；完成状态数据的采集、处理与传输，建立电驱动系统的边缘计算框架，实现虚实物理空间数据低延时传输；建立孪生服务与应用服务平台	提出数字孪生模型总体架构，开发高保真数字孪生模型与虚拟仿真平台，在设计研发、生产制造、监测运行维护等领域实现产品级示范，使电驱动系统全生命周期更加智能	B
4	先进驱动电机电工基础材料与工艺研究	我国先进车规级电工材料配方核心原材料和添加剂依赖进口，制造工艺落后，技术研究不足，先进工艺批量生产制造设备依赖进口，国产电驱动系统的技术突破和产品质量提升有赖于上游材料及工艺基础的突破	2025年，电驱动系统基础原材料自给率达到50%以上，工艺设备国产化率达到50%以上 2030年，电驱动系统基础原材料自给率达到70%以上，工艺设备国产化率达到70%以上 2035年，电驱动系统基础原材料自给率达到90%以上，工艺设备国产化率达到90%以上	先进材料：高强度、低损耗硅钢片、耐高温的少重稀土（无重稀土或非稀土）磁钢、低损耗非晶导磁材料、高电导率低损耗铜线、耐电晕高导热率封装及绝缘材料等 先进工艺：扁导线成型绕组、圆导线精密排线、硅钢片精密冲裁和叠压或胶粘工艺、晶格细化和晶界扩散工艺、热压或热变形磁钢制备工艺、超导铜线（如碳纳米管等）制备技术等	掌握先进电工基础材料与工艺，增强原始创新动力，关键材料实现自主	A、B

（续）

序号	项目名称	必要性	项目目标	研究内容	预期成果	实施方式
5	车规级电驱动总成核心零部件开发	我国新能源汽车电力电子总成用主控微处理器、驱动及专用IC等汽车级电子零部件主要由国外供应商垄断。我国车用膜电容器已实现国产化，但耐电压等技术竞争力仍滞后于高压应用需求。我国高速轴承、离合器、电磁阀、行星排、高速高精度齿轮等国内制造尚不能满足高品质车规级要求	2025年，核心零部件成本国产自给率达到50%以上 2030年，核心零部件成本国产自给率达到80%以上，90%可实现进口替代 2035年，以控制芯片和功率半导体器件为代表的核心零部件均实现大规模出口，全产业链自主可控	零部件：多核微处理器、电源管理芯片、逻辑安全芯片等开发技术及制造 电机零部件：内电晕换位5级以上精度的齿轮制造技术，高速轴承、离合器、电磁阀、液压控制模块研发与提升；行星排齿圈热后精加工技术	在电驱动行业上游零部件每个细分领域培育两三家具备国际竞争力优势企业，实现供应链本地化，供应渠道多元化	A、B

6.2 应用技术

序号	项目名称	必要性	项目目标	研究内容	预期成果	实施方式
1	新型高效插电式混合动力总成开发	插电式混合动力总成的深度集成化可以实现更好的性能与成本水平，但我国核心技术积累不足，核心零部件受制于人，严重制约我国新型高效插电式混合动力总成的技术提升和品质提升。我国	2025年，混合动力工况传动效率达到95%，系统WLTC综合效率达到83% 2030年，混合动力工况传动效率达到95.5%，系统WLTC综合效率达到84%	研究高效混合动力专用发动机技术、变速器高效化和专用化技术；国产核心零部件开发和质量提升（变速器、控制软件、离合器、切换档执行机构	突破头部企业专利布局限制，形成两三种构型在性能、成本、效率、可靠性等方面具备国际综合竞争力的新型混合动力	B、C

		插电式混合动力总成产品构型众多，但完全可媲美 THS、i-MMD 等日系标杆的竞品的量产混合动力总成较少	2035 年，混合动力工况传动效率达到 96.0%，系统 WLTC 综合效率达到 86%	等）；研究高功率密度电机、油冷技术，研究机、电、液、气一体化集成技术	产品；提升系统集成顶层设计能力、标定能力、测试能力，提高汽车节能技术水平	
2	高效驱动电机技术开发	高速、高密度、低振动噪声、低成本是新能源汽车驱动电机的重点发展方向。面向新能源汽车的更大规模应用，我国一方面需要持续提升驱动电机设计和制造水平，另一方面需要加大对高性能硅钢材料、低重稀土永磁材料、耐电晕耐高温绝缘材料、直接油冷电机材料、高速轴承、位置传感器等基础核心零部件的研发投入	2025 年，电机功率密度达到 5.0kW/kg、35kW/L，连续质量功率密度达到 2.8kW/kg，峰值效率达到 97%，最高转速达到 18000r/min 2030 年，电机质量功率密度、体积功率密度、连续质量功率密度在 2025 年基础上提升 20%，最高转速可达到 20000r/min 2035 年，再提升 15% ~20%，电机最高转速可达到 25000r/min	开发高比功率、高效驱动电机设计与工艺技术，研究基于电磁材料多域服役特性、多物理场协同正向设计，电磁部件物理底层建模分析，以及大数据自动优化算法；开发新结构电机、新材料、轻量化电机，高效散热与密封、轴承电腐蚀与耐久、高压安全与防护技术等	驱动电机关键性能达到国际先进水平，实现高压、高速化与先进制造工艺，核心元器件、关键材料实现国产化和高性价比	B、C
3	高集成度电机控制器技术	电机控制器瞄准更高功率密度和更高效率，第三代宽禁带半导体元器件基础材料与设计技术、功率模块高效冷却与封装、无源元器件技术、相关传感/控制和通信用集成电路等技术和工艺是研	2025 年，体积功率密度达到 40kW/L，峰值效率达到 98.5%，系统 EMC 达到 4 级水平 2030 年，体积功率密度达到 50kW/L，峰值效率达到 99.0%，宽禁带元器件及控制器实现量产	多电力电子元器件功率集成技术、多变流器拓扑结构技术、IGBT 芯片集成封装技术；控制器主控芯片、软件开发与测试技术；电磁兼容设计与评价技术；	Si 基电机控制器关键性能达到国际先进水平，实现高压化与先进工艺；基于宽禁带功率元器件的电机控制器实现产业化，	B、C

（续）

序号	项目名称	必要性	项目目标	研究内容	预期成果	实施方式
3	高集成度电机控制器技术	究重点和关键方向。当前，国内外产品电磁发射完全满足 GB/T 18655—2018 3 级以上限值较少，与整车需求的技术存在差距，需持续提升电机控制器 EMC 水平	2035 年，体积功率密度达到 70kW/L，峰值效率达到 99.2%，形成成熟的全生命周期状态管理	新型控制算法效率提升技术，电机控制器功能失效保护新技术	基于新元器件和新材料的高效高密度智慧电机控制器实现产业化，建设电驱动系统运行状态管理智慧云	B、C

6.3 示范与产业化

序号	项目名称	必要性	项目目标	研究内容	预期成果	实施方式
1	轮毂电机系统产品开发及应用	轮毂电机是智慧城市用车的核心需求之一。目前，日本和欧洲轮毂电机技术研究接近量产状态，我国乘用车轮毂电机技术研究距离产业化较远，拥有自主知识产权的轮毂电机技术与国际先进水平差距较大。应加强研究，助推我国轮毂电机系统水平快速追赶国际先进水平	2025 年，最高效率达到 92%，体积转矩密度达到 60N · m/L 或者质量功率密度达到 5kW/kg，实现小批量应用； 2030 年，最高效率达到 93.5%，转矩密度达到 72N · m/L 或质量功率密度达到 6kW/kg，实现批量应用 2035 年，最高效率达到 94.5%，体积转矩密度达到 90N · m/L 或者质量功率密度达到 7kW/kg，产品实现大批量应用	轮毂电机专用电动化底盘设计与研究；高线速度干摩擦密封技术；满足全制动工况下的永磁体、绝缘系统、润滑系统使用寿命的开发；簧下驱动系统试验评价方法；轮毂电机高效控制算法、面向行驶安全的分布式驱动底盘故障诊断与容错控制技术	基于我国在轮毂电机供应链掌控、市场需求、资金和人力资源等方面的综合优势，率先在国际上实现分布式驱动前瞻技术的产业化，国产轮毂电机技术研发与商品化能力达到国际领先水平	B、C

2	下一代电驱动总成产品开发及应用	宽禁带 SiC 元器件具有低损耗、高频开关、耐高压、耐高温等优势，是未来发展趋势，特斯拉 Model 3 采用 SiC 分立元器件实现量产。SiC 元器件的产业化将对现有产品设计产生颠覆性质变影响	2025 年，电驱动系统 SiC 应用普及率达到 30% 以上 2030 年，应用普及率达到 50%，国产 SiC 元器件市场占有率达到 30% 以上 2035 年，应用普及率达到 70% 以上，其国产市场占有率达到 50% 以上	新型驱动电机、新拓扑逆变器开发，高效冷却技术，高压、升压逆变器技术 SiC 元器件芯片设计和模块封装技术、材料、工艺及产业化应用	SiC 元器件关键性能与国际最高水平相当；芯片结构与工艺水平进一步提升；实现耐高温、低损耗 SiC MOSFET 芯片大规模产业化	B、C

6.4 行业共性技术

序号	项目名称	必要性	项目目标	研究内容	预期成果	实施方式
1	电驱动产品开发软件、工具链及检测平台	我国高度依赖国外 CAE、CAD、NVH、FEA 设计软件，基础软件“空心化”问题严重，高性能电驱动产品开发工具都由国外供应商垄断。同时，由于开发工具维护周期短，软件及设备升级更新频繁且费用高，对国外的依赖性比较严重	2025 年，开发工具软件核心算法、工具链，并实现检测对标 2030 年，电驱动产品开发工具国产化率达到 30% 以上 2035 年，电驱动产品开发工具国产化率达到 50% 以上	1）数字化设计（EDA、CAD、CAE）：PCB、NVH、EMC、有限元等工具软件；电机和功率电子控制器设计、仿真算法与软件 2）工具链开发：代码生成、编译、测试、数据采集等 3）测量仪器与设备开发：高转速大功率测功机、EMC 测试、NVH 测试设备等	培育形成 3 ~ 5 家具有国际竞争力的、可与国外同行同台竞技的国产“独角兽”企业	A、B

（续）

序号	项目名称	必要性	项目目标	研究内容	预期成果	实施方式
2	自主软件架构平台开发	为了提高整车产品安全性和软件再利用率，采用 AUTOSAR 标准架构定义控制软件，我国缺乏自主软件架构的基础软件。基础软件占软件总代码量的 70%，已成为影响我国汽车软件自主开发的“卡脖子”技术	2025 年，达到动力域自主电控软件开发平台通用 2030 年，达到舒适域自主电控平台通用 2035 年，达到 50% 以上电控平台通用	针对平台软件和操作系统，开发专用代码包组件，实现平台软件算法组件库构建；针对不同控制器特点，构建软件通用平台和工具链开发；完成软件通用平台测试，应用于产品开发	建立自主架构的软件平台，减少通用软件开发费用，加速自主电控系统核心软件技术突破	A、B
3	功能安全技术开发通用平台	车辆控制器数量激增，算法日益复杂，系统失效风险呈指数级上升，国外按照 ISO 26262 标准开发，对应系列国标 GB/T 34590 已发布，国内企业功能安全开发水平尚不成熟	2025 年，搭建 ASIL C 功能安全等级基础平台架构 2030 年，搭建 ASIL D 功能安全等级基础平台架构 2035 年，搭建基于国产芯片的功能安全基础平台	ASIL C/D 等级功能安全硬件架构、软件架构平台搭建；国产车规级控制芯片及其控制平台的搭建；研究功能安全开发流程及测试论证方法	提升汽车电驱动行业的功能安全水平，形成标准化功能安全开发方法，培养一批功能安全开发专家，支撑高安全性的电驱动产品开发	A、B

第八章 充电基础设施技术路线图

1 导 言

充电基础设施是指为电动汽车提供电能补给的各类充（换）电设施，是新型城市基础设施建设的重要组成部分。大力推进充电基础设施建设是新能源汽车大规模推广的基础保障。经过 10 年的发展，我国充电基础设施建设持续稳定推进，截至 2019 年年底，各类充电设施累计已超过 120 万台，建立了相对完善的标准体系，涌现出多样化的充（换）电技术，充电运营服务能力得到显著提升，有力地支撑了不同领域的新能源汽车推广应用，但仍然存在部分区域布局不合理、消费者充电困难、互联互通性差、企业盈利能力差等问题。当前，随着新一轮科技变革的快速发展，充电基础设施产业呈现出智能化、充电体验便捷化以及与智慧城市相融合的发展趋势。具体来说，基于传导式充电技术的柔性充电、有序充电、即时充电等新技术开始得到示范应用；快换电池模式、大功率快充、无线充电、自动充电等方式将满足更多灵活适用的应用场景需求；V2G、充电与智能微电网及区域电能协调等能源互动技术，将充分发挥电动汽车分布式储能的优势，支撑交通能源智慧化应用的变革；大数据、云平台信息技术及人工智能等技术应用支撑，将推进“开放、互联、协同、共享”的生态型充电服务网络加快形成。因此，系统地梳理当前充电基础设施产业发展现状、分析未来应用场景及需求、研判新技术发展及应用趋势，开展面向未来 15 年的充电基础设施技术路线研究具有重要意义。

1.1 战略意义

我国高度重视充电基础设施产业的发展，国家相关部门发布了系列政策指导产业发展和充电基础设施建设。2015 年，国家发展和改革委员会等四部委联合发布的《电动汽车充电基础设施发展指南（2015—2020 年）》明确了充电设施与电动汽车协同发展的要求，并提出要加快建设适度超前、布局合理、功能完善的充电基础设施体系。2018 年，国家能源局等四部委联合发布的《提升新能源汽车充电保障能力行动计划》提出，“高品质”成为下一步发展重心，产业链上下游协同、充电关键技术研发及应用、确保充电安全、提高充电服务水平是充电基础设施产业发展的重要方向。2020 年，新能源汽车充电设施作为七大领域之一纳入国家新型基础设施建设中。

加快充电基础设施建设，对新能源汽车大规模推广、智慧能源与智慧城市建设都具有重要战略意义。

1）充电基础设施是新能源汽车发展的基础保障。当前，我国新能源汽车产业快速发展，仍存在充电基础设施数量不足、充电难等问题，加快充电基础设施建设，构建适度超前、布局合理、功能完善的充电基础设施网络体系是新能源汽车大规模推广的基础保障。

2）能源互动融合是智慧能源变革的重要支撑。新能源汽车具有分布式储能特性，加快能源互动技术融合，通过能源互动综合协调供给侧与用户侧资源，可有效降低供电成本，提高能源生产利用效率，同时还可发挥新能源汽车海量储能潜力，消纳随机性、波动性强的新能源，助力清洁低碳、安全高效的现代能源体系转型。

3）智能充电设施是智慧城市新基建的重要组成部分。当前，汽车产业正经历百年未遇之变革，并向着电动化、智能化、共享化方向发展。充电基础设施已纳入城市新基建领域，加快新能源汽车智能化充电技术的应用，开展充电与智慧能源、智慧出行等服务的深度融合，可有力地支撑我国智慧城市建设。

1.2　研究范围及修订说明

1.2.1　研究范围

充电设施规划研究围绕我国新能源汽车中长期发展趋势，研究各类用户对充电方式的需求，研究不同充电方式对新能源汽车应用及充电基础设施建设、运行及其产业发展的影响，预测未来的产业规模，并提出技术及政策建议。主要研究内容涉及交流慢充、直流快充、大功率充电、无线静态充电、无线移动充电、快速电池更换、微电网及储能、V2G 电能互动、云平台大数据及互联互通信息交换等技术发展及其应用。

作为电动汽车提供电能补给的各类充（换）电设施，充电基础设施是城市新型基础设施的重要组成部分。充电基础设施体系围绕私人领域及公共领域新能源汽车和专用车领域特种车辆的电动化，以分散式充电桩、集中式充电站、电池快速更换场站、专用车辆及特种车辆充电配套设施场站为应用主体，通过充电基础设施布局技术、多种形式智能充电技术、充电安全预警防护技术、电能双向互动技术、运行管理云平台及大数据分析技术，实现车－桩－云－网充（换）电设施软硬件系统网络化组网应用，提供交通与能源融合的智慧协同服务。

充电基础设施技术路线图研究范围包括以下五方面。

1. 充电设施布局技术

从充电基础设施应用领域及使用场景出发，研究分析包括充电基础设施高效配置技术、网络构建与优化布局，提出科学评价方法及指标体系、充电基础设施标准与检测技术支撑需求等，提出未来我国充电基础设施合理布局解决方案与演进路径，预测近、中、远期发展规模、数量，设定充电基础设施路线图的总体建设目标。

2. 智能充电技术

智能充电技术主要包括传导充电方式的直流快充、小功率直流慢充及大功率柔性充电系统技术，电池快换方式的共享换电技术，无线充电方式应用技术，以及自动充电连接控制等多种智能充（换）电系统关键技术。预测未来智能充电技术发展构建以用户使用方便性为基本要求，与新能源汽车产业发展高度协调，适用于不同领域充电场景分布，多种充电方式互为协同、相互补充的综合立体式智能充电基础设施网络为发展方向的技术实现路径、关键技术与核心指标。

3. 充电安全技术

充电安全技术主要分为充电过程的安全防护技术和安全机理相关边界控制技术，分析充电安全风险因素、安全保障需求及发展趋势，提出基于车桩协同防护、充电安全在线诊断及云端数字孪生冗余校验等充电过程安全风险预警与保护控制技术等目标，提出充电安全技术路线图。

4. 电能互动技术

电能互动技术包括车桩互动充电技术、光储充微电网技术、区域电能协调技术及智慧能源融合技术，提出我国电动汽车能源互动技术发展目标与路径、创新发展需求与优先行动项目，以期为电动汽车引领的交通能源生产方式变革指明发展方向、提供决策参考。

5. 云平台大数据技术

云平台大数据技术包括互联互通云网协同技术、大数据与智能应用技术、信息安全防护技术及可信云链交互与可行认证技术，提出统一信息构架的运行管理服务平台技术发展路径及应用目标，以期构建优质高效的智能充电基础设施网络服务体系。

1.2.2 修订说明

对比2016年发布的节能与新能源汽车技术路线图1.0，充电基础设施技术路线图是新增章节。基于技术路线图1.0中“纯电动和插电式混合动力汽车技术路线图”，充电基础设施技术路线图通过横向扩展和纵向深入研究，对充电设施技术体系进行了系统性构架分析后，在技术路线图1.0的基础上做了修订及扩充，研究范围在原有充电设备、充电站、无线充电系统、充电基础设施服务系统的基础上，新增并整合后形成五个重点方向，即充电基础设施布局技术、智能充电技术、充电安全技术、电能互动技术和云平台大数据技术；并根据应用场景及应用方式提出差异化指标。

本领域技术路线图着重针对新能源汽车发展对充电设施的需求，充分考虑近、中、远期技术变革对产业发展和市场形态演变可能带来的影响，通过对当前充换电技术、充电设施布局等现状梳理，在与战略规划对标总结的基础上，结合未来应用情景研究，提出了发展愿景、预期目标、关键技术解决方案及里程碑，并制订面向 2035 年的我国充电基础设施技术路线图。

本技术路线图研究过程中，针对充电设施构成特点及技术路线图实施的科学评价需求，提出了充电设施评价体系框架，定义了评价指标和测度模型。评价方法结合具体测算规则，反映变量与对象间的基本定量关系，主要用于未来充电设施产业规划以及技术路线图实施及运行效果跟踪的统计、分析、评价。在构建思路上，指标体系分两级设置，合理设置统计维度，便于数据收集并降低计算复杂度。其中，一级指标采用宏观指数类指标，输出力求简单直观，着重考虑从方便性、安全性、互动性、节能性、经济性、合理性六大维度予以呈现“发展”指数；二级指标为统计测算类指标，用于指数类指标所需辅助计算及单项指标测算，如图 8 –1 –1 所示。

充电基础设施评价指标体系

方便性指标	安全性指标	互动性指标	节能性指标	经济性指标	合理性指标
充电方便性指数	充电安全防护指数	电能互动指数	充电节能性指数	行业发展经济指数	布局合理性指数
寻桩距离	健康度与一致性	互动设备渗透率	装机功率利用率	产业规模等增长率	桩位配建率
车桩比	充电安全预警准确度	电能互动接入率	电能变换损耗	慢、快充电桩利用率	电能贡献率
漫游桩接入率	故障诊断精确度	需求响应率	设备平均能耗	充电站周转率	日均充电能力
充电等待时长	充电预警隐患检出率	V2G响应率	电压平台匹配度	运营服务效率	区块服务能力
一次充电成功率	充电预警防护覆盖率	峰谷负荷转移量	充电设施供电电量	建设服务效能比	建桩密度
充电自动化程度	信息安全检测准确率	车辆互动连接在线率	光储充电站消纳率	年充电节约费用	分散桩覆盖率
换电渗透率	信息安全漏洞检出率	功率调节响应速度	年促进新能源消纳量	全寿命周期增值收益	换电共享率
	设备监测在线率	功率调节响应误差	年用电量中新能源电量	充电服务效率	充电活跃度

图 8 –1 –1　充电基础设施评价指标体系

1.3　技术架构及关键技术梳理

1.3.1　技术架构

近年来，充电技术发展迅速，电动汽车充电技术正发生着深刻变化，以满足不同类型车辆电能补给需求为目的，实现快捷、便利、智能、互动成为总体需求。未来 15 年，我国充电设施建设仍将以全面满足私人领域、公共服务领域及专用车领域新能源汽车规模化应用为基本发展思路，建设范围涵盖私人领域充电桩、单位自有充电桩、公用集中型充电（换电）站或分散式充电桩，以及专用充（换）电设施，以满足不同类型车辆的电能补给需求为主要服务功能，包括私家车、公务车、物流车、长途客车、专用车辆或特种车辆等。

鉴于电动汽车产业快速发展，大功率充电、小功率直流充电、快速电池更换、无线充电、柔性充电堆、充电连接及有序充电等新技术正逐步产业化，同时，随着智能充储放技术、车网互动电能协调技术的兴起，电动汽车与智能交通、智慧能源的联系越来越密不可分，“互联网+”跨界融合创新正不断为充电设施提供新的发展空间，并且传统充电运营商向综合多业务能源服务供应商的转变已成为趋势，今后，充电基础设施网络将为不同应用场景的电动汽车提供更为全面、方便、灵活、安全的服务功能。

通过对不同领域、不同用途车辆类型所需充（换）电设施应用场景进行分析，结合用户使用方便性需求、建设布局合理性和不同技术类型的使用特点，本技术路线图系统地梳理了充电基础设施所具有的信息流、能源流、资金流的组成和基本特征，分析了各类场景对充电基础设施高效服务功能的需求，包括“人－车－桩－网－运”等内在关系，所需的共性技术类别，技术实现方式和关键技术领域构成等，最终建立了由 5 大关键技术领域包含 17 个重点技术方向组成的充电基础设施技术架构，如图 8－1－2 所示。

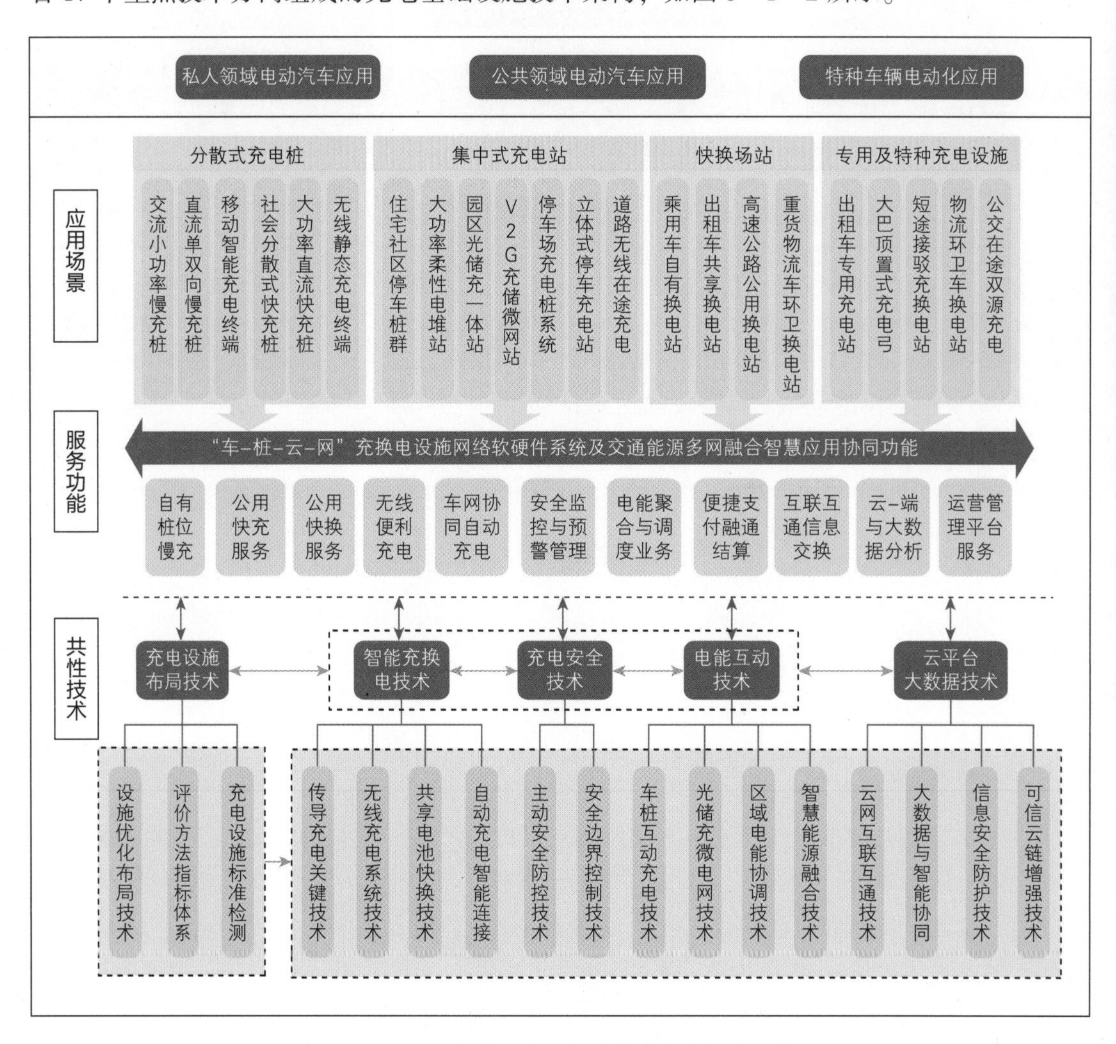

图 8－1－2　充电基础设施技术路线图技术架构

1.3.2　关键技术梳理

根据充电基础设施技术路线图技术架构，梳理出各技术领域涵盖的关键技术，见表8-1-1。

表8-1-1　充电基础设施关键技术

技术领域	关键技术	说明
充电设施布局与评价技术	多目标优化技术	面向城市多车型、多场景充电需求及充电设施布局的多目标优化配置策略与规划技术，是实现安全、高效、便捷充电和车桩协同发展的重要途径之一
	智能充电评价技术	基于智能驾驶自动充电场景多要素协同控制的智能度分级、环境适应能力评估及安全性影响的评价模型构建、典型场景标准化数据库及其封闭式检测平台技术，是实现自动充电及自主充电软硬件系统应用的必要条件
	充电设施检测平台技术	充换电系统检测平台技术，包括无线充电装置电磁兼容及多重安全测试平台、大功率充电连接器负荷及防护能力检测平台，产品功能、电气性能、耐久性、可靠性及环境试验等检测技术研发
智能充换电技术	高效电源变换技术	高效充电设备电源变换技术，主要基于新一代宽禁带半导体电力电子器件实现高比功率、宽环境适应性、长寿命的DC/DC变换器组件以及具备双向变换拓扑的高效构型电能变换技术
	大功率充电技术	具有小尺寸、高机械强度、大电流载荷的大功率充电机和连接器及组件的热、机、电安全管理技术、接口通信技术、车桩协同充电控制协议及电能双向交互，具备接口标准前向兼容，涵盖自动充电预连接策略，支持液冷制冷及未来功能扩展
	直流小功率智能充电技术	支持智能充电与用户侧电能交互，具有车-桩-云在线监测的充电安全诊断边缘增强功能及共享化应用的充放电装置，支持用户车辆接入微电网桩群的小功率直流充电智能终端，也是实现用户电能聚合服务的关键技术之一
	无线自动充电技术	具有充电场景识别及自动泊车对位的电能无线耦合与交互，以及互操作连接控制功能，是实现车网协同自动充电、系统安全控制以及无人自主充电应用的关键技术之一
	共享换电技术	实现动力蓄电池箱全自动更换，具有高可靠锁止机构、制冷式接口、电气连接及全自动机械控制和交互协议的通用型结构，支持共享换电应用及标准化电池箱快速更换的成套关键技术
	自动充电装置及控制技术	基于场景识别、自动定位与连接技术的辅助机械装置，可实现车桩协同、自动泊车运动控制与自动充电连接的关键技术（包含不同接合方式的ACD、AGV等），实现无人、高可靠性、智能化、高适应性的自动充电场景
	柔性充电系统控制技术	面向兆瓦级集中控制型电推构型，实现多电源模组柔性功率配置，以及基于车桩协同多目标优化控制策略，实现功率分配自适应调节的充电系统智能管理技术、负荷自适应调节以及基于车桩协同控制策略的充电堆系统智能管理技术

（续）

技术领域	关键技术	说明
充电安全技术	多层级安全防控技术	基于充电互操作协议、车－端－云数据协同与大数据安全预警防护的主动安全机制，研发冗余控制策略与防护软件，评估电池一致性、健康状态等关键参数，防止充电系统性能衰退引发的安全事故
	边界安全控制技术	基于动力蓄电池电压、电流、温度、容量等参数条件开展动力蓄电池安全性能状态监测，实现高精度边界安全风险辨识，防止过压过流等引发充电过程动力蓄电池热失控，实现高安全充电
	充电安全防护能力评价技术	充电设施安全防护能力评价，包含云－边－端协同充电安全防护技术规范及检测用例构建，防护模型构建和数据聚合资源利用，诊断与风险辨识预警能力（精度、准确度、检出率、防护围栏漏洞等）评价与等级评定技术
电能互动技术	有序充放电技术	面向电动汽车、新能源、储能和电网协同增效的用户充电行为引导、充电及放电功率、充电及放电时间优化与柔性调控技术
	光储充一体站构型技术	面向充放电、光伏发电与储能、供配电等多功能集中式场站，实现光储充综合一体站构型设计，包含与电动汽车及多种用电负荷高效协调的功率控制技术、自适应供配电拓扑变换和微电网能量管理系统等成套技术
	电能聚合调控技术	对规模化电动汽车、分布式新能源及储能设施的调节容量进行预测、聚合调控与用户侧响应，提升电动汽车参与电网及能源系统调节的能力与效率
	区域能量协同调度技术	面向区域内平衡及多区域协同，构建应对不确定性的能源系统协同调度体系，挖掘源网荷储多层次协同能力，对电网、新能源、电动汽车及储能资源进行综合调度
云平台大数据技术	充电设施网络信息安全技术	对充电设施领域网络融合空间（设备运行、网络行为、用户行为等）引起的状态改变、信息安全侵害事件以及信息安全风险趋势具备预测推断能力，从全局视角提升对充电服务网络信息安全威胁的事件发现、意图识别、危害评估、追踪处置的信息安全保障能力的关键技术以及信息安全评价技术
	充电服务可信数据交互技术	面向多元用户参与充放等电能交易技术实现的可信计量、可信交易和可信调度，实现聚中心化信用增强和信用共享，支持在线化快速充电服务身份识别、验证、跨域服务交易及智能合约，是实现智慧能源融合互动服务的关键技术之一
	多元信息融合技术	针对充电基础设施多源信息、多模态参数，运用智能算法解决多变量条件复杂空间的深度感知和在线评测，实现数据级、特征参数级以及智能决策层面的信息融合，是支撑车网协同及车网融合分析、数据挖掘和协同控制与管理的关键技术
	云网协同管理技术	面向大容量、高并发云化中心、边缘计算及智能链路的云网协同管理，构建适用于车联网、充电网、能源网、交通网等多网协同高可用信息服务架构及管理技术

2 技术现状及发展趋势

2.1 国内外技术现状及对比

1. 国内情况

(1) 在充电设施建设分布方面

据中国电动汽车充电基础设施促进联盟的统计，主要城市的私人领域随车慢充桩配建率达到了68%的平均水平，北京市自有桩充电桩充电量占比接近75%，自有慢充桩已成为私家车充电量最主要的贡献途径。在公共充电设施建设上，推动快充站网点形成网络化分布以及实现停车位慢充桩配建的逐渐覆盖，已成为公共充电设施网络的发展趋势。截至2019年12月，全国公共充电设施已覆盖404个城市，建成了“十纵十横”高速公路快充网络，充电设施规模达122万端，充电站规模达3.5万个，换电站规模已超过300个，均位居全球最大规模，充电设施合理布局取得良好成效。公共领域充电设施车桩互操作性测评的充电一次成功率优于98%，用户充电体验满意度大为改善。充电设施标准体系初步形成，已发布了63项充电设施标准，全面涵盖产品技术、通信协议、电气安全、建设运营及测试评价等，中国提案IEC 63119-1《电动汽车充电漫游服务信息交换》国际标准已于2019年正式发布，通过中国合格评定国家认可委员会（CNAS）认可的充电设备检测机构达到11家。

(2) 在传导充电方面

我国目前已建成充电设备数量最多、覆盖面积最大、服务车型最全的充电设施网络。新增公共充电设施多数以120kW以上直流快充设备投放为主，电源模块恒功率输出特性电压可达300~750V，柔性充电堆技术已实现产业化应用。私人领域7kW交流慢充桩成为标配。公交、出租、物流等专用车领域基本实现了直流快充方式的应用普及。公共充电设施具有云平台联网实时监控能力，App寻桩及线上支付已普遍得到应用，用户充电体验获得了很大改善。顶置式充电弓技术为公交用户所接受，在多地开展了示范推广应用。移动充电装置在特定区域配备形成充电网点补缺应用，缓解了建设用地空缺的难题。

(3) 在电池更换方面

换电模式具有相对安全性好、等待时间短的显著优点，同时动力蓄电池可进行集中维护管理和梯次利用。经多领域协同开发和商业模式创新，我国在动力蓄电池快换领域历经长期积累，快换技术已趋于成熟，多款乘用车的自动电池更换设施已基本具备3~6min/次的快换服务能力，全国已建换电站共计可以支撑3万辆以上的出租车日常运行。继公交、出租领域应用之后，乘用车底盘全自动换电技术也已进入私家车应用领域，主流车企开始了换电车型的部署。在标准化方面，2019年换电技术标准研制工作逐渐深入，研制形成了通用电池箱结构、锁止、冷却液接口等关键部件团体标准。现阶段换电模式在标准化、共享化、持续减低成本方面已取得长足的进步，从产业层面看，换电运营模式的进一步推广仍需通过政策、市场及标准的持续引导，逐步形成共享换电站运行模式，提高换电设施资源社会利用价值。

（4）在无线充电方面

我国已初步确定无线充电系统技术体系，关键技术取得重要进展，静态无线充电研究较为广泛和深入。在标准化方面，国内无线充电的基础标准已经建立（已发布四项国家标准）。依据 2019 年世界无线电通信大会（WRC）第 958 号决议，我国就无线充电频率划分向国际电信联盟（ITU）无线通信部门提交了多份提案，内容涉及我国无线电能传输（WPT）产业进展、候选频段考虑，与 Loran-C、中频广播等系统的干扰共存研究结论、每分钟计数（CPM）文本建议、与调幅（AM）广播共存研究及初步结果等，促成了国际电信联盟层面就无线充电使用频率段达成一致意见。国际电信联盟建议书明确了我国高功率候选频段 22kHz 频段（19～25kHz）、60kHz 频段（55～57kHz 和 63～65kHz），以及中功率候选频段 80kHz（79～90kHz）；启动了互操作性测评，发布互操作测评技术规范，6.6kW 规格无线充电设备具备小批量生产和实用化产品投放运行条件，无线充电系统试验最高电能变换效率超过 93%。

（5）在大功率充电方面

2016 年，我国启动了大功率直流充电技术的预研工作，提出了直流传导大功率充电标准技术路线，大功率接口技术方案将采用全新设计思路，充分借鉴 2015 版充电接口技术方案经验，重点在减小尺寸、简化结构、减小插针数量、新增制冷式功能及导入机构设计方案，考虑常规充电与大功率充电的标准兼容等方面设计升级型传导充电接口。随着研究工作的不断深入，新一代充电接口在大功率充电技术研究、样机研制方面取得突破，确定了七针方案的新型充电技术接口和方形端面的设计方案，明确了通信协议、充电机、控制导引电路技术要点。同时，结合动力蓄电池技术特点和发展趋势，论证了大倍率传导充电的接口可行性。2019 年，先后在北京、南京、济南、许昌、深圳和常州等地建立了向前兼容的试点方案系统，并开展了实车试点测试，针对北汽、奥迪、一汽和比亚迪等不同车型和不同设备厂商的充电接口进行了整车充电、接口性能安全以及充电兼容性试验，传导充电接口可实现最大输出电流 500A、输出电压 200～750V、输出功率 360kW，同步取得了实测分析数据，为后续方案设计优化提供了依据。

（6）在智能充电方面

主流运营商开展了即插即充局部试点方案试验，简化了充电连接过程，正在深化研究自动充电的安全认证技术。在运营服务平台车－网间信息交互中，与汽车企业协作开展了充电引导服务等数据推送，并为用户提供空闲桩充电信息引导服务。结合新型商业模式运用，形成了聚合式平台加盟模式的应用，为小型分散运营商及部分充电设备厂商参与建设运营提供了有力的支撑。开展了大数据充电行为分析，并运用充电热力图分布开展了充电设施建桩热点选址。在自动充电连接方面，部分企业推出了机器臂辅助充电原型样机，充电弓技术在公交客车领域进行了试点应用，可靠性方面得到逐步提升。由中国电力企业联合会牵头组织的 T/CEC 102《电动汽车充换电服务信息交换》第 1 ~ 第 4 部分团体标准于 2019 年启动了修订，增设第 5 ~ 第 10 部分内容，目前正处于技术验证阶段；我国牵头的电动汽车充电漫游信息交互国际标准已正式发布。

（7）在充电安全技术方面

我国颁布了一系列充电标准，其中也对充电安全做了一定的要求，中国电动汽车充电基础设施促进联盟等发布了《电动汽车安全指南》，启动了电动汽车充电运行过程监测及预警系统设计导则研究，充电安全相关内容全面涵盖了产品设计、电气安全及接口互操作性、生产及建设运营、运行保障、运营平台及大数据和信息安全以及全生命周期安全操作要求。在充电安全保障方面，初步开展了基于充电大数据的挖掘技术，实现容量衰减的预测、微内短路的辨识、一致性的评估方法。主流运营商已开展较大范围充电预警技术试点应用，对于充电安全风险防控已逐渐显现作用，进一步开展充电过程安全机理的深入研究，建立防控措施，对于降低充电安全风险具有重要作用。

（8）在电能互动方面

众多高校和科研机构将 V2G 技术作为热点技术开展研究，深入探索电动汽车与电网互动的需求响应、提供调峰调频及旋转备用服务等解决方案，同时，主流运营商建设了一批光储充一体站并在多地开展了试点运行。在电力辅助服务市场场景下，发挥电动汽车充电功率可调和响应速度快的优点，可以提供调频和旋转备用服务。目前，我国上海、江苏、河南、山东、天津等地已启动了相关市场，从各地实践情况看，公共充电站、小区充电桩已有参与实例。但是相应补偿资金尚不足以促进形成可持续机制，且多数城市峰谷电价差较窄，用户侧利用峰谷价差的激励空间较有限。现阶段，我国电力辅助服务市场主要针对火力发电等大容量可调度的发电侧资源设计，在充放电功率、持续充放时间、充放电量规模等方面准入门槛较高，缺乏对分散型用户侧资源的准入政策且补偿额度较低。目前多个城市已开展了有序充电试点，虽然在技术上已初步具备推广应用条件，但电动汽车充电参与电力现货市场的地位没有得到充分确立，为进一步释放居住区实行错峰充电的潜力，仍需开展大量工作。

2. 国际情况

国外充电设施主要以提升充电功率为技术发展方向，采用汽车企业联盟与电力公司合作共同加盟形成标准推进机制，建立企业加盟方式组成电动汽车 B2B（Business to Business，即企业对企业）模式充电服务平台的运营公司，目前已形成多家跨洲的区域重叠运营服务商。随着以德国为代表的国家延长并增加电动汽车补贴，欧洲各国也加大了对充电设施建设推进的力度。在欧洲，由多家欧美具有影响力的企业组成了 Charging Interface Initiative（CharIN）协会，以建立联合充电系统（CCS）及其成套技术为基础，致力于推动自动充电系统（ACD）、即插即充（PnC）、大功率充电（HPC）以及车与电网互动（V2G）等技术的发展；2019 年初完成 IEC 61851 - 23 并进入委员会草案讨论第三次（CD3）。计划于 2019—2020 年完成由戴姆勒、宝马、保时捷、奥迪和福特联合发起成立的欧洲大功率充电网络建设，共计 400 余座充电站，在关键技术上解决了大电流充电倍率引起动力蓄电池发热的热管理技术以及可靠的数据通信机制。

目前欧洲的HUBER+SUHNER、菲尼克斯等已推出基于CCS的液冷解决方案，ABB、IONITY等在此基础上制造了350~400kW的大功率充电机，并在欧洲高速公路沿线进行了建设安装，已初具规模并投入试运行。大众等公司启动了“电动化美洲（Electrify America)”计划，并成立了同名公司，其目的是利用先进的充电和IT技术结合在北美建立快速充电网络，实现插枪（plug)、支付（pay)、充电（charge)、离开（go）的四步服务流程且为电动汽车用户提供便捷的充电服务。

在日本，CHAdeMO协会将CHAdeMO2.0的充电功率由原来的50kW提升至100~120kW及以上，同时研制了采用中国提出的新一代充电接口——ChaoJi的CHAdeMO3.0验证系统，未来希望与中国采用统一的直流快充技术路线，并将此技术推荐到东南亚国家，最终与欧美形成统一的快速充电接口国际标准。

在电能互动方面，2019年美国纽约城市大学通过3台可单向互动和3台可双向互动的电动汽车，验证并展示了电能互动技术实际效果；英国苏格兰与南部电网公司、牛津大学等在牛津镇通过中立“市场整合者”提供实时信息，使当地能源市场能够有效运作，验证了能量单向和双向流动的车网互动均可在电力现货市场中创造实际价值。日本在5个地方共使用59辆纯电动、插电式混合动力汽车创建日本最大的试验环境，开展的“V2G整合项目”将电动汽车作为虚拟电厂，平衡新能源汽车及电网稳定之间的关系，并计划在2021财年实现V2G商业化。

在标准策略方面，欧洲电工标准化委员会（CENELEC）基本采用与IEC等同的充换电设施标准，德国标准化学会（DIN)、德国电工委员会（DKE）在特定的技术上率先推出的部分标准为充电设施产业顺利发展奠定基础。美国充换电设施主要标准由SAE、美国电气制造商协会（NEMA）等标准组织发布，同时也采用ISO和IEC的相关标准。日本在交流充电设备方面全部等同采用SAE和IEC的标准要求，而直流充电技术则选用CHAdeMO协会发布的系列标准。

3. 国内外充电设施现状对比

据彭博新能源财经报道，截至2019年12月，全球主要新能源汽车应用国家和组织公共充电设施建设年度复合增长率分布如图8-2-1所示，从2016年起，中国市场已连续4年位居设备安装规模的最高增长比例。

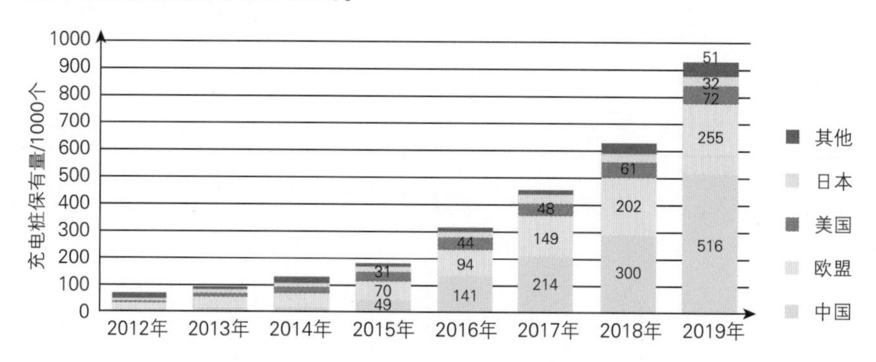

图8-2-1　全球各国和组织公共充电桩保有量

注：数据来源于彭博新能源财经。

国内外充电设施主要技术进展及差距比较详见表8－2－1。

表8－2－1 国内外充电设施主要技术进展及差距比较

技术类型	技术方向	国内现状	国外现状	差距
充电安全防控技术	充电安全及预警防护技术	部分高校和科研机构提出基于充电桩端或云端数据的电池一致性评估、寿命预测和微内短路预警方法。主流充电运营商基于充电数据采集、云端大数据分析，开展了充电安全主动防控异常状况诊断、风险预警及告警联动处置，预警准确率接近70%。正在利用充电大数据优化预警阈值，启动了充电安全防护数据规范	美国特斯拉公司采用“在途电池预热”技术和电池充电热管理技术保障在充电时温度在最适宜的区间，同时，对于单体蓄电池极值监测均设置了过载保护门限。国外在车辆的动力蓄电池充电自身安全方面以功能安全设计为主	得益于国内研究起步早，产业发展迅速，在电池全生命周期健康度辨识、剩余寿命预测、充电安全边界超限保护、充电安全预警防控技术和应用上处于相对领先水平。但在功能安全设计流程上尚存在差距。另外，目前全球充电安全研究尚处于初级阶段，仍需深入
智能充换电技术	电源变换技术	宽禁带SiC DC/DC变换器效率达97.5%。在柔性充电堆、恒功率模块技术、双向电源等产品中已采用SiC MOSFET技术，尚未大量商用，原因在于元器件价格过高。20kW/30kW电源模块将成为应用主体	SiC MOSFET产业呈现美国、欧洲、日本三足鼎立格局，其中美国全球供货量保持最大，欧洲拥有完整的SiC衬底、外延、元器件以及应用产业链。日本在装备和模块开发方面具备技术优势。对SiC MOSFET研发正向宽禁带单位面积导通阻抗更小（硅的1/5～1/3），耐压更高，开关速度更快（硅的3～10倍），向高温工作性能提升方向发展，提高变换器功率密度	国内SiC MOSFET 1200V规格工艺技术趋于成熟，而1700V以上国外处于领先优势。恒功率特性250～750V宽电压电源模块以及柔性电堆功率控制方面，国内应用普及较快，具备技术成熟度较高的大规模推广条件
	大功率充电技术	已在北京、南京、常州、深圳、长春等地同时开展了HPC技术验证，充电功率覆盖240～360kW，验证了插接器前向兼容性及制冷式插接器热管理技术有效性	2020年5月，IEC 61851－23完成了委员会投票草案（CDV）投票。欧洲基于CCS的插接器液冷解决方案应用于350～400kW大功率充电系统已在欧洲高速公路沿线投入运行	在采用液冷的大功率连接组件技术上提出中国方案并推向国际化，新一代充电系统具备与日本CHAdeMO、欧美CCS系统的前向兼容性，有望成为统一的国际大功率充电系统标准

（续）

技术类型	技术方向	国内现状	国外现状	差距
智能充换电技术	快速电池换电技术	全国50多个城市及多条省际高速公路建成了300余座换电站，换电运行超过220万次。已制定适应车规环境条件的快换电池箱、锁止机构、液冷接口等行业标准，并基于产业联盟平台启动了共享换电标准技术研究	韩国济州岛的西归浦市目前有一项顶部换电技术于2016年起在小规模运营。特斯拉、Better Place实行过换电方式后均终止，技术和应用方面尚无显著进展	相对国外，我国在动力蓄电池的换电技术及标准方面具备一定优势，乘用车与商用车快换技术趋于成熟，但距离形成公共领域共享换电模式的大规模应用仍相距甚远
	无线充电技术	开展了3.3kW/6.6kW静止式无线充电小批量示范运行；移动式无线充电在江苏同里和河北张北分别建立了示范项目。确定了性能测试方法，包括EMC、电磁场（EMF）、FOD项目，发布了互操作性方案白皮书。确定了无线充电工作频段。2020年5月正式发布了4项电动汽车无线充电系统国家标准	国际上，奔驰、宝马、奥迪、丰田、日产、庞巴迪、美国橡树岭、高通等公司均已开展无线充电技术深入研究并推出了相应产品，拥有专利技术优势。无线充电功率有3.7kW、7.4kW、11kW、22kW。Witricity无线充电采用磁共振和TMN调制技术，单体功率达到22kW，最大效率达94%，并集成了异物检测（LOD）、活物检测（FOD）及定位（PD）功能，满足偏移量至少10cm以上。倾斜角满足10度以上；EMF强度小于10 μT	我国在世界上率先完成标准编制，实现了无线充电系统的基本规格要求。在无线充电产品系列化以及三大辅助系统等方面有待深入研发，提高技术性能，在成本和产品成熟度上尚需继续完善。在无线自动充电场景的车桩协同技术方面，需加快研发进程及通信协议制定
电能互动技术	分布式能源互动	以国家电网为代表的一批充电运营商加大了电能互动探索，典型示范项目有上海松江欢乐谷、青岛特锐德园区、南京北苑之星有序充电项目、深圳普天光储充综合站、万帮智慧能源、张北微电网项目、天津智慧能源小镇V2G、江苏省新能源汽车智慧能源创新中心充电站等。南方电网建立了“互联网+”智慧能源综合服务平台，支持3种创新业态，推动了多主体能源资源的共享协同模式	美国及英国开展了电动汽车与电网单双向互动示范，展示了电能互动技术实际效果，验证了车网互动均可在电力现货市场中创造实际价值。日本在多地共使用59辆EV、PHEV创建了日本最大的试验环境，通过“V2G整合项目”将电动汽车作为虚拟电厂，平衡车及电网的稳定关系，并计划在2021财年实现V2G商业化	国内关于电动汽车互动技术研究起步较晚，当前理论层面研究较多，近年来充电设施运营商加快了电动汽车参与综合能源系统互动系统的研发及试点实践，但在车-桩-网-电能之间形成互动还需解决总体技术架构、标准与管理层面的协同问题。目前国内可支持V2G的车辆及充电桩较少，实现商用化应用还需要做大量工作

（续）

技术类型	技术方向	国内现状	国外现状	差距
云平台大数据技术	云平台互联互通及大数据应用技术	充电服务平台已由单系统架构发展为SOA架构；充电运营商与车企平台实现了数据推送服务。充电漫游互联互通系列标准已开展技术验证评估，进入了送审阶段。北京、上海、昆明等已建立城市级充电设施公共监测平台，但与充电安全所需电池溯源尚未实现互联互通	欧洲运营平台主要来自德国、法国、荷兰（Hubject、Elaad、Alego、EDF）等联盟运作模式；美国包括Chargepoint、Electrify America、Greenlots签订了联合服务协议；日本车企联盟、日本政策投资银行、东京电力等共同成立了日本充电服务公司（NCS），其运营平台为车企提供数据共享服务	各充电运营商充电服务平台及北汽、宝马、特斯拉等车企专用平台，以及北京理工大学大数据监控平台、中国电动汽车充电基础设施促进联盟充电设施安全监测平台等，已在我国充电服务网络全面发挥了充电引导、支付及安全监测等作用，从服务能力和接入规模方面位居全球领先
	信息安全与可信链技术	我国已成立能源行业电动汽车充电设施标准化技术委员会信息安全标准工作组（NEA/TC3/WG4），遵循GB/T 20984—2007和《信息安全技术 信息安全风险评估规范》和ISO/IEC 27001信息安全管理体系准则发布了《电动汽车充电设施信息安全技术规范》，启动了即时充电认证及充电区块链技术研发	欧洲、美国等主要遵循ISO/IEC 27001、27002信息安全管理及云服务安全控制以及IEC 62443工业自动化和控制系统信息安全要求；在充电服务上基于ISO 15118的PKI机制，从链路层到应用层实现完整认证，在机密性、完整性、可用性多个角度建立了可信通道，以确保充电凭证安全可靠	国内已建立桩到平台及平台间信息安全框架，从发展趋势看还缺乏在互联互通体系下可信传输机制，多运营商业协同可信认证方案尚在研究中；与国外比较，我国正在建立的充电设施信息安全以面向国内市场并相对独立于ISO标准体系，在可信链技术探索方面进展较快
	信息融合与智能协同技术	充电设施与智能网联信息、交通环境信息、充电服务场景以及智慧能源的信息融合，是实现车网协同自动充电应用以及与智慧能源互动的基础，现阶段产学研各界正在开展车网融合与智能协同技术研究，充电设施体系正面向智能交通和智慧能源开展车网融合的顶层设计	IEC SEG11收集发达国家和发展中国家公共交通的最佳实践案例，并与未来可持续运输新标准需求进行交流。IECTC 69智能电网架构模型（SGAM）计划为配网、有序充电、能源交易在技术、网络、服务和结算各个层面提供统一的规范	我国提出的多智能融合理念，在智能驾驶与智能交通信息融合方面的研究当下呈现热点，总体上在电动汽车与电网互动方面现阶段国内外均处于研究与示范探索阶段，在以人工智能为代表的新一代智慧信息协同应用方面，我国具备一定的优势

2.2 发展趋势

2.2.1 总体发展趋势

随着新能源汽车应用普及和充电设施新技术发展、商业模式创新，对于不同应用场景及应用形态，充电基础设施产业将呈现以下三大发展趋势。

1）面向电动汽车充电方便性需求，全面构建满足不同领域充电应用场景的综合立体化充电设施网络体系，充电方式将呈现技术模式的多样化与充电方式的智能化、自动化发展趋势。随着私家车、公务车、公交车、通勤班车、出租车、网约车、轻型货运车、部分特种车辆全面电动化，直流传导智能充电、大功率充电、无线充电、直流小功率充电、电池快速更换、光储充微电网、V2G电能互动、自动充电与无人自主充电等技术将适用不同应用场景的电能供给需求，形成由多种充电方式并存、服务功能多样性、智慧协同互为补充的充电基础设施网络应用发展趋势，充电设施布局更趋合理，可充分满足不同阶段、不同用户对各种充换电应用场景的便捷充电应用需求。

2）充电设施的高效化利用、高安全运行、高品质服务趋势。通过实现跨平台信息互联互通及云网协作，大数据与人工智能技术将广泛应用于充电设施网络，充电服务将普遍实现即插即充及自动充换电方式，以及充电智能化、安全监测在线化、充电接入共享化以及运行服务专业化，将进一步提高充电服务品质，实现高效、安全、优质的运行服务。

3）充电基础设施与交通信息网络及分布式可再生能源网络融合成为发展趋势，并将催生交通能源生产与消费方式的变革。充电基础设施将充分发挥连接车端与能源端实现车网协调互动的巨大优势，推动智能充放电等技术的全面应用，更多地消纳与存储太阳能、风能等多种可再生能源，实现车端移动储能与区域分布式能源的合理调节，平抑大规模快充电力负荷，提高交通能源安全性，同时实现绿色能源变革的可持续发展。

2.2.2 充电基础设施技术趋势

在上述总体发展趋势中，充电基础设施技术领域演变趋势包括以下几方面。

1. 充电设施网络架构

将依据用户对应用场景充换电方便性需求，充电基础设施网络建设持续得到优化，布局与分布更趋合理。不同应用领域充电基础设施网络结构合理分布实现路径如图8－2－2所示。

在建设布局中，通过大数据技术深入挖掘电动汽车各类用户的充电规律分布，包括出行距离、时间和空间以及车型续驶里程、充电网点运行状况等信息，依据用户充电方便性以及充电量需求，合理确定充电基础设施网点选址与配置要求，通过细分不同用户的充电行为，预测充电桩使用频率及个性化充电需求，实现贴近用户的布桩；同时，根据充电桩位及用电量，合理增容充电功率，并开展充电引导和错峰充电。表8－2－2给出了不同类

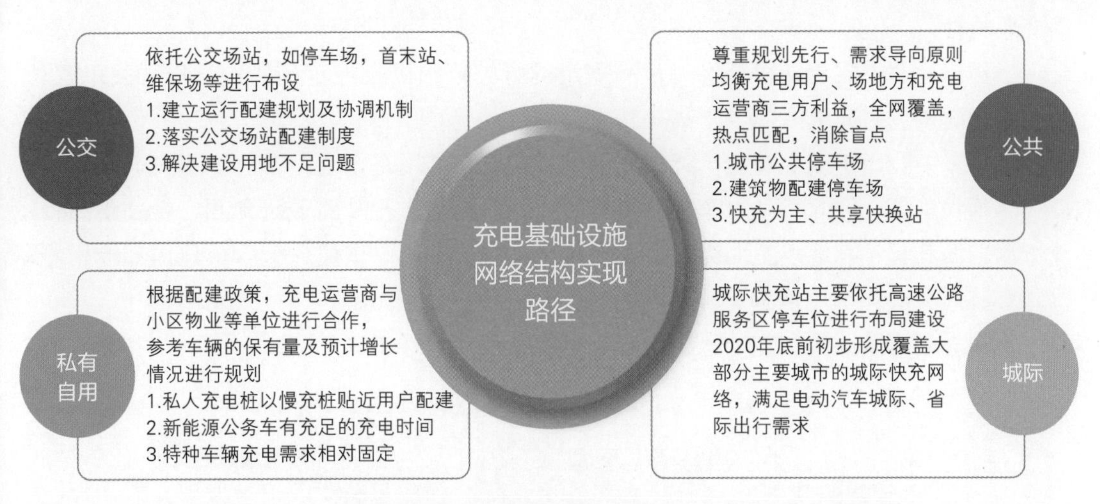

图 8-2-2　不同应用领域充电基础设施网络结构合理分布实现路径

型电动汽车交通行为充电的特征分析，通过大数据分析运用，可进一步实现电动汽车交通出行规律和充电行为特征，获取不同类别车型的日均续驶里程及个体充电量等更为精准的需求数据。由此，可以实现对站点选址与系统技术配置的不断优化，包括系统服务功能、设施构型、端口数量、输出电压及功率等。

表 8-2-2　不同类型电动汽车交通行为充电的特征分析

车辆类型	停车条件	出行空间分布	出行时间分布	日均行驶里程
城市公交车	一般有固定停车场站	行驶路径可预测	出行时间稳定，行驶时间长	>100km
出租车	一般无固定停车场站	行驶路径不可预期，随机性强	出行时间随机性相对较强，行驶时间长	>100km
末端物流车	一般有固定停车场站	行驶路径可预测	出行时间稳定，行驶时间长	>100km
通勤班车	一般有固定停车场站	行驶路径可预测	出行时间稳定，行驶时间长	<100km
私家车	停车需求多样	行驶路径可预测	出行时间集中性显著，行驶时间较短	<100km
特种车辆（环卫车、渣土车、机场牵引车等）	一般有固定停车场站	行驶路径可预测	出行时间稳定，行驶时间短	<100km

注：上述特征基于一般城市电动汽车应用情景。

公交车、环卫车、道路客运车及邮政物流配送车属于社会公共服务行业用车，具有同一车队车辆数量多、城市区域内部行驶、停车场地固定、行驶路径可预估、行驶里程稳定等交通特征。

出租车运营模式为随机载客，没有固定的行驶范围以及停车场所，日均行驶里程长、行驶路径随机、对充电时间要求高等特点。

私家车一般用于满足日常出行需要的就近充电，其用车行为主要有上下班通勤以及生活和休闲娱乐等。因此，私家车具有出行时间相对稳定、行驶路径可预测、行驶距离较短等特点，而其起停靠地点主要为私家车在居民小区的专用停车位（包含单位内部专用停车位）和临时公共停车位两种，停靠时间较长。

不同类型新能源汽车充电状况及趋势分析见表 8－2－3。

表 8－2－3　不同类型新能源汽车充电状况及趋势分析

序号	车辆类型	充电设施场景及现状	应用情景趋势
1	公交车	初步实现公交电动化，公交车充电采用停车场＋专用充电站设施，停车场网点不足，充电以人工操作为主，自动化程度不高	以公交专用充电场站方式为主体，不断提高充电自动化程度和出现新型充电方式，如“AGV＋ACD”、在途大功率自动接续补电、无线在途间隙式大功率补电等
2	私家车、公务车	大约 50% 使用住宅区配建的私有自用充电设施，50% 使用社会公共充电设施。自有停车位以慢充为应用主体，缺乏自由桩共享机制；公共充电设施以快充桩为电能贡献主体，充电方便性体验不足，公共充电桩利用率不高	新建小区私人停车位基本实现 1:1 停车位配建慢充桩；老旧小区实行配电改造提升停车位配桩率；无停车位用户将以小区共享充电桩、社区周边公共快充桩、单位公用充电桩方式解决车辆充电；中远期还将出现相当一部分无自有桩车主通过周边公共快换站换电
3	出租车、网约车	大约 95% 使用社会公共充电设施或专用快充网点，5% 使用住宅区配建的私有自用充电设施	出租车在专用快充网点充电比例将逐步提高，网约车在自有充电位充电量占比也将逐渐提升
4	物流车	大约 50% 使用社会公共充电设施，50% 使用所属物流中心配建的私有自用充电设施	使用所属物流中心及关联方配建的物流车网点站点自用充电设施比例将逐步提高
5	通勤班车	大约 20% 使用单位配建的自有充电设施，80% 使用社会公共充电设施	使用单位配建的自有充电设施占比逐步提高
6	特种车	环卫车、渣土车基本使用单位配建的私有自用充电设施。机场牵引车基本使用单位作业场地配建的私有自用充电设施	以使用单位自建充电设施为主，部分环卫专用车充电站实现对社会车辆分时段开放共享充电服务

2. 传导充电技术

在传导充电技术的发展方面，近中期主要体现在实现直流大功率快充及小功率慢充的直流化转变，中远期将主要表现在自动充电技术的应用普及。

（1）大功率充电技术

为满足用户快充体验，势必要求充电设备采用宽电压大电流高功率输出。单机电源模块功率增大的同时，应考虑体积功率比的影响，需增加开关频率提高功率密度和电能转换效率。随着碳化硅和氮化镓等元器件为代表的第三代宽禁带半导体元器件在 DC/DC 变换器应用技术上的不断成熟，将充电模块效率提升至98%以上、在规模化应用情景下实现良好的经济性将成为可能，未来快充设备将适应超高功率密度和超宽电压工作范围，结合新型制冷式插接器技术可实现额定电流倍增的充电接口解决方案，并在扩大电流载荷能力的同时，进一步降低插接器体积和重量。

无论是低压大电流快充，还是高电压与高功率输出，初步的技术系统实现后仍需经历一个技术成熟度的验证过程，就乘用车应用领域而言，鉴于 GB/T 18487 系列标准、GB/T 27930—2015、GB/T 20234—2015 系列标准接口标准最大允许电流为250A，以及通信协议最大电流代码空间值为400A 的局限性，新型充电接口插接器开发需满足最高电压 1500V、最大电流达到600A 或以上，能支持 3～4C 恒流快充倍率。因此，预期新型制冷式插接器将兼顾考虑最大 250～400A、1000V（兼容型制冷式接口）与 500～600A/1500V（全新标准制冷式接口）的演进需求。同时，需建立动力蓄电池热管理及充电功能安全互操作通信机制，实现主动充电安全预警防护功能，预计新型接口的大规模应用需历经 5～10 年。

（2）公用快充系统构型与柔性控制技术

公共快充设施的发展要求是设备装机容量能得以高效利用、快速充电输出功率按需提升、具备动态功率分配管理能力、充电与储能系统的融合实现多层级双向电能调节、便于实现城市区域与高速公路快充站网点化部署。

随着电动汽车对充电功率的需求越来越大、用户对快充体验的要求越来越高，对公用快充站服务能力高效化构型的提升主要体现在具备集群管理和柔性功率控制能力上。结合柔性充电堆电源模块灵活配置的特点，系统可根据充电端口服务需求，动态调节所需输出功率，有效提高共享分配装机功率的利用率，适应对不同用户快充服务的差异化需求，未来充储放功能的进一步集成，可实现双向电能调节的功能扩展，因此，柔性充电集群系统构型技术是公共充电设施的重要发展方向之一。

具备电源模块化矩阵结构的智能充电堆集控系统，可有效实现多充电终端自动功率分配，在提高装机功率利用率的同时降低建站成本。相关技术包括以下 5 方面。1）功率融合 + 动态分配技术：建立功率池，按需分配功率，实时动态调整；2）宽电压平台输出技术：采用 DC/DC 输出侧串并结合的切换控制模式，宽电压恒功率特性覆盖 250～950V 基本输出范围；3）有源功率因数校正技术：采用三相有源功率因数校正技术，功率因数高达0.99，电流谐波畸变率低于3%，达到绿色电源标准；4）全数字控制技术：全面采用数字化控制，抗干扰能力强，可靠性高，控制方式灵活；5）大数据分析和专家诊断技术：实时采集充电堆或集控系统环境数据，分析发掘和实时处理，提升充电过程的安全性。

(3) 小功率直流充电技术

区别于常规直流充电，新型小功率直流慢充终端能较好地适应 V2G 方式接口连接需求，满足并适应长连接监测、安全加密、车桩协同边缘计算和云端大数据分析的数据采集要求；同时，其智能终端的特性便于在停车位稀缺场所实现充电桩位共享应用模式及即插即充自动充电认证功能。

推广小功率智能充电技术，可以逐渐取消车载充电装置（OBC），简化充电接口和电路拓扑，减低车桩电气隔离安全风险，节省空间和成本。鉴于对 V2G 电能交互发展的适应性，现阶段众多汽车企业正在探索取消车载充电装置的技术实施方案。

预期符合新一代小功率直流慢充终端的输出功率为 10～20kW，对于开展用户侧微电网车桩电能聚合业务，其双向化电能交互能力将更便于实现充放电功率等级的平滑扩展，并在车桩局域网环境下获得短周期快速充放电效果。预计 2022 年前后将明确相应技术标准化要求。因此，小功率直流充电设备将成为慢充桩设施实现直流化发展的关键设备类型，预期在 2025 年前后将较大批量投入商业应用。与此同时，交流慢充桩技术在车桩之间解决并建立双向通信接口标准的前提下，在农村等电动汽车市场也可实现支持 V2G 场景的规模化应用。

3. 无线充电技术

电动汽车无线充电技术涉及地面端设备、车载端设备、地面端与车载端之间的通信，以及无线充电系统与电动汽车和电网之间的交互。系统和功能开发应遵循 GB/T 38775.1—2020《电动汽车无线充电系统　第 1 部分：通用要求》、GB/T 38775.2—2020《电动汽车无线充电系统　第 2 部分：车载充电机和无线充电设备之间的通信协议》、GB/T 38775.3—2020《电动汽车无线充电系统　第 3 部分：特殊要求》、GB/T 38775.4—2020《电动汽车无线充电系统　第 4 部分：电磁环境限值与测试方法》等国家标准的要求，从系统设计、设备拓扑、通信协议、工作频率、电磁环境等方面，对电动汽车无线充电系统功能和性能提出要求，保证无线充电过程中系统的安全稳定运行。

电动汽车无线充电相比有线充电有着诸多优势。第一，安全可靠。无线充电能适应各种雨雪等恶劣天气，减少人员触电事故的发生，没有导线磨损老化等问题。第二，便捷性高。无线充电不用人工进行充电枪插拔，可以减少人力成本，系统自动完成识别、定位、启动等操作，更加方便快捷，更加智能。第三，与电网的互动能力更强。由于不存在与电网的物理连接，无线充电方式更为灵活，能更好地实现互动控制。电动汽车无线充电的种种优势表明，一旦技术成熟，它有着更巨大的应用前景。另外，智能化和无人驾驶已成为电动汽车的重要发展方向，在没有驾驶人的情况下，无线充电是最好的选择。

由此可见，电动汽车无线充电系统更适用于智能电动汽车与智能电网，已经成为解决电动汽车充电问题的有效手段和现实途径，并将在以下方面不断发展进步：典型应用场景规划（静态、动态）、线圈构型与互操作性、传递效率及电磁兼容性、电磁耦合功率及安全控制技术、频率及电磁杂散、活物异物检测技术、原副边自适应匹配与智能定位控制技术、双向充电技术等，车桩协同问题，移动无线充电前瞻性技术预期分析，产业规模预测、关键路径及衡量指标、检测试验技术、装备及标准规范等。针对上述方面，电动汽车无线充电技术将以“基础技术—应用关键技术—产业化关键技术—新型无线充电技术”构架为趋势，如图 8-2-3 所示，进一步与智能电动汽车和智能电网融合，从而实现充电更便捷、更安全。电动汽车无线充电技术架构中，包含四个层次：一是无线能量传输线圈优化设计、补偿网络优化设计技术，以及功率变换器拓扑及其控制技术等基础技术；二是异物检测与活体保护技术、对位检测技术等应用关键技术；三是标准化工作、产品化工作等产业化关键技术；四是移动式无线充电、双向无线充电等新型无线充电技术。关键技术包括：工作频率选择、线圈结构与参数设计、原副边补偿网络、功率变换器设计、通信与控制技术、电磁安全性、互操作性、异物检测与活体保护技术、对位检测技术及智能充电技术等。

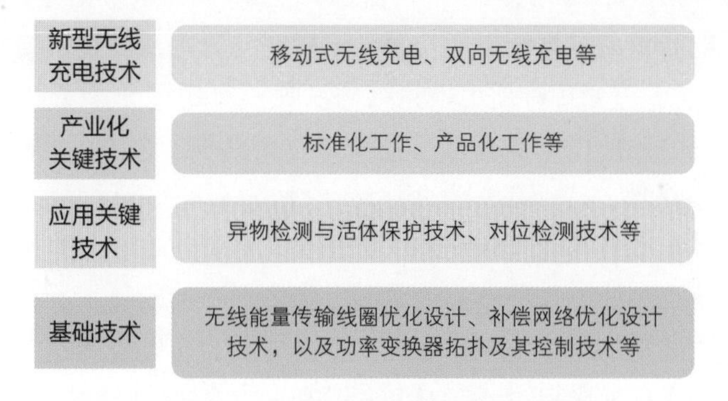

图 8-2-3 电动汽车无线充电技术架构

根据新能源汽车和充电技术发展过程及趋势，总结无线技术发展路径如下。阶段一：遵循国家标准要求，开发车载端和地面端无线充电设备，实现安全完备的无线充电功能；阶段二：与智能电动汽车结合，实现智能无线充电；阶段三：无线充电系统与智能电动汽车和智能电网融合互动，实现安全可靠的双向动态无线充电，如图 8-2-4 所示。

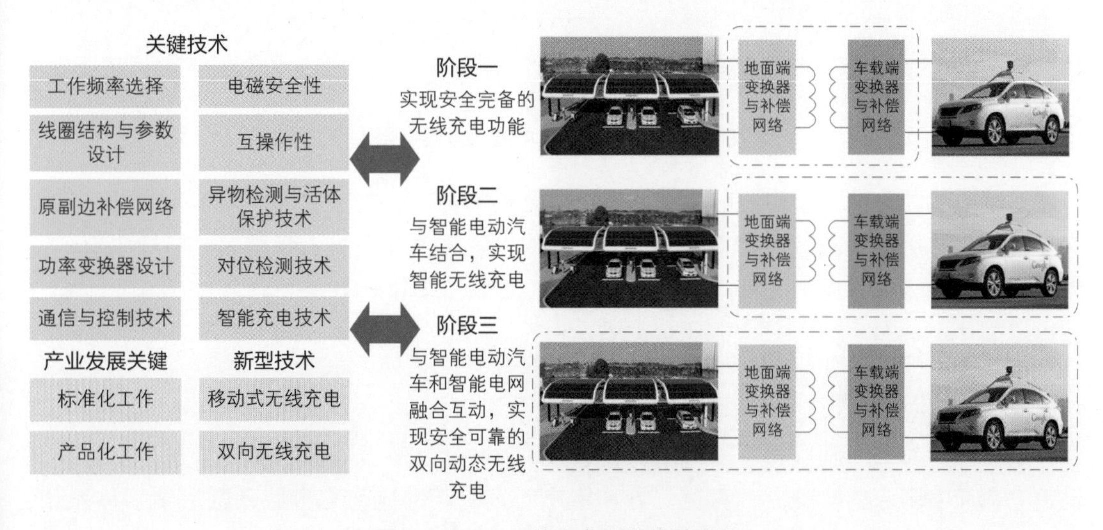

图 8-2-4 无线充电技术发展路径

在发展进程上，实现车桩协同互联互通是电动汽车无线充电技术普及应用的关键；同时，在无线充电技术产业化成熟之前，立体车库、专用场站等示范试点将得以发展，在电动汽车上的应用主要集中在中高端车型。预计 2025 年前后，无线充电技术将逐步实现小规模商业化运营；2025—2030 年，随着智能网联汽车产业技术的成熟，无线充电技术将实现产业化规模化应用。

4. 快速电池更换技术

换电技术目前正朝着自动化、智能化、共享化、网络化与互动性五个方向发展，未来将作为电动汽车的一种有效的电能补充方式。

1）**自动化**：换电站机械系统自动化程度更高，电池系统性能诊断实现站级电池与整车协同自动化处理更强。2）**智能化**：平台监控智能调度，需求预测技术得到发展，系统效率提升更快捷，电能贸易结算更方便安全，车联网与智能驾驶技术结合实现车 - 站协同换电引导。3）**共享化**：基于标准化电池箱结构发展，实现多车型可基于同一换电平台进行共享换电站及共享电池换电，兼容性与互操作性全面提升，电池租赁业务成为新业态，公用换电站节省更多资源。4）**网络化**：城市换电站分布增多形成网络化分布，建设与运行成本降低，方便多车型共享化应用。5）**互动性**：出现充放结合的换电站，与电网需求侧响应实现充电、放电、储能与分布式能源调度的协调互动发展。

共享换电技术演进步骤：第一步，实现多种换电方案换电模式站及共享，提供同城多车型服务；第二步，实现换电机电物理接口标准统一，提升共享换电服务效能；第三步，电池包产品及管理功能标准化，统一人机互操作界面，扩展电池储能属性生命周期，拓展分布式能源领域的应用，如图 8 - 2 - 5 所示。

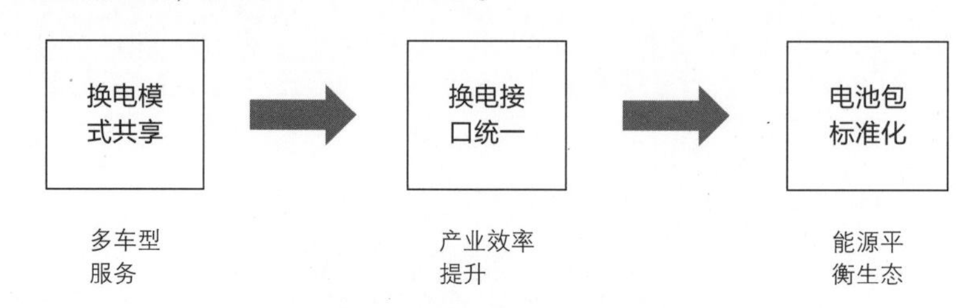

图 8 - 2 - 5 共享换电技术发展路径

随着新能源电动汽车产业的不断发展，换电技术将在公共交通的出租车与网约车领域实现规模化应用，带动城市共享换电站设施的建设发展，并在私人领域尤其是缺少自有充电桩的用户群体得到更多的推广，跨平台汽车企业共享换电渗透率也将逐渐提高，实现产业规模的扩展。

5. 电能互动技术

电动汽车充电基础设施是电动汽车与电网、分布式能源产生物理联系的媒介。能源互动建立在充电服务的基础上，对运营方和用户而言，互动应与充电服务融入统一体系中，在满足充电需求的前提下通过为电网提供用户侧响应等服务获得额外的经济效益；对电网等能源供应方而言，电动汽车能源互动将成为提升充电保障能力、获取调频调峰等辅助服务、消纳新能源的重要手段，互动体系的建设应与能源互联网形态与业务模式的演化协同发展。电能互动架构如图 8-2-6 所示。

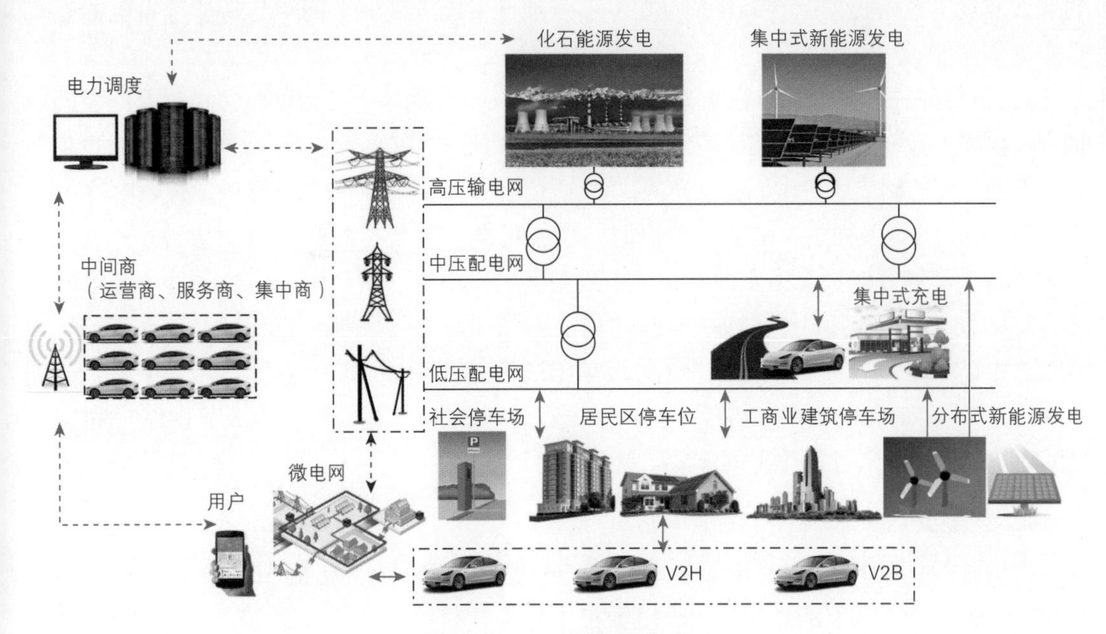

图 8-2-6 电能互动架构

电动汽车的能量大部分取自电网，其大规模快速发展将给能源系统特别是配电网带来新的压力与挑战。大规模无序充电负荷与电网基础负荷叠加，一方面，将会引发诸如负荷峰谷差加大、运行约束越限、电能质量下降等多方面问题，从而影响电力系统的稳定性与经济性，也会降低电网设备的利用效率与寿命；另一方面，大规模无序充电将造成电动汽车海量分布式储能资源的浪费。在未来能源互联网的用能场景下，特性各异且紧密耦合的能源和交通多元异质系统经由以电能为基础的架构实现互联互通。随着电动汽车的规模化运行，能源系统和交通系统将会存在更多的交互融合。

当前电动汽车电能互动技术存在如下发展趋势。

1）互动主体多元化。参与电网削峰填谷、频率调节、旋转备用是电动汽车能源互动最早被提出的应用。随着能源革命的推进，电动汽车作为能源网和交通网耦合节点的价值得到了更加深刻的认识，互动的主体逐渐从电网和用户扩展到包含充电运营方、微电网、综合能源服务商、虚拟电厂、新能源发电方等在内的多元系统。

2）能量流动单双向并存。由于电池技术、充电桩技术、用户意愿等条件的限制，在电动汽车发展起步阶段难以实现反向放电。实践表明，对规模化电动汽车的充电行为进行单向调节也可以实现有效互动，即 V1G 是 V2G 的特殊形式。故电动汽车能源互动将遵循单向互动技术落地后向单双向互动技术并存的方向发展。

3）本地互动与广域互动并存。当前电动汽车能源互动主要表现为微电网、场站级充电系统和本地配电网的自治管理，随着电动汽车的规模化发展及电能聚合调控技术、区域能量协同技术、能源区块链技术的应用，能源互动将呈现本地互动与广域互动并存发展的趋势。电动汽车储能不仅可服务于本地综合能源系统，还能与其一同参与广域能源系统的调节，实现为电网提供调频调峰辅助服务、新能源发电大规模上网、与新能源发电的点对点交易等功能。

4）能源形式多样化。随着能源互联网的建设，电力网络、热力网络、供气网络之间的耦合性提高，微电网、综合能源系统等多种能源利用形式并存，参与互动的能源形式更加多样。电动汽车的储能潜力为风电、光伏、氢能及其他可再生能源的消纳提供了有效途径。

5）互动场景多样化。电动汽车根据其功能用途呈现出不同的能源互动场景。电动公交车、特种车辆等以快充为主的专用充电场站，居民小区、单位园区、公共停车场等以慢充为主的分散充电场所在参与电网互动能力及方式上存在差异。互动方式除 V2G（含 V0G、V1G）外，还存在 V2MG（电动汽车与微电网互动）、V2H（电动汽车与家庭能源系统互动）、V2B（电动汽车与楼宇能源系统互动）、V2L（电动汽车为负荷供电）和 V2V（电动汽车间互相充电）等不同方式，统称 V2X。

6. 充电安全技术

充电过程涉及车端和充电设备端两部分电子电气系统，功能安全开发将遵循 IEC 61508、ISO 26262 和 GB/T 20438 系列等相关标准，从概念设计、系统开发、硬件开发、软件开发、流程管理等方面，对充电相关系统功能与安全监控提出要求，保障充电功能不发生失效或功能失效后不会造成不可接受的风险，如图 8－2－7 所示。

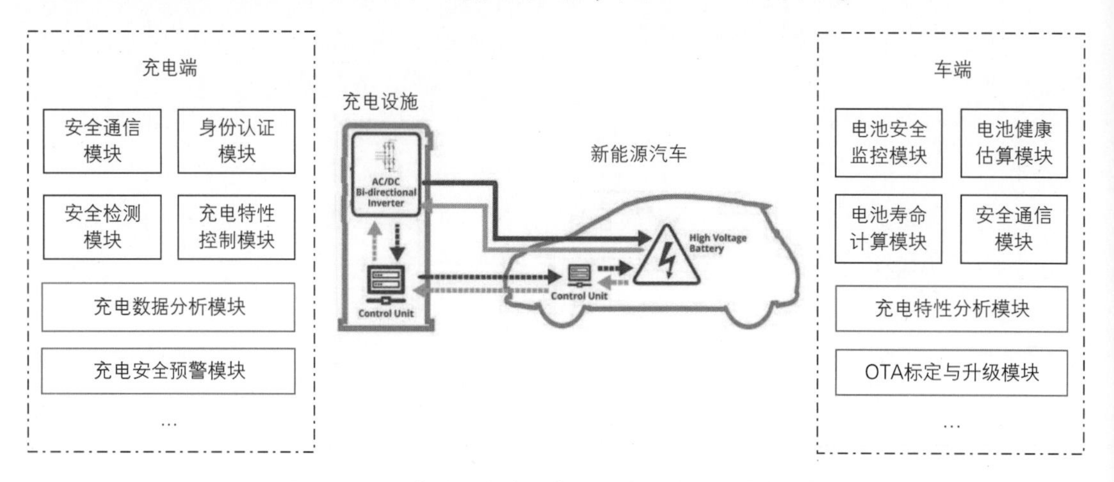

图 8－2－7　车端和充电设备端充电功能安全模块架构

面向未来 V2G 技术的进一步发展和广泛应用，车辆储能将成为能源互联网的重要组成部分，车网之间信息、能量频繁互动成为常态。充电安全也将转变为能源交互安全，并融入能源互联网管理中。安全管理系统也将以“端－边－云”构架为趋势，底层为车端和充电设备端，中间层为信息感知和传输层，上层为云端大数据平台，如图 8－2－8 所示。在充电安全“端－边－云”架构中，充电设备端运行安全管理与诊断功能模块，V2G 双向能量交互功能为基于设备端激励的动力蓄电池安全诊断提供了更多的空间。信息感知和传输层充分获取充电设备端全生命周期安全状态，为“端－云”提供分析和优化数据安全通信信道。云端基于数据孪生技术，通过精细化仿真、大数据挖掘计算等，深度分析电池安全演化过程，并根据动态安全边界做出安全预警，保证充电过程的全生命周期安全。未来基于“端－边－云”构架，需要攻克的关键技术有车网互动场景下充电安全控制技术、基于大数据的充电安全风险评估及多尺度预警技术、全生命周期健康度辨识技术及电池系统充电安全边界动态辨识技术。

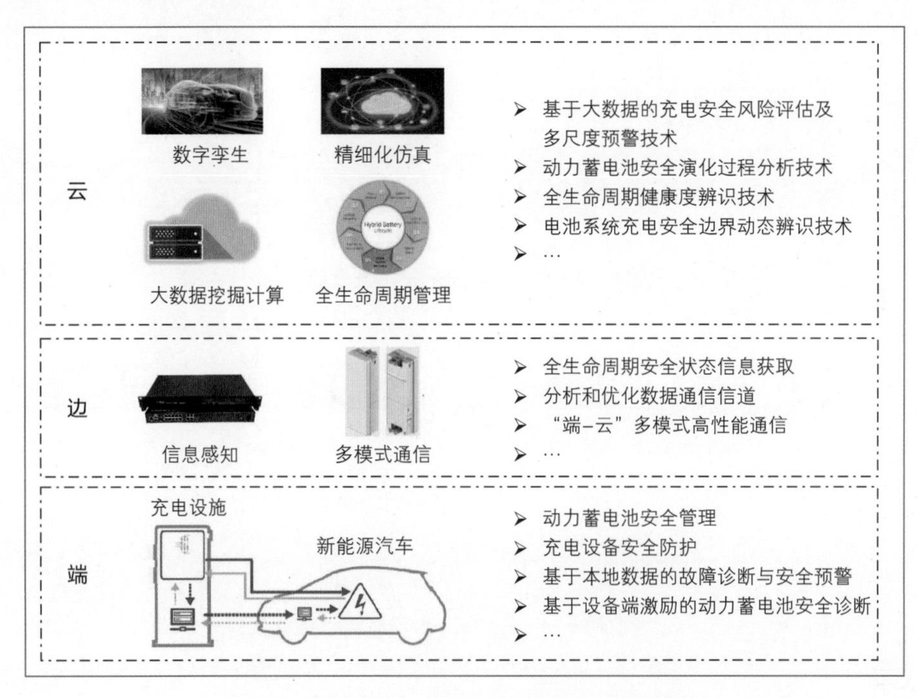

图 8－2－8　“端－边－云”充电安全保障体系

根据新能源汽车和充电技术发展过程及趋势，总结充电安全技术发展路径如下。阶段一：车桩设计遵循功能安全开发流程，车桩充分交互状态信息，开发车端和桩端的诊断算法，实现基本安全保护功能；阶段二：车－桩－局域网互动，初步开发基于大数据诊断算法，实现主动安全防护；阶段三：车－桩－局域网－区域网（V2G）互动，完善基于模型和数据驱动的诊断算法，实现充放电安全管理，如图 8－2－9 所示。

7. 云平台大数据技术

充电服务网络生态化发展是向生态化特征的“服务协同、智能服务、智慧交通、能源互联”的整体趋势演进，如图 8－2－10 所示。

首先，建立面向充电服务为基础、支持数据业务生态化发展为导向的应用技术架构，适应开展多元网络融合的大规模互联互通，建立共享服务资源的漫游充电业务，以车－桩连接实现在线化为途径，促进 V2G 技术应用，满足电能聚合业务发展，实现多种支付渠道的便捷应用，是构建优质高效型充电基础设施服务网络的“服务协同”基础。

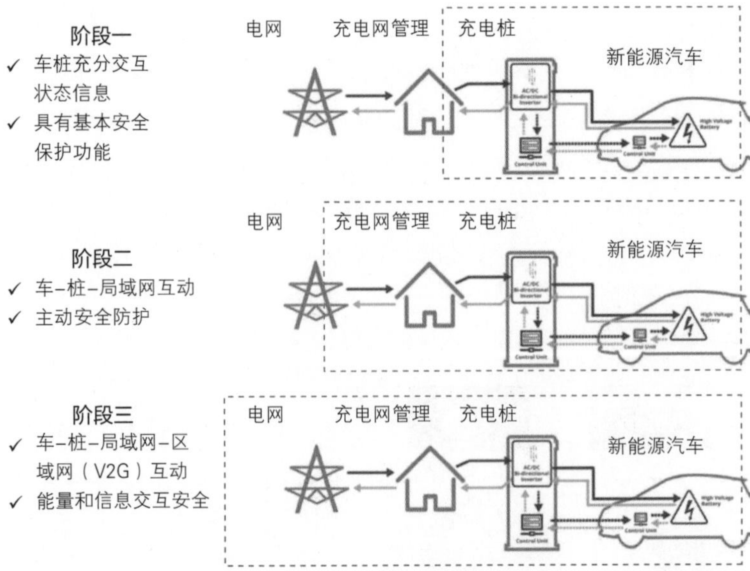

阶段一

✓ 车桩充分交互状态信息

✓ 具有基本安全保护功能

电网　充电网管理　充电桩　新能源汽车

阶段二

✓ 车–桩–局域网互动

✓ 主动安全防护

电网　充电网管理　充电桩　新能源汽车

阶段三

✓ 车–桩–局域网–区域网（V2G）互动

✓ 能量和信息交互安全

电网　充电网管理　充电桩　新能源汽车

图 8–2–9　充电安全技术发展路径

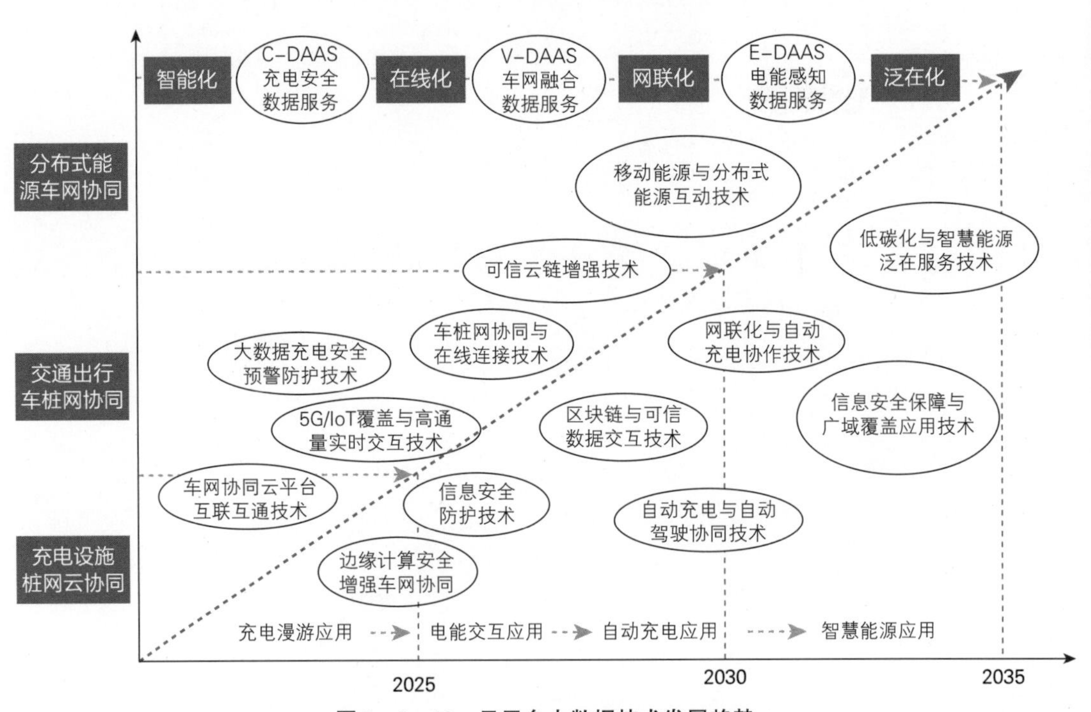

图 8–2–10　云平台大数据技术发展趋势

其次，通过开发高效云架构技术以及区块链技术的导入，实现可信云链交互多业务协同，通过即插即充无感化支付改善用户的充电体验，支持充电安全预警防护体系的建立，形成“便捷 + 安全”的应用服务场景全面技术推广和应用覆盖，是构建智能高效型充电基础设施服务网络的“服务智能化”基础。

第三，持续提高充电运营自动化程度、服务质量，运用云协作、人工智能与大数据分析技术，实现“车网协同”的服务场景效能提升，实现充电基础设施服务网络与“智慧交通”在出行服务中的高效协同。

远期以低碳化和碳中和为驱动，基于智慧交通与智慧能源与电动汽车移动储能特性深度融合，以及开展交通流与电能潮流的大数据预测，将基于智慧城市交通能源设施云网信息互联互通背景下催生“车网电能协同”发展进程，实现智慧调度技术、人工智能技术的高级阶段应用与大范围普及，引发电能生产、储存、输送到使用的源－网－荷－车智慧化应用的变革，引领和促进“智慧能源互联”。

3 专题领域技术路线图 1.0 评估

技术路线图 1.0 中设定的充电基础设施领域的目标是，至 2020 年建成超过 1.2 万座充换电站、超过 500 万个交直流充电桩，并在小规模城市群建设充电服务网络。

自 2014 年以来，充电基础设施保有量继续保持增长势头。2019 年，全国充电基础设施累计数量为 121.9 万个，较 2016 年 45 万个同比增加 170.9%。其中私人充电桩累计 70.3 万个，较 2016 年 30.9 万个同比增长 127.5%；公共类充电桩累计 51.6 万个，较 2016 年 14.1 万个同比增长 79.1%，交流充电桩 30.1 万个，直流充电桩 21.5 万个，交直流一体桩 488 个。充电站数量达 35849 座，全国公共充电桩数量超过万个的省、直辖市有 17 个；换电站保有量总计 306 座。截至 2019 年底，全国新能源汽车保有量达 381 万辆，占汽车总量的 1.4609%，其中纯电动汽车 310 万辆，占比 81.19%；纯电动公交车数量 32.44 万辆，占公交车总量 69.33 万辆的 46.8%，车桩比 3.5:1。整体上，公共类充电设施实现稳定增长，随车配建充电桩与新能源汽车保持同步，新建站点投放数量超过预期，充电网点密度的提高适应了用户就近充电的需求。建立了相对完善的标准体系，充电运营服务能力显著提高，已形成充分开放型市场及“互联网＋充电基础设施”产业生态体系。除了交流慢充桩数量缺口，技术路线图其他各项目标均得以达成（表 8－3－1）。

表 8－3－1 技术路线图目标完成情况

技术路线图 1.0 中 2020 年关键指标	目前完成情况
产业规模	
建成超过 1.2 万座充换电站	已建成 3.6 万座充换电站
超过 500 万个分散式交直流充电桩	已建成 122 万个交直流充电桩，其中公共桩 52 万个
在小规模城市群建设充电服务网络，初步形成覆盖大部分城市的城际快充网络，满足城际、省级出行需求	已在全国 404 个城市建成了公共充电设施服务网络，形成了“十纵十横两环”的全国高速公路充电网络，基本满足跨城际和省级高速路出行的充电需求
关键指标	
慢充功率提高至 6.6kW 以上，快充每充电 15min，可行驶里程≥100km	新建交流慢充桩输出功率已采用 6.6kW 为标配，新增社会直流快充桩输出功率以 60kW 配置为主，可满足 15min 充电行驶≥100km

注：数据来源于中国电动汽车充电基础设施促进联盟。

总体而言，现有的充电设施建设数量基本满足了当前以运营车辆占多数的电动汽车的应用需求，但充电桩数量距2020年达500万个，还有很大差距。随着电池性能逐步提高，新能源汽车的续驶里程不断增加，充电桩的使用频次明显降低，同时预约充电、共享充电等新兴技术也促进了单桩输出充电功率的提升，对充电桩数量需求有一定的缓解作用。但充电设施建设仍然面临着发展不均衡、充电不便利、建设难度大、运营效益低等问题，主要表现在对土地资源需求大、电力接入成本高、核心城市密集地区土地及电力供应不足、充电设施平均利用率低、充电场站配套设施不足、原有电力资源的供电能力无法有效扩容等问题，其中居民小区的充电设施建设总量不足仍然是一大难点。

4 面向2035年发展愿景、目标及里程碑

4.1 发展愿景

全面构建低碳化、网络化、智能化、便捷化、共享化的充电基础设施产业发展生态，全面掌握充电基础设施装备核心技术，大力促进可再生能源高效利用，实现充电设施网络与新能源汽车产业的协调发展，建立布局合理、集约高效、绿色安全和性能优异的充电基础设施网络，形成多网融合、信息互联互通及资源分享，提供多种灵活适用的充电方式，实现便捷高效的充电服务体验，科技创新能力、设施规模和产品技术满足新能源汽车发展需要，推动新能源汽车与能源产业的优化融合，达到国际领先水平。

4.2 目标

实现慢充设施对自有停车位就近充电的普遍覆盖，城市快充设施形成网点化布局，全面建成城际高速与城区主干路网快速充电接续网络，公共及专用车领域实现多种充电方式优化配置与合理分布，健全满足不同充电需求的安全、高效、智能充电基础设施服务体系。居民小区全面实现充电接线到车位及智能有序充电运行，建成慢充端口超过1.5亿端，私人领域自有车位与社会停车场慢充桩总体车桩比实现1:1配置，公共快充桩端口(等效于120kW)超过150万个。新增投放电动汽车与充电设施具备双向电能互动能力，自动充电系统与智能驾驶完美结合实现智能充电技术普及应用。新增投放纯电动公交客车60%以上采用自动充电装置。自动换电技术实现规格化、通用化、标准化，乘用车快速自动换电时间约为1~3min，城市及高速公路形成公用快换网络应用的普及。互联互通延伸至车网融合电能互动及分布式能源应用，实现充电和电能结算线上可信支付，充电安全与信息安全防护技术得以全面部署实施，有效提供安全可靠的运行保障能力。实现新能汽车与分布式能源网络的深度融合，居民区等停车设施V2G电能互动和园区“光储充”应用

基本普及，充电设施与智慧城市融合达到互联互通，实现与交通、能源等设施支付及安全保障数据融通及共享。保障5000亿度充电及电能互动供电需求，充换电设施服务能力全面满足1.5亿辆以上新能源汽车的充电需求，“车储+储充站”对促进全社会可再生能源消纳贡献率达30%以上，通过车网协同有序充放电，利用多层级能源管理与优化，为电网提供千亿瓦级以上的备用容量，本地光伏电能消纳率达80%，实现能源利用的清洁化、高效化、智能化和互动化目标，充换电设施安全性能、服务能力及方便体验性在国际上位居先进行列。

4.3 里程碑

2025年，建成慢充设施充电桩端口达1300万端以上（含自有桩及公共桩），公共快充端口（含专用车领域）约80万端；保障年充电量接近1000亿kW·h供电需求，支撑2000万辆以上车辆充电运行，换电站约达3000座。城市私人领域新建小区实现慢充桩1:1配建，老旧小区充分释放既有停车位配建慢充桩潜力；公共充电设施基本覆盖新能源汽车推广区域内的县级以上重点城市核心区域、乡镇核心区域和高速公路服务区，形成覆盖大部分主要城市的城际快充网络，满足电动汽车城际、省际出行需求。建立安全优先、智能高效的充电基础设施标准体系，研制出大功率充电接口，制定通信协议标准和V2G技术标准，实现标准前向兼容和安全性能提升。开展大功率充电系统及超级接口示范区建设的试点验证、乘用车传导式即插即充和机械辅助连接自动充电小规模示范；在公交客车领域较大范围运用顶置式充受电弓技术；无线慢充功率提高至6~10kW并实现批量化应用；研制多车型通用电池包结构标准，开展共享换电站技术验证。明确安全相关数据协同机制，建立充电安全防控体系，充电安全快速诊断和预警技术实现突破，实现大数据充电安全冗余防护技术推广应用，全寿命周期健康度识别误差小于3%，充电安全预警准确度达到95%。实现住宅小区单向有序充电规模应用，开展跨平台数据业务互联互通，形成统一开放、竞争有序的充电服务市场。

2030年，建成慢充桩端口达7000万端以上（含自有桩及公共桩）、公共快充端口（含专用车领域）达128万端；保障年充电量3000亿kW·h供电需求，支撑8000万辆以上车辆充电运行，换电站在私人及公共领域应用规模逐步增长，私人领域就近充电方便性体验全面提升，三四线城市及农村自有慢充终端得到普及，公共充电设施覆盖新能源汽车推广区域内县级以上城市主要区域、乡镇重点区域、城际连接线及高速公路服务区。较大规模地投入运营传导式大功率充电系统，运用具备新接口前向兼容技术建立全国高速公路快充网络，漫游充电及数据资源分享实现互联互通，乘用车传导式及无线自动充电技术实现较大范围推广应用。完成移动式、双向无线充电标准，无线慢充设施具备双向充放电功能。在出租车、网约车领域实现跨平台共享换电模式规模化应用，占比超过30%。充电运营商、整车运营平台、行业监测平台基于大数据协同实现充电安全数据的融通，预警准确率达到98%，安全性能诊断技术实现在充电设施网络的全程覆盖应用，建立并实行充电安全防护能力评价认证制。车辆与电网互动技术在居住小区及充储放一体化场站实现规模化应用，园区场景充储放微电网实现 V2X 规模化应用，住宅小区基本实现主动有序充电运行。

2035 年，建成慢充桩端口达 1.5 亿端以上（含自有桩及公共桩）、公共快充端口（含专用车领域）达 146 万端；保障年充电电量 5000 亿 kW · h 供电需求，支撑 1.5 亿辆以上车辆充电运行，实现城市出租车、网约车共享换电模式的大规模应用。公共充电设施实现省、市、乡、镇的城际连接线及高速公路沿线全面覆盖。实现全球统一充电接口标准，满足各类乘用车、客车、重型车辆以及特殊应用场景车辆充电及电能交互需求。覆盖全国范围的充电服务平台全面实现互联互通，并可为自动驾驶车辆提供智能充电引导、自动充电连接及电能协调等智能充电服务。无线充电技术在智能汽车及公共停车区域得到普及应用，无线慢充功率提高至 10 ~ 20kW，具备电能双向交互能力。充电功能安全预警准确率达 99%，网络安全检测准确率 99.5%；共享化电池换电技术实现结构通用和控制流程标准化，充储换一站式服务网点基本覆盖城乡及高速公路。电动汽车作为移动储能单元的大规模应用实现对电网的削峰填谷、备用和调频，大功率脉冲调控机制支持实现智能双向有序充放电的大规模应用，车桩网电能互动应用覆盖率达 35% 以上，电能聚合服务可实现 90kW 以上即时快充能力，区域与广域互动并存，年促进新能源消纳达千亿度以上。

5 技术路线图

5.1 总体技术路线图

充电基础设施技术路线图涵盖应用领域布局、产业规模实现路径以及关键技术指标达成等方面。

2025 年，在城市私人领域推广小功率慢充及直流集群有序充电技术，新建小区按 1:1 要求配建停车位慢充桩（端口），老旧小区力求实现 60% 以上有序充电负荷能力扩展，并在城市乡镇居住区、单位、社会停车场推广目的地配建停车位慢充设施，促进停车位慢充终端的基本覆盖，着重释放居住区供配电和充电位潜力；乡村居舍以自有小功率慢充终端充电为主，城市核心区推广智能立体停车充电集约化场站，促进实现慢充电能输出占比达到 70% 以上。公共领域着力提高充电设施快充网点分布密度，快充及专用车领域直流快充输出电压以 750V 为应用主体，研制新接口标准并具备前向兼容性与后向扩展能力，大功率快充电流逐步提高至 400A 及以上。深化充电过程安全技术研究，开发出安全芯片及预警软件，建立主动安全防护体系及数据交互规范，车桩协同大数据充电安全预警诊断准确率达 95%，实现预警防控关键技术突破。推动车 – 桩 – 云 – 网互联互通，新增充电漫游桩接入率达到 50% 以上，具备即时充电安全认证线上支付功能，提升充电方便性体验。建立车桩网融合体系的标准框架，传导及无线充电开展双向电能交换试点，部分新增车辆具备电能互动能力，实现电能聚合业务试点应用。大功率充电系统全面具备热管理安全防护能力。研发制定共享换电站及通用电池箱结构与接口系列标准。实现私人领域及公共领域充电设施协调与平衡发展，推动运营服务能力评价体系构建，促进充电服务市场向高质量发展转变，有效支撑2000万辆新能源汽车实现安全便捷充电运行目标的实现。

2030年，多举措推动形成居住小区市场化服务生态，引导城市居住小区、小区周边停车设施毗邻车位或无桩位车主实行共享充电模式，在相应关键技术方面，研发实现分时共享智能充电引导技术、车网荷电共济与电能聚合快充技术、边缘计算安全诊断增强技术、自动充电技术与消防预警联动等社区充电智能化技术，加快半封闭空间无线通信覆盖（含5G），合理利用社区空间配建停车充电塔，建立包括周边社区与地下车库场地充电安全保障运行规范，推动充电社区生态圈互联网+技术的应用推广普及，有效实施居住区就近充电解决方案，支持实现慢充桩电能输出占比达80%以上。同时，在公用充电设施方面，合理配建大功率快充设施，提高快充电流输出至500A（600A），提升充电站网点集群快充系统柔性控制能力，满足出行中的快速补电需求。在共享换电方面，公共领域出租车运营车辆在全国主要城市共享换电占比达到30%以上。在自动充电应用方面，“智能泊车+无线自动充电+机械臂辅助自动充电”占比逐步提高达10%。在充电安全方面，在线诊断技术得以全面推广应用，充电功能安全预警防护屏障技术实现全网部署。在充电设施与智慧城市融合方面，持续开展交通、能源、气象、商贸等智慧城市信息服务的互联互通，运用区块链技术解决可信支付，运用云协作技术实现安全保障数据的融通共享，实现车-桩-云-网数据互联互通运行，新增充电漫游桩接入率达70%，实现充电与交通电子不停车收费系统（ETC）及电能交换区块链联网即时支付和自动交易应用规模化覆盖。在电能互动方面，老旧小区80%以上实现充电、配电负荷的扩展，居住区及停车场慢充设施实现V2G电能互动市场化应用，车桩网互动覆盖达20%，电能聚合实现60kW以上即时快充能力，光储充微网广泛应用，实现区域分布式电能协调互动；同时，通过双向需求响应价格调控机制，激励车主参与电能互动交易，支撑减排达标年限指标的实现。

2035年，建成慢充桩端口达1.5亿端以上（含自有桩及公共桩）、公共快充端口（含专用车领域）达146万端，支撑1.5亿辆以上车辆充电运行为基本目标，持续推动新技术应用，实现经济效益与社会效益并举。通过智能泊车自主充电技术的应用普及，着力提高充电设施智能化程度，公共领域无线自动充电功率提升至20kW，大功率充电支持5min补电行驶300kW以上，自动充电占比达30%，共享换电技术在主要城市出租、网约车及短途货运行业实现大规模应用占比30%以上。通过在居民区等停车设施实施V2G电能互动和园区“光储充”系统的基本普及，本地光伏电能消纳率达80%，“车储+储充站”对促进全社会可再生能源消纳贡献率达30%以上，车桩网互动应用覆盖率达35%以上，电能聚合实现90kW以上即时快充能力，区域与广域互动并存，实现年促进新能源消纳达千亿度以上。通过全面实施充电过程安全防护，保障充电安全事故风险率不大于5×10^{-9}。充电漫游桩接入率达90%，实现车-桩-云-网、能源、交通、气象、智慧城市信息融合应用，支持业务信息及数据可信交互和自动充电技术普及应用。车网（V2X）接入率达到35%以上，自动充换电技术与智能驾驶结合，人工智能技术得到应用，使驾驶人获得安心无忧的用车感受，新能源汽车与智慧能源融合，为人们提供更低的车用电能成本，充电设施与交通、能源、智慧城市融合的新业态实现全面协调可持续发展。

充电基础设施总技术路线图如图 8－5－1 所示。

类别	子项	2025年	2030年	2035年
总体目标		居住区、单位、社会停车场推广目的地停车慢充应用覆盖，慢充电能输出占比达70%以上，公共快充及专用领域快充以750V为应用主体，实现接口标准前后向兼容，都市核心区推广智能立体停车充电集约化场站	慢充桩电能输出占比达80%以上，居住区及停车场慢充设施实现V2G电能互动市场化应用，“智能泊车+无线自动充电+机械臂辅助自动充电”及大功率充电占比逐步提高；公共领域运营车辆共享换电较大规模应用	车桩协同智能泊车自主充电应用普及，居民区等停车设施V2G电能互动和园区“光储充”应用基本普及，本地光伏电能消纳率达80%，“车储+储充站”对促进全社会可再生能源消纳贡献率达30%以上
总体目标		在私人领域推广直流慢充集群技术，实现停车位慢充智能接线终端基本覆盖，释放配电和充电位潜力；乡村居舍以自有小功率慢充终端充电为主；公共领域提高充电设施快充网点分布密度	形成居住小区市场化服务生态，全面推广毗邻车位充电负荷共享模式，实现分时共享充电智能引导、电能聚合快速充电能量共济、边缘计算安全增强、自动充电技术与消防预警联动等社区充电智能化技术应用普及；充电设施与智慧城市多网融合互联互通，实现充电设施与交通、能源等设施支付及安全保障数据融通共享；专用车领域充电配置高效化；充换电设施安全性能、服务能力及方便体验性及均位居国际先进行列	（同左）
应用领域		重点促进私人领域配建慢充设施，基本覆盖城市住宅区及周边停车区域，以及公共区域社会停车场及县级以上城乡核心区域及高速公路服务区	充电设施高配比覆盖住宅小区及周边区域，以及单位车位、社会停车场和县级以上城市主要区域、乡镇重点区域、城际连线、高速公路服务区	全面覆盖住宅区域、商业及办公区车位，市郊及省、市、乡、镇路网，高速公路沿线等，实现充电设施合理分布及多种充电方式便捷应用
产业规模		建成慢充设施充电桩端口达1300万以上（含自有桩及公共桩）、公共快充端口（含专用车领域)达80万端；保障年充电量接近1000亿kW·h供电需求（含V0G、V1G、V2G），支撑2000万辆以上车辆充电运行	建成慢充桩端口达 7000万端以上（含自有桩及公共桩）、公共快充端口（含专用车领域）达128万端；保障年充电量3000亿kW·h供电需求（含V0G、V1G、V2G），支撑8000万辆以上车辆充电运行	建成慢充桩端口达1.5亿端以上（含自有桩及公共桩）、公共快充端口（含专用车领域）达146万端；保障年充电电量5000亿kW·h供电需求（含V0G、V1G、V2G），支撑1.5亿辆以上车辆充电运行
关键指标	智能充电技术	新建小区基本实现1:1停车位慢充桩配建，老旧小区60%以上实现有序充电负荷能力扩展；传导及无线充电实现双向电能交换试点应用；研制共享换电站及通用电池箱结构与接口标准	新建小区配建智能慢充桩达1:1，老旧小区80%以上实现充电负荷扩展；公共领域大功率充电部分城市实现网点化分布，无线充电设施功率配置达10kW；自动充电占比达10%，30%以上城市实现出租车等共享换电设施网络化规模应用	车桩比达1:1,；公共领域无线自动充电功率提升至20kW，大功率充电支持5min补电行驶超过300km，自动充电占比达30%，共享换电技术在主要城市出租及短途货运行业实现充换兼容大规模应用
关键指标	充电安全技术	健全充电安全防护体系数据交互标准；研制安全芯片及软件，充电预警诊断准确率达95%	充电安全在线诊断技术全面推广应用，充电功能安全预警准确率达98%；网络安全检测准确率达95%	充电安全事故风险率$\leq 5\times10^{-9}$，充电功能安全预警准确率不小于99%；网络安全检测准确率大于99.5%
关键指标	云平台大数据	基本实现车–桩–云电池数据互联互通，新增充电漫游桩接入率达50%，具备即时充电安全认证功能，研制5G区块链技术、大数据萃取技术	实现车–桩–云–网数据互联互通运行；新增充电漫游桩接入率达70%，实现充电与交通ETC及电能交换区块链联网即时支付自动清分规模化应用覆盖	充电漫游桩接入率达90%，实现车–桩–云–网、能源流、交通流、气象、场景信息等融合感知，支持智慧城市出行服务数据可信交互和自动充电技术普及及应用
关键指标	电能互动技术	实现V1G车网需求互动大规模推广应用；建立车桩网融合标准，部分新增车辆具备V2G功能；开展多层次电能聚合业务试点应用	车桩网互动覆盖率达20%，V2G电能聚合实现车端约60kW共济快充能力；光储充微网广泛应用，实现区域分布式电能协调互动	车桩网互动应用覆盖率达35%以上，电能聚合实现90kW以上共济快充能力；区域与广域互动并存，年促进新能源消纳达千亿度以上
关键指标	标准测试评价	建立运营服务能力评价体系，运营商具备无线充电、自动充电、安全平台保障能力	标准体系健全，建立产品及系统测试及评价体系，引导并促进充电设施行业实现高质量发展转变，保障排放达峰所需充(换)电设施高效运行，支撑充电基础设施产业链创新业态的发展和可持续运行	（同左）

图 8－5－1　充电基础设施总技术路线图

5.2　关键分领域技术路线图

1. 智能充电技术

智能充电技术路线图主要涵盖大功率充电技术、小功率直流充电技术、无线充电技术和机械辅助充电技术以及共享换电站技术。大功率充电设施建设发展受到政策、标准法规、汽车产业发展、出行模式、技术环境等多方面因素影响。在这些众多因素中，特别是从未来道路交通模式情况出发对大功率充电设施发展进行分析非常重要。目前，我国城市公交车、高端长续驶里程汽车、社会出租车、重型货车等大功率充电已经具有相当的规模化应用，能够提升用车体验以及车辆的充电效率和速度，降低用户充电焦虑感；小功率直流充电技术将简化充电技术路线，降低成本，实现电网互动和 V2X 推广运用。新兴的专车服务正在向规范化、规模化方向迅猛发展。电动汽车无线充电相比有线传导充电有着诸多优势。电动汽车无线充电系统更适用于智能电动汽车与智能电网，是解决电动汽车充电问题的有效手段和现实途径。借助北京等大城市电动汽车发展的优势，通过政策引导，推动无线充电前装车型的研发、无线充电系统的装车应用、无线充电桩的建设与普及，以及移动式无线充电等新型技术的示范运行。突破传导式自动充电技术，探索乘用车传导式自动充电技术，作为无线自动充电技术的补充，实现自动补能，支撑自动驾驶技术的发展。机械辅助充电设施建设发展受到汽车产业发展、设备可靠性、使用场景以及标准法规等多种因素影响，特别是不考虑人为操作下的机械辅助充电，其接口形式取决于传输效率和设备可靠性，标准化实施难度较大，初期主要应用场景将集中在公交车以及重型货车等大功率充电需求领域的推广应用，而中远期将在乘用车领域与自动驾驶技术相结合，实现自动泊车对位的自动充电应用，与人工智能技术相结合，远期将实现自主充电方式。换电模式以其快速更换的优点适用于出租车等运营车辆，也是充电设施的重要组成部分，基于车电分离商业模式的快速换电技术是电动汽车电池寿命和电池残值风险的最佳解决方式。充电基础设施智能充电技术路线图具体如图 8－5－2 所示。

2. 能源互动技术

能源互动技术是提升电动汽车用户充电体验、保障电动汽车持续发展的重要方式。预计到 2030 年，我国发电装机总容量将达 28 亿～30 亿 kW，其中风力发电和光伏发电装机总容量预计达 10 亿 kW，电网日均上网电量 200 亿～300 亿 kW·h。按平均配置 50kW·h 电池计算，1 亿辆级电动汽车等效储能容量将达 50 亿 kW·h，亿辆级电动汽车的等效储能容量、参与电网的调节能力将与日均上网电量、发电装机容量在同一数量级。以能源互动为供需纽带的充电系统，不仅可使电动汽车成为真正清洁的交通工具，满足其对充电便利性、安全性、经济性的需求，助力产业发展，还能最大限度地发挥电动汽车的海量储能潜力，新能源发电出力随机性和波动性较大，可通过电动汽车充电消纳，并为电网提供调频调峰等辅助服务，形成共治共赢的能源互联网生态圈，通过交通领域的再电气化，助力清洁低碳、安全高效的现代能源体系转型。电动汽车能源互动技术路线图主要涉及电动汽车能源互动形式、能源互动关键装备、能源互动核心平台与系统实施路径。充电基础设施电能互动技术路线图具体如图 8－5－3 所示。

		2025年	2030年	2035年
应用领域目标		面向住宅小区慢充直流化推动直流小功率充电应用；农村推广交流慢充桩（含V2G）；开展城市快充站大功率柔性充电及新接口试点；在出租、网约车领域开展城市共享快换站网络应用试点；短途重载货车领域推广快换应用；城际高速路沿线推广接续式客车快换站应用	基本实现城市住宅区新建慢充桩（端）直流化双向化；在高性能乘用车、商业停车设施和自动化立体车库形成无线充电规模应用；在出租、网约车行业优先推广共享换电站应用，实现一、二线城市快换站网点化规模运行	形成满足私人、公共、专用车等各领域充电方便性需求，实现快充、慢充、快换和无线充电等多种充电方式构成的立体化智能充换电基础设施网络的合理分布。城市大功率快充网点得到应用普及；公共领域共享换电站形成充换兼容，带动私人领域乘用车共享快换设施的应用普及
关键技术及核心指标	传导充电	优化充电接口通信协议及控制导引电路，实现预约休眠、车桩协同电流环激励及边缘计算安全防护增强等功能，支持V1G、V2G应用；研发大功率充电制冷式接口；公交客车推广顶置式充电弓智能充电；研发直流小功率智能充电共享化应用技术	增强型控制导引电路、支持在线化长连接和故障诊断	
			采用基于高级通信技术协议，具备安全认证、加密、宽带扩展能力，支持标准前向兼容及应用平滑升级	
		直流快充输出电压750V；大功率充电电压1000（1500）V，不带冷却电流≤ 200A；带冷却最大电流500（600）A，具备热、机、电等安全防护功能；电源模块效率达到98%；集群充电系统具有柔性功率控制、分线计量、储能单元级联等功能，户外环境产品寿命达10年		
	无线充电	实现V2G双向无线充电、自动充电场景引导及互操作技术、电磁兼容技术；具备完备的安全性功能和良好的智能化水平		移动无线充电技术具备实用化性能，在特定路段规模应用
		无线慢充功率提高至6.6kW以上	无线慢充功率提高至11~20kW，最高效率≥ 93%，产品实现小型化、实用化	
	共享换电	开展兼容不同平台车型的换电站试点；锁止机构、接口寿命优于3000次，乘用车快换时间约5~7min；	实现无人值守自动换电技术，电池包及控制流程标准化；锁止机构、连接件接口寿命与车辆寿命匹配，快换时间约 3~5min	与自动驾驶技术融合，基于车–站–网协同的标准化共享换电站模式实现规模化应用；乘用车自动快换时间约1~3min
	自动充电	建立安全信任机制，实现即插即充自动认证，实现规模化应用	实现车–桩协同自动定位、主动引导、可信连接、安全避撞等自动、自主充电功能	实现多场景智能充换电引导、车网协同自主泊车、充（换）电控制高安全保障技术
		实现自动充电泊车引导、机械辅助自动连接装置（顶、底、侧）、人工智能情景管理技术		
	标准技术	建立充电接口、电池箱结构统一标准，以及关键部件检测和运营服务能力评价标准	完善大功率充电接口及移动式、双向无线充电标准，以及自动充电及共享换电标准	相关标准体系持续完善；开展标准实施及监管

图 8－5－2　充电基础设施智能充电技术路线图

		2025年	2030年	2035年
应用领域目标		掌握以充电功率柔性调节为手段的本地电能互动应用，初步形成以市场化为导向的互动交易机制；在不同区域建设区域化互动协调示范工程，参与电能互动车辆达10万辆级	形成电动汽车充电与区域多能源供需协同优化机制，电动汽车可通过运营商等第三方聚合形式参与互动；支持电动汽车充电与新能源的点对点交易，年用电量中可再生能源电量达数百亿度	形成融合智慧能源与智慧交通的广域互动及交易体系，年用电量中可再生能源电量达千亿度，年促进可再生能源消纳达数千亿度
		以居民住宅小区的有序充电，进行夜间低谷消纳；日间以机关单位停车场，综合性商业园区、企业园区等停车场的办公用车、私人车辆、通勤车辆为V2G优先应用车型	在园区、办公区、住宅小区的私人乘用车、公务车、短途商用车及农村居舍微电网上实现V2G规模化应用	实现全类型电动汽车面向V2X多目标、多形式、兼容去中心化的能源互动场景
		互动范围以充电场站、充电微网为主	互动范围扩展至城市配电网及区域综合能源系统	实现智慧能源互联网范围内的广域互动，达到多层次互动形式与效益并存
核心指标		电动汽车充电功率聚合调节响应误差不超过15%，响应速度达到分钟级	电动汽车充电功率聚合调节响应误差不超过10%，响应速度达到秒级	电动汽车充电功率聚合调节响应误差不超过5%，响应速度达到秒级
		具备功率柔性调节能力的电动汽车、充电基础设施占新增比例达15%以上	具备功率柔性调节能力的电动汽车、充电基础设施占新增比例达50%以上	新增的电动汽车及充电基础设施均具备功率双向柔性调节能力
关键技术	有序充放电技术	建立充电负荷调控精细化模型，掌握基于充电功率柔性调节的主动式微网及台区级有序充电技术	深化研究考虑可再生能源消纳的充电运营商有序充放电调控策略与用户引导技术	掌握能源互联网框架下多层次网–站–桩–车有序充放电协调控制技术
	光储充站构型技术	掌握含光伏、储能、充电装置及其他分布式电源等元素的充电系统拓扑设计及能源管理技术	设计光储充站多目标优化配置方法与面向能源互联网的通用性框架	光储充站具备融入广域网的互动能力，实现针对多元场景下多目标多层次的光储充站系统级实时快速优化
	电能聚合调控技术	研究规模化电动汽车、分布式新能源及储能设施的聚合调节容量预测及调控方法	基于云–管–边–端体系，整合能源互联系统中电动汽车及其他用户侧资源	构建云–管–边–端协同运行平台，支持海量数据的分析处理，实现终端电能资源的即插即用
	区域能量协同技术	研究构建考虑相关性与不确定性的区域内系统运行模型，设计能量弹性调度系统	研究电动汽车与可再生能源耦合系统稳定性，掌握低惯量系统频率、电压时空协同鲁棒控制技术	掌握不确定性复杂工况下能源互联网多区域间时空协调技术，形成多主体动态自平衡优化机制

图 8-5-3 充电基础设施电能互动技术路线图

3. 充电安全技术

在充电安全技术方面，近期聚焦充电过程安全状态监测技术、动力蓄电池健康度诊断以及充电过程安全边界精准控制技术、基于大数据云端数字孪生安全风险评估及多尺度安全预警防护屏障构建技术、消防联动系统等关键技术的研发突破。近中期以实现各类平台数据融通共享为协同防护增强途径，提升充电过程主动安全预警准确度，形成多层级全面覆盖的安全预警联动保障机制。中远期着重突破延伸充电与电能互动网络融合系统的安全监测和预警保障能力，并推动建立充电安全保障能力认证认可机制与评价体系的构建完善。充电基础设施充电安全技术路线图具体如图 8－5－4 所示。

<table>
<tr><th></th><th>2025年</th><th>2030年</th><th>2035年</th></tr>
<tr><td rowspan="4">应用领域目标</td><td>建立车网协同充电安全防护体系，突破充电安全预警关键技术</td><td>完善充电安全诊断、预警、充电过程电池安全机理数据表征精准性，健全协同防护功能安全体系，实现充电过程安全风险可防可控</td><td rowspan="2">形成多层级安全防护预警联动机制，主动安全防控技术在充换电系统、充储放电能交互系统的应用配置率趋于100%，以安全控制为主的充换电设施安全保障能力全面提升，实现大规模充电和大规模电能交换系统的高安全可靠运行</td></tr>
<tr><td>基于多种场景车–桩–云数据交互，建立充电安全数据测评规范、数据接口协议，实现车桩网协同大数据安全预警及主动安全防护；在公共及私人领域建立多层级预警监测机制和专用云平台，形成防过充等安全边界保护与监测体系</td><td>形成充电运营商、车企、电池溯源、行业监测平台数据资源互联互通及预警联动机制；基于大数据的充电安全预警技术与充电设施信息安全全面协同，并应用于私人领域及公交等电动化充电领域</td></tr>
<tr><td>推动建立主动安全防护数据互联融通机制</td><td>在线诊断技术全面覆盖车网协同应用</td><td>实现多网数据融合故障预测精准定位</td></tr>
<tr><td colspan="3">建立充电系统运行安全监测评价规范，充电安全技术标准全面推广应用，实行充电运行安全保障能力认证认可与评价管理</td></tr>
<tr><td>核心指标</td><td>预警准确率达95%
充电单次安全事故风险率 $\leqslant 5\times10^{-8}$</td><td>预警准确率达98%
充电单次安全事故风险率 $\leqslant 1\times10^{-8}$</td><td>预警准确率达99%以上
充电单次安全事故风险率 $\leqslant 5\times10^{-9}$</td></tr>
<tr><td rowspan="3">关键技术</td><td rowspan="2">研发车用动力及储能电池在线监测及预警技术，建立充电安全及充储放系统安全防护矩阵技术规范；运用数字孪生、特征参数辨识技术实现电池内短路、温度超限、截止电压偏差、功率边界及一致性等多维度和多尺度健康状态校验；基于云端大数据协同冗余防护，实现车桩协同热、电安全即时诊断、边缘计算及功能安全增强；研制安全检测芯片；研发半封闭场所主动安全消防联动技术</td><td>实现云端安全性能趋势预测、边缘诊断健康度高精度计算及风险边界控制，提高 ΔSOX偏差校验、内短路及温度中段预警检出率；实现大功率充电热、电功能安全及边界安全控制等高等级防护技术</td><td>面向车–桩–网–云，完善全生命周期充换电及充储放系统热、电、机安全风险监测，实现功能安全技术的全程全网系统覆盖；实现安全态势精准感知及智能防护技术</td></tr>
<tr><td colspan="2">完善车桩协同充放电安全和信息安全防护应用体系，充电设施多级安全防护软硬件得到全面部署；充电主动安全防护技术延伸至电能互动场景，实现充储放装置安全防护应用覆盖，与消防设施联动</td></tr>
<tr><td>突破电池充电安全的全生命周期风险控制理论和评价体系、云协同数据聚合、特征萃取、脱敏及智能分享技术</td><td>车–桩–网数据协同互联互通全面实施，实现充电安全、云边端及数据安全云协同防护机制</td><td>形成覆盖车辆电池及储能电池充放电的全生命周期安全运维标准</td></tr>
</table>

图 8－5－4　充电基础设施充电安全技术路线图

4．云平台大数据技术

从充电服务生态网络构建的发展趋势来看，充分开展电动汽车充电网络的互联互通、向用户提供共享服务资源的漫游充电业务、实现多种支付渠道的便捷应用及满足电动汽车用户不断增长的应用需求，是构建我国形成优质高效的充电基础设施服务网络的重要目标之一。通过开发高效协同云架构技术，构建简洁可信的业务协同生态，提升充电设施数据服务与共享能力，支持用户获得智能良好的充电体验，持续提高充电服务质量，对于充电基础设施的建设、发展将起到很好的支撑作用。通过建立运管云机制，破解云平台发展中易于云端绑定难题，让更多的充电运营商户实现云端漫步，真正实现高端云生态。基于区块链技术构建的高可信度支付与交易系统，实现电动汽车充放电与分布式电能接入和交易实现便利化的线上应用，推动个体碳账户商用化进程加快实现；同时，促进充电设施网络空间安全防护及态势感知技术应用，实现精准溯源。据此，充电基础设施不同阶段的云平台大数据技术路线图具体如图 8－5－5 所示。

		2025年	2030年	2035年
应用领域目标		面向私人及公共领域充电服务，实现云平台互联互通、充电自动结算；支持云端充电安全大数据预警应用；实现云–管–边–端信息安全及数据安全防护，开展充电自动认证应用推广；开展自动充电场景数据协同、充电引导、电能互动车桩数据协同试点应用	面向车桩网数据协同共享生态，着重在私人领域支撑自动充电、电能聚合、动力电池损耗云数据校核、安全性能预测大范围应用，可信支付基本覆盖服务网络，云协同大数据技术有效提升便捷、安全的用户体验，支撑大范围开展车桩网综合应用服务	面向交通、能源多云协同及大数据服务，实现涵盖城市及乡村充储放系统数据接入、车网融合电能线上自动交易结算、自动充换电场景在线化应用，全面支撑人–车–桩–云–网–荷–储的全程全网综合智能服务体系安全高效运行
核心指标		实现主流充电运营商跨平台互联互通充电慢游服务信息交换，支持私人领域与公共领域多种充电运营模式及平台聚合共享化运营，充电安全支持大数据协同预警防护、充电设施选址优化	实现数据交互延伸至电能双向互动，支持电动汽车网约充电、保险、4S服务及跨行业大数据服务协同；实现即时充电可信认证及自动结算普及，提供车辆大数据充电数据服务能力达1亿辆以上	全国一体化互联互通平台支持不少于1.5亿辆以上新能源汽车充电运行数据交互，并满足充电设施与分布式能源互联网及交通信息网等信息融合服务，支持自动充电引导、源–网–荷–车–电能互动广域范围应用
		新增互联互通漫游桩接入率达50%，实现充电安全电池溯源数据及车–桩云平台数据实时推送，充电设施安全边界防护覆盖率达90%	新增互联互通漫游桩接入率达70%，实现车辆在线化监测、自动充电引导和电能聚合数据交互与结算；边界防护覆盖率达95%，网络安全检测准确率达95%	互联互通漫游桩接入率达 90%，全面支持充电引导、自动充电多场景数据协同、电能数据自动结算；网络安全检测准确率达99.5%
关键技术	云网互联互通技术	研究实现高可用云架构及微服务技术，支持跨平台多云协作互联互通，实现高并发消息队列 交互处理机制，完善互联互通信息交换标准	深化网络协同技术研发，完善车网协同与车网融合架构及数据规范，升级高可靠低延时平台间链路协议；推动5G+亚分米定位驻地网域服务立体覆盖	研发形成高可靠实时云网数据协作层次化架构服务应用体系，结合智能应用场景，实现对自动充电、交通能源数据互联高效协同无盲区连接应用
	大数据与智能协同	研究基于充电服务特征的算法与模型构建，解决大规模数据分析处理能力，提供基于电池数据挖掘的充电安全预警的实用化和大范围应用	结合边缘增强、多模式数据融合技术，提高充电安全预警在线诊断数据综合能力，运用人工智能技术提高充电引导及安全预测精度，实现广域应用覆盖	基于能源互联网自动支付及车网协同自动充电场景导引，实现多云链信息协同，形成知识图谱自动化生成及人–车–桩–储–云–网高性能数据驱动应用场景覆盖
	信息安全防护技术	深化充电设施边界安全、纵深安全技术研究、建立适用于充电行业高效加密算法，形成防护规范	开发信息安全态势感知技术，成型入侵检测，威胁识别，追踪溯源的高效安全防护技术，覆盖主要运营商的分布协同纵深防护体系率达80%	实现基于AI技术多云协作的高灵敏度安全态势感知的主动安全防护体系和高敏感攻击行为预警追踪处置能力，全程覆盖公共充电设施网络
	可信云链增强技术	基于区块链数据安全可信与共享化技术，研究面向充电及电能聚合应用，开展局部网络技术验证	基于区块链线上快速身份验证(FIDO)及智能合约技术，建立联盟链应用规范，开展较大范围应用普及	跨链交易技术成熟，聚合中心及联盟链技术在充电服务、交通服务、能源服务深度交互协同的情景下，得到全面应用普及

图 8－5－5 充电基础设施云平台大数据技术路线图

6 创新发展需求

1）研发高效智能化双向充放电关键技术。研发新型大功率快速充电技术、智能型高性能双向充放电技术、面向能源互联网的电动汽车充放电与电能互动关键技术及电能调度系统，支撑电动汽车充放电与充储放微电网及配电网的车网融合智能电能调度，解决智能有序充电管理与调度需求，关键技术能力达到实用化大范围推广应用程度。

2）研发信息平台互联互通及信息安全技术。开发信息安全加密及可信链技术，提升充电支付方便体验与信息安全风险防控能力，支撑能源互联电能交易的应用普及。

3）研发充电设施一站式集约化充电系统及停车充电一体化立体车库装备。缓解充电设施用地难，提高城市自动停车与智能充电设施的人 – 车 – 路 – 网 – 站智慧应用水平。

4）研发充电安全协同防护技术。形成适用于不同车型的充电安全预警及边缘诊断增强技术、云端数字孪生技术、半封闭环境自动消防联动保障技术，提高充电过程的安全保障能力。2025 年后，由充电控制等缺陷因素引起充电过程中的重大安全事故得到全面遏制。

5）研发新型充放电设备检测平台技术，建立包括大功率充电互操作性和无线充放电互操作性检测平台，全面掌握无线快充、双向充放电模块、传导式充电设备和快速换电设备在线检测关键技术，构建高性能分辨率在线检测规范，开展线上与线下联合检定应用示范和推广应用。

6）研发自动充电技术，开展示范推广应用。研究自动充电连接技术、连接定位与身份识别技术、认证与授权技术、运动控制技术及智能避障等关键技术，开发出高防护性能无线双向电能交互系统、机械辅助传导充电悬臂、充电棒及高可靠机械接触器装置、自动泊车机器人及自主泊车自动充电控制软硬件系统，适应乘用车、公交车、重型货车等应用的全自动充电系统以及安全防护配套装置，适应无人驾驶充电场景的应用发展需求。

7）研发适用于共平台及跨平台自动换电标准化通用电池箱结构及共享化快换站装置，适应车电分离、共享换电及共享电池租赁新业态发展模式增长需求。

说明：A 国家主导，B 行业联合，C 企业领跑。

序号	项目名称	必要性	项目目标	研究内容	预期成果	实施方式
1	高效智能双向充放电技术	高效智能双向充放电技术是提高电网智能化水平、实现电能优化利用、提高电子资源优化配置的基础，是建设坚强智能电网、保证电力供应安全的保障措施	开发出高效智能双向快充系统（包括无线充电），支撑电动汽车充放电与充储放微电网及配电网的智能电能调度，解决智能有序充电管理问题，安全运营技术达到实用化水平，实现较大范围推广	研发新型快速充电技术，研究智能高性能双向充放电技术。开展面向能源互联网的电动汽车充放电与电能互动关键技术及电能调度系统研究	全面掌握高效智能双向快充优化控制技术，开发出系列化产品，实现产业化	B
2	信息平台互联互通及信息安全技术	提升充电安全风险防控保障能力，支撑能源互联互通的基本普及	开发出互联互通及信息安全平台，有效提升充电安全风险防控能力	研究互联互通及信息安全技术，开展信息安全加密及可行链技术研究	全面掌握信息平台互联互通及信息安全核心关键技术，开发出互联互通及信息安全平台	B
3	充电设施一站式集约化充电系统	缓解充电设施用地难，提高城市自动充电、自动停车与智能基础设施的人－车－路－网－站智慧应用水平	掌握充电设施一站式集约化充电系统关键核心技术，在适用领域开展较大规模的推广应用	研究充电设施一站式集约化充电系统，开展停车充电一体化立体车库装备研究，开展自动充电连接技术和充电机器人开发研究。研究有线、无线智能充电终端，提高用户充电体验	开发出系统的关键设备、装置并实现产业化。全面掌握充电设施一站式集约化充电系统关键技术，开展试验示范或普及应用	B
4	大功率充电一体化安全技术	提供适用于不同车型的大功率快充技术路线，提高快充安全性	2025年后，大功率充电过程中由充电控制等缺陷因素引起的重大安全事故得到全面遏制	研究大功率充电一体化安全技术。研究充电设施的检测与安全技术	开发出电动汽车与充电设施充放电安全检测平台，全面提升基础设施产品质量	B

（续）

序号	项目名称	必要性	项目目标	研究内容	预期成果	实施方式
5	新型充放电设备、监测平台研发及其示范应用推广	新型充放电设备及监测平台是电动汽车、插电式混合动力汽车电能补给的新技术领域，与传统的充电方式相比，具有许多特殊优势	全面掌握无线快、慢充关键技术，开发出高效率双向充放电关键模块，完成一定规模的试验示范和推广应用	研究无线快、慢充技术，开展无线充电产品关键参数及线圈系统规格与性能检测、电源系统规格与性能检测、电磁兼容检测关键技术研究。研究高效率双向充放电关键模块技术，开展电动汽车高效运营与安全保障技术研究	开发出高安全性储能装置及电能管理平台、在线安全预警平台及大数据回溯平台 通过新型充放电技术的推广应用，建立全面系统的技术体系，技术方案达到科普及推广程度	B

第九章 汽车轻量化技术路线图

1 导　言

在保护环境、节约能源及实现可持续发展的大背景下，作为能源消耗大户之一的交通运输业必然成为节能减排的重点，而作为重要交通工具的汽车，从开发和制造产品的源头上实现节能减排，是汽车生产企业的核心任务之一。为指导行业发展，2016 年我国发布了《节能与新能源汽车技术路线图》，其中的汽车轻量化技术路线图以汽车减重节能（轻量化）为视角，从轻量化材料、结构及制造三方面阐述了汽车部件可实现轻量化的技术路径。它的发布有力支撑了国家和地方政府相关政策与产业规划的制定，极大地推动了我国汽车轻量化技术的进步，有效指导了企业汽车轻量化工作的开展，并对相关工业的产品结构调整产生了积极影响。

在轻量化技术路线图 1.0 的引导下，我国的汽车轻量化材料研究、轻量化结构设计与优化、轻量化部件制造与试验验证，以及先进成形与连接工艺等技术都得到了快速发展与提升，相应的原材料供应体系和零部件生产体系逐步完善，为汽车节能减排打下技术基础，支撑了中国品牌汽车产品市场竞争力的提高。

当前，面对新一轮科技革命和产业重构的新挑战，我国汽车产业已经进入由快速增长向结构调整和转型升级转变的关键时期，为继续引导汽车轻量化技术与产业发展，为有关政府部门和企业制订“十四五”轻量化规划提供参考和依据，汽车轻量化技术创新战略联盟（以下简称轻量化联盟）组织数十名行业专家对轻量化路线图 1.0 进行了修订，形成了本版节能与新能源汽车轻量化技术路线图（以下简称轻量化技术路线图 2.0）。

1.1　战略意义

汽车轻量化作为支撑汽车产业发展尤其是节能减排的重要有效途径之一，既是国内外汽车企业应对能源环境挑战的共同选择，也是汽车产业可持续发展的必经之路。发展汽车轻量化技术，是我国汽车产业节能减排的需要，也是产业结构调整的需要，更是提升我国

汽车产品国际竞争力和建设汽车强国的需要。

1. 轻量化是实现汽车产业可持续发展的长期任务

从国际上看，解决汽车节能减排问题主要通过以下三条途径：一是大力发展新能源汽车，通过推广使用电能和氢能来减少对石油资源的依赖；二是大力发展先进发动机，通过一系列新技术提升发动机热效率，改善燃油经济性；三是大力发展汽车轻量化技术，在保证汽车性能的前提下，通过减轻整备质量达到节能减排的目的。

放眼未来，严峻的能源和环境问题仍然是汽车产业可持续发展所必须面对的首要挑战。汽车已成为石油资源的第一大消费领域，随着汽车保有量的持续增长，汽车产业对能源和环境带来的压力还在不断增大，而“质量越大，功率消耗越高，能量消耗也越大”是汽车的基本属性之一。如图 9－1－1 所示，在汽车的四大阻力中，有三项（滚动阻力、加速阻力和爬坡阻力）与质量（重量）成正比，如按道路划分，市区行驶时约 92% 的阻力都与质量相关，郊区行驶时约为 55%，而高速路行驶则为 30% 左右。这些关系对于传统汽车和新能源汽车都适用，这也是现行汽车（包括燃油汽车和新能源汽车）能耗相关标准中采用整备质量作为能耗限值基准的根本原因。

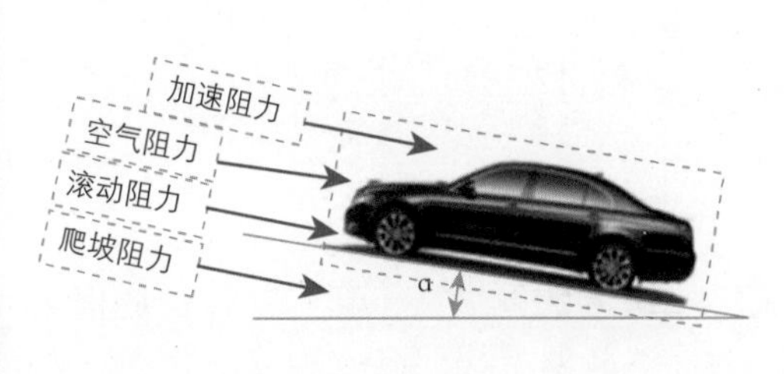

a）汽车行驶阻力关系

b）空气阻力与车速的关系

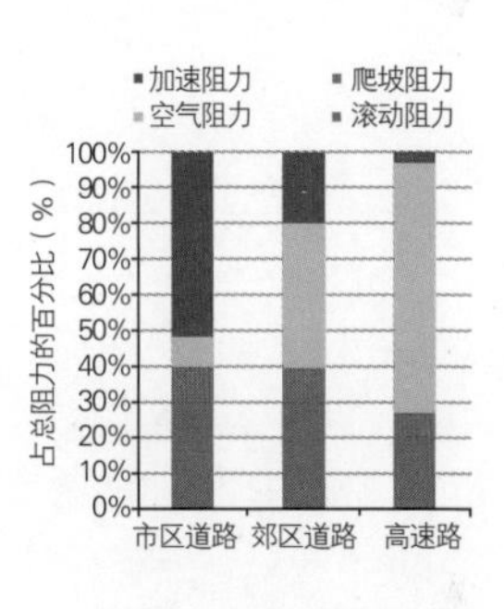

c）不同道路条件的阻力占比

图 9－1－1　汽车行驶阻力与整备质量的关系

对于燃油乘用车，基于对我国汽车燃料消耗量查询系统，2015 年通告的乘用车油耗数据所做的分析表明，三厢轿车、两厢轿车、运动型多用途汽车（SUV）和多用途汽车（MPV）四种车型每减重 100kg，节油量分别为 0.37L/100km、0.31L/100km、0.46L/100km 和 0.45L/100km。

对于电动轿车，2018 年 12 月 28 日发布的 GB/T 36980—2018《电动汽车能量消耗率限值》标准，其限值沿用了乘用车燃料消耗量限值的表达方式，同样是按整车整备质量分段，将能量消耗量限值转化为阶梯图并线性化，用公式表达能量消耗率为 $Y_{S1}=4.5767M+9.9043$（第 1 阶段）（式中：Y_{S1} 单位为 kW · h/100km，M 单位为 t），也即说明，每减少 100kg 的整备质量，NEDC 工况下节约用电 0.46kW · h/100km。此外，通过有关模拟，从续驶里程的角度，其结果是，当有能量回收时，每减少 100kg 的质量，A 级车的续驶里程增加 12.3km，C 级车的续驶里程增加 13.0km；如果除动力蓄电池以外的部件减少 10kg 的质量，并将减少的质量分给动力蓄电池，保持整车的整备质量不变，则 A 级车的续驶里程将增加12.5km，C级车的续驶里程将增加9.3km。电动汽车能量消耗与整备质量的关系如图9-1-2所示。

因此，更轻的车重有利于节能已经是世界共识，作为汽车节能技术的重要组成部分，推动汽车轻量化迫在眉睫。早在2013年，我国能源消耗及排放就已是全球第一，作为一个负责任的大国，我国已经做出承诺，到2030年中国的总排放量将少于欧美，而中国的人均排放更低，约为美国的1/6，欧洲的1/3。减少汽车的能耗和排放将是实现这一承诺的重要环节。

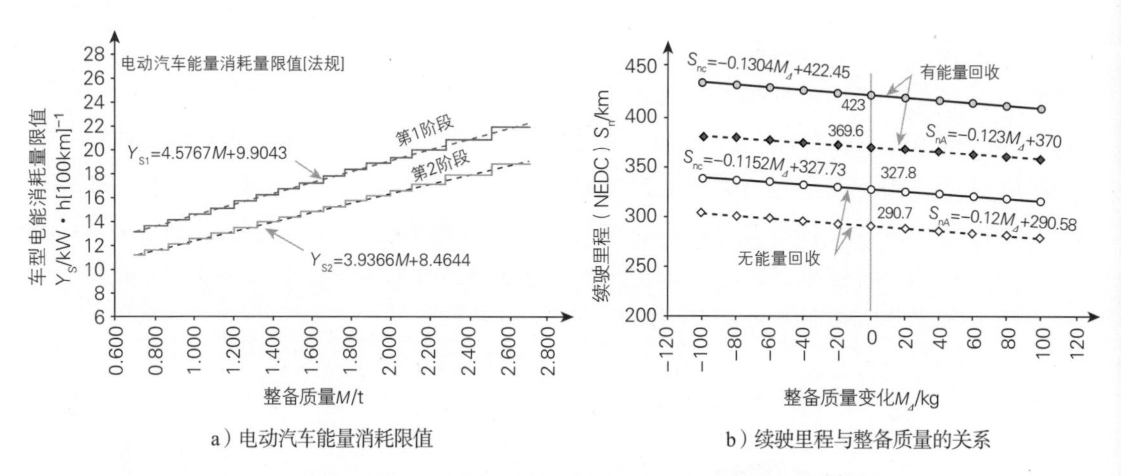

a）电动汽车能量消耗限值 b）续驶里程与整备质量的关系

图9-1-2 电动汽车能量消耗与整备质量的关系

其次，产业科技革命带来了新能源汽车、智能网联汽车的发展。汽车与能源、通信等技术全面且高度融合，电子信息、网络通信、人工智能、物联互通等技术赋予了汽车更多的功能和驾驶体验，但这些技术的运用也进一步增加了整车整备质量。为了满足车辆安全性、经济性和智能化水平不断提升的要求，必须采用轻量化设计，有效控制整车整备质量，并实现降重与成本增加的综合平衡。

因此，无论当下还是未来，轻量化都是汽车技术体系的重要组成部分。随着节能减排和电动化、智能化技术的发展，轻量化必须作为一项共性关键技术长期推进。

2. 轻量化是提升我国汽车产品竞争力的重要途径

众多的研究成果表明，轻量化不仅能对车辆节能做出贡献，也将影响车辆的加速性能、制动性能、操纵稳定性、平顺性和噪声振动水平等诸多车辆性能，合理的结构设计和轻量化材料应用将有效提升车辆的各项性能，科学合理的用材策略也将有助于有效控制车辆的生产成本。

在乘用车领域，近年来，中国品牌汽车产品性能提升较快，企业的品牌价值和整车品质都在稳步提高，如一汽红旗H5、上汽荣威350、广汽传祺GS8、长城汽车H6等车型得到消费者的普遍认可，其中也包括了轻量化技术进步的成果。先进轻量化设计、材料成形和连接技术的应用，使这些产品各项性能大幅提升，显著缩小了中国品牌产品与国外同类产品的差距。

在商用车领域，随着我国交通环境治理的推进，依靠超载获得效益已经成为过去，轻量化对降低车辆运营成本和提升运输效率的价值开始显现，轻量化已经成为商用车企业获得市场竞争优势的法宝，一批轻量化技术应用水平较高的产品成为市场的宠儿，消费者对中国品牌商用车的认可度得到了进一步的巩固和提升。

3. 轻量化是带动汽车上下游相关产业转型升级的原动力

轻量化能够有效增强我国汽车产品的竞争力，但实现“轻”不仅需要产品设计技术的不断进步和评价机制的更加科学，更需要现代化原材料生产体系、装备制造工业体系的支撑和众多与产品生产相关的材料成形工艺、连接技术的发展。

汽车轻量化涉及冶金、化工、材料、装备、设计、维修、回收再利用等多个相关产业。当前，轻量化正在向产品多材料混合应用和产品生产智能化的方向发展，由此催生了对生产装备的高精度、高可靠性和对材料的性能高稳定、低成本要求。例如车身用薄壁化铸造铝合金，需要铝合金纯净化技术与装备、高效铸造工艺与装备、先进模具设计系统和高质量模具、先进连接工艺与装备等。因此，汽车轻量化水平的提高，将带动冶金、材料、装备等相关产业的转型升级。

1.2　研究范围及修订说明

汽车轻量化是一个系统工程，涉及整车集成优化、零部件设计和生产、原材料供应、工艺（成形和连接）和与之相关的装备（模具）、材料的回收再利用等（图9－1－3），在关注如何实现汽车轻量化的同时，还必须关注从材料生产、车辆制造、车辆使用直至车辆报废全过程的总体排放和能耗。因此，轻量化技术路线图2.0延续了轻量化技术路线图1.0的研究范围，主要包括：分析国内外先进的轻量化材料、设计、制造（成形和连接工艺）等领域的技术发展现状，明确轻量化技术未来发展趋势，制订发展愿景和目标，提出发展技术路线、重大创新需求和行动框架。

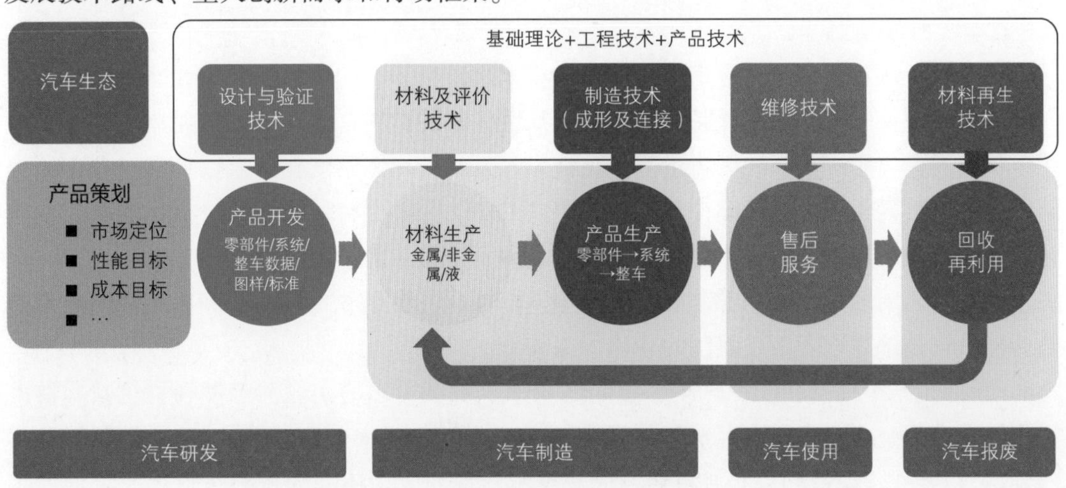

图9－1－3　汽车轻量化技术生态体系

在研究过程中，力求通过认真总结轻量化技术路线图 1.0 发布以来我国汽车轻量化的进展和深度分析国际汽车轻量化技术发展趋势，发现我国汽车轻量化技术发展中存在的差距和短板，提出亟待解决的关键技术和创新需求；通过深度分析新一轮科技革命和产业重构背景下对汽车轻量化技术发展的新需求，以及我国汽车及相关工业的特点，进一步梳理我国汽车轻量化技术开发和应用体系，明晰主要技术发展方向，明确面向 2020—2035 年的轻量化技术发展愿景和目标，提出近期、中期、远期技术发展规划和实施建议。

纵观国际轻量化技术发展，尤其在新能源汽车和智能网联汽车快速发展的背景下，“轻”已经不再是汽车轻量化的唯一含义，力求将车辆整备质量控制在一个合理水平比单纯追求车辆减重更有意义。在国际上越来越深刻地认识到多材料混合应用价值的背景下，更多的技术选择和技术组合摆在面前，追求合理的轻量化设计与恰当的材料、制造工艺选择相结合，以实现整车性能和成本的控制目标，正成为轻量化工作的核心。

这是因为汽车开发必须解决好结构、性能、成本和美学等几大问题。成本是汽车企业最关心的问题，技术可行、成本可行、环境可容是产品开发与投产准备中必过的“质量门”。因此，实现轻量化，不仅要技术上可实现，还要成本可接受。

从技术角度，汽车不断改型换代，各种因素导致整车质量不断增长，其中，因严格的排放限制和碰撞法规要求导致的增重毋庸置疑具有优先权。对于消费者，更高的动力性、更好的舒适性、全方位的安全性和理想的使用价值的愿望是无止境的，不仅将导致系统超重、燃料消耗量增加，而且由此增加的摩擦副和旋转质量还会导致额外的功率消耗，最典型的案例是全轮驱动系统的发展。为此，汽车企业不得不借助更多的技术手段，改善因安全性、控制 NVH 或获得更大的空间而增加的车重。

从成本角度，与钢相比，轻量化材料较贵固然是影响汽车实现轻量化的关键因素之一，但并非全部。借用欧洲的相关研究结果，决定企业可接受轻量化成本的主要因素是消费者从轻量化中的获益和价值理念。欧洲的研究表明，汽车工业可接受的轻量化成本为每减重 1kg 成本增加 2 ~ 10 欧元。中国品牌的汽车与国际品牌汽车相比，价格低廉，挤压了汽车轻量化的成本空间。由此推算，在我国经济上可行的轻量化额外成本应控制在每减重 1kg 成本增加 20 ~ 25 元人民币。

基于以上认识，轻量化技术路线图 2.0 将本次研究工作的重心，从关注车辆整备质量的降低转向了关注整车轻量化系数的降低，从关注某种材料在整车中的应用占比转向了关注多材料混合应用背景下我国自主轻量化技术开发和应用体系的构建，以期通过这些研究结果，能够更科学地引导我国今后 10 ~ 15 年汽车轻量化技术发展与走向，为汽车企业的轻量化技术应用提供方向，为优化产业链布局和资源配置提供指引。

为此，总结轻量化技术路线图 1.0 实施以来取得的经验，并结合产业发展现状和趋势，轻量化技术路线图 2.0 编制的总体思路如下。

1）以未来节能与新能源汽车、智能网联汽车发展需求为引领，推动轻量化技术的多元化发展，为企业实现整车轻量化、产品性能和成本控制综合效益的最大化提供保障。

2）以强化支撑我国汽车轻量化发展的技术开发和应用体系为主线，提出我国面向未来的发展愿景和分阶段目标。

3）以推动“多目标设计 + 多材料混合应用”为核心，提出重点突破的关键核心技术，为中国品牌产品轻量化水平的持续提升奠定基础。

4）贯彻前瞻基础研究、应用技术研究、示范和产业化、共性技术平台建设并重，产业链协同发展的思路，为形成汽车轻量化多材料综合应用体系提供支撑。

5）引入“整车轻量化系数”“载质量利用系数”“挂牵比”等作为衡量整车轻量化水平的依据，摒弃以整车整备质量和轻质材料用量为衡量标准的传统做法，引导汽车企业根据市场竞争需要科学选择车辆的轻量化实现途径，引导社会客观评价汽车产品的轻量化水平，引导消费者理性选择产品。

1.3　技术架构及关键技术梳理

1.3.1　相关定义

1. 汽车轻量化

汽车轻量化是在确保汽车各项性能不变或提升的前提下，通过结构优化设计和/或轻量化材料应用以及制造工艺优化的实施，实现整车整备质量最大限度地减少或保持在可接受范围。

2. 乘用车整车轻量化系数

根据中国汽车工程学会团体标准《乘用车整车轻量化系数计算方法》（T/CSAE 155—2019），燃油乘用车和纯电动乘用车整车轻量化系数的计算公式如下。

燃油乘用车整车轻量化系数 Lv 的计算公式为

$$L_{\mathrm{V}} = \frac{M}{V} \cdot \frac{M}{P} \cdot \frac{Q}{A}$$

式中：L_{V}是整车轻量化系数；M 是汽车的整备质量，单位为 kg；P 是发动机最大功率，单位为 kW；A 是脚印面积，即车辆四轮间的投影面积，数值上等于前、后轮距的平均值与轴距的乘积（下同），单位为 m^2；V 是名义体积，即车辆的长度 × 宽度 ×（高度 − 最小离地间隙），单位为 m^3；Q 为百公里综合燃料消耗量，单位为 L/100km。

纯电动乘用车整车轻量化系数 L_{ev}的计算公式为

$$L_{\mathrm{ev}} = \frac{M}{V} \cdot \frac{M}{P_{\mathrm{ev}}} \cdot \frac{Y}{A}$$

式中：L_{ev}是电动汽车整车轻量化系数；M 是电动汽车整备质量，单位为 kg；V 是名义体积，单位为 m^3；A 是脚印面积，单位为 m^2；P_{ev}是电机峰值功率，单位为 kW；Y 是电能消耗量，单位为 kW · h/100km。

3. 载货车载质量利用系数

载质量利用系数是汽车装载质量与整备质量的比值，是衡量载货汽车轻量化水平的重要参数。在装载质量相同和使用寿命相同的条件下，载质量利用系数越大，表明该车型的结构和制造水平就越高，其计算公式为

$$载质量利用系数 = \frac{汽车装载质量}{整备质量}$$

4. 牵引车挂牵比

牵引车挂牵比是用来衡量重型牵引汽车轻量化的一个重要参数，挂牵比越大，表明该车型单位质量的利用效率越高。

$$挂牵比 = \frac{挂车总质量}{整备质量}$$

5. 客车整车轻量化系数

借鉴燃油乘用车的轻量化系数计算方法，同时考虑到客车长度尺寸与乘员数量强相关，将乘用车轻量化系数中 A 的计算方法由前、后轮平均轮距 × 轴距调整为车长 × 车宽，得到燃油公路客车的轻量化系数 L_b 的计算公式如下：

$$L_b = \frac{M}{V} \cdot \frac{M}{P} \cdot \frac{Q}{A'}$$

式中：L_b 是客车整车轻量化系数；M 是客车整备质量，单位为 kg；P 是发动机最大功率，单位为 kW；V 是名义体积，单位为 m^3；Q 为百公里综合燃料消耗量，单位为 L/100km；A' 为整车垂向投影面积（即车长 × 车宽），单位为 m^2，$V = A'$（车高 − 最小离地间隙）。

1.3.2 汽车轻量化技术构架

汽车的研发流程（产品诞生流程）通常有 4 个阶段，即产品策划、产品定义、设计与验证、生产准备。在此之前，还需完成产品战略基础研究工作，在这个阶段体现的是主机厂产品未来的技术愿景，对未来所需技术开展相关的前期研究、在相关技术的成熟度达到 7 级以上，才能在产品的工程开发中进行应用。在汽车产品的轻量化设计中，成本固然是要考虑的重要因素，但更重要的是，关键技术问题必须得到解决。

汽车轻量化要通过轻量化设计与评价以及轻量化材料及其成形、连接等技术的集成应用来实现。结合汽车产品的开发流程，梳理并汇总的汽车轻量化技术架构如图 9 − 1 − 4 所示，横向分为研究开发、先行技术开发和产品开发 3 个层级，纵向分为基础部件、系统和车辆 3 个层级。

1. 研究开发层

1）基础部件的研究开发，包括轻质材料成分、组织性能，轻质材料的牌号、规格，轻量化材料、工艺及质量控制标准及轻量化材料数据库等。

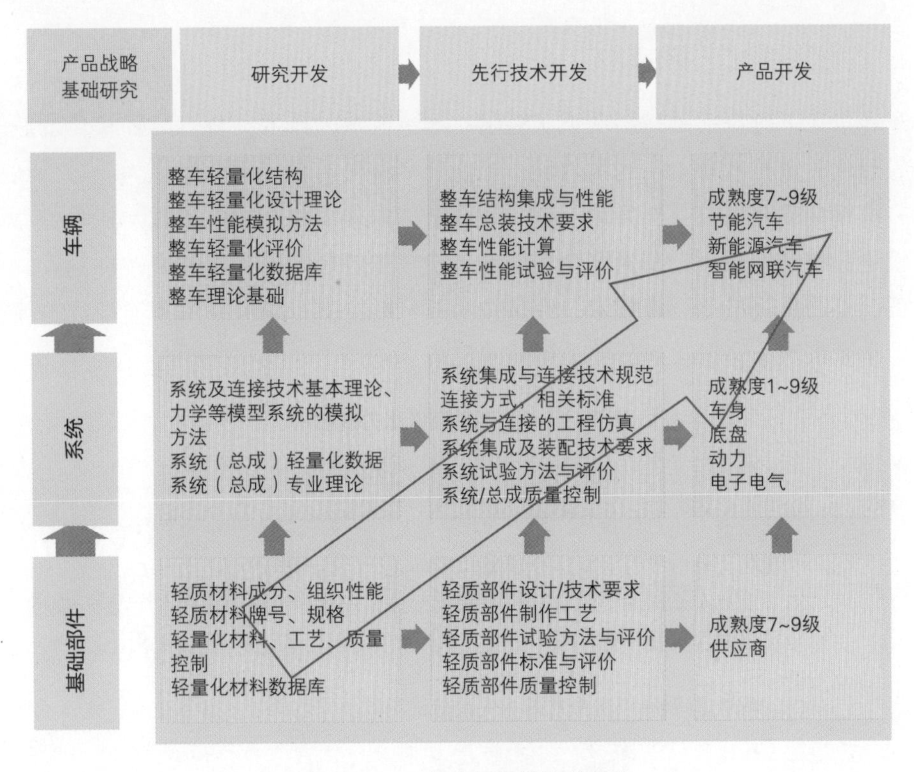

图 9-1-4　汽车轻量化技术架构

2）系统（总成）的研究开发，包括系统及连接技术基本理论，力学、振动、热交换模型；系统的模拟方法、系统（总成）轻量化数据库、系统（总成）专业理论等。

3）整车的研究开发，包括整车轻量化结构、整车轻量化设计理论、整车性能模拟方法、整车轻量化评价、整车轻量化数据库、整车理论基础等。

2. 先行技术开发层

1）基础部件先期技术开发，包括轻质部件设计技术要求、轻质部件制作工艺、轻质部件试验方法与评价、轻质部件标准与评价及轻质部件质量控制等。

2）系统先期技术开发，包括系统集成与连接技术规范、连接方式及相关标准、系统与连接的工程仿真、系统集成及装配技术要求、系统试验方法与评价、系统及总成质量（品质）控制等。

3）整车先期技术开发，包括整车结构集成与性能、整车总装技术要求、整车性能计算、整车性能试验与评价、整车成本评估等。

3. 产品开发层

只有成熟度达到 7 级以上（指完成样件的实验室验证），才能转入产品开发。因此，需要通过轻量化上下游的各单位共同研发，发挥各自所长，形成多元化的、成熟的轻量化“技术货架”，便于企业在后续的产品开发中可以根据自身的产品特点及自身的技术路线或战略，从“技术货架”上选取适用的技术。

1.3.3 汽车轻量化关键技术

汽车轻量化关键技术是指实现汽车轻量化不可或缺的技术，在汽车轻量化发展的不同阶段，轻量化关键技术有着不同的内涵。当前，多材料混合应用已经成为趋势，高强度钢（AHSS）应用向高强高韧方向发展，铝、镁合金和非金属材料的应用开始从非受力件向对性能要求更高的结构件、对车辆综合性能和节能减排效果影响更大的旋转件普及。在上述变化之下，对产品轻量化设计技术、评价技术、材料技术、成形技术和连接技术等提出了挑战。影响未来汽车轻量化进程的关键技术见表9-1-1。

表9-1-1 汽车轻量化关键技术

技术方向	关键技术内容
设计与评价技术	多材料车身零件选材、多材料模型构建与高精度仿真分析、与材料特点相匹配的结构优化与性能评价方法、全新架构底盘轻量化结构设计与优化方法、整车（包括乘用车、商用车）轻量化计算模型与基本算法、车身等关键系统成本模型与基础算法、轻量化材料和连接等应用技术评价、整车（乘用车、商用车）轻量化评价等
高强度钢及其成形技术	（超）高强度钢增强增韧相变调控机制以及绿色低成本制备技术、典型高强度钢应用工况下材料模型构建与仿真技术、高强度钢冷成形回弹控制和热成形延迟断裂表征与工程应用技术、变强度热成形钢淬火工艺控制理论等
铝、镁合金及其成形技术	轻质合金流变特性与性能调控关键技术和模型构建、轻质合金蠕变特性及载荷下性能演变规律、高性能镁合金耐腐蚀性及其表征技术、铝合金锻造工艺设计与过程模拟的核心技术等
非金属材料及其成型技术	先进工程塑料薄壁化零部件开发与关键性能优化技术、纤维增强复合材料树脂浸润及表征关键技术、热塑性复合材料纤维-树脂-交联剂等界面控制理论、多层材料组织力学计算与调控机理、非金属材料蠕变特性及演变规律、非金属材料疲劳特性及其失效机理和失效模式等
连接技术	材料接触界面特性表征和连接损伤对连接性能影响规律、异种材料连接电化学腐蚀防控、连接结构疲劳及高速冲击失效模式、典型温度场和应力场等复杂环境下连接结构可靠性评价、典型缺陷对接头疲劳性能与极限承载能力和破坏形式的影响规律等

2 技术现状及发展趋势

过去的十余年来，特别是轻量化技术路线图1.0发布以来，我国汽车轻量化技术快速发展，在零部件的轻量化设计方法和整车集成技术等领域均有了长足进步，高强度钢应用技术基本达到国际同等水平，高性能铝合金应用已经开始起步，先进复合材料应用的相关研究工作不断深入。在上述成果的推动下，我国整车轻量化水平有了大幅度提高。以燃油乘用车为例，近十年来全行业乘用车的整车轻量化系数均值降幅达到30%（图9-2-1），平均年度变化降低0.116。

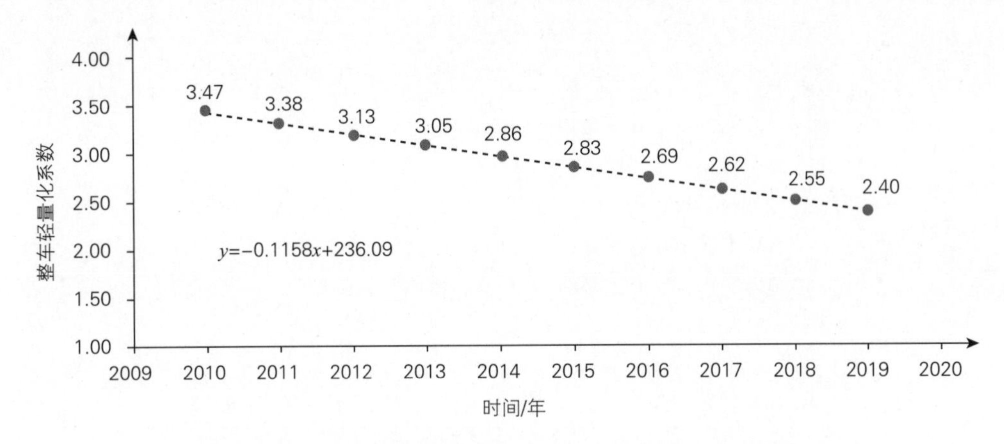

图9-2-1 近十年来我国燃油乘用车整车轻量化系数的变化

但与此同时，我国在考虑可靠性的轻量化设计和各向异性材料零部件轻量化设计理论与方法，轻质合金大型薄壁压铸零部件的材料、成形控制技术，碳纤维复合材料的设计、制作工艺与参数控制、生产经验与数据积累、质量过程控制与性能评价以及异种材料连接技术等方面依然存在短板。

结合我国汽车产业发展及转型升级，以及新能源汽车、智能网联汽车技术发展的需要，对国内外轻量化技术的发展现状具体分析如下。

2.1 国内外技术现状及对比

2.1.1 轻量化设计和评价技术

轻量化设计和评价技术贯穿从零件选材到结构优化设计、总成连接和系统设计，再到整车集成匹配设计的各个阶段，其中轻量化设计方法的研究和应用主要集中在两方面：一是以材料分布最优为目标的结构拓扑优化设计；二是以结构性能最优为目标的结构单目标和多目标协同优化设计，主要包括拓扑优化、形貌形状状优化、尺寸优化、布局优化、单目标优化、多目标优化、结构-材料-性能一体化优化等。

基于各向同性材料的优化设计技术，无论在国内还是国外都已成熟并被广泛应用。但在一体化设计、可靠性设计及基于各向异性材料的设计技术方面，国内外存在差距。轻量化设计技术国内外现状及对比见表9-2-1。

表 9-2-1 轻量化设计技术国内外现状及对比

设计技术	国内现状	国外现状
各向同性材料零件的设计	在零部件优化中的应用已经趋于成熟，能够在给定材料和设计域内通过优化得到零部件的设计方案，在整车、总成和零部件的优化设计中得到了广泛应用，显著提高了汽车设计开发水平	各类设计方法已经在整车和子系统结构的工程设计中广泛应用
一体化、可靠性及各向异性材料零件的设计	初步掌握综合考虑结构、工艺和材料的汽车结构优化设计方法；但在基于用户使用疲劳寿命的汽车承载件轻量化设计，薄壁铝、镁合金零部件结构设计和集成设计，异种材料零件连接设计，各向异性材料零件拓扑优化，复合材料零件铺层设计、高精度建模与性能预测等方面尚在进一步深入研究和探索中	针对考虑疲劳寿命的承载件设计、薄壁轻合金零件设计已有成熟应用；针对异种材料连接设计、各向异性材料零件拓扑优化已经有一定的研究积累和应用

轻量化评价技术主要包括以下三个层面。一是针对各类整车（如乘用车、载货汽车、大客车）的轻量化水平评价，其目的是为判定整车轻量化水平提供依据。二是针对关键系统的轻量化水平评价（如车身），其目的主要是对标分析典型系统的轻量化水平。三是针对应用技术的评价，一方面由于更多的零件正在由钢制件转变为铝合金、镁合金和非金属材料零件，原有的零件质量评价方法不再适用，或是以往汽车行业并不进行的零件质量测试工作也会因为材料的改变而变得必不可少，甚至不排除需要全新构建从材料级别到零件级别的评价体系；另一方面，由于多材料混合应用，异种材料连接的质量（品质）成为确保整车耐久性和可靠性的关键，如胶铆连接等，建立相应的评价方法和流程，是实现上述目标的保障。轻量化评价技术国内外现状和对比见表 9-2-2。

表 9-2-2 轻量化评价技术国内外现状及对比

评价技术	国内现状	国外现状
整车轻量化水平评价	已建立乘用车整车轻量化系数计算方法，形成团体标准；初步提出了商用车的轻量化评价方法，但仍需进行更深入的研究和论证	针对乘用车，英国路特斯汽车建立了名义密度评价方法，但因计算方法过于简单、考虑参数少，在国际上未被广泛认可和应用；商用车方面，在国际上尚未建立统一的评价方法
系统轻量化水平评价	针对车身系统，国内普遍采用宝马公司提出的车身轻量化系数计算方法；针对其他系统的轻量化评价尚未形成广泛认可的方法	针对车身系统，主要采用宝马公司提出的车身轻量化系数计算方法，已得到广泛应用，如欧洲车身会议等场合；针对其他系统尚未形成相应的评价方法
应用技术评价	建立了典型零件（如 B 柱）的初步评估模型，建立了部分材料应用、成形、连接等标准，体系有待完善	针对轻量化材料应用、零部件设计流程与规范等已经建立了比较完善的评价体系

2.1.2　轻量化材料及成形工艺技术

当今，全球汽车界已经对铝合金、镁合金和碳纤维复合材料等在实现汽车轻量化中的作用有了高度认可，并对其有着更多的期待。但比较而言，高强度钢仍然以其高性价比、成熟的应用技术、完善的工业体系和良好的应用环境受到国内外汽车企业的青睐。各类材料应用的总体趋势表现如下。

1）低价位车型仍然采用以钢为主的用材策略，随着车型档次和价位的提升，铝、镁合金用量的占比逐步加大。

2）随着企业对碳纤维复合材料认识的不断深入，其应用更加趋于理性，碳纤维复合材料占主体的车型已不再受追捧，"恰当"成为汽车企业对碳纤维复合材料应用的核心思想。

3）对于不同国家的汽车企业，在各类材料的应用方面存在一定差异，而影响这些差异的因素，包括各自国家的工业体系支撑能力、整车企业的零部件供应体系，也包括对产品市场定位的深度思考。

1. 高强度钢及其成形技术

对近四年"欧洲车身会议"和"中国轻量化车身会议"展示车型的统计分析表明，我国乘用车车身的高强度钢应用水平已经达到世界先进水平（图 9－2－2），欧洲车身会议展示产品的高强度钢用量平均为 56.7%，最高为 73%，中国轻量化车身会议展示产品的高强度钢用量平均为 62%，最高为 70.4%，显示了近些年我国汽车企业高强度钢应用水平的大幅度提升，从材料生产到零件加工生产体系的日臻完善。

由于总体上钢的性价比更高，在 2018 年我国上市的 140 多款新开发车型中，80% 以上车型车身选用以钢为主材料，包括中国品牌产品和合资品牌产品均如此，只是由于其面对的消费群体、成本控制要求和企业技术积累、研发能力、供应体系的差异，不同整车企业在选用汽车用钢种类、强度等级等方面略有不同。因此，从降低成本、规模化、方便管理等方面考量，有必要围绕统一规格、统一牌号、统一性能等做更多的工作。此外，通过制造流程的简约化从源头上进一步降低高强度钢的制造成本，也是未来重要的发展方向。

从国际上看，尽管已经有了许多铝合金和碳纤维等材料应用的成功案例，但高强度钢仍然在企业用材策略中占据重要地位（图 9－2－2），从这些案例中还可明显看到，各大整车企业在车身用材选择和成形工艺选择方面存在不同，而决定其高强度钢用材策略的关键因素是钢厂的产品系列、产品规格、性能与价格以及供应链的支撑能力。

在商用车方面，在国家标准 GB 1589—2016《汽车、挂车及汽车列车外廓尺寸、轴荷及质量限值》开始实施和国家加强超载超限的治理等多重因素的影响下，近年来，轻量化受到了商用车企业前所未有的重视。目前，我国车架、车厢板、车轮、桥壳、轴管等典型部件用钢都已经形成了系列强度级别，如图 9－2－3 所示。700MPa 级单梁结构已应用于商用车车架轻量化；DP600 应用于车轮制造实现减重 15%，且冲压成形性好、疲劳寿命高；高强度钢冲焊桥壳已用于商用车桥壳轻量化。

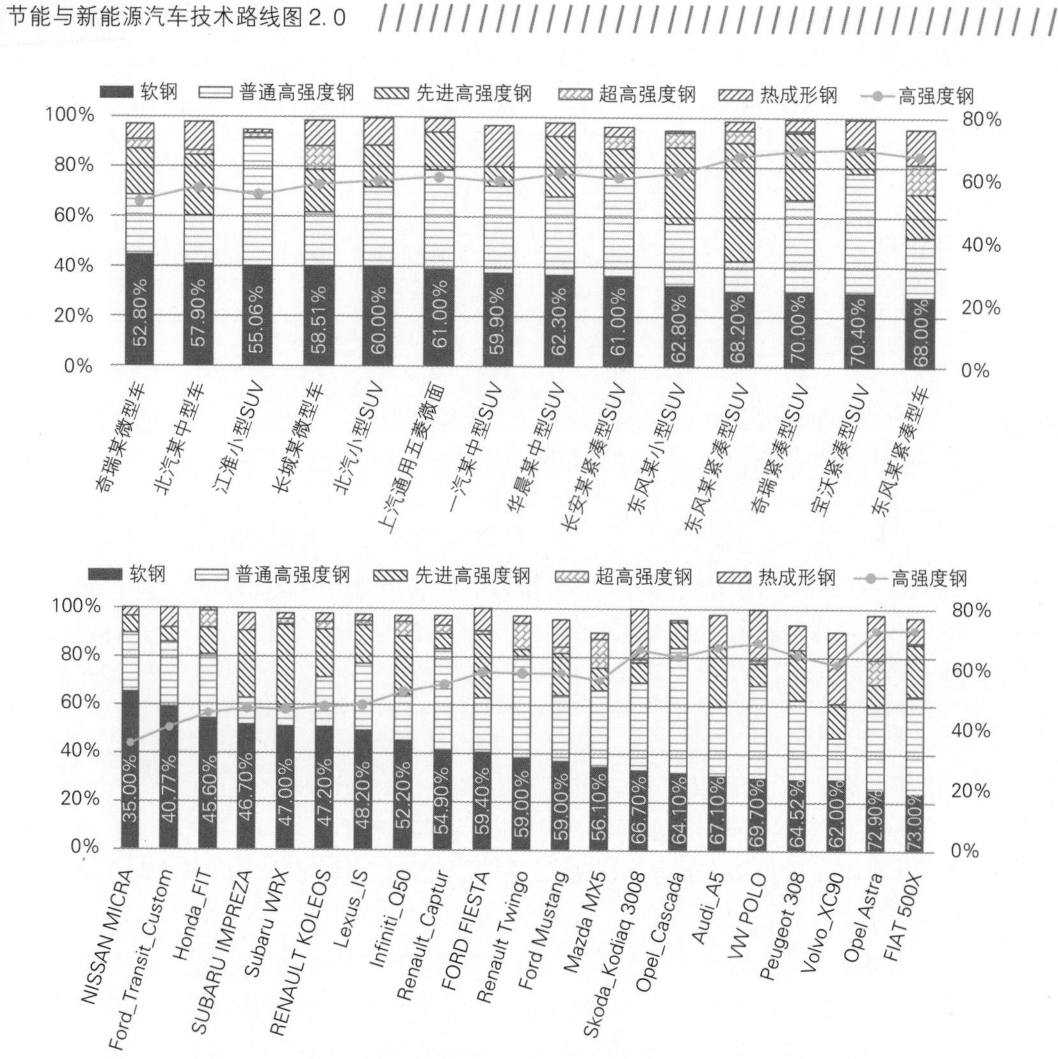

图 9-2-2 钢制车身（钢用量总占比超过 90%）的高强度钢应用

注：上图来源于 2016—2019 年中国轻量化车身会议，下图来源于 2016—2019 年欧洲车身会议。

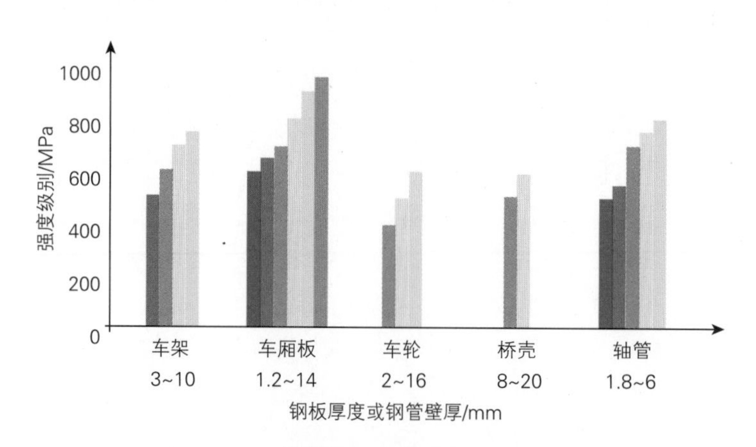

图 9-2-3 我国商用车典型部件的强度级别

注：来源于 2018 年太原钢铁集团数据（颜色代表典型车型）。

综合以上分析，随着我国高强度钢生产技术的不断发展，在汽车钢品种和强度级别等方面已经与发达国家基本相当，我国在具有高强度、高塑性特征的第三代钢开发和生产方面具有的国际领先优势，为世界所公认，也为我国进一步推动高强度钢的应用提供了有力支撑；与高强度钢相关的一批团体标准的颁布，也为整车企业扩大高强度钢应用提供技术依据和材料保障。随着对“高强度钢回弹”“延迟断裂”等技术问题的认识不断深入与解决，以及采用近终形制造流程进一步降低高强度钢的制造成本，将为高强度钢的应用开拓更大空间。

与欧美相比，我国汽车用先进高强度钢（AHSS）的质量（品质）稳定性和一致性控制水平还有提升空间，其品质及性能也明显低于日本同等型号。对于汽车用超高强度钢（UHSS），由于零件设计—制造—应用技术的经验不足，导致其使用仍然落后于国外。高强度钢国内外现状及对比见表 9－2－3。

表 9－2－3　高强度钢国内外现状及对比

高强度钢	国内现状	国外现状
材料开发与生产	已形成超过 6500 万 t 汽车板产能，汽车用钢品种和强度级别等方面比较完善，但是先进汽车用钢的质量稳定性还有待提高	国外汽车发达国家汽车用钢的产品系列和强度等级较为完善；在热成形钢（PHS）铝硅镀层技术领域具有优势；汽车用钢的质量稳定性和一致性控制水平较高
成形工艺与装备	主要采用冷冲压、热冲压、辊压和内高压成形 4 种工艺，工艺技术相对成熟，其中近年来发展最快的是热成形技术。目前，我国已经建立 160 条左右的生产线，形成年产 1 亿件以上生产能力，突破了一体式变强度热成形钢关键技术，2GPa 热成形钢已经开始在中国品牌电动汽车产品上得到应用	在日本，主要采用 800～1200MPa 冷冲压，并在工艺设计、模具设计等方面具有显著特色。在欧洲和美国，主要采用热成形和辊压成形，而商用车大梁钢采用冷冲压也是欧洲的特点之一。同时，欧美围绕相变诱导塑性（TRIP）钢、孪晶诱导塑性（TWIP）钢的冷成形也开展了许多研究工作
应用情况	经统计，2016 年以后上市的乘用车车身用高强度钢应用比例基本都在 50% 以上，部分企业车身高强度钢应用比例达到 70% 以上，达到国际同等水平；商用车驾驶室和客车车身基本以软钢应用为主，高强度钢使用较少，底盘大梁钢以 500～700MPa 高强度钢为主	根据欧洲车身会议资料分析，60% 以上乘用车车身以高强度钢为主，车身高强度钢应用比例在 50% 以上，个别车型应用比例甚至达到 73%；在商用车方面，驾驶室采用高强度钢比较多，如 2017 年上市的斯堪尼亚驾驶室高强度钢应用比例达到了 94%
材料应用体系	近十年，我国汽车用钢材料应用体系建设较快，尤其是针对汽车用钢材料性能评价、成形性分析与仿真、回弹控制与延迟断裂、不同工况下材料性能演变及疲劳、失效等分析方法和基础数据等均有重大突破	欧洲、美国、日本等在汽车用钢应用体系方面比较完善，已建立成熟的材料评价规范、回弹控制和延迟断裂评价方法、失效分析与疲劳性设计方法等；同时，也建立了相对完善的数据系统，包括材料基础数据、零部件结构设计等

2. 铝合金及其成形技术

近年来，我国铝合金应用发展较快，除了在车轮和发动机领域的传统应用外，越来越多的企业将其用于乘用车动力系统壳体、车身防撞梁（前后保险杠）、行李架、转向节、摆臂（控制臂）、副车架和新能源汽车动力蓄电池包等零件的生产（图9－2－4），目前单车平均累计用量120kg左右。

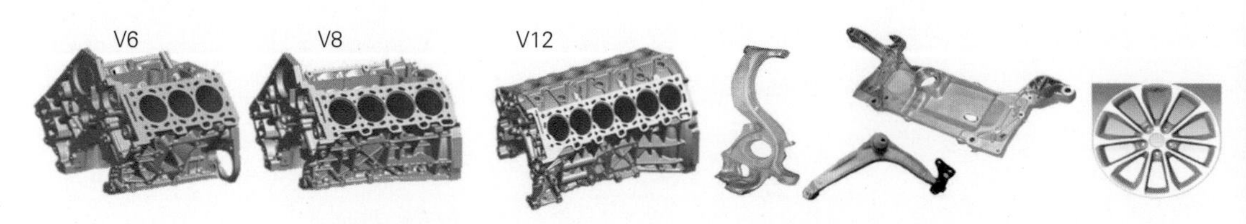

a）一汽红旗发动机铝缸体　　b）铝转向节、铝控制臂、铝副车架、铝车轮

图9－2－4　汽车中的铝制品（发动机/底盘件）

在2015年以后新上市的车型中，出现了一批铝材在车身用材中具有较大占比的典型车型，如奇瑞小蚂蚁eQ1（图9－2－5）、蔚来ES8（图9－2－6）、东风全铝车身客车、中通全铝车身客车等。但受制于铝合金零件设计和分析能力不足、缺乏完整的铝合金车身及铝合金底盘的验证能力和评价流程、成形工艺技术不够丰富、材料性能稳定性差等多重因素，我国在铝合金副车架、前后悬架等底盘部件上所取得的开发成果难以大批量应用，企业对铝合金在车身覆盖件和底盘件中的更大范围应用持观望态度，提高铝合金零件质量和有效控制生产成本也面临诸多挑战。

图9－2－5　奇瑞小蚂蚁eQ1全铝车身框架

图9－2－6　蔚来ES8白车身用材

从国外看，铝合金的应用已经较为广泛，尤其在中高端车型上，其主要特点体现在四方面：一是5系和6系铝合金在车身覆盖件的应用技术已经较为成熟，部分车型车身覆盖件开始采用7系铝合金；二是性能更加优异的铝板材、铝锻坯、铝挤压型材和铸铝料材不断出现，为实现车身结构件、安全件和底盘零部件的铝合金化提供了更多解决方案；三是新的成形工艺技术不断出现并得到应用，如低成本高效连铸连轧技术、固溶处理热冲压冷模具淬火技术（HFQ）、均屈挤压技术等，其追求的目标是有效控制材料性能波动对零件加工质量的影响、精确控制零件制作精度，尤其是薄壁零件；四是基于先进的材料X射线分拣和分选、除铁技术，已可实现材料的分类回收，铝合金的应用价值进一步得以实现。

但要推动铝合金的进一步扩大应用，必须在有效控制铝合金应用成本方面找到对策，这也是全球汽车界共同面对的挑战。

综上所述，国内外汽车用铝合金现状及对比见表9－2－4。

表9－2－4　国内外汽车用铝合金现状及对比

铝合金	国内现状	国外现状
材料开发与生产	近年来，我国汽车用铝合金发展较快，铸造铝合金、挤压铝合金、锻造铝合金以及车身内板用铝合金板材相对成熟，已经进入产业化应用或工程验证阶段。但在车身覆盖件用铝合金外板与7系铝合金领域还依赖进口，外资企业瞄准了我国市场的这一产品缺口，已经开始了在我国的生产布局	美国诺贝丽斯、日本神户制钢等国外企业已经开发出各类产业化应用的铝合金材料，并在车身、底盘、动力系统等大量应用，尤其是可薄壁化的高性能铝合金、7系和低Fe的Al-Si-Mg-Mn系列高强韧铸造铝合金等处于领先优势
成形工艺与装备	铸造、锻造、挤压、冲压等成形工艺基本都得到了应用，但依然存在不足，如复杂截面及长度较大零件挤压成形的扭曲和翘曲问题、铸造成型的缺陷控制、温热冲压成形尚处于研究阶段，我国铝合金板材热处理装备、高寿命挤压与铸锻成形模具、大吨位大尺寸零部件铸锻装备及智能化短流程铸造装备也有待提升	以美国、日本等为代表的铝合金成形工艺与装备、生产，特别是高性能、大吨位、大尺寸等铝合金成形装备与生产较为先进
应用情况	奇瑞eQ1、蔚来ES6、蔚来ES8、北汽LITE等全铝车身先后上市，上述4款车型车身铝合金用量分别达到64%、87.95%、91.5%、52.7%；在底盘系统、新能源汽车动力系统的零件中，铝合金的应用也越来越多，如转向节、摆臂（悬架控制臂）、动力蓄电池包壳体等	全铝车身或者以铝为主车身已经比较常见，许多高价位车的车身用铝比例超过60%，如路虎揽胜、福特F150、凯迪拉克CT6等。7系铝板车身安全件、高性能锻造铝合金转向节和摆臂、高真空压铸减振器支座等典型零部件已应用于上市车型
材料应用体系	我国国产高性能铝合金应用还处于起步阶段，尤其是全铝车身、高性能铸造与锻造铝合金零件，尽管已有产业化应用，但是其用材技术标准体系、材料系统的失效评价方法、典型零部件设计规范等还需要进一步研究和完善	欧美等各类铝合金和高性能铝合金应用较早，已形成完善的应用体系，包括零部件系统设计与集成技术、铝合金成形过程中流变性能与仿真技术、铝合金材料与零部件关键性能评价技术等

3. 镁合金及其成形技术

汽车有60多个零件可以选用镁合金材料，常用的镁合金主要有AZ（Mg－Al－Zn）系、AM（Mg－Al－Mn）系、AS（Mg－Al－Si）系和AE（Mg－Al－RE）系四大系列，广泛应用的是铸造镁合金。

在多个国家级科技项目的支持下，我国汽车镁合金应用取得了一定的进展，目前单车镁用量约为 1 ~ 3kg，主要用于镁合金转向盘骨架，小部分新能源汽车采用了镁合金仪表板骨架（图 9 – 2 – 7）、动力蓄电池箱体、座椅骨架、车轮等，个别车型实现了单车用镁量达到 10kg 以上。我国现有镁合金在汽车生产中应用面临的主要问题是产业链不健全，从产品设计、评价到材料生产、零件成形、连接等诸多领域的技术成熟度均有待进一步提高，镁合金件表面破损之后的防腐问题也是影响其应用的关键因素之一，从而影响到技术成果的转化效果。

图 9 – 2 – 7　镁合金仪表板骨架（横梁）

在欧美国家，镁合金在汽车上的应用相对更加广泛，镁合金零部件设计经验比较丰富。但总体而言，受到技术、成本、耐腐蚀性差等多方面因素的影响，国内外汽车镁合金产业化进程均较为缓慢。

国内外汽车用镁合金及其成形技术现状及对比见表 9 – 2 – 5。

表 9 – 2 – 5　国内外汽车用镁合金及其成形技术现状及对比

镁合金	国内现状	国外现状
材料开发与生产	车用镁合金牌号和性能单一，耐热耐蚀等新一代高性能低成本镁合金缺乏，车用镁合金新产品综合成本较高，服役性能评价和验证缺失	美国、日本从我国进口原材料铸锭后再进行二次熔炼，制备出高性能镁合金铸锭，各牌号相比我国有差异，但性能更好，且稳定性、一致性更好
成形工艺与装备	国内镁合金零件主要采用压铸成型，少量采用挤压及锻造成形，该类装备国内已基本可实现自行开发与生产	国外镁合金零件除常规的压铸外，针对部分性能要求高的零件，采用高压铸造，该工艺可以有效地降低缩孔率，提升产品性能
应用情况	正在开展镁合金应用技术研究与产业化开发，应用主要以转向盘骨架、气门室罩盖、仪表板骨架、安装支架等为主，其中使用量最大的是转向盘骨架，平均单车镁合金用量约为 1 ~ 3kg	已实现应用的零件相对较多，如前端框架、车门及后背门内板、仪表板骨架、副仪表板支架、座椅骨架、减速器壳体、导油模块等，北美每辆汽车使用镁合金平均为 3.5kg
材料应用体系	镁合金在汽车中的应用较少，镁合金应用体系（如数据、评价标准、设计方法、模型构建等）待完善	国外在汽车镁合金方面开展的研究较多，有一定的积累，也未形成完善的应用体系

4．非金属材料及其成型技术

先进工程塑料和纤维增强树脂基复合材料等非金属材料，是实现汽车轻量化的重要技术手段之一。在过去的5年中，我国乘用车中非金属材料用量有了快速提升，已从2014年的8.5%增长到2018年的10.6%，但相比美系车的36.6%和德系车的30.7%，仍有较大差距。在商用车领域，我国非金属材料的应用好于乘用车，重型载货汽车应用比例约为13.6%，轻型载货汽车约为20.1%。

汽车用工程塑料种类较多，按照使用量由高到低，排名前几位的分别为聚丙烯（PP）、聚酰胺（PA）、丙希腈－丁二烯－苯乙烯共聚物（ABS）、聚碳酸酯（PC）、聚乙烯（PE）、聚氯乙烯（PVC）和聚甲醛（POM），主要应用于汽车的内外饰件、车身覆盖件、发动机进气歧管、电子电气的接插件等零件中。从用量来看，塑料及复合材料在汽车中的应用正在逐渐增多。例如，奇瑞eQ1车型（图9－2－8）采用了挤压铝车身框架＋工程塑料蒙皮的设计，越来越多车型的车身三角窗、后背门也开始采用先进工程塑料，开创了我国此类材料应用的新局面。此外，国内在工程塑料低密度、微发泡、薄壁化等方面的研究工作已经取得了重要进展，技术水平与国外基本相当。但对比国外，提升材料性能的稳定性和相关零件设计评价能力，仍然是摆在我们面前亟待解决的问题。

图9－2－8　覆盖件用先进工程或改性塑料示意图

从国外发展现状看，最大的特点是先进工程塑料的应用体系较为完善，材料品种丰富且性能稳定性好，工艺技术不断创新，为不同零件加工提供了解决方案，为汽车企业选好材、用好材提供了有力支撑。

国内外汽车工程塑料及其成型技术现状及对比见表9－2－6。

表9－2－6　国内外汽车工程塑料及其成型技术现状及对比

先进工程塑料	国内现状	国外现状
材料开发与生产	基于轻量化需求，围绕薄壁化、低密度、高耐划伤和高耐老化等方向开发出先进工程塑料，已具备产业化能力，如保险杠用高流动率PP、翼子板和覆盖件用高耐划伤和耐老化PP等。但某些高性能工程塑料，如PA66、PA11、PA12等尚需依赖于进口，迫切需要国产化	在日本、美国、荷兰等国，先进工程塑料较为发达，针对动力系统、底盘系统等高性能、高附加值的工程塑料产品系列丰富，处于国际领先地位

（续）

先进工程塑料	国内现状	国外现状
成型工艺与装备	车用工程塑料成型工艺以注塑为主，国内基本掌握相关的工艺技术，并能够自行开发和供给简单的生产装备	国外在车用工程塑料微发泡装备和装备自动化、智能化程度方面水平较高
应用情况	近年来，先进工程塑料应用正从一般结构件扩展到性能要求更高的覆盖件，如翼子板、后背门外板等，并在一些新能源汽车车型上实现产业化应用	国外先进工程塑料已经开始规模化应用，如后背门、翼子板等塑料覆盖件，在电子电气接插件和大尺寸零件应用等方面处于领先地位
材料应用体系	目前，我国已在建立先进工程塑料材料技术标准体系和选型规范，完善了零件设计规范和尺寸控制等工程开发的控制流程，基本建立材料应用体系	国外工程塑料材料应用体系相对完善，例如，有完整的技术标准与评价体系、完善的基础数据系统和设计、检测等管控流程

纤维增强树脂基复合材料主要应用在结构件上，材料包括玻璃纤维增强复合材料、碳纤维增强复合材料、玄武岩纤维增强复合材料、生物基可降解纤维增强复合材料等，其对车辆减重的优势不言而喻，也是各国实现汽车轻量化的重要手段之一。

从国内看，车用纤维增强树脂基复合材料应用已经有了较好的发展，碳纤维增强复合材料应用有了较大进展，其他材料仍然处于研究中，具体如下。

车用纤维增强树脂基复合材料的应用以 PP 和 PA6、PA66 为主的短玻璃纤维和长玻璃纤维增强复合材料为主，已在前端模块、后背门、动力蓄电池壳体等零部件上实现产业化应用。

目前已经形成了一批具有一定规模的材料生产基地，大丝束碳纤维和热塑性单向带已实现批量生产，蔚来 ES6 和前途 K50 成为我国碳纤维增强复合材料在汽车上商业化应用的典范。但目前的应用仍局限于少数零件，我国在碳纤维增强复合材料零件设计和建模、低成本碳纤维材料生产、高效率零件加工设备等产业化应用技术上仍处于技术研究和经验积累阶段，成本高和生产效率低等问题也依然困扰着企业的生产和产品的商业化应用。

玄武岩纤维增强复合材料和生物基可降解纤维增强复合材料则还处于应用研究阶段，目前尚无成熟产品。

在国外，树脂基纤维增强复合材料的应用体系已经基本建立，产品设计和制造工艺技术不断成熟，应用的领域开始从传统零件向汽车板簧、传动轴等底盘零件延伸，宝马 i3 的推出，则让全球汽车界看到了碳纤维应用的前景。但从宝马在 i3 之后推向市场的几款产品中可以看出，碳纤维的应用发生了明显变化，“恰当使用碳纤维”成为后续几款产品的主要特征，如图 9－2－9 所示。

a）宝马i3乘员舱用材（蓝色为碳纤维复合材料）

b）宝马7系白车身用材（红色为碳纤维复合材料）

图 9-2-9　碳纤维的应用变化

注：来源于 2013 年、2017 年欧洲车身会议。

国内外汽车用复合材料及其成型技术现状及对比见表 9-2-7。

表 9-2-7　国内外汽车用复合材料及其成型技术现状及对比

复合材料	国内现状	国外现状
材料开发与生产	国内已经建立完整的玻璃纤维增强复合材料产品体系，包括短纤维增强复合材料、长纤维增强复合材料、纤维毡等材料种类，但是碳纤维增强复合材料、玄武岩纤维增强复合材料、生物基可降解纤维增强复合材料等产品体系还处于开发阶段，部分碳纤维增强复合材料已经完成试验验证，并开始小批量产业化应用	宝马、丰田等企业纤维增强复合材料产业化应用处于领先地位。德国、日本等设立多个专项开展纤维增强复合材料产业化研究，玻璃纤维和碳纤维增强复合材料产品体系较为完善，如大丝束碳纤维、混合纤维（GF/CF）布、定向短切纤维、碳纤维 - 片状模塑料（CF - SMC）、热塑性单向带等
成型工艺与装备	目前，我国纤维增强复合材料成型工艺以热固性为主，主要采用高压 - 树脂传递模塑（HP - RTM）、缠绕工艺，生产效率提升较快，可以实现 5 ~ 10min/件，HP - RTM 等高端装备主要从德国进口；热塑性成型工艺正处于研究阶段，主要采用的注塑工艺、模压工艺、拉挤工艺相对成熟，目前，正在开展碳纤维复合材料毡等工艺研究	以德国为代表的欧美乘用车复合材料零件成型工艺以 HP - RTM、湿法模压、缠绕工艺、真空罐法，均开发出专用的装备，现阶段研究方式是提高生产效率；日本、美国等设立国家专项，正在加快碳纤维复合材料高效率、低成本的热塑性成型工艺和装备开发
应用情况	玻璃纤维增强复合材料产业化应用相对成熟，已在国内车型大批量产业化。玄武岩纤维增强复合材料和生物基可降解纤维增强复合材料还处于研发阶段，碳纤维增强复合材料的应用越来越受到重视，骨干汽车企业均在开展产业化应用技术开发，前途汽车、蔚来汽车等企业累计 30 多个零部件已产业化应用	玻璃纤维和生物基可降解纤维增强复合材料已经在宝马、丰田等车型上批量化生产，前者应用更为成熟。玄武岩增强复合材料还在开发阶段，碳纤维复合材料已在宝马 i3、i8、7 系等车型实现应用

（续）

复合材料	国内现状	国外现状
材料应用体系	我国玻璃纤维增强复合材料应用相对成熟，碳纤维增强复合材料、玄武岩纤维增强复合材料、生物基可降解纤维增强复合材料应用均处于研究阶段，已经形成了初步的应用基础，但数据积累依然较少，还没有建立完善的复合材料应用体系	以丰田、宝马为代表的汽车企业，针对树脂基复合材料已经建立了完善的材料应用体系，并已初步建立碳纤维复合材料性能评价体系

2.1.3 连接技术

遵循国际汽车轻量化技术发展趋势，我国乘用车车身用材也必将是由“以钢为主”逐渐向“钢铝混合”“全铝”和“多材料”的方向发展，如图9－2－10所示；相应的连接工艺也必然从传统的点焊和弧焊为主、胶接为辅的传统方式逐步向熔化焊接、机械连接和胶接等多种新型连接工艺转变，适用于新材料的车身连接工艺（比如激光焊接、铆接、复合连接等）在不断发展和成熟。总体上看，我国各种新型连接技术的研发工作都有推进，但现有成果与产业化应用仍有一定距离，与国外相比，连接结构的技术基础理论没有形成，设计规范没有建立，连接用的铆钉、胶黏剂等还没有形成系列化、标准化和通用化的产品，连接工艺方法与装备的参数控制以及生产过程的质量控制等方面都因实践不足而经验积累甚微，高性能连接密封材料和摩擦稳定剂等基本依赖国外，无法对汽车企业形成有效支撑。

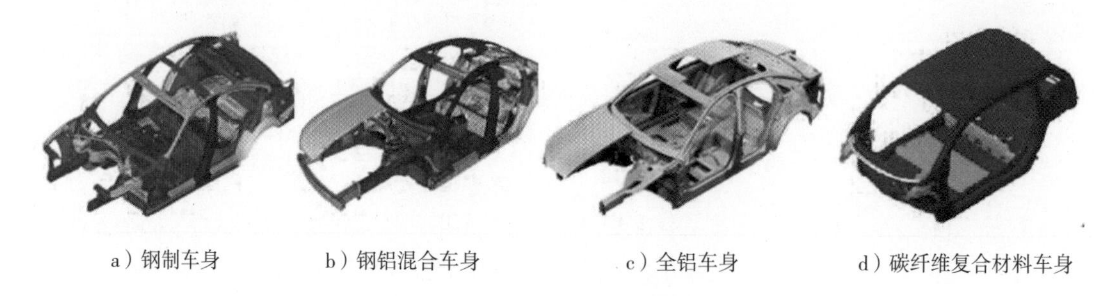

a）钢制车身　b）钢铝混合车身　c）全铝车身　d）碳纤维复合材料车身

图9－2－10　不同材料的车身

注：来源于历年欧洲车身会议。蓝色和粉色为钢，绿色为铝合金，红色为碳纤维复合材料。

在国外，从相关技术开发、产品的结构设计到相关材料和装备的生产，再到连接性能评价，已经形成了成熟、完整的体系，支撑了汽车产品的多材料混合应用。其中几种典型连接技术的发展状况如下。

1）搅拌摩擦焊接和搅拌摩擦点焊已形成国际标准，目前的关注点转向异种材料接合与面向钢铁材料接合的摩擦搅拌焊接的实用性方面。

2）电阻点焊技术发展聚焦在钢铝、全铝车身的点焊技术研究和改进，目标是提升点焊强度，确保质量稳定。

3）非熔化极惰性气体保护电弧焊（TIG）初步得到应用，高效、可靠的智能化 TIG 焊接技术在铝合金、镁合金等新轻型材料连接中开始应用。

4）紧固件超高强度化特征明显，日本已开发抗拉强度为 1400～1500MPa 的超高强度紧固件，欧洲企业已开发出抗拉强度 1500～1650MPa、屈服强度不小于 1430MPa 的超高强度紧固件。

5）自冲铆接连接、流钻螺钉连接、胶粘连接、胶铆复合连接、摩擦铆焊、电磁铆接等技术在不断发展，为多材料混合应用奠定了基础，如图 9－2－11 所示。

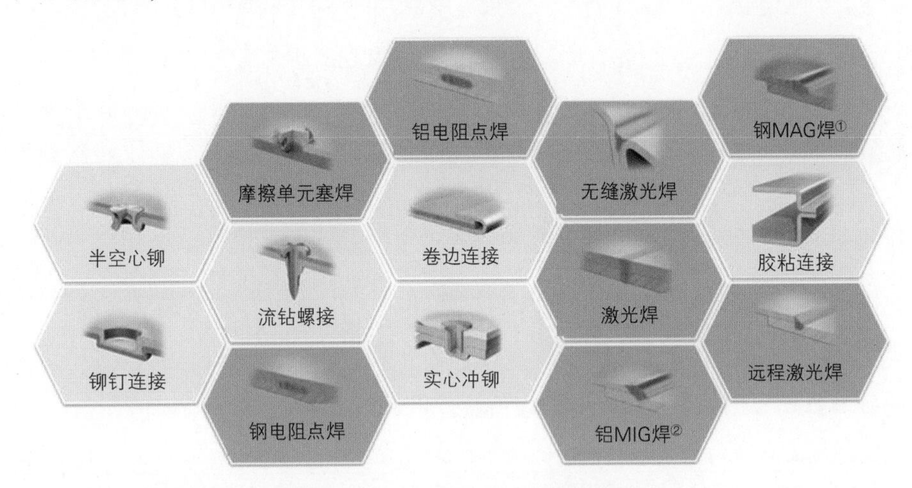

图 9－2－11　不同材料的连接技术

①MAG 焊即熔化极活性气体保护电弧焊。　②MIG 焊即熔化极惰性气体保护电弧焊。

注：来源于 2019 年欧洲车身会议。

按照焊接、机械连接、胶粘连接进行分类，国内外连接技术现状及对比见表 9－2－8。

表 9－2－8　国内外连接技术现状及对比

连接类别	国内现状	国外现状
焊接（激光焊、点焊、搅拌摩擦焊等）	各类焊接技术有不同程度的应用，点焊应用最多也最成熟，搅拌摩擦焊的发展和应用较快，没有掌握相关新型焊接的核心技术和装备，焊接建模和性能评价体系不完善	各类焊接技术应用都比较成熟，有核心技术和装备，有比较精确的分析模型和完善的焊接性能评价体系
机械连接（螺栓连接、流钻螺钉、自冲铆接等）	国内铆接的应用较晚，各类铆接技术都有一定量的应用，国内的铆钉种类比较齐全，新型铆接技术和相应设备与国外有较大差距，铆接建模和性能评价体系待完善。高强度、防松等先进螺栓技术已得到应用，但是评价体系不够完整，高温螺栓材料表面处理工艺及性能与国外差距较大	相关连接在欧美、日本有较长时间的应用，技术积累厚重，有系统的螺栓、铆接零件开发和应用技术，形成了完善的性能评价体系

（续）

连接类别	国内现状	国外现状
胶粘连接	国内胶粘技术起步晚，胶粘剂大多数集中在中低端领域，特别是高性能结构胶有待开发，在涂胶工艺、胶粘剂选型、胶接性能评价和基础数据积累方面不足	胶接在国外汽车企业已有较长时间的应用，陶氏、西卡、汉高等企业的结构胶产品体系比较完善，在胶接技术领域有丰富的积累

2.1.4 标志性进展

轻量化技术路线图 1.0 提出的汽车轻量化阶段目标和技术途径，为汽车轻量化产业上下游相关企业、高校和科研机构的轻量化技术开发和应用指明了方向，极大地促进了行业轻量化技术的进步和发展。自 2016 年发布以来，我国在整车轻量化技术应用和评价、先进轻量化结构设计、轻量化材料开发与应用、先进连接技术等方面突破了一批轻量化关键技术，其中的主要标志性成果总结如下。

1. 基于对整车轻量化水平评价工作的深度研究，在全球率先发布了《乘用车整车轻量化系数计算方法》团体标准

“质轻”对于节能减排和改善车辆的各项性能具有积极意义，但如何评价整车的轻量化水平，在国际上并无统一的定论，一致的共识是，轻量化是在满足汽车使用要求、安全性和成本控制的条件下，将结构轻量化设计技术与多种轻量化材料、轻量化制造技术集成应用所实现的产品减重。因此，“质轻”不能以牺牲车辆的各项性能等为代价，更不能将整车整备质量作为评价一个车型轻量化水平的唯一指标。

基于上述认识，我国汽车轻量化联盟组织相关单位开展了深入的汽车整车轻量化水平评价研究工作。经过多年的努力，提出了全球首个乘用车整车轻量化评价方法，并以中国汽车工程学会团体标准 T/CSAE 155—2019《乘用车整车轻量化系数计算方法》的形式向社会发布。

该方法由奇瑞汽车公司联合国内 10 余家单位共同建立，通过系统分析十余年来国内市场销售的两万余款乘用车产品数据（包括燃油汽车和纯电动汽车），提出了名义密度、重量比功率、脚印燃料消耗量等表征方法，建立了适用于燃油乘用车、纯电动乘用车的整车轻量化系数数学模型及算法，有效解决了计算模型对市场销售车型结构具有较强依赖性的难题，为针对具体车型科学评价其整车轻量化水平提供了工具，也可为同类车型之间的整车轻量化水平比较提供参考。该标准一经推出，立即在行业中产生积极反响，对企业建立乘用车整车轻量化目标、制订汽车轻量化技术路线具有重要的指导意义。

2. 建立了车身参数化与结构－材料－性能一体化集成优化设计方法，并在自主品牌乘用车车身设计上得到了推广应用

在 2016 年获得的中国汽车工业科学技术一等奖的“车身参数设计和多目标协同优化

设计”基础上，吉林大学联合重庆长安汽车股份有限公司，突破了在优化设计模型中融入材料设计变量及轻合金等零件断面形状和尺寸参数库嵌入优化迭代的难点，建立了车身结构－材料－性能一体化轻量化优化设计方法，开发了相应的计算软件模块。该方法解决了以往只能进行零件结构和性能优化设计，无法实现在优化迭代中不同用材、性能和结构设计方案的直接比较和评价问题，实现了“合适的材料”“合适的结构”用在车身“合适的位置”。同时，把用材成本作为优化设计的约束条件来综合控制汽车轻量化，有效平衡了轻量化技术与其应用成本之间的矛盾，进一步把车身结构－材料－性能一体化轻量化优化设计与参数化设计方法进行集成，建立了车身参数化与一体化集成优化设计方法，突破了在车身结构集成优化分析中零件材料、尺寸和断面形状参数等设计变量在结构耐撞性、刚度和模态等各分析子任务间交互迭代同步自动更新的方法，解决了轻量化优化设计中需要将某子任务单独进行优化计算，再将优化结果带入另一分析任务进行接续计算效率低的问题，实现了车身结构轻量化自动优化设计。

目前，这一技术已经在我国长安、吉利等多家汽车企业应用，提高了分析精度和效率，大幅缩短了车身开发周期并降低了成本。

3. 高强度钢开发与应用取得多项国际领先成果，乘用车车身高强度钢应用达到国际同等水平

2016—2020 年，我国成功突破了一批高强度钢开发及其产业化应用关键技术，成果显著，支撑了我国汽车高强度钢应用水平的快速提升。近 3 年的统计资料表明，我国一汽、东风、奇瑞、长城等汽车企业新上市的乘用车产品中，车身用高强度钢在比例和强度级别上基本达到国际同等水平。其中，长城汽车 2017 年 8 月上市的 WEY VV7 车型车身用高强度钢比例突破了 75%，600MPa 及其以上强度等级达到 65%。

2016 年，东北大学与本溪钢铁集团联合开发出的 2GPa 高强度钢通过多个汽车企业的认证，并在 2017 年成功应用到北汽新能源上市车型的车门防撞梁上。

2018 年，中国宝武集团开发出 1500MPa、1700MPa 辊压成形高强度钢，伸长率得到大幅度提升，相关产品已经通过汽车企业的性能验证。

2019 年 4 月，中国宝武钢铁集团攻克了 1500MPa 铝硅镀层热成形钢无法直接焊接的世界技术难题，开发出铝硅镀层板专用焊丝及全新焊接工艺，实现了对熔池成分精准调控，建立了焊接工艺与焊缝成分、晶粒尺寸等系统控制方法，使接头性能满足热冲压行业的技术需求，提升了拼焊产品质量，提高了拼焊生产效率，实现了重大技术突破，促进了我国铝硅镀层热成形钢的规模化应用。

2019 年 5 月，东北大学与马钢集团等单位联合开发出新型铝－硅镀层材料，该产品突破了现有铝硅镀层技术韧性难以提高的技术瓶颈，可使 1500MPa 级产品韧性提高 20% 以上（图 9－2－12），实现了我国在热成形钢铝－硅镀层强韧化技术领域从“0 到 1”的突破。目前，该产品已经成为满足美国通用汽车新材料技术标准 GMW 14400 中高韧性要求的全球唯一产品。

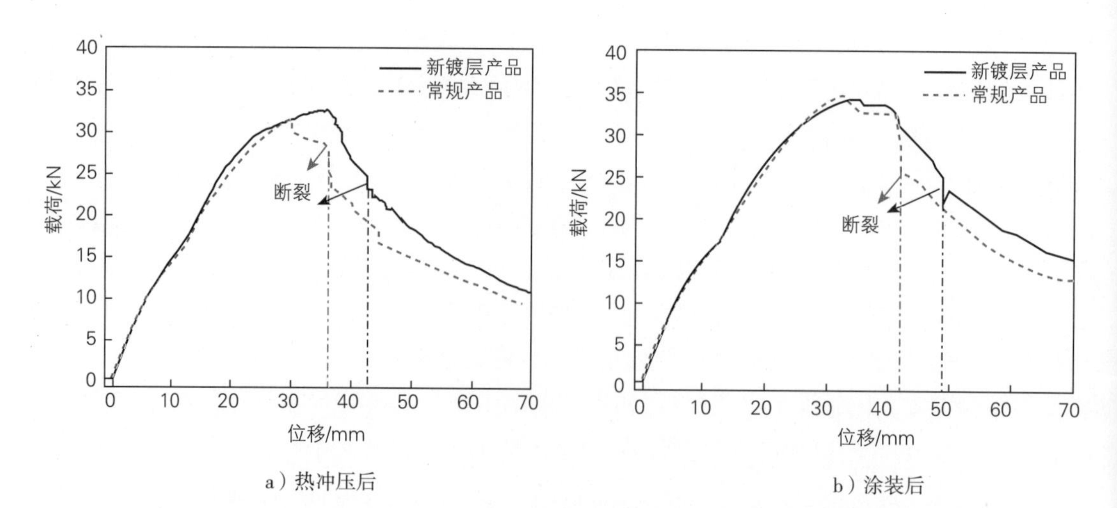

图9－2－12　AluSlim®高韧性镀层与常规铝硅镀层的零件碰撞能量吸收对比曲线

2019年7月，鞍山钢铁集团有限公司联合东北大学、通用汽车（中国）科学院联合开发的高强度钢DP980-LITE全球首发，其伸长率明显优于传统的980MPa级双相钢，同时密度降低5%。这一材料的成功开发，标志着我国在低密度高强度钢开发方面取得了突破性的进展，将有力支撑高强度钢在轻量化材料中的竞争优势。

4. 铝合金的应用取得突破，多个“铝合金为主”车身的车型上市

近年来，我国汽车铝合金产业化应用关键技术快速突破，取得了多项标志性成果。

在车身铝合金应用方面，最具代表性的成果是奇瑞eQ1和蔚来ES8、ES6。奇瑞汽车eQ1的成功，标志着我国在铝合金与复合材料应用有机结合方面取得了新突破。该车全车铝合金用量达到106.5kg，被用于车身骨架、副车架和防撞横梁等零件，采用轻质材料和全新平台开发，使白车身重量降低到165kg，生产成本也得到了有效控制。蔚来汽车ES8、ES6的成功，标志着我国在铝合金车身零件结构设计和系统控制关键技术领域的新突破，包括复杂断面设计优化和与仿真模拟技术、高强度铝合金挤压成形与大尺寸控制技术、3D空间精密弯曲成形工艺和结构设计技术等。

在底盘零件的铝合金应用方面，针对转向节、摆臂、减振器支架和高速电机壳体等零件的高性能铝合金开发与性能评价技术已经取得重要进展，例如采用高强韧、耐疲劳铝硅镁锰合金的减振器支座、7075铝板的B柱加强板等，已在蔚来汽车上市车型上应用。此外，铝合金在电动汽车动力蓄电池壳体的应用在我国已经较为常见，在有效降低整车重量的同时，也为动力系统的安全性提供了保障。

5. 碳纤维复合材料的产业化应用取得初步成果

近年来，我国在碳纤维复合材料生产体系构建和应用技术领域均取得了不斐的成绩。

2018年，齐齐哈尔天久碳纤维科技有限公司投产了国内首条500t、48K大丝束碳纤维生产线后，上海石化和吉林碳谷也相继开发出同类产品，成型工艺也由传统的热固性成型

向热塑性成型转变，其生产效果提高了50%以上。这标志着我国已突破大丝束工业级碳纤维的关键技术，为其在汽车产业的更大规模应用奠定了基础。

北京汽车研究总院联合国内企业，攻克了碳纤维表面三维编织预成型技术及高压－树脂传递模塑固化成型技术，并于2019年完成产业化技术开发，相应零部件实现减重36.5%，成本降至行业平均水平的50%。

蔚来ES6将碳纤维复合材料应用于后地板总成、座椅板总成和后地板横梁总成，前途K50将碳纤维复合材料应用于车身侧围、车身顶盖、发动机舱盖、侧车门、行李舱盖和翼子板等零部件中。这两个车型在碳纤维复合材料应用方面的突破，填补了我国在这一领域的空白，标志着我国碳纤维复合材料在汽车领域的产业化应用开始起步。

2.2　发展趋势

2.2.1　轻量化总体发展趋势

新能源汽车和智能网联汽车的快速发展，对汽车轻量化提出了新的要求，也改变着人们对汽车轻量化工作目标的认识。

1）为满足车辆安全性、可靠性、节能环保和智能化的要求，车辆的零部件数量越来越多。一些全球知名汽车企业开始放弃车辆微、小型化的发展策略，以使得车辆能够有更大的空间用于新装备的增加，并确保车辆在市场上有充足的获利空间。因此，努力将整车整备质量控制在一个合理的水平或许比单纯追求减重意义更大。

2）对于新能源汽车，动力系统的变更会淘汰传统汽车的部分零部件，但由于动力蓄电池能量密度在短期内无法有大幅度的提升，所以对汽车轻量化的要求更加迫切。统计资料表明，目前，我国新能源汽车的整备质量比同级别燃油汽车高10%以上。因此，必须通过结构设计的优化和轻质材料的应用，为动力蓄电池系统让出更大的重量空间，或是实现在车辆整备质量不变的情况下使车辆的续驶里程更长。

3）汽车智能化水平的提高，对汽车的轻量化设计提出了新的要求。例如，主动安全技术的大规模应用，会大大减少车辆发生碰撞的概率，或是在发生碰撞时将车辆的损失降低到最小，即使一旦发生碰撞，其碰撞形态也会发生变化。因此，通过高强度设计或用材以确保车辆安全性的理念或将在未来的某个时间节点被摒弃，以“集成最优”的理念将优异的设计与恰当的选材、用材相结合，更好地优化车辆性能、控制整车整备质量和车辆成本，成为未来汽车轻量化的核心任务。

4）碳纤维复合材料和铝合金材料的应用不仅为汽车减重提供了契机，而且让人们感受到多材料混合应用的优势，从而更加重视“用恰当的设计＋恰当的材料＋恰当的工艺来实现轻量化”，这一点从宝马i3到后续上市的5系、7系中宝马公司的用材策略变化就可见一斑。导致这些改变的因素，有企业对车辆成本控制方面的需求，也有企业对从原材料生产到零件生产再到回收利用全产业链节能减排的统筹考虑，即当我们享受轻量化带来的车辆节能减排效果时，也必须考虑原材料生产、产品生产到材料再生利用全过程对能源消耗、碳排放的影响。

基于以上认识，未来汽车轻量化技术发展的总体趋势是，轻量化的实现途径并没有发生变化，依然包含结构优化设计，高强度钢、铝合金、镁合金、工程塑料、复合材料及与其相关的各种成形工艺技术，但其发展将更加聚焦于优化设计和多材料混合应用，各种材料都有其用武之地（图9－2－13、图9－2－14）。随着产品设计技术、成形技术和连接技术的更加成熟，将出现多种技术和多种技术路线并存的格局。对于整车企业来说，在确定所采用的轻量化技术路线时，将更加注重综合考虑车辆的市场定位、用户需求、性能与成本、产品效益和供应链体系的能力等因素的综合平衡。

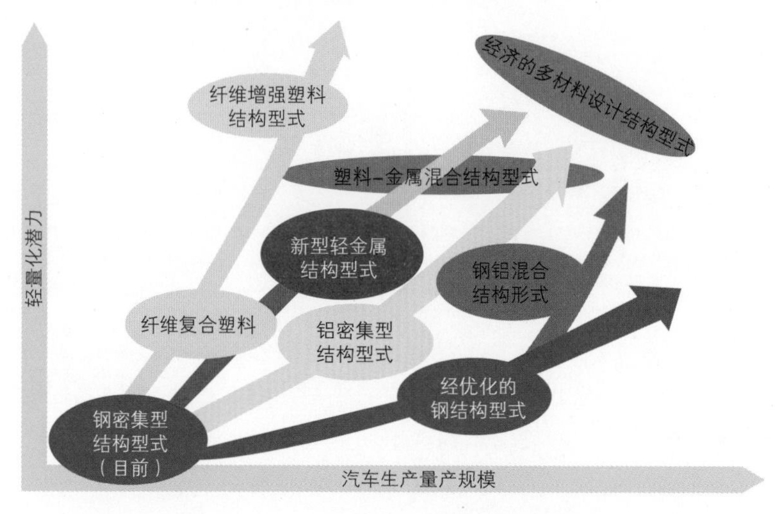

图9－2－13　乘用车车身轻量化技术路径

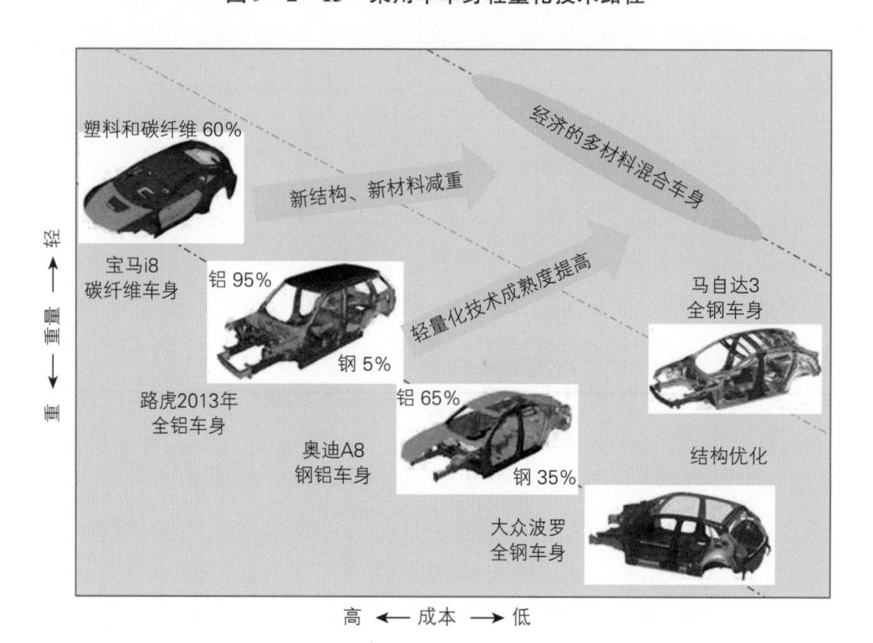

图9－2－14　乘用车车身轻量化技术和成本的关系

注：来源于2016—2019年欧洲车身会议

欧洲的相关研究表明，与航天工业和航空工业相比，汽车工业可接受的成本上升空间很小，约为2~10欧元/kg，即降1kg重量可接受的成本增加在2~10欧元；载重汽车和轨道交通在1~3欧元/kg（图9-2-15）。

研究还发现，车辆不同部位减重的价值和可接受成本是不同的（图9-2-16），其中，车辆上部和前端部件的减重意义更加重大，可接受的轻量化额外成本也相对较高。而要实现基于满足整车性能的减重和为之所付出额外成本的综合平衡，必须采取综合性措施。

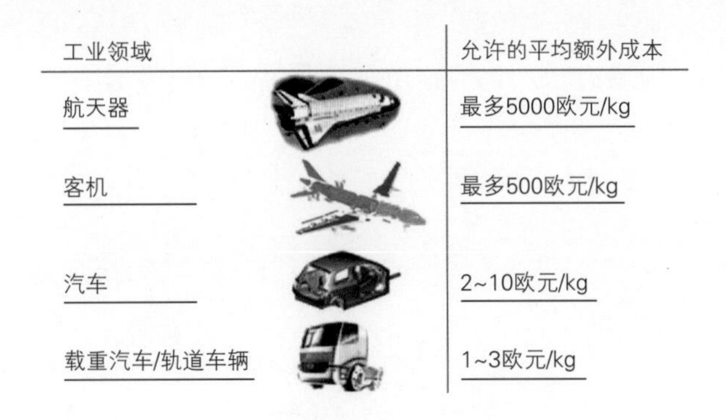

图9-2-15 各行业可接受的轻量化额外成本

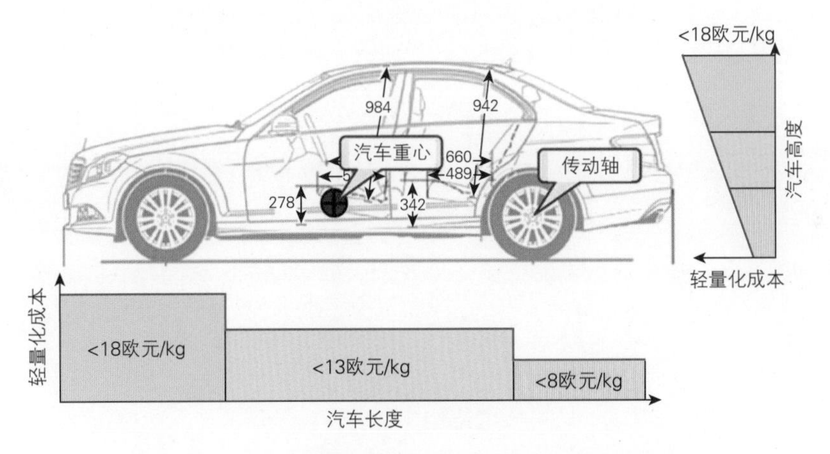

图10-2-16 车辆各部位减重和可能的边际成本测算

车辆上部减重的意义在于汽车的重心越低越好。汽车重心越高，则侧倾力臂越大，侧倾力矩也越大，需要大的悬架横向角刚度和车身扭转刚度去抗衡，因此，为车辆上部减重付出更大的代价是值得的。

车辆前端部件减重的意义在于实现前后轴载荷的均衡。一般来讲，汽车发动机、变速器、车身纵梁、前端框架和散热器等均置于车辆的前端，前轴载荷较大，为获得前后轴载荷均衡而付出的减重努力具有重要意义。

为满足车辆性能要求不断提高而导致的车辆增重，最典型的案例是对燃料消耗量和质量具有双重负面影响的全轮驱动系统。例如，2012年的某款SUV，全轮驱动系统带来的质量增加了75kg，燃料消耗量增加了1L/100km。增加发动机涡轮增压系统的转矩也会带来增重，转矩的增加导致相关部件要有加强措施，由此衍生的是每 10N · m 转矩的增加需额外增加质量 0.5kg 来换取。导致这一局面的根本原因，是来自市场需求和法规强制性要求的双重压力。

为实现既能迎合消费者需求、取得市场竞争优势，又能满足各项法规要求等多重目标下的减重，企业必须采用综合性的减重措施。以 2013 年的奔驰 S 级换代车身开发为例（图 9 – 2 – 17），新车吸纳了客户的需求，同时受竞品引导和法规要求的限制，需要在碰撞安全、NVH 等方面有所提高，为此，白车身质量将不得不增加 43.5kg。若不想危及此款车型的市场地位，必须通过轻量化措施使汽车质量保持不变或更轻。奔驰采取的措施包括：采用铝结构来平衡质量的增加，通过对白车身采取多项轻量化措施，成功减重 50.5kg，在弥补了各种增重影响后获得了白车身减重 7kg 的总体效果。图 9 – 2 – 18 所示

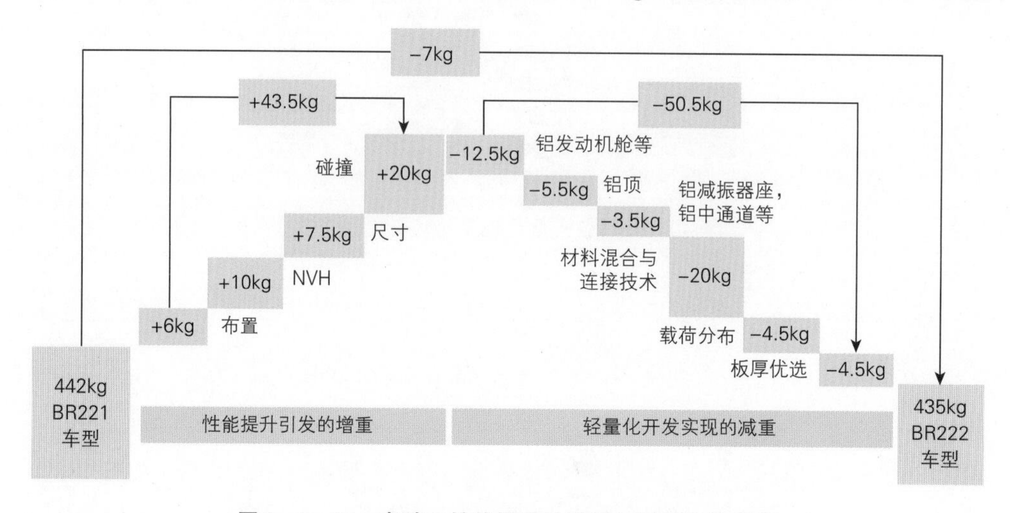

图 9 – 2 – 17　奔驰 S 性能提升的增重与轻量化的减重

注：来源于 2013 年欧洲车身会议。

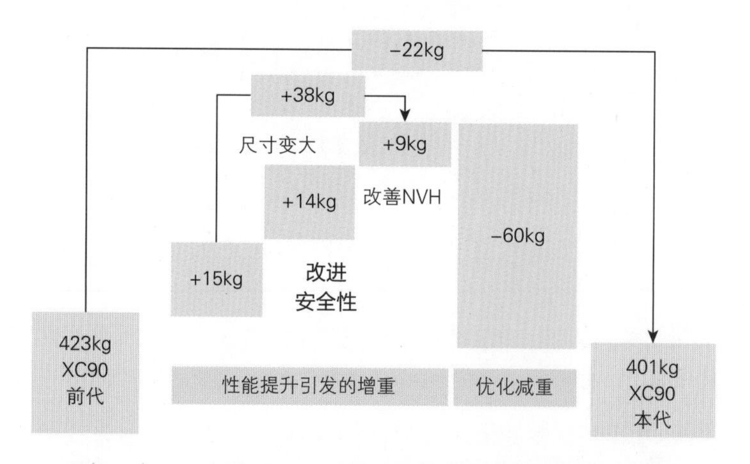

图 9 – 2 – 18　沃尔沃 XC90 性能提升的增重与轻量化的减重

注：来源于 2014 年欧洲车身会议。

的沃尔沃 XC90 的车身轻量化开发也同样，为了改善安全性不得不增重 15kg，进一步控制振动噪声不得不增重 14kg，为了获得更大的空间不得不增重 9kg，但企业通过采用各种优化措施共实现减重 60kg，在弥补了各种增重影响后实现最终减重 22kg。

2.2.2 轻量化设计技术发展趋势

在以材料分布最优为目标的结构拓扑优化方法研究方面，国际上已经从“静载、简单工况”的拓扑优化设计，向“复杂冲击载荷和多工况”联合拓扑优化的方向发展，应用范围从汽车支架类零件，向底盘部件和车身结构件延伸。随着纤维增强复合材料在汽车上开始应用，拓扑优化方法也从“各向同性材料结构”的拓扑优化设计，逐渐向“各向异性材料”拓展。

在以结构性能最优的结构轻量化设计方法研究方面，国际上已经从原来的结构显式参数化设计、结构 - 性能单目标或多目标优化设计，向隐式参数化设计与结构 - 材料 - 性能一体化集成多目标协同优化设计的方向发展，一些轻量化设计案例中还考虑了零件材料成本和成形工艺方面的约束条件限制，使结构轻量化优化设计方法更适用。

在车身结构轻量化设计方面，从只针对车身弯扭刚度和主要低阶模态频率线性响应性能的轻量化设计，发展成为基于整车结构耐撞性的非线性响应指标的优化设计。随着有限元计算规模和复杂程度的增加，优化设计方法也从直接优化设计方法向建立不同代理模型的间接优化设计方法延伸。

在底盘结构件的轻量化设计方面，从考虑零件结构强度、变形和模态频率的结构优化设计方法，逐渐开始探索基于疲劳寿命的结构轻量化设计方法。强各向异性长或连续纤维增强复合材料的材料静、动态力学性能表征和结构设计方法正在研究探索中，材料静、动态性能数据库构建，结构铺层设计，有限元建模和分析精度也有待进一步深入研究和改进，以便更好地贴合产品的实际。

面对多材料混合应用的新挑战，有效控制产品成本和确保异种材料连接的高可靠性是必须解决的问题。技术进步、产品模块化平台或许是有效途径。为此，集结构 - 材料 - 性能 - 成本为一体的轻量化设计方法研究受到重视，异种材料连接接头的高精度有限元建模、性能分析和优化设计方法已成为研究热点，以实现更高水平的跨级别车型零部件高度共享为目标的跨品牌、跨级别和跨车型产品群开始出现，例如大众 MQB 平台，模块化率已达 70%。

2.2.3 轻量化材料及成形技术发展趋势

1. 汽车用钢及其成形技术

高强高韧、低密度是国际汽车用钢的重要发展方向，也是实现汽车轻量化、改善材料成形质量的重要指标，图 9 - 2 - 19 是沃尔沃公司以高强度钢为轻量化战略的车身示例。目前我国已经开发出 1200MPa、1500MPa、1700MPa、2GPa 等级别的高强度钢，材料的伸长率也有了较大提升，例如，1500MPa 热成形钢的伸长率达到 10% 左右，590MPa 双相钢（DP 钢）的伸长率可以达到 40%。如前所述，我国低密度高强度钢开发也已经取得了一定进展。未来的发展将仍然坚持高强高韧、低密度的发展路线，以有效改善材料成形性、降低废品率、提升零部件的使用寿命和轻量化水平。此外，基于近终形制造流程，采用高质量的薄规格热轧产品替代传统的冷轧产品，通过制造流程的高度简约化，实现绿色和低成本制造，也是汽车用钢的重要发展方向之一，有助于保持并且进一步扩大钢铁在汽车用材料中的竞争优势。

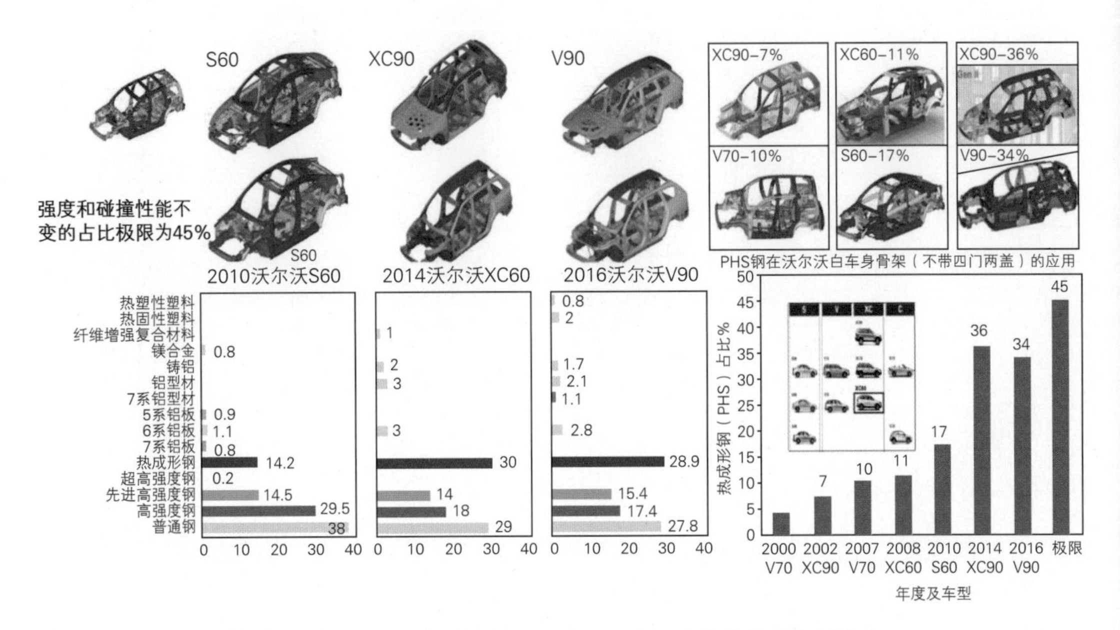

图 9-2-19　以高强度钢（热成形）应用为代表的沃尔沃车身

注：来源于 2013—2016 年欧洲车身会议。

在汽车用钢成形工艺技术的发展过程中，围绕化解其技术难点、控制生产成本和提升材料性能也形成了一些新的创新思路：一是探索发展 1000MPa 热成形钢，通过热成形技术，解决冷冲压工艺中高强度钢回弹及模具成本高的技术难题；二是将辊压成形工艺与热轧钢结合，利用热轧钢余热生产商用车用高强度钢零部件，解决商用车中厚板难加工和生产效率问题；三是发展短流程薄板坯连铸连轧（CSP）、无头轧制技术（ESP）高强度热轧钢的研究成果，有效控制材料的生产成本和改善材料的性能。

2. 铝合金及其成形技术

与汽车用钢发展趋势有异曲同工之处，铝合金也在向高强度、高韧性方向发展，例如，铸造铝合金材料的屈服强度大于 350MPa，伸长率已经达到 20% 以上。同时，国内外均在加快开发高性能铝合金材料，提升铝合金材料的高稳定性，例如，6 系屈服强度大于 400MPa，铸造铝合金拉伸强度提高至 600MPa，其屈服强度波动在 ±15MPa 内、疲劳强度大于 150MPa。

在成形工艺方面，未来的发展主要集中在薄壁铝合金成形工艺和产业化技术开发、成形过程中铝合金流动特性及其仿真分析以及拓展粉末冶金、半固态成形、液态模锻、温热成形、辊压技术等多种铝合金成形工艺等方面，如图 9－2－20 所示。

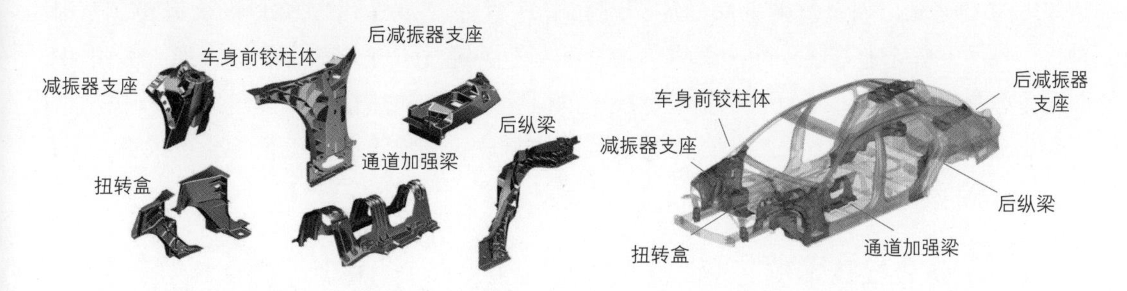

a）典型车身薄壁铝铸件及在车身上的位置　　b）在结构和几何交结处采用铝铸件

图 9－2－20　薄壁铝铸件在凯迪拉克 CT6 轿车车身上的应用

注：来源于 2015 年欧洲车身会议。

3. 镁合金及其成形技术

现阶段，镁合金应用主要以铸造工艺和小尺寸零件应用为主，未来的趋势：一是丰富工艺手段，向锻造工艺、冲压工艺和挤压成形工艺发展；二是向大尺寸、薄壁化复杂结构零件的应用发展；三是开发高强度镁合金材料应用于轮毂等受力件，开发耐高温镁合金材料应用于变速器壳体、发动机支架、减振器支架等部件。

基于以上需求，急需解决强度低、耐腐蚀性差和成本高这三大影响镁合金材料产业化应用的技术难题，国内外科学家和工程师均在为此而努力。例如，日本在 2014 年提出分两个阶段提高镁合金力学性能，分别是 2015 年抗拉强度 350MPa 以上（伸长率 13% 以上）与 2017 年抗拉强度 360MPa 以上（伸长率 15% 以上）；又如，美国能源部在 2013—2018 年期间组织汉高等企业，联合开发低成本耐蚀镁合金材料。经过这些年的努力，在解决耐蚀性问题方面形成了两条并行的技术路线，一是加强镁合金涂层技术研发与应用，二是从基体层面解决镁合金腐蚀问题。此外，低成本的材料制备及成形工艺开发也更加受到重视。

4. 非金属材料及其成型技术

内外饰产品是汽车轻量化重要的组成部分，它主要选用先进工程塑料，如 PA6T、PA9T、热塑性聚酯弹性体（TPEE）等，未来内外饰轻量化的发展主要体现在结构薄壁化、材料低密度化和金属树脂化。

1）**结构薄壁化**，即采用高性能材料，在保证产品性能的情况下，壁厚减薄，实现轻量化，由此对材料流动性、冲击等关键性能提出了更高要求，如前后保险杠。

2）**材料低密度化**，即降低材料本身的密度，进而实现产品的轻量化，如门护板采用聚丙烯（PP）材料密度由 0.95g/cm^{3}降低到 0.90g/cm^3。

3）金属树脂化，即采用先进工程塑料代替传统的金属材料，实现产品轻量化。

大丝束、低成本和可降解是未来碳纤维增强复合材料、玄武岩纤维增强复合材料、生物基可降解纤维增强复合材料的重要发展趋势。其中最突出的是碳纤维增强复合材料，正在逐步向48~50K等大丝束方向发展，例如宝马i3车型就选用了50K的大丝束碳纤维。为此，各国汽车企业都在加快相关零件设计和制造关键技术开发和产业链布局，美国和日本则在加快热塑性碳纤维复合材料成型技术的研究进程，如热塑性预浸料工艺、热塑性碳纤维复合材料拉挤工艺、在线模压工艺及碳纤维与玻璃纤维等混编工艺等，以求进一步提升生产效率、降低系统工艺成本。

2.2.4 先进连接技术发展趋势

汽车轻量化对连接技术的需求主要来自以下三方面：一是材料高强度化对连接技术提出的新挑战，例如针对2GPa高强度钢的焊接工艺；二是多材料混合应用带来的异种材料零件连接技术需求，例如钢与铝的连接、钢与镁的连接及金属材料与非金属材料的连接等；三是连接技术的应用不再只限于零件之间的连接，也包括材料之间，例如汽车B柱生产中利用激光拼焊获得不等厚板的技术正在被探索用于钢-铝板材拼焊。

围绕上述需求，连接技术已经发展到焊接、螺纹连接、铆接、胶接、胶铆接等多种工艺并存的阶段，各国的研究重点集中在连接结构的设计技术开发、高性能连接介质材料和连接零件（如胶粘剂、铆钉和螺栓）等的开发、构建连接精确模型、可靠性和性能评价体系等，目标是有效解决异种材料连接面临的界面硬脆、电化学腐蚀、变形和应力等问题，实现连接的高可靠性、高效率和低成本。

2.2.5 产品轻量化发展趋势

1. 乘用车的减重顺序

在乘用车车身、底盘、发动机及电子电器四大总成中，车身是最大最重的，处于质量的顶端，约占整车整备质量的42%，远高于底盘的38%、发动机的12%和电子电器的8%。通常认为，车身轻了，对底盘的支承力需求减少了，底盘就可以更轻一点；底盘和车身轻了，发动机动力就可以小一点，油箱也可小一点，从而形成整车降重的良性循环，如图9-2-21所示。因此，世界各大汽车企业在乘用车的减重中都将车身置于首位，在车身轻量化上下足功夫，充分挖掘车身轻量化的潜力。从各总成实现轻量化的途径看，无不依赖于设计技术、工艺技术的进步和与轻质材料应用的结合，以达到减重和生产成本降低的双重效果，或是在实现减重的同时将生产成本控制在可接受的水平。

2. 车身轻量化

图9-2-22展示的是2015年奥迪汽车公司提出的车身材料轻量化分级的概念，它将车身材料轻量化按从易到难分成两个部分，共5个级别。第1部分是结构设计的轻量化，只有1个级别，属于车身材料成分和性能都不变的设计，因为在车身材料轻量化的方向

上，材料本身对减重没有贡献，所以定义为“0”级，主要是基于解决潜在的冲突，考虑造型、结构布置和生产制造（工艺性）等方面的矛盾问题。第2部分是车身材料轻量化，共有4个级别，即1~4级，目前我国商品车还处于1级。

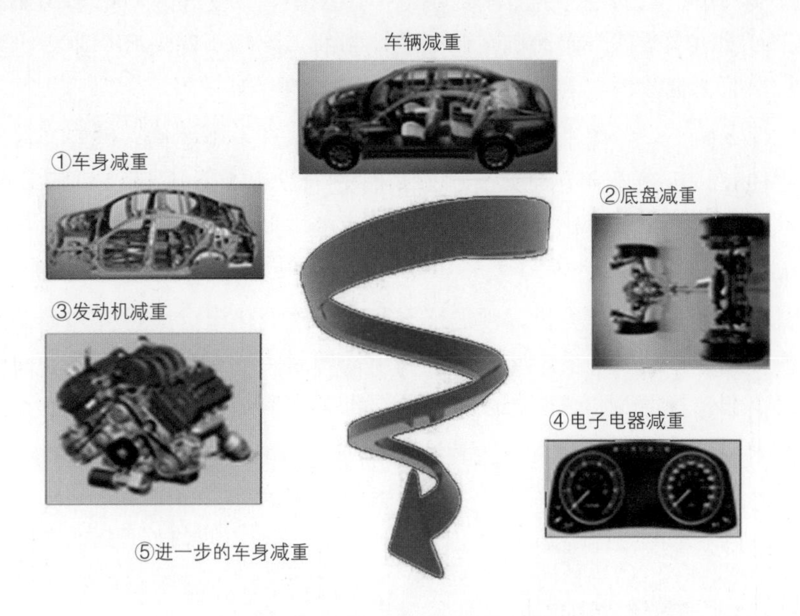

图9-2-21　整车的减重顺序

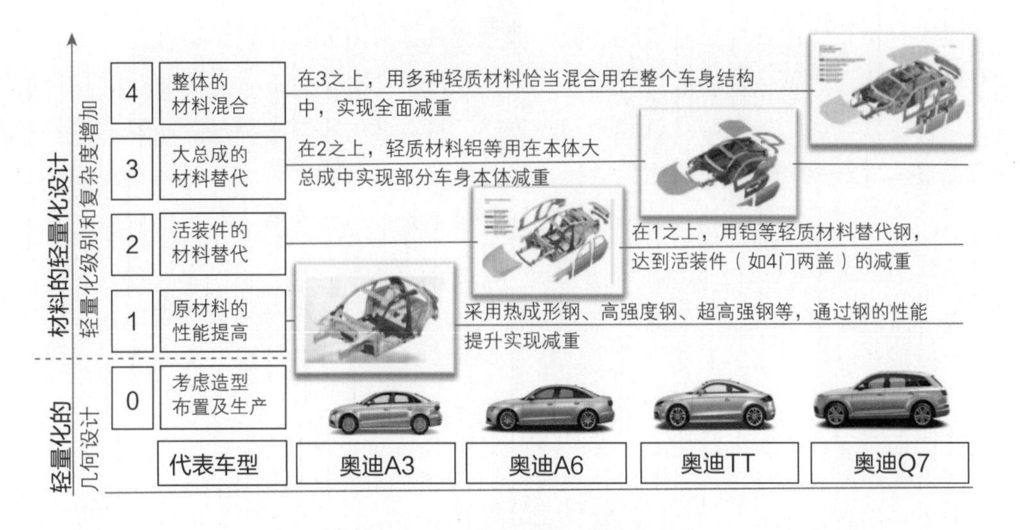

图9-2-22　车身轻量化级别的划分

车身的轻量化，大体上有三个方向：一是钢车身的轻量化，主要采用高强度钢、热成形钢等，通过提高钢的强度来实现减重；二是钢铝混合车身，例如奥迪的高端车；三是纤维复合材料车身，最具代表性的是宝马i3。未来这三个方向的发展将殊途同归，走向多材料的复合车身。

3. 发动机轻量化

小型化、结构优化和采用轻质材料是汽车发动机实现轻量化的主要手段。

在影响发动机小型化的各种因素中，市场对小型车的接受程度和整车对发动机动力的需求是关键，而这两个条件是发动机企业无法控制的，因此，发动机企业将更多的精力放在了满足整车企业需求前提下的结构优化和新材料应用方面。

在结构优化方面，一是使发动机的零件尺寸和形状进一步优化，例如，对缸体做薄壁化设计，对曲轴和凸轮轴做空心化设计，对连杆进行“瘦身”设计，采用新的活塞结构等；二是通过对零件进行集成化或模块化设计，减少零件数量，例如，将排气歧管集合在发动机缸盖里。

在新材料的应用方面，发动机零件的轻金属化和塑料化已成为主流趋势，首先是发动机缸体和缸盖，作为发动机中最重的零件，已由铸铁向铸铝合金和镁合金方向发展，铸铝合金早已商品化，镁合金在研究中。此外，塑料进气歧管和玻璃纤维增强复合材料油底壳已经在一些车型上得到应用，活塞、进气管、水泵壳、起动机壳体、摇臂、发动机支架、滤清器底座、齿轮室罩盖、飞轮壳、油底壳等零件的铝合金化和链条室、气门等零件的镁合金化也在推进中。

4. 变速器及传动系统轻量化

变速器及传动系统的轻量化思路与发动机基本一致，即结构优化和采用轻质材料。

结构布局更优、轴类零件空心化、壳体薄壁化和通过高度集成设计减少零件数量是结构优化的主要手段，新的设计理念、设计技术与先进工艺相结合，为结构优化目标的实现提供了保障。例如，通过集成设计和采用先进的连接工艺，将变速器换档塔座的零件数量从原来的 28 个减少到 19 个；采用旋锻技术或温锻热成形技术，使空心轴的壁厚更薄且更均匀；在对齿轮进行模态分析后，采用在轮辐辐板上铣削方孔来实现减重。目前，轿车空心驱动轴已有商品应用。

在轻质材料的应用方面，越来越多的钢制零件正在被粉末冶金材料所替代，采用铝合金或碳纤维的传动轴轴管、采用铝合金或镁合金的壳体已有产品出现，尼龙等非金属材料在非承载零件上的应用也有了新进展。

5. 底盘轻量化

底盘各大系统的轻量化路径仍然是优化结构和采用轻质材料，以铝镁合金件替代钢制件是当前的焦点，发展应用碳纤维复合材料是未来的期待，且采用碳纤维制作螺旋弹簧、减振器储油缸、横向稳定杆摆臂、前滑柱总成、控制臂和车轮等部件已取得进展。

底盘各个系统当前的轻量化发展状况具体如下。

1）对于汽车悬架系统，横向稳定杆正在由钢制件向铝合金化和镁合金化迈进，空心化是高强度弹簧钢零件的主要减重手段，铝合金转向节、控制臂和副车架、减振器筒贮油缸已有产品出现，镁合金副车架在一些电动汽车上得到了应用。

2）对于汽车制动系统，国外的经验表明，铸铝壳体替代铸铁壳体可以实现减重13%；真空助力器由非贯穿式改为贯穿式可实现减重5%～10%，该零件如使用铸铝壳体，可再实现减重25%左右；组合制动盘和复合制动盘的出现可实现减重10%～20%，同时钢与铝复合制动盘、碳纤维陶瓷制动盘也开始出现在人们的视线中。

3）对于汽车转向系统，轻量化正在沿着由钢到铝合金、镁合金再到碳纤维复合材料的方向发展，在由钢迈向铝合金的过程中，铸铝和锻铝技术的发展功不可没，液压助力转向系统的电动化发展，也为转向系统实现结构轻量化提供了有利条件。

4）对于汽车行驶系统，轻量化集中在轮毂、轴承、车轮和备胎方面，其中轮毂的减重是重点。有资料显示，在同样重量下的钢制车轮与铸铝车轮比较，可降低30%～40%的制造成本，这使得钢制车轮受到汽车企业的高度关注，但比较而言，锻铝车轮、碳纤维车轮和镁合金车轮更具轻量化潜力，且随着镁合金耐蚀问题的解决，镁合金车轮或许会比碳纤维车轮更快进入规模化应用，并进而扩大应用到其他底盘零件。

未来，汽车底盘最有潜力的轻量化措施无疑是线控（X－By－Wire），这与智能网联汽车的发展高度契合，包括线控转向、线控制动、线控悬架、线控变速系统等，它们与线控节气门系统、线控增压系统融合形成对整车的智能控制，再通过CAN总成、MOST网络等传输，借助云计算实现信息共享、集中控制。

3 专题领域技术路线图1.0评估

3.1 技术路线图1.0目标完成情况

针对轻量化技术路线图1.0提出的2020年目标，平均整备质量、高强度钢应用、铝合金应用、镁合金应用以及碳纤维复合材料应用的目标完成情况见表9－3－1。

表9－3－1 轻量化技术路线图1.0的2020年目标完成情况

关键指标	2020年目标	2020年进展和目标实现情况
平均整备质量	平均整备质量较2015年减重10%	根据工业和信息化部的数据，近年来我国乘用车总体平均整备质量呈增加趋势，并未达到轻量化技术路线图1.0中提出的预计减重目标，这与我国汽车中大型轿车和SUV销量在汽车总销量中的占比快速提升有关。但统计表明，我国整车轻量化系数均值已经由2010年的3.47降低到2019年的2.40，具体到特定产品进行分析也可以发现，2015—2019年，一汽、长城、江淮、奇瑞等企业的主要车型均实现了减重8%～10%，与轻量化技术路线图1.0的减重目标基本一致

（续）

关键指标	2020 年目标	2020 年进展和目标实现情况
高强度钢应用	600MPa 以上高强度钢应用比例达到 50%	对国内近 5 年 20 余款新上市乘用车的统计分析表明，80% 以上车型 600MPa 及以上高强度钢的应用比例在 35% ~45%，而长城汽车 WEY VV7、东风风神 AX7 等车型 600MPa 以上高强度钢的应用比例已经达到了 50%
铝合金应用	单车用铝量达到 190kg	目前，单车累计用铝量在 120kg 左右，代表性零件有转向节、摆臂、动力蓄电池壳体等，代表性的应用有：奇瑞 eQ1 车身骨架中 6 系铝型材用量为 94.4kg、5 系铝板用量为 29.3kg；北汽 LITE 铝合金用量为 160kg；蔚来 ES8 车身铝合金用量超过了 300kg。因此，尽管总体看目前单车用铝量距离轻量化技术路线图 1.0 的 2020 年目标有一定距离，但也有典型车型实现了这一目标
镁合金应用	单车用镁量达到 15kg	受耐腐蚀性能差、力学性能低、成本高等因素影响，镁合金大批量产业化应用仍然受限，目前仅用于仪表板支架、转向盘骨架等零件，单车用镁量为 1 ~3kg，2020 年单车用镁量 15kg 的目标难以实现。
碳纤维复合材料应用	碳纤维有一定使用量，成本比 2015 年降低 50%	前途 K50、蔚来 ES6 两个上市车型上有多个部件采用了碳纤维材料，上汽、长安和吉利等企业也正在积极开展碳纤维复合材料的应用研究。同时，国内积极开展热塑性碳纤维复合材料的产业化应用研究，工艺成本已实现降低 50% 的目标

3.2 技术路线图 1.0 目标达成情况分析

如表 9 -3 -1 所示，轻量化技术路线图 1.0 中提出的 2020 年高强度钢应用目标已经提前实现，铝合金应用、碳纤维复合材料应用目标将在 2020 年内实现。这些成绩的取得，得益于以下方面的推动。

1）国家相关的支持政策为汽车轻量化的发展创造了良好的氛围，加速了汽车轻量化的进程。近年来，在《汽车产业中长期发展规划》《“十三五”交通领域科技创新专项规划》《“十三五”材料领域科技创新专项规划》及《新材料产业发展指南》等国家多个规划中均对提升汽车轻量化水平提出了明确要求，并在国家科技项目中做出了相应安排，对深入开展技术攻关、推动跨产业协同发挥了积极作用。

2）经过近 20 年的积累，中国品牌乘用车的开发能力趋于成熟，高强度钢应用相关技术能力不断提升。同时，钢铁企业积极调整产品结构，深度开展与高强度钢应用相关的研究工作，使得汽车与钢铁行业的协同更加顺畅，实现了汽车与钢铁行业的双赢，即钢铁工业为中国品牌汽车产品竞争力的提升提供了有力支撑，汽车行业也为钢铁行业转型升级提供了良好条件。

3）新能源汽车的快速发展，为轻量化技术进步创造了良好的外部环境。由于新能源汽车的价格空间相对较大，而对“轻”的要求更高，成为铝合金和碳纤维复合材料产业化的良好载体。铝合金生产企业和碳纤维生产企业积极配合汽车行业的需求，与汽车企业在产品设计、成形工艺和连接技术等领域开展了深度合作，使扩大铝合金和碳纤维应用成为可能，其成果也为传统汽车的铝合金应用提供了经验。

4）行业机构，如汽车轻量化技术创新战略联盟，在凝聚行业和产业间共识、有效引导轻量化技术的进步、推动相关优势资源向企业聚集、促进上下游协调和产学研深度合作方面起到了重要作用，也推动了社会和相关产业进一步了解和正确认识汽车轻量化。

同时，对照表 9-3-1 可以发现，整车轻量化目标和镁合金应用等部分指标在 2020 年将难以实现，制约因素有以下几个方面。

1）在整车轻量化目标设定中，缺乏对汽车消费结构变化的预判，新能源汽车动力蓄电池系统增重对整车减重目标实现的影响估计不足；同时也说明，用简单的减重指标衡量一个汽车产品的轻量化水平是不科学也不合理的。

2）消费者对车辆智能化、安全性要求越来越高，国家对车辆安全、环保和节能的要求日益严格，为满足上述要求，整车配置不断提升，零部件的数量在不断增加，“淹没”了企业为实现整车减重而付出的努力，同时也说明构建科学合理的整车轻量化水平评价体系的重要性。

3）技术发展进程和应用环境跟不上需要，在镁合金领域尤其突出，镁合金力学性能低、耐腐蚀性差和成本高等问题至今未得到有效解决，严重制约了其产业化进程，同时也说明了构建完善的、相互协调的汽车轻量化技术开发体系和应用体系的紧迫性。

4 面向 2035 年发展愿景、目标及里程碑

4.1 发展愿景

到 2035 年，将拥有更加多样化的轻量化技术手段，助力汽车产品实现轻量化；将拥有上下游更加协同的轻量化技术发展体系，助力产业智能化、网联化和电动化发展；将拥有更加完善的轻量化应用体系，助力产品市场竞争力的提升；将拥有更加稳健的轻量化零件生产体系和相关工业支撑体系，助力我国汽车强国目标的实现。

4.2 总体目标

到 2035 年，全面掌握整车一体化集成设计和轻量化零件结构设计、高精度成形、性

能控制和评价、连接等关键技术，形成轻质材料低成本、高稳定性生产和高效制造能力，构建起完整的汽车轻量化技术开发和应用体系。以汽车轻量化多材料综合应用为基础，实现相对2019年燃油乘用车整车轻量化系数降低25%，纯电动乘用车整车轻量化系数降低35%，载货汽车整车载质量利用系数和挂牵比提高15%，客车整车轻量化系数降低15%。

4.3 分阶段目标和里程碑

基于对全球汽车轻量化技术发展趋势的分析和未来我国汽车智能化、电动化发展背景下对轻量化技术需求的判断，提出分阶段总体目标见表9-4-1。

表9-4-1 汽车轻量化分阶段发展目标（以2019年为基础）

目标		阶段		
		2020—2025年	2025—2030年	2030—2035年
整车类型	燃油乘用车	整车轻量化系数降低10%	整车轻量化系数降低18%	整车轻量化系数降低25%
	纯电动乘用车	整车轻量化系数降低15%	整车轻量化系数降低25%	整车轻量化系数降低35%
	载货汽车	载质量利用系数和挂牵比提高5%	载质量利用系数和挂牵比提高10%	载质量利用系数和挂牵比提高15%
	客车	整车轻量化系数降低5%	整车轻量化系数降低10%	整车轻量化系数降低15%
轻量化技术开发与应用体系		构建完善的超高强度钢应用体系，掌握基于成本约束和工艺实现的结构-性能一体化设计方法、基于疲劳寿命的承载件轻量化设计方法；突破超高强度钢的材料稳定性调控、成形、连接和评价等关键技术；加快提升铝合金、镁合金、工程塑料及复合材料的性能，初步形成低成本、大丝束车用纤维材料生产能力；积累材料性能及测试评价的数据和经验，形成相关材料标准与规范；初步形成关键产品部件的标准与规范；为轻量化多材料综合应用奠定基础	建立起铝合金、镁合金产业化应用体系，掌握铝合金车身覆盖件的设计方法、薄壁铝合金、镁合金结构件的设计方法；突破大尺寸挤压铝合金件，薄壁铸造铝合金、镁合金件及车身覆盖件成形质量控制、连接和评价等关键技术；进一步完善高强度钢应用体系，提升车用工程塑料与复合材料性能和成型效率；积累零部件设计、制作、测试等相关经验，形成相关产品标准与规范；为轻量化多材料综合应用夯实基础	建立起车用复合材料应用体系，掌握车用复合材料零件参数化设计、一体化集成设计、高精度建模与性能预测方法和强各向异性材料零部件结构拓扑优化设计方法；突破复合材料零件高精度成形、性能控制、连接、服役性能和评价等关键技术；积累复合材料部件设计、制作、测试等相关经验，形成相关产品标准与规范；完善低成本、高效成形工艺与装备开发体系，形成汽车轻量化多材料综合应用能力

4.3.1　2020—2025 年轻量化阶段目标

2017 年 4 月颁布的《汽车产业中长期发展规划》明确提出了 2025 年发展目标：我国新车平均燃料消耗量乘用车降到 4.0 L/100km、商用车达到国际领先水平，排放达到国际先进水平；新能源汽车能耗处于国际领先水平，新能源汽车骨干企业在全球的影响力和市场份额进一步提升；若干中国品牌汽车企业产销量进入世界前十，中国品牌汽车在全球影响力得到进一步提升。2020 年 2 月国家发展和改革委员会等 11 个部委共同颁布的《智能汽车创新发展战略》提出，到 2025 年将实现有条件自动驾驶的智能汽车达到规模化生产，实现高度自动驾驶的智能汽车在特定环境下市场化应用。

上述文件提出的各项目标对汽车轻量化提出了新挑战。同时，2020—2025 年也将是我国汽车产业实现从重规模向重质量转变的关键时期，其基本特点是，外资企业将加快在中国市场的布局，中国品牌将比以往任何时期面临更大的竞争压力；将有更多中国企业布局全球，轻量化技术能力对中国品牌立足世界的重要性更加突出。因此，这一时期我国汽车轻量化技术发展将承担起攻坚克难的任务，为中国品牌汽车节能减排及可持续发展尽一分力量，并成为轻量化技术持续发展奠定基础的关键时段。一方面，在这一阶段，中国品牌产品对成本仍然具有较高的敏感度，汽车用材以钢为主的局面不会改变，必须在提升汽车用钢水平方面有更大作为；另一方面，为增强中国品牌产品的持续竞争力，必须强化多材料混合应用的技术储备和产业布局。

基于以上判断，提出 2020—2025 年的轻量化阶段目标如下。

构建完善的汽车用钢应用体系，通过流程创新降低汽车用钢的制造成本，进一步提升高强度钢的应用水平，掌握基于成本约束和工艺实现的结构 - 性能一体化设计方法、基于疲劳寿命的承载件轻量化设计方法；突破超高强度钢的材料稳定性调控、成形、连接和评价等关键技术。加快提升铝合金、镁合金、塑料及复合材料的性能，初步形成低成本、大丝束车用纤维材料生产能力，为形成轻量化多材料综合应用能力奠定基础，积累材料性能及测试评价的数据和经验。形成相关材料标准与规范，初步形成部分产品部件的标准与规范。到 2025 年，实现在 2019 年的基础上燃油乘用车和纯电动乘用车整车轻量化系数分别降低 10% 和 15%，载货汽车载质量利用系数和牵引车挂牵比平均值提高 5%，客车整车轻量化系数降低 5%。

4.3.2　2025—2030 年轻量化阶段目标

2025—2030 年，我国汽车产业将进入新能源汽车技术水平大幅度提升和智能网联汽车逐步普及的新阶段。预计 2030 年我国新能源汽车销量将占汽车总销量的 40%，有条件自动驾驶网联汽车的销量占汽车总销量的比例有望达到 70%。在这一时期，动力蓄电池的技术水平会有大幅度提升，但动力蓄电池重量与续驶里程、成本之间的矛盾将依然存在，且与智能化相关的装备将大量增加，汽车轻量化将面临更大的挑战：一要服务于整车整备质量控制，为动力蓄电池和新增零件释放尽可能大的重量空间；二要服务于整车制造成本控制，通过合理的设计和恰当的用材，实现综合效益最优。而有利的一面是，采用近终形制造流程开发“以热代冷”的汽车用钢，可进一步降低高强度钢的使用成本；新能源汽车和智能网联汽车对轻量化技术应用的成本承受度比传统燃油汽车高，为采用轻合金实现轻量化提供更多的应用机会。因此，这一阶段汽车轻量化的用材策略应从“以钢为主”向“轻质化 + 高强度”的方向调整。

基于以上判断，提出 2025—2030 年的轻量化阶段目标如下。

建立起汽车铝合金、镁合金应用体系，掌握铝合金车身覆盖件的设计方法及薄壁铝合金、镁合金结构件的设计方法；突破大尺寸挤压铝合金件、薄壁铸造铝合金及镁合金件、车身覆盖件成形的工艺技术、过程质量控制方法、连接技术和评价等。进一步完善高强度钢的低成本制造与应用体系，提升车用工程塑料、复合材料性能和成形效率，夯实轻量化多材料综合应用的基础。积累部件设计、制作、测试等相关经验，形成相关产品标准与规范，到 2030 年，实现在 2019 年的基础上燃油乘用车和纯电动乘用车整车轻量化系数分别降低 18% 和 25%，载货汽车载质量利用系数和牵引车挂牵比平均值提高 10%，客车整车轻量化系数降低 10%。

4.3.3　2030—2035 年轻量化阶段目标

2030—2035 年，新能源汽车将成为国民经济的支柱产业，具有智能化特征的新能源汽车将占据市场的主导地位。在这一时期，随着汽车智能控制、主动安全和智能安全技术广泛应用，对汽车用材体系和轻量化技术需求或将发生重大变化。复合材料所具有的密度低、比强度和比刚度高、耐冲击、零件结构可设计性强等特点，将使其成为本阶段汽车用材的热点，而高韧高强钢和镁、铝合金的使用将更加聚焦在满足特定零件性能和功能需求方面。

基于以上判断，提出 2030—2035 年轻量化阶段目标如下。

建立起汽车用复合材料应用体系，掌握车用复合材料零件参数化设计、一体化集成设计、高精度建模与性能预测方法和强各向异性材料零部件结构拓扑优化设计方法；突破复合材料零件高精度成形、性能控制、连接、服役性能和评价关键技术；完善低成本成形工艺与装备开发体系，形成轻量化多材料综合应用能力。积累复合材料部件设计、制作、测试等相关经验，形成相关产品标准与规范。到 2035 年，在 2019 年的基础上实现燃油汽车和纯电动乘用车整车轻量化系数分别降低 25% 和 35%，载货汽车载质量利用系数和牵引车挂牵比平均值提高 15%，客车整车轻量化系数降低 15%。

4.4　分阶段关键核心技术

结合汽车轻量化的产品愿景与目标，针对不同阶段的发展目标，提出不同阶段需攻克的轻量化关键核心技术如下。

4.4.1　2020—2025 年轻量化关键核心技术

围绕建立完善的高强度钢应用体系，提升轻质合金、工程塑料、复合材料的性能，初步形成低成本、大丝束车用纤维材料生产能力，重点突破关键技术，见表 9 –4 –2。

表 9 –4 –2　2020—2025 年轻量化关键核心技术

技术类别	关键核心技术
轻量化设计	基于成本约束和工艺实现的结构 – 材料 – 性能一体化设计软件平台开发；零件成本模型构建；加工硬化对零部件性能影响机制研究；焊缝与焊点的精确建模、性能分析预测方法；全新架构新能源汽车模块化设计方法；典型工程塑料零部件集成设计、高精度模型构建、仿真分析和性能评价，形成设计规范与设计标准
高强度钢及其成形	超高强度钢微观组织与力学性能、疲劳性能、延迟开裂的关系与调控技术；超高强度钢回弹、起皱与边部开裂的组织调控技术；高强度钢成形过程中组织强化与演变机制；高强度钢焊接性能提升与调控方法；超高强度钢的稳定生产技术；先进高强度钢技术适用性评价技术；基于近终形制造流程低成本高强度低合金结构（HSLA）钢、热成形钢、双相钢的制造与应用技术
铝合金及其成形	铝合金熔体净化技术；铸、锻铝合金材料优化及提升技术；铝合金板材力学与成形性能调控技术；高性能挤压铝合金材料性能调控及设计技术；铝合金材料性能稳定性和一致性控制
镁合金及其成形	新型低成本、耐蚀、高疲劳车用镁合金研发；新型形变镁合金开发；环境友好型镁合金熔炼设备及工艺开发；镁合金零部件大规模生产安全防护技术；镁合金零部件全生命周期使用成本评估
工程塑料及其成型	工程塑料流动特性与模具结构、工艺设计关键技术；工程塑料抗老化机理及其性能调控技术
复合材料及其成型	车用低成本纤维及其复合材料开发和稳定性生产技术；纤维增强树脂基复合材料模型构建及数据卡片标定；复合材料成型工艺仿真技术；复合材料疲劳性能评价；复合材料失效模式；复合材料性能评价标准体系；连续纤维增强复合材料批量化生产技术
连接	抗拉强度 700MPa 以上高强度钢点焊和弧焊焊接参数对焊接接头和母材力学性能和疲劳性能的影响机理；点焊与弧焊连接接头性能的试验测试与评价方法；焊接接头性能对总成和整车性能的影响、连接产品制造工艺技术与制造管理技术、连接产品技术标准与安装适应性标准和检测技术、产品与设备的国产化替代技术（规避国外专利垄断）、多材料连接的抗电化学腐蚀技术、连接结构密封技术、螺栓防松技术、高强度螺栓氢致延时断裂控制技术、发动机高温螺栓材料及表面处理技术

4.4.2　2025—2030 年轻量化关键核心技术

围绕建立轻质合金的应用体系，进一步完善高强度钢的应用体系，提升车用工程塑料与复合材料的性能和成型效率，重点突破的关键技术见表 9－4－3。

表 9－4－3　2025—2030 年轻量化关键核心技术

技术类别	关键核心技术
轻量化设计	高压铸造薄壁铝、镁合金零部件布筋和集成设计、性能仿真评价；铝合金底盘承载件的抗疲劳设计和评价；钢、铝零部件的连接设计及性能预测与评价；模块化非全承载车身和底盘车架性能分解、结构集成优化设计方法；铝合金温、热成形零件设计方法；半固态铝合金零部件结构设计方法
高强度钢及其成形	高强度钢组织和性能微合金化调控机制；高强度钢高强高韧调控技术；低成本、高强度塑性新型汽车用钢的研发与应用；高疲劳强度汽车用钢的研发；高强度钢连接损伤与失效机理研究；高强高韧钢成形工艺；基于近终形制造流程高性能相变强化钢的制造与应用技术
铝合金及其成形	铝板成形极限和成形性能的精确构建；大型挤压铝合金件尺寸稳定性技术；大型薄壁压铸铝合金成形技术；铝合金板材稳定性生产技术；低成本铝合金部件技术；铝合金部件验证技术；铝合金整车验证技术
镁合金及其成形	耐热、耐蚀低成本镁合金开发；镁合金低压铸造技术；形变镁合金零部件量产成形技术；镁合金真空压铸技术与系统装备；镁合金零部件集成组装技术开发；镁合金产品缺陷在线监测技术；大型薄壁复杂镁合金产品制造缺陷控制技术
工程塑料及其成型	特种工程塑料开发的关键技术；工程塑料关键性能检测、表征与数学建模构建的关键技术；工程塑料在多载荷下关键性能演变一般规律和数学模型；工程塑料疲劳特性及其失效模式和失效机理
复合材料及其成型	复合材料混合工艺技术；纤维增强复合材料与金属复合成型技术；低成本批量化纤维增强材料成型工艺技术（单独工艺、复合工艺等）；连续纤维增强热塑性复合材料批量化技术；复合材料回收技术
连接	铝、镁合金同种和异种材料连接，以及钢与铝、镁合金的连接损伤与失效机理；研究各种连接类型、方式、参数对连接性能的作用；各种连接方式和接头的模型、性能分析与仿真评价方法；各种连接方式及接头性能的试验测试与评价方法；连接方式、接头性能对总成和整车性能的影响规律；各种连接方式、电化学腐蚀特性及其预防措施；形成各种连接结构系列化标准；新型连接结构与产品研发；各种应用场景的连接结构可靠性数据积累与分析；连接产品低成本化制造技术

4.4.3　2030—2035 年轻量化关键核心技术

围绕建立车用复合材料应用体系、完善高强度钢应用体系和轻质合金应用体系，并形成汽车轻量化多材料综合应用能力，重点突破以下关键技术，见表 9 -4 -4。

表 9 -4 -4　2030—2035 年轻量化关键核心技术

技术类别	关键核心技术
轻量化设计	复合材料静、动态力学性能测定及本构关系表征；复杂结构复合材料铺层和三维编织零部件的结构设计；复合材料零部件参数化设计、高精度有限元建模、性能分析、预测和评价方法；车用复合材料零部件一体化集成设计；复合材料零部件过载和冲击损伤、失效机理研究；复合材料、钢、铝零部件连接设计与性能评价；各向异性复合材料零件拓扑优化；复合材料零部件抗疲劳结构设计；复合材料零部件抗冲击吸能结构设计
高强度钢及其成形	高性能超高强度钢材料性能高精度测试评价技术体系；超高强低密度钢的研发与应用
铝合金及其成形	车身覆盖件高性能铝合金板材及其成形技术；高强韧铸锻铝合金构件材料及其成形技术；高强、高韧形变铝合金及其成形技术
镁合金及其成形	不锈镁合金及其成形技术；铝镁（外铝内镁）复合轧制板材技术；高强度镁合金安全件的开发技术；镁合金汽车零部件设计、生产与评价技术
工程塑料及其成型	特种工程塑料高精度测试评价技术体系；新一代汽车用工程塑料及其应用技术；用于智能化的工程塑料及其应用技术等
复合材料及其成型	超低密度复合材料开发；复合材料一体化开发技术；连续纤维复合材料增材制造技术
连接	碳纤维复合材料与钢、铝、镁合金异种材料连接（铆接、粘接、铆粘复合连接以及螺栓连接）的损伤与失效机理；各种连接方式、参数对连接性能的作用机制；各种连接方式、接头的建型、性能分析与仿真评价方法与体系；连接方式、接头、连接结构性能的试验测试与评价方法与体系；连接方式、接头性能对总成和整体性能的影响规律；连接方式与连接电化学腐蚀特性及其预防措施规范；连接方式连接结构静态与疲劳性能测试评价技术体系；汽车设计的结构连接与连接件系列化与标准化技术体系；连接结构设计标准模型库与可靠性数据库

5 技术路线图

5.1　汽车轻量化总体技术路线图

根据我国汽车轻量化的发展愿景和总体目标，综合以上对国内主要整车、零部件和材料企业汽车轻量化技术的发展现状和需求的系统分析，借鉴发达国家的发展经验，提出我国汽车轻量化总体技术路线图（2020—2035 年），如图 9 -5 -1 所示。

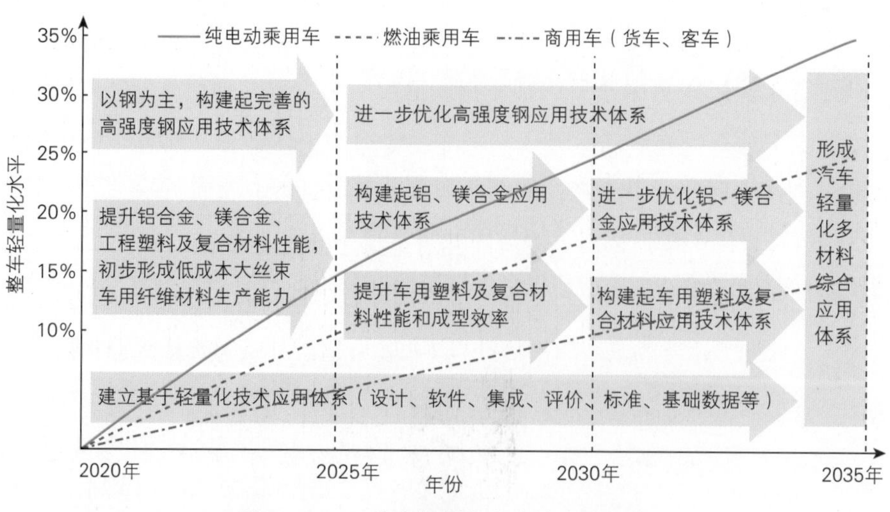

图 9-5-1　汽车轻量化总体技术路线图

5.2　整车轻量化技术路线图

针对乘用车、商用车的不同特点，并结合汽车轻量化总体技术路线图，分别制订乘用车、载货汽车和客车整车的轻量化技术路线图。

5.2.1　乘用车轻量化技术路线图

面向 2025 年、2030 年及 2035 年各阶段，燃油乘用车整车轻量化系数目标将在 2019 年的基础上分别降低 10%、18% 和 25%，新能源乘用车整车轻量化系数目标将在 2019 年的基础上分别降低 15%、25% 和 35%。

围绕上述目标，结合各个阶段轻量化技术开发和应用体系构建的重点，提出我国乘用车轻量化技术路线图和各阶段重点发展的零部件，如图 9-5-2 和表 9-5-1 所示。

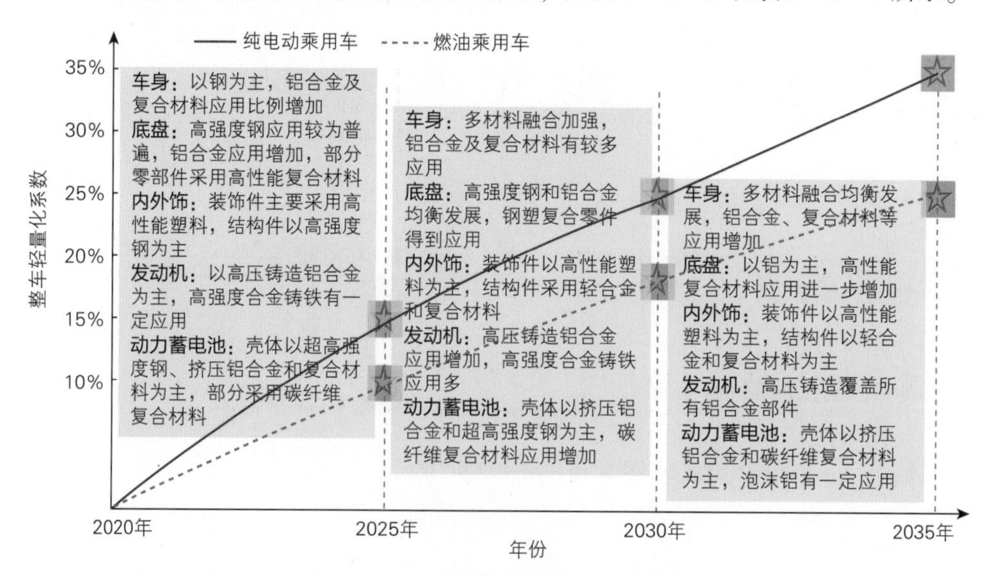

图 9-5-2　乘用车轻量化技术路线图

表 9-5-1 乘用车各阶段重点发展的零部件（以 2019 年为基础）

汽车子系统			2020—2025 年	2025—2030 年	2030—2035 年
车身	总趋势		用材以钢为主，铝合金及复合材料应用比例有所增加，连接以焊接为主，激光焊接和铆接应用较为普遍	铝合金应用比例大幅增加，多材料融合进一步加强，多材料连接技术应用更加广泛	多材料应用均衡发展，复合材料等应用大幅增加，连接技术更加多样化
车身	重点零部件		1）碰撞安全件热成形钢用量进一步提高 2）结构件采用第三代钢和先进高强度钢，部分采用热成形钢，复合材料结构补强技术有所应用 3）覆盖件以高强度无间隙（IF）和烘烤硬化（BH）钢为主，发动机舱盖、前保险杠横梁等部分采用铝合金，前端模块采用塑料复合材料	1）碰撞安全件热成形钢用量进一步提高，高强度铝合金和碳纤维复合材料有一定应用 2）结构件以钢为主，部分采用高压铸造铝合金或碳纤维复合材料 3）覆盖件以高强度 IF 钢和铝合金为主，加大铝合金在发动机舱盖、前保险杠横梁等零件上的应用，前端模块部分采用镁合金	1）碰撞安全件高强度铝合金和碳纤维应用比例提高 2）结构件采用第三代钢和先进高强度钢，部分采用热成形钢和铝合金 3）覆盖件以铝合金、高性能塑料和复合材料为主
底盘	总趋势		热成形钢、高强度钛素体－贝氏体（FB）钢等新材料及液压成形工艺应用较为普遍，铝合金应用比例增加，部分零件采用高性能复合材料	高强度钢和铝合金均衡发展，铸造和锻造铝合金比例进一步增加，部分钢塑复合零部件得到应用	以铝合金为主，高强度钢零部件比例有所降低，高性能复合材料应用进一步增加
底盘	重点零部件	控制臂	以单片式高强度钢控制臂为主，少量锻造铝合金控制臂，部分钢塑复合控制臂	以单片式高强度钢和锻造铝合金控制臂为主，钢塑复合和低压铸造铝合金控制臂有所增加	以单片式高强度钢和锻造铝合金控制臂为主，钢塑复合和低压铸造铝合金控制臂较多，少量纤维增强复合材料控制臂
底盘	重点零部件	副车架	以先进高强度钢冲压焊接为主，液压成形高强度钢、低压铸造铝合金和挤压焊接铝合金有所增加	以先进高强度钢冲压焊接为主，液压成形高强度钢、低压铸造铝合金和挤压焊接铝合金继续增加	以先进高强度钢冲压焊接为主，液压成形高强度钢、低压铸造铝合金、挤压焊接铝合金较多应用，少量纤维增强复合材料

（续）

汽车子系统			2020—2025 年	2025—2030 年	2030—2035 年
底盘	重点零部件	转向节	以铸铁为主，铝合金应用比例增加，部分采用高强度铸铁、等温淬火球墨铸铁（ADI）	以低压铸造铝合金为主，部分采用高强度铸铁	以低压铸造铝合金为主，部分采用高强度铸铁，少量采用锻造铝合金
		车轮	旋压铸造铝合金应用比例增加，少量高强度钢轮毂	旋压铸造铝合金继续增加，少量镁合金轮毂	旋压铸造铝合金较多，锻造铝合金和镁合金应用增加，少量碳纤维复合材料
		弹簧类	普通高强度钢螺旋弹簧	以普通高强度钢螺旋弹簧为主，高强度钢或复合材料弹簧比例增加	高强度钢或复合材料弹簧均衡发展
内外饰	总趋势		内外装饰件以高性能塑料为主，微发泡等技术得到应用；内饰结构件先进高强度钢应用比例增加，镁铝合金应用比例进一步提高	内外装饰件以高性能塑料为主，部分零件采用生物基材料；内饰结构件主要采用镁铝合金和复合材料，高强度钢比例降低	内外装饰件以高性能塑料为主，生物基材料得到普遍应用；内饰结构件以镁铝合金和复合材料为主
	重点零部件	内饰护板	采用高性能塑料、低密度塑料、微发泡	以低密度塑料、微发泡为主，部分高性能塑料和生物基复合材料	以低密度塑料、微发泡为主，生物基复合材料应用比例进一步增加
		座椅骨架	以先进高强度钢为主，少量复合材料和高压铸造镁合金	以先进高强度钢为主，少量复合材料和高压铸造镁合金	部分先进高强度钢，部分复合材料和高压铸造镁合金
		仪表板横梁	以普通高强度钢为主，少量挤压铝合金或钢塑混合，部分镁铝合金	以普通高强度钢为主，少量挤压铝合金或钢塑混合，部分压铸镁合金	普通高强度钢、挤压铝合金或钢塑混合、压铸镁合金均衡发展
		外饰塑料	采用高性能塑料、高模量塑料	采用高性能塑料、高模量塑料	采用高性能塑料、高模量塑料

电子电气	总趋势			细线径铜合金线束，部分铝合金线束	细线径铜合金线束，铝合金线束增加	铜合金和铝合金线束均衡发展
	重点零部件		线束	以普通铜合金线束为主，部分细线径铜线束和铝合金线束	以普通铜合金线束为主，细线径铜合金线束、铝合金线束比例进一步增加	铝合金线束比例进一步增加
动力系统	燃油汽车	总趋势		缸体以高压铸造铝合金为主，集成式缸盖普遍应用，高强度合金铸铁有一定应用	高压铸铝应用增加，高强度合金铸铁普遍应用，耐蚀镁合金、钛合金等有一定应用	高压铸造覆盖所有铝合金部件，耐蚀镁合金用量进一步增加
		重点零部件	缸体	以高压铸造铝合金缸体为主，高性能铸铁材料有一定应用	以高压铸造铝合金缸体为主，薄壁高性能铸铁缸体有一定应用	以高压铸造铝合金缸体为主，薄壁高性能铸铁缸体有一定应用
			缸盖	采用重力铸造分离式，部分集成式	采用重力铸造分离式，部分集成式	采用重力铸造分离式，部分集成式
	电动汽车	总趋势		蓄电池包壳体以超高强度钢、挤压铝合金和塑料复合材料为主，部分采用碳纤维复合材料；电机壳体采用高压铸造铝合金	蓄电池包壳体以挤压铝和超高强钢为主，碳纤维复合材料应用增加，泡沫铝有一定应用；电机壳体部分采用耐蚀镁合金	蓄电池包壳体挤压铝合金、碳纤维复合材料均衡应用，泡沫铝应用增加；电机壳体大量采用耐蚀镁合金
		重点零部件	电池包壳体	以超高强度钢、挤压铝合金为主，部分采用碳纤维复合材料，上盖复合材料壳体应用较为普遍	以挤压铝合金和超高强度钢为主，部分采用碳纤维复合材料，探索性应用泡沫铝合金，上盖以复合材料为主	以挤压铝合金为主，部分采用碳纤维复合材料和泡沫铝合金，上盖以复合材料为主
			电机壳体	采用高压铸造铝合金	以高压铸造铝合金为主，部分采用耐蚀镁合金	以高压铸造铝合金为主，耐蚀镁合金应用进一步增加

5.2.2 载货汽车轻量化技术路线图

如前所述，面向 2025 年、2030 年、2035 年的各阶段，载货汽车载质量利用系数和牵引车挂牵比平均值将在 2019 年的基础上分别提高 5%、10% 和 15%。

围绕上述目标，结合各个阶段轻量化技术开发和应用体系构建的重点，提出我国载货汽车轻量化技术路线图和各阶段重点发展的零部件，如图 9-5-3 和表 9-5-2 所示。

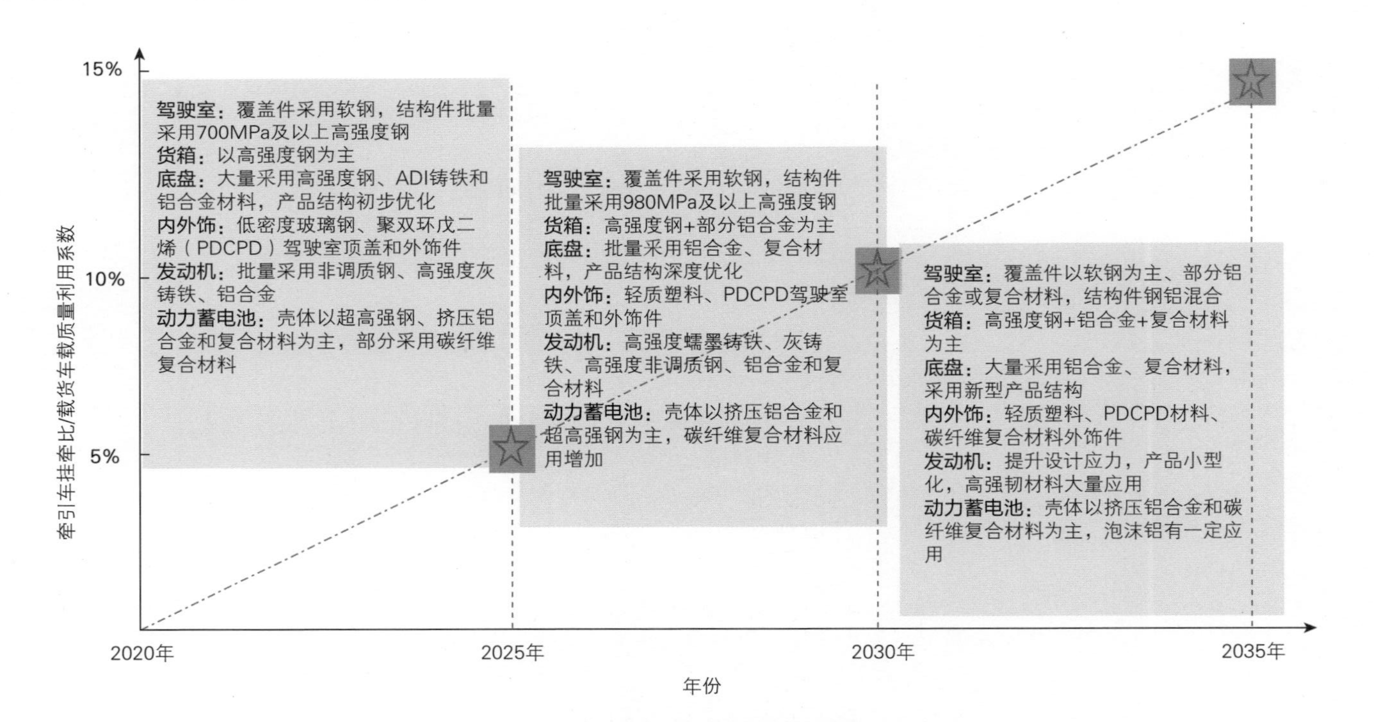

图 9-5-3 载货汽车轻量化技术路线图

配合上述路线图，各阶段重点发展的零部件见表9－5－2。

表9－5－2　载货汽车各阶段重点发展的零部件（以2019年为基础）

汽车子系统			2020—2025年	2025—2030年	2030—2035年
车身	总趋势		驾驶室覆盖件采用软钢，结构件采用700MPa及以上高强度钢，采用框架式结构；货箱以高强度钢为主	驾驶室覆盖件采用软钢，结构件采用980MPa及以上高强度钢，采用框架式结构；货箱以高强度钢＋铝合金为主	驾驶室覆盖件以软钢为主、部分铝合金或树脂基复合材料，结构件钢铝混合，采用框架式结构；货箱以高强度钢＋铝合金＋复合材料为主
	重点零部件		700MPa及以上先进高强度钢空间框架；高强度钢热成形A柱、前横梁；高强度钢辊压变截面地板纵梁；不等厚高强度钢整体地板；700～1200MPa级高强度钢货箱	980MPa及以上先进高强度钢空间框架；高强度钢热成形铰链加强板、门槛、门内板等；高强度钢辊压顶盖横梁、纵梁；高强度钢辊压变截面不等厚地板纵梁、横梁及座椅加强梁；500MPa高强度钢车门外板；铝合金货箱	980MPa及以上先进高强度钢＋铝合金型材空间框架；铝合金冲压车门、顶盖；碳纤维复合材料顶盖外板、超塑性成形一体化顶盖外板；复合材料货箱
底盘	总趋势		大量采用高强度钢、ADI铸铁和铝合金材料，产品结构做初步优化	批量采用铝合金和复合材料，产品结构深度优化	大量采用铝合金和复合材料，采用新型产品结构
	重点零部件	车架	700MPa级辊压或局部加强车架	980MPa辊压梁或者钢铝混合车架	铝合金车架、复合材料车架
		制动盘	高性能铸铁制动盘	复合材料制动盘	复合材料制动盘
		转向节	ADI球墨铸铁	锻造铝合金	碳纤维复合材料
		悬架	高应力变截面少片簧悬架	复合材料板簧悬架、单片簧悬架	复合材料板簧＋轻量化空气悬架
		车轮	高强度钢车轮、锻造铝合金车轮	旋铸铝合金车轮	旋铸铝合金、镁合金、碳纤维复合材料车轮
		传动轴	钢制、铝合金拉拔管式传动轴	铝合金、碳纤维复合材料传动轴	铝合金、碳纤维复合材料传动轴
		车桥	高强度钢冲焊桥壳，铸造桥壳，机械内胀式桥壳	高强度球墨铸铁桥壳，高强度空心半轴	液压胀型高强度钢
		油箱、储气筒	铝合金、非金属	铝合金或非金属	油箱采用电加热复合材料

（续）

汽车子系统			2020—2025 年	2025—2030 年	2030—2035 年
内外饰	总趋势	内饰、护板护面	PU 发泡、PP/尼龙 + 玻璃纤维增强塑料、蜂窝板、低密度内衬等轻质材料用量占比 30% ~50%	PU 发泡、PP/尼龙 + 玻璃纤维增强塑料、蜂窝板、低密度内衬等轻质材料用量占比 40% ~60%	PU 发泡、PP/尼龙 + 玻纤增强塑料、蜂窝板、低密度内衬等轻质材料用量占比 60% ~80%
		外饰件	低密度玻璃钢、PDCPD、玻璃纤维增强及镁铝合金支架占比 30% ~50%	低密度玻璃钢、PDCPD、玻璃纤维增强及镁铝合金支架占比 40% ~60%	PDCPD、碳纤维及玄武岩纤维复合材料装饰件与支架占比 60% ~80%
		仪表板、座椅等结构支架	尼龙 + 玻璃纤维、镁铝合金占比 20% ~40%	尼龙 + 玻璃纤维、镁铝合金占比 30% ~50%	镁铝合金应用比例为 20% ~40%，碳纤维及玄武岩纤维复合材料支架应用比例为 60% ~80%
	重点零部件		低密度玻璃钢、PDCPD 材料驾驶室顶盖和外饰件	高强度球墨铸铁、铸造镁铝合金内外饰支架；轻质塑料、PDCPD 驾驶室顶盖和外饰件	轻质塑料、PDCPD 材料、碳纤维外饰件
动力系统	燃油货车	总趋势	发动机批量采用非调质钢、高强度灰铸铁和铝合金，产品结构做初步优化	发动机批量采用高强度蠕墨铸铁、高强度灰铸铁、1000MPa 以上级非调质钢、铝合金和复合材料，产品结构做深度优化	发动机提升设计应力，产品小型化设计，高强韧材料大量应用
		重点零部件	高强度铸铁缸盖，组合凸轮轴，高强钢连杆，铝合金油底壳，铝合金变速器壳体	先进高强度铸铁缸体、缸盖，铝合金飞轮壳和齿轮室，复合材料油底壳，铝合金、镁合金变速器壳体	高强韧材料缸体、缸盖和齿轮，铝合金、镁合金、复合材料变速器壳体
	电动货车	总趋势	同乘用车	同乘用车	同乘用车
		重点零部件	同乘用车	同乘用车	同乘用车

5.2.3　客车轻量化技术路线图

如前所述，面向 2025 年、2030 年、2035 年各阶段，客车整车轻量化系数将在 2019 年的基础上分别降低 5%、10% 和 15%。

围绕上述目标，结合各个阶段轻量化技术开发和应用体系构建的重点，提出我国客车轻量化技术路线图和各阶段重点发展的零部件，如图 9－5－4 和表 9－5－3 所示。

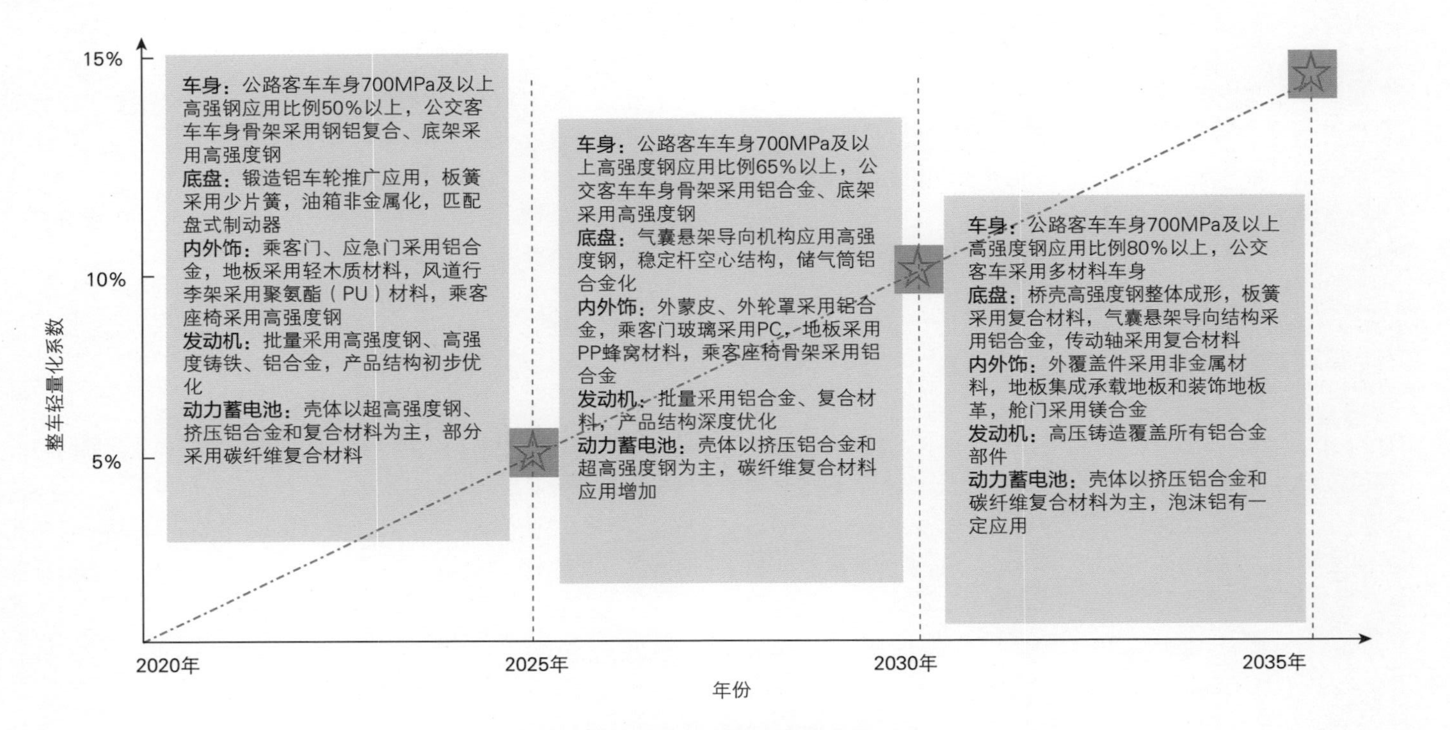

图 9－5－4　客车轻量化技术路线图

表 9-5-3　客车各阶段重点发展的零部件（以 2019 年为基础）

汽车子系统			2020—2025 年	2025—2030 年	2030—2035 年
车身	总趋势		公路客车车身结构优化，700MPa 及以上高强度钢应用比例 50% 以上；公交客车车身骨架采用钢铝复合结构、底架采用高强度钢	公路客车车身结构功能集成优化设计，700MPa 及以上高强度钢应用比例 65% 以上；公交客车车身骨架采用铝合金、底架采用高强度钢	公路客车车身结构应用变截面辊压结构优化设计，700MPa 及以上高强度钢应用比例 80% 以上；公交客车采用高强度钢、铝合金、复合材料多材料车身结构
	重点零部件		高强度钢全承载骨架底架、变截面冲压车架纵梁、防撞梁、座椅固定梁，钢铝复合公交车身骨架，铸造铝合金连接件	功能集成高强度钢全承载骨架底架、结构功能集成辊压激光焊接纵梁、高强度钢辊压纵梁车架，全铝公交车身骨架	变截面辊压高强度钢骨架与底架梁，铝合金复合材料混合公交车车身，碳纤维防撞梁
底盘	总趋势		锻造铝合金车轮推广应用、材料优化提升板簧承载能力，板簧采用少片簧，油箱非金属化，匹配盘式制动器	空气悬架托架集成优化，空气悬架导向机构应用高强度钢，稳定杆空心结构，储气筒铝合金化	高强度钢桥壳整体成形，板簧采用复合材料，空气悬架导向结构铝合金材料应用，传动轴采用复合材料
	重点零部件		锻造铝合金车轮，高强度钢冲焊桥壳，全盘式制动器，高应力板簧，轻量化少片簧悬架，塑料油箱	集成气囊托架，轻量化结构推力杆，空心稳定杆、铝合金储气筒	高强度钢整体涨型桥壳，复合材料板簧，铝合金推力杆，碳纤维传动轴
内外饰	总趋势		乘客门、应急门应用铝合金，地板应用轻质木质材料，风道行李架应用 PU 材料，乘客座椅应用高强度钢	外蒙皮、外轮罩应用铝合金材料，乘客门玻璃采用 PC 玻璃，地板采用 PP 蜂窝材料，乘客座椅骨架采用铝合金材料	外覆盖件大量采用非金属材料，车内地板集成承载地板和装饰地板革，舱门应用镁合金轻量化
	重点零部件		铝合金舱门，铝合金乘客门，轻质木地板，PU 复合风道行李架，高强钢座椅	粘接铝合金蒙皮，乘客门 PC 玻璃，PP 蜂窝地板，PVC 复合风道，铝合金座椅	复合材料顶蒙皮、侧围蒙皮、前后围蒙皮，非金属外轮罩，集成复合材料地板，镁合金侧舱门
动力系统	燃油客车	总趋势	同货车	同货车	同货车
		重点零部件	同货车	同货车	同货车
	电动客车（公交车）	总趋势	同乘用车	同乘用车	同乘用车
		重点零部件	同乘用车	同乘用车	同乘用车

5.3　典型轻量化材料应用体系技术路线图

结合我国整车轻量化发展需要和汽车轻量化的发展愿景目标，根据汽车轻量化总体技术路线图，分别提出高强度钢应用体系技术路线图、轻质合金应用体系技术路线图、工程塑料及复合材料应用体系技术路线图，如图 9 – 5 – 5 ~ 图 9 – 5 – 7 所示。同时，分别提出重点发展的零部件，见表 9 – 5 – 4 ~ 表 9 – 5 – 8。

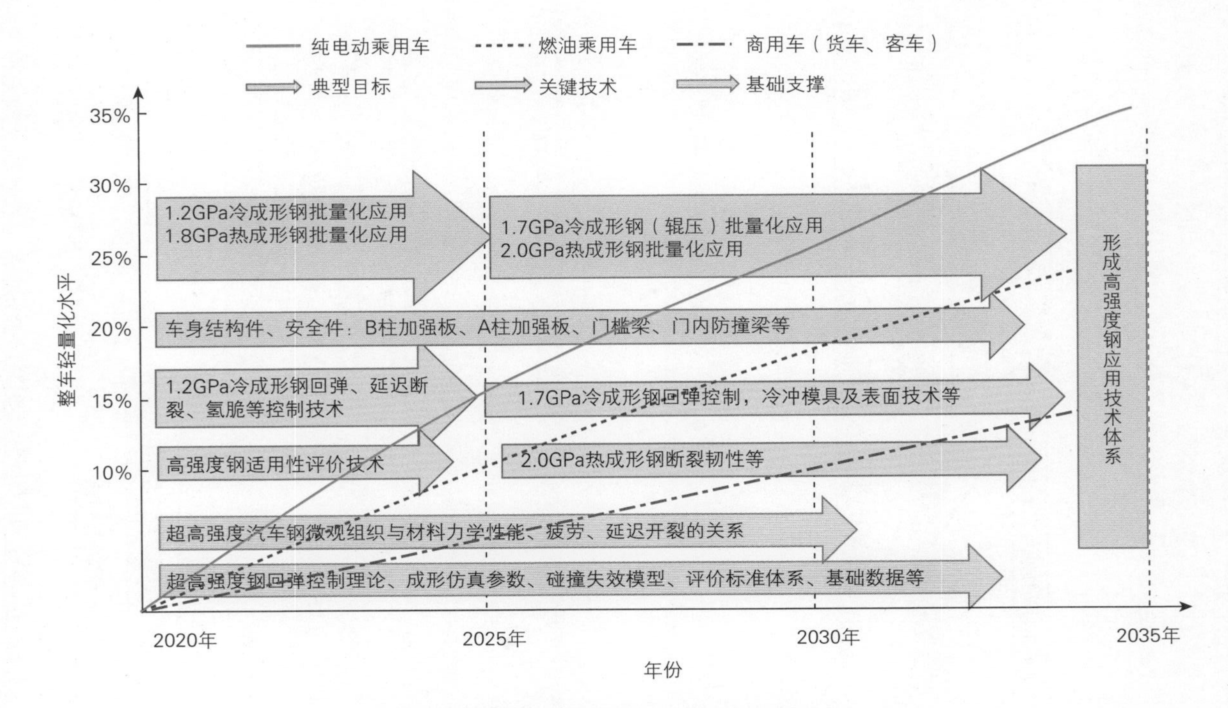

图 9 – 5 – 5　高强度钢应用体系技术路线图

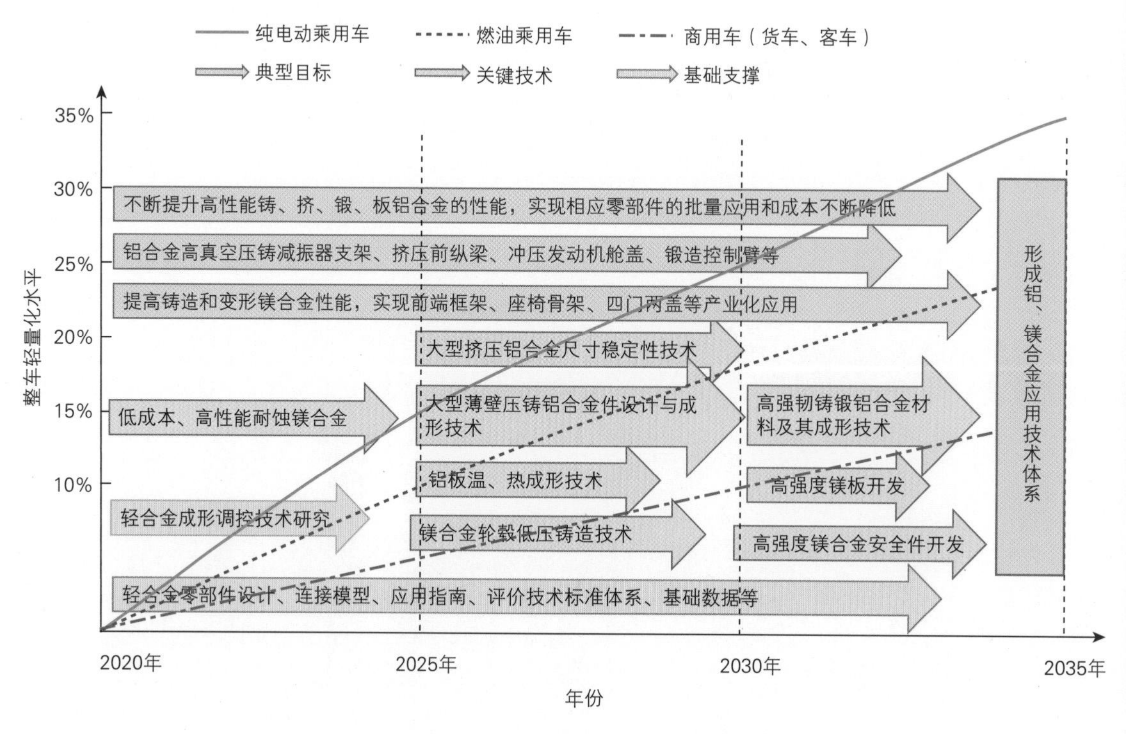

图9-5-6　轻质合金应用体系技术路线图

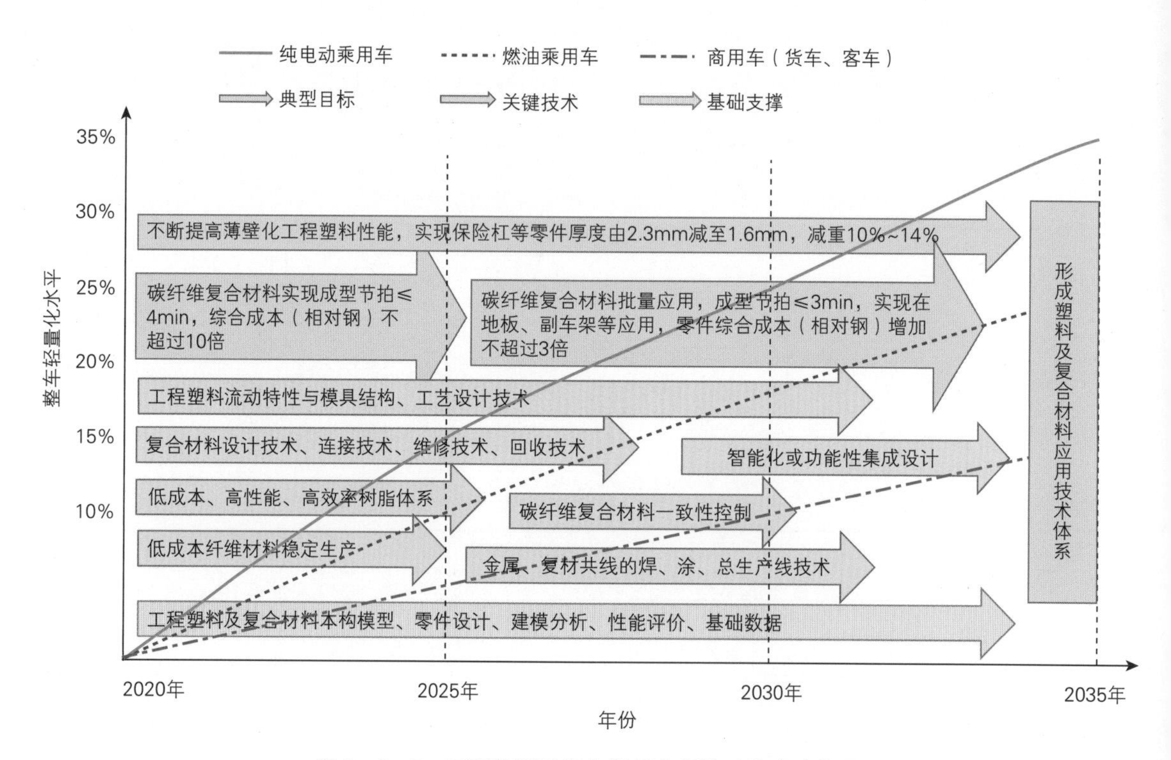

图9-5-7　工程塑料及复合材料应用体系技术路线图

表9-5-4　高强度钢应用重点目标和关键指标

目标	2025年	2030年	2035年
重点目标	1）1.2GPa级高塑性冷成形钢批量应用于车身结构件和安全件，如门槛梁、A柱加强板、B柱加强板 2）1.8GPa级热成形钢批量应用于车身安全件，如B柱加强板、车门防撞梁 3）基于近终形制造流程的低成本、高性能汽车用高强度钢部分替代传统冷轧产品	1）1.7GPa级高塑性冷成形钢（辊压）实现产业化应用，用于B柱加强板等零件 2）2GPa级热成形钢批量应用于车身安全件，如车门防撞梁 3）基于近终形制造流程的低成本、高性能汽车用高强度钢全面替代传统800MPa以下级冷轧产品	
关键技术	1）1.2GPa级冷成形钢回弹控制、剪切边裂纹敏感性、氢脆敏感性、液态金属脆等控制技术 2）1.8GPa级热成形钢关键零部件的连接可靠性、断裂韧性等 3）先进高强度钢适用性评价技术 4）超高强度钢异质材料连接技术 5）近终形制造流程汽车用高强度钢的制造与应用评价技术	1）1.7GPa级冷成形钢回弹控制、冷冲压模具及表面技术，高精度冲压装备，以及辊压、滚冲等新型成形工艺 2）2GPa级热成形钢关键零部件的连接可靠性、断裂韧性等	
基础支撑	1）先进高强度汽车钢质量技术标准 2）超高强度钢回弹、剪切边开裂本构模型的建立及组织调控研究 3）建立更高强度级别冷成形钢回弹控制理论、成形仿真参数、碰撞失效仿真模型 4）建立超高强度钢零部件性能评价方法 5）建立近终形制造流程汽车用钢的材料数据库	1）超高强度汽车钢微观组织与材料力学性能、疲劳、延迟开裂的关系 2）考虑多步成形或伺服工艺条件下材料本构模型的建立 3）建立近终形制造流程汽车用高强度钢相关技术标准	1）高性能超高强度汽车钢材料性能高精度测试评价技术体系 2）形成完整的材料数据库

表9-5-5　铝合金应用重点目标和关键指标

目标	2025年	2030年	2035年
重点目标	1）提高国产铸造铝合金（如AlSi10MnMg）的性能，实现在典型结构件的产业化应用，如高真空压铸铝合金减振器支架，成本在2020年的基础上降低5% 2）提高国产挤压铝合金（如7000系）性能，实现在典型汽车结构吸能部件的产业化应用，如前纵梁，成本在2020年的基础上降低10% 3）提高国产铝合金板材（如6016）性能，实现在典型结构件和覆盖件的产业化应用，如前后地板、发动机舱盖等，成本在2020年的基础上降低10% 4）提高国产锻造铝合金（如6082）性能，实现在典型底盘悬架系统部件上产业化应用，如控制臂，成本在2020年的基础上降低5%	1）进一步提高国产铸造铝合金（如AlSi10MnMg）的性能，实现在典型结构件的批量化应用，如减振器支架、A柱、后纵梁，成本在2020年的基础上降低10% 2）进一步提高国产挤压铝合金（如7000系）性能，实现在汽车结构吸能部件的批量化应用，如前纵梁、门槛、后纵梁，成本在2020年的基础上降低20% 3）进一步提高国产铝合金板材（如6111）性能，实现在结构件和覆盖件的批量化应用，如前后地板、后围板、前舱、顶盖等，成本在2020年的基础上降低20% 4）进一步提高国产锻造铝合金（如6082）性能，实现在底盘悬架系统部件上批量化应用，如控制臂、摆臂，成本在2020年的基础上降低10%	继续提高各类国产铝合金的性能，不断降低应用成本，形成完善的铝合金自主开发和应用体系
关键技术	1）铸造铝合金抗拉强度≥300MPa，伸长率≥10%，突破压铸铝合金结构件性能-成本一体化设计技术、压铸铝合金材料调配及成形控制技术 2）突破7000系挤压铝合金大型零部件的尺寸精度控制技术 3）突破6016铝合金板材在大型复杂车身零部件中的设计和成形技术 4）锻造铝合金抗拉强度≥500MPA，伸长率≥10%，突破锻造铝合金零部件的疲劳分析技术 5）突破铝合金与异种材料连接技术	1）建立薄壁铝合金结构件设计方法，突破薄壁铸造铝合金件成形质量控制、连接和评价关键技术 2）突破大尺寸挤压铝合金件成形质量控制、连接和评价关键技术 3）掌握铝板的稳定生产技术，建立铝合金车身覆盖件的设计方法，突破车身覆盖件成形质量控制、连接和评价关键技术	建立各类铝合金零部件的结构-材料-性能一体化设计方法，掌握各类铝合金的成形、连接与评价技术
基础支撑	探索各类铝合金组织与性能调控机理、材料及连接模型构建方法，建立铝合金零部件的设计方法和材料评价标准体系框架，建立铝合金零部件对标分析、材料、成形、连接等基础数据库框架	掌握各类铝合金组织与性能调控机理、材料及连接模型构建方法，建立铝合金材料和零部件的标准体系，完善铝合金零部件对标分析、材料、成形和连接等基础数据库	掌握铝合金自主开发和应用的相关基础理论，形成标准体系和数据库

表 9-5-6 镁合金应用重点目标和关键指标

目标	2025 年	2030 年	2035 年
重点目标	提高铸造镁合金性能，实现在大型内饰构件和壳体类零件产业化应用，如前端框架、座椅骨架、仪表板支架、蓄电池包壳体等，构件成本比 2020 年降低 30%，综合成本与铝制或钢制构件接近	进一步提高镁合金性能，实现铸造镁合金在轮毂等旋转件，以及在发动机支架、后排座椅骨架、减振塔等大型内饰件产业化应用 实现变形镁合金在车门内板、覆盖件内支撑等产业化应用，综合成本与铝制或钢制构件相当	实现铸造镁合金在汽车上全面应用，实现变形镁合金板材在四门两盖和白车身结构件的产业化应用，综合成本与铝制或钢制构件接近
关键技术	铸造镁合金的抗拉强度 >280MPa，耐蚀性不低于变形镁合金 AZ91D，镁合金构件连接技术、大尺寸薄壁构件模具设计、5000t 以上大型压铸机	铸造镁合金抗拉强度 >300MPa，变形镁合金抗拉强度 >350MPa，耐蚀性显著高于变形镁合金 AZ91D；大尺寸薄壁构件缺陷控制、8000t 以上大型压铸机、大尺寸镁合金构件冲压成形系统；薄壁镁合金结构件的设计方法，突破薄壁铸造镁合金件成形质量控制、连接和评价关键技术	变形镁合金板材抗拉强度 >300MPa、伸长率 >20%、杯突值 >10mm，耐蚀性显著提高，2m 宽镁合金板材低成本制备加工系统、塑性成形构件缺陷控制、大尺寸镁合金构件冲压成形系统
基础支撑	高强韧合金成分设计理论、铸件缺陷预测理论与模型、铸件质量评价方法	高强韧合金成分设计理论、铸件缺陷预测与控制理论、铸件质量评价标准、塑性加工成形理论	高成形性镁合金设计理论、弱织构镁合金板材塑性加工成形理论、变形件质量控制理论与模型

表9-5-7 工程塑料应用重点目标和关键指标

目标	2025年	2030年	2035年
重点目标	提高薄壁化工程塑料的性能，实现零件料厚由2.3mm减至2.0mm，减重7%~10%，综合成本不变，应用典型零部件为保险杠、车门内护板、立柱护板等	进一步提高薄壁化工程塑料的性能，实现零件料厚由2.0mm减至1.8mm，减重9%~12%，综合成本不变，应用典型零部件为保险杠、车门内护板、立柱护板等	进一步提高薄壁化工程塑料的性能，实现零件料厚由1.8mm减至1.6mm，减重10%~14%，综合成本不变，应用典型零部件为保险杠、车门内护板、立柱护板等
关键技术	研究工程塑料流动特性与模具结构、工艺设计的核心技术	掌握工程塑料流动特性与模具结构、工艺设计的核心技术	掌握工程塑料零部件的结构-材料-工艺一体化设计技术
基础支撑	建立汽车用工程塑料技术标准体系框架，建立工程塑料的动、静态力学性能和疲劳性能等数据库框架，初步建立汽车用工程塑料设计与应用指南	建立汽车用工程塑料技术标准体系，建立工程塑料的动、静态力学性能和疲劳性能等数据库，建立汽车用工程塑料设计与应用指南	构建完善的工程塑料建模、分析体系及完善的技术标准和基础数据体系

表 9-5-8　树脂基复合材料应用重点目标和关键指标

目标	2025 年	2030 年	2035 年
重点目标	提高碳纤维复合材料性能，具备碳纤维复合材料连续规模化生产能力，预浸料模压实现成型节拍≤8min，综合成本（相对钢）不超过 10 倍；HP-RTM 实现成型节拍≤4min，综合成本（相对钢）不超过 10 倍，实现碳纤维复合材料在覆盖件的产业化应用，如发动机舱盖、行李舱盖、顶盖	进一步提高碳纤维复合材料性能，具备碳纤维复合材料规模化生产能力，预浸料模压实现成型节拍≤4min，综合成本（相对钢）不超过 4 倍；HP-RTM 实现成型节拍≤2min，综合成本（相对钢）不超过 4 倍，实现碳纤维复合材料在车身结构件的产业化应用，如地板、包裹架、局部补强部件	进一步提高碳纤维复合材料性能，实现碳纤维复合材料批量应用，大型复杂件成型节拍≤3min，实现碳纤维复合材料在底盘零部件的应用，如副车架、控制臂、传动轴，零件综合成本增加不超过 3 倍
关键技术	基于工业化树脂基复合材料的铺层、工艺和维修设计；实现低成本、高性能、高效率树脂体系开发、中间材料和增强纤维开发；满足汽车领域产业化要求的多材料连接技术及适用于金属、复合材料共线的焊、涂、总生产线技术；碳纤维复合材料维修技术	基于客户和产品性能的系统集成性设计；碳纤维复合材料性能一致性≥95%；多材料连接装备、多材料复合工艺的开发与应用；碳纤维复合材料的回收技术	智能化或功能性集成设计；可批量化生产的低成本碳纤维复合材料技术；智能化复合材料零部件生产线，智能化焊、涂、总生产线；回收碳纤维的匹配应用技术
基础支撑	复合材料动、静态材料参数数据库；复合材料失效模式及疲劳性能分析评价；复合材料零部件性能试验方法和评价体系	混合工艺界面性能参数；碳纤维复合材料的损伤模式及失效准则与汽车部件的对应关系；总成级性能试验方法和评价体系；工艺仿真技术	多材料、混合工艺仿真技术

6 创新发展需求

结合轻量化设计与评价、轻量化材料与成形和连接等，围绕整车轻量化的技术链，提炼出汽车轻量化的基础前瞻、应用技术、示范与产业化、共性技术平台搭建的创新发展需求。

说明：实施方式中，A 为国家主导，B 为行业联合（含跨行业联合），C 为企业主导。

6.1 基础前瞻

序号	项目名称	必要性	项目目标	研究内容	预期成果	实施模式
1	轻量化设计与计算基础研究	缺少具有自主知识产权的结构轻量化设计软件；现有设计方法的建模分析精度和计算效率需要进一步改进和提高；随着材料和制造技术的不断发展，需要提出并建立新的汽车整车和零部件轻量化设计理论和方法	为汽车结构轻量化提供系统的设计软件平台、设计理论与方法；建立完善的汽车轻量化结构设计、仿真分析和性能评价体系；建立汽车轻量化正向设计开发能力；保证汽车轻量化可持续健康发展	开发具有自主知识产权的汽车轻量化结构设计、建模分析与评价软件；研究材料－结构－性能－工艺－成本一体化集成设计方法；研究铝、镁合金、纤维增强复合材料零部件结构集成设计方法；各向异性材料零部件结构参数化和拓扑优化设计方法	开发具有自主知识产权的设计软件 构建出完备的汽车轻量化结构设计、仿真分析与性能评价平台和体系	A
2	汽车材料增强增韧机理及材料多相调控机制研究	高强度钢、铝合金、镁合金等金属材料增强增韧的机理和规律尚待深入阐明，组织调控与成形控制的关系不完全清楚；复合材料纤维流动、界面控制与零部件性能关系尚未很好掌握	突破高性能材料成分调控机理、工艺设计理论与设计方法，逐步掌握改善高强度钢、轻质合金、碳纤维复合材料的力学性能、疲劳性能、成形性能的方法	高强度、高韧性汽车用钢相变控制理论与机理；先进工程塑料微观结构控制和增强增韧机制；多层材料组织力学计算、调控理论和调控机理；碳纤维复合材料纤维－树脂－交联剂等界面控制理论	掌握提高汽车轻量化材料力学性能、疲劳性能、成形性能等性能的方法	A

3	异种材料连接及性能评价的基础研究	异种材料连接模型精确构建的方法不掌握；连接接头参数设计对连接性能的影响机制不清楚；连接接头性能对总成和整车性能的影响规律不明确	掌握不同种类连接方式精确建模的方法；揭示连接接头参数设计对连接性能的影响机制；阐明连接接头性能对总成和整车性能的影响规律	研究点焊、铆接、胶铆接等在异种材料连接中的应用，掌握模型构建和优化方法；研究工艺参数设置对接头力学性能、疲劳性能、失效模式的影响规律；研究接头性能对整车性能的影响规律	建立典型连接工艺的模型构建方法、连接性能的评价方法	A

6.2　应用技术

序号	项目名称	必要性	项目目标	研究内容	预期成果	实施模式
1	轻量化零部件结构设计	零部件轻量化设计是汽车轻量化工作的前提和基础，开展零部件轻量化结构设计为整车轻量化设计提供基础	建立不同材料零部件新的拓扑优化设计、结构设计、集成设计、铺层设计方法；构建系统的多材料汽车零部件轻量化设计技术体系	研究基于疲劳寿命的承载件设计技术；铝、镁合金、纤维增强复合材料零部件结构集成设计技术；各向异性材料零部件结构参数化和拓扑优化设计技术；异种材料零部件连接结构设计技术	研发出专用的不同材料汽车去零部件的结构设计软件；建立汽车零部件轻量化设计平台	A
2	轻量化成形工艺及装备制造技术	成形工艺和制造装备是轻量化工程实施的保障，也是降低轻量化成本和提高加工效率的重要途径	掌握高强度钢冷冲压回弹控制和热成形延迟断裂控制技术；掌握高真空压铸薄壁铝、镁合金零部件成形控制技术；掌握铝合金、镁合金局部增压成形技术；掌握大尺寸挤压铝合金零件的精度控制技术；掌握低成本高效率碳纤维复合材料成型工艺和装备技术	超高强度钢冷冲压成形和热冲压成形控制技术；真空压铸薄壁铝、镁合金零部件成形控制技术；铝合金、镁合金局部增压成形技术；大尺寸挤压铝合金零件的精度控制技术；短流程、高效率、低成本热塑性碳纤维复合材料成型工艺和关键装备	超高强度钢冷冲压回弹和热成形延迟断裂控制方法；真空压铸薄壁铝、镁合金零部件，以及大尺寸挤压铝合金零件加工装备；热塑性碳纤维复合材料加工装备	A

（续）

序号	项目名称	必要性	项目目标	研究内容	预期成果	实施模式
3	轻量化连接工艺	随着车身用材向多材料方向发展，多种连接技术开始实现应用，但是相应的连接设计方法、性能评价体系尚未建立	针对铆接、搅拌摩擦焊、胶铆接等新型连接方式，建立连接接头性能的试验测试与评价方法，掌握连接结构系列化设计技术与连接产品性能标准化技术	研究不同材料、不同连接方式下的连接性能变化规律，建立相应的测试和评价方法标准	相关的技术标准	A

6.3 示范与产业化

序号	项目名称	必要性	项目目标	研究内容	预期成果	实施模式
1	多材料乘用车车身	多材料车身是乘用车未来的发展方向，同时也是混合应用超高强度钢，高性能铝、镁合金及碳纤维复合材料等高性能轻量化材料的载体，开发多材料乘用车车身能够有效引导行业的发展	开发面向乘用车的多材料车身、关键零部件和连接技术	研究高强度钢承载件的开发和应用，高真空压铸薄壁铝、镁合金零部件的开发和应用，大尺寸挤压铝合金车身件的开发和应用，热塑性碳纤维复合材料车身结构件的开发和应用；同时研究适用于不同材料零件之间的铆接、粘接、胶铆接等连接技术	开发出轻量化的多材料车身；形成典型零部件的设计规范和设计方法；建立不同类连接技术的建模和评价方法；示范和引领轻量化先进技术的开发和应用	A、B、C

2	超轻重型载货汽车	重型载货汽车的轻量化能够有效带动商用车领域先进轻量化技术的应用，通过开发多种轻量化技术集成应用的重型载货汽车驾驶室和底盘，示范和引领行业商用车轻量化的发展	开发出使用先进高强度钢+铝合金型材空间框架的重型载货汽车驾驶室，开发出超高强度钢、铝合金和复合材料的重型货车底盘，开发出具有示范意义的超级轻量化重型载货汽车	研究钢铝混合或全铝驾驶室的设计方法、大尺寸高强度钢零部件的设计和成形技术、大尺寸铝合金零部件的设计和成形技术；研究超高强度钢车架横梁、铝合金纵梁、复合材料传动轴等典型底盘零部件的设计和成形技术；研究多种轻量化技术在重型货车中集成应用的关键技术	开发出超轻重型载货汽车和相关典型零部件；掌握重型载货汽车典型零部件的轻量化设计、成形、连接和集成方法；建立基于重型载货汽车的轻量化基础数据系统；建立基于重型载货汽车的轻量化技术标准体系	A、B、C
3	绿色、低成本汽车用钢	基于近终形制造流程开发汽车用钢，通过流程的简约高效降低制造成本，减少原材料制造过程的能耗与排放，可显著推动和扩大高强度钢在汽车白车身上的应用，引领汽车用钢的发展方向	基于近终形制造流程开发典型汽车白车身用钢，全面替代现有同类型冷轧产品，实现绿色和低成本目标	研究近终形制造流程典型汽车用钢成套制造技术，包括成分设计、组织性能调控、表面质量控制技术等；研究近终形制造流程汽车用钢的应用技术，包括成形、焊接、涂装等	建立基于近终形制造流程汽车用钢的技术标准体系；实现薄规格热轧汽车高强度钢对现有传统冷轧 800MPa 以下级同类型产品的全面替代，示范和引领新一代绿色、低成本汽车用钢的开发与应用	A、B、C

6.4 行业共性技术

项目名称	必要性	项目目标	研究内容	预期成果	实施模式
轻量化基础数据系统	没有完善的汽车轻量化材料静、动态力学性能及典型零部件结构数据库；缺少汽车轻量化技术标准；缺乏汽车轻量化技术测试和试验评价方法	2025年，搭建先进高强度钢材料、成形、设计、焊接等的共性基础数据系统 2030年，搭建铝、镁合金材料、工艺、设计、连接等共性基础数据系统 2035年，搭建碳纤维复合材料材料、成型、设计、连接等的共性基础数据系统	研究高强度钢、铝合金、镁合金、碳纤维复合材料服役性能及评价方法；复杂零部件高精度成形技术、性能评价方法；多材料连接技术及失效模式；高精度建模、性能预测方法、各向异性材料拓扑优化设计方法	汽车轻量化共性基础数据系统、技术标准和试验方法	A、B

第十章
汽车智能制造与关键装备技术路线图

CHAPTER 10

1 导 言

智能制造是基于新一代信息通信技术与先进制造技术深度融合，贯穿于设计、生产、管理、服务等制造活动的各个环节，具有自感知、自学习、自决策、自执行、自适应等功能的新型生产方式。其特征体现为以智能工厂为载体，以关键制造环节智能化为核心，以网络互联为支撑，以端到端数据流为基础，实施智能制造，将进一步提升质量效益，助推制造业高质量发展。

1.1 战略意义

在全球节能减排、绿色发展的大背景下，发展低碳化、信息化和智能化为核心的节能与新能源汽车成为必然。

纵观汽车制造业，从手工制造到大批量制造，再到大批量定制，个性化规模定制成为今后的发展趋势。汽车消费的个性化，产品创新的多样化等带来的不确定性、多样性和复杂性，以及持续改善制造成本、质量效率的迫切性，使汽车制造面临着越来越严峻的挑战，严重制约了汽车产业的快速发展。

在新一轮科技革命的推动下，智能制造已成为汽车制造产业发展的战略方向。智能制造模式为我国汽车制造业突破增长瓶颈，实现设计、制造和服务一体化，实现产业升级，提供了重要途径。

实施节能与新能源汽车智能制造战略，将实现企业内部制造体系网络化的纵向集成、贯穿产品生命周期工程数字化的端到端集成和企业之间基于价值链以及信息网络的横向集成，实现汽车的个性化定制和提供实时产品及服务。同时，以提升汽车制造价值链智能化功能为导向的新材料、新工艺、新技术、新装备应用，将促进工业物联网、工业机器人、工业云计算、3D 打印、大数据、人工智能等相关产业链协同发展，形成互融共生、合作共赢的产业发展新格局。

未来，汽车制造业将通过建立适合我国国情的智能制造技术标准和生态系统，发展汽车制造关键装备，提升产品竞争力，扩大品牌影响力，实现由汽车制造大国向汽车制造强国的转变。

1.2　研究范围及目标

1.2.1　研究范围

节能与新能源汽车智能制造涉及范围很广，既贯穿设计、生产、服务和退役回收的产品全生命周期，拉动从材料、零部件到总成和整车的产业链，同时又实现用户订单驱动的生产交付，广泛涵盖所有技术及管理流程，可谓涉及汽车制造业的方方面面。然而，这一切的核心和基础是智能工厂和关键制造环节，相关技术与装备是支撑智能制造的关键。

在标准化、专业化、模块化的汽车制造产业支撑下，越来越多的零部件、分总成、功能模块已经不在整车企业生产，整车、动力总成、软件及控制系统成为汽车产品设计的核心，整车企业的整车及动力总成制造成为实现节能与新能源汽车智能制造的重中之重，对汽车智能制造具有拉动和示范效应。混合动力、纯电动、燃料电池等新能源汽车进一步突出了社会化分工协同的特点，其动力总成也有专业化制造的趋势。因此，本版智能制造与关键装备技术路线图暂将整车及动力总成制造的工艺设计、生产及生产物流环节作为研究重点（图 10－1－1），同时，也包含前端的产品设计以及后端的产品销售等环节在技术及管理方面的互联互通。

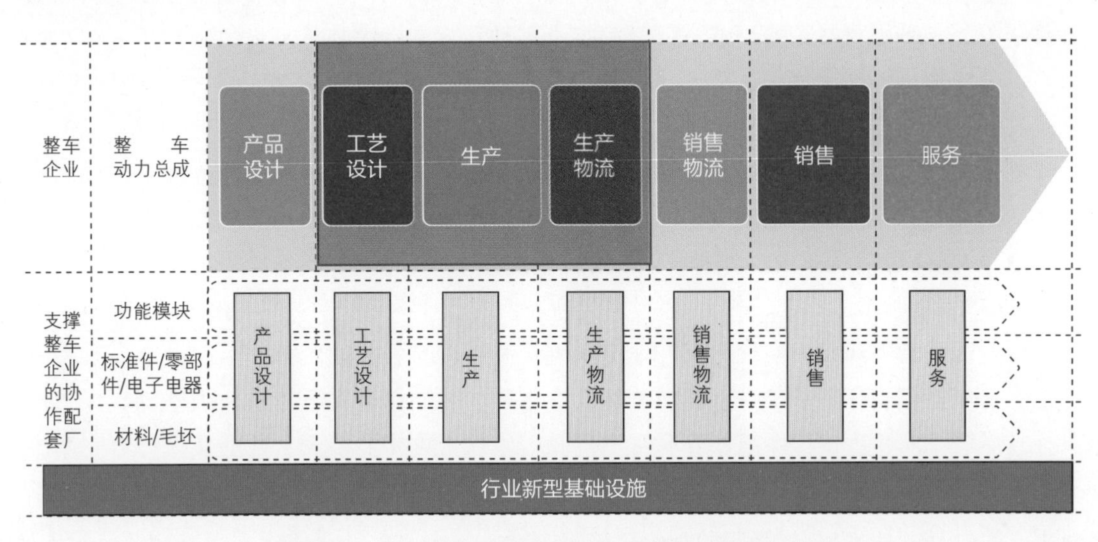

图 10－1－1　智能制造与关键装备技术路线图研究范围

1.2.2 研究目标

在分析总结节能与新能源汽车整车与动力总成制造技术现状的基础上，针对智能制造与关键装备存在的技术差距和短板，系统梳理关键技术，预判到 2035 年的发展愿景，研究总体技术发展路径和分阶段发展目标，提出需要优先突破的关键任务，构建形成面向 2035 年的节能与新能源汽车智能制造与关键装备技术中长期行动路线。

1.3 技术架构及关键技术梳理

1.3.1 技术架构

我国智能制造总体架构有技术、价值、组织三个维度。在以“两化”（工业化和信息化）融合为主线的技术进化维度上，按数字化制造、数字化网络化制造、数字化网络化智能化制造三个阶段演进，迭代升级；在以制造为主体的价值实现维度上，智能制造主要由智能产品、智能生产及智能服务构成，其中，智能产品是主体，智能生产是主线，以智能服务为中心的产业模式变革是主题；在以人为本的组织系统维度上，智能制造主要体现在智能单元、智能系统、系统之系统三个层面。

在汽车制造业，传统的整车制造工厂以冲压、焊装、涂装、总装工艺（简称四大工艺）等为主，动力总成制造工厂以关键零部件加工和装配为重点，随着节能与新能源汽车产品创新和新材料、新工艺、新技术、新装备的不断应用，整车及动力总成制造内涵也在不断变化。

对于整车制造，在传统四大工艺基础上有所变化，例如，应用了纤维增强复合材料覆盖件成形、多种类材料车身焊装/铆接/粘接及多种材料车身涂装等新材料和新工艺，有的甚至已经完全颠覆四大工艺，取消了冲压和车身涂装。但是，按正常技术迭代周期判断，近十几年内，基于金属车身制造四大工艺的整车制造工厂仍是主流。对于动力总成制造，由于新能源汽车不再仅靠内燃机驱动，电机驱动开始替代内燃机，在某种程度上，动力总成制造的概念和生产模式也改变了。为此，本版路线图淡化了整车制造的四大工艺，采用以企业级/车间级信息系统、实体工厂/车间、虚拟工厂/车间三部分为核心的技术架构，如图 10 - 1 - 2 所示。

工业云平台的建设为实现汽车产业链间链接和制造与服务的变革、实现一个生态系统下的智能制造模式创造了条件；智能制造标准体系、智能制造安全体系作为基础支撑，从共性技术规范的角度确保系统间互联互通以及一致性、可靠性、安全性的实现；数字孪生技术作为动态工艺重构、虚拟试生产等新应用辅助，应用场景建立在虚拟工厂/车间的基础上，将其合并在虚拟工厂/车间领域中进行阐述。

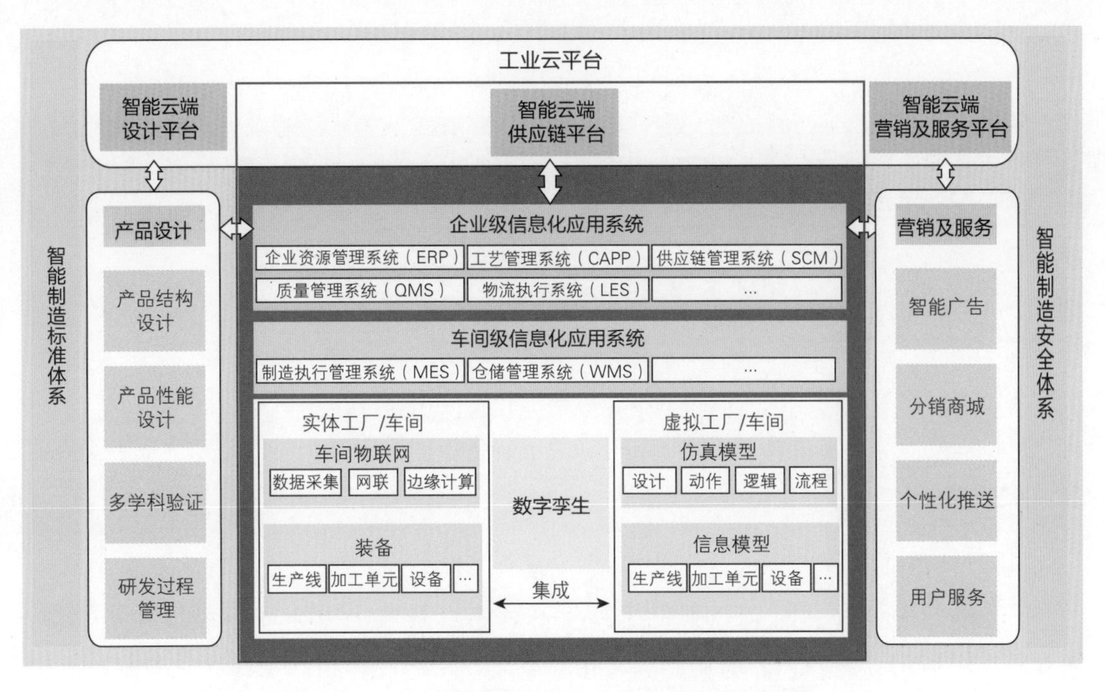

图 10－1－2　节能与新能源汽车智能制造技术架构图

1.3.2　关键技术梳理

节能与新能源汽车整车及动力总成的智能制造，总体是在设备、单元、生产线等智能化的基础上，通过生产工艺装备、生产物流、工装分离和“即插即用”集成，用户需求端到工厂产品生产端的集成，生产过程人、机、料、法、环、测多源异构大数据的联通和融合，以及人工智能技术在生产设备、工艺控制系统、生产工艺单元和生产管理各层级的应用等实现的。按共性基础技术、企业级/车间级信息系统技术、实体工厂/车间技术和虚拟工厂/车间技术四大方面梳理的节能与新能源汽车智能制造关键技术如图 10－1－3 所示。

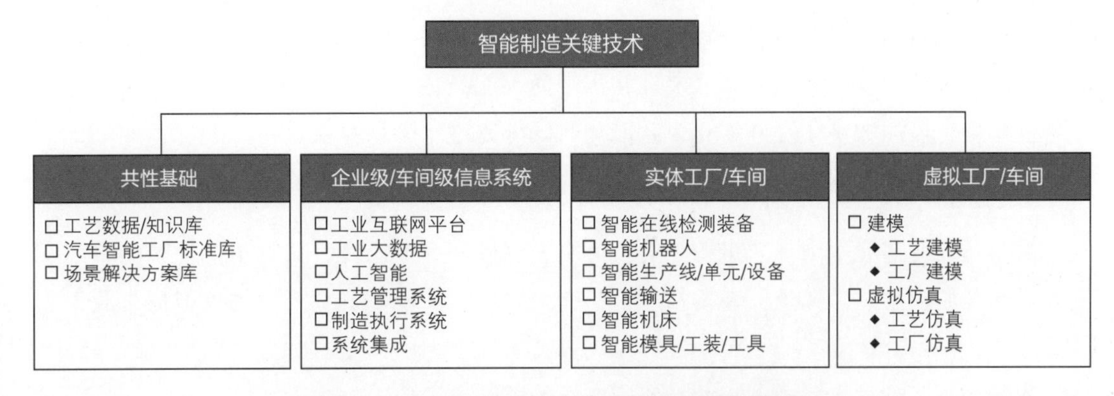

图 10－1－3　节能与新能源汽车智能制造关键技术

2 技术现状及发展趋势

2.1 国内外技术现状及对比

我国在节能与新能源汽车制造领域，总体上技术应用已经实现国际化同步发展，但就支撑可持续发展的关键材料、关键零部件和关键装备等创新而言，与世界先进水平仍有明显的差距。

1. 共性基础方面

工艺数据库/知识库、汽车智能工厂标准库、场景解决方案库等建设日趋完善，可在系统中应用，但知识库应用的自动化率不高，工作效率和水平都存在差距，有待提高。

2. 企业级/车间级信息系统方面

在工业互联网平台方面，已进行工业大数据的采集及分析，基于大数据开展了局部环节的质量优化和设备预测模型的研究等，人工智能主要集中在单个应用场景中。产品生命周期管理（PLM）应用广泛，已实现了线上产品研发端和制造端的打通，并与制造执行系统进行了信息交互。

3. 实体工厂/车间方面

在线检测装备、机器人、自动导引小车（AGV）等智能基础装备已经普遍开始应用，改善了生产效率和柔性，车间装备初步具备了数字化、网络化的特点，向单机智能化迈进，设备状态数据采集及预测性维护技术已经开始得到应用。但是，与尺寸工程相关的在线检测应用普及程度不高，生产线柔性化水平尚不能满足发展需要，关键设备、工具等多依赖进口，工厂的数字化、网络化、智能化与国外先进水平均存在差距。

4. 虚拟工厂/车间方面

汽车行业普遍应用国外先进的工业软件实施建模和虚拟仿真，关键工艺环节的数字孪生技术已开始应用。总体上，建模技术处于初级阶段，实现了局部环节的虚拟仿真及工艺优化。

智能制造关键技术国内外现状及我国存在的差距详见表 10－2－1。

表 10 - 2 - 1 智能制造关键技术国内外现状及我国存在的差距

序号	技术要素	国内现状	国外现状	差距
（一）共性基础				
1	工艺数据库/知识库、标准库及场景解决方案库	工艺数据库/知识库、汽车智能工厂标准库、场景解决方案库等建设日趋完善，可在系统中应用	工艺数据库/知识库、汽车智能工厂标准库、场景解决方案库等知识库应用的自动化率高，提高了工作效率和水平	数据库/知识库、标准库和场景解决方案库等有待完善，在系统中应用的自动化率有待提高
（二）企业级/车间级信息系统				
1	工业互联网平台	1）数据采集：缺乏数据的统筹规划和数据标准制定；设备及系统的数据开放性不足；缺乏有影响力的系统和设备通信协议 2）IaaS[①]层：实现了工业大数据的存储、计算等，某些公司云计算能力居全球前列 3）PaaS[②]层：已基于 PaaS 层进行大数据处理、工业数据分析、微服务等创新功能的开发，但机理模型积累不足 4）工业 App[③]：可开发围绕局部流程的工业 App 并应用	1）数据采集：美、德等汽车企业有数据的统筹规划和数据标准制定，设备及系统数据开放性较好 2）IaaS 层：世界技术领先企业多在美国 3）PaaS 层：美国有上百年的经验积累，算法库、模型库等积累丰富，具备将经验转化为微服务的能力，是领军企业 4）工业 App：具有全流程场景下的 App	1）数据采集：缺乏统一的数据规划和数据标准制定；缺乏有影响力的系统、设备通信协议 2）IaaS 层：与全球水平差距不大 3）PaaS 层：算法、模型库等积累不足 4）工业 App：多场景需求下的 App 开发差距较大
2	工业大数据	已基于工业大数据分析开展局部环节的质量优化和设备预测模型的研究等，使用机器学习、深度学习、数理统计等分析算法找到提高产品质量、设备损坏的关键影响因子	已开展全面的质量优化、生产过程优化与设备预测性维护等大数据的分析，并提供智能反馈控制模型，包括设备预警、质量与工艺参数优化等	在数据处理应用方面差距较大
3	人工智能	主要集中在单个应用场景中，如运用机器视觉的数据分析和处理技术，实现机器人的抓放工件、位置引导、车身表面检测等	有大量的历史实验和实际使用数据积累，基于工艺机理模型的 AI 应用较深，如：焊接性能板材库信息、尺寸匹配的公差模型等	差距在于模型算法的深度。国内目前在基于机器视觉的 AI 应用上与国外差距不大，但历史数据积累和模型迭代不足，工艺过程机理模型的建设和训练上差距很大

（续）

序号	技术要素	国内现状	国外现状	差距
（二）企业级/车间级信息系统				
4	工艺管理系统	1）三维工艺管理系统逐步与产品数据管理系统打通，初步开展三维工艺规划、集成工艺仿真验证、工艺文件输出、3D 作业指导书、流程管理、变更管理、人员/权限管理、版本管理等功能 2）局部流程实现了与虚拟技术的集成应用，无云化应用	1）有成熟的设计、制造等多种数据管理平台，实现数据的统一管理；具备工艺规划、集成工艺仿真验证、工艺文件输出、3D 作业指导书、流程管理、变更管理、人员/权限管理、版本管理、供应商协同、研发协同等功能 2）实现了全流程下的与虚拟技术、物联网的集成，云化应用	1）尚未实现工艺流程全覆盖，未建立支撑协同环境的与数字化制造相匹配的业务流程和标准 2）与虚拟技术、物联网等技术的集成应用不足，无云化应用
5	制造执行系统	1）MES 已具有主数据管理、生产计划管理、生产过程监控、质量数据监控、设备管理等功能，但平台性、开发性、扩展性、集成性低，未与上下游系统打通 2）未覆盖整个流程，未全面实现多源数据的整合	1）MES 平台性、开发性、扩展性、集成性高，且与上下游系统打通，形成闭环反馈机制 2）已覆盖整个流程，多源数据整合能力强	1）MES 平台性、开发性等尚需提高，没有与上下游系统形成闭环反馈机制 2）未覆盖整个流程，多源数据的整合能力不足
6	系统集成	纵向，解决了企业内部信息孤岛的集成，目前 ERP、MES、设备控制系统等已实现部分集成；横向，初步开展了企业间的资源整合，以及研发、供应链管理、营销等的集成；端到端，初步开展围绕客户价值的集成，包括原料提供、产品及工艺设计、生产制造、销售服务等各环节	已实现纵向集成、横向集成及端到端集成，实现相互触发，信息共享	系统纵向集成尚未深化，横向集成及端到端集成差距较大

（三）实体工厂/车间				
1	智能在线检测装备	1）在线检测呈孤岛式，在应用层面上以离线的检测为主，具备防错功能，测量软件依赖进口 2）冲压在线检测以人工为主，智能在线检测装备处于开发试验阶段 3）焊装线在线检测部分在线尾有应用 4）涂装在线检测装备以国外为主，表面缺陷检出率及智能分类有待提高 5）总装线整车功能检测、检查、录入以人工为主 6）尺寸工程的尺寸框架已建立，但数据规范性不强；数据系统具有数据存储及查询、简单的统计过程控制（SPC）分析和查询、异常处理等功能，但关联性分析依赖人工；在硬件方面，非接触式光学测量和工业电子计算机断层扫描（CT）机相关高端核心部件基本依赖进口 7）动力总成在线检测有应用，基本以视觉识别技术中的固定逻辑图像处理的防错或形状检测为主	1）在线检测呈现网络化，具备防错功能的在线检测技术应用较为广泛，智能化的视觉检测、尺寸检测、过程检测技术较为成熟，测量软件成熟 2）冲压在线检测以人工为主，有的企业已开始应用智能在线检测装备，技术较为成熟 3）焊装线基本实现线尾在线自动检测 4）已推广采用自动涂装在线检测系统，并实现对表面缺陷的智能化分类 5）总装线少量应用在线自动检测，大部分与国内相同 6）数据规范，尺寸工程大数据管理及分析系统具备数据存储查询、简单的 SPC 分析和查询、异常处理等功能，关联性分析依赖人工；接触式测量、非接触式测量、工业 CT 机等装备先进 7）动力总成在线检测在国外先进企业采用神经网络技术实现图像的智能识别	1）网络化水平差距较大，在应用层面上以离线检测为主，软件开发差距大 2）冲压在线检测应用差距不大，但装备技术水平差距很大 3）焊装线在线检测水平相当 4）涂装线在线检测差距较大，且可靠性需提高 5）总装线在线检测水平相当 6）尺寸工程大数据管理系统有差距。非接触式光学测量装备的核心关键部件依赖进口 7）动力总成在线检测设备效率、柔性化和智能化方面有差距
2	智能机器人	1）机器人使用比较广泛，可自适应抓取及位置识别 2）焊装、涂装机器人等可对过程中参数进行实时采集，不断优化工艺 3）初步开展多机器人协作、人机协作及多功能机器人的开发	1）德、美、日等机器人使用密度高；人与环境交互紧密，有对自身状态和环境的感知能力和决策能力 2）机器人有大数据平台，对数据进行分析优化，远程运行维护 3）已开展多机器人协作、人机协作及多功能机器人的开发应用	1）自身状态和环境的感知能力以及决策能力有待提升 2）缺乏大数据平台支持 3）多机器人协作、人机协作和多功能机器人开发有一定差距

（续）

序号	技术要素	国内现状	国外现状	差距
（三）实体工厂/车间				
3	智能生产线/单元/设备	1）四大工艺生产线具有不同程度的柔性，适应车型相对固定，车型切换普遍采用线间缓存方式对应，设备运行已开展大数据分析、预测性维护，降低能耗 2）动力总成配备拧紧、涂胶、压装应用智能单元、柔性装配，机械加工线与国际水平相当，但关键装备多为进口	1）柔性化方面总体与国内水平相当，但在生产线远程运行维护方面好于国内 2）进行大量的数据采集及分析，提升设备使用效率，优化工艺	1）冲压、焊装、涂装、总装线柔性不足 2）生产线智能化水平有差距
4	智能输送AGV	1）AGV在物流领域已经广泛应用，与机械输送装置/系统集成，但使用中存在不同程度的问题，影响可动率 2）定位导航控制系统缺乏产品升级迭代的核心能力，核心元件无线电射频识别（RFID）等依赖进口 3）AGV尚未云化发展	1）在技术比较成熟，应用比较广泛，与机械输送装置/系统集成，较稳定 2）定位导航控制系统可以独立开发，核心元件RFID等垄断国际市场 3）AGV云化发展	1）在功能性及成熟度方面有差距 2）国内定位控制导航系统、核心元件RFID等可靠性有待提高 3）AGV云化发展有待加强
5	智能机床	1）国内已掌握数控系统、伺服电机及驱动等核心技术，但高端技术仍掌握在发达国家，且国内装备存在使用稳定性、可靠性等问题 2）我国将3D打印技术用于汽车设计验证与产品原型制造方面，起步较早。目前，已有部分汽车制造企业开始用3D打印技术进行零部件制造、定制化工装生产	1）某些国际大公司基本垄断了中高端加工中心的数控系统；在可靠性和精度保持方面有优势，且机床在运行过程中可进行云端自诊断、自调整 2）发达国家已利用3D打印技术辅助汽车造型和新功能验证以及复杂结构零件、多材料零件、轻量化结构的快速制造。无论是装备本身还是相关配套材料、配套软件，都处于世界领先水平	1）智能机床在柔性化和数字化水平等方面有较大差距；在控制系统的兼容性与功能可拓展性方面有待提高；在可靠性和定位精度方面存在差距，且缺乏云端运行维护 2）3D打印应用于汽车制造的零件种类和范围以及自主3D打印技术、装备均有较大差距

6	智能模具/工装/工具	具备初步设计制造能力，同时已开始进行适应多车型切换的状态可感知、核心部件可调节的模具/工装/工具的研究，具备刀具离/在线管理技术能力	具备成熟的设计制造能力，同时进行智能模具/工装/工具的研究，具备刀具离/在线管理技术	智能模具/工装/工具的精度、稳定性与国外相比稍有差距，对智能模具/工装/工具的研究现状与国外基本一致。刀具管理技术水平相当
（四）虚拟工厂/车间				
1	建模	大多对已建成工厂进行了逆向补充工艺建模和工厂建模，开始建立相关标准	与工厂建设同步完成工艺模型及工厂模型，有配套标准体系支撑，数字孪生应用基础完善	未形成完善的建模体系，知识管理有待完善
2	虚拟仿真	各工艺分别进行了车间工艺仿真及工厂仿真，工艺仿真主要通过三维环境进行工艺过程的验证，工厂仿真分析主要用于工艺路径、生产计划的仿真，并进行优化，但工艺及工厂仿真的精确度有待提高；同时，仿真软件与 PLM 系统的集成度有待提高	工艺仿真和工厂仿真均在制造过程有较大范围的应用，且有流程和标准支撑，仿真精确度高；仿真软件与 PLM 平台软件的集成度较高	工艺仿真、工厂仿真等只应用在制造过程的部分环节，仿真精确度不高，且仿真软件和 PLM 系统集成度不高

①IaaS 是 Infrastructure as a Service 的缩写，即基础设施即服务。
②PaaS 是 Platform as a Service 的缩写，即平台即服务。
③App 是 Application 的缩写，通常指手机应用软件。

2.2 发展趋势

2.2.1 面临的新形势

当前，全球新一轮科技革命和产业变革蓬勃发展，加快了新一代信息通信技术与先进制造技术的深度融合，推动汽车行业产品形态与需求、生产模式和工厂特征发生深刻变化，数字化、网络化、智能化已经成为汽车制造行业今后的主要发展趋势。

1. 汽车产品创新使制造面临更多挑战

节能与新能源汽车产品以“低碳化、信息化、智能化”为主要特征；以“节能、新能源、轻量化”为主要技术途径；随着高强度钢、镁/铝合金、复合材料/碳纤维材料和动力蓄电池等为代表的新材料、新能源动力的创新应用，制造成本、质量、效率的改善难度会更高，制造过程的节能减排和电池回收利用等方面也产生诸多新问题。

2. 产品需求的变化要求整车生产更加柔性化

节能与新能源汽车的个性化需求越来越高，个性化定制将成为汽车制造发展的主流，用户需求驱动的规模化定制生产模式已经成为整车制造的发展趋势。

3. 整车制造工厂的全面智能化是发展的重中之重

以智能工厂为载体的智能制造，包含了面向需求端整合的智能设计、面向生产链整合的智能生产、面向物流链整合的智能物流、面向制造产业链延伸整合的智能服务，将成为整个智能制造体系的数据中心、交互中心、决策中心和支持中心，涵盖汽车产品的全生命周期。

2.2.2 企业级/车间级信息系统发展趋势

1. 工业互联网平台

充分利用工业互联网平台，打造研发制造、运营服务、出行领域完整的数据产品体系，实现从顾客到工厂的大规模个性化定制。

2. 工业大数据

数据统筹规划并制定数据标准，数据分析向各环节广泛渗透，形成完整的数据采集、数据分析、智能控制到决策的闭环。

3. 人工智能

基于机器学习、知识图谱、人机交互等关键技术，通过一系列的算法模型来进行人工智能的应用开发；AI应用日趋广泛和实用，基于深度学习的AI认知能力将达到人类专家顾问级别。

4. 数据采集

系统及设备数据开放性好，突破数据采集瓶颈，通过协议兼容、转换实现多源设备、异构系统的数据可采集、可交互、可传输，同时通过边缘计算、5G、时间敏感网络（TSN）等技术的应用，实现数据预处理，大幅提高数据反馈的及时性，数据获取更全面、实时、细致，实现要素信息的高效采集和云端汇集。

5. 数据分析及应用

基于平台算法库，实现数据的建模分析、模型训练等，为产品质量优化、工艺参数优化、成本优化提供数据依据，并能通过网页展示出运行过程和结果报表。

6. 工业App

ERP 等信息系统向云化发展，基于 PaaS 层实现云端部署和应用，以满足企业分布式管理和远程协作的要求；同时，围绕多场景的云应用需求开发专用 App，将工业技术、知识、经验、方法在工业互联网平台上沉淀、复用和重构，为企业自身提供服务，进而构建生态圈。第三方开发者和更多通用化的 App，大幅提高工业知识生产、传播和利用的效率。

2.2.3　实体工厂/车间装备发展趋势

实体工厂/车间装备向数字化、网络化、智能化方向发展，装备将大量采用传感器、无线电射频识别、智能网关等智能化技术，形成智能装备，实现装备的自感知、自学习、自决策、自执行和自适应。同时，智能装备将与系统无缝集成，实时交互信息，并且基于数据分析进行装备运行优化，实现自适应加工、装配、人机协同及物流供应精准化。

1. 冲压方面

未来，冲压车间通过内部实物流、数据流、信息流的连通，以及与其他车间之间的协同和资源的集成与优化，实现信息深度自感知、智慧优化自决策、精准控制自执行等功能。另外，超高速、柔性化、可自我调整的大型伺服智能冲压生产线，高品质、轻量化、可自我调整的大型智能冲压模具，以及高效率、高精度、可自我调整的大型智能模具起重机，将成为未来冲压装备的关键。同时，分散多动力技术、伺服直驱零传动技术及机电软集成一体化技术等将成为未来大型伺服智能冲压生产线的重要支撑技术。

2. 车身焊装方面

未来，装调机器人将逐步代替人工操作，夹具切换更加迅速、柔性、灵活，装备由自动化向数字化、网联化、自适应、绿色化升级，仿真和预测性维护向智能化发展，焊装车间实现通用化、模块化、自动化、数字化，并以此为基础向柔性化、定制化、智能化升级。

3. 车身涂装方面

工艺装备将更具适应性，实现多种材料车身、不同工艺、不同车型之间的快速转换。通过装备自身及与智能管理系统的深度融合，实现装备的自感知、自执行、自学习、自适应、高柔性。

4. 整车装配方面

生产组织方式由传统计划型转变为以客户订单驱动生产，制造过程透明化，客户可深度参与全制造过程；将实现人机协作装配和检测、全过程质量实时监测、信息追溯；生产线自动化、柔性化程度大幅度提高，逐步发展为以自主装配为主体的智能生产线。

5. 动力总成制造方面

高柔性和高效率的数控加工技术将广泛应用，以适应多品种小批量生产的发展趋势，同时结合高精度和环保技术的应用实现高质量绿色制造。应用在线识别诊断、自适应等智能化功能实现加工过程的实时补偿控制。总成装配向自动化、柔性化、数字化、网络化、智能化五大趋势发展，实现智能化装配成套技术的自主化开发应用，通过人工智能等先进技术，实现装配线的多产品自动识别、质量评估判断、故障自我诊断和修复等功能，自主优化工艺参数，生产线完全具备自主学习、自主决策、不断优化等能力。

6. 物流方面

数字化和智能化是物流专业发展的方向，是供应链实现精益化的必由之路。随着物联网、工业大数据、云计算、区块链等技术的发展，以数字化技术和智能化产品构筑基于模型的企业（MBE）已势在必行。基于模型的企业要求，供应链体系的全要素和各维度在数字平台上与其他要素和维度实现无缝衔接和高效协同，发挥出最佳效益。作为非增值环节，物流体系通过充分应用物联网、工业大数据、云计算、区块链等先进技术，构建和不断完善数字信息系统，推进物流环节的智能化进程，实现资源占用最小化和作业效率最大化，全面提升其运行效率及质量。

2.2.4 虚拟工厂/车间技术的发展趋势

未来，随着数字化技术全面应用，工艺和工厂建模及仿真将贯穿工艺设计、工厂建设直至生产调试的每个环节，实现可以虚拟判断所有的工艺流程，以及可能出现的缺陷、不匹配问题，大幅缩短产品交付周期。通过数字孪生技术应用，实现虚拟工厂与实体工厂的双向映射，实体工厂将严格按照虚拟工厂仿真优化后的指令执行，虚拟工厂将不断积累实体工厂的数据与知识，对实体工厂运行过程进行调控与优化。

3 面向2035年发展愿景、目标及里程碑

3.1 发展愿景

以节能与新能源汽车整车及动力总成制造为载体，突破状态感知、实时分析、精准执行、自主决策等智能制造关键技术，全面实施节能与新能源汽车的智能制造。基于自适应的智能制造系统，实体制造与虚体制造相结合，实现数据驱动、软件定义、平台支撑的制造，虚拟工厂和实体工厂实时信息交互，覆盖全流程，同时通过系统之间的有机融合，实现智能工厂全局范围内的全面感知、深度分析、科学决策和精准执行，实现以用户为中心的快速、高度柔性的、自我组织的制造。支持汽车产品用户需求驱动的规模化定制，实现全球化协同的准时顺序供货（JIS）生产模式，即按用户订单顺序的订单到交付（OTD）生产组织方式，可以实现批量为1的规模化生产能力、快速响应客户需求变化（如订单取消、产品配置变更）并准时的生产组织方式、实时动态的生产过程及生产成本和质量最优，使我国汽车自主制造技术水平进入国际先进行列。

3.1.1 企业级/车间级信息系统

推动企业级工业互联网平台建设，强化设计、制造等数据资源和制造资源协同能力，构建产品全生命周期的在线分析及优化能力；生产系统信息高度集成，实现生产过程的透明化；通过订单驱动计划，计划驱动物流，计划驱动设备控制，计划驱动质量控制，实现自适应生产。

3.1.2 实体工厂/车间

车间、生产线、单元、设备等具有自省性、自比较性和自预测性，结合现时对自身功能状态和任务的要求，自动预测自身功能状态和任务需求在现时和未来的匹配性，并制订最优化的执行策略；生产线具备状态感知、实时分析、自主决策、精准执行的特征，在整车及动力总成制造各主要制造环节全面体现。

1. 冲压方面

冲压线、天车、模具及立体库等装备全部实现数字化；板料、冲压件等可在线识别与交互；在冲压生产过程中，可实时感知板料状态和冲压件质量等信息，实现工艺参数的在线自适应调节；物料需求计划、产品配送计划、模具及工装使用计划等自动排序；自动完成上料、换模、出入库等任务，实现全部作业转换过程的智能调度；对所有装备、物料、

产品等进行智能管理，并实现装备的智能运行维护、预测性维护等。

2. 车身焊装方面

通过柔性化生产和三大过程驱动（计划驱动控制、计划驱动物流、计划驱动工艺）及设备预测性维护，实现焊装车间通用化工厂模式下的规模化定制与协同生产；具备生产柔性化、物流自适应、工艺自适应、设备预测性维护以及控制智能化等功能。采用调整线智能装调技术，实现“四门两盖”（四个车门及发动机舱盖、行李舱盖）与车身骨架少/无人装配及自动打磨；白车身骨架实现智能柔性总拼，焊接分总成由通用化“连接岛”方式制造；采用高速、柔性智能传输系统技术，实现车身总成工位间的高效高精度线性输送；采用机器人自适应识别与抓取技术，实现工件特征及定位点自动识别与自适应抓取。

3. 车身涂装方面

在线漆膜质量智能检测及处理、设备运行状态智能监控、工艺参数智能调整、数字样机等智能制造技术完全自主并达到国际先进水平；涂装车间各个工序及其工艺设备和动能机械形成无缝隙有机整体，自动对各个工艺控制对象实施实时检测并实现远程交互式反馈和精准执行，实现高效率、高品质的智能化生产；前处理/电泳、多色喷涂、平面/立体输送等柔性装备完全自主并达到国际先进水平，满足大规模定制化生产需求；自适应装备、自适应生产线实现突破，满足涂装线的动态配置，满足个性化产品涂装需求；实现涂装能源的智能管控，平均能耗及“三废”（废气、废水、固体废弃物）排放达到国际同期先进水平。

4. 整车装配方面

采用通用化、平台化、模块化的智能装备与生产线体，组成整车装配生产线，并且可生长、可剪断、可分杈、可嫁接、可移植，可根据车型变更自由组合，实现整车装配工艺过程柔性化；通过生产计划驱动物流，自动下达物料分拣计划、仓储自动存取、防错分拣、自动配送，实现物流配送的智能化；应用工业机器人、协作机器人实现自动化、半自动化装配，减少作业人员及辅助工时；采用视觉识别、电子标签等技术进行生产过程的跟踪管理，实现少人干预的自动化运行；生产系统信息高度集成，实现生产过程的透明化，达到状态自感知、实时分析、自主决策、精准执行；通过订单驱动计划，计划驱动物流，计划驱动设备控制，计划驱动质量控制，实现整车装配的自适应生产。

5. 动力总成制造方面

采用单件流自组织的工艺组织方式，以机器人/机械手、自动导引小车等为主要装卸和运输装备，通过智能化的检测手段保障产品高质量生产，适应个性化定制的生产模式。机械加工生产线以智能加工中心或加工单元为基本加工单位，基于云计算和大数据分析建立加工模型，实现加工前工艺过程模拟、加工过程中边缘计算控制，保证工艺质量。机床加工装备具有加工工况实时感知、负载智能监控、振动主动抑制等功能，可根据自身性能变化实施自主决策、自律控制、智能维护、自动补偿，实现工件/刀具/机床加工安全智能保护、加工参数智能选择、加工过程虚拟分析等。装配生产线以离散化的装配单元为基础装配单位，应用视觉识别、人工智能等先进技术实现装配线的多品种自动识别、质量评估判断、故障自我诊断和修复等功能，具备自主感知、自主决策、不断优化等能力。

6. 生产物流方面

以自动驾驶运输车、堆垛机及穿梭车自动化立体库、自动导引小车等智能化生产物流输送装备为主体，与无线电射频识别、视觉识别、精准定位等防错技术相互融合，基于信息管理系统，实现物流的生产计划驱动；自动进行出入库检测，智能物料配送，实时进行库位调整；实现生产物流的自动化、数字化、智能化，以及供应链物流的透明化。

与生产工艺智能化同步，关键装备实现智能化，并实现全生命周期在线迭代升级，智能在线检测装备、智能机器人、智能生产线/单元/设备、智能运输自动导引小车、智能机床、智能模具/工装/工具等装备全面普及应用。

7. 智能在线检测（及尺寸工程）装备方面

智能在线检测技术及装备可实现功能尺寸、表面质量、工艺参数、车身间隙面差等，覆盖全过程的在线实时检测。对于不合格异常情况，能够自动规划检测路径，自适应加密采集数据，实时传输到大数据处理系统，由人工或智能系统进行关联性分析、处理，由智能生产线、装备、模具、工装等执行调节操作，并对执行结果按照统计过程控制原则或系统指令进行跟踪确认，形成以智能视觉检测、智能尺寸检测、智能过程检测的检测体系，建立面向产品全生命周期的、全过程的智能闭环检测管理体系。

应用智能化三维产品尺寸仿真分析系统，实现设计方案参数最优化、结构标准化、模块化；应用智能化三维信息标注系统，实现尺寸工程各阶段交付物的“一键自动生成”；打通全业务接口，实现设计与测量无缝对接，尺寸信息在上下游传递中快速无损、相互驱动；通过接收完整的3D测量数据和尺寸信息，实时3D测量信息建模，实现自动仿真分析，并实时更新与应用。

非接触光学检测设备实现自主研发，核心零部件精度与应用实现突破，总体技术国际先进；自主研发工业CT机满足智能生产线的检测要求，技术达到国际先进水平；自主研发专用测量软件，突破瓶颈，打破垄断，能够与智能移动装备自由组合，打造集智能视觉检测、智能尺寸检测、智能过程检测等功能为一体的检测系统；研发整车装调在线检测智能系统平台，对装配质量实时检测、自动预警并进行自适应控制。

8. 智能机器人方面

各种替代人工作业机器人普及应用，开发应用机器人自适应识别与抓取技术，实现工件特征及定位点自动识别与自适应抓取和搬运；涂胶、焊接、喷涂、打磨、装配机器人实现位置偏差视觉识别、智能识别、位置预判及运动跟踪；多机器人协作系统、智能执行系统、具有多种感知的工业灵活机械手集成应用；智能机器人的自律控制及人机协同能力大幅提升，实现上下料、工序间搬运、涂胶、焊接、喷涂、打磨、装配等作业机器人化。

研发多功能机器人、双臂及多臂协作装配操作机，减少投入，降低生产成本。全面提升各种专业机器人的研发能力及制造水平，核心硬件/软件实现国产，性能、质量及服务达到国际先进水平。

9. 智能生产线、单元及设备方面

在整车车身结构及覆盖件复合材料成形/板材冲压、焊接、涂装，动力总成制造机械加工、整车及动力总成制造装配等单机实现状态感知、实时分析、自主决策、精准执行的基础上，实现制造单元及生产线智能化，实现单机、单元及生产线互联。

在与实体制造单元/生产线同步建设数字化制造单元/生产线的基础上，采用工艺仿真、工厂仿真等关键技术实现工艺规划及装备虚拟仿真调试；实现基于虚拟现实技术的工艺过程分析和工艺导航。

在单机、单元及生产线互联的基础上，基于边缘/云端大数据计算，建立要素分析、评估模型，实现对生产全过程相关的各种海量数据实时采集、实时分析、自主决策和精准执行，实现智能感知与自适应调节；实现焊装、涂装能源的智能管控。

提升通用化、平台化、模块化的智能装备、单元及生产线等关键装备的研发能力、系统可靠性、耐久性、效率、精度、智能化等达到国际同等水平；在未来生产技术变革领域，研发我国自主原始创新技术及装备，核心部件的设计制造实现国产化；实现我国汽车制造装备应用水平世界一流向装备制造世界一流的转变。

10. 智能输送自动导引小车方面

工序间、单元间、生产线间的传输功能由自动导引小车实现，自动导引小车成为物料/制品搬运、配送的主角。根据需要开发各种具有多种附加功能的自动导引小车产品（如与举升机、机械手、识别检测装备、输送机等组合），可与其他平面/立体输送/存储装备智能匹配组合，实现生产线可变化组合、自组织工艺流程；实现自动仓储自动存取、防错分拣、自动配送等物流配送的智能化；全面提高自动导引小车及配套装备产品开发能力，产品性能质量达到世界先进水平，核心零部件实现国产化。

11. 智能机床方面

开发应用高效高精（IT4 以上）智能化数控加工中心、3D 打印机床，其生产效率、可靠性、精度保持性等指标及服务达到国际先进水平，核心硬件/软件实现国产化。智能加工中心或加工单元作为基本加工单位，具备加工工况实时感知、负载智能监控、振动主动抑制、刀具磨/破损监控及加工质量自检测等功能，可进行自主决策和自律控制、智能维护和自动补偿等。

12. 智能模具/工装/工具方面

开发应用智能柔性总拼夹具、轻量化模具、仿生学模具等，模具/工装/工具的设计制造全面达到国际先进水平。模具/工装/工具管理实现数字化，逐步实现模具/工装/工具的状态可感知、可调节。

3.1.3　虚拟工厂/车间

在设备、单元、生产线、车间、工厂全面数字化模型建立的基础上，实现实体工厂建设的同时进行虚拟工厂建设、虚拟功能调试；基于实时仿真数据、实时生产数据、历史生产数据等工厂孪生数据，从全要素、全流程、全业务的角度对生产制造过程进行评估、优化及预测，并以实时调控指令的形式作用于实体工厂。

3.2　目标及里程碑

2035 年，节能与新能源汽车智能工厂从功能上要实现通用化、自适应化、透明化、智能化的目标。

1）**通用化**。实现在同一工厂内不需要对生产工艺装备进行任何技术改造和生产准备，可以按用户订单需求组织生产，不同产品可以共线生产。

2）**自适应化**。实现生产物流、生产工艺、生产设备和生产线的自动化控制程序，按准时顺序供货（JIS）生产模式自适应匹配和零风险生产。

3）**透明化**。实现对产品、工艺、质量和设备运行状况的实时动态监控、分析、交互决策与控制。

4）**智能化**。实现生产设备、工艺控制、产品质量的预测性分析和自适应控制，并实现智能化生产管理决策、分析和知识积累，实现生产效率、成本、质量的优化。

智能制造与关键装备技术发展目标及里程碑见表 10－3－1。

表 10－3－1　智能制造与关键装备技术发展目标及里程碑

发展目标及里程碑				
序号	内容	2025 年	2030 年	2035 年
1	企业级/车间级信息系统	传统的 ERP 等信息系统加快向云化迁徙，围绕多场景的云应用需求开发 App，实现异构数据的解析与融合	工业技术、知识、经验等不断沉淀，实现知识重用，提高生产效率，工业大数据管理平台、AI＋可视化技术实现智能化发展	开放的 App 应用，与工业客户间形成相互促进、双向迭代的生态体系。预测性生产运行维护、生产过程及质量管理实现透明化

（续）

发展目标及里程碑				
序号	内容	2025 年	2030 年	2035 年
2	实体 工厂/车间	实现单机或单元装备智能化，通过大数据分析，将问题的产生过程利用数据进行分析、建模，从解决可见的问题到避免可见的问题。关键工序智能化率达 40% 以上，设备综合效率（OEE）比 2020 年提高 5% 以上，劳动生产率比 2020 年提高 20% 以上	实现单元、生产线智能化，从数据中挖掘隐性问题的线索，通过对隐性问题的预测分析，在其发展成为显性问题前得到解决。关键工序智能化率达 70% 以上，设备 OEE 比 2020 年提高 7% 以上，劳动生产率比 2020 年提高 30% 以上	工厂全面智能化，利用反向工程，利用知识对整个生产流程进行剖析和精细建模，从工艺设计和制造端避免出现问题。关键工序智能化率达 90% 以上，设备 OEE 比 2020 年提高 10% 以上，劳动生产率比 2020 年提高 50% 以上
3	虚拟 工厂/车间	单机设备、单项环节、单一场景的工艺和工厂建模仿真应用带来局部优化	实现数字孪生，在虚拟环境下建立起与实体工厂制造全流程对应的生产体系，实现虚实互联，实现对实体工厂的持续优化	生产全要素实现实时的动态映射，虚拟工厂优化后的决策实时反馈到实体工厂，虚实成为互动的统一体

4 技术路线图

4.1 总体技术路线图

节能与新能源汽车智能制造要与产品创新发展同步，与市场需求相匹配。到 2035 年，整车及动力总成制造总体上要实现通用化、自适应化、透明化、智能化。其实现过程是相互叠加、相互支持的渐进过程，与汽车产品平台化、模块化、软硬分离化同步，在设备、单元、生产线等装备智能化的基础上，通过生产工艺装备、生产物流、工装分离和“即插即用”集成技术应用，实现通用化；通过从用户端到工厂产品生产端的集成，实现自适应化；通过生产过程人、机、料、法、环、测多源异构大数据的连通和融合技术应用，实现透明化；通过人工智能技术在生产设备、工艺控制系统、生产工艺单元和生产管理各层级的应用，实现智能化。到 2035 年，整车与动力总成制造工厂平均的关键工序智能化率、设备综合效率和劳动生产率等指标明显提升。节能与新能源汽车智能制造与关键装备技术总路线图如图 10－4－1 所示，其智能制造技术应用如图 10－4－2 所示。

	2025年	2030年	2035年
目标	实现四化： ● 实现在同一工厂内，不需要对生产工艺装备进行任何技术改造和生产准备，可以按用户订单需求组织生产、不同产品可以共线生产的通用化 ● 实现生产物流、生产工艺、生产设备和生产线的自动化控制，按JIS生产模式自适应匹配和零风险生产的自适应化 ● 实现对产品、工艺、质量和设备运行状况实时动态的监控、分析和交互决策与控制的透明化 实现生产设备、工艺控制、产品质量的预测性分析和自适应控制，并实现智能化生产管理决策、分析和知识积累，实现生产效率、成本、质量优化的智能化，到2035年，关键工序智能化率达90%以上，设备OEE比2020年提高10%以上，劳动生产率比2020年提高50%以上		
总体与共性基础	生产工艺装备、生产物流、工装分离和“即插即用”集成类技术应用		
	从用户需求端到工厂产品生产端的集成类技术应用		
	生产过程人、机、料、法、环、测多元异构工业大数据的连通和融合类技术应用		
	AI技术在生产设备、工艺控制系统、生产工艺单元和生产管理各层级的应用		
	完善工艺数据库/知识库、汽车智能工厂标准库、场景解决方案库的建设，清晰人、设备、物料以及工艺流程各环节的关联性，为各种人工智能应用数据做准备	工艺数据库/知识库、汽车智能工厂标准库、场景解决方案库等知识图谱应用自动化，结合人工智能技术实现数字化向智能化迈进	
企业级/车间级信息系统	传统的ERP等信息系统加快向云化迁徙，围绕多场景的云应用需求开发App	工业技术、知识、经验等不断沉淀，实现知识重用，提高生产效率，工业大数据管理平台、AI+可视化技术实现智能化发展	开放的App应用，与工业客户间形成相互促进、双向迭代的生态体系，预测性生产运行维护、生产过程及质量管理实现透明化
实体工厂/车间	实现单机或单元装备智能化，通过大数据分析，将问题的产生过程利用数据进行分析、建模，从解决可见的问题到避免可见的问题。关键工序智能化率达40%以上，设备OEE比2020年提高5%以上，劳动生产率比2020年提高20%以上	实现单元、生产线智能化，从数据中挖掘隐性问题的线索，通过对隐性问题的预测分析，在其发展成为显性问题前得到解决。关键工序智能化率达70%以上，设备OEE比2020年提高7%以上，劳动生产率比2020年提高30%以上	工厂全面智能化，利用反向工程，利用知识对整个生产流程进行剖析和精细建模，从工艺设计和制造端避免出现问题。关键工序智能化率达90%以上，设备OEE比2020年提高10%以上，劳动生产率比2020年提高50%以上
虚拟工厂/车间	单机设备、单项环节、单一场景的工艺和工厂建模仿真应用带来局部优化	实现数字孪生，建立起与实体工厂制造全流程对应的虚拟工厂，实现虚实互联，实现对实体工厂的持续优化	生产全要素实现实时的动态映射，虚拟工厂优化后的决策实时反馈到实体工厂，虚实成为相互作用的统一体

图 10－4－1　节能与新能源汽车智能制造与关键装备技术总路线图

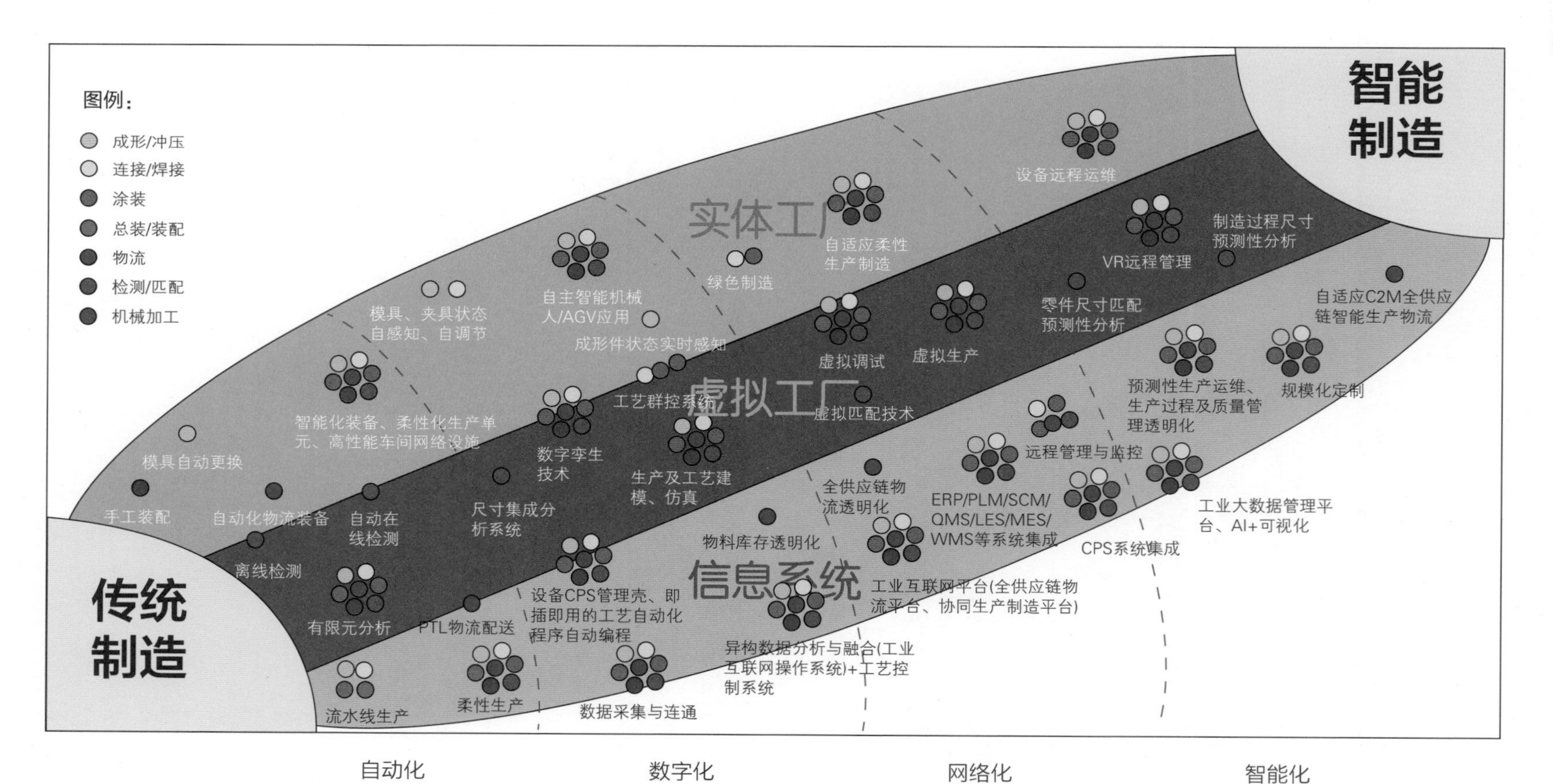

图10－4－2　节能与新能源汽车智能制造技术应用示意图

注： 图中部分英文缩略语的中文含义如下。CPS：信息物理系统。PTL：灯光拣选。VR：虚拟现实。C2M：用户对制造商。

4.2　关键分领域技术路线图

总体路线图中，共性基础技术是节能与新能源汽车实现智能制造的重要前提，企业级/车间级信息系统技术、实体工厂/车间技术、虚拟工厂/车间技术三大方面支撑总体技术路线及目标的实现，各部分的目标及技术路线详见图 10－4－3～图 10－4－5。

4.2.1　企业级/车间级信息系统技术路线图

企业级/车间级信息系统技术路线图如图 10－4－3 所示。

	2025年	2030年	2035年
目标	传统的ERP等信息系统加快向云化迁徙，围绕多场景的云应用需求开发App	工业技术、知识、经验等不断沉淀，实现知识重用，提高生产效率，工业大数据管理平台、AI+可视化技术实现智能化发展	开放的App应用，与工业客户间形成相互促进、双向迭代的生态体系，预测性生产运行维护、生产过程及质量管理实现透明化
工业互联网平台	系统、设备数据开放，数据采集、转换与边缘处理技术开发应用；数据处理及向云端平台的集成技术应用；相关标准体系建立	知识复用、迭代和共享技术应用；相关安全技术标准体系完善	
工业互联网平台	建立研发制造、运营服务、出行领域的统一平台，满足个性化定制需求	工业互联网平台全面完善，支撑高度定制化及极小批量生产的需求	
工业大数据	工业大数据统筹规划，数据分析向各环节广泛渗透，完整的数据采集、数据分析、智能控制决策技术应用	基于数据分析的问题预防技术应用，使智能化工厂的问题得以避免	
人工智能	基于人工智能的大量机理模型建立，机器视觉、语音识别、姿态识别等多项技术应用，优化工艺及生产过程	机理模型的迭代优化，减少人对工艺生产领域知识的依赖性，提高处理任务的普遍适用性	
工艺管理系统	工艺与产品研发一体化协同，实现数据唯一	系统与虚拟仿真、物联网等深度融合技术，设计、分析、制造一体化技术开发应用	
工艺管理系统	制造过程生命周期评估（LCA）数据平台完善，系统工具软件开发应用	LCA系统完善，机器人流程自动化（RPA）开发应用	
制造执行系统	全生产业务流程多源数据的整合技术应用，平台化、可扩展性开发	跨企业产业链级别的制造协同技术开发应用	
系统集成	纵向、横向、端到端，有安全保障的产业链数据无缝协同技术开发应用；相关安全技术标准体系建立	产品生命周期数据集成技术开发应用；相关安全技术标准体系完善	

图 10－4－3　企业级/车间级信息系统技术路线图

4.2.2 实体工厂/车间装备技术路线图

实体工厂/车间装备技术路线图如图10-4-4所示。

	2025年	2030年	2035年
目标	实现单机或单元装备智能化，通过大数据分析，将问题的产生过程利用数据进行分析、建模，从解决可见的问题到避免可见的问题。关键工序智能化率达40%以上，设备OEE比2020年提高5%以上，劳动生产率比2020年提高20%以上	实现单元、生产线智能化，从数据中挖掘隐性问题的线索，通过对隐性问题的预测分析，在其发展成为显性问题前得以解决。关键工序智能化率达70%以上，设备OEE比2020年提高7%以上，劳动生产率比2020年提高30%以上	工厂全面智能化，利用反向工程，利用知识对整个生产流程进行剖析和精细建模，从工艺设计和制造端避免出现问题。关键工序智能化率达90%以上，设备OEE比2020年提高10%以上，劳动生产率比2020年提高50%以上
智能在线检测装备	尺寸监控系统大数据平台开发、标准建立、智能分析/跟踪系统开发	尺寸监控系统完善、智能尺寸数据关联分析系统优化、智能匹配工装开发应用、智能跟踪系统完善	
	系列非接触光学测量装备开发应用	非接触光学测量装备标准化、小型化、智能化、自主开发应用，与智能装备自由组合应用	
	适应汽车生产节拍的工业CT机系列产品开发	工业CT机标准化、多元化、智能化、自主开发应用，与智能装备自由组合应用	
	车身表面质量智能检测方法、自适应打磨技术及控制方法		
	综合性防错技术集成应用	综合性防错技术自主开发并全面应用	
	通用测量软件开发应用	通用智能测量软件开发应用	
	高端检测装备核心部件及专业软件开发应用		
	智能无损在线检查及测量技术与装备示范，面向产品全生命周期的检测质量管理系统开发应用		
智能机器人	机器人自适应识别与抓取技术、工件特征及位置偏差视觉识别技术与装备开发应用	机器人智能识别、位置预判技术开发应用	
	运动跟随及识别技术方法及装备开发应用		
	多机器人协作系统、智能执行系统、多种感知的工业灵活机械手集成应用，提升智能机器人的自律控制及人机协同能力		
	智能打磨、多色彩喷涂机器人开发应用		
	多功能机器人、双臂及多臂协作装配操作机器人开发应用		
	机器人核心硬件/软件国产化		

图10-4-4 实体工厂/车间装备技术路线图

领域	2025年	2030年	2035年
智能生产线/单元/设备	高效、低碳的冲压（成形）、焊装（连接）、涂装、装配等柔性单元/生产线装备开发及应用	冲压（成形）、焊装（连接）、涂装、装配等柔性单元/生产线装备核心配套件自主开发及应用	
	上料、换模、换端拾器、码垛等自动化技术开发应用	通用化端拾器、通用化模具的开发应用	
	智能冲压线、分散多动力、伺服直驱、机电软集成一体化等技术开发应用，核心部件及专用软件开发		核心部件及专用软件自主化
	复合材料成形新技术及智能装备开发应用		
	异种材料连接新技术及装备、智能柔性总拼新技术及装备开发应用，核心部件及专用软件开发		
	涂装前处理、喷涂、烘干等专业配套系统及智能化装备开发应用，核心部件及专用软件开发		
	基于AR/VR的虚拟装配技术开发应用，核心部件及专用软件开发		
	机械加工、冲压、焊装、涂装、装配等智能化通用技术与装备开发应用，核心部件及专用软件开发		
	“四门两盖”自适应装配技术及装备开发应用	门、盖与车身骨架匹配自动调整方法	门、盖自适应调整技术及开发应用
	系统网络搭建、关键运行参数大数据收集、样本分析技术开发应用	云平台大数据智能分析决策系统开发应用	
	单机/单元运行自诊断、预测性维护系统开发应用	生产线运行自诊断、预测性维护系统开发应用	
	海量设备运行信息实时传送技术、基于云端计算支持的预测性维护系统平台开发应用		
	基于设备运行信息进行工艺和制造的迭代优化技术开发应用		
	通用的加工、冲压、焊装、喷涂、装配智能生产线/单元示范应用验证	多单元联动与互联互通、通用的加工、成形、连接、喷涂、装配智能车间示范应用验证	
智能输送AGV	核心部件、专用软件、定位、导航控制等技术开发应用		
	可与AGV智能匹配组合的机械输送装置/系统开发应用		
	多功能、高可靠性AGV开发应用	云化AGV自主控制，可与智能产品信息交互的自动送货AGV开发应用	
智能机床	基于过程数据的自诊断自调整的智能机床开发应用。	基于过程数据的自我诊断、自调整的制造单元开发应用	
	基于成熟技术的3D打印机床开发应用		基于3D打印的混合制造机床开发应用
	3D打印在单件产品、工具制造方面试验应用	3D打印在批量新结构产品生产中应用	
	自适应加工机床开发应用		
	刀具自动识别技术、刀具数字化信息库、刀具路径自动生成和管理技术、刀具自动监控及加工补偿技术开发应用		

图 10－4－4　实体工厂/车间装备技术路线图（续）

	2025年	2030年	2035年
智能模具/工装/工具	投资成本低、占地面积小、新车型导入快、适用多车型切换的总拼夹具新结构开发应用		
	智能模具/工装/工具设计制造技术开发及应用	轻量化、仿生学、通用化模具/工装/工具的技术创新及应用	
	模具/工装/工具的状态自感知、核心部件自调节技术开发应用，核心部件及专用软件开发		核心部件国产化及专用软件国产化
	智能刀具技术、刀具离线在线管理技术、面向数字化生产线的刀具管理技术开发应用		

图 10－4－4　实体工厂/车间装备技术路线图（续）

4.2.3　虚拟工厂/车间技术路线图

虚拟工厂/车间技术路线图如图 10－4－5 所示。

	2025年	2030年	2035年
目标	单机设备、单项环节、单一场景的工艺和工厂建模仿真应用带来局部优化	实现数字孪生，建立起与实体工厂制造全流程对应的虚拟工厂，实现虚实互联，实现对实体工厂的持续优化	生产全要素实现实时的动态映射，虚拟工厂优化后的决策实时反馈到实体工厂，虚实成为相互作用的统一体
建模	在线单机无损检查、测量评价方法研究，单机评价、分析及建模	在线无损检查、测量系统评价方法研究，系统评价、分析及建模	
	智能调度、作业转换业务逻辑等核心算法模型的开发应用		
	关键工艺虚拟模型库建立及智能建模技术开发应用	生产线/单元系统智能模型技术开发应用	
	关键装备健康评估模型开发应用	生产线/单元系统健康评估模型开发应用	
	建立工艺和工厂建模流程标准体系	完善工艺和工厂建模流程标准体系	
虚拟仿真	机械单元、工艺设备、控制系统虚拟调试技术应用	新建生产线全部应用虚拟调试技术	
	关键工艺过程虚拟仿真技术应用	单元/生产线/工厂仿真技术应用	自动工艺规划及仿真技术应用
	基于产品、工艺要求的单机仿真技术应用		
	基于控制的虚拟单机自动化技术应用	虚拟单元/生产线自动化技术应用	虚拟工厂自动化技术应用
	建立工艺和工厂虚拟仿真参数库	完善工艺和工厂虚拟仿真参数库	

图 10－4－5　虚拟工厂/车间技术路线图

5 创新发展需求

说明：A 为国家主导；B 为行业联合，含跨行业联合；C 为企业领跑。

5.1 基础前瞻

序号	项目名称	必要性	项目目标	研究内容	预期成果	实施方式
1	汽车柔性化生产线及装备技术	实现规模化定制的基本前提条件	实现跨平台多车型共线规模化生产能力；新车型投产不需要进行生产线技术改造	冲、焊、涂、总组合式独立工艺单元，可实现工装、物流与生产线设备分离，并能实现高效率的规模化生产组合	1）通用化生产车间关键工艺装备 2）高效率的生产工艺组合模式	B
2	轻量化车身、底盘及电动模块化制造技术	汽车车身、底盘、动力部分的模块化设计及制造技术是节能与新能源汽车在规模化生产条件下实现深度个性化定制的基础	可互换的轻量化车身、底盘及电动动力模块	基于铝合金和复合材料的轻量化零部件的制造技术和连接技术	1）大型高强度铝合金结构件压铸设备 2）轻量化复合材料压制成形设备 3）钢、铝、复合材料混合连接设备	C
3	智能化绿色喷涂技术	车身多色及图案喷涂，一次完成，适应定制化绿色涂装生产	改变传统喷涂方式，实现无过喷漆雾的打印式多色彩面漆喷涂	1）图形提取、颜色识别、喷涂轨迹生成等软件 2）打印式喷涂及配色系统技术 3）开发喷涂专用主机及配套系统 4）开发配套涂料	1）大型智能打印式多色彩喷漆装置 2）高效、绿色、智能彩色喷漆生产模式	B

5.2 应用技术

序号	项目名称	必要性	项目目标	研究内容	预期成果	实施方式
1	即插即用的自动化系统集成技术	汽车产品的多样性决定了汽车生产工艺组合的差异性，需要实现不同人、机、料、法、环的系统集成	各独立的工艺单元之间，在生产不同汽车产品时，通过即插即用技术实现各工艺单元的自适应组合	1）以物料为中心的工装、工艺、设备自动识别技术 2）工艺单元设备 PLC 自动编程技术 3）机器人工艺程序自动生成	1）PLC 自动编程软件 2）通用机器人工艺功能包编程软件 3）通用集成标准	B
2	数字孪生及虚拟现实技术（VR）	在规模化定制条件下，实时动态的虚拟生产方式是实现零风险生产的必要条件	通过数字孪生和虚拟现实技术，实现生产及运营过程预验证，实时动态、双向交互的远程生产管理	1）生产工艺数字化仿真软件 2）虚拟调试和虚拟生产集成技术 3）可交互式的远程 VR 或 3D 激光全息虚拟现实技术	1）基于 VR 和双向驱动的数字化仿真软件 2）工厂数字孪生应用集成标准 3）交互式 VR 或 3D 激光全息装备	A
3	全过程实时动态在线检测与监控技术	传统规模化生产过程控制是基于 SPC 过程控制方法，以线下检测为主、在线抽样检测为辅。规模化定制的生产过程控制方法需要在线进行实时过程测量和监控，保障产品质量和过程能力	实时全过程产品和工装在线测量率 100% 和监控透明化	1）生产作业物理空间坐标与虚拟仿真系统坐标的实时动态自动拟合 2）全过程产品在线尺寸测量装备及尺寸集成分析系统 3）工艺参数控制系统	1）机器人系统坐标与工装定位空间物理坐标自适应测量拟合装备及软件 2）在线尺寸测量装备及尺寸分析软件 3）冲、焊、涂、总各工艺参数群控系统设备与软件	B

5.3 示范与产业化

序号	项目名称	必要性	项目目标	研究内容	预期成果	实施方式
1	汽车增材制造技术	3D打印是汽车原型制造、单件生产、复杂轻量化结构件制造等传统制造工艺难以完成或无法实现的制造技术，在汽车制造领域应用正在高速发展，前景广阔，是汽车智能制造及其重要的技术之一	全面掌握汽车领域3D打印相关新设计、新材料、新工艺、新装备技术	1）设计方法/软件开发 2）新材料、新工艺开发 3）新装备开发	形成一批面向节能与新能源汽车高端车/概念车、零部件直接数字化、智能化制造的3D打印软件、新材料、新工艺、新装备，并示范应用	A
2	汽车生产设备智能化共性技术	基于感知、边缘计算及自适应控制是实现生产设备和工艺单元智能化的必要路径	实现设备及工艺单元端的数字化和智能化	1）智能识别与传感设备 2）PLC、网关、工控机与AI芯片集成与应用 3）设备CPS管理壳	1）通用现场可编程AI芯片 2）视觉识别与测量识备 3）设备CPS管理壳通用开发与集成标准	A
3	智能及人机共融机器人	智能机器人和人机共融机器人是生产物料搬运、工序间柔性传递搬运、高质量替代人工工序作业的关键装备	1）人机共融机器人推广应用 2）自主双臂及多臂协作机器人普及应用；在可靠性、精度等指标上，与进口产品相当	1）人机共融机器人自动化解决方案 2）机器人视觉引导、柔性抓手、随行AGV等配套集成技术 3）相关基础数据库、信息云平台，预测性维护等智能管理技术	1）人机共融机器人在整车装配领域的普及应用 2）减少总装作业人员20%以上 3）建立相关行业标准	A

（续）

序号	项目名称	必要性	项目目标	研究内容	预期成果	实施方式
4	智能 AGV	AGV 是实现物流及工装运输、不同工艺单元或生产线组合连接的关键装备	物料、工装、设备运输 AGV 实现无轨导向和自适应调度	1）低成本通用物料运输 AGV 研制 2）特种装备及重载 AGV 研制 3）基于 5G 无轨导航及高精度定位技术	通用及专用 AGV 装备	C
5	节能与新能源汽车智能工厂	以面向 2035 年目标建设高水平的智能制造工厂，为国内汽车工业的跨越式发展提供引领和探索，并在行业内推广应用	建设国际一流水平的节能与新能源汽车制造智能化工厂	1）智能化工厂建设的设计、仿真、验证技术 2）智能化工厂信息管理、智能运营等技术 3）智能化工厂远程服务、维护、保障等技术 4）智能化工厂建设、验收、安全等技术及标准体系	重点建设两三家相对完整、规模较大的智能化标杆工厂；同时建设若干家特色鲜明的、规模略小的智能化标杆工厂，构成较大应用面	A、B

5.4 行业共性技术

序号	项目名称	必要性	项目目标	研究内容	预期成果	实施方式
1	智能工业网络关键技术	异构数据的集成、数据可视化、大数据分析、模型库、算法库的建立，多场景 App 的开发均是实现智能制造的必备技术	全面掌握多源数据的集成、数据预处理，将核心知识封装为微服务，加快 App 的海量开发	1）异构数据集成 2）模型库、算法库的建设 3）App 开发	推动技术、经验、知识、最佳实践的模型化和软件化，降低创新风险，提高效率，优化制造资源配置效率	B

2	智能制造关键场景库	应用示范及推广平台	具有共性技术集成和应用场景	1）生产线及设备预测性运行维护 2）基于远程管理的规模化定制智能工厂原型 3）自适应的智能生产物流 4）工业 App	1）异地远程管理模式下，生产设备高效、安全、可靠运行维护 2）VR 远程管理的虚拟工厂 3）全供应链自适应生产协同管理平台 4）工业大数据应用平台	C
3	5G 网络及网络安全与监控技术	低延时、大带宽、安全可靠的车间工业网络是实现 CPS 集成、实时动态控制、远程交互管理的基础设施	基于 5G 与 TSN + 软件定义网络（SDN）架构的车间网络	1）网络协议与产品 2）网络测试与安全监控	1）车间 5G 私有频谱分配、网络产品与设备 2）工业网络组网及安全标准 3）网络测试与监控软件	A
4	多源异构工业数据联通技术	实现生产制造过程全业务链数据的联通与融合是生产高效、产品高质、设备运行高可靠基础，工业大数据是实现工厂透明化和智能化的前提条件	实现跨系统、跨业务、多种工业协议、工业软件多源异构数据的采集、基于 OPC UA 的协议转换、与不同业务及分析软件的即插即用集成	1）基于 OPC UA 标准、兼容不同工业协议高性能网关 2）具备异构数据语义定义和自动解析的工业物联网操作系统，支持各工业应用软件即插即用	1）OPC UA 协议转换的集成式工业网关设备 2）通用工业物联网操作系统	B

（续）

序号	项目名称	必要性	项目目标	研究内容	预期成果	实施方式
5	多源异构工业大数据管理与智能决策	工业大数据具有海量、高维、多源异构、多尺度、高噪声等特性，数据集成和融合、运行维护困难，难以实现智能决策	1）形成多源异构工业大数据平台 2）形成数据和工程有机融合的制造体系	1）车间制造多源异构数据处理技术 2）动态制造数据处理技术 3）智能决策新技术和新模式	节能与新能源汽车实体工厂/虚拟工厂的全过程信息有机融合，构建产品生产过程的集成数字镜像，实现生产的智能决策	A
6	工艺规划复合的智能数控系统及云服务技术	装备性能需要向产品价值转换，缺少企业级的云服务平台	1）智能装备与生产规划无缝集成 2）提供全生命周期的云服务	1）融合工艺规划的智能数控系统 2）装备远程管控技术 3）企业级数据存储和云服务平台	实现基于虚拟现实技术的工艺规划和工艺导航，实现节能与新能源汽车智能制造中的虚拟技术、物联网等技术的集成云化应用	A
7	智能制造系统可靠性技术	目前在汽车智能制造系统中，稳定性和可靠性、安全性等指标方面与国外相比存在明显差距，成为实施智能制造的瓶颈，亟待突破	研制关键安全技术标准，构筑涵盖监测、大数据分析、预诊与预测、预测性维护的健康管理体系，提升汽车智能制造产品的稳定性和可靠性	1）智能制造系统共性技术标准 2）智能制造系统的稳定性技术 3）智能制造系统的可靠性技术	形成节能与新能源汽车的安全标准体系，缩短与先进汽车制造国家在节能与新能源汽车产品制造的一致性、稳定性和可靠性	A

附录

主要参与单位和专家

（排名不分先后）

《节能与新能源汽车技术路线图2.0》总报告组		
分 类	单 位	姓 名
组 长	中国汽车工程学会	张进华
副组长	清华大学汽车产业与技术战略研究院	赵福全
	中国汽车工程学会	侯福深
	北京理工大学	王震坡
主要执笔单位	中国汽车工程学会	侯福深、赵立金、郑亚莉、冯锦山、史天泽、孙 宁、吴胜男、成军浩、马金秋、雷 韧
	清华大学	刘宗巍、张豪翊
	北京理工大学	王震坡、黎小慧

节能汽车专题组		
分 类	单 位	姓 名
组 长	中国汽车工程研究院股份有限公司	李开国
副组长	北汽福田汽车股份有限公司	冯 静
	湖南科力远新能源股份有限公司	张 彤
	重庆凯瑞动力股份有限公司	郭文军
	一汽解放发动机事业部前瞻技术研究院	居钰生
	北京汽车股份有限公司	翁明盛
	中国石化石油化工科学研究院	张建荣
	重庆长安汽车股份有限公司	詹樟松、郭七一
主要执笔单位	中国汽车工程研究院股份有限公司	沈 斌、谢雨宏、於 林、刘 洋
	北汽福田汽车股份有限公司	王国勇、高 岩、王天灵、俞海洋、葛文奇
	重庆长安汽车股份有限公司	王 健、喻春光、吴学松、王 鑫
	科力远混合动力技术有限公司	于海生、孙哲浩
	北京汽车股份有限公司	李国庆
	中国石化石油化工科学研究院	刘 倩
	一汽解放发动机事业部前瞻技术研究院	杨 凯

（续）

节能汽车专题组		
分 类	单 位	姓 名
研究机构及高校	中国汽车工程研究院股份有限公司	邓小芝、崔 岩、金 陵、孙勇善、胡钦高
	国家燃气汽车工程技术研究中心	李静波、王国华
	一汽解放发动机事业部前瞻技术研究院	夏少华、张春英、房志红
	中国石化石油化工科学研究院	王立华
	上海交通大学	谢晓敏
	天津大学	姚春德、姚安仁、李志军
	重庆交通大学	隗寒冰
	吉林大学	付铁军
整车企业	北汽福田汽车股份有限公司	周兴利、王书庆、于绍峰、李 卓、任 鹏、刘福萍、张 丹、靳 旭、熊演峰、宋建新、郭凤刚、谭梦君、周 杰、王 明、官已骏、王叶飞、吴利锋、蒋晓虎
	重庆长安汽车股份有限公司	张晓宇、闵 龙、杨志斌、刘继伟、杨志勇、王旭刚
	广州汽车集团股份有限公司工程研究院	刘巨江、刘学武、张安伟、阮先轸
	长城汽车股份有限公司	杨准营、程 营、于春满、宋东先、陈晓峰
	华晨汽车集团控股有限公司	刘 强
	东风商用车有限公司	徐 贤、罗兴兵、任卫群
	郑州宇通客车股份有限公司	阎备战
	丰田汽车研发中心（中国）有限公司	周梅生、殷 蕾
零部件企业	潍柴动力股份有限公司	李 勤、桂经良、潘凤文、张少栋、刘兴义、李建文、韩 峰、王 波
	湖南容大智能变速器股份有限公司	王韶峰、曹成龙、罗 威
	盛瑞传动股份有限公司	苏成云
	科力远混合动力技术有限公司	王 晨、储爱华
	上海电驱动股份有限公司	张舟云 应红亮 庄兴明
	重庆凯瑞动力科技有限公司	葛晓成、吴向畅
	莱顿汽车部件（苏州）有限公司	何晓阳、庄修振
	三角轮胎股份有限公司	周鹏程

（续）

节能汽车专题组		
分类	单位	姓名
零部件企业	埃克森美孚化工商务（上海）有限公司	励 征
	索恩格汽车部件（中国）有限公司	夏 伟
	北京福田康明斯发动机有限公司	段 杰

纯电动和插电式混合动力汽车专题组		
分类	单位	姓名
组 长	中国汽车技术研究中心有限公司	吴志新
副组长	中国汽车工程学会	侯福深
	比亚迪汽车工业有限公司	廉玉波
行业专家	电动汽车产业技术创新战略联盟	王秉刚
	中国电子科技集团公司第十八研究所	肖成伟
	中国科学院物理研究所	黄学杰
	哈尔滨理工大学	蔡 蔚
	上海电驱动股份有限公司	贡 俊
	普天新能源有限责任公司	邵浙海
主要执笔单位	中国汽车技术研究中心有限公司	郑继虎、张 鹏、贾国瑞
	比亚迪汽车工业有限公司	凌和平
	上海汽车集团有限公司	罗思东
	重庆长安新能源汽车科技有限公司	邓承浩
	浙江吉利控股集团有限公司	张剑锋
	郑州宇通客车股份有限公司	王纪福
	上海蔚来汽车有限公司	李俊刚、何 彬
	威马汽车科技集团有限公司	吴连峰
	阿利昂斯汽车研发（上海）有限公司	蒋培新
研究机构及高校	中国汽车技术研究中心有限公司	王 芳、赵冬昶、任焕焕、何绍清、陈 川、王 通、柳邵辉、禹如杰、李宏伟、葛 鹏
	北京理工大学	林 程
	北京航空航天大学	杨世春
整车企业	中国第一汽车集团公司	于长虹、马 闯、杨 钫
	东风汽车集团有限公司	周星亮
	重庆长安新能源汽车科技有限公司	罗宝权
	上海汽车集团股份有限公司	臧颖恺

（续）

纯电动和插电式混合动力汽车专题组		
分 类	单 位	姓 名
整车企业	比亚迪汽车工业有限公司	刘坚坚、杨冬生、刘 柯、白云辉、吴丽华、孙 浩、姜 龙
	广州汽车集团股份有限公司	李 罡、杨武双、曹 勇、王 师
	北京新能源汽车股份有限公司	李玉刚、李力华
	奇瑞新能源汽车技术有限公司	王金桥、汪跃中
	奇瑞汽车股份有限公司	周之光
	江铃集团新能源汽车有限公司	韩 伟
	安徽江淮汽车股份有限公司	苏松林
	长城汽车股份有限公司	刘 宝
	华晨汽车集团控股有限公司	杨依楠
	郑州宇通客车股份有限公司	阎备战
	安徽安凯汽车股份有限公司	王少凯
	阿利昂斯汽车研发（上海）有限公司	理查德
	一汽－大众汽车有限公司	张之昧、王雪峰、方殿平
	戴姆勒大中华区投资有限公司	蔡燕新、李海滨、邱先磊、孙晓溪
	丰田汽车研发中心（中国）有限公司北京分公司	周梅生、殷 蕾
	长安福特汽车有限公司	骆 曼、马丽娅

氢燃料电池汽车专题组		
分 类	单 位	姓 名
组 长	清华大学	欧阳明高
副组长	清华大学	王贺武
	同济大学	余卓平
	中国汽车工程学会	王 菊
	北京低碳清洁能源研究院	缪 平
主要执笔单位	中国科学院大连化学物理研究所	侯 明
	上海交通大学	张永明
	上海亿氢科技有限公司	贺 萍
	同济大学	马天才
	北京亿华通科技股份有限公司	戴 威、谢 添
	东风汽车集团有限公司	张新丰

（续）

氢燃料电池汽车专题组		
分　类	单　位	姓　名
主要执笔单位	安泰环境工程技术有限公司	赵英朋
	北京低碳清洁能源研究院	何广利
	江苏国富氢能技术装备有限公司	魏　蔚
	清华大学	李飞强、胡尊严
研究机构及高校	清华大学	李建秋、徐梁飞、杨福源
	同济大学	明平文、张存满、杨彦博
	浙江大学	郑津洋
	中国船舶集团有限公司第七一八研究所	薛贺来
	中国科学院理化技术研究所	龚领会、张　宇
	张家港氢云新能源研究院有限公司	严　岩
	北汽福田新能源研究院	王　英
	中国航天科技集团有限公司六院 101 所	刘玉涛
	国家电投集团氢能科技发展有限公司	柴茂荣
整车企业	郑州宇通客车股份有限公司	张龙海
	中国第一汽车集团有限公司	赵子亮
	潍柴动力股份有限公司	陈文淼
零部件企业	上海机动车检测认证技术研究中心有限公司	潘相敏
	四川亚联高科技股份有限公司	王业勤
	北京天海工业有限公司	姚　欣

智能网联汽车专题组		
分　类	单　位	姓　名
组　长	清华大学	李克强
副组长	中国智能网联汽车产业创新联盟	公维洁
	中国汽车工业协会	许艳华
	吉林大学	高振海
	中国信息通信研究院	王志勤
	交通运输部公路科学研究院	岑晏青
	公安部交通科学研究所	孙正良
	中国第一汽车集团有限公司	李丰军
	吉利汽车研究院（宁波）有限公司	刘卫国
	比亚迪股份有限公司	杨冬生
	华为技术有限公司	胡　灏

（续）

智能网联汽车专题组		
分　类	单　位	姓　名
主要执笔单位	清华大学	边明远
	中国智能网联汽车产业创新联盟	李　乔、张泽忠、于胜波、李晓龙、陈桂华
	中国汽车工程学会	孙　宁
	吉林大学	朱　冰
	中国信息通信研究院	葛雨明、林　琳、于润东
	交通运输部公路科学研究院	周　炜、李文亮、张学文
	公安部交通科学研究所	代磊磊
	中国第一汽车集团有限公司	王相玲
	吉利汽车研究院（宁波）有限公司	卢红喜
	比亚迪汽车有限公司	赵　巍
	华为技术有限公司	李　洋、钟　南
研究机构及高校	清华大学	杨殿阁、姚丹亚、罗禹贡、李升波、江　昆、高博麟、丛　炜、姜　朋、陈　锐、张　航
	清华大学苏州汽车研究院	戴一凡、董金聪、李家文
	吉林大学	宋东鉴、高　莹、张玉新、章新杰、丁海涛、张建伟、孔德宇、郭屹杰
	北京航空航天大学	秦洪懋、张　辉、王颖会、于海洋、冀浩杰
	北京理工大学	倪　俊
	江苏大学	蔡英凤、王　海
	同济大学	白　杰、黄李波
	湖南大学	胡满江、边有刚、徐　彪
	浙江大学	高在峰
	厦门大学	王　程、程　明
	电子科技大学	罗　蕾、肖　堃、王　暾
	瑞典查尔姆斯理工大学	陈　芳
	澳门科技大学	韩子天
	工业和信息化部装备工业发展中心	李艳文
	国家智能网联汽车创新中心	尚　进、褚文博、李庆建、杜孝平、王　建、张　宁、黄冠富、方达龙、胡孟夏、罗璎珞、房　骥、刘建行、董　宇、董国锋、霍盈盈、覃业广、王　睿

（续）

智能网联汽车专题组		
分　类	单　位	姓　名
研究机构及高校	国家新能源汽车技术创新中心	邹广才
	国家互联网应急中心	范乐君、黄　磊、李承泽
	中国电子信息产业发展研究院	宋　娟、王　伟
	中国软件评测中心	邹博松、路鹏飞、朱科屹
	中国汽车技术研究中心有限公司	龚进峰、唐风敏、裴军伟、刘波雨、黄登高、王　兆、孙　航、解瀚光
	中国汽车工程研究院股份有限公司	夏国强、陈　涛、陈　龙、杨立荣、邓小芝、樊　琛、赵树廉、梁黎明、唐　宇、犹佐龙
整车企业	中国第一汽车集团有限公司	张　建、刘　斌、姜洪伟、王　御、王　宇、方成熏、杨雪珠、孙连明、李木犀、李长龙
	东风汽车集团有限公司	边　宁、高广博、郑　伟
	东风商用车有限公司	吴怀主、李　洋、李兆干
	重庆长安汽车股份有限公司	万　宏
	北京汽车股份有限公司	许　可
	北京汽车研究总院有限公司	尹　颖、孟祥雨、撒兴波、宋佳妮、冯正斌
	北京新能源汽车股份有限公司	孙江辉
	北汽福田汽车股份有限公司	葛文奇、田俊涛、李明辉、张立博、陈世栋、刘　昆
	上海汽车集团股份有限公司	沈　佳、谢　杨、陈　宁、张　磊、罗　煜
	上汽通用五菱汽车股份有限公司	潘　涛、吕俊成、林智贵、付　广
	广州汽车集团股份有限公司	梁伟强、苏伟坤、苗成生、黄　亮、祝　勋、张金池、顾吉杰
	安徽江淮汽车集团股份有限公司	李卫兵、李　娟、陈　波、李东浩
	吉利汽车研究院（宁波）有限公司	邓　堃、金　晨、熊维明、宋　玉
	比亚迪股份有限公司	吴丽华、杨　培
	奇瑞汽车股份有限公司	石瑞林
	奇瑞新能源汽车股份有限公司	孙　羽、沙文瀚、李　杨
	长城汽车股份有限公司	张　良
	华晨汽车股份有限公司	郝铁亮、高　越、赵德华
	郑州宇通客车股份有限公司	林　明、任永利、彭能岭、王　刃、康　焦、刘炳寅、褚亭亭、李　博、陈　贞、孙治华、高翠柳

（续）

智能网联汽车专题组		
分　类	单　位	姓　名
整车企业	上海蔚来汽车有限公司	杨娇艳
	北京现代汽车有限公司	虞春晖
	上汽大众汽车有限公司	李云逸、陈朝军
	泛亚汽车技术中心有限公司	刘　敏
	日产（中国）投资有限公司	姚笑莺、庄龙德、杉永清月
	宝马（中国）服务有限公司	姚晓蓉、郭平芳
	捷豹路虎（中国）投资有限公司	王加文
	通用汽车（中国）投资有限公司	陆玮瑾
	戴姆勒大中华区投资有限公司	张　伟、吕　明、王文超
	大众汽车（中国）投资有限公司	益佳辉、张文佳
零部件与信息科技企业	中国电信集团有限公司	陈荆花、蒋　寅
	中国联合网络通信有限公司	邱佳慧
	中国移动通信集团有限公司	刘　玮、李　凤
	斑马网络技术有限公司	江若彤
	北京奥特贝睿科技有限公司	王龙志
	北京百度网讯科技有限公司	孙　鹏、彭　伟、宋德王
	北京北斗星通导航技术股份有限公司	郭友同、陈　良、高永利、殷　媛、肖玉虎、王　佳、何亚妮、徐林浩、郭广阔、李冠群
	北京北科天绘科技有限公司	刘丽芳、邵永社、张珂殊
	北京初速度科技有限公司	胡　缓
	北京大唐高鸿数据网络技术有限公司	胡金玲、房家奕
	北京嘀嘀无限科技发展有限公司	张　亮、程　帅
	北京地平线机器人技术研发有限公司	李星宇、车国兴
	北京瑞迪时空信息技术有限公司	江　城
	北京四维图新科技股份有限公司	邹德斌、郭磐石、田　野、王　涵、彭珊珊、孟庆昕、舒光辉、朱大伟、张民岗、刘士宽、孙　伟、张　博
	北京图森未来科技有限公司	吴　楠、郑方丹
	北京威力登激光科技有限公司	张纪泽
	北京易图通科技有限公司	汤咏林、赵萌醒
	北京英贝德科技有限公司	申仲杰、刘　飞
	北京智行者科技有限公司	王　肖、霍舒豪、刘　渊

（续）

智能网联汽车专题组		
分　类	单　位	姓　名
零部件与信息科技企业	北京智能车联产业创新中心有限公司	吴　琼、孙亚夫、党立刚、王想亭
	北京中科慧眼科技有限公司	崔　峰
	北京主线科技有限公司	张天雷、王　超
	北京纵目科技有限公司	初　帅
	当家移动绿色互联网技术集团有限公司	张　帆、鲍世强、王忆源、侯　涛、毛祖秋、张安春、吴　年
	德赛西威汽车电子股份有限公司	黄　力、钟启兴、张禅亮、廖剑雄、赵　洋、覃韶辉
	东软集团股份有限公司	陈静相、张　雷
	东软睿驰汽车技术（沈阳）有限公司	王胜波、刘　威、张春民、郭晓东
	高深智行（广州）科技有限公司	张　弦、何　庆
	高新兴科技集团股份有限公司	杨益起
	国汽智控（北京）科技有限公司	刘志峰、杨　柯、杨　帆
	杭州宏景智驾科技有限公司	刘飞龙
	杭州世宝汽车方向机有限公司	王　帅
	河北全道科技有限公司	张红飞、伍伟绩、李国庆
	黑芝麻智能科技（上海）有限公司	陈维富、何铁军
	华为技术有限公司	高永强、夏　媛、邓湘鸿、胡伟龙、聂永丰、李明超、伍　勇、乔得志、刘建琴、隋琳琳、张　宇
	惠州市德赛西威智能交通技术研究院有限公司	张裁会
	京西重工（上海）有限公司	隋巧梅、梁宗友、赵小旭
	科大讯飞股份有限公司	王兴宝、程　畅、雷琴辉、施　展、杨中远、范叶锋、王红光、张明辉、刘艳芳
	南京越博动力系统股份有限公司	蒋元广、徐　波
	普华基础软件股份有限公司	范昌琪
	启迪云控（北京）科技有限公司	王　里
	三六零科技集团有限公司	宋　戈、严敏睿、张　屹
	上海爱乐克智能科技有限公司	洪晨辉
	上海博泰悦臻电子设备制造有限公司	郑洪江
	上海测迅汽车科技有限公司	吕济明、李晓英、何　山、杨　益

（续）

智能网联汽车专题组		
分　类	单　位	姓　名
	上海福尔欣线缆有限公司	王亚东
	上海禾赛光电科技有限公司	孟　颖
	上海华测导航技术股份有限公司	傅　金、杨宗赛
	上海晶众信息科技有限公司	陆哲元
	上海淞泓智能汽车科技有限公司	樊晓旭、田思波、何　鋆、郭润清
	上海蔚兰动力科技有限公司	邵　路、毕　路
	深圳市镭神智能系统有限公司	胡小波、雷祖芳、严　征、彭　宏
零部件与信息科技企业	深圳市速腾聚创科技有限公司	佘国连
	沈阳美行科技有限公司	郑虎男
	苏州智华汽车电子有限公司	杨　波
	天津清智科技有限公司	刘　菁、李星男
	潍柴动力股份有限公司	詹　君、范越超
	潍坊潍柴智能科技有限公司	姚建伟、赵浩瀚、刘　建、于永基、谢小忠
	芜湖森思泰克智能科技有限公司	焦子朋
	芜湖易来达雷达科技有限公司	李　铮
	武汉中海庭数据技术有限公司	刘　强、卢　颖
	芯驰科技（上海）有限公司	佟子谦
	新思科技（上海）有限公司	党伟光、包明飞
	浙江万安科技股份有限公司	朱奇章
	浙江亚太机电股份有限公司	施正堂、郑文荣、李立刚
	中汽数据有限公司	张亚楠、刘洋洋
	中兴通讯股份有限公司	陈　晓
	中移智行网络科技有限公司	李秀知、史印芳
	博世汽车部件（苏州）有限公司	刘玉磊、曲元宁、臧　昕
	舍弗勒（中国）有限公司	姜兆娟
	德州仪器（TI）半导体技术（上海）有限公司	丁　丁
	安森美半导体有限公司	李金隆
	高通无线通信技术（中国）有限公司	李　俨、陈书平、段　悦
	普华永道会计师事务所	赵元勋、张　伟

汽车动力蓄电池专题组		
分　类	单　位	姓　名
组　长	中国电子科技集团公司第十八研究所	肖成伟
	中国科学院物理研究所	黄学杰
副组长	宁德时代新能源科技股份有限公司	黄世霖
	华霆（合肥）动力技术有限公司	周　鹏
	中国电子科技集团公司第十八研究所	丁　飞
	国联汽车动力电池研究院有限责任公司	卢世刚
	深圳吉阳智能科技有限公司	阳如坤
	中国汽车技术研究中心	王　芳
	南方电网数字电网研究院有限责任公司	罗　敏
	清华大学	徐盛明
研究机构及高校	中国汽车工程学会	侯福深、赵立金、程　蕊、刘国芳、孙旭东
	中国科学院物理研究所	李　泓、胡勇胜、索鎏敏、禹习谦、王其钰、赵文武
	中国汽车技术研究中心有限公司	林春景、姜成龙、樊　彬、刘　磊
	清华大学	卢兰光、韩雪冰
	北京交通大学	张彩萍、孙丙香
	南开大学	高学平
	上海交通大学	王久林
	北京理工大学	李　丽
	哈尔滨工业大学	戴长松
	北京科技大学	王成彦
	北京工业大学	吴玉峰、席晓丽
	中南大学	杨　越、李　荐
	中国石油大学（北京）	黄国勇
	江西理工大学	钟盛文
	中国电子科技集团公司第十八研究所	桑　林
	中国科学院大连化学物理研究所	陈　剑
	中国科学院长春应用化学研究所	张新波
	北京机械工业自动化所	王明睿
	中国科学院广州能源研究所	蒋方明、郭　剑
	上海空间电源研究所	解晶莹、吕桃林
	新能源汽车国家大数据联盟	李　阳

（续）

汽车动力蓄电池专题组		
分　类	单　位	姓　名
研究机构及高校	中国科学院过程工程研究所	孙　峙
	中国科学院沈阳自动化研究所	石　刚
整车企业	安徽江淮汽车集团股份有限公司	秦李伟、徐爱琴
	东风设计研究院有限公司	张　赫
	郑州宇通客车股份有限公司	孙艳艳
	日产（中国）投资有限公司	佐佐木博树、姚笑莺
	戴姆勒大中华区投资有限公司	濮　帆、孙晓溪
零部件企业	宁德时代新能源科技股份有限公司	吴　凯、林永寿、孟祥峰、许金梅、张小文、李振华、刘　凯、王坚欢、刘子瑜
	华霆（合肥）动力技术有限公司	周　鹏、劳　力、周夏荣、孙亚洲、邬　林、张广平
	国联汽车动力电池研究院有限责任公司	王建涛、李　宁、方　升、常增花、刘丙学、唐　玲、崔　义
	湖南科霸汽车动力电池有限责任公司	匡德志、徐国昌、周旺发
	湖南科力远新能源股份有限公司	王海涛、刘　进
	上海奥威科技开发有限公司	华　黎、安仲勋
	天津荣盛盟固利新能源科技有限公司	吴宁宁
	天津力神电池股份有限公司	周　江、帅建华、孔令丽、李　伟、张俊英
	东软睿驰汽车技术（沈阳）有限公司	孙　欣、黄　晨
	北京海博思创科技有限公司	吕　喆、王　垒、郭富强、戚送送
	北京科易动力科技有限公司	田　硕
	深圳普瑞赛思检测技术有限公司	姜久春
	舟之航电池有限公司	高峰柱
	上海捷新动力电池系统有限公司	朱玉龙
	杭州捷能科技有限公司	孙世强
	湖南科力远新能源股份有限公司	王海涛
	浙江锋锂新能源科技有限公司	许晓雄、林　久
	北京当升材料科技股份有限公司	陈彦彬、刘亚飞
	蜂巢能源科技有限公司	李子郯、金正贤
	贝特瑞新材料集团股份有限公司	任建国、李子坤

（续）

汽车动力蓄电池专题组		
分　类	单　位	姓　名
零部件企业	天津金牛电源材料有限责任公司	秦　凯
	上海恩捷新材料科技有限公司	邱长泉
	合肥国轩高科动力能源有限公司	徐兴无、李新峰、刘　波、王启岁
	惠州亿纬锂能股份有限公司	李　斌
	浙江华友循环科技有限公司	高威乔、陈雄辉
	福建星云电子股份有限公司	刘　震
	惠州金源精密自动化设备有限公司	范奕城
	深圳市赢合科技股份有限公司	李婉璇
	深圳市尚水智能设备有限公司	石　桥
	中国电子工程设计院有限公司	李　强
	惠州市亿能电子有限公司	盛大双
	南方电网科学研究院有限责任公司	雷　博
	广东电科院能源技术有限责任公司	孟金岭
	国网河南省电力公司电力科学研究院	赵光金
	深圳市盛弘电气股份有限公司	范小波
	中国电力科学研究院有限公司	范茂松、杨　凯
	深圳市普兰德储能技术有限公司	张　涵
	北京理工新源信息科技有限公司	葛付林
	中恒电气上海煦达新能源科技有限公司	李剑铎、薄　涛
	蓝谷智慧（北京）能源科技有限公司	李晓峰、车晓刚
	长沙矿冶研究院有限公司	肖松文
	格林美高技术股份公司	张宇平
	广东邦普循环科技股份公司	余海军
	广东光华科技股份有限公司	章　明
	浙江华友循环科技有限公司	高威乔
	赣州豪鹏科技有限公司	区汉成
	天津赛德美科技有限公司	赵小勇
	深圳市众迈科技有限公司	朱文广
	LG 化学	孙兴起、金镇硕、赵　虹
	三星 SDI	马佳莲

新能源汽车电驱动总成系统专题组		
分 类	单 位	姓 名
组 长	哈尔滨理工大学	蔡 蔚
	上海电驱动股份有限公司	贡 俊
副组长	上海电驱动股份有限公司	张舟云
	比亚迪股份有限公司	杨广明
主要执笔单位	中国第一汽车集团有限公司	暴 杰、苍 衍
	上海捷能汽车技术有限公司	罗思东
	郑州宇通客车股份有限公司	纪秉男
	湖南中车时代电动汽车股份有限公司	伍理勋
	上海大学	黄苏融
	精进电动科技股份有限公司	李建文、张 浩
	上海电驱动股份有限公司	应红亮、陈 雷
	中国宝武钢铁集团有限公司	陈 晓
	北京中科三环高技术股份有限公司	何叶青
	苏州巨峰电气绝缘系统股份有限公司	王 文
	人本轴承有限公司	代现合
	嘉兴斯达半导体股份有限公司	刘志红、姚礼军
	株洲中车时代半导体有限公司	王彦刚
	比亚迪半导体有限公司	吴海平
	中国科学院电工研究所	宁圃奇、温旭辉
	浙江大学	郭 清
	中国电子科技集团第五十五研究所	刘 奥
	厦门法拉电子股份有限公司	陈渊伟
	华大半导体有限公司	兰 天
	上海琪埔维半导体有限公司	秦 岭
	华为技术有限公司	秦 真、王红梅
	北京新能源汽车股份有限公司	梁亚非
	深圳威迈斯新能源股份有限公司	韩永杰
	深圳欣锐科技股份有限公司	张 辉
	哈尔滨工业大学	程 远、崔淑梅
研究机构及高校	浙江大学	盛 况、杨 树
	中国电子科技集团第五十五研究所	柏 松、陈 刚、李士颜
	哈尔滨理工大学	陶大军、谢 颖、戈宝军、王旭东

（续）

新能源汽车电驱动总成系统专题组		
分　类	单　位	姓　名
研究机构及高校	中国科学院电工研究所	范　涛、施其彪
	上海大学	曹海东
	中国汽车技术研究中心有限公司	贾国瑞
整车企业	中国第一汽车集团公司	赵慧超、文彦东、刘志强
	上海捷能汽车技术有限公司	王　健、许　政、葛海龙、王东萃
	东风汽车集团股份有限公司技术中心	罗建武
	中通客车控股股份有限公司	范志先
	郑州宇通客车股份有限公司	陈慧勇、王少飞
	浙江吉利控股集团有限公司	张剑锋
	重庆长安新能源汽车科技有限公司	马永泉、周洪波
	安徽江淮汽车集团股份有限公司	沙　伟、李大伟
	广州小鹏汽车科技有限公司	孔庆波
	上海蔚来汽车有限公司	许力文
	恒大新能源汽车全球研究总院	庄朝晖
	北京新能源汽车股份有限公司	蒋荣勋
	北汽福田汽车股份有限公司	张文辉
	广汽集团汽车工程研究院	祁宏钟
	大众汽车中国投资有限公司	杜　宇
	戴姆勒大中华区投资有限公司	濮　帆
	采埃孚（中国）投资有限公司	王　岳
零部件企业	科力远混合动力技术有限公司	于海生、储爱华、刘　野
	上海汽车变速器有限公司	顾建华、王军政、丁祥根、李　育
	合肥巨一动力系统有限公司	孙纯哲
	浙江龙芯电驱动科技有限公司	曹红飞
	堡敦（天津）机电有限公司	黄夫泉、王必成
	德尔福集团	许向东
	比亚迪半导体有限公司	杨钦耀
	首都钢铁集团公司	胡志远
	钢铁研究总院	董生智
	苏州巨峰电气绝缘系统股份有限公司	周　成
	哈尔滨东安汽车发动机制造有限公司	马　静

（续）

新能源汽车电驱动总成系统专题组		
分　类	单　位	姓　名
零部件企业	上海钧嵌传感技术有限公司	姜泽东
	中车株洲电力机车研究所有限公司	李益丰
	厦门法拉电子股份有限公司	罗荣海
	比亚迪汽车工业有限公司	黄炳健
	华为技术有限公司	王少华、梅锋杰、张　浩、施晓峰
	华大半导体有限公司	林　湖、顾光跃
	上海琪埔维半导体有限公司	赵　勇、郑抒音
	北京中科三环高技术股份有限公司	刘伍利
	湖南中车时代电动汽车股份有限公司	陈建明、吴佐来
	浙江方正电机股份有限公司上海分公司	梁冰洁
	上海嬴双电机有限公司	田　原、张　江
	哈尔滨电气集团有限公司	宫海龙
	苏州太湖电工新材料股份有限公司	张春琪、吴　斌
	哈尔滨轴承集团公司	贾秋生
	江苏宏微科技股份有限公司	王晓宝
	宁波达新半导体有限公司	陈智勇

充电基础设施专题组		
分　类	单　位	姓　名
组　长	普天新能源有限责任公司	邵浙海
副组长	中国电力企业联合会标准化管理中心	刘永东
	中国科学院电工研究所	王丽芳
	北京邮电大学	亓　峰
	东南大学	黄学良
主要执笔单位	中国汽车工程学会	赵立金、梁　艺
	中国电动汽车充电基础设施促进联盟	张　帆
	普天新能源有限责任公司	傅　晶、曹万里、陈　维
	南瑞集团有限公司	倪　峰
	国网电力科学研究院有限公司	张　萱
	青岛特来电新能源有限公司	周　强
	江苏万帮德和新能源科技股份有限公司	李德胜
	中国科学院电工研究所	郭彦杰、李树凡

（续）

充电基础设施专题组		
分　类	单　位	姓　名
主要执笔单位	北京理工大学新能源汽车国家大数据联盟	李　阳
	清华大学	卢兰光
	北京航空航天大学	曹耀光
	同济大学	吴小员、戴海峰
	北京交通大学	张彩萍
	东南大学	陈　中
	中国汽车技术研究中心有限公司	孔治国
	华为技术有限公司	蒋光辉
	中兴新能源汽车有限责任公司	胡　超
	上海蔚来汽车有限公司	马　俊
研究机构及高校	中国电子科技集团公司第十八研究所	肖成伟
	中国电动汽车充电基础设施促进联盟	李　康
	中国电力企业联合会联标准化中心	周丽波
	中国汽车技术研究中心有限公司	王　芳、黄　炘
	北京航空航天大学	杨世春、徐　斌
	同济大学	吴　仕
	北京交通大学	鲍　谚
	天津大学	薛　明
	东南大学	谭林林、张梓麒
	重庆大学	戴　欣
	上海理工大学	郑岳久
	上海新能源汽车公共数据采集与监测研究中心	丁晓华、杨　杰
	中国科学院电工研究所	王立业
	清华四川能源互联网研究院分布式资源研究所	谢　洹
企业	南方电网电动汽车服务公司	邱　熙、李　勋、葛　静
	华为技术有限公司	王少华、韩志永
	普天新能源有限责任公司	王文涛、邓　迟、刘文珍
	青岛特来电新能源有限公司	穆晓鹏、张　锟
	江苏万帮德和新能源科技股份有限公司	储　丹
	深圳奥特讯电力设备股份有限公司	李志刚
	深圳市盛弘电气股份有限公司	周代文
	先控捷联电气股份有限公司	刘亚峰

（续）

充电基础设施专题组		
分　类	单　位	姓　名
企业	上海电器科学研究院	刘　耿
	ABB（中国）有限公司	董志华
	北汽新能源工程研究院	代康伟
	上海蔚来汽车有限公司	张　宁、吴广涛
	荣盛盟固利新能源科技有限公司	吴宁宁
	欣旺达电子股份有限公司	姜久春
	深圳格瑞安能科技有限公司	吴智强
	北京科易动力科技股份有限公司	李立国
	奥动新能源汽车科技有限公司	兰志波
	中创三优（北京）科技有限公司	李　健
	南京康尼新能源汽车零部件有限公司	周红斌
	中航光电科技股份有限公司	王　伟

汽车轻量化专题组		
分　类	单　位	姓　名
组　长	中国汽车工程学会	张　宁
副组长	吉林大学	王登峰
	东风汽车集团有限公司	康　明
研究机构及高校	国汽（北京）汽车轻量化技术研究院有限公司	董学锋、杨　洁、王利刚、曲　兴、林瑞雪
	吉林大学	陈　静、庄蔚敏
	湖南大学	姜　潮
	北京航空航天大学	孙凌玉
	同济大学	闵峻英
	重庆大学	蒋　斌
	苏州大学	张海涛
	郑州大学	刘春太
	钢铁研究总院	王存宇
	国家新能源汽车技术创新中心	张振翀
整车企业	中国第一汽车集团有限公司	李菁华、徐成林、徐明琦
	东风汽车集团有限公司	李明桓、衡俐琼、黄江玲、王泽忠、王　勇
	重庆长安汽车股份有限公司	刘　波、张金生

汽车轻量化专题组		
分　类	单　位	姓　名
整车企业	北京汽车研究总院有限公司	王智文
	北京新能源汽车股份有限公司	杨宇威、田宇黎
	北汽福田汽车股份有限公司	任　鹏
	奇瑞汽车股份有限公司	李　军
	奇瑞新能源汽车股份有限公司	茅卫东
	浙江吉利汽车研究院有限公司	王　立
	华晨汽车集团控股有限公司	李瑞生
	安徽江淮汽车集团股份有限公司	唐程光、鲁后国、阚洪贵、王香廷
	郑州宇通客车股份有限公司	董晓坤、杨玉川
	陕西汽车集团有限责任公司	闫康康
	通用汽车中国科学研究院	王建锋
零部件企业	凌云工业股份有限公司	李彦波
	中信戴卡股份有限公司	刘海峰
	天津汽车模具股份有限公司	高宪臣
	湖北博士隆科技有限公司	程志毅
	合肥杰事杰新材料股份有限公司	高　军
	中国恒瑞有限公司	熊　飞

汽车智能制造与关键装备专题组		
分　类	单　位	姓　名
组　长	中国第一汽车集团有限公司	张晓胜
副组长	中国第一汽车集团有限公司	侯若明
	中国汽车工程学会	蔡云生
	中国第一汽车集团有限公司	吴　涛
	吉利汽车研究院（宁波）有限公司	丁　华
研究机构及高校	中国汽车工程学会	刘来超
	机械工业第六设计研究院有限公司	朱恺真、刘　莹、孙　朋
	上海交通大学	赵亦希、金　隼
	南京理工大学	孙　宇、王栓虎
	机械工业第九设计研究院有限公司	苏　波、龚耀清、冯君霞、李鸿海
	东风设计研究院有限公司	周　欢、陈　鹏
	中国汽车工业工程有限公司	戈北京
	泛亚汽车技术中心	胡　敏

（续）

汽车智能制造与关键装备专题组		
分 类	单 位	姓 名
整车企业	中国第一汽车集团有限公司	于 梅、张正杰、姚 远、高成勇、杨成延、苏志勇、张国龙、古 田、李文彬、白昱璟、李长松、郑 媛
	吉利汽车研究院（宁波）有限公司	丁 华、张智慧、杨贵林、王腾飞、胡大军、刘 凯、刘冬梅、于兴林
	一汽解放集团股份有限公司	安龙虎、闫文龙、赵长波、李子明、郑淑玲、张晓杰、顾齐芳
	一汽奔腾轿车有限公司	从立国、冯联会、李 岩、张振龙
	一汽－大众汽车有限公司	王永峰、韩立军
	东风汽车集团有限公司	胡新意
零部件企业（装备制造）	东风设备制造有限公司	李 翔
	一汽物流有限公司	王 鹏、高跃峰
	一汽模具制造有限公司	李 靖
	东风（武汉）实业公司	刘 鹏

海外工作组		
分 类	单 位	姓 名
组 长	欧洲汽车工业协会	张 硕
整车企业	大众汽车集团（中国）	顾功尧、李 鑫、傅寅亮、唐一格
	戴姆勒大中华区投资有限公司	李海滨、濮 帆、孙晓溪、武 亨、张 伟
	日产（中国）投资有限公司	佐佐木博树、姚笑莺
	长安福特汽车有限公司	李德峰、洪 兵、向海峰、周德阳、廖 震
	本田技研工业（中国）投资有限公司	桒原宏和、郑 灏
零部件企业	LG 化学	孙兴起、金镇硕、赵 虹